Springer-Lehrbuch

Burkhard Boemke • Bernhard Ulrici

BGB Allgemeiner Teil

2. Auflage

 Springer

Burkhard Boemke
Bernhard Ulrici
Juristenfakultät
Universität Leipzig
Leipzig
Deutschland

Ergänzendes Material zu diesem Buch finden Sie auf http://extra.springer.com

ISSN 0937-7433
ISBN 978-3-642-39170-5   ISBN 978-3-642-39171-2 (eBook)
DOI 10.1007/978-3-642-39171-2
Springer Heidelberg Dordrecht London New York

Die Deutsche Nationalbibliothek verzeichnet diese Publikation in der Deutschen Nationalbibliografie; detaillierte bibliografische Daten sind im Internet über http://dnb.d-nb.de abrufbar.

Gedruckt auf säurefreiem Papier

Springer ist Teil der Fachverlagsgruppe Springer Science+Business Media (www.springer.com)

Vorwort

Vier Jahre nach der ersten erscheint das Lehrbuch zum Allgemeinen Teil des BGB nunmehr in zweiter, neu bearbeiteter Auflage. Die Neubearbeitung ist in erster Linie nicht einschneidenden Eingriffen des Gesetzgebers geschuldet. Dieser nimmt seit mehr als 100 Jahren nur sehr behutsam Änderungen im ersten Buch des BGB vor. Allerdings galt es zunächst eine Reihe neuer höchstrichterlicher Entscheidungen einzuarbeiten. So hatte sich das Bundesarbeitsgericht in den vergangenen Jahren wiederholt mit Fragestellungen aus dem Bereich der Rechtsgeschäftslehre, dort vor allem aus dem Bereich des Zugangs von Willenserklärungen (vgl. z. B. § 6 Rn. 40 ff.) oder dem Stellvertretungsrecht (vgl. § 13 Rn. 98) zu befassen. Aufgrund eines kurz nach Erscheinen der Vorauflage ergangenen Urteils des Bundesgerichtshofs darf überdies die Lehre von den Doppelwirkungen im Recht mit Fug und Recht als wahre Jahrhundertentdeckung bezeichnet werden (vgl. § 14 Rn. 42). Daneben war auch das Schrifttum zum Allgemeinen Teil des BGB nicht untätig und hat alte Probleme um neue Gedanken bereichert oder neue Probleme aufgeworfen. Auch dies galt es in dem für die Ausrichtung des vorliegenden Werks angemessenen Umfang zu berücksichtigen (vgl. z. B. § 9 Rn. 53 ff.).

Unverändert will das Werk den Leser mit dem Allgemeinen Teil des Bürgerlichen Rechts, welcher die Grundlage für praktisch alle anderen Bereiche des Zivilrechts bildet, vertraut machen. Im Zentrum steht dabei nach wie vor die allgemeine Rechtsgeschäftslehre, welche auch im Schuld-, Sachen-, Familien- und Erbrecht, z. B. aber auch im Handels- und Gesellschafts- sowie im Arbeitsrecht sicher beherrscht werden muss. Sie ist dementsprechend unverzichtbarer Bestandteil jeder juristischen Ausbildung. Wer hier auf Lücke setzt, wird auch in anderen Gebieten des Bürgerlichen Rechts verloren sein. Erfahrungsgemäß ist der Allgemeine Teil des BGB Gegenstand der Anfangssemester des juristischen Studiums. Der für Studenten noch ungewohnte Umgang mit Gesetzen und ihren Formulierungen sowie die Unsicherheiten im Gutachtenaufbau treffen auf einen hohen Abstraktionsgrad der einschlägigen Normen. Dem Studenten hier eine verständliche Anleitung zu bieten, ist Anliegen des Lehrbuchs. Es ist weiterhin an den Bedürfnissen des Anfängers ebenso wie an denen des Examenskandidaten ausgerichtet.

In didaktischer Hinsicht ergeben sich Änderungen gegenüber der ersten Auflage. Die dort abgedruckten Mindmaps sind ersatzlos entfallen, weil sie in ihrem Nutzen gegenüber den elektronischen Mindmaps und deren Nutzungsmöglichkeiten verblassen. Als Ausgleich wurde die Anzahl an enthaltenen Klausurfällen erweitert. Mit diesen soll verdeutlicht werden, wie Rechtsprobleme in der Falllösung zu behandeln sind. Ihr Schwerpunkt liegt dabei auf der gedanklichen Ordnung der Problemlösung und im Unterschied zu typischen Fallsammlungen weniger auf der gutachterlichen Ausformulierung einer Lösung. Die jeweiligen Lösungsskizzen sind dementsprechend nicht mit einer ausformulierten Musterlösung zu verwechseln. Unverändert stehen **elektronische Mindmaps** als Lernhilfe zur Verfügung. Sie dienen nicht der Wissensvermittlung, sondern der gedanklichen Ordnung des bekannten Stoffs und seiner Problemfelder. Sie orientieren sich am Aufbau des Buchs und können unter **http://extras.springer.com** herunterladen werden. Um mit ihnen arbeiten zu können, muss zudem im Internet das frei verfügbare Computerprogramm **FreeMind** in der Version 0.9 oder höher beschafft werden. Dies ermöglicht nicht nur, die Mindmaps anzusehen und interessante Teile aus- sowie im Moment uninteressante Teile einzuklappen. Vielmehr können die Mindmaps auch frei bearbeitet und vom Leser je nach Erkenntnis und Verständnisstand ergänzt oder weiterentwickelt werden. Ein solches aktives Lernverhalten verspricht einen deutlich größeren Lernerfolg als der passive Konsum der Mindmaps.

Die Hauptverantwortung für dieses Werk liegt naturgemäß bei den Autoren, denen allein etwaige Fehler und Unrichtigkeiten zuzurechnen sind. An der Realisierung des Projekts haben aber im Hintergrund die Mitarbeiter des Lehrstuhls für Bürgerliches Recht, Arbeits- und Sozialrecht der Juristenfakultät der Universität Leipzig mitgewirkt, namentlich Frau Wiss. Mit. Anja Purrmann, Frau Wiss. Mit. Nadine Uhlig und Herr stud. iur. Georg Schmidt. Ihnen gilt unser besonderer Dank.

Das Lehrbuch ist auf dem Stand von Anfang Mai 2013. Wir widmen diese zweite Auflage der Leipziger Juristenfakultät, deren Wiederrichtung sich am 26.04.2013 zum zwanzigsten Mal jährte.

Leipzig   Burkhard Boemke
im Mai 2013   Bernhard Ulrici

Inhaltsverzeichnis

Verzeichnis der Klausurfälle

Abkürzungsverzeichnis

BGBl.	Bundesgesetzblatt
BGH	Bundesgerichtshof
BGHZ	Entscheidungen des Bundesgerichtshofs in Zivilsachen
bspw.	beispielsweise
BT-Drs.	Bundestags-Drucksache
BVerfG	Bundesverfassungsgericht
BVerfGE	Entscheidungen des Bundesverfassungsgerichts
CISG	Übereinkommen der Vereinten Nationen über Verträge über den internationalen Warenkauf
CR	Computer und Recht
DB	Der Betrieb
ders.	derselbe
d. h.	das heißt
Diss.	Dissertation
e. G.	eingetragene Genossenschaft
EGBGB	Einführungsgesetz zum Bürgerlichen Gesetzbuch
EUV	Vertrag über die Europäische Union idF des Vertrags von Lissabon
e. V.	eingetragener Verein
f.	folgende; für
FamFG	Gesetz über das Verfahren in Familiensachen und Angelegenheiten der freiwilligen Gerichtsbarkeit
FamRZ	Zeitschrift für das gesamte Familienrecht
ff.	fortfolgende
FS	Festschrift
Fn.	Fußnote
G	Gesetz
gem.	gemäß
GewO	Gewerbeordnung
GBO	Grundbuchordnung
GG	Grundgesetz für die Bundesrepublik Deutschland
ggü.	gegenüber
GmbH	Gesellschaft mit beschränkter Haftung
GmbHG	Gesetz betreffend die Gesellschaften mit beschränkter Haftung
HGB	Handelsgesetzbuch
Hk-ArbR	Handkommentar Arbeitsrecht (Däubler/Hjort/Schubert/ Wolmerath)
h. L.	herrschende Lehre
h. M.	herrschende Meinung
Hs.	Halbsatz
HwO	Handwerksordnung
i. d. R	in der Regel
i. e. S.	im engeren Sinne
i. S.	im Sinne
i. S. d.	im Sinne des/der

i. S. v.	im Sinne von
i. V. m.	in Verbindung mit
JA	Juristische Arbeitsblätter
JURA	Juristische Ausbildung
jurisPR-ArbR	Juris Praxisreport Arbeitsrecht
JuS	Juristische Schulung
JW	Juristische Wochenschrift
JZ	Juristenzeitung
KG	Kommanditgesellschaft; Kammergericht
KSchG	Kündigungsschutzgesetz
KosmetikV	Kosmetikverordnung
LFGB	Lebensmittel- und Futtermittelgesetzbuch
LG	Landgericht
MarkenG	Markengesetz
MDR	Monatsschrift für deutsches Recht
MMR	Multimedia und Recht
Mot.	Motive zum Entwurf eines BGB
MünchKomm	Münchener Kommentar
n. F.	neue Fassung
NJW	Neue Juristische Wochenschrift
NJW-RR	Neue Juristische Wochenschrift, Rechtsprechungsreport
Nr.	Nummer
NZA	Neue Zeitschrift für Arbeitsrecht
NZBau	Neue Zeitschrift für Baurecht
o.	oben
OHG	offene Handelsgesellschaft
OLG	Oberlandesgericht
OLGZ	Entscheidungen der Oberlandesgerichte in Zivilsachen
ProdHaftG	Produkthaftungsgesetz
Prot.	Protokolle der 2. Kommission zum Entwurf des BGB
RDG	Rechtsdienstleistungsgesetz
RG	Reichsgericht
RGZ	Entscheidungen des Reichsgerichts in Zivilsachen
Rn.	Randnummer
Rpfleger	Der Deutsche Rechtspfleger
Rspr.	Rechtsprechung
s.	siehe
S.	Satz; Seite
SchwarzArbG	Gesetz zur Bekämpfung der Schwarzarbeit
SigG	Signaturgesetz
s. o.	siehe oben
sog.	sogenannt
str.	streitig
st. Rspr.	ständige Rechtsprechung
StVG	Straßenverkehrsgesetz

s. u.	siehe unten
TVG	Tarifvertragsgesetz
TzBfG	Teilzeit- und Befristungsgesetz
u. a.	unter anderem
UBH	Ulmer/Brandner/Hensen
UKlaG	Gesetz über Unterlassungsklagen bei Verbraucherrechts- und anderen Verstößen
UrhG	Gesetz über Urheberrechte und verwandte Schutzrechte
v.	vom, von
VereinsG	Vereinsgesetz
VerlG	Verlagsgesetz
vgl.	vergleiche
VVG	Versicherungsvertragsgesetz
WEG	Wohnungseigentumsgesetz
WM	Wertpapiermitteilungen
z. B.	zum Beispiel
ZfA	Zeitschrift für Arbeitsrecht
ZIP	Zeitschrift für Wirtschaftsrecht und Insolvenzpraxis
ZPO	Zivilprozessordnung
zust.	zustimmend
zutr.	zutreffend
ZVG	Gesetz über die Zwangsversteigerung und die Zwangsverwaltung
ZZP	Zeitschrift für Zivilprozess

Teil A
Einführung in das Privatrecht

§ 1 Recht, Sitte, Sittlichkeit

A. Bedeutung von Recht, Sitte und Sittlichkeit

Das menschliche Zusammenleben ist durch eine Vielzahl tatsächlicher und poten- **1**
zieller Konflikte geprägt. Es bedarf deshalb „**sozialer Spielregeln**", die das Miteinander ordnen und nach denen der Einzelne sein Verhalten einrichten soll. Solche
Verhaltensvorschriften haben zunächst die Aufgabe, das Auftreten von Störungen
im Zusammenleben zu verhindern. Sind Konflikte bereits eingetreten, müssen diese
gelöst werden.

Nicht bei allen **Verhaltensvorschriften** handelt es sich um Rechtsnormen. Als **2**
Quelle für die Regeln des menschlichen Zusammenlebens kommen neben solchen
auch Sitte und Sittlichkeit in Betracht, die aber als rechtlich verbindliche Verhaltensanforderungen nur in dem Umfang Bedeutung erlangen, wie sie von der Rechtsordnung anerkannt werden.[1]

B. Abgrenzung

Es gibt eine Vielzahl von Regeln, die von der Gesellschaft zwar allgemein aner- **3**
kannt sind, jedoch nicht in den Rang von Rechtsnormen erhoben werden. Das Recht
ist in seiner Entstehung und seiner Wirkungsweise zu unterscheiden von Sitte und
Sittlichkeit.

I. Rechtsordnung

Die **Rechtsordnung** der Bundesrepublik umfasst die Gesamtheit der Rechtsnor- **4**
men, die auf deren Staatsgebiet gelten. Was aber kennzeichnet eine Rechtsnorm?
Rechtsnormen enthalten abstrakt-generelle Regelungen, d. h. solche für eine unbe-

---

[1] Vgl. *Boecken* Rn. 1; MünchKommBGB/*Busche* § 157 Rn. 16.

B. Boemke, B. Ulrici, *BGB Allgemeiner Teil*, Springer-Lehrbuch,
DOI 10.1007/978-3-642-39171-2_1, © Springer-Verlag Berlin Heidelberg 2014

stimmte Vielzahl von Personen und Fällen, wie Konflikte zwischen Menschen sowie zwischen ihnen und Hoheitsträgern – insbesondere dem Staat – zu lösen sind.[2] Da Rechtsnormen mit staatlicher Autorität formuliert sind, muss der Staat auch für ihre Befolgung Gewähr leisten. Recht verpflichtet und kann – notfalls auch durch Einsatz des staatlichen Machtapparats – verbindlich durchgesetzt werden.[3]

> **Beispiele:** Rechtsnormen sind insbesondere Gesetze, wie z. B. § 823 Abs. 1 BGB, der für eine unbestimmte Vielzahl von Fällen verbindlich anordnet, dass derjenige, der fremdes Eigentum rechtswidrig und schuldhaft verletzt, dem Eigentümer zum Schadensersatz verpflichtet ist. Keine Rechtsnormen sind dagegen gerichtliche Urteile oder Verwaltungsakte, welche lediglich einen Einzelfall verbindlich entscheiden bzw. regeln. Keine Rechtsnormen sind auch Allgemeine Geschäftsbedingungen und Verträge, weil sie dem Einzelnen nicht vorgegeben sind, sondern nur infolge seiner Zustimmung für ihn gelten.

II. Sitte

5 Unter **Sitte** versteht man verhaltensleitende Bräuche und Gewohnheiten.[4] Oft besteht dabei in einer Gesellschaft keine einheitliche Vorstellung von Sitte. Vielmehr kann diese je nach Region oder Menschengruppe variieren. Eine Verhaltensweise, die an einem bestimmten Ort oder in einer bestimmten gesellschaftlichen Gruppe als allgemein anerkannt gilt, kann anderswo völlig unbekannt sein oder sogar auf Unverständnis stoßen.

> **Beispiel:** Arndt, Bert, Claus und Detlef spielen seit Jahren gemeinsam Deutsches Rommé mit Auslegen. Für sie ist es selbstverständlich, dass die Erstmeldung 40 Punkte umfasst und ohne Verwendung eines Jokers erfolgt. Als Ernie erstmals an der Runde teilnimmt, ist er entsetzt, weil er 30 Punkte für die Erstmeldung als ausreichend erachtet und gewohnt ist, hierbei auch Joker zu verwenden.[5]

6 Ebenso wie das Recht verlangt auch die Sitte ein bestimmtes äußeres Verhalten; innere Motive oder Einstellungen sind in der Regel nicht von Belang. Der entscheidende Unterschied zum Recht besteht allerdings in der Durchsetzbarkeit. Anders als bei Rechtsnormen kann die Befolgung von Verhaltensvorschriften, die aus einer Sitte resultieren, nicht mithilfe von staatlichem Zwang durchgesetzt werden.[6] Es handelt sich um **rein soziale Regeln**, deren Missachtung auch **nur soziale Konsequenzen** nach sich ziehen kann.[7]

---

[2] Vgl. *Larenz/Wolf* § 3 Rn. 1.

[3] *Boecken* Rn. 4, 6; *Bork* Rn. 4; *Larenz/Wolf* § 3 Rn. 3.

[4] Vgl. RG v. 01.11.1901, RGZ 49, 157, 162; *Boecken* Rn. 2; *Jhering*, Der Zweck im Recht, Bd. 2, S. 241 ff.

[5] Vgl. hierzu Wikipedia, Die freie Enzyklopädie, Stichwort: Rommé, Ziff. 1.6 und 1.12 (Stand 31.03.2013).

[6] *Boecken* Rn. 4; *Bork* Rn. 4, 6; MünchKommBGB/*Busche* § 157 Rn. 16 f.

[7] *Jhering*, Der Zweck im Recht, Bd. 2, S. 245.

Beispiel: Wenn sich Ernie im vorstehenden Beispiel (vgl. oben Rn. 5) nicht an die in der Gruppe üblichen Spielregeln hält, kann Arndt ihn nicht auf Einhaltung der Spielregeln verklagen. Er kann aber davon absehen, ihn zu einer weiteren Spielrunde einzuladen.

Wenn im Grundsatz auch gilt, dass Recht und Sitte streng voneinander zu unterscheiden sind, gibt es dennoch bestimmte Situationen, in denen die Sitte für das Recht von Bedeutung ist. Solche Überschneidungen bilden aber die Ausnahme und setzen stets voraus, dass die **Rechtsordnung** für eine ganz bestimmte Frage ausdrücklich **auf die Regeln der Sitte verweist**. Bspw. bestimmt § 157 BGB, dass Verträge so auszulegen sind, wie Treu und Glauben mit Rücksicht auf die Verkehrssitte es erfordern. Derartige Verweise finden sich nicht nur im BGB, sondern auch außerhalb. Für das Handelsrecht sieht z. B. § 346 HGB vor, dass unter Kaufleuten auf die im Handelsverkehr geltenden Gewohnheiten und Gebräuche Rücksicht zu nehmen ist.

7

III. Sittlichkeit

Die **Sittlichkeit (Moral)** wendet sich an die Gesinnung des Menschen. Moralische Verpflichtungen können in dem persönlichen Gewissen des Einzelnen, aber auch in einer Religion oder Weltanschauung ihren Grund haben. Auch die Sittlichkeit unterscheidet sich vom Recht in erster Linie in ihrer Verbindlichkeit bzw. Durchsetzbarkeit. Während das Recht mithilfe des Staates durchgesetzt werden kann, fehlt es bei der Sittlichkeit an solchen Sanktionen.[8] Da sich die Sittlichkeit an die Moral des Menschen richtet, kann ein Verstoß auch nur Folgen für das Innerste des Menschen, sein Gewissen, haben.[9]

8

Auch für die Sittlichkeit gilt, dass sie grds. streng vom Recht zu unterscheiden ist. Dennoch gibt es zum Teil Berührungspunkte, weil manche Rechtsnormen auf die Sittlichkeit verweisen. Dies gilt z. B. für **§ 138 Abs. 1 BGB**, der anordnet, dass Rechtsgeschäfte, die gegen die guten Sitten verstoßen, nichtig sind. Dabei mag der Begriff Sitte in diesem Zusammenhang zunächst Verwirrung stiften. Gemeint ist hierbei nicht die Sitte i. S. v. Bräuchen oder Gewohnheiten. Das Gesetz versteht hier vielmehr unter Sitte das Anstandsgefühl aller billig und gerecht Denkenden.[10] Den Rechtsanwender stellt eine solche Regelung freilich vor erhebliche Probleme, weil er ermitteln muss, was dem Anstandsgefühl eines anständigen Durchschnittsmenschen entspricht.[11] Auch das **Strafrecht** knüpft zum Teil an allgemeine Vorstellungen von Sittlichkeit an. Dies gilt bspw. für die Mordmerkmale des § 211 Abs. 2 Var. 4 StGB („sonst aus niedrigen Beweggründen"). Hierunter versteht man gemeinhin solche Motive, die sittlich auf niedrigster Stufe stehen und nach allge-

9

---

[8] *Boecken* Rn. 6; *Bork* Rn 7.

[9] *Boecken* Rn. 6.

[10] RG v. 11.04.1901, RGZ 48, 114, 124; BGH v. 09.07.1953, BGHZ 10, 228, 232; BGH v. 19.07.2004, NJW 2004, 2668, 2670; BGH v. 07.12.2011, NJW-RR 2012, 332, 335.

[11] Siehe unten § 11 Rn. 44 ff.

meinen Wertmaßstäben besonders verachtenswert sind.[12] Gemeinsam ist solchen Verweisen, dass sie nicht auf die Moralvorstellungen des Einzelnen, sondern immer auf eine herrschende Sozialmoral abstellen.

IV. Beispielsfall

10   Thorsten hat am 13. Oktober Geburtstag und wird 19 Jahre alt. Er wettet mit seinem Freund Walter um eine Flasche Champagner, dass seine Eltern ihm zum Geburtstag einen BMW im Wert von ca. 30.000 Euro schenken werden. An seinem Geburtstag erlebt Thorsten eine böse Überraschung. Statt eines Autos erhält er gar nichts von seinen Eltern geschenkt. Stattdessen fordert seine Mutter, dass sich sein häuslicher Aufgabenkreis zukünftig auch auf das Ausräumen der Geschirrspülmaschine erstrecken soll, solange er noch bei seinen Eltern lebt und von diesen unterhalten wird.

11   Thorsten wird sich zunächst die Frage stellen, ob er von seinen Eltern ein **Geburtstagsgeschenk** verlangen kann. Eine entsprechende Rechtsnorm, wonach Eltern dazu verpflichtet sind, ihrem Kind etwas zum Geburtstag zu schenken, existiert nicht. Zwar ist ein solches Verhalten in unserem Kulturkreis möglicherweise üblich, sodass man von einer sittlichen Pflicht (Brauch) sprechen kann. Anders als die Rechtspflicht kann die sittliche Pflicht aber gerade nicht mithilfe staatlicher Zwangsmittel durchgesetzt werden. Thorsten bleibt nur die Möglichkeit, seine Eltern zukünftig durch Abwesenheit „zu bestrafen".

12   Für Walter ist von Bedeutung, ob er von Thorsten auf Grund der **gewonnenen Wette** eine Flasche Champagner verlangen kann. Für Thorsten könnte sich eine entsprechende Rechtspflicht möglicherweise aus einem Vertrag ergeben, weil das Gesetz den Vertrag grds. für verpflichtend erklärt und in Aussicht stellt, dass dessen Erfüllung gegebenenfalls bei Gericht eingeklagt und im Wege der Zwangsvollstreckung durchgesetzt werden kann. Zu berücksichtigen ist hier jedoch § 762 Abs. 1 S. 1 BGB, wonach durch Spiel oder Wette eine Verbindlichkeit nicht begründet wird. Damit bestimmt eine Rechtsnorm ausdrücklich, dass eine Rechtspflicht zum Begleichen von Wettschulden nicht besteht, weshalb Walter von Thorsten keinen Champagner verlangen kann. Allenfalls könnte man wieder eine sittliche Pflicht des Thorsten (Brauch) oder eine moralische Pflicht (Sittlichkeit) in Betracht ziehen (Spielschulden sind Ehrenschulden). Dies hilft Walter aber nicht weiter, weil eine solche Pflicht nicht zwangsweise durchgesetzt werden kann.

13   Schließlich will Thorstens Mutter wissen, ob sie von diesem Mitarbeit im Haushalt verlangen kann. Nach § 1619 BGB ist das Kind, solange es dem elterlichen Hausstand angehört und von den Eltern erzogen und unterhalten wird („… solange Du Deine Füße unter meinen Tisch stellst …"), u. a. verpflichtet, den Eltern in ihrem Hauswesen Dienste zu leisten. Damit besteht hier grds. eine Rechtspflicht des

---

[12] Vgl. BGH v. 24.06.2004, NJW 2004, 3051, 3054; BGH v. 08.03.2012, NStZ 2012, 441, 442.

Thorsten, seiner Mutter im Haushalt zu helfen.[13] Ob daneben möglicherweise auch von einer sittlichen oder moralischen Pflicht des Thorsten gesprochen werden kann, ist deshalb nicht von Belang.

C. Entstehung des Rechts und Rechtsquellen

I. Die Entstehung von Rechtsnormen

Der Begriff der Rechtsordnung umfasst die Gesamtheit der geltenden Rechtsnormen. Hierzu gehören weder Sitte noch Sittlichkeit. Andererseits besteht die Rechtsordnung nicht lediglich aus Gesetzen. Vielmehr können Rechtsnormen auch als Gewohnheitsrecht entstehen, welches neben dem Gesetz (gesetztes, d. h. geschriebenes Recht) als weitere Rechtsquelle in Betracht kommt. Keine eigene Rechtsquelle, weil kein eigener Entstehungsgrund für verbindliche Rechtsnormen, ist das Richterrecht, welches jedoch als Rechtserkenntnisquelle eine erhebliche praktische Bedeutung erlangt.[14]   **14**

II. Gesetztes Recht

1. Überblick

Das gesetzte (geschriebene) Recht ist dadurch gekennzeichnet, dass es von den **Rechtssetzungsorganen** einer Gemeinschaft **ausdrücklich normiert wird**. Je nach Rechts- und Kulturkreis kann die Bedeutung von gesetztem Recht aber sehr unterschiedlich ausgeprägt sein. So hat es im angloamerikanischen ebenso wie im klassischen römischen Recht eine vergleichbar geringe Relevanz. Anders dagegen im kontinentalen Rechtskreis. Hier ist das gesetzte Recht vorherrschend. Gesetztes nationales Recht tritt in vier verschiedenen Erscheinungsformen auf, und zwar in Form von Verfassung(en), Gesetzen, Rechtsverordnungen und Satzungen.[15]   **15**

2. Verfassungsnormen

Wichtigste nationale Rechtsquelle ist das Grundgesetz für die Bundesrepublik Deutschland (GG). Es bindet nach Art. 1 Abs. 3 und Art. 20 Abs. 3 GG alle   **16**

---

[13] Zu beachten ist jedoch, dass nach allg. A. auf den Anspruch aus § 1619 BGB die Vorschrift des § 888 Abs. 3 ZPO analoge Anwendung findet, weshalb eine Durchsetzung im Wege der Zwangsvollstreckung ausscheidet.

[14] *Boecken* Rn. 16; *Krebs/Becker* JuS 2013, 97; *Larenz/Wolf* § 3 Rn. 39.

[15] Zum Einfluss des Gemeinschaftsrechts auf das Privatrecht, vgl. unten § 2 Rn. 15 ff.

staatliche Gewalt und damit auch den Gesetzgeber, weshalb es bei allen weiteren Rechtssetzungsakten zu berücksichtigen ist. Daraus ergibt sich eine hierarchische Überordnung des GG gegenüber allen weiteren Gesetzgebungsakten. Das GG beinhaltet die wichtigsten Regeln über Aufbau und Organisation des Staats. Zudem enthält es einen Grundrechtskatalog (Art. 1–19 GG), in welchem dem Bürger eine Reihe besonders geschützter Rechte gegenüber dem Staat eingeräumt sind. Die **Grundrechte** beinhalten aber nicht nur subjektive Rechte des Einzelnen gegen die Staatsgewalt, sondern auch eine Reihe **höchster Wertnormen** des Gemeinwesens, die als objektive Wertordnung generelle Beachtung finden (sog. objektiv-rechtliche Funktion der Grundrechte).[16] Hieraus kann sich eine Verpflichtung des Gesetzgebers ergeben, zum Schutz der Grundrechte Rechtsnormen zu erlassen (Schutzgebotsfunktion der Grundrechte).[17]

3. Gesetze

17 Die für die praktische Rechtsanwendung bedeutsamste Rechtsquelle sind Gesetze. Das **förmliche Gesetz** (Gesetz im formellen Sinn) ist dadurch gekennzeichnet, dass es in einem von der Verfassung vorgesehenen förmlichen Gesetzgebungsverfahren durch das von der Verfassung hierfür bestimmte Gesetzgebungsorgan erlassen wird. Gesetzgebungsorgane sind dabei stets die Parlamente als Repräsentanten des Volkswillens. Je nachdem, ob es sich um ein Bundesgesetz oder ein Landesgesetz handelt, ergibt sich das Gesetzgebungsverfahren aus den Art. 70 ff. GG oder aus den jeweiligen Landesverfassungen.

18 Gesetzen ist gemeinsam, dass sie grds. abstrakt-generelle Regelungen für eine unbestimmte Vielzahl von Personen und Fällen – also Rechtsnormen – enthalten. Man spricht insoweit auch von **Gesetzen im materiellen Sinn.**

> **Beispiel:** Nach § 314 BGB kann jeder Vertragsteil ein Dauerschuldverhältnis aus wichtigem Grund kündigen. Dieses Recht besteht, ggf. auf Grund einer Sondervorschrift (vgl. § 626 BGB), in allen Dauerschuldverhältnissen. Es gilt also für eine unbestimmte Vielzahl von Personen und Fällen, weshalb es sich um eine Rechtsnorm handelt. Dementsprechend enthält das BGB Rechtsnormen und ist damit ein Gesetz im materiellen Sinn. Da es zudem vom parlamentarischen Gesetzgeber in einem von der Verfassung vorgesehenen förmlichen Gesetzgebungsverfahren erlassen wurde, ist es gleichzeitig auch ein förmliches Gesetz.

19 Es gibt allerdings auch förmliche Gesetze, die keine Rechtsnormen enthalten, sondern bspw. nur innerorganisatorische Angelegenheiten des Staates betreffen (z. B. Haushaltsplan des Bundes, vgl. Art. 110 GG). Derartige Gesetze werden als Gesetze im nur formellen Sinn bezeichnet.

---

[16] Zum Einfluss der Grundrechte auf das Zivilrecht, siehe unten § 2 Rn. 12 ff.
[17] Vgl. BVerfG v. 07.02.1990, NJW 1990, 1469, 1470.

4. Rechtsverordnungen und Satzungen

Nicht alle Gesetze werden vom parlamentarischen Gesetzgeber in einem förmli- **20**
chen Gesetzgebungsverfahren erlassen. Von den Gesetzen im formellen Sinn sind
die sog. Gesetze im nur materiellen Sinn zu unterscheiden. Hierzu zählen Rechtsverordnungen und Satzungen.

Rechtsverordnungen werden von der Exekutive, d. h. von einer Regierung, von **21**
Ministern oder von Verwaltungsbehörden auf Grund einer gesetzlichen Ermächtigung (Art. 80 Abs. 1 S. 1 GG) erlassen. Sie sind ein unentbehrliches Instrument der
modernen Verwaltung, denn der Gesetzgeber wäre überfordert, müsste er sich selbst
mit sämtlichen Detailfragen befassen. Dazu ist die vollziehende Gewalt auf Grund
ihrer umfangreichen Verwaltungspraxis in der Regel besser geeignet. Die damit ein-
hergehende Durchbrechung des Gewaltenteilungsprinzips ist verfassungsrechtlich
unbedenklich, weil die Exekutive nur auf Grund einer gesetzlichen Ermächtigung
der Legislative und unter Berücksichtigung enger Voraussetzungen (Art. 80 Abs. 1
S. 2 GG) tätig werden darf. Zudem stehen Rechtsverordnungen im Rang unter dem
formellen Gesetz und dürfen sich deshalb zu diesem nicht in Widerspruch setzen.

Gesetze im nur materiellen Sinn sind auch **Satzungen**, die von den mit Selbst- **22**
verwaltungsbefugnissen versehenen Körperschaften, Stiftungen und Anstalten des
öffentlichen Rechts zur Regelung ihrer eigenen Angelegenheiten erlassen werden.
Das Recht zum Erlass einer Satzung (Satzungsautonomie) muss dem Verband dabei durch staatliches Gesetz zugestanden sein. Von solchen, auf Grund hoheitlicher
Befugnisse erlassenen Satzungen, sind die Satzungen privatrechtlicher Vereine zu
unterscheiden. Diese enthalten keine Rechtsnormen, sondern bloße privatautonome
Regelungen, welche die eigenen Angelegenheiten des privatrechtlichen Verbands
betreffen.[18]

Gesetze im nur materiellen Sinn unterscheiden sich vom förmlichen Gesetz also **23**
in erster Linie durch den Normgeber. In materieller Hinsicht haben sie dagegen
dieselbe Funktion. Rechtsverordnungen und Satzungen enthalten abstrakt-generelle
Regelungen, die genauso beachtet werden müssen wie die durch formelles Gesetz
erlassenen Rechtsnormen.

III. Gewohnheitsrecht[19]

Rechtsnormen müssen nicht zwingend durch ein Rechtssetzungsorgan erlassen und **24**
schriftlich fixiert sein. Recht kann auch durch **langjährige tatsächliche Übung**
(*usus*), die von der **Rechtsüberzeugung** der Beteiligten (*opinio iuris*) getragen ist,

---

[18] Zur besonderen Rechtssetzungsmacht der Tarifvertragsparteien vgl. BAG v. 27.05.2004, NZA
2004, 1399.
[19] Vgl. zur Entstehung von Gewohnheitsrecht ausführlich *Krebs/Becker* JuS 2013, 97, 98 ff.

entstehen.[20] Man spricht vom sog. Gewohnheitsrecht oder auch ungeschriebenen Recht. Anders als das gesetzte Recht wird das Gewohnheitsrecht den Normunterworfenen nicht von oben, d. h. vom Gesetzgeber auferlegt. Es beruht auf einem allgemeinen Rechtsgeltungswillen der Gemeinschaft, bildet sich also gewissermaßen „von unten" heraus. Für den einzelnen Normunterworfenen ist es gleichwohl vorgegeben und gilt nicht nur, weil er dessen Geltung will.

> **Beispiel 1:** Der allgemeine arbeitsrechtliche Gleichbehandlungsgrundsatz gilt kraft Gewohnheitsrecht.[21] Er gebietet dem Arbeitgeber, seine Arbeitnehmer oder Gruppen von Arbeitnehmern, die sich in vergleichbarer Lage befinden, gleich zu behandeln. Der Arbeitgeber darf einzelne Arbeitnehmer oder Gruppen von Arbeitnehmern im Vergleich zu anderen, vergleichbaren Arbeitnehmern nicht willkürlich, also sachfremd, schlechter stellen.

> **Beispiel 2:** Die Gebrauchsmöglichkeit eines Kfz stellt nach allgemeiner Rechtsauffassung grundsätzlich ein vermögenswertes Gut dar, weshalb der Unfallverursacher dem Geschädigten auch den Nutzungsausfall, der insbesondere entsteht, solange sich ein beschädigtes Kfz zu Reparaturzwecken in der Werkstatt befindet, zu ersetzen hat.[22]

25 Das Gewohnheitsrecht steht in seiner Wirkung dem gesetzten Recht gleich.[23] Das ergibt sich unmittelbar aus **Art. 2 EGBGB**, in dem es heißt: „Gesetz im Sinne des Bürgerlichen Gesetzbuchs … ist jede Rechtsnorm". Es besteht also keine Normhierarchie in dem Sinne, dass gesetztes Recht dem Gewohnheitsrecht vorgehen würde. Gewohnheitsrecht kann das geschriebene Recht nicht nur ergänzen oder konkretisieren, es kann dieses auch abändern. Wie jedes Gesetz darf es allerdings nicht gegen Verfassungsrecht verstoßen.

IV. Richterrecht

26 Vereinzelt wird als Rechtsquelle auch das sog. Richterrecht, d. h. eine feste, gleichförmige Rspr. benannt.[24] Dies entspricht allerdings zu Recht nicht der h. A.[25]

27 Aufgabe der Rspr. ist es grds., eine vorgefundene Norm auf einen konkreten Sachverhalt anzuwenden (Art. 20 Abs. 3, Art. 97 Abs. 1 GG). Allerdings enthält Rspr. auch Elemente der „Rechtserzeugung", wenn es um Rechtsfortbildung und Lückenfüllung geht. Kein Gesetzgeber kann derart vorausblickend sein, dass er alle typischerweise zu regelnden Lebens- und Konfliktlagen mit seinen Normierungen erfasst.[26] Bewusst oder unbewusst werden bestimmte Fragen nicht geregelt, obwohl sie einer Regelung bedürfen. Es entstehen dadurch unvermeidbar Lücken in der

---

[20] BVerfG v. 18.02.1970, NJW 1970, 851; BGH v. 19.06.1962, NJW 1962, 2054, 2055 f.; *Larenz/ Wolf* § 3 Rn. 31.

[21] *Boemke*, ArbR, § 5 Rn. 121; MünchKommBGB/*Müller-Glöge* § 611 Rn. 1122.

[22] Vgl. BGH v. 10.06.2008, NJW-RR 2008, 1198,

[23] Vgl. Prot. I, S. 3 f. – Anders noch Mot. I, S. 6 ff.

[24] Vgl. *Leipold* Rn. 2.

[25] *Boecken* Rn. 16; *Bork* Rn. 12; *Krebs/Becker* JuS 2013, 97.

[26] Mot. I, S. 16.

Rechtsordnung, die – soweit möglich – aus Gründen der Gerechtigkeit zu beseitigen sind, weil das angerufene Gericht den ihm überantworteten Rechtsstreit entscheiden muss und eine **Entscheidung nicht unter Hinweis auf eine gesetzliche Lücke verweigern** darf.[27] Vielmehr muss die Rspr., welche nach Art. 20 Abs. 3 GG nicht nur an das Gesetz, sondern auch an das Recht gebunden ist, in solchen Fällen die gefundenen Lücken im Wege der richterlichen Rechtsfortbildung schließen und den Rechtsstreit entscheiden. Dies hat der Gesetzgeber vereinzelt ausdrücklich anerkannt (vgl. § 45 Abs. 4 ArbGG, § 70 Abs. 2 S. 1 Nr. 2 FamFG, § 543 Abs. 2 S. 1 Nr. 2 ZPO).

Erhebliche Bedeutung kommt der richterlichen Rechtsfortbildung vor allem **im Arbeitsrecht** zu. Das gilt im besonderen Maße für das Koalitionsrecht. Der Gesetzgeber ist seiner Aufgabe, die Befugnisse der Koalitionen (vgl. Art. 9 Abs. 3 GG) näher auszugestalten und zu regeln, bisher nur in einem Teilgebiet, dem Tarifvertragsrecht, durch Schaffung des TVG nachgekommen. Dagegen ist das Arbeitskampfrecht ebenso wie das Recht der gewerkschaftlichen Betätigung im Betrieb bisher nicht gesetzlich geregelt.[28]   **28**

Richterliche Entscheidungen setzen allerdings unmittelbar keine Rechtsnormen. Sie sind deshalb keine Rechtsquelle, sondern **nur** eine **Rechtserkenntnisquelle**. Die Gerichte entscheiden nur über die Rechtslage im konkreten Einzelfall, weshalb die richterliche Entscheidung schon nicht den für Rechtsnormen typischen abstrakt-generellen Regelungscharakter aufweist. Als Ausnahme von diesem Grundsatz sieht § 31 Abs. 2 S. 1, 2 BVerfGG vor, dass bestimmten Entscheidungen des Bundesverfassungsgerichts Gesetzeskraft zukommt. Die übrigen Gerichtsentscheidungen können dagegen allenfalls mittelbar als Rechtsquelle dienen, wenn sich daraus nach den oben genannten Grundsätzen Gewohnheitsrecht bildet.   **29**

Obwohl Richterrecht danach grds. als eigene Rechtsquelle ausscheidet, kommt ihm in der Praxis eine **erhebliche Bedeutung** zu, die zum Teil an die echter Rechtsnormen heranreicht. Das gilt vor allem für die gleichförmige Rspr. der obersten Bundesgerichte. Will ein Gericht von der Entscheidung eines Obergerichts, insbesondere von der Rspr. des BGH, abweichen, besteht die Gefahr, dass die Entscheidung in einem höheren Rechtszug aufgehoben wird. Dies verursacht für die Parteien unnötige Kosten.[29] Daher werden sich die Instanzgerichte in der Regel an den Entscheidungen des BGH orientieren und nur dann hiervon abweichen, wenn die Aussicht besteht, dass das höhere Gericht seine bisherige Rspr. aufgibt. Hinzu kommt, dass die Bürger auch auf die Gleichförmigkeit und Beständigkeit einer einmal durch die Rspr. formulierten Regel vertrauen. Sie gehen davon aus, dass die Gerichte gleich gelagerte Fälle nicht unterschiedlich entscheiden werden. Dies berücksichtigen Gerichte regelmäßig vor einer Änderung ihrer Rechtsprechungspraxis. Für den Rechtsanwalt bedeutet dies etwa, dass er die veröffentlichten höchstrichterlichen Entscheidungen kennen und berücksichtigen muss.[30] Beachtet er diese   **30**

---

[27] BAG v. 28.02.2006, NZA 2006, 798, 802.

[28] Vgl. BAG v. 28.02.2006, NZA 2006, 798, 801.

[29] Vgl. Staudinger/*Coing/Honsell* Einleitung Rn. 116.

[30] Vgl. BGH v. 20.12.1978, NJW 1979, 877.

Entscheidungen nicht, begeht er eine Verletzung seiner Pflichten aus dem Mandats-vertrag und ist seinem Mandanten zum Schadensersatz verpflichtet. All dies führt letztlich zu einer – wenn auch nicht rechtlichen, so doch zumindest „faktischen" – Verbindlichkeit des Richterrechts.

Literatur

Boecken (2012) BGB – Allgemeiner Teil. 2. Aufl
Boemke (2004) Studienbuch Arbeitsrecht. 2. Aufl
Bork (2011) Allgemeiner Teil des Bürgerlichen Gesetzbuchs. 3. Aufl
Jhering (1884/1886) Der Zweck im Recht. 2. Aufl
Krebs/Becker (2013) Entstehung und Abänderbarkeit von Gewohnheitsrecht. JuS 2013, 97
Larenz/Wolf (2004) Allgemeiner Teil des deutschen Bürgerlichen Rechts. 9. Aufl
Leipold (2010) BGB I – Einführung und Allgemeiner Teil. 6. Aufl
MünchKommBGB (2012) Münchener Kommentar zum Bürgerlichen Gesetzbuch. 6. Aufl
Staudinger (Stand 31.03.2013) Kommentar zum Bürgerlichen Gesetzbuch. 13. Bearb

§ 2 Privatrecht und Bürgerliches Recht

Literaturhinweise: *Boemke/Gründel*, Grundrechte im Arbeitsverhältnis, ZfA 2001, 245; *Canaris*, Grundrechte und Privatrecht, AcP 184 (1984), 202; *Hager*, Grundrechte im Privatrecht, JZ 1994, 373; *Laufs*, Die Begründung der Reichskompetenz für das gesamte bürgerliche Recht, JuS 1973, 740; *Wolf/von Bismarck*, Kaufmann, Unternehmer, Verbraucher – wann gilt das BGB, wann das HGB, wann Verbraucherrecht?, JA 2010, 841.

A. Abgrenzung Privatrecht und Öffentliches Recht

I. Bedeutung der Abgrenzung

Innerhalb der Rechtsordnung werden gemeinhin privatrechtliche und öffentlich-rechtliche Normen unterschieden. Dabei regelt die Gesamtheit der privatrechtlichen Rechtsnormen (sog. **Privatrecht**) die Beziehung der einzelnen, gleich geordneten Mitglieder der Gemeinschaft zueinander. Demgegenüber erfasst die Gesamtheit der öffentlich-rechtlichen Normen (sog. **Öffentliches Recht**) die Beziehungen des Einzelnen zum Staat oder zu anderen Trägern hoheitlicher Gewalt sowie das Verhältnis der Hoheitsträger und ihrer Organe zueinander. Das **Strafrecht** nimmt bei dieser Unterteilung nicht die Stellung eines dritten Rechtsgebiets ein, sondern ist Teil des Öffentlichen Rechts. Gerade in diesem Bereich tritt der Staat dem Bürger ganz intensiv gegenüber, wenn er strafrechtliche Sanktionen verhängt. Als weitere wichtige Materien zählen zum Öffentlichen Recht (und damit nicht zum Privatrecht): Völkerrecht, Verfassungsrecht, Verwaltungsrecht, Steuerrecht sowie Verfahrensrecht.

Die Unterscheidung zwischen Privatrecht und Öffentlichem Recht ist schwierig aber notwendig. Sie hat zunächst Bedeutung für den **Rechtsweg**. Für privatrechtliche Streitigkeiten sind nach § 13 GVG die ordentlichen bzw. nach § 2 Abs. 1 ArbGG die Arbeitsgerichte zuständig. Für öffentlich-rechtliche Streitigkeiten nicht verfassungsrechtlicher Art sind dagegen die Verwaltungs-, Sozial- und Finanzgerichte zuständig (vgl. für die Verwaltungsgerichte § 40 Abs. 1 S. 1 VwGO).

3   Außerdem ist die Unterscheidung bedeutsam für die **Auswahl der einschlägigen Rechtssätze**, weil bürgerlich-rechtliche Regelungen grds. nicht für das ho-
heitliche Handeln des Staats gelten. Hiervon ging bereits der historische Gesetzgeber aus, der die Vorschriften über Rechtsgeschäfte explizit auf privatrechtliche
Erklärungen ausrichtete.[1] Dem liegt zu Grunde, dass das Bürgerliche Recht von der
Gleichheit der Rechtsbetroffenen ausgeht. Dies rechtfertigt es, diesen untereinander
weitgehend die freie Gestaltung ihrer Verhältnisse zu überlassen. Im Öffentlichen
Recht ist diese Gleichheit jedenfalls dort nicht gegeben, wo der Staat mit seiner
Macht dem Bürger gegenübertritt. Der Bürger befindet sich gegenüber dem Staat
in einer besonderen Gefährdungslage, der insbesondere die Grundrechte Rechnung
tragen. Dies schließt aus, dass der Staat vergleichbar einem Privaten frei handeln
kann. Vielmehr bedarf der Staat für sein Handeln grds. einer Ermächtigungsgrund-
lage. Außerdem bedarf es zum Schutz der Privaten vielfach besonderer rechtlicher
Regelungen (vgl. §§ 54 ff. VwVfG), wenn der Staat typische privatrechtliche Hand-
lungsformen (Vertrag) nutzt.

II. Abgrenzungstheorien

4   Die Abgrenzung zwischen beiden Bereichen kann nicht allein danach erfolgen, ob
an dem Rechtsverhältnis ein Hoheitsträger beteiligt ist oder nicht, weil anerkannt
ist, dass auch der Staat privatrechtlich handeln kann (sog. **fiskalisches Handeln**).
Bspw. ist kein Grund erkennbar, warum der Staat Büroartikel nach anderen Rechts-
regeln kaufen soll als ein Privater. Entsprechendes gilt für das Verhältnis des Staats
als Arbeitgeber zu seinen Arbeitnehmern. Um gleichwohl eine Abgrenzung vornehmen zu können, wurde eine **Vielzahl an Theorien** entwickelt. Die bekanntesten
sind:

1. Nach der **Interessentheorie** ist eine Rechtnorm dem Öffentlichen Recht zuzuordnen, wenn sie überwiegend öffentlichen Interessen dient. Dagegen sind privatrechtliche Rechtsnormen solche, die überwiegend Individualinteressen zu
   dienen bestimmt sind. Der Interessentheorie ist entgegenzuhalten, dass es auch
   öffentlich-rechtliche Rechtsnormen gibt, die Privatinteressen berücksichtigen,
   so z. B. das Baunachbarrecht. Umgekehrt berücksichtigt das Privatrecht auch
   Allgemeininteressen wie z. B. die Sicherheit des Rechtsverkehrs.
2. Die **Subordinationstheorie** stellt darauf ab, in welchem Verhältnis sich die
   Beteiligten gegenüberstehen. Das Öffentliche Recht ist hiernach geprägt durch
   ein Über- und Unterordnungsverhältnis, wohingegen sich die Beteiligten im
   Privatrecht in einem Verhältnis der Gleichordnung gegenübertreten.[2] Aber auch
   die Subordinationstheorie verhilft nicht in jedem Fall zu einer klaren Abgrenzung. Sie bezieht sich in erster Linie auf den Bereich der Eingriffsverwaltung,
   berücksichtigt aber nicht, dass auch die Verwaltung gegenüber dem Bürger auf

---

[1] Mot. I, S. 126.
[2] BGH v. 10.07.1954, BGHZ 14, 222, 226 f.

einer Stufe der Gleichordnung handeln kann (z. B. bei Abschluss eines Verwaltungsvertrags, §§ 54 ff. VwVfG). Umgekehrt können mehrere gleichgeordnete Hoheitsträger in eine öffentlich-rechtliche Rechtsbeziehung zueinander treten (z. B. Staatsvertrag).

3. Nach der herrschenden **modifizierten Subjektstheorie** gehört eine Rechtsnorm zum Öffentlichen Recht, wenn sie ausschließlich den Staat oder einen anderen Hoheitsträger besonders berechtigt oder verpflichtet, d. h. einen Hoheitsträger als solchen anspricht.[3] Demgegenüber umfasst das Privatrecht alle Rechtsnormen, die beliebige Personen berechtigen oder verpflichten.

Beispiele: (1) Nach § 611 BGB ist der Dienstverpflichtete zur Erbringung der geschuldeten Dienste und der Dienstberechtigte zur Zahlung der vereinbarten Vergütung verpflichtet. Dienstberechtigter und Dienstverpflichteter kann jedermann sein, weshalb diese Norm dem Privatrecht zuzuordnen ist. (2) Dagegen können nach § 2 BauGB nur Gemeinden Bebauungspläne aufstellen, um die Bebauung von Grundstücken verbindlich zu steuern. Es werden ausschließlich Gemeinden in ihrer Eigenschaft als Selbstverwaltungseinheit, d. h. Träger hoheitlicher Gewalt, berechtigt, weshalb es sich um eine Rechtsnorm des öffentlichen Rechts handelt. (3) Nach § 3 Abs. 1 SächsPolG können nur Polizeibehörden, d. h. besondere staatliche Stellen, Verwaltungsakte zur Gefahrenabwehr erlassen. Vorstehende, zudem ein typisches Über- und Unterordnungsverhältnis beschreibende Regelung zählt somit zum öffentlichen Recht.

B. Das Bürgerliche Recht als Teil des Privatrechts

Das Privatrecht lässt sich wiederum in das **allgemeine Privatrecht** (Bürgerliches Recht) und in das **Sonderprivatrecht** untergliedern. Während das bürgerliche Recht für sämtliche Rechtsgenossen und Rechtsbeziehungen, d. h. für jedermann gilt, ist das Sonderprivatrecht in seinem Anwendungsbereich beschränkt. Es macht seine Geltung vom Vorliegen bestimmter Voraussetzungen in der Person eines Beteiligten abhängig und findet deshalb nur für einzelne Berufsgruppen oder Lebensbereiche Anwendung.[4]   5

Beispiel: Während die Vorschriften des BGB über den Kauf (vgl. §§ 433 ff. BGB) für jedermann gelten, soweit er einen Kaufvertrag schließt, gelten die Vorschriften über Handelsgeschäfte (vgl. §§ 343 ff. HGB) nur für Kaufleute.

Die Abgrenzung des allgemeinen Privatrechts vom Sonderprivatrecht lässt sich somit danach vornehmen, ob die Regelungen abstrakt für jedermann gelten oder ob sie nur einschlägig sind, soweit ein Rechtsunterworfener bereits zuvor einen bestimmten **Status** (z. B. Kaufmann) besitzt.   6

Beispiel: Danach sind Arbeitsrecht und Verbraucherrecht kein Sonderprivatrecht, weil jedermann ein Arbeitsverhältnis begründen und zumindest jede natürliche Person Verbrau-

---

[3] GmS-OGB v. 29.10.1987, NJW 1988, 2295, 2296.

[4] *Leipold* Rn. 18; *Medicus* Rn. 13.

cher sein kann. Die Eigenschaft als Arbeitgeber oder -nehmer bzw. Verbraucher ist dem Rechtsgeschäft nicht vorgelagert, sondern entsteht im Zusammenhang mit dem betreffenden Rechtsgeschäft.

7 Die Abgrenzung erfolgt aber nicht immer derart konsequent und trennscharf. Vielmehr wird vielfach bereits dort von Sonderprivatrecht gesprochen, wo für einen bestimmten Lebensbereich **besondere Interessen** bestehen, welche in die Auslegung, Fortbildung und Anwendung des Rechts einfließen sollen.[5]

> **Beispiel:** Bei dieser Sichtweise werden insbesondere das Arbeits- und das Verbraucherrecht zum Sonderprivatrecht.[6] Setzt man diesen Gedanken konsequent fort, handelt es sich aber auch beim Kaufrecht, beim Mietrecht, beim Eherecht usw. um Sonderprivatrecht.

8 Bereits die Unsicherheit über das maßgebliche Abgrenzungskriterium zeigt, dass der Unterscheidung zwischen allgemeinem Privatrecht und Sonderprivatrecht **kaum Bedeutung** zukommen kann. Die Unterscheidung ist (insbesondere bzgl. des Handelsrechts) historisch gewachsen. Teilweise beruht sie auch darauf, dass der Gesetzgeber für bestimmte Lebensbereiche eigenständige Kodifikationen geschaffen hat. Hieraus folgt allerdings nicht unbedingt die Herausbildung eines Sonderprivatrechts. Anderenfalls hätte der Gesetzgeber kürzlich durch die Schaffung des AGG ein neues Sonderprivatrecht geschaffen.

9 Insgesamt ist gegenüber dem Herausbilden eines „Sonderprivatrechts" **Skepsis** angezeigt, weil hierdurch zu leicht eine rechtlich nicht abgesicherte Abkoppelung einzelner Bereiche des Privatrechts erfolgt. Es geht der Blick für das große Ganze verloren und es wird zu wenig reflektiert, wie eine bestimmte Rechtsfrage in anderen Bereichen des Privatrechts beantwortet wird. Es besteht die Gefahr, dass zunächst ein Sonderprivatrecht postuliert und anschließend dieses Postulat als Rechtfertigung für eine im Vergleich zum sonstigen Privatrecht abweichende Auslegung oder Fortbildung des Rechts herangezogen wird.

> **Beispiel:** Die abstrakte Rechtsfrage, ob derjenige, der ein Rechtsgeschäft vorgenommen und dem Gegner seine Gründe hierfür mitgeteilt hat, hieran gebunden ist oder Gründe nachschieben kann, wird im Miet- und im Arbeitsrecht unterschiedlich beantwortet. Für das Arbeitsrecht ist anerkannt, dass der Arbeitgeber, der die Kündigung eines Arbeitnehmers (vgl. § 1 KSchG) zunächst mit einem Grund begründet, individualrechtlich berechtigt ist, weitere, im Zeitpunkt des Zugangs der Kündigung bereits objektiv gegebene Gründe, nachzuschieben.[7] Dies gilt auch, wenn ihm die weiteren Gründe bereits bei Ausspruch der Kündigung bekannt waren. Erleidet der Arbeitnehmer durch das Nachschieben von Gründen Nachteile, ist der Arbeitgeber ggf. zum Schadensersatz verpflichtet. Für das Mietrecht wird dagegen, zurückgehend auf das RG,[8] ohne weitere Begründung davon ausgegangen, dass ein Vermieter, der nach § 540 Abs. 1 S. 2 BGB Gründe für die Verweigerung der Zustimmung zur Untervermietung benannt hat, an diese gebunden ist und keine (ihm bereits bekannten Gründe) nachschieben darf. Da sich Arbeits- und Mietrecht von einander isoliert haben, wird (soweit ersichtlich) nicht einmal die Frage aufgeworfen, warum die bei

---

[5] Vgl. *Wolf/Neuner* § 7 Rn. 10.

[6] So *Brox/Walker* § 1 Rn. 17 (Arbeitsrecht); *Köhler* § 2 Rn. 9 (Arbeitsrecht); *Larenz/Wolf* § 1 Rn. 57, 59 f. (Arbeits- und Verbraucherrecht).

[7] Vgl. hierzu BAG v. 17.08.1972, AP BGB § 626 Nr. 65; *Boemke*, ArbR, § 13 Rn. 138 f.

[8] RG v. 16.09.1910, RGZ 76, 178.

abstrakter Betrachtung identische Rechtsfrage unterschiedlich beantwortet wird. Erst recht ist keine plausible Erklärung hierfür erkennbar.

Eigen ist den als Sonderprivatrecht benannten Regelungsbereichen, dass für sie keine umfassende und in sich abgeschlossene Kodifikation besteht, sondern sie auf dem allgemeinen Privatrecht in Gestalt des BGB aufbauen.[9] Das Sonderprivatrecht trägt jeweils den Besonderheiten der geregelten Lebensbereiche Rechnung, indem es für bestimmte Fälle spezielle Vorschriften normiert. Im Übrigen bleiben die Regelungen des allgemeinen Privatrechts anwendbar. **10**

> **Beispiel:** Das Handelsrecht regelt nicht eigenständig, wie ein Vertrag abgeschlossen wird. Deshalb gelten insoweit die Vorschriften des BGB. Nur in einzelnen Punkten findet eine Ergänzung oder Abänderung statt. So regelt z. B. § 350 HGB, dass die Bürgschaftserklärung (abweichend von § 766 BGB) nicht der Schriftform bedarf, sofern die Bürgschaft auf Seiten des Bürgen ein Handelsgeschäft i. S. v. § 343 HGB ist.

C. Rechtsquellen des Privatrechts

I. Einfaches Recht

Den einfachrechtlichen Kern des allgemeinen Privatrechts bildet seit dem 01.01.1900 das **BGB**. Es wird umgeben und ergänzt durch zahlreiche privatrechtliche Nebengesetze wie z. B. das AGG, das ProdHaftG, das BeurkG oder das WEG. Die Regelungen des Sonderprivatrechts verteilen sich auf eine Vielzahl unterschiedlicher Spezialgesetze. Für das Handelsrecht als Sonderprivatrecht der Kaufleute sind hier insbesondere das HGB, das AktG und das GmbHG zu nennen. **11**

II. Bedeutung der Grundrechte für das Privatrecht[10]

Erheblichen Einfluss auf Auslegung, Fortentwicklung und Anwendung des einfachrechtlichen Privatrechts besitzen die Grundrechte. Bei ihnen handelt es sich nach heutigem Verständnis nicht ausschließlich um subjektive Abwehrrechte gegenüber dem Staat. Vielmehr kommt in ihnen auch eine **objektive Wertordnung** zum Ausdruck, die alle Bereiche des Rechts beeinflusst.[11] **12**

Nach Art. 1 Abs. 3 GG binden die Grundrechte zunächst zwar nur den Staat, weshalb sie mit Ausnahme von Art. 9 Abs. 3 GG im Privatrecht nicht unmittelbar gelten. Allerdings entfalten sie eine **mittelbare Drittwirkung** über die grundrechtskonforme Auslegung privatrechtlicher Regelungen.[12] Insbesondere die Gene- **13**

---

[9] *Leipold* Rn. 19; *Medicus* Rn. 14; *Wolf/Neuner* § 7 Rn. 3, 11.

[10] Vgl. ausführlich *Boemke/Gründel* ZfA 2001, 245; *Canaris* AcP 184 (1984), 202.

[11] BVerfG v. 15.01.1958, NJW 1958, 257.

[12] BVerfG v. 15.01.1958, NJW 1958, 257; BVerfG v. 19.10.1993, NJW 1994, 36, 38. – Abw. *Hager* JZ 1994, 373.

ralklauseln des BGB (z. B. §§ 138 Abs. 1, 242, 826 BGB) mit ihren unbestimmten
Rechtsbegriffen („gute Sitten" oder „Treu und Glauben") müssen verfassungskonform im Licht der Grundrechte ausgelegt und konkretisiert werden und dienen damit als „Einfallstor der Grundrechte" ins Privatrecht.

> **Beispiel:** Die Aufforderung des Vorsitzenden eines Presseklubs zum Boykott eines gerade
> in der Herstellung befindlichen Films muss nicht als vorsätzliche sittenwidrige Schädigung
> i. S. v. § 826 BGB angesehen werden, wenn sie als Meinungsäußerung (Art. 5 Abs. 1 GG)
> bei Abwägung aller Umstände des Einzelfalls (Regisseur des Films hatte zuvor einen anti-
> semitischen Hetzfilm gedreht) gerechtfertigt ist.[13]

14   Außerdem kann sich aus der **Schutzgebotsfunktion** der Grundrechte auch eine
Verpflichtung der Rspr. als Teil der staatlichen Gewalt ergeben, Gesetzeslücken im
Weg einer richterlichen Rechtsfortbildung zu schließen und auf diesem Weg ein
Mindestmaß an Grundrechtsschutz zu gewährleisten.

> **Beispiel:** Einer Gewerkschaft kann, obwohl sich hierfür im (einfachen) Privatrecht keine
> Grundlage findet, zum Zweck der Mitgliederwerbung ein Anspruch auf Zutritt zum
> Betriebsgelände des Versandhändlers Amazonas zustehen, weil und soweit es der Gewerk-
> schaft anderenfalls nicht effektiv möglich ist, die Arbeits- und Wirtschaftsbedingungen der
> dortigen Arbeitnehmer zu wahren und zu fördern (vgl. Art. 9 Abs. 3 S. 1 GG).[14]

III. Europarechtlicher Einfluss auf das Privatrecht

15   Deutlich zunehmenden Einfluss auf die nationale Rechtsordnung einschließlich des
Bürgerlichen Rechts hat das europäische Gemeinschaftsrecht gewonnen.

16   Dies gilt zunächst für das **primäre Gemeinschaftsrecht**, welches als geschriebenes Recht die Gründungsverträge der Gemeinschaften sowie die Verträge zu deren Änderung oder Ergänzung und als ungeschriebenes Recht auch Gewohnheitsrecht und allgemeine Rechtsgrundsätze umfasst. Für wichtige Bereiche des Pri-
märrechts, wie den ungeschriebenen allgemeinen Gleichbehandlungsgrundsatz[15],
den Gleichbehandlungsgrundsatz des Art. 18 AEUV, den Grundsatz der Entgelt-
gleichheit nach Art. 157 AEUV sowie die Grundfreiheiten (Warenverkehrsfreiheit:
Art. 34 ff. AEUV, Arbeitnehmerfreizügigkeit: Art. 45 ff. AEUV, Niederlassungsfrei-
heit: Art. 49 ff. AEUV, Dienstleistungsfreiheit: Art. 56 ff. AEUV, Kapitalverkehrs-
freiheit: Art. 63 ff. AEUV) hat der EuGH eine unmittelbare Geltung im Privatrecht
angenommen.[16]

17   Erhebliche Bedeutung kommt daneben dem **sekundären Gemeinschaftsrecht**,
d. h. dem von der Gemeinschaft im Rahmen der ihr zugewiesenen Kompetenzen erlassenen Recht zu. Hierzu zählen nach Art. 288 AEUV Verordnungen, Richtlinien,
Entscheidungen, Empfehlungen und Stellungnahmen. Bedeutsam sind insoweit zu-

---

[13] BVerfG v. 15.01.1958, NJW 1958, 257.

[14] BAG v. 28.02.2006, AP GG Art. 9 Nr. 127 mit Anm. *Richardi*.

[15] EuGH v. 22.11.2005, NJW 2005, 3695, 3698.

[16] Vgl. *Wolf/Neuner* § 5 Rn. 26.

nächst vor allem **Verordnungen**, die nach Art. 288 Abs. 2 AEUV unmittelbar in jedem Mitgliedstaat gelten und in ihrer Wirkung vergleichbar mit nationalen Gesetzen sind. Noch größere praktische Bedeutung kommt **Richtlinien** zu, welche sich nach Art. 288 Abs. 3 AEUV auf Grund ihrer rahmenmäßigen Zielvorgaben grds. nur an die einzelnen Mitgliedstaaten richten und darauf angelegt sind, von diesen in innerstaatliches Recht umgesetzt zu werden, um unmittelbare Geltung zu erlangen. Inzwischen beruht eine Vielzahl nationaler privatrechtlicher Regelungen auf EG-Richtlinien. Das gilt insbesondere für den Bereich des Verbraucherschutzrechts (vgl. z. B. die amtl. Anmerkung zu BGB, II. Buch, Abschnitt 3, Untertitel 2 Besondere Vertriebsformen), aber auch das Bank-, Gesellschafts- und Arbeitsrecht. Für diese Vorschriften ist die Besonderheit zu berücksichtigen, dass sie im Sinne der Richtlinie auszulegen sind, welche sie umsetzen sollen.[17] Wurde eine Richtlinie von einem Mitgliedstaat nicht ordnungsgemäß umgesetzt, sind die Gerichte der Mitgliedstaaten nach Ablauf der Umsetzungsfrist verpflichtet, der Richtlinie im Rahmen der Auslegung und Fortentwicklung des nationalen Rechts weitgehende Geltung zu verleihen.[18] Grundlage hierfür ist der Grundsatz der Gemeinschaftstreue (*effet utile*, Art. 4 Abs. 3 EUV), der verhindern soll, dass die Mitgliedstaaten die europäischen Harmonisierungsbemühungen vereiteln.

D. Das BGB als Kern des Bürgerlichen Rechts

I. Entstehungsgeschichte und Weiterentwicklung

1. Entstehung des BGB

Die wesentlichen Materien des allgemeinen Privatrechts sind im BGB geregelt. Bis zu seinem Inkrafttreten am 01.01.1900 galten in den einzelnen Ländern Deutschlands ganz verschiedene Privatrechtsordnungen und -systeme (österreichisches, preußisches, bayerisches, sächsisches, französisches, dänisches oder gemeines, d. h. römisch geprägtes Recht). Diese **Rechtszersplitterung** behinderte die Entwicklung von Handel, Industrie und Verkehr, weshalb ein Bedürfnis nach einer einheitlichen Privatrechtsordnung bestand. Den Weg hierzu ebnete jedoch erst die **Gründung des Deutschen Reichs** im Jahr 1871.

18

Die Gesetzgebungskompetenz des Deutschen Reichs war zunächst noch auf einzelne Teile des Bürgerlichen Rechts (Obligationen-, Handels- und Wechselrecht) beschränkt. Mit Gesetz vom 20.12.1873 (*lex Miquel-Lasker*) wurde sie jedoch auf das gesamte Bürgerliche Recht ausgeweitet. Im Jahre 1874 wurde dann zunächst eine Vorkommission eingesetzt, die erste Weichenstellungen vornahm. Danach wurde im Sommer 1874 die **erste Kommission** eingesetzt und mit der Erarbeitung

19

---

[17] Siehe unten § 3 Rn. 18.
[18] Vgl. EuGH v. 04.07.2006, NJW 2006, 2465, 2466 f.

einer einheitlichen Kodifikation des Bürgerlichen Rechts für das gesamte Deutsche Reich beauftragt. Die vorwiegend aus Richtern und Beamten sowie lediglich zwei Professoren bestehende Kommission legte nach dreizehnjähriger Arbeit den ersten Entwurf des BGB mit Begründung (sog. **Motive**) vor.

20   Auf Grund von zum Teil massiver Kritik am ersten Entwurf berief der Bundesrat 1890 eine **zweite Kommission**, der nunmehr auch Nichtjuristen angehörten. Allein die Arbeitnehmer als bedeutende soziale Gruppe waren nicht vertreten. Die zweite Kommission legte bereits nach fünf Jahren einen zweiten Entwurf mit Begründung (sog. **Protokolle**) vor. Dieser Entwurf trug den Bedenken gegen den ersten Entwurf zum Teil Rechnung, hielt aber an der Grundkonzeption fest.

21   Aus der Beratung im **Justizausschuss** des Bundesrats ging schließlich ein dritter Entwurf mit geringfügigen Änderungen hervor, der schließlich vom Reichstag am 01.07.1896 in seinen wesentlichen Punkten gebilligt und am **18.08.1896** als Gesetz ausgefertigt wurde. Am **01.01.1900** trat das Bürgerliche Gesetzbuch reichseinheitlich in Kraft.

2. Weiterentwicklung

22   Das BGB hat während seiner mehr als hundertjährigen Geschichte eine Reihe von Änderungen erfahren, die unterschiedliche Ursachen hatten. Zunächst lässt sich eine Entwicklung vom klassischen Liberalismus, in dessen Geiste das BGB geschaffen wurde, zu einer **verstärkten Berücksichtigung sozialer Aspekte** feststellen.[19] Der historische Gesetzgeber ging davon aus, dass am Rechtsverkehr geschäftlich nicht unerfahrene und urteilsfähige Individuen teilnehmen, welche ihre Angelegenheiten im Verkehr mit Gleichgestellten selbst regeln können. Inzwischen hat sich aber die Einsicht durchgesetzt, dass auf Grund verschiedener Ausgangssituationen in ganz unterschiedlicher Weise von den gewährten Freiheiten Gebrauch gemacht werden kann. So begünstigt eine ungleiche Verteilung der tatsächlichen Möglichkeiten die einseitige Interessendurchsetzung. In der Folge erweisen sich formal selbstbestimmt gesetzte Rechtsfolgen bei materieller Betrachtung mitunter als fremdbestimmt. Hier setzen verschiedene neuere Regelungen korrigierend an, z. B. die §§ 305 ff. BGB (bis 31.12.2001: AGBG), Beendigungsschutz für Arbeitnehmer (KSchG, TzBfG) oder das Verbraucherschutzrecht (vgl. z. B. §§ 312 ff. BGB).

23   Einfluss hatte zudem der technische Fortschritt, der besondere **Gefahren** begründete, denen durch Sonderregelungen wie z. B. dem ProdHaftG oder § 7 StVG Rechnung getragen wurde. Andererseits eröffnet der technische Fortschritt auch zusätzliche **Möglichkeiten**, deren Wahrnehmung durch ein freiheitliches Privatrecht nicht unnötig behindert werden soll. Diesem Gedanken folgend fügte der Gesetzgeber bspw. mit der elektronischen Form und der Textform (vgl. §§ 126a, 126b BGB) neue Arten der für Rechtsgeschäfte vorgesehenen Form ein. Hierdurch wird insbesondere den Möglichkeiten des E-Mailverkehrs Rechnung getragen.

---

[19] Ausführlich *Larenz/Wolf* § 2 Rn. 35 ff.

Schließlich kann sich das nationale Privatrecht nicht dem Einfluss entziehen, **24** der von der insbesondere innerhalb der **EU** zunehmenden wirtschaftlichen Verflechtung und dem mit dieser zunehmenden grenzüberschreitenden Rechtsverkehr ausgeht. Zur Förderung dieser Tendenz und zur Beseitigung von Wettbewerbsnachteilen innerhalb der EU verfolgt diese das Ziel, einen **gemeinsamen Binnenmarkt** zu schaffen. Zu diesem Zweck hat sie bereits in der Vergangenheit eine Reihe von Richtlinien erlassen, deren Umsetzung Änderungen des BGB erforderlich gemacht hat. Bspw. war ein wesentlicher Impuls für die umfangreichen Änderungen des Schuldrechts zum 01.01.2002 (sog. Schuldrechtsreform) die Umsetzung der Richtlinie 1999/44/EG zum Verbrauchsgüterkauf.

II. Gliederung und Aufbau

Das BGB gliedert sich in fünf Bücher: I. Buch: **Allgemeiner Teil** (§§ 1–240 **25** BGB), II. Buch: **Recht der Schuldverhältnisse** (§§ 241–853 BGB), III. Buch: **Sachenrecht** (§§ 854–1296 BGB), IV. Buch: **Familienrecht** (§§ 1297–1921 BGB), V. Buch: **Erbrecht** (§§ 1922–2385 BGB).

Der **Allgemeine Teil** enthält allgemeine Vorschriften, die für die anderen vier **26** Bücher des BGB und darüber hinaus für das gesamte Privatrecht gelten, soweit sich dort nicht speziellere Regelungen finden. Das **II. Buch** (Schuldrecht) behandelt Sonderverbindungen zwischen einzelnen Personen, die sog. Schuldverhältnisse. Im **III. Buch** (Sachenrecht) sind die Beziehungen der Personen zu Sachen geregelt. Das **IV. Buch** (Familienrecht) regelt die Rechtsbeziehungen innerhalb der Familie und das **V. Buch** (Erbrecht) regelt alle vermögensrechtlichen Fragen, die mit dem Tod einer Person zusammenhängen.

Die Regelungstechnik des Gesetzes, wonach der Allgemeine Teil gemeinsame **27** Regelungen für die weiteren Bücher enthält, wird als „Ausklammerungsmethode" bezeichnet. Das Gemeinsame mehrerer Regelungen wird ausgeklammert und vor die Klammer gesetzt, während im Weiteren nur das jeweils Besondere geregelt wird. Bildlich kann man sich diese Methode so vorstellen: Allgemeiner Teil (II. Buch, III. Buch, IV. Buch bzw. V. Buch).

> **Beispiel:** Im II. Buch des BGB finden sich Vorschriften über besondere Schuldverhältnisse, wie z. B. Kauf- (§§ 433 ff. BGB) oder Mietverhältnis (§§ 535 ff. BGB). Allerdings beschränkt sich das Gesetz an dieser Stelle darauf, die besonderen Rechte und Pflichten der Parteien des jeweiligen Schuldverhältnisses zu bestimmen und in § 311 Abs. 1 BGB anzuordnen, dass Schuldverhältnisse durch Abschluss eines Vertrags begründet werden können. Unter welchen Voraussetzungen eine Person aber einen Vertrag abschließen kann und wie ein Vertrag generell zustande kommt, ist nicht im II. Buch, sondern vielmehr im I. Buch, d. h. im Allgemeinen Teil geregelt (z. B. Geschäftsfähigkeit: §§ 104 ff. BGB; Vertragsschluss: §§ 145 ff. BGB). Hierbei handelt es sich nämlich um allgemeine Regelungen, die grds. für alle Rechtsgeschäfte gelten und deshalb vor der Klammer geregelt wurden.

28 Das Ausklammern von Regelungen setzt einen sehr **hohen Abstraktionsgrad** der Normen voraus, weshalb sich gerade der Allgemeine Teil des BGB für juristische Laien nur schwer erschließt. Sein Verständnis ist allerdings von grundlegender Bedeutung, weil die übrigen Bücher des BGB gerade auf die Vorschriften aufbauen, welche „vor der Klammer" stehen.

29 Die Methode des Ausklammerns allgemeiner Regelungen gilt nicht nur im Verhältnis des Allgemeinen Teils zu den übrigen Büchern, sie setzt sich vielmehr innerhalb dieser fort.

> **Beispiel**: Im II. Buch des BGB (Schuldrecht) werden im 8. Abschnitt einzelne Schuldverhältnisse behandelt (Besonderes Schuldrecht). Regelungen, die allgemein für alle Schuldverhältnisse gelten, sind in den ersten sieben Abschnitten geregelt (Allgemeines Schuldrecht). Auch hier lässt sich das Klammerprinzip bildlich darstellen: Allgemeiner Teil [1.-7. Abschnitt des Schuldrechts (8. Abschnitt des Schuldrechts)].

Literatur

Boemke (2004) Studienbuch Arbeitsrecht. 2. Aufl
Boemke/Gründel (2001) Grundrechte im Arbeitsverhältnis. ZfA 2001, 245
Brox/Walker (2012) Allgemeiner Teil des BGB. 36. Aufl
Canaris (1984) Grundrechte und Privatrecht. AcP 184, 202
Hager (1994) Grundrechte im Privatrecht. JZ 1994, 373
Köhler (2012) BGB Allgemeiner Teil. 36. Aufl
Larenz/Wolf (2004) Allgemeiner Teil des deutschen Bürgerlichen Rechts. 9. Aufl
Leipold (2010) BGB I – Einführung und Allgemeiner Teil. 6. Aufl
Medicus (2012) Allgemeiner Teil des BGB. 10. Aufl
Wolf/Neuner (2012) Allgemeiner Teil des deutschen Bürgerlichen Rechts. 10. Aufl

§ 3 Methoden juristischer Arbeit

Literaturhinweise: *Beck*, Juristische Klausuren von Anfang an (richtig) schreiben, JURA 2012, 263; *Bitter/Rauhut*, Grundzüge zivilrechtlicher Methodik – Schlüssel zu einer gelungenen Fallbearbeitung, JuS 2009, 289; *Fleck/Arnold*, Die Klausur im Zivilrecht – Struktur, Taktik, Darstellung und Stil, JuS 2009, 881; *Leenen*, Anspruchsaufbau und Gesetz: Wie die Methodik der Fallbearbeitung hilft, das Gesetz leichter zu verstehen, JURA 2011, 723; *Pilniok*, „h.M." ist kein Argument – Überlegungen zum rechtswissenschaftlichen Argumentieren für Studierende in den Anfangssemestern, JuS 2009, 394.

A. Allgemeines

Die zentrale Aufgabe des Juristen besteht darin, streitige Rechtsverhältnisse zu ent-   **1**
scheiden, d. h. darüber zu befinden, ob diese oder jene Rechtsfolge durch einen bestimmten Lebenssachverhalt ausgelöst wird. Entscheidungsmaßstab sind Recht und
Gesetz. Hieran sind die Gerichte gebunden (vgl. Art. 20 Abs. 3 GG). Dies setzt voraus, dass zunächst die für den Streitfall entscheidenden Rechtsnormen aufgefunden
und anschließend angewendet werden. Beide Aufgaben kann nur bewältigen, wer
die Struktur rechtlicher Normen kennt (B.) und weiß, wie Gesetze zu verstehen sind
(C.). Lassen sich dem Gesetz geeignete Vorschriften zur Klärung des Rechtsverhältnisses nicht entnehmen, muss die Frage beantwortet werden, wie entsprechende
Lücken geschlossen werden (D.).

B. Aufbau von Rechtsnormen

Durch Rechtsnormen werden Lebenssachverhalte rechtlich geordnet. Dies erfolgt   **2**
dadurch, dass eine Rechtsnorm eine bestimmte rechtliche Folge (Rechtsfolge) für
den Fall anordnet, dass bestimmte Voraussetzungen gegeben sind (Tatbestandsvoraussetzungen). Anders gewendet folgen Rechtsnormen abstrakt folgendem Aufbau:
Wenn der Tatbestand erfüllt ist, **dann** tritt die Rechtsfolge ein.

B. Boemke, B. Ulrici, *BGB Allgemeiner Teil,* Springer-Lehrbuch,   23
DOI 10.1007/978-3-642-39171-2_3, © Springer-Verlag Berlin Heidelberg 2014

Beispiel: § 823 Abs. 1 BGB lautet auszugsweise: „Wer vorsätzlich oder fahrlässig das … Eigentum … eines anderen widerrechtlich verletzt, ist dem anderen zum Ersatz des daraus entstehenden Schadens verpflichtet." Den Tatbestand normiert das Gesetz durch die Formulierung bis zum Komma. Die Rechtsfolge ist nach dem Komma geregelt.

3 Der **Aufbau** der Rechtsnormen **bestimmt** den Vorgang ihrer **Anwendung**. Auszugehen ist von der rechtlichen Aufgaben- bzw. Fragestellung. Für das Zivilrecht steht regelmäßig die Frage im Zentrum, ob zwischen verschiedenen Personen Ansprüche[1] (z. B. auf Zahlung von Schadensersatz oder auf Herausgabe einer Sache) bestehen. Die Frage zielt mithin auf die Rechtsfolge ab, weshalb von dieser auszugehen ist. Dies führt zu folgenden Prüfungsschritten:[2]

4 1. **Schritt:** Zunächst sind alle Anspruchsgrundlagen aus dem geschriebenen und ungeschriebenen Recht zu ermitteln, deren abstrakte Rechtsfolge mit dem konkreten Begehren des Anspruchstellers (dem sog. Anspruchsziel) übereinstimmt.

Beispiel: Verlangt Arndt von Bert Schadensersatz wegen Zerstörung einer Sache, kommen nur Normen mit der Rechtsfolge Schadensersatz in Betracht (z. B. § 280 Abs. 1 BGB oder § 823 Abs. 1 BGB). Dagegen scheiden Normen, welche z. B. auf die Herausgabe einer Sache gerichtet sind (z. B. §§ 985, 1007 Abs. 1 BGB), bereits anfänglich als geeignete Anspruchsgrundlagen aus.

5 2. **Schritt:** Im nächsten Schritt ist durch Auslegung[3] der Inhalt der Anspruchsgrundlage zu ermitteln. Hieraus ist zu gewinnen, unter welchen Voraussetzungen (Tatbestandsvoraussetzungen) welche Rechtsfolgen eintreten sollen.

Beispiel: § 823 Abs. 1 BGB setzt die rechtswidrige und vorsätzliche oder fahrlässige Verletzung eines der aufgezählten Rechtsgüter (Leben, Körper, Eigentum usw.) voraus. Diese vom Gesetz genannten Voraussetzungen bedürfen im Einzelfall einer weiteren Aufgliederung. Z. B. setzt eine Rechtsverletzung voraus, dass eines der geschützten Rechtsgüter durch eine menschliche Handlung zurechenbar beeinträchtigt wird.

Dabei können weitere Vorschriften dadurch Bedeutung erlangen, dass sie entweder durch eine vom Gesetzgeber formulierte Definition zum Verständnis eines Tatbestandsmerkmals beitragen[4] oder die von einem Tatbestandsmerkmal in Bezug genommenen rechtlichen Vorfragen regeln.[5]

Beispiel: Der von § 823 Abs. 1 BGB bei Verletzung des Eigentums vorgesehene Schadensersatzanspruch steht dem Eigentümer der beschädigten oder zerstörten Sache zu. Was eine Sache ist, bestimmt nicht § 823 Abs. 1 BGB, sondern § 90 BGB. Wer Eigentümer ist, regelt nicht § 823 Abs. 1 BGB, sondern richtet sich insbesondere nach §§ 929 ff. BGB.

---

[1] Siehe unten § 18 Rn. 1 f.

[2] Soweit nicht nach einem Anspruch, sondern einer anderen Rechtsfolge gefragt ist, gelten die nachfolgenden Ausführungen entsprechend. Man spricht dann nicht von Anspruchsgrundlagen, sondern von Rechtsgrundlagen.

[3] Siehe unten Rn. 7 ff.

[4] Siehe unten Rn. 11.

[5] Vgl. zu Legaldefinition, Vermutung, Fiktion und Verweisung *Bitter/Rauhut* JuS 2009, 289, 291.

3. **Schritt:** Schließlich ist zu prüfen, ob die einzelnen Voraussetzungen der jewei-   **6**
ligen Anspruchsgrundlage tatsächlich vorliegen. Hierzu ist der bekannte Sachverhalt darauf zu untersuchen, ob er geeignete Tatsachen zum Ausfüllen der
herausgearbeiteten Tatbestandsvoraussetzungen mitteilt. Diesen dritten Schritt
bezeichnet man als Subsumtion (des Lebenssachverhalts unter die rechtlichen
Vorgaben).

> **Beispiel:** Wenn man etwa im obigen Beispielsfall einen Schadensersatzanspruch des Arndt
> gegen Bert aus § 823 Abs. 1 BGB prüft, ist der Sachverhalt z. B. darauf zu untersuchen, ob
> Bert einen für ihn fremden körperlichen Gegenstand (Pkw) durch sein Handeln (Schlag mit
> dem Hammer) zurechenbar beeinträchtigt (Beule) hat. Ist dies der Fall, kann die Voraus-
> setzung „Verletzung eines geschützten Rechtsguts" bejaht werden.

C. Gesetzesauslegung

I. Ausgangspunkt

Die Anwendung eines Gesetzes zur Klärung einer abstrakten Rechtsfrage oder zur   **7**
Entscheidung eines konkreten Streitfalls setzt denknotwendig voraus, dass der Inhalt des Gesetzes ermittelt, d. h. die gesetzliche **Regelung verstanden** wird. Den
Vorgang der Ermittlung des maßgeblichen Sinns einer gesetzlichen Regelung nennt
man Auslegung. Sie ist erforderlich, weil der Gesetzgeber seine Vorstellungen von
einer gerechten Ordnung der Lebensverhältnisse mit Worten zum Ausdruck bringt.
Dementsprechend haftet Gesetzen die generelle Schwäche sprachlicher Äußerungen an. Sowohl umgangssprachliche als (in geringerem Maße) auch fachspezifische
Formulierungen weisen aus verschiedenen Gründen[6] eine **gewisse Schwankungs-
bereite** und Variationsmöglichkeiten **in ihrem Aussagegehalt** auf. Dies gilt umso
mehr bei Verwendung sehr abstrakter Begrifflichkeiten, auf deren Verwendung der
Gesetzgeber angewiesen ist, wenn er weitschweifige Gesetze vermeiden will.

> **Beispiele:** 1) In § 963 BGB ordnet der Gesetzgeber an: „Vereinigen sich ausgezogene Bie-
> nenschwärme mehrerer Eigentümer, so werden die Eigentümer, welche ihre Schwärme ver-
> folgt haben, Miteigentümer des eingefangenen Gesamtschwarms; die Anteile bestimmen
> sich nach der Zahl der verfolgten Schwärme." Den Kerninhalt dieser Regelung wird im
> Wesentlichen jeder Laie ohne größere Schwierigkeiten ermitteln können. Zur korrekten
> Anwendung der Norm müssen aber exakt deren Grenzen bestimmt werden. Hierzu muss
> bspw. geklärt werden, wann ein Bienenschwarm ausgezogen ist. Reicht hierfür z. B., dass
> das Bienenvolk, einschließlich der Königin, den Bienenstock verlassen hat oder ist erfor-
> derlich, dass es zudem das Grundstück des Eigentümers des Bienenstocks verlassen hat.
> 2) In § 615 S. 3 BGB ordnet der Gesetzgeber ganz abstrakt an: „Die Sätze 1 und 2 gelten
> entsprechend in den Fällen, in denen der Arbeitgeber das Risiko des Arbeitsausfalls trägt."
> Ohne tiefgehende Analyse der Gesetzgebungsgeschichte und des der Regelung zugrunde
> liegenden Interessengeflechts lässt sich kaum beantworten, wann der Arbeitgeber das
> Risiko des Arbeitsausfalls trägt.

---

[6] Vgl. Staudinger/*Coing/Honsell* Einleitung Rn. 114.

8 Um möglichst weitgehend zu vermeiden, dass rechtliche Regelungen unterschiedlich und nicht gleich i. S. v. Art. 3 Abs. 1 GG angewendet werden, und um zu vermeiden, dass der Grundsatz der Gewaltenteilung zwischen Gesetzgeber und Gericht in Frage gestellt wird, muss die Auslegung von Gesetzen nach bestimmten anerkannten Regeln erfolgen. Der Gesetzgeber bestimmt diese Regeln nicht selbst, insbesondere enthält das BGB keine Vorschriften darüber, wie es auszulegen ist.[7] Vielmehr geht der Gesetzgeber von bestimmten in Rspr. und Wissenschaft anerkannten Auslegungsregeln aus.[8] Dieser sog. **Auslegungskanon** wird nachfolgend dargestellt.

II. Wortlaut des Gesetzes

9 Nach allg. A. ist der Wortlaut des Gesetzes Ausgangspunkt jeder Auslegung.[9] Dies rechtfertigt sich daraus, dass der Gesetzgeber verantwortlich und legitimiert zur Rechtssetzung ist und durch den Gesetzeswortlaut seine Vorstellungen unmittelbar zum Ausdruck bringt.[10] Die an den Wortlaut anknüpfende Auslegung wird auch als **grammatikalische Auslegung** bezeichnet.

10 Die grammatikalische Auslegung stützt sich auf die Regeln der Grammatik,[11] den allgemeinen Sprachgebrauch, die juristische Fachsprache oder gerade den Sprachgebrauch des betroffenen Gesetzes.[12] Grds. genießt dabei der Sprachgebrauch des betroffenen Gesetzes Vorrang vor der allgemeinen juristischen Fachsprache und diese wiederum vor dem allgemeinen Sprachgebrauch. Auch kann zunächst davon ausgegangen werden, dass innerhalb eines Gesetzes oder der Rechtsordnung die gleichen Begriffe grds. die gleiche Bedeutung haben. Allerdings können im Einzelfall die Systematik des Gesetzes oder der Bedeutungszusammenhang, in welchem das Wort verwendet wird, einen abweichenden Wortsinn nahelegen.

> **Beispiel:**[13] § 919 Abs. 1 BGB lautet: „Der Eigentümer eines Grundstücks kann von dem Eigentümer eines Nachbargrundstücks verlangen, dass dieser zur Errichtung fester Grenzzeichen und, wenn ein Grenzzeichen verrückt oder unkenntlich geworden ist, zur Wiederherstellung mitwirkt." Soweit § 919 Abs. 1 BGB darauf abstellt, dass ein Grenzzeichen „verrückt … geworden ist", nimmt das Gesetz nicht auf einen krankhaften Geisteszustand des Grenzzeichens Bezug. Vielmehr ergibt die Verwendung in Bezug auf ein Grenzzeichen, dass das Wort „verrückt" i. S. v. „örtlich versetzt" zu verstehen ist. Dies wird dadurch

---

[7] Mot. I, S. 15.

[8] Vgl. Staudinger/*Coing/Honsell* Einleitung Rn. 138 ff.

[9] Staudinger/*Coing/Honsell* Einleitung Rn. 114.

[10] BGH v. 30.06.1966, NJW 1967, 343, 346.

[11] Ein sicherer Umgang mit der deutschen Sprache, indiziert durch eine gute Note im Fach Deutsch, ist neben der Fähigkeit zum logischen Denken, indiziert durch eine gute Note im Fach Mathematik, für das Studium der Rechtswissenschaft von erheblichem Vorteil.

[12] Staudinger/*Coing/Honsell* Einleitung Rn. 139 ff.

[13] Vgl. *Brox/Walker* Rn. 60.

bestätigt, dass sich die Verwendung des Worts „geworden" anstelle von „worden" dadurch erklärt, dass neben „verrückt" die Alternative „unkenntlich" geregelt wird.

Hilfestellung zum Verständnis eines gesetzesspezifischen Sprachgebrauchs liefert **11** der Gesetzgeber dadurch, dass er bestimmte Begrifflichkeiten selbst definiert, sog. **Legaldefinitionen**. Wichtige Beispiele hierfür sind:

- **Sache:** Nach § 90 BGB sind Sachen im Sinne des Gesetzes nur *körperliche Gegenstände*.
- **Unverzüglich:** Nach § 121 Abs. 1 S. 1 BGB setzt unverzügliches Handeln ein Tätigwerden *ohne schuldhaftes Zögern* voraus.
- **Anspruch:** Nach § 194 Abs. 1 BGB ist ein Anspruch *das Recht, von einem anderen ein Tun oder Unterlassen zu verlangen*.
- **Fahrlässigkeit:** Nach § 276 Abs. 2 BGB handelt fahrlässig, wer die *im Verkehr erforderliche Sorgfalt außer Acht lässt*.

III. Systematik des Gesetzes

Die Aussage eines Gesetzes wird allerdings nicht allein durch den Wortsinn be- **12** stimmt. Vielmehr gibt auch die Stellung einer Regelung innerhalb eines Gesetzes (innere Systematik) sowie ihre Stellung innerhalb der Rechtsordnung (äußere Systematik) Aufschluss über ihren Regelungsgehalt (sog. **systematische Auslegung**). Grundgedanke der Auslegung nach der **inneren Systematik** ist, dass der Gesetzgeber durch eine bestimmte Gliederung eines Gesetzes zugleich eine Aussage darüber trifft, in welchem Zusammenhang eine Norm anzuwenden ist.

> **Beispiel:** Die Stellung der Regelung der §§ 328 ff. BGB im Zweiten Buch des BGB (Schuldrecht) spricht dafür, dass zwar Verpflichtungen, nicht jedoch sachenrechtliche Verfügungen (Drittes Buch) zu Gunsten Dritter möglich sind.[14] Die Unterordnung des Widerrufsrechts nach § 312 BGB im Abschnitt über besondere Vertriebsformen legt nahe, dass das Widerrufsrecht nicht besteht, wenn ein Arbeitnehmer einen Aufhebungsvertrag schließt[15].

Grundgedanke der Auslegung nach der **äußeren Systematik** ist, dass die Rechts- **13** ordnung insgesamt auf einen Fall Anwendung findet und deshalb Widersprüche zwischen einzelnen Teilen der Rechtsordnung zu vermeiden sind. Besonders wichtige und deshalb regelmäßig gesondert behandelte Unterfälle der systematischen Auslegung sind die verfassungskonforme und die richtlinienkonforme Auslegung,[16] welche zusätzlich berücksichtigen, dass einzelne Teile der Gesamtrechtsordnung in einem hierarchischen Verhältnis stehen.

---

[14] Vgl. BGH v. 29.01.1964, BGHZ 41, 95, 95 f.

[15] BAG v. 27.11.2003, NZA 2004, 597, 601.

[16] Siehe unten Rn. 18.

IV. Entstehungsgeschichte des Gesetzes

14 Wichtige Hinweise für die Ermittlung des Sinns einer Gesetzesvorschrift kann die Entstehungsgeschichte der jeweiligen Norm geben (sog. **historische Auslegung**). Unter historischen Gesichtspunkten erlangen vor allem Äußerungen des Gesetzgebers im Gesetzgebungsverfahren Bedeutung. Zur Auslegung von BGB-Normen sind stets die umfangreichen Vor- und Begleitarbeiten (Entwürfe, Motive und Protokolle) zu berücksichtigen.

> **Beispiel:** Nach § 950 Abs. 1 BGB wird derjenige Eigentümer einer Sache, der durch Verarbeitung oder Umbildung eines oder mehrerer Stoffe eine neue bewegliche Sache herstellt, sofern nicht der Wert der Verarbeitung oder der Umbildung erheblich geringer ist als der Wert des Stoffes. Folgt aus dieser Regelung, dass die VW-Arbeitnehmer, welche in der gläsernen Manufaktur in Dresden aus Rohstoffen und Einzelteilen durch Schweißen, Schrauben, Biegen, Nähen usw. Phaetons und Bentleys bauen, Eigentümer der Autos sind? Der Wortlaut des § 950 BGB scheint dies zu bestätigen. Die Gesetzesbegründung ergibt jedoch, dass Hersteller i. S. v. § 950 BGB auch ist, wer herstellen lässt. Der Gesetzgeber hielt diese Rechtsfolge für derart selbstverständlich, dass er von einer Klarstellung ausdrücklich Abstand genommen hat.[17]

15 Außerdem ist unter historischen Gesichtspunkten stets zu berücksichtigen, dass der Gesetzgeber vielfach eine bestimmte Regelung als Reaktion auf ein vorgefundenes, konkret festgestelltes Regelungsbedürfnis trifft.[18] Dies lässt Rückschlüsse darauf zu, wo eine Norm zur Anwendung kommen soll und wo nicht.

> **Beispiel:** Unter historischen Gesichtspunkten ist für die Auslegung des § 950 Abs. 1 BGB zu berücksichtigen, dass diese Vorschrift den vor Inkrafttreten des BGB geführten Streit um den Ausgleich des zwischen dem Eigentümer des Stoffs und dem Verarbeiter bestehenden Interessenwiderstreits zu Gunsten des Verarbeiters entscheiden soll. Die Vorschrift wollte dagegen nicht den Interessenwiderstreit zwischen Arbeit und Kapital entscheiden, weshalb § 950 BGB unmittelbar keine Aussage darüber zu entnehmen ist, ob die VW-AG oder die bei ihr angestellten Arbeitnehmer Hersteller im Sinne der Vorschrift sind.

V. Gesetzeszweck

16 Ein zentrales Kriterium bei der Auslegung ist schließlich der Sinn und Zweck, den der Gesetzgeber mit der betreffenden Rechtsnorm verfolgt – die *ratio legis*.[19] Diese Form der Auslegung wird als **teleologische Auslegung** (griech. Telos, das Ziel, Zweck) bezeichnet. Sie setzt voraus, dass sich der Zweck einer Regelung durch Heranziehung der vorherigen Auslegungskriterien bestimmen lässt. Keineswegs darf der Rechtsanwender seine persönliche Ansicht über den Sinn einer Regelung an die Stelle des zuständigen Gesetzgebers setzen. Ausgehend vom ermittelten Gesetzes-

---

[17] Prot. III, S. 242 f. – Anders aber der moderne Gesetzgeber, welcher derartige Fragen als regelungsbedürftig erachtet, vgl. § 5b Abs. 1 S. 3 KosmetikV.

[18] Vgl. BGH v. 24.06.1955, NJW 1955, 1433, 1434.

[19] Vgl. BGH v. 24.06.1955, NJW 1955, 1433, 1434.

zweck ermöglicht die teleologische Auslegung, einer Vorschrift denjenigen Inhalt beizugeben, der dem gesetzgeberischen Anliegen am besten gerecht wird. Dies ermöglicht es, durch Anwendung des mehr als 100 Jahre alten BGB aktuelle Rechtsprobleme sachgerecht zu lösen.

> **Beispiel:**[20] Arndt ist Mitglied im Fitnesscenter Gazelle. Er will seine Mitgliedschaft zum Ende des Kalenderjahres kündigen. Hierzu muss die Kündigungserklärung bis zum 30.06. zugehen. Am 30.06. schickt Arndt um 16:00 Uhr seine Kündigung per Telefax an Gazelle. Das Telefax wird vom dortigen Faxgerät empfangen. Auf Grund eines Papierstaus wird das Fax jedoch nicht ausgedruckt. Da sich der Papierstau nur nach Ausschalten des Telefaxgeräts beheben ließ, wird das eingegangene Fax nie ausgedruckt, weil die Daten beim Ausschalten gelöscht wurden. Hat Arndt seine Mitgliedschaft zum Jahresende beendet? Entscheidend ist, ob die Kündigungserklärung Gazelle noch am 30.06. „zugegangen" ist (vgl. § 130 Abs. 1 BGB). Das Zugangserfordernis des § 130 Abs. 1 BGB soll einen gerechten Ausgleich zwischen der Freiheit des Erklärenden und dem Schutz des Erklärungsempfängers herstellen, der von den Rechtsfolgen der Erklärung betroffen wird. Dies umfasst auch eine gerechte Verteilung der Risiken eines Verlusts der Erklärung. Danach setzt Zugang nicht voraus, dass die Erklärung tatsächlich zur Kenntnis genommen wurde. Ausreichend ist vielmehr, dass sie so in den Machtbereich des Empfängers gelangt ist, dass dieser unter normalen Umständen von ihr Kenntnis nehmen kann.[21] Dies war hier aber mit Eingang im Empfangsgerät gegeben. Dieses zählt zum Machtbereich des Empfängers und ermöglicht diesem unter normalen Umständen (kein Papierstau) die Wahrnehmung.[22] Eine teleologische Auslegung ermöglicht, dass § 130 Abs. 1 BGB Rechtsfragen beantwortet, die bei seinem Inkrafttreten noch unbekannt waren.

VI. Allgemeine Rechtsprinzipien

Im Rahmen der Auslegung sind zudem allgemeine Rechtsprinzipien zu berücksichtigen, weil anzunehmen ist, dass der Gesetzgeber sich zu diesen nicht in Widerspruch setzen wollte, wenn er keine abweichende Anordnung trifft. Der Einfluss allgemeiner Rechtsprinzipien lässt sich teilweise der systematischen Auslegung und teilweise der teleologischen Auslegung zurechnen. Hierher gehört z. B. die Auslegungsregel, dass eine Ausnahmevorschrift grds. (nicht ausnahmslos) eng auszulegen ist, um zu vermeiden, dass die Ausnahme entgegen dem Konzept des Gesetzgebers zum Regelfall wird (*singularia non sunt extendenda*).[23] Hierher gehört weiter der Grundsatz, dass „im Zweifel der Gesetzgeber eine nützliche, nicht eine schädliche Vorschrift hat aufstellen wollen."[24]

17

---

[20] Vgl. *Larenz/Wolf* § 4 Rn. 45.

[21] Siehe unten § 6 Rn. 22.

[22] Vgl. BGH v. 25.04.2006, NJW 2006, 2263, 2264 f. – A. A. Palandt/*Ellenberger* § 130 BGB Rn. 7.

[23] BGH v. 15.12.1951, NJW 1952, 223; Staudinger/*Coing/Honsell* Einleitung Rn. 148.

[24] RG v. 27.06.1910, RGZ 74, 69, 72.

VII. Verfassungskonforme und richtlinienkonforme Auslegung

18   Besonders wichtige Formen der systematischen Auslegung (**äußere Systematik**)
sind die verfassungskonforme und die richtlinienkonforme Auslegung.[25] Sie beruhen auf dem Gedanken, dass Rechtsvorschriften nicht gegen höherrangiges Recht
verstoßen dürfen (**Normenpyramide**). Dem Gebot der richtlinien- bzw. verfas-
sungskonformen Auslegung ist zu entnehmen, dass unter mehreren in Betracht
kommenden Auslegungsergebnissen dasjenige auszuwählen ist, welches mit höherrangigem Recht (Europarecht, Verfassung) vereinbar ist.

VIII. Verhältnis der Auslegungskriterien

19   Umstritten ist das Verhältnis der einzelnen Auslegungskriterien zueinander. Einigkeit besteht darüber, dass die verfassungs- bzw. richtlinienkonforme Auslegung insoweit vorrangig ist, als im Falle mehrerer denkbarer Auslegungsergebnisse diejenigen auszuscheiden sind, welche mit höherrangigem Recht unvereinbar sind.
Außerdem besteht Einigkeit darüber, dass Grenze jeder Auslegung der Wortsinn
einer Vorschrift ist.[26] Wortlaut und Vorgaben des höherrangigen Rechts bestimmen
danach den Rahmen möglicher Auslegungsergebnisse. Innerhalb dieses Rahmens
wird regelmäßig davon ausgegangen, dass der teleologischen Auslegung grds. Vorrang einzuräumen ist.[27] Zu berücksichtigen ist hierbei aber, dass der Gesetzeszweck
– soweit ihn der Gesetzgeber nicht ausdrücklich erklärt (vgl. z. B. § 1 Schwarz-
ArbG) – selbst nur durch Anwendung der übrigen Auslegungskriterien bestimmt
werden kann.[28] Bereits auf Grund dieser Abhängigkeit kann ihm kein eigenständiger Vorrang eingeräumt werden. Vielmehr ist der Telos nur ein, allerdings ein sehr
gewichtiger, Aspekt der Auslegung. Ist die Wertung, auf der ein Rechtssatz aufbaut,
aber klar erkannt, leitet sie entscheidend die weitere Auslegung.[29]

---

[25] Abw. *Bitter/Rauhut* JuS 2009, 289, 295.

[26] Staudinger/*Coing/Honsell* Einleitung Rn. 114. – Abweichendes gilt, wenn der Gesetzgeber ausdrücklich anordnet (vgl. z. B. § 306a BGB), dass eine Vorschrift nach Sinn und Zweck, ggf. über
ihren Wortlaut hinaus, anzuwenden ist. In diesen Fällen kann ein teleologisch begründetes Auslegungsergebnis die Wortlautgrenze überschreiten, vgl. Hk-ArbR/*Boemke/Ulrici* § 310 BGB Rn. 34;
Ulrici, Vermögensrechtliche Grundfragen des Arbeitnehmerurheberrechts, 2008, S. 127.

[27] Staudinger/*Coing/Honsell* Einleitung Rn. 154; Palandt/*Sprau* Einleitung Rn. 46.

[28] Vgl. auch *Bitter/Rauhut* JuS 2009, 289, 295.

[29] Vgl. *Bitter/Rauhut* JuS 2009, 289, 295; Staudinger/*Coing/Honsell* Einleitung Rn. 154.

D. Rechtsfortbildung

I. Ausgangspunkt

Das Gericht ist bei seinen Entscheidungen an Recht und Gesetz gebunden (Art. 20 **20**
Abs. 3 GG). Auf Grund des Justizgewähranspruchs muss ein angerufenes Gericht
jeden ihm vorgetragenen Rechtsstreit entscheiden. Es darf eine Entscheidung nicht
mit der Begründung verweigern, dass das Gesetz keine streitentscheidende Norm
enthält. Erweist sich ein Gesetz als lückenhaft (II.), muss das Gericht daher diese
Lücke im Wege der Rechtsfortbildung schließen. Hierbei werden die gesetzesimmanente (III.) und die gesetzesübersteigende (IV.) Rechtsfortbildung unterschieden. Dass die Gerichte zur Rechtsfortbildung befugt und verpflichtet sind, hat
der Gesetzgeber vereinzelt ausdrücklich anerkannt (vgl. § 45 Abs. 4 ArbGG, § 70
Abs. 2 S. 1 Nr. 2 FamFG, § 543 Abs. 2 S. 1 Nr. 2 ZPO).

II. Regelungslücke

Voraussetzung jeder Rechtsfortbildung ist das Bestehen einer Regelungslücke. Sie **21**
liegt zunächst vor, wenn entweder das Gesetz eine Bestimmung vermissen lässt,
die es nach dem Zweck der gesetzlichen Regelung und nach dem ihr zugrunde
liegenden Plan des Gesetzgebers enthalten soll (dann gesetzesimmanente Rechtsfortbildung durch **Analogie**).[30] Eine Lücke liegt zudem vor, wenn ein zu weit ge-
fasster Wortlaut eingeschränkt werden muss, weil eine solche Einschränkung durch
den Zweck der betreffenden Norm oder einen anderen, ebenso gewichtigen Grund
gefordert wird (dann gesetzesimmanente Rechtsfortbildung durch **teleologische
Reduktion**).

> **Beispiel:** Unterstellt man eine Rechtsnorm, welche die Haftung von Hundehaltern vorsieht,
> ist bei deren Auslegung zu beachten, dass die Wortlautgrenze die äußere Grenze der Aus-
> legung bestimmt. Aus der entsprechenden Vorschrift kann danach keine Haftung von Kat-
> zenhaltern abgeleitet werden. Es kann sich aber zeigen, dass die gesetzliche Regelung zu
> eng geraten ist, weil Katzen ein vergleichbares Schädigungsrisiko begründen und deshalb
> ein vergleichbares Interesse an einer Halterhaftung besteht. Deshalb ist zu prüfen, ob die für
> Hundehalter geltende Norm auf Katzenhalter analog angewendet werden kann.

Die beiden zuvor erwähnten Ursachen einer Regelungslücke stehen in einem Sinn **22**
zusammenhang zu Art. 3 Abs. 1 GG, der auch den Gesetzgeber selbst bindet. Gesetze dürfen gleiche Sachverhalte nicht sachgrundlos ungleich und ungleiche Sachverhalte nicht sachgrundlos gleich gestalten. Analogie und teleologische Reduktion
zielen darauf ab, eine in Wortlaut oder Systematik angelegte Ungleichbehandlung
in Bezug auf den Gesetzeszweck auszuräumen. Die Gesetzeslücke wird dadurch

---

[30] Vgl. Mot. I, S. 16.

begründet, dass der hinter einem Gesetz stehende Plan des Gesetzgebers nicht in gleichheitskonformer Weise Ausdruck (im Gesetzestext) gefunden hat.

23 Eine Gesetzeslücke kann sich darüber hinaus aber auch daraus ergeben, dass ein unabweisbares Regelungsbedürfnis besteht, welches der Gesetzgeber insgesamt noch keiner ausreichenden Regelung zugeführt hat. Die Lücke ergibt sich hier nicht aus einem Vergleich des (geschriebenen) Gesetzesinhalts mit dem Regelungsplan des Gesetzgebers. Vielmehr folgt die Lücke aus einem Vergleich eines objektiv bestehenden, unabweisbaren Regelungsbedürfnisses mit der bestehenden Gesetzeslage. Ein entsprechendes Regelungsbedürfnis kann sich insbesondere aus **verfassungsrechtlichen Handlungspflichten** des Gesetzgebers ergeben. Dies gilt auch, wenn das Gesetz eigentlich eine Regelung trifft, diese aber das Regelungsbedürfnis nicht berücksichtigt oder diesem sogar entgegensteht. Der Richter ist hier ausnahmsweise zu einer gesetzesübersteigenden Rechtsfortbildung befugt.

> **Beispiel:** 1) Der BGH ist der Ansicht, dass er verfassungsrechtlich verpflichtet ist, eine Verletzung des allgemeinen Persönlichkeitsrechts entgegen dem Wortlaut des § 847 BGB a. F. (jetzt § 253 BGB) durch Gewährung eines auf Geld gerichteten Schadensersatzanspruchs auszugleichen, obwohl das Gesetz dies nicht vorsieht (vgl. den Wortlaut des § 253 Abs. 1 BGB).[31] 2) Das BAG ist der Ansicht, dass im Hinblick auf Art. 9 Abs. 3 GG ein unabweisbares Regelungsbedürfnis für ein koalitionsrechtliches Zutrittsrecht einer Arbeitnehmerkoalition (Gewerkschaft) zum Betrieb besteht, welches es durch Rechtsfortbildung schließen darf.[32]

III. Gesetzesimmanente Rechtsfortbildung

1. Teleologische Reduktion

24 Erfasst eine gesetzliche Regelung nach ihrem Wortsinn Lebenssachverhalte, obwohl diese nicht sinnvoll durch diese Rechtsnorm geregelt werden können, bedarf die Vorschrift im Hinblick auf Art. 3 Abs. 1 GG der Einschränkung, weil anderenfalls unzulässig Ungleiches gleich behandelt würde. Die Einschränkung erfolgt durch sog. teleologische Reduktion. Der Anwendungsbereich der Rechtsnorm wird entgegen ihrem Wortsinn auf den durch ihren Zweck geforderten und gerechtfertigten Umfang eingeschränkt.

> **Beispiel:** Die Eltern des sechsjährigen Berni wollen diesem zum Geburtstag eine elektrische Eisenbahn schenken. Da Berni nach § 104 Nr. 1 BGB nicht geschäftsfähig ist, kann er nach § 105 Abs. 1 BGB keinen wirksamen Schenkungsvertrag schließen. Er muss vielmehr durch seine Eltern vertreten werden. Diesbezüglich schließen §§ 1629 Abs. 2 S. 1, 1795 Abs. 2, 181 BGB aus, dass die Eltern das Kind bei einem Rechtsgeschäft mit sich selbst vertreten. Da § 181 BGB allerdings dem Schutz des Vertretenen vor Interessenkollisionen

---

[31] BGH v. 14.02.1958, NJW 1958, 872. – Entgegen verbreiteter Annahme hat das BVerfG v. 14.02.1973, BVerfGE 34, 269 diese Ansicht des BGH nicht bestätigt, es hat lediglich entschieden, dass dem BGH die Rechtsfortbildung nicht verboten war.

[32] Vgl. BAG v. 28.02.2006, NZA 2006, 798, 801 f. – Hiergegen *Ulrici*, in: Boemke/Luke/Ulrici, Fallsammlung zum Schwerpunktbereich Arbeitsrecht, 2008, Klausur Nr. 1, S. 36 ff.

dient und ein solcher Schutz entbehrlich ist, wenn ein Rechtsgeschäft für den Vertretenen bloß rechtlich vorteilhaft ist, erfolgt eine entsprechende teleologische Reduktion. Die Eltern können den Schenkungsvertrag mit sich selbst abschließen.[33]

2. Analogie

Demgegenüber versteht man unter einer Analogie die Erweiterung des Anwendungsbereichs einer Rechtsnorm über ihren Wortlaut hinaus. Das Bedürfnis zur Erweiterung wird durch eine planwidrige, d. h. vom Gesetzgeber nicht gewollte und im Hinblick auf die Regelungsabsichten des Gesetzgebers gleichheitswidrige Regelungslücke ausgelöst. Eine entsprechende Lücke kann anfänglich vorliegen oder nachträglich entstehen. Die festgestellte Lücke ist entsprechend dem Regelungskonzept des Gesetzgebers zu schließen, d. h. die Gleichbehandlung des geregelten und des ungeregelten Falls ist herzustellen. Dabei lassen sich zwei Arten der Analogie unterscheiden. Im Fall einer **Einzelanalogie** wird eine Einzelvorschrift auf einen vergleichbaren, ungeregelten Fall angewendet.[34] Von einer **Gesamtanalogie** spricht man, wenn aus verschiedenen gesetzlichen Einzelregelungen ein übergeordnetes Rechtsprinzip abgeleitet und dieses auf alle gleich gelagerten Fälle anwendet wird.[35]   **25**

> **Beispiel:** Das in § 12 BGB geregelte Namensrecht regelt ebenso einen Ausschnitt aus dem Persönlichkeitsrecht wie z. B. § 22 KunstUrhG (Recht am eigenen Bild) oder §§ 12 ff. UrhG (Urheberpersönlichkeitsrecht). Aus diesen und weiteren Teilregelungen kann man ableiten, dass das Persönlichkeitsrecht allgemein zivilrechtlich zu schützen ist.

Auch im Fall einer Einzelanalogie ist aber darauf zu achten, dass die Übertragung nur einer einzelnen Vorschrift nicht das gesetzgeberische Regelungskonzept verfälschen darf, soll eine ungleiche Behandlung gleicher Fälle vermieden werden. Deshalb ist vielfach ein zusammenhängender Regelungskomplex analog anzuwenden.[36]   **26**

> **Beispiel:** Im Arbeitsvertrag zwischen Arndt und Bert ist geregelt, dass alle Ansprüche aus dem Arbeitsverhältnis erlöschen, wenn sie nicht innerhalb von drei Monaten schriftlich geltend gemacht werden. Arndt beauftragt seinen Rechtsanwalt mit der Geltendmachung von Lohnansprüchen. Sein Rechtsanwalt schickt am letzten Tag der Frist ein Fax an Bert und macht die Ansprüche geltend. Bert schickt am darauf folgenden Tag ein Schreiben zurück, in welchem er die Geltendmachung des Rechtsanwalts zurückweist, weil dieser sich nicht durch eine Originalurkunde ausgewiesen habe (vgl. § 174 BGB). Die Vorschrift des § 174 BGB gilt nur für Willenserklärungen, nicht aber für sog. geschäftsähnliche Handlungen wie die Geltendmachung.[37] In Betracht kommt aber eine analoge Anwendung. Entgegen

---

[33] BGH v. 27.09.1972, NJW 1972, 2262, 2263 f.

[34] Mot. I, S. 16 (Gesetzesanalogie).

[35] Mot. I, S. 16 (Rechtsanalogie).

[36] Vgl. *Berger* GRUR 2013, 321, 326: nicht nur Rosinen picken.

[37] Vgl. unten § 4 Rn. 14.

der Ansicht des BGH[38] hat das BAG[39] eine analoge Anwendung verneint, weil es von einer abweichenden Interessenlage ausgegangen ist. Das BAG hat hierbei allerdings übersehen, dass § 174 BGB in das Gesamtsystem der Stellvertretung (vgl. §§ 164 ff. BGB) eingebettet ist und dort eine bestimmte Funktion erfüllt. Wendet man die §§ 164 ff. BGB auf geschäftsähnliche Handlungen wie die Geltendmachung entsprechend an, muss man auch § 174 BGB entsprechend anwenden, weil man anderenfalls das gesetzliche Regelungskonzept der §§ 164 ff. BGB verändert.[40]

IV. Gesetzesübersteigende Rechtsfortbildung

27 Kann ein unabweisbares Regelungsbedürfnis nicht durch Auslegung des Gesetzes und gesetzesimmanente Rechtsfortbildung befriedigt werden, ist der Richter zur gesetzesübersteigenden Rechtsfortbildung befugt. Er darf die Lücke jedoch nicht nach seinen persönlichen Wertvorstellungen schließen. Vielmehr muss die Lücke in Anlehnung an **anerkannte Wertvorstellungen** des Gesetzgebers und **allgemein anerkannte Gerechtigkeitsprinzipien** geschlossen werden.

E. Gutachtenstil in der juristischen Ausbildung

28 Die Fallbearbeitung in der juristischen Ausbildung (bis einschließlich des Ersten Examens) ist dadurch gekennzeichnet, dass keine gerichtliche Entscheidung, sondern ein Gutachten gefordert wird. Für beide Formen juristischer Ausarbeitungen hat sich ein eigener Stil durchgesetzt. Gerichtliche Entscheidungen werden im sog. **Urteilsstil** verfasst. Dieser ist dadurch gekennzeichnet, dass zunächst das Ergebnis der juristischen Prüfung genannt und dieses anschließend begründet wird. Der **Gutachtenstil** zeichnet sich dagegen dadurch aus, dass das Ergebnis gesucht wird. Ausgangspunkt ist eine bestimmte rechtliche Fragestellung. Diese wird zunächst durch eine rechtlich angebundene Hypothese beantwortet. Im Anschluss an diese werden die rechtlichen Voraussetzungen benannt, von deren Vorliegen die Bestätigung der Hypothese abhängt. Im dritten Schritt sind die für die rechtlichen Voraussetzungen erheblichen tatsächlichen Umstände aufzusuchen. Zum Abschluss ist zu prüfen, ob diejenigen Tatsachen gegeben sind, derer es zur Ausfüllung der rechtlichen Voraussetzungen bedarf.

29 Der Gutachtenstil wird ausgehend hiervon auch als „**Viertakt-Verfahren**" bezeichnet:

> **Beispiel:** Arndt beschädigt vorsätzlich den Pkw des Bert, indem er den Lack zerkratzt. Bert verlangt von Arndt, den entstandenen Schaden zu ersetzen. Zu Recht?

---

[38] BGH v. 17.10.2000, NJW 2001, 289.

[39] BAG v. 14.08.2002, NJW 2003, 236.

[40] Grundlegend *Ulrici* NJW 2003, 2053, 2054.

1. **Schritt:** An den Anfang der Prüfung ist eine Hypothese zu stellen, d. h. die konkrete begehrte Rechtsfolge ist mit einer zu prüfenden Rechtsgrundlage zu verknüpfen. Dabei sind nur diejenigen Anspruchsgrundlagen zu prüfen, deren abstrakte Rechtsfolge der konkret gefragten Rechtsfolge entspricht: *„Bert könnte gegen Arndt einen Schadensersatzanspruch aus § 823 Abs. 1 Fall 5 BGB zustehen."*

2. **Schritt:** Im Anschluss sind die Anspruchsvoraussetzungen zu nennen: *„Dies ist der Fall, wenn Arndt widerrechtlich und vorsätzlich oder fahrlässig das Eigentum des Bert verletzt hat."* Die Anspruchsvoraussetzungen sind entsprechend dem Aufbau der jeweiligen Norm weiter aufzugliedern:[41] *„Eine Eigentumsverletzung liegt vor, wenn das Eigentumsrecht, die Sachsubstanz oder die Nutzbarkeit einer Sache beeinträchtigt werden. ... Widerrechtlich handelt, wer ... Vorsätzlich handelt, wer ..."*

3. **Schritt:** Anschließend ist für jede herausgearbeitete Tatbestandsvoraussetzung der möglicherweise relevante Lebenssachverhalt zu bezeichnen: *„Arndt könnte das Eigentum des Bert verletzt haben, indem er den Lack zerkratzt hat."*

4. **Schritt:** Schlussendlich ist für jede Tatbestandsvoraussetzung der benannte Sachverhalt unter die rechtlichen Voraussetzungen zu subsumieren: *„Da das Zerkratzen des Lacks die Sachsubstanz des Pkw beeinträchtigt, hat Arndt eine Eigentumsverletzung verursacht. ..."*

Ergebnis: Bert hat gegen Arndt einen Schadensersatzanspruch aus § 823 Abs. 1 Fall 5 BGB.

F. Falllösung

I. Ziel der juristischen Ausbildung

Die Vermittlung des Rechts, materiell wie prozessual, im Rahmen des juristischen   **30**
Studiums ist primär kein Selbstzweck. Vielmehr sollen Juristen dazu befähigt werden, **Lebenssachverhalte** rechtlich **zutreffend zu würdigen.** Dies ist Grundlage sowohl dafür, Rechtsstreitigkeiten entscheiden zu können, als auch dafür, Lebenssachverhalte so gestalten zu helfen, z. B. durch den Entwurf eines Vertrags, dass die gewünschten rechtlichen Folgen herbeigeführt werden.

Dementsprechend liegt ein Schwerpunkt der ersten juristischen Prüfung in der   **31**
gutachterlichen Beurteilung eines Lebenssachverhalts aus Sicht des Zivil-, Straf- oder Öffentlichen Rechts. Das im juristischen Studium erworbene Wissen muss dann am konkreten Fall angewandt und umgesetzt werden, was zahlreichen Studierenden nicht immer einfach fällt. Im Rahmen der universitären Ausbildung werden daher neben den Vorlesungen auch Arbeitsgemeinschaften, später dann Übungen für Anfänger und Fortgeschrittene sowie schließlich zur Examensvorbe-

---

[41] Siehe oben Rn. 5.

reitung Klausurenkurse angeboten, in denen die gutachterliche Falllösungstechnik geübt werden soll.

32 Ein gelungenes Gutachten setzt naturgemäß Kenntnisse im materiellen und ggf. auch im prozessualen Recht voraus. Daneben sind aber auch **formale Regeln** zu beachten; wer diese nicht einhält, wird unabhängig von den vorhandenen Rechtskenntnissen nicht reüssieren können. Diese sowie einige hilfreiche Kniffe sind nachfolgend anzusprechen:

II. Vorgang der Rechtsfindung

33 Die gedankliche Lösung eines zur (zivil-) rechtlichen Begutachtung anstehenden Lebenssachverhalts erfolgt in fünf Schritten. Mit dieser formalisierten Herangehensweise gelingt es regelmäßig, jeden Sachverhalt in seiner juristischen Dimension zu erfassen und somit die Voraussetzungen für eine zutreffende gutachterliche Beurteilung zu schaffen.

1. Erfassen des Sachverhalts

34 An erster Stelle steht naturgemäß das Erfassen des zu beurteilenden (Lebens-) Sachverhalts. Wer den zu beurteilenden Sachverhalt nicht kennt oder nicht zutreffend erfasst, kann nicht richtig entscheiden. Gegenüber der späteren Tätigkeit in der Praxis besteht im juristischen Studium der Vorteil darin, dass regelmäßig das zu beurteilende Geschehen konkret vorgegeben wird. Anders als der praktisch tätige Jurist muss der Student in der universitären Ausbildung den zu beurteilenden Sachverhalt nicht erst ermitteln. Von ihm sind gleichwohl folgende wichtige Punkte zu beachten:

1. Der Sachverhalt ist so hinzunehmen, wie er vorgegeben ist. Es dürfen **nicht** tatsächliche Angaben negiert oder **Umstände hinzuerfunden** werden, damit das Ergebnis besser „passt". Allerdings darf und muss der Sachverhalt lebensnah ausgelegt werden.

   Beispiel: Volker hat sein „Liebchen", einen tiefergelegten Opel Tigra, an Katrin verkauft. Katrin hat den Wagen bezahlt und mitgenommen. Trotz des Trennungsprinzips[42] darf hier davon ausgegangen werden, dass nicht nur der schuldrechtliche Kaufvertrag geschlossen, sondern „Liebchen" an Katrin auch übereignet wurde.

2. Lässt sich eine Tatsache, die der Bearbeiter für entscheidungserheblich hält, nicht dem Sachverhalt entnehmen, dann ist davon auszugehen, dass die entsprechende Tatsache nicht festgestellt werden kann. In diesem Fall muss nach den Grundsätzen der **Darlegungs- und Beweislast** entschieden werden, von

---

[42] Siehe unten § 4 Rn. 33 f.

welchem Lebenssachverhalt für die Entscheidung auszugehen ist. Können anspruchsbegründende oder -erhaltende Tatsachen nicht festgestellt werden, geht dies zu Lasten des Gläubigers. Anspruchshindernde, -vernichtende oder -hemmende Tatsachen sind für den Schuldner günstig, weil sie die Entstehung des Anspruchs hindern, den entstandenen Anspruch vernichten oder aber dessen Durchsetzung hemmen; können diese nicht festgestellt werden, geht dies zu Lasten des Schuldners.

Beispiel: Volker will im vorstehenden Beispiel sein „Liebchen" erst drei Tage nach Vertragsschluss übergeben und übereignen, damit er sich angemessen von seinem „Liebchen" verabschieden kann. Auf der Abschiedsfahrt kommt Volker von der Straße ab und „Liebchen" wird total zerstört. Ob Volker hierbei fahrlässig gehandelt hat, kann dem Sachverhalt nicht entnommen werden. Ein Schadensersatzanspruch von Katrin gegen Volker nach § 280 Abs. 1 S. 1 BGB ist gegeben. Gemäß § 280 Abs. 1 S. 2 BGB ist das Nichtvertretenmüssen anspruchshindernd. Dies bedeutet, dass Katrin für den Schadensersatzanspruch aus § 280 Abs. 1 BGB nachweisen muss, dass ein Schuldverhältnis mit dem Schuldner besteht und jener eine Pflicht aus dieser Rechtsbeziehung verletzt hat. Liegen diese Voraussetzungen vor, ist der Anspruch begründet, soweit Volker nicht seinerseits darlegen und ggf. beweisen kann, dass er die Pflichtverletzung nicht zu vertreten hat.

Für das Erfassen des Sachverhalts ist es hilfreich, sich bereits **zuvor kurz mit der** **Aufgabenstellung vertraut** zu **machen**, um den Sachverhalt unter dem richtigen Blickwinkel zu lesen. So lässt sich vermeiden, dass während der Lektüre des Sachverhalts über Angaben gegrübelt wird, die allein der Illustration oder Verständlichkeit des Falles dienen, für die Beantwortung der Fallfrage aber ohne Relevanz sind.   **35**

2. Herausarbeiten der Fallfrage

Im zweiten Schritt ist die Fallfrage bzw. sind die Fallfragen herauszuarbeiten. Diese werden durch den Sachverhalt vorgegeben. Werden durch den Aufgabentext nicht gestellte Fragen beantwortet, ist dies nicht nur überflüssig, sondern falsch. Bei der Benotung führt dies zu einem Punktabzug.   **36**

Im Weiteren ist zu unterscheiden. Sind **konkrete Fallfragen** gestellt, sind auch nur diese zu beantworten. Ergeben sich aus dem Sachverhalt für den Bearbeiter weitere interessante Aspekte, nach denen nicht gefragt wurde, hat eine Bearbeitung dieser ungefragten Aspekte zu unterbleiben. Ein Rechtsanwalt darf seinem Mandanten ein Stundenhonorar auch nicht für Überlegungen in Rechnung stellen, die mit dem erteilten Mandat in keinem Zusammenhang stehen.   **37**

Ist keine konkrete Fallfrage gestellt, sondern allgemein danach gefragt, welche Ansprüche eine der beteiligten Personen geltend machen kann bzw. welche Ansprüche zwischen den Beteiligten bestehen, oder ist allgemein die **Rechtslage** zu beurteilen, muss der Bearbeiter die Interessenlage feststellen und auf dieser Grundlage entscheiden, welche Interessen die Beteiligten vernünftigerweise verfolgen und welche Ansprüche daher sinnvollerweise geltend gemacht werden können.   **38**

Beispiel: Im obigen Beispielsfall (vgl. oben Rn. 34, Ziffer 2) scheidet ein Anspruch auf Übergabe und Übereignung des „Liebchens" offensichtlich aus, weil das Fahrzeug zerstört wurde. Wird nach der Rechtslage gefragt, können grds. sogleich etwaige Schadensersatzansprüche geprüft werden. Abweichendes gilt, wenn ernsthaft die Lieferung eines gleichwertigen „Liebchens" denkbar ist.

39   Im Einzelfall kann auch die Rechtslage an sich, z. B. hinsichtlich einer Sache oder
einer Vermögensmasse, streitig sein. Gefragt kann z. B. sein, wer Eigentümer einer
Sache oder Erbe nach einem Todesfall geworden ist. In diesem Fall ist die entsprechende Rechtsfrage zu beurteilen.

40   Soweit es um die Frage nach Ansprüchen geht, sollte die Fallfrage nach dem
bewährten Schema formuliert und beantwortet werden: **Wer kann von wem was
woraus und weshalb verlangen?** Wer bezeichnet den Gläubiger oder Anspruchsteller. Wem bezeichnet den Schuldner. Was bezeichnet den tatsächlichen Inhalt des
Begehrens. Woraus bezeichnet die Anspruchsgrundlage, also die Rechtsnorm, auf
die das Anspruchsbegehren gestützt werden soll.[43] Weshalb bezeichnet den Lebenssachverhalt, aus dem sich der Anspruch ergeben soll.

3. Ermitteln der einschlägigen Rechtsnormen

41   Erst im dritten Schritt beginnt die eigentliche juristische Tätigkeit. Es sind nämlich die entscheidungsrelevanten Normen zu ermitteln. Geht es um einen Anspruch,
dann sind sämtliche in Betracht kommenden Anspruchsgrundlagen der Begutachtung zu unterziehen. Dabei kommen nur solche Rechtsnormen in Betracht, die das
vom Anspruchsteller konkret geltend gemachte Begehren abstrakt rechtfertigen
können.[44]

> **Beispiel:** Geht es um die Herausgabe einer Sache, kommen Ansprüche aus § 812
> Abs. 1 S. 1 Alt. 1 BGB, aber auch aus § 985 BGB in Betracht; beide Rechtsnormen haben
> zum Anspruchsinhalt die Herausgabe einer Sache oder des „Erlangten". Hingegen scheidet
> § 433 Abs. 1 BGB als Anspruchsgrundlage grds. aus, weil die danach bestehende Pflicht
> zur Übereignung trotz der in diesem Rahmen vorzunehmenden Übergabe ein *aliud* im Ver
> gleich zur Herausgabe ist. Im Einzelfall kann allerdings auch die Prüfung des § 433 Abs. 1
> BGB angezeigt sein, wenn Anhaltspunkte dafür bestehen, dass das Herausgabeverlangen
> von einem juristischen Laien formuliert wurde.

42   Einzubeziehen sind in die Prüfung sämtliche Anspruchsgrundlagen, die abstrakt
das Anspruchsbegehren rechtfertigen können und die nach dem zugrunde liegenden
Sachverhalt **vernünftigerweise** in Betracht kommen.

43   Die Anspruchsgrundlage ist vollständig wiederzugeben, d. h. es sind sämtliche
Normen zu zitieren, die den Anspruch rechtfertigen, d. h. deren tatbestandliche Voraussetzungen gegeben sein müssen, damit der Anspruch begründet ist. Dieses Vorgehen hat den Vorteil, dass schon am Anfang der Fallprüfung alle lösungserheblichen Bestimmungen genannt werden. Dies verringert das Risiko, bei der Falllösung
Ausführungen zu relevanten Tatbestandsvoraussetzungen zu vergessen.

---

[43] Siehe unten Rn. 41 ff.
[44] Siehe oben Rn. 3 ff.

Beispiel: Im obigen Beispielsfall (vgl. oben Rn. 34 Ziffer 2) hat Katrin den Kaufvertrag über das „Liebchen" angefochten, weil sie sich beim schriftlichen Angebot bzgl. des Kaufpreises vertippt und statt 5.700 € einen Kaufpreis von 7.500 € angegeben hatte. Volker verlangt Schadensersatz dafür, dass er ein anderweitiges Angebot über das „Liebchen" im Vertrauen auf die Wirksamkeit der Erklärung von Katrin abgelehnt hatte. Der Schadensersatzanspruch ergibt sich unmittelbar aus § 122 Abs. 1 BGB. Weitere Voraussetzung ist aber, das Katrin wirksam wegen eines Erklärungsirrtums (vgl. § 119 Abs. 1 Alt. 2 BGB) die Anfechtung erklärt hat (vgl. § 143 Abs. 1 BGB) und zwar gegenüber dem Vertragspartner Volker (vgl. § 143 Abs. 2 BGB). Daher lautet die vollständige Normenkette § 122 Abs. 1 BGB i. V. m. §§ 119 Abs. 1 Alt. 2, 143 Abs. 1, 2 BGB.

Anspruchsvernichtende, -hindernde oder -hemmende Vorschriften sind im Rahmen der Begutachtung natürlich zu berücksichtigen, aber nicht an der Spitze der Anspruchsprüfung zu zitieren. Sie tragen den Anspruch gerade nicht mit. **Anspruchsbegründende** oder sonstige für die Anspruchsprüfung relevante Bestimmungen sind vollständig zu zitieren. Ungenauigkeiten im Zitieren von Vorschriften führen meist auch zu Ungenauigkeiten in der Darstellung. Die angewandte und zitierte Vorschrift legt das Prüfungsprogramm fest.   **44**

Beispiel: Nachdem Katrin den Kaufvertrag im obigen Beispielsfall (vgl. oben Rn. 43) wirksam angefochten hat, verlangt sie von Volker Rückzahlung des gezahlten Kaufpreises. Der Rückzahlungsanspruch kann wegen einer ungerechtfertigten Bereicherung bestehen. Anspruchsgrundlage ist nicht etwa § 812 BGB und erst recht nicht §§ 812 ff. BGB, sondern genauer § 812 Abs. 1 S. 1 Alt. 1 BGB.

4. Rechtsprüfung

Der vierte Schritt ist dann die eigentliche Rechtsprüfung, d. h. es muss geprüft werden, ob im konkreten Fall die vom Gesetz abstrakt normierten Tatbestandsvoraussetzungen erfüllt sind. Dazu sind in einem ersten Schritt die vom Gesetz genannten Tatbestandsvoraussetzungen zu bezeichnen. Die vom Gesetz verwendeten Begriffe müssen ggf. definiert werden. Bestehen Zweifel, wie ein bestimmter Begriff oder eine bestimmte Tatbestandsvoraussetzung zu verstehen ist, muss der gesetzliche Tatbestand ggf. ausgelegt werden.[45]   **45**

Es empfiehlt sich, vor der eigentlichen Prüfung die abstrakten gesetzlichen Tatbestandsvoraussetzungen konkret zu benennen, die vorliegen müssen, damit die geprüfte Rechtsfolge besteht. Damit wird zum einen das Prüfungsprogramm konkret festgelegt und gegliedert. Zum anderen wird sichergestellt, dass keine anspruchsrelevante Tatbestandsvoraussetzung ungeprüft bleibt.   **46**

Beispiel: Im obigen Beispielsfall (vgl. oben Rn. 43) geht es um den Schadensersatzanspruch aus § 122 Abs. 1 BGB i. V. m. §§ 119 Abs. 1 Alt. 2, 143 Abs. 1, 2 BGB. Dieser Schadensersatzanspruch setzt voraus, dass sich der Schuldner in einem Erklärungsirrtum i. S. v. § 119 Abs. 1 Alt. 2 BGB befunden (I.) und seine Willenserklärung deshalb gemäß § 143 Abs. 1, 2 BGB angefochten hat (II.) und zwar in der Frist des § 121 BGB (III.). Die Gliederung der anschließenden Ausführungen orientiert sich hieran: „I. Erklärungsirrtum", „II. Anfechtung" usw.

---

[45] Siehe oben Rn. 7 ff.

47 Nachdem die gesetzlichen Tatbestandsvoraussetzungen benannt und ggf. definiert sowie ausgelegt worden sind, folgt die sog. Subsumtion. Der Rechtsanwender hat zu prüfen, ob der konkrete Lebenssachverhalt die Voraussetzungen des gesetzlichen Tatbestands ausfüllt, ob also die allgemein im Gesetz genannten Voraussetzungen auch im konkreten, zur Beurteilung anstehenden Sachverhalt vorliegen. Dieser Vorgang vollzieht sich in mehreren Wechselschritten. Es ist nicht etwa zunächst der gesamte gesetzliche Tatbestand festzustellen und sodann der Lebenssachverhalt unter die gesamte gesetzliche Norm zu subsumieren. Vielmehr ist für jedes einzelne gesetzliche Tatbestandsmerkmal dieser Vorgang zu vollziehen.

48 Nach erfolgter Subsumtion ist ein **(Zwischen-) Ergebnis** zu ziehen. Sind die gesetzlichen Tatbestandsvoraussetzungen im konkreten Fall erfüllt, dann ist, wenn alle anspruchsbegründenden Merkmale geprüft worden sind und keine anspruchshindernden Bestimmungen eingreifen, der Anspruch entstanden. Die Prüfung ist ggf. mit den anspruchsvernichtenden und -hemmenden Bestimmungen fortzusetzen. Ist nur eines von mehreren anspruchsbegründenden Tatbestandsmerkmalen geprüft, dann ist die Prüfung mit den weiteren Tatbestandsvoraussetzungen fortzusetzen.

49 Sind die gesetzlichen Tatbestandsvoraussetzungen nicht erfüllt, dann hängt der weitere Fortgang der Prüfung davon ab, ob es sich bei den noch nicht geprüften Merkmalen um logisch gleich- oder nachrangige Tatbestandsmerkmale handelt:

1. **Logisch gleichrangige Tatbestandsmerkmale** sind solche, deren Vorliegen nicht davon abhängt, dass das andere Tatbestandsmerkmal gegeben ist. Sie sind daher im Rahmen eines Gutachtens auch dann zu prüfen, wenn der Bearbeiter zu dem Ergebnis kommt, dass eine der gesetzlichen Tatbestandsvoraussetzungen nicht gegeben ist. Dabei empfiehlt es sich, in der Niederschrift des Gutachtens zunächst die gegebenen Tatbestandsmerkmale und erst im Anschluss daran das nicht gegebene Tatbestandsmerkmal zu behandeln.

> **Beispiel:** Im obigen Beispielsfall (vgl. oben Rn. 43) geht es um den Schadensersatzanspruch aus § 122 Abs. 1 BGB i. V. m. §§ 119 Abs. 1 Alt. 2, 143 Abs. 1, 2 BGB. Dieser setzt voraus, dass sich der Schuldner in einem Erklärungsirrtum i. S. v. § 119 Abs. 1 Alt. 2 BGB befunden (I.) und seine Willenserklärung deshalb gemäß § 143 Abs. 1, 2 BGB angefochten hat (II.) und zwar in der Frist des § 121 BGB (III.). Anfechtungsgrund und Anfechtungserklärung sind logisch gleichrangig. Die Wirksamkeit einer Anfechtung ist davon abhängig, dass ein Anfechtungsgrund vorliegt und eine Anfechtungserklärung erfolgt. Grund und Erklärung bauen nicht aufeinander auf. Wird der Anfechtungsgrund verneint, ist im Gutachten gleichwohl das Vorliegen einer Anfechtungserklärung zu prüfen.

2. **Logisch nachrangige Tatbestandsmerkmale** sind solche Merkmale, die logischerweise nur dann vorliegen können, wenn die Voraussetzungen logisch vorrangiger Tatbestandsmerkmale erfüllt sind.

> **Beispiel:** Im obigen Beispielsfall (vgl. oben Rn. 43) verlangt Katrin von Volker Rückzahlung des gezahlten Kaufpreises, weil sie den Kaufvertrag wirksam angefochten habe. Katrin hat das Geld an die Ehefrau von Volker gezahlt, die das Geld für eigene Zwecke verwendet hat. Im Rahmen des Bereicherungsanspruchs aus § 812 Abs. 1 S. 1 Alt. 1 BGB ist nun zu prüfen, ob Volker „etwas erlangt" (I.) hat durch Leistung von Katrin (II.) und zwar

ohne Rechtsgrund (III.). Um eine Leistung von Katrin an Volker zu prüfen, muss zunächst festgestellt werden, dass Volker etwas erlangt hat. Hat Volker nichts erlangt, dann kann es logischerweise keine Leistung von Katrin an ihn geben. „Etwas erlangt" ist gegenüber „Leistung" und „ohne Rechtsgrund" logisch vorrangig. „Ohne Rechtsgrund" ist wiederum gegenüber „etwas erlangt" und „Leistung" logisch nachrangig. Erst wenn festgestellt wurde, wer was an wen geleistet hat, kann ermittelt werden, ob hierfür ein Rechtsgrund gegeben war.

Die Prüfung ist ausnahmsweise auch in Bezug auf logisch nachrangige Tatbestandsmerkmale hilfsgutachterlich fortzusetzen, obwohl deren Prüfung sich nach Auffassung des Bearbeiters erübrigt, weil eine logisch vorrangige Tatbestandsvoraussetzung nicht erfüllt ist, wenn in der Aufgabenstellung gefordert wurde, zu allen aufgeworfenen Rechtsfragen Stellung zu beziehen und der Sachverhalt Ausführungen zu logisch nachrangigen Tatbestandsmerkmalen enthält.

5. (Zwischen-)Ergebnis

Ist die Prüfung abgeschlossen, sollte die Schlussfolgerung gezogen und das Ergebnis formuliert werden. Ist erst eine von mehreren Anspruchsgrundlagen geprüft, wird ein Zwischenergebnis festgehalten.   **50**

III. Das schriftliche Gutachten

Im Rahmen der juristischen Ausbildung sind in aller Regel Rechtsgutachten zu schreiben. Am Anfang steht also die Fragestellung, die am Ende des Gutachtens mit dem Ergebnis beantwortet wird.[46] Dabei empfiehlt sich, das zur Beantwortung der Frage führende Gutachten in bestimmten Schritten aufzubauen.   **51**

1. Anspruchsprüfung

Soll geprüft werden, ob einem Beteiligten gegen einen anderen ein Anspruch zusteht, ist wie folgt vorzugehen: **52**

A. Formulierung der Fallfrage:[47] Wer verlangt von wem was und woraus?
B. Prüfung der in Betracht kommenden Anspruchsgrundlagen und zwar jeweils nach nachfolgendem abstrakten Schema. Dieses Schema ist nicht im Gesetz vorgegeben, sondern wird von ihm vorausgesetzt. Seine Schritte im Gutachten ausdrücklich zu benennen, ist nicht zwingend erforderlich, erleichtert aber erheblich die Ordnung der eigenen Gedanken und das Verständnis durch den Leser des Gutachtens:

---

[46] Siehe oben Rn. 28 f.
[47] Siehe oben Rn. 36 ff.

1. **Anspruch entstanden** (anspruchsbegründende Rechtssätze, anspruchshindernde Rechtssätze)
2. **Anspruch untergegangen** (anspruchsvernichtende Rechtssätze)
3. **Anspruch durchsetzbar** (anspruchshemmende Rechtssätze)
4. Ergebnis

53 Nach der Formulierung der Fallfrage unter Benennung der in Betracht kommenden Anspruchsgrundlagen ist zunächst zu prüfen, ob der **Anspruch entstanden** ist, also die Voraussetzungen der Anspruchsnorm im konkreten Fall vorliegen. Dabei ist zwischen anspruchsbegründenden und -hindernden Rechtssätzen zu unterscheiden. Nur die Voraussetzungen der anspruchsbegründenden Tatbestandsmerkmale müssen positiv festgestellt werden. Es muss nicht gleichsam negativ festgestellt werden, dass anspruchshindernde Rechtssätze nicht einschlägig sind. Vielmehr ist vom Entstehen des Anspruchs auszugehen, wenn nicht im Einzelfall die Voraussetzungen anspruchshindernder Normen positiv festgestellt werden können.

> **Beispiel:** Im obigen Beispielsfall (vgl. Rn. 34, Ziffer 2) wegen eines Schadensersatzanspruchs aus § 280 Abs. 1 BGB sind das Vorliegen eines Schuldverhältnisses, das Bestehen einer Pflicht aus dem Schuldverhältnis und deren Verletzung anspruchsbegründend, das Nichtvertretenmüssen des Schuldners ist nach dem Regelungskonzept des Gesetzgebers anspruchshindernd.

54 Steht fest, dass der Anspruch entstanden ist, muss weiter geprüft werden, ob er noch besteht, also nicht wieder untergegangen ist. Dabei kommen allgemeine Erlöschenstatbestände in Betracht, z. B. wenn der Schuldner erfüllt hat (vgl. § 362 BGB) oder die Leistung unmöglich geworden ist (vgl. § 275 Abs. 1 BGB). Können die Voraussetzungen eines Erlöschenstatbestands nicht festgestellt werden, besteht der Anspruch fort.

55 Ist der Anspruch entstanden und nicht wieder untergegangen, ist in einem dritten Schritt zu prüfen, ob er auch durchsetzbar ist oder ob Einreden der Durchsetzung des bestehenden Anspruchs entgegenstehen.[48]

2. Prüfung bestehender Rechtspositionen

56 Ist nicht nach dem Bestehen eines Anspruchs, sondern dem Bestehen einer anderen Rechtsposition gefragt, ist grds. entsprechend der Anspruchsprüfung zu verfahren. Ist bspw. zu klären, ob eine Person Eigentümer einer Sache ist, ist zu prüfen, ob diese Person das Eigentum erworben hat. Hierzu bedarf es ggf. einer inzidenten Prüfung vorgelagerter Erwerbstatbestände, um zu klären, ob vom Berechtigten erworben wurde.

> **Beispiel:** Albert schafft ein Gemälde und übereignet dieses an den Galeristen Berthold. Christian ist von dem Gemälde fasziniert, als er es auf einer Ausstellung sieht. Berthold übergibt ihm deshalb das Gemälde und erklärt die Übereignung. Ist gefragt, ob Christian Eigentümer des Gemäldes ist, ist zu prüfen, ob er von Berthold das Eigentum am Gemälde

---

[48] Siehe unten § 19 Rn. 13 ff.

nach § 929 BGB erworben hat. Dies setzt Einigung, Übergabe und Berechtigung voraus. Unterstellt man Einigung und Übergabe, ist entscheidend, ob Berthold Berechtigter war. Dies ist der Fall, wenn er seinerseits das Eigentum am Gemälde von Albert erworben hat. Dies setzt nach § 929 BGB erneut Einigung, Übergabe und Berechtigung voraus, nunmehr bzgl. Albert. Der Erwerbsvorgang von Albert an Berthold wird daher innerhalb (inzident) des Erwerbsvorgangs von Berthold an Christian als Vorfrage geprüft.

Die mit einer inzidenten Prüfung langer Erwerbsketten verbundene Komplexität **57** der Darstellung lässt sich durch eine chronologische Prüfung vermeiden. Ist bspw. gefragt, wer Eigentümer einer Sache ist, dann ist die entsprechende Rechtsentwicklung des Sachverhalts in **chronologisch-historischer Reihenfolge** nachzuvollziehen. Es ist ein Ausgangspunkt im Sachverhalt zu wählen, zu dem die Rechtsinhaberschaft einer bestimmten Person feststeht. Im Anschluss hieran ist zu prüfen, wie sich die Rechtslage in der Folgezeit entwickelt hat. Dabei sind diejenigen Vorgänge im Sachverhalt einer Betrachtung zu unterziehen, aus denen sich eine Veränderung der bestehenden Rechtspositionen ergeben haben könnte.

Entsprechend kann verfahren werden, wenn die Rechtsinhaberschaft Tatbe- **58** standsvoraussetzung im Rahmen einer Anspruchsprüfung ist, z. B. wenn es um den Herausgabeanspruch des Eigentümers gegen den Besitzer aus § 985 BGB geht.

Beispiel: Der dreiste Dieb Dieter hat eine Palette Mauersteine vom Grundstück des Erwin entwendet und an den Bauherrn Bert verkauft und „übereignet". Bert hat mit den Mauersteinen eine Grundstücksmauer gebaut, die fest mit dem Boden verbunden ist. Erwin verlangt von Bert Herausgabe aus § 985 BGB. Der Anspruch setzt gemäß § 985 BGB voraus, dass Erwin (noch) Eigentümer der Mauersteine ist. Ursprünglich war er es. Der Diebstahl durch Dieter hat keinen Einfluss auf die Eigentumsposition. Auch durch die „Übereignung" von Dieter an Bert ist kein Eigentumsverlust nach §§ 929, 932 BGB eingetreten, weil an abhandengekommenen Sachen nicht gutgläubig Eigentum erworben werden kann (vgl. § 935 Abs. 1 S. 1 BGB). Allerdings hat Erwin sein Eigentum durch die Verbindung der Mauersteine mit dem Grundstück gemäß § 946 i. V. m. §§ 94 Abs. 1, 93 BGB verloren.

Literatur

Berger (2013) Lizenzen in der Insolvenz des Lizenzgebers. GRUR 2013, 321
Bitter/Rauhut (2009) Grundzüge zivilrechtlicher Methodik – Schlüssel zu einer gelungenen Fallbearbeitung. JuS 2009, 289
Boemke/Luke/Ulrici (2008) Fallsammlung zum Schwerpunktbereich Arbeitsrecht
Brox/Walker (2012) Allgemeiner Teil des BGB. 36. Aufl
Hk-ArbR (2013) Handkommentar Arbeitsrecht. 3. Aufl
Larenz/Wolf (2004) Allgemeiner Teil des deutschen Bürgerlichen Rechts. 9. Aufl
Palandt (2013) Bürgerliches Gesetzbuch. 72. Aufl
Staudinger (Stand 31.03.2013) Kommentar zum Bürgerlichen Gesetzbuch. 13. Bearb
Ulrici (2003) Geschäftsähnliche Handlungen. NJW 2003, 2053
Ulrici (2008) Vermögensrechtliche Grundfragen des Arbeitnehmerurheberrechts

Teil B
Rechtsgeschäftslehre

§ 4 Grundlagen und Grundbegriffe

Literaturhinweise: *Bayerle*, Trennungs- und Abstraktionsprinzip in der Fallbearbeitung, JuS 2009, 1079; *Haferkamp*, „Fehleridentität" – Zur Frage der Anfechtbarkeit von Grund- und Erfüllungsgeschäft, Jura 1998, 511; *Lorenz*, Grundwissen – Zivilrecht: Abstrakte und Kausale Rechtsgeschäfte, JuS 2009, 489; *Paulus/Zenker*, Grenzen der Privatautonomie, JuS 2001, 1; *Schmidt*, Verbraucherbegriff und Verbrauchervertrag – Grundlagen des § 13 BGB, JuS 2006, 1; *Ulrici*, Geschäftsähnliche Handlungen, NJW 2003, 2053.

A. Privatautonomie und Vertragsfreiheit

I. Gedanke der Privatautonomie

Die Privatautonomie beschreibt die **Freiheit des Einzelnen** zur selbstbestimmten und eigenverantwortlichen Gestaltung seiner Rechtsverhältnisse. Sie ist Teil des allgemeinen Prinzips der Selbstbestimmung des Menschen und wird **grundrechtlich** durch Art. 2 Abs. 1 GG (allgemeine Handlungsfreiheit) **gewährleistet.**[1] Sie verwirklicht sich in verschiedenen Ausprägungen. Hierbei gewinnen teilweise weitere Grundrechte (z. B. Art. 9, 14 GG) Bedeutung. Zu erwähnen sind insbesondere die **Vereinsfreiheit**, d. h. die Freiheit des Einzelnen, Vereine zu bilden und in bestehende Vereine ein- bzw. wieder auszutreten.[2] Weiter ist die **Testierfreiheit** zu nennen, welche das Recht des Einzelnen umfasst, nach freiem Belieben rechtsgeschäftliche Anordnungen über sein Vermögen zu treffen, die erst mit seinem Tod wirksam werden.[3] Die **Eigentumsfreiheit** gestattet dem Einzelnen, frei über sein Eigentum zu verfügen.[4] Eine besondere Rolle spielt schließlich die **Vertragsfreiheit**, welche die

1

---

[1] BVerfG v. 19.10.1993, NJW 1994, 36, 38.

[2] Vgl. BGH v. 22.09.1980, NJW 1981, 340, 340 f.

[3] Vgl. BVerfG v. 30.08.2000, NJW 2001, 141; BGH v. 02.12.1998, NJW 1999, 566, 568.

[4] Vgl. BVerfG v. 19.06.1969, NJW 1969, 1475.

B. Boemke, B. Ulrici, *BGB Allgemeiner Teil,* Springer-Lehrbuch,
DOI 10.1007/978-3-642-39171-2_4, © Springer-Verlag Berlin Heidelberg 2014

freie Entscheidung sichert, ob und mit wem in welcher Form ein Vertrag geschlossen wird und was dessen Inhalt sein soll.[5]

2   Die Privatautonomie fußt auf den Grundgedanken von **Individualismus** und **Liberalismus**. Der Einzelne weiß am besten, was für ihn vorteilhaft ist. Er soll seine Angelegenheiten deshalb selbst und ohne Einmischung des Staats regeln können. Er darf hierbei grds. auch unvernünftig sein.[6] Das BGB schreibt diesen Grundsatz nicht fest. Es setzt ihn vielmehr voraus. Dies zeigt sich z. B. im regelungstechnischen Vorgehen des Gesetzgebers in Bezug auf die inhaltliche Gestaltungsfreiheit im Schuldrecht. Er normiert nicht, welche rechtlichen Gestaltungen dem Einzelnen erlaubt sind. Vielmehr setzt das BGB einen Rahmen, innerhalb dessen der Einzelne frei jede inhaltliche Gestaltung treffen kann, soweit das Gesetz diese nicht ausnahmsweise ausschließt.

3   Umfasst die Privatautonomie somit die Freiheit des Einzelnen gegenüber dem Staat, kann sie gleichwohl nicht ohne Mitwirkung des Staats existieren. Dieser muss vielmehr erst den rechtlichen Rahmen schaffen, innerhalb dessen der Einzelne seine Angelegenheiten selbst gestalten kann. Ohne eine **Ausgestaltung**, welche insbesondere umfasst, dass und unter Beachtung welcher Bedingungen Gestaltungen in ihren rechtlichen Wirkungen anerkannt werden, ist Privatautonomie nicht denkbar. Der Einzelne kann durch seine Handlungen zwar ohne Weiteres tatsächliche Wirkungen, ohne Anerkennung aber keine rechtlichen Wirkungen herbeiführen. Das vom Gesetz in Umsetzung des Gestaltungsauftrags vorgesehene Mittel zur Wahrnehmung der Privatautonomie ist das **Rechtsgeschäft**,[7] durch welches der Handelnde für sich selbst die maßgeblichen Rechtsfolgen setzt, die verbindlich gelten, weil sie gewollt sind.

4   Die Privatautonomie berechtigt zur rechtlichen Gestaltung der **eigenen Angelegenheiten**. Zum Schutz der Privatautonomie anderer können für diese grds. keine verbindlichen Rechtsfolgen gesetzt werden. Gerade das Bewirken von Rechtsfolgen gegenüber anderen ist aber ein zentrales Bedürfnis. Bspw. setzt der Kauf eines Brötchens voraus, dass ein anderer zum Verkauf bereit ist. Für solche Fälle verwirklicht sich die Privatautonomie, indem eine vom Willen aller Betroffenen getragene Rechtsfolge in Kraft gesetzt wird. Das Mittel hierzu ist der **Vertrag** als mehrseitiges Rechtsgeschäft.[8] Dessen Wirkungen sind wiederum darauf beschränkt, die Angelegenheiten seiner Parteien rechtlich zu gestalten. Verträge mit unmittelbaren rechtlichen Wirkungen zu Lasten Dritter, d. h. nicht am Vertrag Beteiligter, sind ausgeschlossen. Nur für Einzelfälle, insbesondere im Zusammenhang mit der **Beendigung oder Auflösung eines Rechtsverhältnisses** (vgl. Kündigung, Rücktritt, Widerruf, Anfechtung, Aufrechnung), hat der Gesetzgeber den Einzelnen ermächtigt, seine Angelegenheiten einseitig auch mit unmittelbarer Wirkung für einen anderen zu gestalten. In diesen Fällen hat der Gesetzgeber abstrakt die wechselsei-

---

[5] Siehe unten Rn. 7 ff.

[6] Zu Ausnahmen im Massenverkehr vgl. BGH v. 30.10.2009, NJW 2010, 534, 535 (Stadionverbot); BGH v. 09.03.2012, NJW 2012, 1725, 1727 (Hausverbot für Parteifunktionär).

[7] Siehe unten Rn. 12 f.

[8] Siehe zur Vertragsfreiheit Rn. 7 ff.

tigen Interessen abgewogen und entschieden, dass die Privatautonomie des einen hinter die des anderen zurücktreten muss.

Die Privatautonomie besteht nicht schrankenlos, sondern zunächst nur in bestimmten **Grenzen**, die ihr Funktionieren sichern. Bspw. setzt Selbstbestimmung Einsichtsfähigkeit voraus. Dem tragen u. a. die §§ 104 ff. BGB Rechnung. Auch gefährden in Wahrnehmung der Privatautonomie begründete Bindungen ab einem gewissen Umfang die zukünftige Ausübung der Privatautonomie. Dies berücksichtigt z. B. § 314 BGB, der ein unabdingbares Kündigungsrecht für Dauerschuldverhältnisse vorsieht. Hierdurch wird vermieden, dass sich der Einzelne ohne jegliche Grenzen einer ggf. lebenslangen Bindung unterwirft. Außerdem bestehen **inhaltliche Schranken** wie z. B. § 138 BGB, welche den Einzelnen oder die Allgemeinheit vor einem Missbrauch der Privatautonomie schützen.[9] Schließlich wird die Privatautonomie teilweise durch bestimmte **Formvorgaben** beschränkt.[10] 5

Keineswegs übersehen werden darf, dass Ausdruck der Privatautonomie nicht nur die Selbstbestimmung, sondern als deren unabdingbares Korrelat auch die **Selbstverantwortung** ist.[11] Die Freiheit zur Gestaltung der eigenen Angelegenheiten besteht nur mit der Maßgabe, dass der Handelnde die sich aus seinem Handeln ergebenden Folgen zu tragen hat. Er darf im Grundsatz nicht erwarten, dass ihn die Rechtsordnung vor den (nachteiligen) Folgen schützt, die ein von ihm zu seinem (vermeintlichen) Vorteil vorgenommenes Handeln auslöst. 6

II. Vertragsfreiheit

1. Allgemeines

Die Vertragsfreiheit ist der praktisch wohl wichtigste Aspekt der Privatautonomie. Sie wird wie diese **verfassungsrechtlich** durch Art. 2 Abs. 1 GG **gewährleistet**. Dabei ist jedoch zu berücksichtigen, dass das GG die Vertragsfreiheit nicht in allen ihren Details vorgibt. Vielmehr setzt sie ein vom Gesetzgeber ausgestaltetes, d. h. Grenzen[12] unterworfenes Vertragsrecht voraus. Neben funktionsbedingten Grenzen sieht der Gesetzgeber verhältnismäßige Einschränkungen zum Schutz Dritter und ihrer Grundrechte sowie sonstiger Interessen vor. Hierzu kann der Gesetzgeber sogar verfassungsrechtlich verpflichtet sein, um zu vermeiden, dass die Vertragsfreiheit ihre Funktion als Instrument der Selbstbestimmung verliert und zur Fremdbestimmung missbraucht wird. 7

Beispiel: Bert stellt gering qualifizierte Arbeitnehmer ein und verleiht sie für Hilfsdienste an andere Unternehmen. In Zeiten hoher Arbeitslosigkeit fällt es Bert nicht schwer, Interessenten zu finden, denen er die von seinem Rechtsanwalt in seinem Sinne entwickelten

---

[9] Siehe unten § 11.
[10] Siehe unten § 10.
[11] *Wolf/Neuner* § 30 Rn. 8.
[12] Siehe unten Rn. 9.

Arbeitsverträge vorlegt. Auf Verhandlungen lässt sich Bert nicht ein. Wenn ein Bewerber nicht einverstanden ist, stellt er einfach einen anderen ein. Der Fall macht deutlich, dass die Ausgangsvorstellung des Gesetzgebers, wonach die Vertragsfreiheit durch Verhandlungen zu einem für beide Seiten angemessenen Ergebnis führt, zwar formal, aber nicht materiell dem Gedanken der Selbstbestimmung Rechnung trägt. Bei materieller Betrachtung ist offensichtlich, dass der Inhalt der Einigung auf Grund der wirtschaftlichen Rahmenbedingungen von Bert einseitig vorgegeben wird. Der Vertrag erscheint aus der Sicht der Bewerber nicht als Ausdruck ihrer Selbst-, sondern einer Fremdbestimmung. Verfestigt sich eine derartige Verschiebung des Gleichgewichts der Verhandlungspartner strukturell, ist der Gesetzgeber zum Schutz der unterlegenen Partei verpflichtet, Abhilfe zu schaffen (z. B. durch eine Inhaltskontrolle geschlossener Verträge, vgl. §§ 305 ff. BGB).

2. Inhalt

8   Innerhalb der Vertragsfreiheit lassen sich verschiedene Schutzbereiche unterscheiden. Die drei wesentlichen kommen für den Arbeitsvertrag exemplarisch in § 105 S. 1 Hs. 1 GewO zum Ausdruck: „Arbeitgeber und Arbeitnehmer können **Abschluss, Inhalt** und **Form** des Arbeitsvertrags frei vereinbaren, …". Zu unterscheiden sind danach:

1. Die **Abschlussfreiheit**. Sie garantiert, dass der Einzelne frei ist, ob und mit wem er einen Vertrag schließt. Sie ist der Kern der Vertragsfreiheit.

   Beispiel: Metzger Martin kann frei entscheiden, ob er seine beiden letzten Steaks an Frau Kling verkauft oder sie als Sonntagsessen mit nach Hause nimmt.

2. Die **Gestaltungsfreiheit**. Sie gewährleistet, dass die Parteien frei sind, wie sie den Vertrag inhaltlich ausgestalten. Dies setzt bspw. § 311 Abs. 1 BGB voraus.

   Beispiel: Metzger Martin kann sich mit Frau Kling frei verständigen, dass diese ihm auf den üblichen Verkaufspreis für die letzten beiden Steaks einen Aufschlag von 50 % bezahlt, um ihren Ehemann Egon nicht zu enttäuschen.

3. Die **Formfreiheit**. Sie erlaubt es den Parteien, sich für den Vertragsschluss grds. aller Erklärungsmittel zu bedienen.

   Beispiel: Frau Kling ist frei darin, ihre Zustimmung zur Forderung des Metzgers Martin nach einem 50 % Preisaufschlag wortlos durch ein wiederholtes Kopfnicken zu erklären.

3. Grenzen

9   Kein Aspekt der Vertragsfreiheit wird grenzenlos gewährt, was für Arbeitsverträge bereits § 105 S. 1 Hs. 2 GewO andeutet, indem er die Arbeitsvertragsfreiheit nur gewährt, soweit höherrangiges Recht nicht entgegensteht. Vielmehr sieht das Gesetz in unterschiedlicher Intensität Einschränkungen vor:

1. Den geringsten Einschränkungen unterliegt die **Abschlussfreiheit**, welche durch die immanenten Schranken der Privatautonomie (z. B. §§ 104 ff. BGB), Abschlussverbote, Differenzierungsverbote (vgl. § 1 AGG) oder ausnahmsweise Abschlussgebote (Kontrahierungszwang)[13] beschränkt wird.

Beispiele: (1) Der sechsjährige Joris kann keinen wirksamen Kaufvertrag über ein Fahrrad schließen, weil ihm hierfür noch die erforderliche Reife fehlt. (2) Ein Restaurantbetreiber darf die Einstellung des 50-jährigen Kellners Egon nicht mit der Begründung ablehnen, dieser sei zu alt und nicht weiblich. (3) Die Gewerkschaft IG-Metall muss ggf. einen Arbeitnehmer als Mitglied aufnehmen, wenn dieser die satzungsmäßigen Voraussetzungen erfüllt und kein Hinderungsgrund besteht.

2. Ebenfalls nur geringen Einschränkungen unterliegt die **Formfreiheit**, welche der Gesetzgeber punktuell zur Verfolgung bestimmter Formzwecke beschränkt, indem er eine besondere Form vorschreibt.

Beispiel: Der Abschluss eines Bürgschaftsvertrags setzt voraus, dass die Erklärung des Bürgen in Schriftform erfolgt (vgl. § 766 BGB), um diesen vor einer übereilten Entscheidung zu bewahren.

3. Den meisten Einschränkungen unterliegt wohl die Gestaltungsfreiheit. Dies gilt zunächst im Sachen-, Familien- und Erbrecht, wo im Hinblick auf die Betroffenheit am Rechtsgeschäft nicht beteiligter Dritter weitgehend **Typenzwang** besteht. Die Parteien müssen sich für einen vom Gesetzgeber zur Verfügung gestellten Vertragstyp entscheiden, können ihrerseits jedoch keinen neuen Vertragstyp erfinden. Grundlegend anders verfährt das Schuldrecht. Aus dem Umstand, dass der Gesetzgeber im 8. Abschnitt des II. Buchs eine Vielzahl von Schuldverhältnissen (Schuldverträgen) normiert, folgt nicht, dass die Parteien auf diese Typen beschränkt sind. Sie sind vielmehr frei, neue Vertragstypen (z. B. Leasing, Factoring, Franchise) zu entwickeln. Weitere, dem Schutz der Allgemeininteressen, der Vertragsparteien oder Dritter dienende Schranken der Gestaltungsfreiheit finden sich in den Vorgaben des **zwingenden Rechts**, den **Verbotsgesetzen**, dem Verbot **sittenwidriger Rechtsgeschäfte**, aber auch in den **§§ 305 ff. BGB**.

Beispiele: (1) Wenn Horst von Peter ein Haus kaufen will, den Kaufpreis aber nicht sofort zahlen kann, kann Peter ihm nicht das Haus unter der Bedingung übereignen, dass der Kaufpreis vollständig gezahlt wird (vgl. § 925 Abs. 2 BGB). Vielmehr sind die Parteien darauf angewiesen, Peter durch ein Grundpfandrecht (vgl. §§ 1113 ff. BGB) zu sichern. (2) Arndt und Bert können im Arbeitsvertrag nicht das Recht zur außerordentlichen Kündigung ausschließen, weil § 626 BGB zwingend gilt.[14] (3) Das Kreditinstitut Spaßkasse kann Darlehen nicht zu einem Zinssatz vergeben, der über dem Doppelten des Marktüblichen liegt (vgl. § 138 Abs. 1 BGB).[15]

---

[13] Siehe unten § 7 Rn. 99 ff.

[14] BAG v. 11.07.1958, NJW 1958, 1652, 1653. – Vgl. auch BGH v. 03.07.2000, NJW 2000, 2983, 2984.

[15] BGH v. 11.01.1995, NJW 1995, 1019, 1022.

B. Rechtshandlungen

I. Einteilung

10 Die Rechtsordnung knüpft Rechtsfolgen an unterschiedliche Umstände. Denkbar ist u. a., dass Rechtsfolgen an das Vorliegen eines bloßen Zustands, wie z. B. die tatsächliche Sachherrschaft (vgl. §§ 854 ff. BGB) anknüpfen. Da jedoch Rechtssubjekte, d. h. im rechtstechnischen Regelfall Menschen, von Rechtsfolgen betroffen werden, wählt der Gesetzgeber überwiegend menschliche Handlungen als Zurechnungspunkt. Entsprechende, **rechtlich bedeutsame Handlungen** (sog. Rechtshandlungen) sind von sonstigen Handlungen zu unterscheiden, deren Wirkungen ggf. im tatsächlichen oder gesellschaftlichen Bereich liegen.

> **Beispiele:** (1) Berni lädt Nadine ins Kino ein. Hierdurch werden ggf. zwischenmenschliche, aber keine rechtlichen Wirkungen ausgelöst. (2) Klaus stößt einen Stein ins Wasser. Es bilden sich auf der Wasseroberfläche ringförmige Wellen (tatsächliche Folgen).

11 Rechtshandlungen lassen sich im Hinblick auf bestimmte, gesetzlich erhebliche Unterschiede und Gemeinsamkeiten ordnen. Üblich ist eine Einteilung in **Willenserklärungen, geschäftsähnliche Handlungen und Realakte**. Bedeutung erlangt diese Unterscheidung insbesondere dadurch, dass der Allgemeine Teil des BGB im 3. Abschnitt Vorschriften enthält, welche grds. nur für Rechtsgeschäfte (Willenserklärungen) gelten.

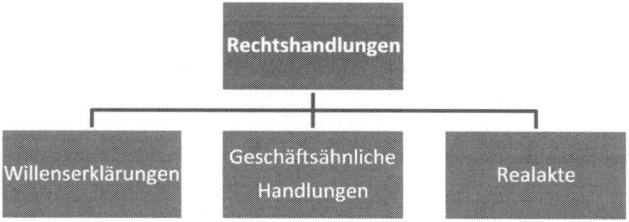

II. Willenserklärungen

12 Einen zentralen Begriff des Privatrechts und den wichtigsten Regelungsgegenstand des Allgemeinen Teils bildet das **Rechtsgeschäft**.[16] Hierunter wird eine privatrechtliche Willenserklärung verstanden, welche auf die Hervorbringung eines rechtlichen Erfolgs gerichtet ist, welcher eintritt, weil er gewollt ist.[17] Das Wesen des Rechtsgeschäfts wird darin gefunden, dass ein auf die Hervorbringung rechtlicher Wirkungen gerichteter Wille sich betätigt, und dass der Spruch der Rechtsordnung in Anerkennung dieses Willens die gewollte rechtliche Gestaltung in der Rechtswelt

---

[16] *Medicus* vor § 17.
[17] Mot. I, S. 126.

verwirklicht.[18] Gleichbedeutend hierzu verwendet der Gesetzgeber den Begriff der
Willenserklärung.[19]

Durch den Umstand, dass Willenserklärungen Rechtsfolgen auslösen, weil diese   **13**
erklärtermaßen gewollt sind, unterscheiden sie sich von anderen rechtlich erheblichen Verhaltensweisen, bei denen Rechtsfolgen unabhängig von einem hierauf gerichteten Willen der Beteiligten eintreten (**Realakte** und **rechtsgeschäftsähnliche
Handlungen**).

Beispiele: (1) Klaus zieht in eine Wohnung ein. Er nimmt sie hierdurch in Besitz (vgl.
§ 854 BGB), woraus sich z. B. bestimmte Abwehransprüche ergeben (vgl. §§ 861 f. BGB).
(2) Susi malt mit ihr nicht gehörender Farbe auf eine ihr nicht gehörende Leinwand ein
Gemälde. Sie wird nach § 950 BGB unabhängig von einem hierauf gerichteten Rechtsfolgenwillen Eigentümerin des Gemäldes.

III. Geschäftsähnliche Handlungen

Geschäftsähnliche Handlungen unterscheiden sich von Willenserklärungen da-   **14**
durch, dass die Rechtsfolge **unabhängig von einem** auf sie gerichteten **Rechtsfolgenwillen** eintritt.[20] Dies schließt nicht aus, dass der auf einen tatsächlichen Erfolg
gerichtete Zweck von einem auf die Herbeiführung der gesetzlich vorgesehenen
Rechtsfolge gerichteten Willen begleitet wird. Häufig tritt jedoch ein anderer Erfolg
ein, als mit einer geschäftsähnlichen Handlung bezweckt wird. So ist z. B. die Mahnung des Schuldners primär darauf gerichtet, diesen zur Leistung zu veranlassen
(tatsächlicher Erfolg). Daneben wird sie häufig auch zur Verzugsbegründung erklärt
(vgl. § 286 Abs. 1 S. 1 BGB, Rechtserfolg). Die vom Gesetz an die Mahnung ge-
knüpfte Rechtsfolge tritt aber unabhängig von einem hierauf gerichteten Willen ein.
Gemeinsam ist Willenserklärungen und geschäftsähnlichen Handlungen, dass die
Rechtsfolge an einen **Erklärungstatbestand** anknüpft. Hierdurch unterscheiden
sie sich von Realakten. Bei Realakten tritt eine gesetzlich vorgesehene Rechtsfolge
zwar ebenfalls unabhängig vom Willen ein. Sie bestehen jedoch nicht in einer –
mit Mitteilungs- oder Kundgabezweck vorgenommenen – Erklärung. Zusammen-
fassend lassen sich geschäftsähnliche Handlungen daher als Erklärungen (Vorstel-
lungs- und Willensäußerungen) beschreiben, bei denen eine Rechtsfolge eintritt,
weil sie gesetzlich angeordnet und daher unabhängig von einem darauf gerichteten
Willen ist.

Beispiele: Geschäftsähnliche Handlungen in Form von Vorstellungsäußerungen (Anzei-
gen, Benachrichtigungen, Mitteilungen) sehen z. B. §§ 149, 170, 171, 172 BGB vor. An
Willensäußerungen (Aufforderungen, Androhungen, Weigerungen) knüpfen z. B. §§ 108
Abs. 2, 177 Abs. 2, 179 Abs. 1, 180 BGB Rechtsfolgen.

---

[18] Mot. I, S. 126.
[19] Mot. I, S. 126. – Siehe aber unten Rn. 17 f.
[20] Mot. I, S. 127.

15 Der Gesetzgeber hat bewusst keine allgemeinen Vorschriften über geschäftsähnliche Handlungen getroffen.[21] Insbesondere hat er davon abgesehen, die **für Willenserklärungen geltenden Vorschriften** für **anwendbar** zu erklären. Da geschäftsähnliche Handlungen keine Willenserklärungen sind, können auch die hierfür bestimmten Vorschriften nicht unmittelbar angewendet werden. In Betracht kommt jedoch deren analoge Anwendung,[22] welche auf Grund der Rechtsähnlichkeit zu Willenserklärungen der Regelfall ist.[23]

IV. Realakte

16 Realakte sind tatsächliche Handlungen, die nicht in einer Erklärung bestehen und an welche das Gesetz **unabhängig von einem Rechtsfolgenwillen** des Handelnden Rechtsfolgen knüpft. Aus der Entbehrlichkeit eines Rechtsfolgenwillens darf nicht gefolgert werden, dass bei Realakten dem menschlichen Willen keine Bedeutung zukommt. Da Realakte an eine menschliche Handlung anknüpfen, setzen sie einen Handlungswillen voraus. Körperbewegungen, die im Schlaf oder im Zustand der Hypnose vorgenommen werden, sind keine Handlungen. Im Einzelfall, namentlich bei der Besitzbegründung, muss der natürliche Wille einen bestimmten Inhalt haben (z. B. Besitzbegründungswille). Da aber nur ein natürlicher Wille erforderlich ist, muss dieser nicht den Vorgaben der für einen rechtsgeschäftlichen Willen geltenden Vorschriften (z. B. §§ 104 ff. BGB) entsprechen.

C. Willenserklärung und Rechtsgeschäft

I. Begriffe und Abgrenzung

17 Im Grundsatz geht der Gesetzgeber davon aus, dass die Begriffe Rechtsgeschäft und Willenserklärung bedeutungsgleich sind.[24] Allerdings verwendet das Gesetz den Begriff Rechtsgeschäft nicht nur synonym zum Begriff Willenserklärung, sondern auch in einem anderen Sinne (Rechtsgeschäft als rechtsgeschäftlicher, d. h. **rechtsfolgenbewirkender Tatbestand**).[25] Dass die Begriffe Rechtsgeschäft und Willenserklärung nicht vollständig deckungsgleich sind, wird deutlich in der Gliederung des BGB, welches im I. Buch den 3. Abschnitt mit „Rechtsgeschäfte" überschreibt und innerhalb der Rechtsgeschäfte im 2. Titel die Willenserklärung heraushebt. Der Unterschied zwischen der Willenserklärung und dem Rechtsgeschäft als Tatbestand

---

[21] Mot. I, S. 127.

[22] Vgl. Mot. I, S. 127.

[23] Ausführlich *Ulrici* NJW 2003, 2053.

[24] Mot. I, S. 126. – Hiergegen *Leenen* § 4 Rn. 101 ff.

[25] Vgl. Mot I, S. 126.

liegt darin, dass ein Rechtsgeschäft mindestens eine Willenserklärung enthält, im Einzelfall aber aus mehreren Willenserklärungen und ggf. weiteren Akten besteht.

> **Beispiel:** Der Vertrag ist ein Rechtsgeschäft, welches aus mehreren Willenserklärungen (Antrag und Annahme) besteht.[26] Bei den beiden Willenserklärungen handelt es sich nicht um Rechtsgeschäfte i. S. eines rechtsgeschäftlichen Tatbestands, weil sie allein die von ihnen intendierten, d. h. willentlich angestrebten Rechtsfolgen (vertragliche Bindungen) nicht bewirken.

In bestimmten Fällen bewirkt das Rechtsgeschäft die intendierten Rechtsfolgen erst, wenn neben dem Tatbestand des Rechtsgeschäfts weitere, **außerhalb** des Rechtsgeschäfts **liegende Wirksamkeitsvoraussetzungen** gegeben sind. Diese gedankliche Unterscheidung ist nur von geringer Bedeutung. Sie dient vorrangig dazu, das Zusammenwirken einzelner Vorschriften widerspruchsfrei zu erklären. **18**

> **Beispiel:** Bert kauft als vollmachtloser Vertreter im Namen des Heinrich von Detlef durch notariellen Vertrag ein Grundstück. Das zwischen Bert und Detlef vorgenommene Rechtsgeschäft ist der Abschluss eines Kaufvertrags. Liegen die hierfür erforderlichen Voraussetzungen (Antrag, Annahme und Form) vor, löst dies gleichwohl noch nicht die intendierten Rechtsfolgen (Verpflichtungen zwischen Heinrich und Detlef) aus. Vielmehr bedarf es hierzu der Zustimmung des Heinrich.[27] Diese Zustimmung ist nicht Teil des Rechtsgeschäfts Kaufvertrag, sondern ein eigenständiges Rechtsgeschäft. Deshalb bedarf die Zustimmung nicht der für den Kaufvertrag notwendigen Form (vgl. § 182 Abs. 2 BGB).

II. Einteilung der Rechtsgeschäfte

1. Einseitige und mehrseitige Rechtsgeschäfte

Rechtsgeschäfte i. S. eines rechtsgeschäftlichen Tatbestands lassen sich zunächst danach einteilen, ob die intendierten Rechtsfolgen von einem Einzelnen bewirkt werden können oder ob weitere Beteiligte mitwirken müssen. **Einseitige Rechtsgeschäfte** zeichnen sich dadurch aus, dass eine Rechtsfolge vom Erklärenden ohne Mitwirkung oder Zustimmung eines Betroffenen herbeigeführt werden kann. Soweit ein einseitiges Rechtsgeschäft die Rechte anderer berührt, wird es von der Rechtsordnung nur anerkannt, wenn Gesetz oder Rechtsgeschäft zu seiner Vornahme ermächtigen. **19**

> **Beispiele:** Anfechtung (vgl. § 143 BGB), Aufrechnung (vgl. § 388 BGB), Testament (vgl. §§ 2229 ff. BGB).

Mehrseitige Rechtsgeschäfte zeichnen sich dadurch aus, dass die intendierten Rechtsfolgen dadurch bewirkt werden, dass mehrere Personen jeweils hierauf gerichtete Willenserklärungen abgeben. Das wichtigste mehrseitige Rechtsgeschäft ist der **Vertrag**, welcher seine Rechtswirkungen zeitigt, weil sich alle seine Parteien (mindestens zwei) durch Austausch entsprechender Willenserklärungen hierüber **20**

---

[26] Siehe unten § 7 Rn. 6.

[27] Siehe unten § 13 Rn. 99 f.

geeinigt haben („sich vertragen").[28] Neben dem Vertrag gehören **Beschlüsse**, z. B. der Mitgliederversammlung eines Vereins, zu den mehrseitigen Rechtsgeschäften.[29] Sie unterscheiden sich insoweit vom Vertrag, als – je nach gesetzlichen oder satzungsmäßigen Vorgaben – ihre Wirkungen nicht vom Einverständnis aller Beteiligten abhängen, sondern vielfach eine Mehrheit der Beteiligten die Rechtsfolgen mit Wirkung für alle Beteiligten herbeiführen kann.

21   Die Unterscheidung zwischen einseitigen und mehrseitigen Rechtsgeschäften gewinnt im Hinblick darauf Bedeutung, dass **der von einem einseitigen Rechtsgeschäft Betroffene** dessen Wirkungen **nicht ausweichen** kann. Er bedarf deshalb insoweit eines besonderen Schutzes, als er Klarheit darüber erhalten muss, ob das Rechtsgeschäft seine Wirkungen entfaltet, damit er sich hierauf einrichten kann. Ihm kann grds. nicht zugemutet werden, dass er ohne seine Mitwirkung einem Schwebezustand ausgesetzt wird.

> **Beispiele:** Der Vermeidung einer objektiven oder subjektiven Unsicherheit dienen z. B. §§ 111 S. 1, 174, 180, 182 Abs. 3, 388 S. 2 BGB.

2. Empfangsbedürftige Rechtsgeschäfte

22   Betrifft ein Rechtsgeschäft den Rechtskreis eines anderen, ist es regelmäßig geboten, diesen hiervon in Kenntnis zu setzen, damit er sich auf die Änderung der Rechtslage einrichten kann.[30] Seinen Interessen trägt das BGB dadurch Rechnung, dass entsprechende Rechtsgeschäfte erst wirksam werden, wenn sie dem Betroffenen zugehen, d. h. für ihn zumindest die Möglichkeit der Kenntnisnahme besteht.

> **Beispiele:** (1) Geizig kündigt das zu Arm bestehende Arbeitsverhältnis noch in der Probezeit. Durch den Ausspruch einer Kündigung kann Geizig einseitig das zwischen ihm und Arm bestehende Rechtsverhältnis beenden. Dies tangiert nicht nur seinen Rechtskreis, sondern auch den des Arm. Dieser muss Kenntnis von der Beendigung seines Arbeitsverhältnisses erlangen, um sich hierauf einrichten zu können. (2) Wenn Frida ihren Enkel Eberhard testamentarisch zum Erben einsetzt, berührt dies zwar auch den Rechtskreis von Eberhard, weil dieser im Erbfall Vermögen oder Schulden von Frida übernimmt. Gleichwohl ist Eberhard nicht schutzwürdig, weil er einerseits keinen „Anspruch" darauf hat, Erbe zu werden, und andererseits die Erbschaft ausschlagen kann (§ 1942 Abs. 1 BGB). Deshalb wird ein Testament unabhängig von seinem Zugang (Empfang) wirksam.

3. Verpflichtungs- und Verfügungsgeschäfte

23   Im Hinblick auf ihre Rechtswirkungen lassen sich verpflichtende und verfügende Rechtsgeschäfte unterscheiden. **Verpflichtenden Rechtsgeschäften** ist eigen, dass sie eine Verpflichtung und hiermit korrespondierend eine Berechtigung zwischen den Parteien begründen. Eine Partei kann von der anderen Partei eine bestimmte Handlung oder Unterlassung einfordern. Gegenstand entsprechender Verpflichtun-

---

[28] Siehe unten § 7 Rn. 4.

[29] *Bork* Rn. 436; *Wolf/Neuner* § 29 Rn. 10 ff. – Anders RG v. 04.12.1928, RGZ 122, 367, 369.

[30] Siehe § 6 Rn. 1 ff., 4, 6.

gen kann die Vornahme einer tatsächlichen Handlung (z. B. Erbringung einer bestimmten Arbeitsleistung), aber auch eines anderen Rechtsgeschäfts, insbesondere die Veränderung eines Rechts (z. B. seiner Zuordnung) sein. Das Verpflichtungsgeschäft ist die Grundlage zur Herbeiführung des eigentlich verfolgten tatsächlichen oder rechtlichen Ziels. Wurde das tatsächliche oder rechtliche Ziel erreicht, ist das Verpflichtungsgeschäft zudem die Grundlage dafür, dass der erreichte Zustand beibehalten und nicht rückgängig gemacht wird.

> **Beispiel:** Arndt verpflichtet sich gegenüber Bert, diesem sein Fahrrad gegen Zahlung von 50 € zu übereignen (Kaufvertrag). Hierdurch wird für Arndt die Pflicht begründet, sein Eigentum am Fahrrad auf Bert zu übertragen. Die Eigentumslage wird hierdurch allerdings noch nicht geändert. Erst wenn Arndt in Erfüllung seiner Pflicht das Fahrrad übereignet, geht das Eigentum über. Im Anschluss hieran bildet der Kaufvertrag die Grundlage dafür, dass Bert das Fahrrad behalten darf.

Verfügungsgeschäften ist eigen, dass sie unmittelbar auf ein bestehendes Recht **24** einwirken, sei es, um dieses zu übertragen, inhaltlich zu verändern, zu belasten oder aufzuheben.[31] Da sie auf ein bestehendes Recht einwirken, setzen Verfügungsgeschäfte zum Schutz des Berechtigten voraus, dass der Verfügende verfügungsbefugt ist.

> **Beispiel:** Arndt hat einen Anspruch gegen Thomas. Klaus tritt diesen Anspruch an Herbert ab (vgl. § 398 BGB). Dass Arndt durch ein fremdes Handeln seinen Anspruch verliert, ist mit dem Grundsatz der Selbstbestimmung unvereinbar.

Verfügungsbefugt ist grds. der Rechtsinhaber. In Einzelfällen steht die Verfü- **25** gungsbefugnis aber einem Dritten anstelle des Rechtsinhabers zu (z. B. Insolvenzverwalter anstelle des Rechtsinhabers) oder der Rechtsinhaber ist nur gemeinsam mit einem Dritten befugt (vgl. z. B. §§ 1365, 1369 BGB). Im Übrigen können Dritte, vorbehaltlich eines Erwerbs vom Nichtberechtigten, nur mit Zustimmung des Rechtsinhabers (Ermächtigung oder Genehmigung) wirksam verfügen.

Die größte Bedeutung kommt denjenigen Verfügungsgeschäften zu, mit denen **26** ein Recht übertragen wird. Sie ändern unmittelbar die Zuordnung eines Rechts. Da Rechte eindeutig einem Inhaber zugeordnet sein müssen, **wirken** Rechtsübertragungen nicht nur zwischen den an der Verfügung Beteiligten, sondern **absolut**, d. h. gegenüber jedermann.

> **Beispiel:** Arndt verpflichtet sich, Bert sein Fahrrad gegen Zahlung von 50 € zu übereignen (Kaufvertrag). Hierdurch wird (nur) zwischen Arndt und Bert die Pflicht begründet, das Eigentum am Fahrrad zu übertragen (relativ wirkende Verpflichtung). Übereignet Arndt das Fahrrad an Bert (vgl. § 929 BGB), ändert sich die Eigentumszuordnung. Bert wird Eigentümer, was von jedermann, nicht nur von Arndt, zu respektieren ist.

4. Abstrakte und kausale Rechtsgeschäfte

Rechtsgeschäfte lassen sich außerdem in kausale und abstrakte Geschäfte unter- **27** scheiden. **Kausale Geschäfte** sind zweckbestimmte Geschäfte, deren Inhalt von einem bestimmten, von den Parteien gewollten wirtschaftlichen oder ideellen Zweck

---

[31] Vgl. Mot. I, S. 127.

geprägt wird. Dieser Zweck macht das Rechtsgeschäft verständlich und erlangt Bedeutung z. B. für §§ 138, 162, 242, 307 BGB. **Abstrakte Rechtsgeschäfte** sind dagegen zweckfrei und können deshalb im Rahmen der Durchführung verschiedener kausaler Geschäfte aber auch unabhängig von diesen vorgenommen werden.

> **Beispiel:** Verkauft Arndt sein Fahrrad an Bert, liegt der wirtschaftliche Zweck des Geschäfts in einem entgeltlichen Leistungsaustausch. Verändert man diesen Zweck dahingehend, dass eine unentgeltliche Zuwendung des Fahrrads erfolgen soll, liegt kein Kauf (§ 433 BGB), sondern eine Schenkung (§ 516 BGB) vor. In beiden Fällen erfolgt die Erfüllung des Vertrags jedoch durch Übereignung nach §§ 929 ff. BGB, weil das abstrakte Übereignungsgeschäft losgelöst von einem bestimmten Zweck vorgenommen wird.

D. Verbraucher und Unternehmer

I. Bedeutung

28 Der historische Gesetzgeber ging von der Gleichheit aller Rechtssubjekte aus, welche formal mit gleichen Möglichkeiten ausgestattet sind. Hierin sah er die Gewähr für ihre selbstbestimmte Teilnahme am Rechtsverkehr. Inzwischen hat sich jedoch die Erkenntnis durchgesetzt, dass trotz der formalen Gleichheit die Gefahr besteht, dass sich materiell nicht Selbst-, sondern Fremdbestimmung verwirklicht, weil die Rechtssubjekte auf Grund bestimmter Umstände ihre Freiheit tatsächlich in unterschiedlichem Maß wahrnehmen können. Als **typische Gefahrenlage** hat der Gesetzgeber vor allem Verbrauchergeschäfte, d. h. Rechtsgeschäfte zwischen einem Verbraucher und einem Unternehmer erkannt. Zur Sicherung materieller Selbstbestimmung hat er in diesem Bereich, teilweise auf der Grundlage europarechtlicher Vorgaben, bestimmte **Verbraucherschutzvorschriften** geschaffen. Diese greifen ein, wenn ein Rechtsgeschäft zwischen einem Verbraucher und einem Unternehmer vorgenommen wird.

> **Beispiele** für Verbraucherschutzvorschriften sind § 241a BGB (Zusendung unbestellter Ware), §§ 312, 312d BGB (verbraucherschützende Widerrufsrechte), §§ 474 ff. BGB (Verbrauchsgüterkauf), §§ 491 ff. BGB (Verbraucherdarlehen).

II. Verbraucher

29 Verbraucher ist nach § 13 BGB eine natürliche Person, die ein Rechtsgeschäft zu einem Zweck abschließt, der **nicht ihrer gewerblichen oder selbstständigen beruflichen Tätigkeit** zugeordnet werden kann. Verbraucher können danach nur Menschen, nicht aber juristische Personen[32] sein. Die Verbrauchereigenschaft ist in Bezug auf jedes Rechtsgeschäft gesondert festzustellen. Entscheidend ist der Zweck, zu dem dieses vorgenommen wird. Anzulegen ist ein objektiver Maßstab, der die Gesamtumstände im Zeitpunkt der Vornahme des Rechtsgeschäfts berücksichtigt.

---

[32] Siehe unten § 22 Rn. 1 ff. – Vgl. für Personenmehrheiten BGH v. 23.10.2001, NJW 2002, 368.

Soweit einzelne Vorschriften im Vorfeld der Vornahme eines Rechtsgeschäfts wirken (vgl. § 241a BGB), ist das intendierte Rechtsgeschäft maßgeblich.

Beispiel: Bestellt der selbstständige Rechtsanwalt Ulrich für seine Kanzlei Büroartikel, handelt er zu einem Zweck, der seiner selbstständigen beruflichen Tätigkeit zuzuordnen ist. Er ist nicht Verbraucher. Wird ihm dagegen an seine Privatanschrift unbestellt eine Auswahl von gemalten Postkarten gesandt, ist das insoweit intendierte Rechtsgeschäft (Kauf) nicht seiner selbstständigen beruflichen Tätigkeit zuzuordnen. Er ist dann Verbraucher.

III. Unternehmer

Unternehmer ist nach § 14 BGB eine natürliche oder juristische Person oder eine **30** rechtsfähige Personengesellschaft, die ein Rechtsgeschäft in Ausübung ihrer **gewerblichen oder selbstständigen beruflichen Tätigkeit** vornimmt.

E. Trennungs- und Abstraktionsprinzip

I. Ausgangspunkt

Selbst innerhalb überschaubarer Lebensvorgänge lassen sich gedanklich mehrere **31** Einzelakte unterscheiden.

Beispiel: Bert geht zum Bäcker, um zwei Croissants zu kaufen. Dieser einfache Lebensvorgang lässt sich in zahlreiche Einzelakte aufgliedern. Zunächst muss Bert zum Ausdruck bringen, dass er zwei Croissants kaufen möchte. Der Bäcker muss anschließend seine Zustimmung hierzu zum Ausdruck bringen, z. B. indem er zwei Croissants aus der Auslage nimmt. Anschließend muss Bert bezahlen, bevor ihm die Croissants ausgehändigt werden. Ggf. muss der Bäcker noch Wechselgeld herausgeben.

Ebenso wie sich dieser Lebensvorgang in tatsächliche Einzelschritte untergliedern **32** lässt, ist in juristischer Hinsicht denkbar, dass man ihn in einzelne juristisch relevante Vorgänge aufteilt und trotz eines einheitlichen Lebensvorgangs verschiedene Rechtsgeschäfte voneinander trennt. Ausgehend hiervon ist zu klären, in welcher rechtlichen Beziehung die einzelnen Rechtsgeschäfte zueinander stehen.

II. Trennungsgrundsatz

Nach dem Trennungsgrundsatz sind auch innerhalb eines einheitlichen Lebensvor- **33** gangs **Verpflichtungsgeschäft und Verfügungsgeschäft** voneinander **zu trennen.**[33] Soweit hiermit zum Ausdruck gebracht wird, dass die Rechtsfolgen der Verpflichtung und der Verfügung voneinander zu unterscheiden sind, ist dies eine Selbstverständlichkeit, die sich unmittelbar dem Gesetz entnehmen lässt. Bspw.

---

[33] Vgl. Mot. I, S. 127 f.

folgt aus der Regelung des § 433 Abs. 1 S. 1 BGB, dass durch Abschluss eines Kaufvertrags eine Verpflichtung zur Übereignung begründet werden kann, ohne dass zugleich die Übereignung erfolgt. Auf die Unterscheidung von Rechtsfolgen (Verpflichtung und Verfügung) ist der Trennungsgrundsatz jedoch nicht beschränkt. Vielmehr folgt aus ihm zugleich, dass die Wirkungen der Verpflichtung und die Wirkungen der Verfügung durch zwei voneinander zu unterscheidende Rechtsgeschäfte herbeigeführt werden müssen. Dies ist keine Selbstverständlichkeit und wird in anderen Rechtsordnungen durchaus anders gehandhabt. Ob der Trennungs- oder der Einheitsgrundsatz gilt, liegt nicht in der Natur der Sache, sondern ist eine Entscheidung des Gesetzgebers. Dass Verpflichtung und Verfügung in verschiedenen Rechtsgeschäften wurzeln, lässt sich für das Bürgerliche Recht bspw. der Gegenüberstellung von § 433 Abs. 1 S. 1 BGB und § 929 S. 1 BGB entnehmen. Ausweislich § 433 Abs. 1 S. 1 BGB begründet der Abschluss eines Kaufvertrags lediglich die Verpflichtung zur Übereignung. Zum Übergang des Eigentums kommt es erst durch ein weiteres Rechtsgeschäft, die Übereignung, deren Tatbestand § 929 S. 1 BGB beschreibt.

34   **Rechtliche Konsequenz** der Trennung von Verpflichtung und Verfügung ist, dass im Hinblick auf jedes der beiden Rechtsgeschäfte eigenständig zu prüfen ist, ob es wirksam ist. Bspw. ist für § 433 Abs. 1 S. 1 BGB zu prüfen, ob sich die Parteien darüber geeinigt haben, dass der Verkäufer dem Käufer einen Gegenstand gegen Zahlung eines bestimmten Kaufpreises übereignen will. Für § 929 S. 1 BGB ist dagegen zu prüfen, ob sich die Parteien darüber geeinigt haben, dass das Eigentum an einer bestimmten Sache übergeht. Unterlag der Verkäufer z. B. einem Irrtum im Hinblick auf den Kaufpreis, ist gesondert zu prüfen, welche Konsequenzen dies für den Abschluss des Kaufvertrags und welche Konsequenzen dies für die Übereignung hat. Ist der Kaufpreis z. B. unüblich hoch, ist für Kaufvertrag und Übereignung jeweils gesondert zu prüfen, ob dies den Tatbestand des § 138 Abs. 2 BGB erfüllt. Da § 138 Abs. 2 BGB daran anknüpft, dass sich eine Partei eine unangemessen hohe Gegenleistung versprechen lässt und dieses Versprechen (nur) Teil des Kaufvertrags ist (vgl. § 433 Abs. 2 BGB), kann allein das Verpflichtungsgeschäft, nicht aber die Verfügung wucherisch sein.

III. Abstraktionsgrundsatz

1. Inhalt

35   Mit dem Trennungsgrundsatz eng verwandt, aber nicht identisch, ist der Abstraktionsgrundsatz. Aus ihm folgt zunächst, dass Verfügungsgeschäfte inhaltlich abstrakt sind, d. h. losgelöst von der Verfolgung eines bestimmten Zwecks erfolgen können.[34] Dies lässt sich unmittelbar aus dem Schweigen des Gesetzes ableiten. Bspw. setzen weder § 929 S. 1 BGB für die Übereignung noch § 398 BGB für die

---

[34] Mot. I, S. 127.

Abtretung einer Forderung tatbestandlich voraus, dass diese im Hinblick auf einen bestimmten Zweck erfolgen. Vielmehr genügt nach § 929 S. 1 BGB, dass sich die Parteien über den Übergang des Eigentums einig sind und die Sache übergeben wird. Nach § 398 BGB genügt die bloße Einigung, weil eine Übergabe der Sache nach ausgeschlossen ist. Warum die Verfügung erfolgt, ist dagegen ohne Belang. Außerdem folgt aus dem Abstraktionsprinzip, dass die Verfügung auch wirksam ist, wenn sie nicht auf einer entsprechenden Verpflichtung beruht, unabhängig davon, ob eine Verpflichtung gänzlich fehlt oder das Verpflichtungsgeschäft unwirksam ist.[35] **Die Unwirksamkeit des Verpflichtungsgeschäfts berührt hiernach nicht die Wirksamkeit des Verfügungsgeschäfts**.

Die Geltung des Abstraktionsgrundsatzes folgt nicht zwingend aus der Geltung des Trennungsgrundsatzes. Der Gesetzgeber könnte vielmehr auch anordnen, dass das Fehlen oder der Wegfall der Verpflichtung zur Unwirksamkeit der Verfügung führt. Bspw. geht die h. A. für den Bereich des Urheberrechts im Anschluss an § 9 Abs. 1 VerlG davon aus, dass zwar das Trennungs-, nicht aber das **Abstraktions-**, sondern vielmehr das **Kausalitätsprinzip** gilt.[36] Mit dem Wegfall der Verpflichtung endet zugleich die Verfügung. Vergleichbares wird im Vertretungsrecht deutlich. **36**

> **Beispiel:** Kardorf schließt einen Arbeitsvertrag mit Mona. Zugleich wird Mona zum Abschluss von Kaufverträgen bevollmächtigt. Der Abschluss des Arbeitsvertrags (vgl. § 611 BGB i. V. m. § 105 GewO) ist als Rechtsgeschäft von der Erteilung der Vertretungsmacht (vgl. § 167 Abs. 1 BGB) zu unterscheiden.[37] Obwohl danach zwei voneinander zu unterscheidende Rechtsgeschäfte vorliegen, ordnet § 168 S. 1 BGB an, dass sich das Erlöschen der Vollmacht nach dem ihrer Erteilung zu Grunde liegenden Rechtsverhältnis richtet. Endet das Arbeitsverhältnis, endet nach § 168 S. 1 BGB auch die Vollmacht.

Diese Wirkung des Abstraktionsgrundsatzes lässt sich mittelbar dem Gesetz entnehmen. Insoweit ist zunächst darauf zu verweisen, dass es regelmäßig (Ausnahme z. B. § 9 Abs. 1 VerlG) an einer Vorschrift fehlt, welche die Wirksamkeit des Verfügungsgeschäfts unmittelbar oder mittelbar an das Verpflichtungsgeschäft anbindet. Außerdem finden sich in §§ 812 ff. BGB (Bereicherungsrecht) Vorschriften, welche den Fall regeln, dass eine Leistung ohne einen sie tragenden Grund erbracht wurde. Für diesen Fall wird angeordnet, dass die rechtsgrundlos erlangte Leistung zurückzugewähren ist. Dabei sieht § 818 Abs. 1 BGB vor, dass sich die Herausgabepflicht auch auf dasjenige erstreckt, was der Leistungsempfänger auf Grund eines erlangten Rechts erwirbt. Diese Regelung geht mithin davon aus, dass ein Recht wirksam erlangt werden kann (Verfügung), obwohl hierfür ein Rechtsgrund (Verpflichtung) fehlt. **37**

Die Geltung des Abstraktionsprinzips dient dem Rechtsverkehr. Auf Grund der Unabhängigkeit der Verfügung von der Verpflichtung lässt sich der Inhaber eines Rechts einfach und sicher bestimmen. Für den Erwerber eines Rechts besteht zudem der Vorteil, dass er sich auch im Fall eines gutgläubigen Erwerbs keine Ge- **38**

---

[35] Vgl. Mot. I, S. 127 f.
[36] BGH v. 19.07.2012, GRUR 2012, 916, 917.
[37] Siehe unten § 13 Rn. 35 ff.

danken über das Bestehen oder Nichtbestehen der Schuldverträge des Veräußerers machen muss.

2. Scheinbare Ausnahmen

39   Die Geltung des Abstraktiongsgrundsatzes schließt nicht aus, dass sowohl Verpflichtungs- als auch Verfügungsgeschäft an dem gleichen Mangel leiden und deshalb aus dem gleichen Grund unwirksam sind (**Fehleridentität**).[38]

> **Beispiel:** Arndt verkauft und übereignet ein Kilo Heroin an Bert. Hier ist zunächst der Kaufvertrag nach § 134 BGB i. V. m. § 29 BtMG unwirksam, weil er gegen ein gesetzliches Verbot verstößt. Aus dem gleichen Grund ist auch die Übereignung des Heroins unwirksam, weil auch diese gegen das gesetzliche Verbot verstößt.

40   Beim Abstraktionsgrundsatz handelt es sich nicht um einen zwingenden Grundsatz der Privatrechtsordnung. Dies wird dadurch belegt, dass er nach h. M. im Urheberrecht keine Anwendung findet. Deshalb können die Parteien im Rahmen der Privatautonomie Verpflichtungs- und Verfügungsgeschäft zu einer **Geschäftseinheit** i. S. v. § 139 BGB verbinden oder die Abhängigkeit des Verfügungsgeschäfts vom Verpflichtungsgeschäft durch eine **Bedingung** herstellen,[39] soweit nicht gesetzliche Vorschriften (vgl. § 925 Abs. 2 BGB) entgegenstehen.

3. Bereicherungsausgleich

41   Der Entscheidung für die Geltung des Abstraktionsprinzips kommt keine verteilende Aussage zu.[40] Aus dem Umstand, dass eine in Vollzug eines unwirksamen Vertrags vorgenommene Vermögensverschiebung wirksam ist, folgt nicht, dass diese dauerhaft ist. Die Geltung des Abstraktionsprinzips bewirkt lediglich, dass die Vermögensverschiebung nicht automatisch rückgängig gemacht wird, sondern hierfür ein *actus contrarius* notwendig ist. Die Grundlage dafür, dass der einen Partei ein Anspruch gegen die andere Partei auf Vornahme eines *actus contrarius* zusteht, findet sich in den §§ 812 ff. BGB (**Bereicherungsrecht**), deren Gegenstand u. a. die **Rückabwicklung** rechtsgrundlos erfolgter Vermögensverschiebungen ist.

> **Beispiel:** Bert verpflichtet sich gegenüber Arndt zur Übereignung des vorliegenden Lehrbuchs (Verpflichtungsgeschäft). In Erfüllung dieser Verpflichtung übereignet Bert das Buch an Arndt (Verfügungsgeschäft). Stellt sich nunmehr heraus, dass (allein) die Verpflichtung anfänglich unwirksam war, lässt dies die Verfügung unberührt. Arndt bleibt zunächst Eigentümer des Buchs. Aus § 812 Abs. 1 S. 1 Alt. 1 BGB folgt aber, dass Arndt das Buch an Bert zurückübereignen muss (Verfügungsgeschäft mit entgegengesetzter Zielrichtung). Wirtschaftlich (nicht rechtlich) stehen Arndt und Bert danach im Ergebnis genauso, als wäre das Verfügungsgeschäft kausal zum Verpflichtungsgeschäft und zugleich mit diesem unwirksam.

---

[38] Siehe unten § 12 Rn. 101 f.

[39] Siehe unten § 14 Rn. 20.

[40] *Ulrici*, Vermögensrechtliche Grundfragen des Arbeitnehmerurheberrechts, 2008, S. 142.

Literatur

Bork (2011) Allgemeiner Teil des Bürgerlichen Gesetzbuchs. 3. Aufl
Leenen (2011) BGB Allgemeiner Teil: Rechtsgeschäftslehre
Medicus (2012) Allgemeiner Teil des BGB. 10. Aufl
Ulrici (2003) Geschäftsähnliche Handlungen. NJW 2003, 2053
Ulrici (2008) Vermögensrechtliche Grundfragen des Arbeitnehmerurheberrechts
Wolf/Neuner (2012) Allgemeiner Teil des deutschen Bürgerlichen Rechts. 10. Aufl

§ 5 Die Willenserklärung

Literaturhinweise: *Jahr*, Geltung des Gewollten und Geltung des Nicht-Gewollten – Zu Grundfragen des Rechts empfangsbedürftiger Willenserklärungen, JuS 1989, 249; *Kramer*, Schweigen als Annahme eines Antrages, JURA 1984, 235; *Lettl*, Das kaufmännische Bestätigungsschreiben, JuS 2008, 849; *Neuner*, Was ist eine Willenserklärung, JuS 2007, 881; *Petersen*, Der Tatbestand der Willenserklärung, JURA 2006, 178.

A. Begriff

Zentraler Begriff der rechtsgeschäftlichen Handlungen ist die Willenserklärung. **1** Zurückgehend auf die Motive zum BGB versteht die allg. A. hierunter eine private Willensäußerung, die auf die Herbeiführung einer bestimmten Rechtsfolge gerichtet ist, die deswegen eintritt, weil sie gewollt und von der Rechtsordnung anerkannt ist.[1] Die Willenserklärung ist somit das Mittel, den inneren Willen, eine bestimmte Rechtsfolge herbeizuführen, nach außen kundzutun. Sie setzt sich danach aus einem subjektiven und einem objektiven Element zusammen. Zunächst muss ein innerer Wille (subjektiv) gebildet werden, der anschließend nach außen kundgegeben wird (objektiv).

B. Geltungsgrund

Bereits vor Inkrafttreten des BGB wurde die Frage nach dem Geltungsgrund einer **2** Willenserklärung intensiv diskutiert.[2] Sie erlangt Bedeutung, wenn gebildeter Wille und dessen Verlautbarung sich nicht decken.[3] Nach der **Willenstheorie** stand der Wille, eine bestimmte Rechtsfolge herbeizuführen, im Vordergrund. Die Kundgabe des Willens war dagegen eine bloße Notwendigkeit zur Ermittlung des Willens.

---

[1] Vgl. Mot. I, S. 126.

[2] Vgl. hierzu *Larenz/Wolf* § 24 Rn. 25 ff.

[3] Siehe unten § 12 Rn. 3 f.

B. Boemke, B. Ulrici, *BGB Allgemeiner Teil,* Springer-Lehrbuch,
DOI 10.1007/978-3-642-39171-2_5, © Springer-Verlag Berlin Heidelberg 2014

Die **Erklärungstheorie** rückte dagegen aus Gesichtspunkten des Vertrauensschutzes den Kundgabeakt in den Vordergrund. Die Rechtsfolgen einer Willenserklärung sollten allein durch das äußere Bild der Erklärung unabhängig von dem dahinter stehenden Willen herbeigeführt werden. Aus dem äußeren Erklärungsakt wurde auf den Willen geschlossen. Diesen vorgefundenen Streit hat das **BGB** nicht entschieden, sondern letztlich offen gelassen. Die heute h. A. folgt der **Geltungstheorie**. Diese sieht den Geltungsgrund einer Willenserklärung in einem Zusammenwirken von Wille und Erklärung. Die Willenserklärung ist ein Akt zur rechtsgeschäftlichen Selbstverwirklichung und deshalb willensgetragen. Der Wille kann aber nach außen nur durch eine Erklärung in Geltung gesetzt werden, weshalb die Willenserklärung mehr als eine bloße Mitteilung des inneren Willens ist.

C. Innerer (subjektiver) Tatbestand

I. Überblick

3   Der innere Tatbestand einer Willenserklärung lässt sich gedanklich in verschiedene Bestandteile zerlegen. Zu unterscheiden sind Handlungswille, Erklärungsbewusstsein (Rechtsbindungswillen) und Geschäftswille. Dies bedeutet allerdings nicht, dass nur dann eine bindende Willenserklärung vorliegt, wenn alle drei Bestandteile vorliegen. Vielmehr wirkt sich das Fehlen einzelner Elemente unterschiedlich aus.[4]

II. Handlungswille

4   Die Kundgabe eines Willensaktes (äußere Tatbestandsseite) erfordert ein menschliches Verhalten seitens des Erklärenden, welches von außen als Kundgabeakt verstanden werden kann (Sprechen, Schreiben, schlüssiges Verhalten). Das Bewusstsein des handelnden Menschen, irgendeine solche Handlung vorzunehmen, wird als **Handlungswille** bezeichnet. Der Handlungswille fehlt bei bloßen Reflexbewegungen, Bewegungen unter Hypnose oder denen eines Schlafenden, weil dieses Verhalten nicht willensgetragen ist. Ebenso fehlt der Handlungswille bei willensbrechender Gewalt (*vis absoluta*), bei welcher der Wille des vermeintlich Handelnden ausgeschaltet wird. Dies ist z. B. der Fall, wenn die Hand zur Unterschriftsleistung unter Einwirkung unmittelbaren Zwangs durch einen Dritten geführt wird. Der den Stift unmittelbar haltende Mensch hat keinen Handlungswillen. Dieser liegt vielmehr bei derjenigen Person, welche die Hand führt. Anderes gilt bei der so genannten willensbeugenden Gewalt (*vis compulsiva*), bei der dem Handelnden ein Übel für den Fall in Aussicht gestellt wird, dass er von der Handlung absieht. Es wird also ein bestimmter Willensentschluss des Handelnden erzwungen. Es verbleibt diesem

---

[4] Siehe unten Rn. 8 ff.

aber die letzte Entscheidung, weshalb er mit Handlungswillen handelt, wenn er die geforderte Erklärung abgibt.

III. Erklärungsbewusstsein

Die Willenserklärung soll Rechtsfolgen erzeugen. Sie beinhaltet daher nicht nur das 5
Bewusstsein zu handeln, sondern zudem das **Bewusstsein** des Handelnden, dass sein Verhalten für ihn **rechtliche Wirkungen** entfalten wird. Dieser Willensinhalt, (irgendwelche) rechtsgeschäftlichen Wirkungen herbeizuführen, wird als Erklärungsbewusstsein bezeichnet.[5] Es fehlt, wenn der Handelnde seinem Verhalten nur tatsächliche oder gesellschaftliche Folgen beimisst.

> **Beispiel:**[6] Schlagersänger Julio unterschreibt nach einem seiner Konzerte zahlreiche Autogramme. Othmar schiebt ihm in diesem Rahmen einen Scheck unter, was Julio nicht bemerkt, als er unterschreibt. Da Julio nicht davon ausgeht, dass er mit seiner Unterschrift irgendwelche Rechtsfolgen herbeiführt, sondern lediglich ein tatsächliches Verhalten (Autogramm) vornehmen will, fehlt ihm das Erklärungsbewusstsein.

Für das Vorliegen des Erklärungsbewusstseins ist es allerdings unbeachtlich, wel- 6
che konkrete Rechtsfolge der Handelnde mit seinem Verhalten herbeiführen wollte. Ausreichend ist, dass er am Rechtsverkehr teilnehmen will.

> **Beispiel:** Personalchef Flüchtig unterschreibt einen Brief in der Meinung, dass es sich um die Kündigung des Arbeitnehmers Paul handelt. In Wirklichkeit bestätigte er mit seiner Unterschrift für Paul eine Gehaltserhöhung. Auch wenn Flüchtig von einer falschen Rechtsfolge seines Handelns (Gehaltserhöhung statt Kündigung) ausging, handelte er doch mit Erklärungsbewusstsein, weil ihm bewusst war, dass seine Unterschrift (irgend-) eine rechtliche Bedeutung hat.

IV. Geschäftswille

Der Wille, eine ganz bestimmte Rechtsfolge herbeizuführen, ist Gegenstand des 7
dritten Elements der Willenserklärung, des **Geschäftswillens**. Der Geschäftswille umfasst mithin die vom Erklärenden mit seiner Willenserklärung intendierte Rechtsfolge.

> **Beispiel:** Im vorstehenden Beispiel (vgl. oben Rn. 6) ist der Geschäftswille des Flüchtig auf die Erklärung einer Kündigung gerichtet. Äußerlich erklärt er jedoch die Zustimmung zur Gehaltserhöhung. Äußerer Tatbestand und Geschäftswille decken sich nicht (dazu sogleich Rn. 14).

---

[5] Vgl. BGH v. 11.07.1968, NJW 1968, 2102, 2103.
[6] Vgl. BGH v. 11.07.1968, NJW 1968, 2102.

V. Rechtsfolgen von Willensdefiziten

8   Im Idealfall ist der äußere Bekundungsakt von einem entsprechenden inneren Willen getragen, d. h. der Erklärende wollte rechtsgeschäftlich handeln (Handlungs- und Erklärungswille) und die mit seiner Erklärung bekundete Rechtsfolge herbeiführen (Geschäftswille). Fehlt eines der Elemente, hat dies unterschiedliche Auswirkungen auf das Vorliegen einer Willenserklärung und die Bindung des Erklärenden.

1. Fehlender Handlungswille

9   Der **Handlungswille** ist **unverzichtbarer** Bestandteil jeder Willenserklärung.[7] Fehlt er, kann das Verhalten dem (vermeintlich) Erklärenden nicht zugerechnet werden, weil es offensichtlich nicht Ausdruck einer willensgetragenen Selbstbestimmung ist. Mangels eines vom menschlichen Willen gesteuerten Verhaltens liegt schon keine Handlung und somit auch keine Willenserklärung vor.

> **Beispiel:** Arndt und Bert sitzen nebeneinander im Zug. Arndt schläft, was Bert nicht erkennt. Kurz nachdem Bert gefragt hat, ob er sich aus der Zigarettenschachtel des Arndt bedienen darf, fällt dessen Kopf auf Grund einer Zugbewegung nach vorn. Bert interpretiert dies als zustimmendes Nicken. Da das Kopfnicken jedoch nicht von einem menschlichen Willen gesteuert wurde, liegt keine Willenserklärung vor.

2. Fehlendes Erklärungsbewusstsein

10   Umstritten sind hingegen die Rechtsfolgen des fehlenden Erklärungsbewusstseins. Rechtliche Schwierigkeiten ergeben sich hier, wenn trotz des fehlenden Erklärungsbewusstseins (subjektive Seite) nach außen hin der Eindruck vermittelt wird (objektive Seite), der Handelnde wolle sich rechtlich binden, wenn also **äußerer und innerer Tatbestand auseinanderfallen**. Tritt das Fehlen des Erklärungsbewusstseins dagegen erkennbar nach außen und erkennt insbesondere der Erklärungsempfänger, dass keine rechtliche Bindung gewollt ist, liegt keine Willenserklärung vor. Eine Einschränkung der Selbstbestimmung des Erklärenden ist nicht durch gegenläufige Interessen des Rechtsverkehrs zu rechtfertigen. Ob der Rechtsverkehr auf das Vorliegen eines Erklärungsbewusstseins schließen durfte, ist in entsprechender Anwendung der §§ 133, 157 BGB durch Auslegung des äußeren Erklärungstatbestands zu ermitteln.[8] Für die Frage, ob überhaupt eine Willenserklärung vorliegt, können keine anderen Grundsätze gelten als für die Frage, welchen Inhalt eine Willenserklärung hat.

11   Stimmen äußerer Anschein und innerer Wille nicht überein, wird das Spannungsfeld zwischen Selbstbestimmung des vermeintlich Erklärenden und dem Verkehrs- bzw. Vertrauensschutz auf Empfängerseite deutlich, wenn der Rechtsverkehr auf

---

[7] Vgl. bereits *Isay*, Die Willenserklärung, 1899, S. 24.
[8] Siehe unten § 8 Rn. 8 ff.

den äußeren Anschein vertrauen darf (empfangsbedürftige Willenserklärungen).[9] Nach einer nur noch vereinzelt vertretenen Auffassung soll in diesen Fällen das Interesse des Rechtsverkehrs zurücktreten und der innere Wille des Handelnden Vorrang genießen.[10] Niemandem dürfe aus bloßen Vertrauensgesichtspunkten ein bestimmter Wille unterstellt werden.[11] Die ganz **h. A.** sieht dagegen von dem Erfordernis eines aktuellen Erklärungsbewusstseins als Voraussetzung einer Willenserklärung ab.[12] Eine Willenserklärung liegt vielmehr bereits dann vor, wenn der Handelnde bei Anwendung der im Verkehr erforderlichen Sorgfalt hätte erkennen können, dass seiner Äußerung vom Rechtsverkehr rechtliche Wirkungen beigemessen werden. Insoweit wird also das von der a. A. geforderte aktuelle Erklärungsbewusstsein durch ein **„potenzielles" Erklärungsbewusstsein** ersetzt.

> **Beispiel:**[13] Paul befindet sich auf einer Weinversteigerung. Als er plötzlich einen alten Freund wiedererkennt, winkt er diesem zu, woraufhin ihm der Auktionator den Zuschlag erteilt (vgl. § 156 BGB, „Trierer Weinversteigerung"). Paul hatte ersichtlich den erforderlichen Handlungswillen, weil er bewusst die Hand hob, um seinen Freund zu grüßen. Da er mit dem Heben der Hand jedoch keinerlei Rechtsfolgen verband, fehlte ihm ein positiver Erklärungswille. Nach e. A. liegt mangels Erklärungsbewusstseins keine Willenserklärung vor. Nach h. A. ist eine Willenserklärung gegeben, wenn Paul damit rechnen musste, dass sein Handheben in der konkreten Situation als Gebot verstanden wird.

Unter Berücksichtigung des Geltungsgrunds der Willenserklärung[14] sprechen die besseren Argumente für die h. A. Das Recht der Willenserklärung fußt nicht allein auf der Selbstbestimmung des Rechtsträgers, sondern überträgt diesem zum Schutz des Rechtsverkehrs auch die Verantwortung für seine Erklärung,[15] was z. B. §§ 119, 157 BGB zeigen. Der Erklärende ist an seine Willenserklärung auch dann gebunden, wenn er die damit verbundenen Rechtsfolgen so nicht wollte. Seinem Selbstbestimmungsrecht wird dadurch genügt, dass er die Willenserklärung entweder rückwirkend durch Anfechtung (vgl. § 142 Abs. 1 BGB) vernichten oder doch gelten lassen kann. Der Erklärende ist also zunächst auch an eine Erklärung gebunden, die er so nicht abgeben wollte, weil sie auf die Herbeiführung anderer oder keiner Rechtsfolgen gerichtet war. Dem Verkehrsschutz wird nach den gesetzlichen Wertentscheidungen, die insbesondere in den Anfechtungsregelungen (vgl. § 119 BGB) und in dem Gebot der Auslegung empfangsbedürftiger Willenserklärungen nach Treu und Glauben unter Berücksichtigung der Verkehrssitte zum Ausdruck kommen, der Vorrang eingeräumt. Die angeführten Regelungen betreffen zwar nur

12

---

[9] Siehe § 4 Rn. 22.

[10] OLG Düsseldorf v. 01.02.1982, OLGZ 1982, 240, 241 ff.; *Brehm* Rn. 133; *Canaris*, Vertrauenshaftung im deutschen Privatrecht, 1971, S. 427 f.; *Enneccerus/Nipperdey* AT, § 145 II A 4; *Wolf/Neuner* § 32 Rn. 22.

[11] Vgl. hierzu auch unten § 6 Rn. 14 f.

[12] BGH v. 07.06.1984, NJW 1984, 2279, 2280; BGH v. 02.11.1989, NJW 1990, 454, 456; BGH v. 11.06.2010, NJW 2010, 2873, 2875; BAG v. 05.02.1971, NJW 1971, 1422, 1423; *Boecken* Rn. 207; *Bork* Rn. 596; *Larenz/Wolf* § 24 Rn. 8. – So bereits *Isay*, Die Willenserklärung, 1899, S. 25 f.

[13] Vgl. *Isay*, Die Willenserklärung, 1899, S. 25.

[14] Siehe oben Rn. 2.

[15] Siehe oben § 4 Rn. 6.

den Fall, dass der Erklärende andere Rechtsfolgen herbeiführen wollte, als sich seiner Erklärung entnehmen lassen. Wertungsmäßig besteht aber kein qualitativer Unterschied zu den Fällen, in denen der Erklärende gar keine Rechtsfolgen herbeizuführen beabsichtigte. Der Erklärende ist daher zunächst auch an die ohne Erklärungsbewusstsein abgegebene Erklärung gebunden.

13   Die **Unterschiede** beider Ansichten sind im Ergebnis allerdings **gering**, weil die h. A. die Gleichsetzung des fehlenden Erklärungsbewusstseins mit dem inhaltlichen Auseinanderfallen von Wille und Erklärung auch im Übrigen fortsetzt. Danach kann sich der ohne Erklärungsbewusstsein Handelnde durch Anfechtung der Erklärung von dieser und den von ihr ausgehenden Rechtsfolgen lösen.[16] In der Folge ist der Erklärende zwar verpflichtet, dem Geschäftspartner nach § 122 BGB einen diesem entstandenen Vertrauensschaden zu ersetzen. Zu einer entsprechenden Rechtsfolge gelangt allerdings auch die Mindermeinung.[17] Der entscheidende Unterschied beider Ansichten liegt daher letztlich nur darin, dass die h. A. die Unwirksamkeit der Erklärung davon abhängig macht, dass sich der Handelnde durch eine unverzügliche (vgl. § 121 BGB) Anfechtungserklärung lösen muss. Dies erscheint im Hinblick auf die Sicherheit des Rechtsverkehrs vorzugswürdig.

3. Fehlender Geschäftswille

14   Fehler des Geschäftswillens sind für das Vorliegen einer Willenserklärung **unbeachtlich**. Fallen wirklicher Geschäftswille und Inhalt seiner Entäußerung auseinander, sind die Rechtsfolgen in §§ 119 ff. BGB geregelt. Diesen Vorschriften ist zu entnehmen, dass die fehlerhafte Willenserklärung zum Schutz des Erklärungsempfängers wirksam ist. Zum Schutz der Selbstbestimmung des Erklärenden kann sich dieser jedoch von den Wirkungen der Erklärung durch Anfechtung lösen.[18]

> **Beispiel:** Ramona hat erfolgreich ein workout mit der BBP-DVD von Cindy betrieben. Sie sucht jetzt „The next challenge" und möchte daher beim BBP-Versandhandel die gleichnamige DVD mit weiteren workout-Kursen von Cindy bestellen. Beim Eingeben der Bestellnummer verschreibt sie sich allerdings und bestellt stattdessen die von Karl Eduard herausgegebene Erinnerungs-DVD „The best of black channel: 1960–1989". Ramona handelte sowohl mit Handlungs- als auch mit Erklärungswillen. Ihr fehlte jedoch der Geschäftswille, die Erinnerungs-DVD zu bestellen. Ihre Willenserklärung ist gleichwohl zunächst mit diesem Inhalt wirksam geworden. Ramona kann sich aber wegen eines Erklärungsirrtums nach § 119 Abs. 1 Alt. 2 BGB durch Anfechtung von dieser Erklärung lösen.

4. Bedeutung des subjektiven Tatbestands

15   Sind einzelne subjektive Merkmale der Willenserklärung fehlerbehaftet oder fehlen sie im Vergleich zum äußeren Tatbestand ganz, führt dies im Regelfall nicht dazu, dass keine Willenserklärung vorliegt. Vielmehr ist Voraussetzung für eine Willens-

---

[16] Siehe unten § 12 Rn. 66, 78 ff.

[17] *Brehm* Rn. 133.

[18] Siehe unten § 12 Rn. 21 ff.

erklärung lediglich, dass eine vom Willen des Erklärenden getragene Handlung vorliegt, deren objektive Bedeutung auf das Herbeiführen einer Rechtsfolge gerichtet ist. Es muss also der Handlungswille gegeben sein. Fehlt einer empfangsbedürftigen Erklärung der sie tragende Geschäftswille oder mangelt es zurechenbar am Erklärungswillen, liegt gleichwohl eine Willenserklärung vor, die aber anfechtbar sein kann. Dies dient dem Schutz des Erklärungsempfängers.

D. Äußerer (objektiver) Tatbestand

I. Überblick

Der intern gebildete Wille, eine Rechtsfolge herbeizuführen, bedarf eines entsprechenden Erklärungsakts, um rechtliche Wirkungen als Willenserklärung zu zeitigen.[19] Der Wille muss so nach außen kundgetan werden, dass er auch wahrgenommen werden kann. Dabei ist der Erklärende in der **Wahl der Erklärungsform frei**, soweit das Gesetz nicht eine besondere Form vorschreibt. Es ist also nicht erforderlich, dass bestimmte Fachtermini oder besonders feierliche Worte verwendet werden. Es ist nicht einmal erforderlich, dass überhaupt sprachliche Erklärungszeichen verwendet werden. Vielmehr kommt jedes willensgesteuerte Verhalten als Erklärungsmittel in Betracht.

16

II. Ausdrückliche Erklärungen

Der Wille kann zunächst durch eine ausdrückliche Verlautbarung kundgegeben werden. Der Erklärende bedient sich der **Sprache**, d. h. allgemeingültiger oder zumindest in einem bestimmten Kreis anerkannter Laute und Zeichen, um seinem Willen entweder akustisch (mündlich) oder visuell (schriftlich oder Gebärdensprache) Ausdruck zu verleihen.[20] Da der Erklärende auf Erklärungsmittel zurückgreift, denen, jedenfalls im Kern, eine bestimmte, anerkannte Bedeutung zukommt, lässt sich sein Wille ausgehend von der Erklärung relativ sicher ermitteln.

17

III. Konkludente Erklärungen

1. Begriff und Beispiele

Eine Willenserklärung muss jedoch nicht ausdrücklich, sondern kann auch konkludent abgegeben werden.[21] Eine konkludente Erklärung liegt vor, wenn jemand

18

---

[19] Vgl. BGH v. 03.11.1983, NJW 1984, 1533, 1536.

[20] Vgl. *Bork* Rn. 567.

[21] Mot. I, S. 153.

seinen Rechtsfolgenwillen durch **schlüssiges Verhalten** zum Ausdruck bringt. Hier erschließt sich die Bedeutung eines Verhaltens regelmäßig nicht durch Rückgriff auf allgemeingültige Definitionen, vielmehr folgt aus den Umständen, welcher Wille verlautbart wird. Soweit konkludente Erklärungen auch als stillschweigende Erklärungen bezeichnet werden, darf dies nicht mit der Frage verwechselt werden, wann ein bloßes Schweigen als Willenserklärung gewertet werden darf.[22]

> **Beispiele** für die Kundgabe eines bestimmten Geschäftswillen durch ein sonstiges Verhalten sind das Zerreißen des Testaments als dessen Widerruf (vgl. § 2255 BGB), das Einsteigen in ein Taxi unter Angabe des Fahrtziels als Vertragsantrag des Passagiers sowie das anschließende Anfahren des Taxifahrers als Annahme des Antrags.

2. Insbesondere: Sozialtypisches Verhalten

19   Typische Erscheinungsformen der Abgabe einer konkludenten Willenserklärung sind die Fälle, in denen von einem sozialtypischen Verhalten gesprochen wird. Beispielsfälle hierfür sind die Benutzung eines öffentlichen Parkplatzes oder eines Nahverkehrsmittels. Hier kann der Inanspruchnahme einer Leistung ohne ausdrückliche Kundgabe des Annahmewillens (sog. sozialtypisches Verhalten) im Wege der Auslegung (vgl. §§ 133, 157 BGB) der auf Abschluss eines entsprechenden Vertrags gerichtete Wille entnommen werden. Mit der Inanspruchnahme bekundet der Erklärende konkludent, d. h. ohne sprachliche Erklärung, einen entsprechenden Geschäftswillen. Dagegen wird inzwischen wohl nicht mehr vertreten, dass ein tatsächliches sozialtypisches Verhalten auch ohne Abgabe einer Willenserklärung rechtsgeschäftliche Bindungen (vertragliche Verpflichtungen) begründen kann. Hierfür wurde in der Vergangenheit ein Bedürfnis gesehen, wenn entgeltpflichtige öffentliche Leistungen, wie bei der Benutzung von Parkplätzen oder öffentlichen Verkehrsmitteln, in Anspruch genommen werden, obgleich der Nutzer von Beginn an nicht vorhat, ein entsprechendes Entgelt zu entrichten.[23] Inzwischen hat sich insoweit aber zu Recht die Ansicht durchgesetzt, dass diese Fälle mit den zur Verfügung stehenden Mitteln der Rechtsgeschäftslehre und ggf. des Bereicherungs- und Deliktsrechts zu lösen sind und es der Anerkennung gesetzlich nicht vorgesehener Institute nicht bedarf.[24]

IV. Schweigen als Erklärung

1. Ausgangspunkt

20   Bei konkludenten Willenserklärungen wird von einem bestimmten positiven Verhalten im Zusammenhang mit den Begleitumständen auf einen bestimmten Erklärungsinhalt geschlossen. Da hierbei keine Worte gewechselt werden, spricht man

---

[22] Siehe unten Rn. 20.

[23] Vgl. BGH v. 14.07.1956, BGHZ 21, 319, 334 ff.

[24] Siehe ausführlich § 7 Rn. 50 ff.

auch von einer stillschweigenden Erklärung. Gleichwohl ist gerade nicht das Fehlen von Worten (Schweigen), sondern das Verhalten der Sinnträger, aus dem ein Erklärungsinhalt abgeleitet wird. Hiervon streng abzugrenzen ist die Frage, ob und inwieweit bloßem Schweigen ein rechtlich erheblicher Erklärungswert zukommt.

2. Grundsatz

Grds. kann auch gänzliches Untätigsein, d. h. Schweigen, vergleichbar einer ausdrücklichen oder konkludenten Erklärung, eine Form sein, sich zu erklären.[25] Anders als bei schlüssigem Verhalten fehlt es hierbei jedoch an Umständen, aus denen der Verkehr schließen kann, dass und was der Schweigende seinem Nichtstun als Erklärungswert beimisst. Das Schweigen allein ist indifferent und kann deshalb grds. keinen Erklärungswert haben. Dementsprechend ist das **Schweigen grds. nicht als Willenserklärung anzusehen**.[26] Wird jemandem ein Antrag unterbreitet, ist sein Untätigbleiben also weder als Annahme noch als Ablehnung zu deuten.[27] Dass einem Schweigen ein bestimmter Erklärungswert zukommt, kann auch nicht einseitig durch einen anderen veranlasst werden. **21**

> **Beispiel:** Student Lässig erhält von der Buchhandlung „Dubiosa" unaufgefordert die neueste Auflage eines Großlehrbuchs zugeschickt. Neben einer Rechnung findet sich in der Postsendung ein Anschreiben, in dem der Händler Lässig das Buch für 39,90 € anbietet und ferner darauf hinweist, dass ein Kaufvertrag stillschweigend zustande komme, wenn Lässig nicht innerhalb von vier Wochen antworte. Auch wenn Lässig eine Antwort schuldig bleibt, ist aus seinem bloßen Untätigsein nicht auf eine Willenserklärung in Form der Annahme des Kaufantrags zu schließen. Es ist folglich kein Kaufvertrag zwischen Lässig und der Buchhandlung „Dubiosa" zustande gekommen.[28]

3. Vereinbarung

Abweichend vom Grundsatz kann Schweigen ein bestimmter **Erklärungswert** zukommen, **wenn** dies **zuvor** zwischen den Beteiligten **vereinbart** wurde. In diesem Fall ergibt sich aus der vorherigen Abrede, welcher Erklärungswert bloßem Schweigen in welchem Zusammenhang zukommt. Im Rahmen einer länger bestehenden rechtsgeschäftlichen Beziehung ist im Einzelfall auch denkbar, dass durch eine bestimmte Übung eine konkludente Vereinbarung über den Erklärungswert des Schweigens geschlossen wird. Hierbei ist allerdings § 308 Nr. 5 BGB zu beachten. **22**

---

[25] Vgl. BGH v. 19.09.2002, NJW 2002, 3629, 3630; *Flume*, AT II, § 5 Ziffer 2 a), S. 64.
[26] Vgl. BGH v. 04.04.1951, NJW 1951, 711; BGH v. 19.09.2002, NJW 2002, 3629, 3630; *Boecken* Rn. 200; *Bork* Rn. 345; *Medicus* Rn. 574.
[27] A. A. *Pawlowski* Rn. 400: Schweigen sei regelmäßig als Ablehnung einzuordnen.
[28] Siehe hierzu § 7 Rn. 41 ff.

4. Normiertes Schweigen

23   Darüber hinaus knüpft das Gesetz in einigen Fällen an das Untätigsein nach Ablauf
einer vorgesehenen Frist (Schweigen) bestimmte Rechtsfolgen. Entsprechende Regelungen finden sich z. B. in:

- §§ 108 Abs. 2 S. 2 Hs. 2, 177 Abs. 2 S. 2 Hs. 2 BGB, welche davon ausgehen,
  dass eine Genehmigung endgültig verweigert wird, wenn sie nicht innerhalb einer bestimmten Frist erteilt wird (Schweigen als Ablehnung),
- §§ 416 Abs. 1 S. 2, 516 Abs. 2 BGB, § 362 Abs. 1 HGB, welche von einer Zustimmung ausgehen, wenn nicht innerhalb einer bestimmten Frist widersprochen
  wird (Schweigen als Zustimmung).

24   Bei genauerer Betrachtung messen die genannten Regelungen allerdings nicht dem
Schweigen einen bestimmten Erklärungswert bei. Vielmehr knüpfen sie die vorgesehene Rechtsfolge daran, dass eine bestimmte Frist abgelaufen ist, innerhalb
der keine anderslautende Erklärung erfolgt ist. Ist diese Voraussetzung gegeben,
wird eine Willenserklärung fingiert, was die vom Gesetzgeber verwendete Wendung *„gilt... als erteilt"* zeigt.

5. Treu und Glauben (§ 242 BGB)

25   Im Einzelfall erblickt die Rspr. in einem Schweigen eine positive Erklärung, wenn
der Schweigende unter Berücksichtigung von Treu und Glauben sowie der Verkehrssitte im Fall des fehlenden Einvernehmens einen Widerspruch erheben müsste[29] und
das Schweigen bei verständiger Würdigung aller Umstände nur einen bestimmten
Erklärungswert haben kann (**„unmissverständliche Konkludenz"**).[30] Ein solcher
Schluss soll unter anderem in Betracht kommen, wenn die Parteien bereits in einer
Geschäftsverbindung standen und zurückliegende Verträge auch ohne ausdrückliche Bestätigung als wirksam angesehen wurden.[31] Ein solcher Schluss soll weiter in
Betracht kommen, wenn der ursprünglich Antragende auf eine verspätete Annahme,
welche nach § 150 Abs. 1 BGB als neuer Antrag gilt, schweigt.[32] Ungeachtet der
an dieser Rspr. geäußerten Kritik[33] ist bezüglich einer derartigen Annahme äußerste
Zurückhaltung geboten.[34]

---

[29] BGH v. 04.04.1951, NJW 1951, 711; BGH v. 06.03.1986, NJW 1986, 1807, 1809; BGH
v. 19.09.2002, NJW 2002, 3639, 3630.

[30] BGH v. 19.09.2002, NJW 2002, 3639, 3630.

[31] BGH v. 04.04.1951, NJW 1951, 711.

[32] BGH v. 06.03.1986, NJW 1986, 1807, 1809.

[33] Vgl. *Medicus* Rn. 392 ff.

[34] BGH v. 19.09.2002, NJW 2002, 3639, 3630.

6. Kaufmännisches Bestätigungsschreiben

Schließlich ist im Zusammenhang mit den Rechtswirkungen des Schweigens der **26** im Handelsverkehr geübte Brauch des kaufmännischen Bestätigungsschreibens zu nennen. Dieses Institut trägt den Bedürfnissen des Handelsverkehrs Rechnung, wo es üblich ist, dass Vertragsparteien in der Regel zunächst nur mündlich verhandeln und anschließend eine Partei das gemeinsame Verhandlungsergebnis schriftlich bestätigt. Ist der Empfänger eines solchen kaufmännischen Bestätigungsschreibens mit dessen Inhalt nicht einverstanden, muss er nach allgemeinem Handelsbrauch unverzüglich widersprechen. Anderenfalls gilt sein Schweigen als Zustimmung zum niedergelegten Vertragsinhalt. Damit dem Empfänger sein Schweigen auf ein Bestätigungsschreiben als Zustimmung zugerechnet werden kann, müssen allerdings bestimmte **Voraussetzungen** gegeben sein.[35] Es müssen dem Empfänger zurechenbare mündliche Verhandlungen vorausgegangenen sein (1.), denen das Bestätigungsschreiben in engem zeitlichem Zusammenhang folgt (2.) und in dem der Inhalt der mündlichen Verhandlungen ohne wesentliche Abweichungen (3.) eindeutig (4.) wiedergegeben wird.[36] Auf Grund des Erfordernisses einer vorausgegangenen mündlichen Einigung wirkt das Schweigen nur bezüglich unwesentlicher Abweichungen (Ergänzungen) begründend. Dagegen kann das Schweigen auf ein kaufmännisches Bestätigungsschreiben selbst einen Vertrag als solchen regelmäßig nicht begründen, sondern allenfalls dessen Inhalt beeinflussen.[37]

7. Nicht: § 151 Satz 1 BGB

Keinen Fall des Schweigens als Willenserklärung behandelt § 151 S. 1 BGB, weil **27** das Rechtsgeschäft (Vertrag) nicht dadurch zustande kommt, dass eine Partei auf den Antrag der anderen Partei schweigt. Vielmehr muss der Empfänger seinen Annahmewillen betätigen. Entbehrlich ist lediglich der Zugang einer Annahmeerklärung beim Antragenden.[38]

E. Automatisierte Willenserklärungen

Bei sog. automatisierten Willenserklärungen handelt es sich um Erklärungen, die **28** nicht unmittelbar von einem Menschen abgegeben, sondern von Automaten oder Computern mittels Datenverarbeitungsprozessen formuliert werden. Sie werden als Willenserklärungen verstanden, weil sie sich auf einen menschlichen Willen zurückführen lassen. Die Anlage selbst trifft keine autonomen Entscheidungen, son-

---

[35] Vgl. BGH v. 24.09.1952, NJW 1952, 1369; BGH v. 27.09.1989, NJW 1990, 386, 386 f.

[36] Siehe auch unten § 7 Rn. 53 f.

[37] Vgl. *Medicus* Rn. 391. – Siehe zudem unten § 7 Rn. 54.

[38] BGH v. 14.10.2003, NJW 2004, 287, 288.

dern verwirklicht lediglich logische Operationen auf Grund eines vorgegebenen Programms. In diesem Programm findet der Wille des Anlagenbetreibers seinen Niederschlag. Dieser steuert, ob seine automatisiert generierten Erklärungen in den Verkehr gelangen, weshalb er Erklärender ist.[39] Dementsprechend ist auch für das Verständnis einer im Vorfeld des automatischen Verarbeitungsvorgangs an einen Computer gerichteten Willenserklärung nicht darauf abzustellen, wie das automatisierte System diese voraussichtlich deuten und verarbeiten wird. Vielmehr ist maßgeblich, wie der hinter dem Computersystem stehende menschliche Adressat die jeweilige Erklärung nach Treu und Glauben und der Verkehrssitte verstehen darf.[40]

Beispiel: Student Modern will vorliegendes Lehrbuch kaufen. Er gibt auf der Internetseite eines Buchhändlers seine Adresse und Kreditkartennummer ein und schließt die Bestellung ab. Seine Erklärung geht im Computer des Buchhändlers ein. Dort werden automatisch der Lagerstand bzgl. des Buches und die Kreditwürdigkeit des Modern geprüft. Da die Prüfung positiv ausfällt, versendet der Computer selbstständig eine E-Mail an Modern, in der steht, sein Antrag werde angenommen und das Buch umgehend geliefert. Hier trifft zwar ein Computer automatisch die Entscheidung über die Annahme und generiert sowie versendet automatisch eine Annahmeerklärung. Gleichwohl handelt es sich um eine Erklärung des Buchhändlers, welcher sich lediglich des Computers als Hilfsmittel bedient.

Literatur

Boecken (2012) BGB – Allgemeiner Teil. 2. Aufl
Bork (2011) Allgemeiner Teil des Bürgerlichen Gesetzbuchs. 3. Aufl
Brehm (2007) Allgemeiner Teil des BGB. 6. Aufl
Canaris (1971) Vertrauenshaftung im deutschen Privatrecht
Enneccerus/Nipperdey (1959 f.) Allgemeiner Teil des Bürgerlichen Rechts, Bd. 1 (2 Halbbände), 15. Aufl
Flume (1992) Allgemeiner Teil des Bürgerlichen Rechts. Zweiter Band: Das Rechtsgeschäft. 4. Aufl
Isay (1899) Die Willenserklärung
Larenz/Wolf (2004) Allgemeiner Teil des deutschen Bürgerlichen Rechts. 9. Aufl
Medicus (2012) Allgemeiner Teil des BGB. 10. Aufl
Pawlowski (2003) Allgemeiner Teil des BGB. Grundlehren des bürgerlichen Rechts. 7. Aufl
Wolf/Neuner (2012) Allgemeiner Teil des deutschen Bürgerlichen Rechts. 10. Aufl

---

[39] *Bork* Rn. 570; *Medicus* Rn. 256; *Wolf/Neuner* § 31 Rn. 10.
[40] Vgl. BGH v. 16.10.2012, NJW 2013, 598, 599 f.

§ 6 Wirksamwerden von Willenserklärungen

Literaturhinweise: *Boemke/Schönfelder*, Wirksamwerden von Willenserklärungen gegenüber nicht voll Geschäftsfähigen (§ 131 BGB), JuS 2013, 7; *Coester-Waltjen*, Das Wirksamwerden empfangsbedürftiger verkörperter Willenserklärungen, JURA 1992, 272; *Franzen*, Zugang und Zugangshindernisse bei eingeschriebenen Briefsendungen, JuS 1999, 429; *Haas*, Das Wirksamwerden von Willenserklärungen, JA 1997, 116; *Noack/Uhlig*, Der Zugang von Willenserklärungen, JA 2012, 740; *Petersen*, Die Wirksamkeit der Willenserklärung, JURA 2006, 426; *ders.*, Der Widerruf im Bürgerlichen Recht, JURA 2009, 276; *Schreiber*, Abgabe und Zugang von Willenserklärungen, JURA 2002, 249; *Weiler*, Der Zugang von Willenserklärungen, JuS 2005, 788.

A. Überblick

I. Ausgangspunkt

Eine Willenserklärung muss, um die beabsichtigten Rechtsfolgen herbeizuführen, **1** wirksam werden. Hierfür kann das Gesetz an verschiedene Zeitpunkte anknüpfen. Frühester denkbarer Zeitpunkt ist das Entäußern eines Willens. Aus verschiedenen Gründen ist allerdings auch denkbar, an nachfolgende Zeitpunkte anzuknüpfen. Der Gesetzgeber des BGB fand vier verschiedene Theorien zur Bestimmung des entscheidenden Zeitpunkts vor.[1]

> **Beispiel:** Ramona möchte ihrer Freundin Kristina das Sachbuch „Die Powersellerin" zum Geburtstag schenken. Sie hat ein entsprechendes Bestellformular ausgefüllt. Dieses steckt sie anschließend in einen Briefumschlag, welchen sie zur Post bringt. Die Post transportiert den Brief zum Buchhändler und wirft ihn dort am späten Vormittag in den Briefkasten. Am Nachmittag wird der Briefkasten von einem Gehilfen des Buchhändlers geleert. Da der Buchhändler gerade im Urlaub ist, liest er den Brief erst zwei Tage später.

---

[1] Mot. I, S. 156. – Vgl. *Franzen* JuS 1999, 429, 430; *Medicus* Rn. 268 ff.

2   Nach der sog. **Äußerungstheorie** soll die Wirksamkeit einer Willenserklärung bereits mit der Verkörperung des Willensentschlusses eintreten. Danach wäre die Bestellung im o. g. Beispiel bereits mit vollständiger Ausfüllung des Bestellformulars wirksam. Nach der sog. **Entäußerungstheorie** ist zusätzlich erforderlich, dass die fertige Erklärung abgegeben, d. h. auf den Weg in Richtung ihres Adressaten gebracht wurde. Im Beispielsfall würde danach die Bestellung wirksam, wenn der Brief der Post übergeben wird. Die sog. **Empfangstheorie** stellt auf die Ankunft der Willenserklärung beim Adressaten ab. Die Bestellung wäre demgemäß in dem Zeitpunkt wirksam, in dem sie beim Versandhaus eintrifft. Hier ließe sich noch weiter danach differenzieren, ob auf das Einlegen in den Briefkasten oder dessen Leerung abzustellen ist. Nach der sog. **Vernehmungstheorie** ist die sinnliche Wahrnehmung der Erklärung durch den Adressaten erforderlich. Hiernach würde die Bestellung erst wirksam, nachdem sie vom Buchhändler nach dessen Rückkehr aus dem Urlaub zur Kenntnis genommen wird.

3   Die Bestimmung des maßgeblichen Zeitpunkts ist vor allem für die Risikoverteilung zwischen Erklärendem und Empfänger bedeutsam: Wer trägt in welchem Umfang das Risiko eines Verlusts oder einer Verzögerung? Die insoweit widerstreitenden Interessen muss der Gesetzgeber angemessen ausgleichen. Dabei macht bereits der Hinweis auf die Verteilung der Risiken zwischen Erklärendem und Empfänger deutlich, dass zunächst danach zu unterscheiden ist, ob und inwieweit berechtigte Interessen eines Empfängers bestehen. Bei **nicht empfangsbedürftigen Willenserklärungen**[2] bestehen keine schutzwürdigen Interessen eines Empfängers. Sie können deshalb unabhängig von ihrem Empfang wirksam werden. Überwiegend sind Willenserklärungen allerdings an einen bestimmten Adressaten gerichtet und tangieren dessen Rechtskreis, zumindest aber seine berechtigten Interessen. Solche Erklärungen (**empfangsbedürftige Willenserklärungen**) können erst wirksam werden, wenn den Interessen des Adressaten ausreichend Rechnung getragen wurde.

II. Nichtempfangsbedürftige Willenserklärungen

4   Nichtempfangsbedürftige Willenserklärungen sind solche, die ihrer Natur nach bzw. von Rechts wegen **nicht an eine andere Person gerichtet** sind.

> **Beispiele:** Auslobung (vgl. §§ 657 ff. BGB), Dereliktion (vgl. §§ 928, 959 BGB), Testament (vgl. §§ 2064 ff. BGB).

5   Die nichtempfangsbedürftige Willenserklärung hat keinen Empfänger und wird daher nicht erst wirksam, wenn sie einer anderen Person zugeht. Ausreichend ist vielmehr, dass die Erklärungshandlung als solche vorgenommen, d. h. die Willenserklärung abgegeben worden ist, soweit die sonstigen Wirksamkeitsvoraussetzungen (z. B. Formerfordernisse) gewahrt sind.

---

[2] Vgl. oben § 4 Rn. 22.

III. Empfangsbedürftige Willenserklärungen

Empfangsbedürftige Willenserklärungen sind solche, die **an eine andere Person** 6
gerichtet sind, also einen Empfänger haben. Die Empfangsbedürftigkeit wird dadurch zum Ausdruck gebracht, dass das Gesetz eine Erklärung „gegenüber" einem anderen fordert. Hierauf ist der Kreis empfangsbedürftiger Willenserklärungen allerdings nicht beschränkt. Vielmehr kann sich die Empfangsbedürftigkeit einer Willenserklärung auch durch Auslegung, insbesondere teleologische Interpretation des Gesetzes ergeben. Dabei kann für die Empfangsbedürftigkeit sprechen, dass eine Erklärung sinnvoller- bzw. notwendigerweise an einen anderen gerichtet ist. Dies gilt z. B. für § 145 BGB, wonach die Schließung eines Vertrags „einem anderen" angetragen werden muss. Für die Empfangsbedürftigkeit spricht vor allem, dass eine Willenserklärung den Rechtskreis einer anderen Person tangiert. Hier ist es in aller Regel erforderlich, dass diese Person hiervon Kenntnis erlangt. Dies wird durch das Empfangserfordernis gesichert, welches der **Regelfall** ist.

> **Beispiele:** Antrag und Annahme (vgl. §§ 145 ff. BGB), Anfechtung (vgl. § 143 BGB), Widerruf (vgl. § 355 BGB) oder Kündigung (vgl. § 620 Abs. 1 BGB).

Da empfangsbedürftige Willenserklärungen einen Adressaten haben, tritt Wirksam- 7
keit nicht schon mit der Abgabe ein. Vielmehr muss die Erklärung demjenigen, an den sie gerichtet ist, zumindest bekannt werden können, damit sich der Adressat auf die von der Erklärung ausgehenden Rechtsfolgen einrichten kann. Hierfür stellt das Gesetz in § 130 Abs. 1 S. 1 BGB unter Abwesenden weder auf die Entäußerung noch die positive Kenntnisnahme, sondern allein auf den Zugang ab.[3] Dementsprechend werden empfangsbedürftige Willenserklärungen auch als **zugangsbedürftige Willenserklärungen** bezeichnet.

B. Abgabe

I. Begriff und Bedeutung

Der Begriff der Abgabe ist im BGB nicht definiert. Nach allg. A. ist eine Willens- 8
erklärung abgegeben, sobald der Erklärende **alles seinerseits Erforderliche getan** hat, damit sie wirksam werden kann. Bedeutung erlangt die Abgabe zunächst dadurch, dass eine Willenserklärung ohne Abgabe grds. nicht wirksam werden kann.[4] Zudem ist der Zeitpunkt der Abgabe maßgeblich für bestimmte Gültigkeitsvoraussetzungen der Erklärung. Insbesondere für rechtlich erhebliche Umstände und Eigenschaften, die in der Person des Erklärenden liegen, wie z. B. Rechts- oder Geschäftsfähigkeit (vgl. § 130 Abs. 2 BGB), das Vorliegen von Willensmängeln,

---

[3] Siehe unten Rn. 16 ff.
[4] Siehe aber unten Rn. 14 f.

die Kenntnis oder das Kennenmüssen von Tatsachen, ist der Zeitpunkt der Abgabe maßgeblich, weil die Willenserklärung mit der Abgabe den Machtbereich des Erklärenden verlässt.[5] Der Erklärende kann im Anschluss hieran zwar ggf. noch verhindern, dass die Erklärung wirksam wird. Einfluss auf ihren Inhalt kann er aber nicht mehr nehmen, sondern allenfalls eine weitere Erklärung abgeben. Bedeutung erlangt die Abgabe außerdem vereinzelt für die Wahrung einer Frist, wenn das Gesetz auf die rechtzeitige Absendung einer Willenserklärung oder geschäftsähnlichen Handlung abstellt (vgl. §§ 121 Abs. 1 S. 2, 355 Abs. 1 S. 2 BGB). Die betreffenden Erklärungen werden zwar ggf. erst mit ihrem Zugang wirksam. Erfolgreich ist die Erklärung aber nur, wenn sie innerhalb einer bestimmten Frist abgegeben wurde.

> **Beispiel:** Dr. U. hat sich bei ordnungsgemäßer Belehrung über das Widerrufsrecht nach § 312d BGB im Internet-Shop von Grapefruit das Notebook McBuch des Herstellers Apfel gekauft. Das Notebook wird am 01.10. ausgeliefert. Am 15.10. sendet er das Notebook unter Widerruf seiner Kauferklärung an Grapefruit zurück. Dort trifft es am 18.10. ein. Die Widerrufsfrist von zwei Wochen ist gewahrt, weil nach § 355 Abs. 1 S. 2 Hs. 2 BGB hierfür der Zeitpunkt der Absendung (Abgabe) maßgeblich ist.

II. Tatbestand

1. Nichtempfangsbedürftige Willenserklärungen

9   Eine nicht empfangsbedürftige Willenserklärung ist abgegeben, wenn der Erklärungsvorgang vollendet wurde, d. h. der Erklärende seinen Willen **erkennbar endgültig geäußert** hat (Entäußerung). Bei nicht formbedürftigen, mündlichen Erklärungen bedeutet dies, dass die Erklärung ausgesprochen wurde. Bei schriftlichen Erklärungen bedarf es der vollständigen Errichtung des Schriftstücks einschließlich der Unterschrift.

> **Beispiele:** (1) Ein schriftliches Testament ist, weil es an keinen bestimmten Empfänger gerichtet ist, schon fertig gestellt, wenn es niedergeschrieben und unterschrieben ist (vgl. § 2247 BGB). Dies gilt auch, wenn der Erblasser das Testament in seinem Tresor verschließt und niemandem von der Errichtung des Testaments etwas sagt. (2) Verspricht Frieda demjenigen eine Belohnung, der ihren entlaufenen Kater Rudi fängt, wird diese Auslobung (vgl. § 657 BGB) mit dem Anschlag an einem Baum abgegeben und damit wirksam, auch wenn sie von keinem Menschen wahrgenommen wird.

2. Empfangsbedürftige Willenserklärungen

10   Bei empfangsbedürftigen Willenserklärungen reicht die bloße Entäußerung nicht aus. Vielmehr muss die Erklärung auch mit Willen des Erklärenden in den Verkehr gelangen. Sie muss also so in Richtung auf den Empfänger entäußert werden, dass unter normalen Verhältnissen mit dem Zugang zu rechnen ist.[6]

---

[5] Vgl. *Ulrici* jurisPR-ArbR 37/2009 Anm. 4 unter E.
[6] Vgl. BGH v. 11.05.1979, NJW 1979, 2032, 2033; BGH v. 18.12.2002, NJW-RR 2003, 384.

Beispiel:[7] Nora sitzt im Wohnzimmer Bankdirektor Josef gegenüber. Vor ihr liegt eine Erklärung, mit der sie sich für die Schulden ihres Ehemanns verbürgen will. Nora unterzeichnet diese. In dem Augenblick, als Nora die Bürgschaft unterzeichnet hat und gerade im Begriff war, sie Josef zu übergeben, hat sich ihr Ehemann Thomas im Nachbarzimmer erschossen. Infolge der Aufregung entfernt sich Josef, ohne die Bürgschaftsurkunde mitzunehmen. Nora haftet nicht als Bürgin für die Schulden des verstorbenen Thomas, weil sie die hierfür erforderliche Bürgschaftserklärung noch nicht abgegeben hat. Hierzu fehlt, dass sie die Erklärung so auf den Weg zum Empfänger gebracht hat, dass sie diese nicht mehr zurückhalten kann.

Eine **mündliche Erklärung** ist gegenüber **Anwesenden** abgegeben, wenn sie so   **11**
geäußert wurde, dass ein objektiver Dritter in der Lage des Empfängers diese verstanden hätte. Ob der Erklärungsempfänger die Erklärung tatsächlich verstanden hat, betrifft nicht die Frage der Abgabe, sondern den Zugang der Erklärung.[8]

Beispiel: Inmitten des Marktgeschreis ruft Klara Horst, der gerade einen anderen Kunden bedient, zu, dass sie ein Kilo Äpfel kaufen möchte. Kann Horst auf Grund des Lärms die Äußerung von Klara nicht verstehen, ist der Kaufantrag noch nicht abgegeben.

Eine **verkörperte Erklärung** ist gegenüber einem **Anwesenden** abgegeben, wenn   **12**
sie diesem zur Entgegennahme überreicht wurde, nicht schon mit der Fertigstellung.[9] Gegenüber **Abwesenden** ist die verkörperte Erklärung abgegeben, wenn der Erklärende die fertig gestellte Verkörperung (das vollendete Schriftstück) willentlich so in Richtung auf den Empfänger in den Verkehr gegeben hat, dass er damit rechnet und rechnen kann, sie werde – und sei es auf Umwegen – den von ihm bestimmten Empfänger erreichen.[10] Eine briefliche Erklärung wird z. B. dadurch abgegeben, dass der Erklärende den Brief in den Postkasten wirft oder jemanden mit der Absendung betraut.[11]

Beispiel: Torsten übergibt seiner Lieblingssekretärin Lucretia den Brief mit dem Vertragsantrag an seine Geschäftspartnerin Beatrice mit der Bitte, diesen sofort zum Briefkasten zu bringen. Der Antrag wurde bereits mit Übergabe an Lucretia abgegeben.

Bei einer Willenserklärung, die per **E-Mail** übermittelt wird, erfolgt die Abgabe   **13**
durch die willentliche Erteilung des endgültigen Sendebefehls. Beim Telefax muss die Versendung erfolgt sein. Entsprechendes gilt für die Abgabe einer mündlichen Willenserklärung gegenüber Abwesenden, z. B. bei Einschaltung eines **Erklärungsboten**. Hier ist die Willenserklärung abgegeben, wenn sie gegenüber dem Boten ausformuliert und dieser angewiesen wurde, die Erklärung dem Empfänger zu übermitteln.

---

[7] RG v. 27.10.1905, RGZ 61, 414.

[8] Siehe unten 22 f.

[9] RG v. 27.10.1905, RGZ 61, 414, 415.

[10] RG v. 08.02.1943, RGZ 172, 380, 382; BAG v. 28.10.2010, NJW 2011, 872, 873.

[11] BAG v. 08.04.2003, NZA 2003, 961, 962.

III. Der Schein der Abgabe

14   Ob eine Willenserklärung auch dann abgegeben ist, wenn sie den Machtbereich des
Erklärenden ohne dessen Willen verlässt, also bloß der Schein der Abgabe vorliegt,
ist umstritten.

> **Beispiel:** Ramona möchte ihrer Freundin Kristina das Sachbuch „Die Powersellerin" zum
> Geburtstag schenken. Sie hat ein entsprechendes Angebot vom NSB-Verlag erhalten und
> das beigefügte Annahmeformular bereits ausgefüllt und unterschrieben, aber noch nicht
> abgesandt, weil sie sich die Sache nochmals überlegen will. Ihr Haushälter Göran entdeckt
> das Schriftstück auf dem Schreibtisch und meint, Ramona habe die Absendung vergessen.
> Pflichtbewusst wirft er den Brief noch am gleichen Tag in den Briefkasten, so dass dieser
> am Folgetag beim NSB-Verlag eingeht. Hat Ramona einen Antrag abgegeben?

15   Die **wohl h. A.** lehnt in einem solchen Fall die Abgabe einer Willenserklärung ab.[12]
Ohne Abgabe kann eine Willenserklärung nicht wirksam werden, weshalb im Beispielsfall auch kein Vertrag zustande kommen kann. Diese Auffassung stützt sich
insbesondere auf die Materialien zum BGB,[13] wonach eine Willenserklärung dem
Empfänger mit dem Willen des Erklärenden zukommen muss, sowie auf § 118
BGB, wonach eine nicht ernst gemeinte Willenserklärung nichtig ist, die in der Erwartung abgegeben wird, der Mangel der Ernstlichkeit werde nicht verkannt. Diese
Auffassung vernachlässigt allerdings die **Interessen des Empfängers**, der regelmäßig nicht wissen kann, ob das Schriftstück ohne bzw. gegen den Willen des
Erklärenden abgesandt worden ist, und daher auf die Wirksamkeit der Erklärung
vertraut. Es besteht insoweit eine Parallele zu den Fällen der Erklärung ohne Erklärungsbewusstsein,[14] die eine Gleichbehandlung rechtfertigt. Kann dem Verfasser
die Absendung der Erklärung zugerechnet werden, liegt eine wirksame Abgabe vor.
Dies ist der Fall, wenn der Erklärende es bei Anwendung der im Verkehr erforderlichen Sorgfalt hätte verhindern können, dass seine Erklärung in den Verkehr gebracht wird. Entsprechend § 119 Abs. 1 Alt. 2 BGB kann er die Erklärung mit der
Folge anfechten, dass die Willenserklärung zwar rückwirkend beseitigt wird (vgl.
§ 142 Abs. 1 BGB). Der Erklärende ist aber nach § 122 Abs. 1 BGB zum Ersatz
des Vertrauensschadens verpflichtet.[15] Hat er die Übermittlung dagegen nicht zu
vertreten, scheidet die Abgabe einer Willenserklärung aus. Mangels Zurechenbar-
keit kommen auch keine Schadensersatzansprüche des Erklärungsempfängers in
Betracht.

---

[12] *Boecken* Rn. 216 f.; *Bork* Rn. 615; *Brehm* Rn. 158; *Köhler* § 6 Rn. 12; *Schreiber* JURA 2002,
249, 250; *Wolf/Neuner* § 32 Rn. 17.

[13] Mot. I, S. 157.

[14] Siehe oben § 5 Rn. 10 ff.

[15] MünchKommBGB/*Einsele* § 130 Rn. 14; *Rüthers/Stadler* § 17 Rn. 38.

C. Zugang

I. Begriff und Bedeutung

Empfangsbedürftige Willenserklärungen sollen Rechtsfolgen bewirken, die nicht   **16**
allein die Rechtssphäre des Erklärenden betreffen, sondern auch die eines anderen.
Der von der Erklärung Betroffene soll sich auf diese Veränderungen einstellen können. Empfangsbedürftige Willenserklärungen werden daher erst wirksam, wenn sie
dem Empfänger zugehen. Dies bestimmt für Willenserklärungen gegenüber Abwesenden ausdrücklich § 130 Abs. 1 S. 1 BGB.

Wann der Zugang erfolgt, definiert § 130 BGB nicht ausdrücklich. Der maßgeb-   **17**
liche Zeitpunkt ist vielmehr durch Auslegung zu bestimmen, wobei entscheidend
eine ausgewogene **Abgrenzung von Risikosphären** ist. Dass die Erklärung den
Empfänger erreicht, fällt in die Risikosphäre des Erklärenden; von ihm geht die
Willenserklärung aus, weshalb der Transport zum Erklärungsempfänger seinen Verantwortungsbereich betrifft. Wenn die Erklärung den Empfänger aber erreicht hat,
ist sie am Ziel angelangt und es fällt in den Verantwortungsbereich des Empfängers,
ob und wie er von der Erklärung Kenntnis erlangt. Käme es auf die tatsächliche
Kenntnisnahme an, könnte der Empfänger letztlich den Zeitpunkt des Zugangs beeinflussen, indem er z. B. einen Brief nicht oder verspätet zur Kenntnis nimmt.

Für den Zugang ist danach **keine positive Kenntnisnahme** durch den Empfän-   **18**
ger **erforderlich**. Es genügt die potenzielle Möglichkeit der Kenntnisnahme. Nach
h. A. ist eine Willenserklärung deshalb zugegangen, wenn die Erklärung derart
in den Bereich des Empfängers gelangt ist, dass bei Annahme gewöhnlicher Verhältnisse damit zu rechnen ist, der Empfänger könne von ihr Kenntnis nehmen.[16]
Da die **Möglichkeit der Kenntnisnahme** als Voraussetzung für den Zugang den
Schutz des Empfängers lediglich dahingehend bezweckt, dass Willenserklärungen
nicht zur „Unzeit" in seinen Machtbereich gelangen, ist der Zugang in jedem Fall
erfolgt, wenn der Empfänger von der Erklärung tatsächlich Kenntnis genommen
hat. In diesem Fall muss der Empfänger nicht davor geschützt werden, dass eine
Willenserklärung vorzeitig seinen Rechtskreis berührt, er muss vielmehr in seinem
Vertrauen auf die Wirksamkeit der zur Kenntnis genommenen Erklärung geschützt
werden. Umgekehrt kann der Zugang nicht dadurch verhindert werden, dass trotz
Möglichkeit der Kenntnisnahme diese (gewollt oder ungewollt) nicht genutzt wird.
Dabei dient das Kriterium „gewöhnliche Verhältnisse" als Filter, um Umstände, die
einer aktuellen tatsächlichen Kenntnisnahme entgegenstehen (z. B. urlaubsbedingte
Ortsabwesenheit), sachgerecht der Risikosphäre des Erklärenden oder des Empfän-
gers zuzuordnen.

Mit dem Zugang wird die Willenserklärung wirksam, d. h. der Erklärende ist an   **19**
seine Willenserklärung gebunden und kann diese ab diesem Zeitpunkt grds. nicht
mehr widerrufen (vgl. § 130 Abs. 1 S. 2 BGB).[17] Außerdem erlangt der Zugang

---

[16] RG v. 08.02.1902, RGZ 50, 191, 194; BGH v. 26.11.1997, NJW 1998, 976, 977.

[17] Siehe unten Rn. 51 f.

Bedeutung für **Wirksamkeitsvoraussetzungen**, die nicht die Person des Erklärenden betreffen. Ob ein Rechtsgeschäft gegen ein gesetzliches Verbot verstößt, bestimmt sich deshalb grds. nach den Regelungen zum Zugangszeitpunkt. Entsprechendes gilt für das Vorliegen der Verfügungsbefugnis.[18]

II. Gegenüber Abwesenden

1. Abwesenheit und Anwesenheit

20   Unter **Abwesenheit** ist das **Fehlen eines unmittelbaren zeitgleichen Verständigungskontakts**, insbesondere eines Sprech-, Sicht- oder Schriftkontakts zwischen Erklärendem und dem Empfänger zu verstehen.

> **Beispiel:** Arndt bestellt auf dem Postweg (oder über Fax bzw. E-Mail) einen Kühlschrank bei dem Versandhaus „dolcevita". Dieser Kaufantrag ist eine empfangsbedürftige Willenserklärung gegenüber einem Abwesenden, weshalb § 130 Abs. 1 S. 1 BGB unmittelbar eingreift. Wenn Arndt jedoch eine telefonische Bestellung vornimmt, besteht ein unmittelbarer zeitgleicher Sprechkontakt, weshalb die empfangsbedürftige Willenserklärung nicht gegenüber einem Abwesenden, sondern unter Anwesenden erklärt wird.

21   **Anwesenheit** ist demgegenüber gegeben, wenn ein **unmittelbarer zeitgleicher Verständigungs- oder Übermittlungskontakt** besteht. Auch bei Ortsabwesenheit kann eine Willenserklärung im Rechtssinn zwischen Anwesenden abgegeben werden, wenn technische Einrichtungen die unmittelbare Kommunikation zwischen zwei (oder ggf. mehreren) Personen ermöglichen (vgl. § 147 Abs. 1 S. 2 BGB). Das Gesetz nennt ausdrücklich den „Fernsprecher" (Telefon), weitere Beispiele sind Video-Konferenzen (z. B. Skype, Facetime) oder Internet-Chats, nicht aber E-Mail.

2. Zugang

22   Eine gegenüber einem Abwesenden abgegebene Willenserklärung wird mit Zugang, d. h. spätestens dann wirksam, wenn sie so in den Machtbereich des Empfängers gelangt ist, dass er unter gewöhnlichen Umständen von dieser Kenntnis nehmen kann. Zum **Machtbereich des Empfängers** zählt dessen räumlicher Herrschaftsbereich (z. B. Wohnung, Geschäftsräume), aber auch die zur Entgegennahme von Erklärungen gewidmeten (bereitgestellten) Einrichtungen (z. B. Briefkasten, Post- oder Schließfach, Anrufbeantworter, Faxgerät, E-Mail-Account).

23   Wann unter **gewöhnlichen Umständen** mit der Kenntnisnahme gerechnet werden kann, muss unter Berücksichtigung der Verkehrssitte, der Regeln des Lebens sowie der Gepflogenheiten zwischen den Beteiligten bestimmt werden. Im geschäftlichen Verkehr gehen Erklärungen, die zu den üblichen Geschäftszeiten übermittelt werden, sofort zu. Wird eine Willenserklärung überhaupt nicht oder erst sehr viel

---

[18] BGH v. 30.05.1958, NJW 1958, 1286, 1288.

später als nach den gewöhnlichen Umständen zu erwarten zur Kenntnis genommen, hat dies auf den Zeitpunkt des Zugangs und damit ihres Wirksamwerdens keinen Einfluss.[19]

3. Insbesondere: Briefpost

Wird eine Willenserklärung per Brief übermittelt, ist sie mit Einwurf in den Brief-   **24**
kasten des Empfängers in dessen Machtbereich gelangt. Zugegangen ist sie jedoch erst, wenn der Empfänger die Erklärung tatsächlich zur Kenntnis genommen hat oder wenn dieser unter gewöhnlichen Umständen die Möglichkeit der Kenntnisnahme hatte. Bedeutsam kann hierbei die Uhrzeit sein, zu welcher der Brief in den Briefkasten eingeworfen wurde.[20]

> **Beispiel:** Im Mietvertrag zwischen Vogler und Torsten ist bestimmt, dass das Mietverhältnis spätestens am dritten Werktag eines Kalendermonats für den Ablauf des übernächsten Monats gekündigt werden kann. Torsten will den Mietvertrag schnellstmöglich kündigen. Er wirft das Kündigungsschreiben am 04.11.2013 (Montag) gegen 20.30 Uhr in den Hausbriefkasten von Vogler ein. Der Zugang erfolgt nicht schon am 04.11.2013, sondern erst am 05.11.2013. Unter gewöhnlichen Umständen kann nämlich nicht damit gerechnet werden, dass der Empfänger in den Abendstunden seinen Briefkasten leert. Die Kündigung beendet das Mietverhältnis deshalb nicht schon zum 31.01.2014, sondern erst zum 28.02.2014. Kommt Vogler jedoch am Abend des 04.11.2013 von einem Kinobesuch gegen 22.30 Uhr nach Hause, leert seinen Briefkasten und nimmt die Kündigung zur Kenntnis, erfolgt der Zugang unter Berücksichtigung von Rn. 18 noch am 04.11.2013 und das Mietverhältnis endet zum 31.01.2014.

Keinen Einfluss hat, dass der Empfänger aus persönlichen Umständen, z. B. wegen   **25**
(urlaubsbedingter) Ortsabwesenheit, tatsächlich keine Möglichkeit der aktuellen Kenntnisnahme hat.[21] Dies gilt selbst dann, wenn der Erklärende Kenntnis von der Ortsabwesenheit des Empfängers hat.[22] Der Erklärungsempfänger hat nämlich durch entsprechende organisatorische Maßnahmen dafür Sorge zu tragen, dass er vom Inhalt solcher Schriftstücke Kenntnis erlangt, die an seine Wohnadresse übermittelt werden.[23]

> **Beispiel:** Gustav wirft am Abend des 07.04. ein Kündigungsschreiben in den Hausbriefkasten seines Arbeitnehmers. Dieser befindet sich für die Zeit eines von Gustav bewilligten Urlaubs vom 06.04.-04.05. in Südamerika. Das Kündigungsschreiben geht bereits im Laufe des 08.04. zu. Unter gewöhnlichen Umständen kann damit gerechnet werden, dass ein am Abend in den Briefkasten eingeworfenes Schreiben im Laufe des Folgetages zugeht. Die Urlaubsabwesenheit steht nicht entgegen, auch wenn Gustav sie kannte.

---

[19] BGH v. 21.01.2004, NJW 2004, 1320, 1320 f.

[20] Instruktiv BGH v. 21.01.2004, NJW 2004, 1320, 1321: Wird ein Brief bei üblicher Postzustellungszeit zwischen 8.30 und 10.30 Uhr um 10.00 Uhr in den Briefkasten geworfen, ist die Erklärung am selben Tag zugegangen. – Vgl. auch BGH v. 05.12.2007, NJW 2008, 843.

[21] BGH v. 21.01.2004, NJW 2004, 1320, 1321; BAG v. 16.03.1988, NJW 1989, 606, 607.

[22] BAG v. 22.03.2012, NJOZ 2012, 2088, 2089.

[23] BGH v. 21.01.2004, NJW 2004, 1320, 1320 f.

26 Wird ein Brief als **Übergabeeinschreiben** zugestellt, erfolgt Zugang mit Aushändigung an den Empfänger. Wird der Empfänger nicht angetroffen und das Schriftstück im Postamt niedergelegt, bewirkt die Mitteilung über die Niederlegung noch keinen Zugang, weil sich allein die Benachrichtigung, nicht aber die Erklärung im Machtbereich des Empfängers befindet.[24] Zugang ist erst gegeben, wenn der Empfänger das Einscheiben abholt.

III. Gegenüber Anwesenden

1. Verkörperte Willenserklärungen

27 Von verkörperten Willenserklärungen spricht man, wenn diese eine Form gefunden haben, in der sie dauerhaft gespeichert und abrufbar sind.

> **Beispiele:** Brief, SMS, E-Mail, Nachricht auf Anrufbeantworter.

28 Eine verkörperte Willenserklärung wird entsprechend § 130 Abs. 1 S. 1 BGB wirksam, wenn sie dem **anwesenden Empfänger zugeht.** Dies erfolgt regelmäßig durch die Aushändigung und Übergabe des Schriftstücks, weil damit die Erklärung in den Machtbereich des Empfängers gelangt und dieser die Möglichkeit der Kenntnisnahme hat.[25] Abgabe und Zugang fallen regelmäßig zusammen.

> **Beispiel:** Torsten ist seiner Lieblingssekretärin Lucretia überdrüssig geworden. Da er die Auseinandersetzung mit ihr fürchtet, steckt er die schriftliche Kündigung heimlich in deren Handtäschchen. Die Willenserklärung ist zwar in den Machtbereich von Lucretia gelangt. Die Kündigungserklärung ist jedoch (noch) nicht zugegangen, weil Lucretia mit einer solchen „Zustellung" nicht zu rechnen brauchte. Zugang tritt erst mit tatsächlicher Kenntnisnahme ein.

2. Unverkörperte Willenserklärungen

29 Eine nicht verkörperte Willenserklärung ist gegeben, wenn die Erklärung nicht auf irgendeiner Art von Datenträger festgelegt ist. Da das gesprochene Wort flüchtig ist und auch später nicht wieder zur Kenntnis genommen werden kann, soll nach der sog. **Vernehmungstheorie** Zugang erst mit tatsächlicher Kenntnisnahme durch den Empfänger erfolgen. Das Kenntnisnahmerisiko soll somit auch dann zu Lasten des Erklärenden gehen, wenn die fehlende Kenntnisnahme auf persönlichen Umständen des Empfängers, wie z. B. Schwerhörigkeit, beruht. Ob der Sinn der Worte richtig verstanden wurde, ist dagegen auch nach dieser Auffassung für den Zugang unerheblich. Die zutreffende **h. M.** folgt dagegen der **abgeschwächten Vernehmungstheorie.** Im Interesse der Verkehrssicherheit ist Zugang bereits dann gegeben, wenn für den Erklärenden keine vernünftigen Zweifel daran bestehen, dass der

---

[24] BGH v. 26.11.1997, NJW 1998, 976, 977; BAG v. 07.11.2002, NZA 2003, 719, 723.
[25] Vgl. BGH v. 13.07.2012, NJW 2012, 3372, 3372 f.

Empfänger die Erklärung vollständig verstanden hat, und der Empfänger nach den Umständen mit einer rechtsgeschäftlichen Erklärung rechnen musste. Unter diesen Voraussetzungen kann der Erklärungsempfänger deutlich machen, dass er die Erklärung ggf. nicht richtig verstanden hat.

IV. Zugangshindernisse

1. Überblick

Im Einzelfall kann eine Willenserklärung zwar so auf den Weg gebracht worden **30** sein, dass sie den Empfänger unter gewöhnlichen Umständen zu einem bestimmten Zeitpunkt erreicht, im konkreten Fall aber auf Grund besonderer Umstände den Empfänger tatsächlich nicht oder nur verspätet erreicht. Wie sich diese Behinderung des Zugangs rechtlich auswirkt, ist davon abhängig, ob das Zugangshindernis dem Risikobereich des Erklärenden oder des Empfängers zuzuordnen ist.

2. Risikosphäre des Erklärenden

Zugangshindernisse außerhalb der Einflusssphäre des Empfängers fallen grds. in **31** den Risikobereich des Erklärenden. Im Allgemeinen trägt er das Transportrisiko bis zu dem Zeitpunkt, zu dem die Willenserklärung den Machtbereich des Empfängers erreicht. Geht die Willenserklärung auf dem Postweg verloren, geht diese nicht zu und wird auch nicht wirksam. Verzögert sich der Zugang wegen eines Streiks bei der Post, geht die Willenserklärung auch erst entsprechend später zu und wird entsprechend später wirksam. Dies kann insbesondere dann bedeutsam werden, wenn mit der Willenserklärung eine Frist gewahrt werden soll.

3. Risikosphäre des Empfängers

Liegen die Ursachen dafür, dass eine Willenserklärung zunächst nicht oder nur **32** verspätet zugeht, in der Risikosphäre des Empfängers, darf dies nicht zu Lasten des Erklärenden gehen. Anderenfalls hätte es der Empfänger entgegen dem Grundgedanken der Empfangstheorie in der Hand, seine Sphäre so auszugestalten, dass ihm Erklärungen nicht oder nur verspätet zugehen. Führen Zugangshindernisse aus der Risikosphäre des Empfängers dazu, dass die Willenserklärung verspätet zugeht, muss sich der Empfänger so behandeln lassen, als sei die Willenserklärung in dem Zeitpunkt wirksam geworden, indem sie ihm ohne das Zugangshindernis zugegangen wäre.[26]

---

[26] BGH v. 26.11.1997, NJW 1998, 976, 977; *Franzen* JuS 1999, 429, 432.

Beispiel:[27] Rechtsanwalt Ulrich will den bei ihm angestellten Rechtsanwalt Daniel unverzüglich kündigen. Hiermit hatte Daniel bereits längere Zeit gerechnet und ist umgezogen. Weder hat er seine neue Anschrift Ulrich mitgeteilt, noch hat er einen Nachsendeauftrag veranlasst. Vielmehr hatte er Ulrich kurz vor Ausspruch der Kündigung sogar noch einen „gelben Schein" (Krankschreibung), auf welchem seine alte Adresse ausgewiesen war, übergeben. Ulrich muss sich daher nach dem ersten Scheitern einer Zustellung zunächst noch über eine Detektei die neue Anschrift besorgen, weshalb der Brief erst zehn Tage später zugeht.

33   Unterbleibt der Zugang infolge eines in der Sphäre des Empfängers wurzelnden Hindernisses zunächst vollständig, wird die Willenserklärung grds. nicht wirksam. **Ihr Zugang wird grds. nicht fingiert.** Vielmehr ist daran festzuhalten, dass eine empfangsbedürftige Willenserklärung erst mit ihrem Zugang wirksam wird. Allerdings ist ihrem Empfänger die Möglichkeit zu verwehren, sich auf den verspäteten Zugang zu berufen. Erforderlich ist aber, dass der Erklärende, will er aus seiner Erklärung für ihn günstige Rechtsfolgen ableiten, unverzüglich nach Kenntnis von dem nicht erfolgten Zugang einen **erneuten Versuch unternimmt**, seine Erklärung derart in den Machtbereich des Empfängers zu bringen, dass diesem ohne Weiteres eine Kenntnisnahme möglich ist.[28] Er kann bis zur Bewirkung des Zugangs aber auch über seine Erklärung disponieren, z. B. den weiteren Zugang nicht mehr betreiben oder aber dem Empfänger eine Widerrufserklärung (vgl. § 130 Abs. 1 S. 2 BGB) zukommen lassen.

34   Hat der Empfänger allerdings **bewusst den Zugang vereitelt**, z. B. die Annahme des Übergabeeinschreibens ohne sachlichen Grund verweigert, kann er sich insgesamt nicht auf den fehlenden Zugang berufen (Rechtsgedanke aus §§ 162 Abs. 1, 815 Alt. 2 BGB, § 179 ZPO). Vielmehr muss er, wenn der Erklärende an seiner Erklärung festhält, sich so behandeln lassen, als ob die Willenserklärung ihm zugegangen sei.[29] Weiterer Bemühungen des Erklärenden bedarf es hierzu nicht, weil und soweit diese offensichtlich nicht erfolgreich sein werden.

4. Abgrenzung der Risikosphären

35   Im Hinblick auf die unterschiedlichen Rechtsfolgen kommt der Abgrenzung der Risikosphären entscheidende Bedeutung zu. Dabei ist von dem Grundsatz auszugehen, dass der **Erklärende** neben den Risiken aus seiner eigenen Sphäre auch das Risiko trägt, dass die Willenserklärung den Empfänger (fristgerecht) erreicht. Dieses sog. Transportrisiko ist allerdings nicht mehr betroffen, wenn der Empfänger zurechenbar den **Zugang bewusst vereitelt**. Vielmehr setzt der Empfänger ein eigenes Risiko. Dies ist z. B. der Fall, wenn der Erklärungsempfänger sich ohne sachlichen Grund weigert, ein Übergabeeinschreiben entgegenzunehmen oder den Briefkasten abmontiert, um den Einwurf eines Briefes zu verhindern.

---

[27] BAG v. 22.09.2005, NZA 2006, 204.
[28] BGH v. 26.11.1997, NJW 1998, 976, 977; BAG v. 22.09.2005, NZA 2006, 204, 205.
[29] BGH v. 27.10.1982, NJW 1983, 929, 930; BAG v. 11.11.1992, NZA 1993, 259, 261.

Der Empfänger muss sich aber auch **unvorsätzliche Zugangsbehinderungen** 36
zurechnen lassen, wenn diese darauf beruhen, dass er Mitwirkungsobliegenheiten
verletzt hat. Dies gilt insbesondere dann, wenn der Erklärungsempfänger keine ge-
eigneten Empfangsvorkehrungen getroffen hat. Zwar besteht keine allgemeine Obliegenheit, Willenserklärungen zu empfangen, z. B. Briefe, Telefonanrufe, E-Mails
entgegenzunehmen. Etwas anderes gilt allerdings, wenn auf Grund bestehender
oder angebahnter vertraglicher Beziehungen mit dem Zugang rechtserheblicher Erklärungen zu rechnen ist.[30]

V. Besondere Fälle des Zugangs

1. Amtsempfangsbedürftige Willenserklärungen

Private Willenserklärungen, die gegenüber einer Behörde abzugeben sind (nicht zu 37
verwechseln mit der Abgabe vor einer Behörde),[31] werden als amtsempfangsbe-
dürftige Willenserklärungen bezeichnet.

> **Beispiele:** Erklärungen gegenüber der Hinterlegungsstelle (vgl. § 376 Abs. 2 Nr. 1, 2 BGB);
> Aufgabe von Grundstückseigentum (vgl. § 928 Abs. 1 BGB); Erbschaftsausschlagung (vgl.
> § 1945 Abs. 1 BGB); Testamentsanfechtung (vgl. § 2081 Abs. 1, 3 BGB).

Für diese Erklärungen gelten die Grundsätze über das Wirksamwerden von Willens- 38
erklärungen gegenüber Abwesenden (vgl. § 130 Abs. 3 BGB), d. h. sie werden mit
Zugang bei der zuständigen Behörde wirksam. Der Zugang bei einer unzuständigen
Behörde führt dagegen nicht zur Wirksamkeit und ist nicht fristwahrend.[32]

2. Förmliche Zustellung

Der Zugang der Willenserklärung kann nach § 132 Abs. 1 BGB mittels Zustellung 39
durch den Gerichtsvollzieher ersetzt werden. Die Zustellung kann dabei auch durch
Niederlegung bei der Post (vgl. § 181 ZPO) oder durch öffentliche Zustellung (vgl.
§ 185 ZPO) und somit auf eine Art und Weise bewirkt werden, die eigentlich nicht
für einen Zugang i. S. v. § 130 Abs. 1 S. 1 BGB ausreicht.

---

[30] BGH v. 26.11.1997, NJW 1998, 976, 977; MünchKommBGB/*Einsele* § 130 BGB Rn. 34.

[31] Vgl. Mot. I, S. 159; MünchKommBGB/*Einsele* § 130 BGB Rn. 45.

[32] KG v. 25.02.1997, NJW-RR 1997, 643, 644.

3. Nicht (voll) Geschäftsfähige

a) Geschäftsunfähige

40   Geschäftsunfähige können ihre rechtsgeschäftlichen Angelegenheiten nicht selbstständig regeln.[33] Dementsprechend bestimmt § 131 Abs. 1 BGB, dass die Willenserklärung gegenüber einem Geschäftsunfähigen erst wirksam wird, wenn diese dem
oder den gesetzlichen Vertretern zugeht. Bei gesetzlichen Vertretern mit Gesamtvertretungsmacht genügt der Zugang an einen der Vertreter.

> **Beispiel:** Anlässlich der Vollendung ihres ersten Lebensjahres möchte Onkel Ekkehard der
> kleinen Pippi ein Bobby Car schenken. Das Angebot zum Abschluss des Schenkungsver-
> trags (vgl. §§ 516, 518 BGB) muss gemäß § 1629 Abs. 1 S. 2 Hs. 2 BGB entweder Mutter
> Susi oder Vater Burki zugehen.

41   Wird die Willenserklärung tatsächlich gegenüber dem Geschäftsunfähigen erklärt,
kann dieser Erklärungsbote sein[34] und die Erklärung an den zuständigen gesetzlichen Vertreter übermitteln. Die **h. A.** fordert hierfür aber, dass der Erklärende die
Erklärung auch **an den gesetzlichen Vertreter gerichtet** oder **für diesen bestimmt**
hat.[35] Dass der gesetzliche Vertreter nur zufällig tatsächlich Kenntnis erlangt, ge-
nüge nicht.[36] Für diese Sichtweise wird angeführt, dass der Begriff des Zugangs in
§ 131 Abs. 1 BGB mit dem Zugangsbegriff des § 130 BGB identisch sei und ohne
Abgabe kein Zugang erfolgen könne. Die **h. A. überzeugt** aber **nicht**. Sie berücksichtigt zunächst den Wortlaut von § 130 Abs. 1 BGB und § 131 Abs. 1 BGB nicht
hinreichend.[37] So behandelt § 130 Abs. 1 BGB ausdrücklich den Fall, dass eine
gegenüber einer bestimmten Person abgegebene Willenserklärung erst mit ihrem
Zugang bei dieser Person gegenüber dieser Person wirksam wird. Dagegen behandelt § 131 Abs. 1 BGB ausdrücklich den Fall, dass eine gegenüber dem Geschäftsunfähigen abgegebene Willenserklärung seinem gesetzlichen Vertreter zugeht.
Während bei § 130 Abs. 1 BGB Abgabe und Zugang gegenüber derselben Person
erfolgen müssen, können Abgabe und Zugang bei § 131 Abs. 1 BGB gegenüber
unterschiedlichen Personen erfolgen; nur hierdurch erlangt § 131 Abs. 1 BGB eine
über § 164 Abs. 3 BGB hinausreichende Bedeutung.[38] Darüber hinaus überbewer-
tet die h. A. den Grundsatz, dass ohne Abgabe kein Zugang erfolgen könne. Die
h. A. übersieht insoweit, dass das Abgabeerfordernis nicht den Erklärungsempfänger, sondern den Erklärenden schützen soll.[39] Dessen Schutz ist aber hinreichend

---

[33] Siehe hierzu § 9 Rn. 16 ff.

[34] Siehe hierzu § 13 Rn. 28.

[35] BAG v. 28.10.2010, NZA 2011, 340, 341 f. = jurisPR-ArbR 23/2011 Anm. 2 (*Ulrici*); *Boecken*
Rn. 232; *Bork* Rn. 633; MünchKommBGB/*Einsele* § 131 BGB Rn. 3.

[36] BAG v. 28.10.2010, NZA 2011, 340, 341 f.; MünchKommBGB/*Einsele* § 131 BGB Rn. 3.

[37] *Boemke/Schönfelder* JuS 2013, 7, 9.

[38] Vgl. *Boemke/Schönfelder* JuS 2013, 7, 9; Staudinger/*Singer* § 131 BGB Rn. 3.

[39] Vgl. Mot. I, S. 157.

dadurch gewährleistet, dass er die Erklärung gegenüber dem Geschäftsunfähigen entäußert hat.

b) Beschränkt Geschäftsfähige

Auch Willenserklärungen gegenüber einem beschränkt Geschäftsfähigen werden **42** grds. erst mit Zugang beim gesetzlichen Vertreter wirksam (vgl. § 131 Abs. 2 S. 1 BGB). Das Gesetz macht hiervon zwei generelle Ausnahmen. Bringt die Erklärung dem beschränkt Geschäftsfähigen lediglich rechtliche Vorteile, genügt der Zugang beim beschränkt Geschäftsfähigen selbst. Dies betrifft z. B. den Zugang einer Vertragsofferte, weil hierdurch noch keine rechtsgeschäftlichen Verpflichtungen entstehen; es wird nur die Möglichkeit der Annahme und damit ein rechtlicher Vorteil eröffnet.[40] Außerdem genügt der Zugang beim beschränkt Geschäftsfähigen selbst, wenn der gesetzliche Vertreter hierzu seine Einwilligung erteilt hat.

D. Einschaltung von Mittelspersonen

I. Überblick

Werden bei Abgabe oder Empfang von Willenserklärungen Mittelspersonen einge- **43** schaltet, ist zum einen danach zu differenzieren, ob diese auf der Seite des Erklärenden oder des Empfängers tätig werden. Zum anderen ist bedeutsam, ob es sich um einen Boten oder einen Vertreter handelt. Diese Unterscheidung gewinnt Bedeutung unter anderem für die Frage, wann eine Erklärung abgegeben bzw. zugegangen ist. Sie hat aber auch Konsequenzen für die Folgen von Übermittlungsfehlern, wenn die Mittelsperson die Erklärung nicht so übermittelt, wie sie ihr mitgeteilt wurde.[41]

II. Erklärung

1. Vertreter

Gibt der Erklärende die Erklärung nicht selbst ab, sondern lässt er sich i. S. v. § 164 **44** Abs. 1 BGB vertreten,[42] wird ihm die Erklärung des Vertreters zugerechnet. Er wird so behandelt, als habe er die Erklärung selbst abgegeben. Für die Abgabe kommt es darauf an, ob der Vertreter sich der Erklärung entäußert hat. Auch ist für die Rechtswirksamkeit der Erklärung ohne Bedeutung, ob sich die gewünschte Rechtsfolge

---

[40] Mot. I, S. 140.
[41] Siehe unten § 12 Rn. 27.
[42] Siehe unten § 13.

mit dem Geschäftswillen des Vertretenen deckt. Entscheidend ist allein, dass sie dem Geschäftswillen des Vertreters entspricht und von dessen Vertretungsmacht gedeckt wird.

Beispiel: Die entscheidungsschwache Yvonne bittet Frank für sie in ihrem Namen drei Kugeln Eis nach seiner Wahl zu kaufen. Frank tut, wie ihm geheißen, und wählt die Klassiker Vanille, Erdbeere, Schokolade. Als er Yvonne stolz das Eis überreicht, ist diese entsetzt, weil sie genau diese drei Sorten verabscheut. Der Kaufvertrag ist gleichwohl zustande gekommen, weil die Erklärung von der Frank eingeräumten Vertretungsmacht gedeckt war.

2. Bote

45   Der Erklärungsbote gibt im Unterschied zum Erklärungsvertreter keine eigene Willenserklärung ab, sondern übermittelt nur eine Willenserklärung des Geschäftsherrn.[43] Er wird daher bei der Übermittlung mündlicher Erklärungen anschaulich auch als „**sprechender Brief**" bezeichnet. Daher ist die Willenserklärung abgegeben, wenn sie vom Geschäftsherrn an den Erklärungsboten mit der Maßgabe übermittelt wurde, diese dem Empfänger zu überbringen. Der Erklärende hat dann seinerseits alles Erforderliche getan, damit die Willenserklärung wirksam werden kann. Da der Erklärungsbote auf der Seite des Erklärenden tätig wird, ist damit noch kein Zugang bewirkt. Vielmehr ist hierzu nach allgemeinen Grundsätzen erforderlich, dass der Erklärungsbote die Willenserklärung so in den Machtbereich des Empfängers bringt, dass unter gewöhnlichen Umständen mit ihrer Kenntnisnahme zu rechnen ist. Verliert der Erklärungsbote den ihm übertragenen Brief oder vergisst er, diesen abzugeben, geht dies zu Lasten des Erklärenden. Entsprechendes gilt für Übermittlungsverzögerungen. Wer sich der Vorteile eines Boten bedient, muss auch die daraus erwachsenden Nachteile (Risiken) tragen.

46   Übermittelt der Erklärungsbote die Willenserklärung unzutreffend, muss sich der Erklärende an dieser Erklärung gleichwohl zunächst festhalten lassen. Hiervon geht § 120 BGB aus. Er hat aber die Möglichkeit, die unzutreffend übermittelte Willenserklärung unter den Voraussetzungen des § 119 BGB anzufechten. Dies gilt richtigerweise sogar, wenn der Erklärungsbote die Erklärung bewusst verfälscht.[44]

III. Empfang

1. Vertreter

47   Wird auf Seiten des Erklärungsempfängers ein Empfangsvertreter tätig, ist die Willenserklärung mit Zugang beim Empfangsvertreter zugleich dem Erklärungsemp-

---

[43] Siehe unten § 13 Rn. 25 ff.
[44] Siehe unten § 12 Rn. 27.

fänger zugegangen (vgl. § 164 Abs. 1, 3 BGB).[45] Nachfolgende Verfälschungen der Erklärung (anlässlich ihrer internen Weiterleitung) beeinträchtigen die wirksam gewordene Erklärung nicht mehr.

2. Bote

Steht der Bote im Zuständigkeitsbereich des Empfängers, ist er Empfangsbote. Er **48** fungiert als **menschlicher Briefkasten** des Empfängers. Mit Übermittlung an den Empfangsboten ist die Erklärung daher in den Machtbereich des Empfängers gelangt. Sie geht dem Empfänger aber noch nicht auf Grund der Übermittlung an den Empfangsboten zu, sondern erst, wenn unter Zugrundelegung gewöhnlicher Verhältnisse mit der Weiterleitung an den Empfänger gerechnet werden kann. Allerdings trägt der Empfänger ab Eingang der Erklärung in seinem Machtbereich, d. h. beim Empfangsboten, das Risiko des Verlusts oder der Verzögerung.

> **Beispiel:** Lars bietet Lucretia seinen vier Jahre alten Sportwagen zum Freundschaftspreis von 35.000 € an, weil er sich das neue Sport-Coupé Panorama des gleichen Herstellers gekauft hat. Für die Annahme hat Lars eine Frist bis zum 30.09. gesetzt. Am 30.09. erklärt Lucretia telefonisch gegenüber Anni, der Ehefrau von Lars, die Annahme des Angebots. Da der Hund von Lars und Anni unter extremen Magenproblemen leidet, vergisst Anni vor Sorge, Lars den Anruf der Lucretia auszurichten und teilt ihm dies erst am 03.10. mit. Der Kaufvertrag ist wirksam zustande gekommen. Anni ist als Ehefrau Empfangsbotin. Unter gewöhnlichen Umständen war mit einer Weiterleitung der Erklärung an Lars noch in den Abendstunden desselben Tages und damit innerhalb der Annahmefrist zu rechnen.

Empfangsbote ist, wer zur Entgegennahme von Erklärungen ausdrücklich oder **49** konkludent ermächtigt wurde. Eine solche Ermächtigung kann sich auch aus der Verkehrsanschauung ergeben, wobei hier insbesondere die Art und Bedeutung der Erklärung sowie die Zuverlässigkeit der Mittelsperson eine Rolle spielen. Im Regelfall wird man z. B. den im gemeinsamen Haushalt lebenden Ehegatten,[46] aber auch ein volljähriges Kind und Lebenspartner als Empfangsboten für Erklärungen ansehen können, die den Privatbereich des Erklärungsempfängers betreffen. In Geschäftsräumen kommt eine solche Stellung z. B. der Sekretärin oder einem kaufmännischen Angestellten, nicht aber einer Reinigungskraft zu.

Übermittelt der Erklärende die Erklärung an eine Person, die nicht Empfangsbo- **50** te ist, ist die Erklärung nicht unwirksam. Vielmehr wird die informierte Person als Erklärungsbote tätig. Das Zugangs- und Übermittlungsrisiko trägt in diesem Fall der Erklärende.

---

[45] BGH v. 28.11.2001, NJW 2002, 1041, 1042.
[46] BAG v. 09.06.2011, NJW 2011, 2604, 2604 f.; BGH v. 17.03.1994, NJW 1994, 2613, 2614; *Ulrici* jurisPR-ArbR 4/2012 Anm. 1.

E. Widerruf

I. Vor oder mit Zugang

51   Empfangsbedürftige Willenserklärungen werden erst mit Zugang wirksam. Daher kann der Erklärende ihr Wirksamwerden verhindern, indem er dem Empfänger vor oder spätestens mit Zugang deutlich macht, dass er von der Willenserklärung Abstand nimmt, diese also widerruft (vgl. § 130 Abs. 1 S. 2 BGB). Dabei bedarf der Widerruf selbst dann keiner Form, wenn eine solche für die zu widerrufende Erklärung vorgesehen ist.

> **Beispiel:** Auf Drängen seines Neffen Torsten hat sein Patenonkel Robert ein Formular über eine selbstschuldnerische Bürgschaft über einen Betrag von 100.000 € ausgefüllt und Torsten ausgehändigt, damit dieser es seiner Hausbank übermitteln kann. Unmittelbar nachdem ihn Torsten verlassen hat, sendet er ein Fax an die Hausbank, in dem er die Bürgschaftserklärung widerruft. Die Bürgschaftserklärung wird nicht wirksam, auch wenn Torsten das Formular im Anschluss hieran bei seiner Bank einreicht.

52   Der rechtzeitige Widerruf ist auch dann erfolgreich, wenn er vom Empfänger tatsächlich erst nach der widerrufenen Willenserklärung zur Kenntnis genommen wird, soweit er rechtzeitig zugegangen ist. Umgekehrt ist der Widerruf auch dann verspätet, wenn er erst nach Zugang der Willenserklärung dem Empfänger zugeht, aber vor oder zeitgleich mit dieser tatsächlich zur Kenntnis genommen wird.[47]

II. Andere Widerrufsmöglichkeiten

53   Der Widerruf einer noch nicht zugegangenen Willenserklärung nach § 130 Abs. 1 S. 2 BGB ist von sonstigen Fällen zu unterscheiden, in denen sich der Erklärende durch einen Widerruf von einer Willenserklärung, die für ihn wirksam geworden ist, oder einem durch seine Willenserklärung geschlossenen Vertrag wieder lösen kann. Zu nennen sind Fälle, in denen das angestrebte Rechtsgeschäft noch nicht wirksam geworden oder schwebend unwirksam ist, wie z. B. nach § 109 BGB (Vertrag mit Minderjährigem ohne die erforderliche Einwilligung), § 178 BGB (Vertrag mit Vertreter ohne Vertretungsmacht), § 658 BGB (Widerruf der Auslobung vor Vornahme der Handlung), oder wenn eine Berechtigung gegeben worden ist, die für die Zukunft nicht oder nicht mehr gewährt werden soll, wie z. B. nach § 168 S. 2 BGB (Widerruf der Vollmacht), § 183 BGB (Widerruf der Einwilligung), § 790 BGB (Widerruf einer Anweisung). Schließlich sieht das Gesetz auch die Möglichkeit vor, aus verbraucherschützenden Gründen eine bereits wirksam gewordene Willenserklärung zu widerrufen.[48]

---

[47] RG v. 25.10.1917, RGZ 91, 60, 62 f.; *Petersen* JURA 2009, 276, 277. – A. A. Erman/*Palm* § 130 BGB Rn. 15; *Schreiber* JURA 2002, 249, 251.
[48] Siehe unten § 7 Rn. 59 ff.

F. Klausurfall – Zugang

I. Sachverhalt[49]

Der 17-jährige Klaus Kunig schloss, vertreten durch seine Eltern, am 15.07.2013   **54**
mit Bertram Böse einen Ausbildungsvertrag. Die Ausbildung soll am 01.08.2013
beginnen und die Probezeit am 30.09.2013 enden. Mit einem an „Klaus Kunig,
gesetzlich vertreten durch seine Eltern Katrin und Karsten Kunig" adressierten
Schreiben erklärte Bertram Böse die Kündigung des Ausbildungsverhältnisses.
Da er weiß, dass die Kündigung des Ausbildungsverhältnisses ausgeschlossen ist,
wenn die Kündigungserklärung nicht bis zum 30.09.2013 ankommt, schickt Bertram Böse am Morgen des 30.09.2013 seine Sekretärin Susi Sorgfältig mit dem Auftrag los, das Schreiben abzuliefern. Susi Sorgfältig trifft am Grundstück der Familie
Kunig, auf welchem Eltern und Sohn unter einem Dach wohnen, niemanden an.
Sie wirft das Schreiben am 30.09.2013 um 9:13 Uhr in den von Familie Kunig gemeinsam genutzten und regelmäßig erst im Anschluss an die übliche Postzustellung
gegen 14:00 Uhr geleerten Hausbriefkasten. Dort findet es Klaus Kunig. Erst am
03.10.2013 liefert Klaus das vorübergehend vergessene Schreiben bei seinen Eltern
ab. Ist die Kündigungserklärung am 30.09.2013 gegenüber Klaus Kunig wirksam
geworden?

II. Lösungsskizze

Die Kündigungserklärung könnte am 30.09.2013 durch Einwurf in den gemein-   **55**
sam durch Familie Kunig genutzten Briefkasten nach §§ 131 Abs. 1, 2, 130 Abs. 1
Abs. 1 S. 1 BGB (1.) oder nach § 130 Abs. 1 S. 1 BGB i. V. m. §§ 164 Abs. 3, 1629
Abs. 1 S. 1, 2 BGB (2.) wirksam geworden sein.

1. Erklärung gegenüber Klaus

Die Kündigungserklärung ist am 30.09.2013 nach §§ 131 Abs. 1, 2, 130 Abs. 1 S. 1   **56**
BGB wirksam geworden, wenn die Erklärung gegenüber Klaus abgegeben wurde
und diesem noch am 30.09.2013 zugegangen ist. Gegenüber Klaus abgegeben wird
die Kündigung, wenn es sich bei dieser um eine empfangsbedürftige Willenserklärung handelt (a) und sie von Bertram so auf den Weg in Richtung Klaus gebracht
wurde, dass Bertram alles seinerseits Erforderliche getan hat, damit die Erklärung
wirksam werden kann (b).

---

[49] Vgl. BAG v. 08.12.2011, NZA 2012, 495.

a) Kündigung als empfangsbedürftige Willenserklärung

57   Empfangsbedürftig ist eine Willenserklärung, soweit das Gesetz den Eintritt der intendierten Rechtsfolgen vom Zugang der Erklärung bei ihrem Adressaten abhängig macht. Da die Kündigung die Rechte des Gekündigten tangiert und sich dieser auf die Änderung der Rechtslage (Beendigung des Ausbildungsverhältnisses) einrichten muss, ist die Kündigungserklärung eine empfangsbedürftige Willenserklärung.

b) Abgabe

58   Allerdings hat Bertram Böse die Kündigung nicht gegenüber Klaus abgegeben, weil er sie nicht in Richtung Klaus, sondern ausweislich der Adressierung ausdrücklich in Richtung der Eltern des Klaus auf den Weg gebracht hat. Eine von § 131 Abs. 1, 2 BGB vorausgesetzte Abgabe gegenüber einem Minderjährigen ist nicht erfolgt.

c) Zwischenergebnis

59   Die Kündigungserklärung ist nicht nach §§ 131 Abs. 1, 2, 130 Abs. 1 S. 1 BGB wirksam geworden.

2. Erklärung gegenüber den Eltern

60   Die Kündigungserklärung ist am 30.09.2013 nach § 130 Abs. 1 S. 1 BGB i. V. m. §§ 164 Abs. 3, 1629 Abs. 1 S. 1, 2 BGB wirksam geworden, wenn die Erklärung gegenüber den gesetzlichen Vertretern des Klaus abgegeben wurde (a) und diesen noch am 30.09.2013 zugegangen ist (b).

a) Abgabe gegenüber gesetzlichen Vertretern

61   Da die Eltern des noch nicht volljährigen (vgl. § 2 BGB) Klaus dessen gesetzliche Vertreter sind (vgl. § 1629 Abs. 1 S. 1 BGB), ist entscheidend, dass Bertram die Kündigung in deren Richtung so auf den Weg gebracht hat, dass er alles seinerseits Erforderliche getan hat, damit die Erklärung wirksam werden kann. Indem Bertram seine Sekretärin Susi damit beauftragt hat, das fertig gestellte Schreiben zu den bestimmten Empfängern zu transportieren, und das Schreiben hierdurch in Richtung auf die Eltern des Klaus (vgl. Adressierung) aus seinem Machtbereich entlassen hat, wurde die Kündigung gegenüber den gesetzlichen Vertretern abgegeben.

b) Zugang bei gesetzlichen Vertretern

Die Kündigung ist den Eltern des Klaus noch am 30.09.2013 zugegangen, wenn **62** sie so in deren Machtbereich gelangt ist, dass unter normalen Umständen noch am 30.09.2013 mit ihrer Kenntnisnahme zu rechnen war; wann die tatsächliche Kenntnisnahme erfolgt, ist dann ohne Belang.

Durch das Einlegen des Kündigungsschreibens in den Familienbriefkasten der **63** Kunigs ist das Schreiben in den Machtbereich der Eltern des Klaus gelangt, weil der Briefkasten von den Eltern des Klaus zum Zweck der Aufnahme von Erklärungen gewidmet wurde. Dass auch weitere Personen, namentlich Klaus, Zugang zum Briefkasten haben, steht nicht entgegen, weil die Eltern des Klaus die hiermit verbundenen Gefahren eröffnet und das entsprechende Risiko übernommen haben.

Da der Briefkasten üblicherweise erst im Anschluss an die regelmäßige Postzu- **64** stellung um 14:00 Uhr geleert wird, ist bei einem Einwurf des Schreibens um 9:13 Uhr unter gewöhnlichen Umständen damit zu rechnen, dass die Erklärung noch am selben Tag zur Kenntnis genommen wird. Die Erklärung ist den Eltern des Klaus noch am 30.09.2013 zugegangen.

3. Ergebnis

Die Kündigungserklärung ist durch Zugang bei den Eltern des Klaus am 30.09.2013 **65** diesem gegenüber wirksam geworden.

Literatur

Boecken (2012) BGB – Allgemeiner Teil. 2. Aufl
Boemke/Schönfelder (2013) Wirksamwerden von Willenserklärungen gegenüber nicht voll Geschäftsfähigen (§ 131 BGB). JuS 2013, 7
Bork (2011) Allgemeiner Teil des Bürgerlichen Gesetzbuchs. 3. Aufl
Brehm (2007) Allgemeiner Teil des BGB. 6. Aufl
Erman (2011) Handkommentar zum Bürgerlichen Gesetzbuch. 13. Aufl
Franzen (1999) Zugang und Zugangshindernisse bei eingeschriebenen Briefsendungen. JuS 1999, 429
Köhler (2012) BGB Allgemeiner Teil. 36. Aufl
Medicus (2012) Allgemeiner Teil des BGB. 10. Aufl
MünchKommBGB (2012) Münchener Kommentar zum Bürgerlichen Gesetzbuch. 6. Aufl
Petersen (2009) Der Widerruf im Bürgerlichen Recht. JURA 2009, 276
Rüthers/Stadler (2011) Allgemeiner Teil des BGB. 17. Aufl
Schreiber (2002) Abgabe und Zugang von Willenserklärungen. JURA 2002, 249
Staudinger (Stand 31.03.2013) Kommentar zum Bürgerlichen Gesetzbuch. 13. Bearb
Wolf/Neuner (2012) Allgemeiner Teil des deutschen Bürgerlichen Rechts. 10. Aufl

§ 7 Vertragsschluss

Literaturhinweise: *Lettl*, Das kaufmännische Bestätigungsschreiben, JuS 2008, 849; *Petersen*, Das Zustandekommen des Vertrags, JURA 2009, 183; *ders.*, Der Widerruf im Bürgerlichen Recht, JURA 2009, 276; *ders.*, Der Dissens beim Vertragsschluss, JURA 2009, 419; *Wendt/Schäfer*, Kontrahierungszwang nach § 21 I 1 AGG?, JuS 2009, 206.

A. Einführung

Die praktisch wohl bedeutsamste Art eines Rechtsgeschäfts ist der Vertrag. Er ist das **1** typische Mittel zur Verwirklichung der Privatautonomie. Er dient der **rechtlichen Ordnung** zwischenmenschlicher Beziehungen **durch selbstbestimmtes Handeln** der Parteien. Der Gedanke der Selbstbestimmung ließe sich aus der Sicht jeweils einer Partei zwar noch stärker durch einseitige Rechtsgeschäfte verwirklichen, mit deren Vornahme der Erklärende allein Rechtsfolgen herbeiführen kann. Da die erstrebten Rechtsfolgen jedoch Rechte anderer berühren, gebietet deren Selbstbestimmung, dass für sie Rechtsfolgen grds. nur durch einvernehmliches Handeln bewirkt werden.

Durch einen Vertrag binden sich die Parteien wechselseitig. **Bindung** bedeutet **2** dabei nicht notwendig, dass bestimmte Leistungspflichten übernommen werden. Bindung bedeutet vielmehr zunächst nur, dass keine der Parteien ihre Erklärung einseitig frei widerrufen und hierdurch die bewirkten Rechtsfolgen beseitigen kann. Jede Vertragspartei kann von der jeweils anderen Vertragspartei am Vertrag festgehalten werden. Schließen die Parteien die rechtliche Bindung ausdrücklich aus, liegt insoweit auch kein Vertrag im Rechtssinne vor.

Beispiel: Arbeitgeber Artig zahlt seinen Arbeitnehmern regelmäßig im Dezember ein Weihnachtsgeld, obwohl er hierzu weder durch Arbeits- noch durch Tarifvertrag verpflichtet ist. Dabei weist er jeweils ausdrücklich darauf hin, dass er sich durch seine vergangenen und die gegenwärtige Zahlung nicht zu Zahlungen in der Zukunft verpflichten will. Dieser sog. Freiwilligkeitsvorbehalt bewirkt, dass hinsichtlich zukünftiger Zahlungen kein Vertrag zustande kommt.

B. Boemke, B. Ulrici, *BGB Allgemeiner Teil,* Springer-Lehrbuch, DOI 10.1007/978-3-642-39171-2_7, © Springer-Verlag Berlin Heidelberg 2014

3   Die von den Parteien durch den Vertrag ausgelösten Bindungen und Wirkungen treffen grds. nur diese selbst. Dies unterscheidet die vertragliche Regelung von einer gesetzlichen Regelung, welche für eine unbestimmte Vielzahl von Personen und mögliche Anwendungsfälle gilt. Es gibt deshalb auch keinen **Vertrag** (mit unmittelbaren rechtlichen Wirkungen) **zu Lasten Dritter**. Dies widerspräche dem Selbstbestimmungsrecht (Privatautonomie) des betroffenen Dritten.

4   Die Bindungen und Regelungen eines Vertrags fußen auf dem sie in Geltung setzenden **Willen der Vertragsschließenden** selbst. Nur wenn der Vertrag im Augenblick seines Abschlusses vom erklärten Willen beider Vertragsparteien getragen wird, ist er Ausdruck und Verwirklichung ihrer Privatautonomie. Damit der Wille eines jeden von ihnen im Vertrag Geltung erlangen kann, muss er in ihren einander entsprechenden Willenserklärungen, jeweils erkennbar für den anderen Vertragspartner, Ausdruck gefunden haben. Ein Vertrag fordert daher grds. zwei Willenserklärungen, die hinsichtlich des Inhalts der vertraglichen Regelung übereinstimmen und beide besagen, dass diese Regelung gelten soll. Dies kommt im Wort „Vertrag" selbst zum Ausdruck, welches von „sich vertragen" abstammt und hierdurch die erforderliche Einigung der Parteien signalisiert.

5   Von den beiden erforderlichen Willenserklärungen nennt man diejenige, welche einem anderen den Abschluss eines bestimmten Vertrags offeriert, **Antrag**. Der Antrag wird regelmäßig zeitlich zuerst erklärt. Die auf die erste Erklärung bezogene, ihr zustimmende Erklärung nennt man **Annahme**. Sie folgt dem Antrag regelmäßig zeitlich nach. Möglich bleibt trotz dieser Differenzierung, dass ein Vertrag dadurch geschlossen wird, dass beide Parteien gleichzeitig einem zuvor niedergelegten Vertragstext zustimmen, weil für den Vertrag die Einigung wesensbestimmend ist und nicht der Weg zu dieser. Ohne Relevanz ist in diesem Zusammenhang auch die zukünftige Rolle als Vertragspartei. So können z. B. gleichermaßen Antrag als auch Annahme sowohl vom Verkäufer als auch vom Käufer erklärt werden. Soweit für den Antrag regelmäßig auch die Bezeichnung Angebot als dem heutigen Sprachempfinden eher entsprechende Begrifflichkeit verwendet wird, entspricht dies zwar nicht der Terminologie des BGB, welches den Begriff des Angebots im Zusammenhang mit dem Gläubigerverzug (vgl. §§ 293 ff. BGB) verwendet. Allerdings ist die Verwendung der Bezeichnung Angebot für den Antrag üblich.

6   Weder Antrag noch Annahme sind für sich allein ein Rechtsgeschäft, welches die von ihnen intendierten Rechtsfolgen auslöst.[1] Jede Erklärung für sich erzeugt zwar von Gesetzes wegen bestimmte Rechtsfolgen. Z. B. bindet sich der Antragende durch seine Erklärung (vgl. § 145 BGB). Diejenigen Rechtsfolgen, auf welche die beiden Erklärungen abzielen, können sie allerdings nicht allein, sondern nur beide gemeinsam hervorbringen. **Wichtige Konsequenz** ist, dass der Vertrag als zweiseitiges Rechtsgeschäft notwendigerweise unwirksam ist, wenn auch nur eine der beiden Erklärungen aus irgendeinem Grund nicht wirkt.

---

[1] Siehe oben § 4 Rn. 17.

B. Antrag und Annahme

I. Überblick

Das Zustandekommen eines Vertrags setzt die Einigung der Beteiligten voraus.   **7**
Den Abschlusstatbestand regeln die §§ 145 ff. BGB. Die über den Vertragsschluss
(Entstehen der vertraglichen Bindungen) hinausreichenden konkreten Rechtsfolgen
ergeben sich regelmäßig aus dem Vertrag selbst bzw. ergänzend aus gesetzlichen
Vorschriften (z. B. Gewährleistungsrechte im Anschluss an Schlechterfüllung eines
Kaufvertrags, vgl. § 437 BGB). Trotz der erkennbar unterschiedlichen Rechtsfolgen
der verschiedenen Verträge und Vertragstypen ist der **Abschlusstatbestand** für alle
einheitlich geregelt, soweit es das Erfordernis einer Einigung betrifft. Unterschiede
können aber z. B. hinsichtlich der Formalien der Einigung bestehen. Beispielsweise
macht § 311b Abs. 1 BGB den Abschluss eines Grundstücksveräußerungsvertrags
von der Beachtung notarieller Form abhängig. Auch schreibt § 312 g Abs. 3, 4 BGB
für den Abschluss eines entgeltlichen Vertrags zwischen einem Unternehmer und
einem Verbraucher im elektronischen Geschäftsverkehr vor, dass der Verbraucher
der Entgeltlichkeit des Geschäfts ausdrücklich zustimmen muss.

> **Beispiel:**[2] Windig schaltet eine Reihe von Internetseiten, welche dem Nutzer jeweils hilf-
> reiche Informationen versprechen, nachdem sich der Nutzer hierfür „angemeldet" hat. Die
> zur Bestätigung der „Anmeldung" vorgesehene Schaltfläche wurde mit einem Sternchen-
> hinweis versehen, welcher – folgt man ihm – darüber aufklärt, dass die „Anmeldung" zum
> Abschluss eines zweijährigen Nutzungsvertrags zum Preis von nur 240 €/Jahr führt. Win-
> dig setzte hierbei darauf, dass sich genug Kunden finden, welche den Sternchenhinweis
> übersehen und voreilig „klicken". Um derartige Geschäftsmodelle wirksam zu bekämpfen
> und Streitigkeiten um das Zustandekommen einer Einigung auszuschließen, hat der Gesetz-
> geber in § 312 g Abs. 3, 4 BGB geregelt, dass ein Vertrag nur zustande kommt, wenn die
> vom Nutzer zu betätigende Schaltfläche ausdrücklich auf die Entgeltlichkeit hinweist (z. B.
> „Jetzt kostenpflichtig anmelden").

II. Antrag

1. Begriff und Voraussetzungen

Der Vertragsantrag ist eine empfangsbedürftige Willenserklärung, durch die   **8**
ein Vertragsschluss einem anderen so angetragen wird, dass nur noch von des-
sen Einverständnis das Zustandekommen des Vertrags abhängt. Da der Antrag
empfangsbedürftig ist, wird er erst mit Zugang wirksam. Bis zu diesem Zeitpunkt
kann er einseitig widerrufen werden (§ 130 Abs. 1 S. 2 BGB). Im Zeitpunkt des Zugangs treten allerdings grds. die Bindungswirkungen des Antrags ein (vgl. §§ 130,
145 BGB).

---

[2] Vgl. LG Berlin v. 21.10.2011, MMR 2012, 95.

a) Notwendiger Inhalt

9 Der Antrag muss **inhaltlich so bestimmt** sein, dass der Vertrag durch die einfache Zustimmung des Empfängers ohne irgendwelche Zusätze zustande kommen kann (vgl. Art. 14 Abs. 1 S. 1 CISG). Hieraus folgt, dass der Antrag den gesamten späteren Inhalt der Einigung enthalten muss. Dabei ist allerdings nicht erforderlich, dass die Einigung alle für den abzuschließenden Vertrag erdenklichen Regelungen umfasst. Vielmehr stellt der Gesetzgeber insbesondere für das Schuldrecht eine Reihe von Vertragstypen sowie allgemeine Vorschriften zur Verfügung, welche zur Anwendung kommen können, soweit die Beteiligten keine zulässigen Abweichungen vereinbart haben. Keine Vorschriften stellt das Gesetz allerdings regelmäßig hinsichtlich der den Vertragstyp charakterisierenden Hauptleistungspflichten zur Verfügung (Ausnahme z. B. § 612 Abs. 2 BGB). Deshalb muss der Antrag zu diesen Punkten (sog. *essentialia negotii*) eine konkrete Aussage treffen (vgl. Art. 14 Abs. 1 S. 2 CISG). Nur dann kommt durch ein einfaches „Ja" des Empfängers ein vollständiger Vertrag zustande.

> **Beispiel:** Wenn Albert an Bernd seinen gebrauchten Rasenmäher verkaufen will, muss sein Angebot zumindest eine Regelung für Kaufpreis und Kaufgegenstand enthalten. Diese beiden Punkte sind die *essentialia negotii* eines Kaufvertrags, ohne welche dieser nicht vollständig ist. Dies ergibt sich aus dem Charakter eines Kaufvertrags, bei dem ein Austausch von Geld gegen Ware stattfindet (vgl. § 433 BGB).

10 Allerdings müssen die *essentialia negotii* nicht ausdrücklich im Antrag geregelt sein. Ausreichend ist vielmehr, dass sie sich durch **Auslegung des Antrags** bestimmen lassen.

> **Beispiel:** Albert geht in die Buchhandlung Sacks und sagt zur Verkäuferin: „Ich möchte einen Schönfelder kaufen." Dadurch wird zwar der Kaufgegenstand, nicht jedoch der Kaufpreis ausdrücklich bezeichnet. Allerdings ergibt die Auslegung, dass Albert das Buch zum gültigen Ladenpreis kaufen will. Danach sind auch hier die *essentialia negotii* im Antrag enthalten.

11 Die ausreichende Bestimmtheit in Bezug auf die *essentialia negotii* setzt nicht voraus, dass bei Abschluss eines Schuldvertrags bereits konkret feststeht, welche Leistungen geschuldet werden. Ausreichend ist vielmehr, dass der Antrag eine der Einigung fähige Regelung darüber enthält, wie die konkrete Leistung bestimmt wird. Dies folgt für Arbeits- und Dienstverträge z. B. aus § 612 Abs. 2 BGB sowie allgemein aus den §§ 315 ff. BGB, welche regeln, dass die Bestimmung der Leistung auch einer Vertragspartei oder einem Dritten überlassen werden kann.

> **Beispiel:** Albert steckt den Tankrüssel an der Tankstelle des Benno in seinen Pkw und füllt Benzin in seinen Tank. Zu Beginn dieses Vorgangs zeigte die Zapfsäule einen Literpreis von 1,759 € an. Im weiteren Verlauf der Betankung errechnet die Zapfsäule entsprechend der eingefüllten Menge einen zunehmenden Gesamtverkaufspreis. Ein Kaufvertrag über das Benzin wird in diesem Fall nicht erst nach Abschluss des Tankvorgangs an der Kasse geschlossen. Vielmehr erfolgt die Einigung bereits zu Beginn des Tankvorgangs, wobei die *essentialia negotii* anhand der nachfolgenden Entnahme durch Albert bestimmbar sind.[3]

---

[3] Vgl. BGH v. 04.05.2011, NJW 2011, 2871.

b) Vertragsbindungswille

Neben dem Inhalt der angestrebten Einigung muss aus dem Antrag hervorgehen, **12** dass der Antragende den Vertrag mit diesem Inhalt gelten lassen will, wenn der Antrag angenommen wird (**Vertragsbindungswille**). Behält sich der Offerierende dagegen vor, noch über das Zustandekommen eines Vertrags zu entscheiden, liegt kein Antrag im Rechtssinne, sondern lediglich eine Aufforderung zur Antragsabgabe vor (sog. *invitatio ad offerendum*). Ob eine Erklärung einen Vertragsbindungswillen umfasst, ist durch Auslegung nach §§ 133, 157 BGB zu ermitteln.

> **Beispiele:** Typische Fälle einer bloßen *invitatio ad offerendum* sind Zeitungsanzeigen, Kataloge oder Preislisten, Auslagen in Schaufenstern und Onlineshops.[4]

Wie vorstehende Aufzählung verdeutlicht, kann auch eine Aufforderung zur Abgabe eines Antrags durchaus alle notwendigen Inhalte (*essentialia negotii*) eines Antrags umfassen. Gleichwohl liegt kein Antrag vor, weil der Erklärende in diesen Fällen erkennbar nicht durch die Annahmeerklärung eines Dritten an einen Vertrag gebunden werden will. **13**

> **Beispiel:** Arne schaltet in der LVZ eine Kleinanzeige: „Verkaufe Golf GTI, Bj. 2009, 211 PS, schwarz, Alus, hintere Scheiben dunkel, Spoiler, zwei große Auspuffrohre, Preis 15.000 €." Der Kaufgegenstand ist durch die Detailangaben sehr genau bestimmt. Auch wurde der Kaufpreis konkret benannt. Dass Arne gleichwohl bei Schaltung der Anzeige keinen Vertragsbindungswillen hat, ergibt sich daraus, dass anderenfalls allein durch die Zustimmung eines Lesers der Anzeige ein Vertrag zustande käme. Da sich die Anzeige an alle Leser richtet, birgt dies für Arne zunächst das Risiko, mit einem Käufer zu kontrahieren, der nicht die ausreichende Liebe für sein Fahrzeug mitbringt. Außerdem will Arne sich vor Vertragsschluss wahrscheinlich davon überzeugen, dass der Käufer ausreichend solvent ist, um den Kaufpreis zu bezahlen. Schließlich besteht für Arne das Risiko, dass nicht nur ein Interessent, sondern eine Vielzahl Interessenten die Annahme erklären. In diesem Fall wäre Arne an eine Vielzahl von Verträgen gebunden, obwohl er ersichtlich nur einen erfüllen kann und will.

Typischerweise zeichnen sich die Fälle der *invitatio ad offerendum* dadurch aus, **14** dass sich die Erklärungen an einen nahezu unbeschränkten Personenkreis richten (vgl. auch Art. 14 Abs. 2 CISG). Erforderlich ist dies aber nicht. Umgekehrt ist denkbar, dass sich echte Anträge an eine **unbestimmte Personenanzahl** richten (sog. Antrag *ad incertas personas*).

> **Beispiel:** Die Leipziger Verkehrsbetriebe (LVB) lassen ihre Straßenbahnen durch die Stadt fahren. Dadurch geben sie gegenüber allen Personen, die die Straßenbahn sehen, einen Antrag auf Abschluss eines Beförderungsvertrags (Werkvertrag) ab. Der jeweilige Fahrgast nimmt diesen Antrag durch Einsteigen (konkludent) an. Hier bestehen keine Anhaltspunkte dafür, dass sich die LVB die letzte Entscheidung noch vorbehalten wollen. Deshalb liegt nicht nur eine *invitatio ad offerendum* vor.

---

[4] Für Flugbuchungsportal BGH v. 16.10.2012, NJW 2013, 598, 599.

2. Wirkung

a) Bindung an den Antrag

15   Im Interesse des Antragsempfängers bestimmt § 145 BGB, dass der Antragende an seinen Antrag gebunden ist. Der Antrag ist grds. unwiderruflich, d. h. der Antragende kann sich nicht einseitig von diesem lösen. Dem Empfänger wird dadurch eine bestimmte **Überlegungsfrist** gewährt, weshalb er durch den Antrag in jedem Fall und unabhängig vom Inhalt der Offerte eine für ihn günstige Rechtsposition erlangt. Es hängt allein noch von seinem Willen ab, ob der Vertrag entsteht. Er kann annehmen oder ablehnen.

> **Beispiel:** Arndt macht Bert einen Antrag für ein Darlehen zu 10 % Zinsen p. a. Wenn Arndt 5 Jahre an diesen Antrag gebunden wäre,[5] könnte Bert abwarten, wie sich die Zinsen entwickeln. Fallen die Zinsen für Kredite auf 5 % p. a., wird Bert den Antrag des Arndt ablehnen. Steigen die Kreditzinsen jedoch auf 15 % p. a., wird Bert den Antrag annehmen. Dies verdeutlicht, welche günstige Position der Empfänger auf Kosten des Antragenden erlangt.

16   Die Unwiderruflichkeit des Antrags (vgl. § 145 BGB), d. h. die Bindung an ihn, tritt jedoch erst mit dessen Zugang ein. Vorher kann der unter Abwesenden erklärte Antrag frei widerrufen werden (vgl. § 130 Abs. 1 S. 2 BGB).

b) Ausschluss der Bindung

17   **Von der Gebundenheit an den Antrag ist die Gebundenheit an den Vertrag zu unterscheiden.** Ein Vertragsbindungswille ist notwendiger Bestandteil eines Antrags,[6] sonst liegt nur eine *invitatio ad offerendum* vor. Die Unwiderruflichkeit des Antrags während der Überlegungsfrist ist hingegen keine notwendige Voraussetzung eines Antrags. Wird abweichend von § 145 BGB die Bindung an den Antrag ausgeschlossen, kann dieser widerrufen werden. Sobald der Antrag jedoch angenommen wurde, ist der Vertrag geschlossen und entfaltet seine Bindungen. Ein Widerruf des Antrags ist nach Vertragsschluss ausgeschlossen.

18   Dass die Bindung an den Antrag nicht dessen Wirksamkeitsvoraussetzung ist, verdeutlicht § 145 BGB a. E. Danach kann die Bindung an den Antrag im Interesse des Antragenden ausgeschlossen werden. Dies erfolgt durch einen entsprechenden Vorbehalt, der bereits im Antrag enthalten sein oder zumindest gleichzeitig mit dem Antrag zugehen muss (vgl. § 130 Abs. S. 2 BGB). Der **Vorbehalt kann vom Antragenden einseitig** bestimmt werden. Es bedarf keiner Mitwirkung oder Zustimmung des Empfängers. Dessen Privatautonomie wird durch den Widerrufsvorbehalt nicht tangiert, weil er gleichwohl eine günstige Rechtsposition erlangt. Der Antrag mit Widerrufsvorbehalt ist für den Adressaten zwar weniger günstig als ein unwiderruflicher Antrag. Jedoch hat der Empfänger grds. keinen Anspruch auf einen un-

---

[5] Siehe aber hierzu unten Rn. 21, 24 ff.
[6] Siehe oben Rn. 12 ff.

widerruflichen Antrag. Ein ausreichender Vorbehalt bewirkt, dass der Antragende den Antrag einseitig widerrufen kann.

Beispiel:[7] Albert bot auf der Handelsplattform i-Bayern sein Akkordeon zum Verkauf an. Die Nutzungsbedingungen von i-Bayern sehen vor, dass der Anbieter mit Freischaltung der Auktion einen verbindlichen Antrag zum Abschluss eines Vertrags über den jeweiligen Artikel zum Höchstgebot bei Auktionsende abgibt. An diesen ist er gebunden, es sei denn er ist gesetzlich dazu berechtigt, den Antrag zurückzunehmen. Diese Auktionsbedingungen wurden vom BGH dahin ausgelegt, dass die Bindung des Albert an seinen Antrag zwar nicht fehlt, aber gelockert ist. Er kann seinen Antrag z. B. widerrufen, wenn das Akkordeon zwischenzeitlich zerstört wurde und er daher nicht leisten können wird.

Im Handelsverkehr enthalten Anträge häufig einen Zusatz wie „**freibleibend**" oder „**ohne obligo**". Die entsprechenden Formulierungen können zunächst einen Widerrufsvorbehalt i. S. v. § 145 BGB a. E. bedeuten.[8] Sie können aber auch bedeuten, dass der Vertrag noch von einer Zustimmung des Antragenden zur Annahme abhängen soll. Dann liegt noch gar kein Antrag, sondern nur eine *invitatio ad offerendum* vor.[9] Schließlich kann der Vorbehalt auch als Vertragsinhalt gewollt sein, so dass der Vertrag durch Annahme des Antrags abgeschlossen wird, dem Antragenden aber unter bestimmten Umständen das Recht zusteht, sich vom Vertrag zu lösen (Rücktrittsrecht). Welche Bedeutung der Zusatz konkret erlangen soll, muss im Einzelfall durch Auslegung geklärt werden, wobei Handelsbräuchen (vgl. § 346 HGB) als Verkehrssitte eine besondere Bedeutung zukommt.   **19**

Ein § 145 BGB a. E. entsprechendes Widerrufsrecht besteht auch unabhängig von einem erklärten Vorbehalt, wenn sich bei **langfristiger Bindung** an den Antrag die für ihn maßgeblichen Umstände derart verändert haben, dass dem Antragenden eine Bindung an den Antrag nach Treu und Glauben nicht mehr zugemutet werden kann (vgl. § 314 BGB analog).   **20**

Beispiel: Steigt im obigen Darlehensfall (vgl. oben Rn. 15) der übliche Kreditzins auf 30 %, hat sich die Kalkulation des Arndt grundlegend verändert, er muss den 3-fachen Zins zahlen, den er von Bert erhält, um die Darlehensvaluta zu finanzieren.

3. Geltungsgrenzen des Antrags

a) Erlöschensgründe

Da der Empfänger eines Antrags auf Grund der Bindung des Antragenden auf dessen Risiko spekulieren kann, darf die Bindung an den Antrag grds. nicht „bis in alle Ewigkeit" andauern. Der Antragende will Sicherheit erlangen, damit er evtl. einem anderen den gleichen Antrag unterbreiten kann. In seinem Interesse muss die Bindung an den Antrag irgendwann enden, d. h. der Antrag erlöschen. Das Gesetz regelt hierfür verschiedene Gründe.   **21**

---

[7] Vgl. BGH v. 08.06.2011, NJW 2011, 2643.

[8] *Flume*, AT II, § 35 I. Ziffer 3 c), S. 642 f.

[9] Vgl. RG v. 03.06.1921, RGZ 102, 227, 229 f.; BGH v. 02.11.1995, NJW 1996, 919, 919 f.

aa) Erlöschen durch Ablehnung

22   Als ersten Erlöschensgrund regelt § 146 Alt. 1 BGB das Erlöschen durch Ablehnung des Antrags. Die Ablehnung ist eine **empfangsbedürftige Willenserklärung**,
mit der der Empfänger des Antrags zu erkennen gibt, dass er keinen Vertrag auf der
Grundlage des Antrags schließen will. Die einfachste Form der Ablehnung ist ein
schlichtes „Nein".

23   Nach § 150 Abs. 2 BGB gilt auch eine **„Annahme" unter Erweiterungen**, Einschränkungen oder sonstigen Änderungen als Ablehnung, verbunden mit einem
neuen Antrag, nunmehr des Empfängers des ursprünglichen Antrags (vgl. auch
Art. 19 Abs. 1 CISG). Konsequenz hieraus ist, dass bei Vertragsverhandlungen
jeder neue Vorschlag die Ablehnung des vorherigen bedeutet und gleichzeitig ein
neues Angebot darstellt. Das Angebot, welches letztlich Grundlage des Vertrags
wird, ergibt sich so erst am Ende der Vertragsverhandlungen, wenn alle Gesichtspunkte erörtert sind.

> **Beispiel:** Arndt bietet Bert sein schwarzes, gebrauchtes Jaguar Cabriolet zum Preis von
> 20.000 € an. Bert sagt: „Ja, ich will den Jaguar kaufen, muss den Kaufpreis allerdings in
> Raten zahlen." Bert lehnt gemäß § 150 Abs. 2 BGB den Antrag des Arndt ab, weil er die
> Abrede mit Arndt um die Ratenzahlung erweitert hat.

bb) Erlöschen durch Zeitablauf

24   Nach § 146 Alt. 2 BGB erlischt der Antrag, wenn er nicht rechtzeitig angenommen
wird. Der Antragende kann erwarten, dass sich der Empfänger des Antrags über
Annahme oder Ablehnung alsbald oder doch in angemessener Frist entscheidet. Erfolgt innerhalb der maßgeblichen Frist keine Erklärung, stellt das Gesetz dies einer
Ablehnung gleich.

25   Die Frage der Rechtzeitigkeit wird im Gesetz auf zwei Wegen geregelt. Der
Privatautonomie entsprechend kann nach § 148 BGB der **Antragende** dem Antragsempfänger eine **Frist** zur Annahme **setzen**. Nur innerhalb dieser Frist kann der
Antrag angenommen werden. Mit Fristablauf erlischt er; dies gilt nicht, wenn der
Antragende ausnahmsweise einen unbefristeten Antrag erklärt (Bestimmung einer
unendlich langen Annahmefrist).[10] Die Bestimmung einer Annahmefrist ist Teil des
Antrags selbst und kann einseitig durch den Antragenden erfolgen. Sie muss, soweit
sie hinter den subsidiären gesetzlichen Annahmefristen zurückbleibt, dem Empfänger des Antrags spätestens zusammen mit dem Antrag zugehen (vgl. § 130 Abs. 1
S. 2 BGB). Eine Verlängerung der Annahmefrist kann jederzeit einseitig durch Erklärung eines weiteren Antrags erfolgen.[11]

> **Beispiel:** Arndt wollte unter Inanspruchnahme einer auslaufenden gesetzlichen Förde-
> rung mit seinem Arbeitgeber einen Altersteilzeitvertrag schließen. Mit Schreiben vom
> 16.12.2006 richtete er einen hierauf gerichteten Antrag an seinen Arbeitgeber Bert und
> führte weiter aus „… zur Wahrung des Vertrauensschutzes bei der Planung der Altersteilzeit
> stelle ich hiermit fristgerecht den Antrag auf Genehmigung der Altersteilzeit, die ich zum

---

[10] Vgl. BGH v. 17.09.2009, NJW-RR 2010, 1127, 1129.
[11] Vgl. BGH v. 22.07.2010, NZBau 2010, 628, 629.

01.05.2009 antreten möchte. Ich wurde 1953 geboren und werde mit 62 Jahren über 35 Versicherungsjahre vorweisen können, so dass ich nach 6 Jahren Altersteilzeit anschließend in Rente gehen kann. Zur Wahrung der Frist (31.12.2006) möchte ich Sie bitten, mir den Eingang meines Antrags unverzüglich schriftlich zu bestätigen und mir mitzuteilen, wann über meinen Antrag entschieden werden wird…". Aufgrund dieses erläuternden Zusatzes hat er konkludent eine Annahmefrist auf den 31.12.2006 bestimmt.[12]

Wurde vom Antragenden keine Annahmefrist bestimmt, ergibt sich diese aus dem **Gesetz**. Ein Antrag gegenüber einem **Anwesenden** kann nach § 147 Abs. 1 S. 1 BGB nur sofort angenommen werden (vgl. Art. 18 Abs. 2 S. 3 CISG). Als Antrag unter Anwesenden gilt auch der Antrag, welcher über „Fernsprecher oder eine sonstige technische Einrichtung" (z. B. Videokonferenz, Online-Chat) erfolgt (vgl. § 147 Abs. 1 S. 2 BGB). Maßgeblich hierfür ist jeweils, dass bei einem direkten Gespräch sofort eine Antwort erwartet werden kann. Kann und will sich der Empfänger des Antrags nicht sofort entscheiden, muss er den Antragenden um eine Annahmefrist bitten. Ob eine erklärte Annahme noch als eine sofortige anzusehen ist, entscheidet sich nach den Umständen des Einzelfalls (z. B. Berücksichtigung einer Übertragungsverzögerung bei einer Videokonferenz).[13]

26

> **Beispiel:** Rechtsanwalt Müller vertritt einen Mandanten gegenüber dessen Arbeitgeber. Der Gegner bietet telefonisch eine Gesamtlösung an, nach welcher das Arbeitsverhältnis gänzlich aufgelöst, eine Abfindung gezahlt und ein gutes Arbeitszeugnis erteilt werden soll. Da Müller das angebotene Arbeitszeugnis gerne ausführlich mit seinem Mandanten besprechen will, kann er nicht sofort zustimmen. Will er vermeiden, dass der Antrag zwischenzeitlich erlischt (vgl. § 147 Abs. 1 S. 1 BGB), muss er eine Annahmefrist erbitten (vgl. § 148 BGB).

Ein Antrag unter **Abwesenden** kann nach § 147 Abs. 2 BGB nur bis zu dem Zeitpunkt angenommen werden, bis zu dem der Antragende die Annahme erwarten durfte. Bei der Bestimmung dieses Zeitpunkts sind drei Zeiträume zu berücksichtigen:[14]

27

1. die Dauer, die üblicherweise darauf verwendet wird, den Antrag vom Antragenden zum Empfänger zu transportieren (z. B. bei einem Antrag mittels Brief ca. zwei Tage).
2. eine angemessene Frist für den Empfänger zum Überlegen, ob er den Antrag annimmt (ca. ein bis drei Tage, ggf. auch länger oder kürzer).
3. der Zeitraum für den Transport des Annahmeschreibens (bei einer Annahme mittels Brief ca. zwei Tage).

Entscheidend sind jeweils die konkreten, für einen verständigen Antragenden **erkennbaren Umstände des Einzelfalls** (vgl. Art. 18 Abs. 2 S. 2 CISG). Weiß der Antragende, dass der Empfänger im Urlaub ist, ist dies bei der Bestimmung der Überlegungsfrist entsprechend zu berücksichtigen. Hieraus erwachsende Unsicherheiten kann der Antragende durch Setzung einer kalendermäßigen Annahmefrist

28

---

[12] BAG v. 15.09.2009, NZA 2010, 32, 34.

[13] Mot. I, S. 169.

[14] BGH v. 11.06.2010, NJW 2010, 2873, 2874.

vermeiden. Auch unterhalb der Setzung einer konkreten Annahmefrist kann der Antragende Einfluss auf deren Dauer nehmen, indem er z. B. eine bestimmte Eilbedürftigkeit zum Ausdruck bringt. Ist dies für den Empfänger des Antrags erkennbar, verringert sich die Annahmefrist entsprechend. Wurde bspw. der Antrag erkennbar durch ein besonders schnelles Medium (z. B. E-Mail, Telefax) übermittelt, muss der Empfänger erkennen, dass der Antragende an einer eiligen Rückmeldung interessiert ist. Er ist dann zur Antwort mittels eines vergleichbaren Mediums verpflichtet.

29 Gewahrt werden muss nur die Gesamtdauer. Innerhalb der maßgeblichen Gesamtfrist können Verzögerungen in einem früheren Abschnitt durch eine Beschleunigung in einem anderen Abschnitt ausgeglichen werden.

> **Beispiel:** Erhält Arndt das Angebot erst nach vier Tagen, verkürzt sich seine Überlegungszeit um ca. zwei Tage oder er muss ggf. mittels Telefax antworten. Erhält Arndt den Antrag aber erst nach zehn Tagen, ist die Annahmefrist u. U. bereits abgelaufen.

30 Wurde die Gesamtdauer bereits durch den ersten Zeitabschnitt überschritten, kann der Antrag nicht mehr angenommen werden.[15] Das Risiko einer Verfristung trägt vollständig der Empfänger des Antrags. Dies rechtfertigt sich daraus, dass er zu Lasten des Antragenden eine günstige Rechtsposition erlangt. Der an seinen Antrag Gebundene muss mit Ablauf der Annahmefrist Gewissheit erlangen. Der Empfänger des Antrags hat dagegen kein Recht darauf, ein ihm verspätet zugegangenes Angebot noch annehmen zu können. Seine **verspätete Annahme** ist gleichwohl nicht bedeutungslos. Vergleichbar der Annahme unter Änderungen[16] gilt eine verspätete Annahme als **neuer Antrag**, nunmehr des Annehmenden (vgl. § 150 Abs. 1 BGB).

b) Keine Erlöschensgründe

31 Nicht zum Erlöschen des Antrags führen regelmäßig der **Tod und der Verlust der Geschäftsfähigkeit des Antragenden** (vgl. § 153 BGB). Hierdurch wird die Regelung des § 130 Abs. 2 BGB ergänzt, welche anordnet, dass Tod und Verlust der Geschäftsfähigkeit zwischen Abgabe und Zugang einer Willenserklärung deren Wirksamwerden nicht hindern. Der Antrag kann danach auch noch nach dem Tod oder der Geschäftsunfähigkeit des Antragenden durch Erklärung gegenüber seinen Erben bzw. seinem gesetzlichen Vertreter angenommen werden. Abweichendes kann sich jedoch aus dem Antrag ergeben (vgl. § 153 BGB a. E.). Da sich der Antragende über die Umstände Tod und Geschäftsfähigkeit regelmäßig keine Gedanken gemacht hat, ist sein hypothetischer Wille entscheidend.

32 Für den Fall, dass der **Empfänger des Antrags stirbt**, enthält das Gesetz keine besondere Regelung. Deshalb entscheidet die Auslegung darüber, ob der Antrag von den Erben des Empfängers angenommen werden kann. Dabei ist zu berücksichtigen, dass bei einer Annahme durch die Erben der Vertrag mit Personen zustande kommt, an die der Antrag nicht gerichtet war. Dem Antragenden könnte evtl.

---

[15] Vgl. BGH v. 11.06.2010, NJW 2010, 2873, 2874.
[16] Siehe oben Rn. 23.

ein ungewollter Vertragspartner aufgedrängt werden. Andererseits treten die Erben nach § 1922 Abs. 1 BGB im Regelfall ohnehin in alle vom Erblasser geschlossenen Schuldverhältnisse ein. Auch hierdurch erhält der Antragende einen neuen Vertragspartner. Deshalb können die Erben des Empfängers den Antrag regelmäßig annehmen, wenn sie an den entsprechenden Vertrag auch dann gebunden wären, wenn der Erblasser diesen noch vor seinem Tod geschlossen hätte.

c) Wirkungen des Erlöschens

Erlischt ein Antrag nach § 146 BGB, kann er nicht mehr angenommen werden.[17]   **33**
Außerdem entfällt seine Bindungswirkung. Eine dennoch erklärte Annahme gilt als neuer Antrag (vgl. § 150 BGB).

    Dies gilt auch dann, wenn die Annahmeerklärung rechtzeitig abgeschickt wurde,   **34**
jedoch infolge **Verzögerungen beim Transportunternehmen** verspätet zugeht. Der Antragende wird in diesen Fällen in seinem Vertrauen darauf geschützt, dass der Antrag mit Ablauf der Annahmefrist erlischt. Abweichend hiervon ist der Antragende jedoch weniger schutzwürdig, wenn die Annahme rechtzeitig abgesandt wurde, die Verspätung auf einer unregelmäßigen Beförderung (z. B. infolge Streiks) beruht und der Antragende die Umstände kannte oder kennen musste, die zur Verspätung geführt haben (z. B. Presseberichte über Streik). Sind diese Voraussetzungen erfüllt, kann man vom Antragenden verlangen, dass er den Annehmenden auf die Verspätung hinweist, damit dieser vom fehlenden Vertragsschluss erfährt. Erfolgt kein entsprechender Hinweis, verdient das Vertrauen des Annehmenden in den Vertragsschluss Schutz. Der Antragende muss sich nach § 149 BGB noch an seinem Antrag festhalten lassen (vgl. Art. 21 Abs. 2 CISG). Der Vertrag gilt daher auch bei verspäteter Annahme als geschlossen.

III. Annahme

1. Begriff und Voraussetzungen

Die Annahme ist eine grds. empfangsbedürftige Willenserklärung, durch die   **35**
der Antragsempfänger dem Antragenden sein Einverständnis mit dem Ver-
tragsangebot zu verstehen gibt. Da die Annahme grds. empfangsbedürftig ist, wird sie erst mit ihrem Zugang wirksam. Bis zum Zugang kann sie vom Erklärenden einseitig frei widerrufen werden (vgl. § 130 Abs. 1 S. 2 BGB). Entbehrlich ist der Zugang der Annahme, wenn der Antragende hierauf verzichtet oder ein Vertrag unter Abwesenden notariell beurkundet wird (vgl. §§ 151 f. BGB).

---

[17] Mot. I, S. 168; BGH v. 11.06.2010, NJW 2010, 2873, 2874.

36   Die Annahme muss dem Antrag vollständig entsprechen, sonst ist nach § 150 Abs. 2 BGB von einer Ablehnung, verbunden mit einem neuen Antrag auszugehen. Dies gilt grds. auch, wenn der Antrag nur teilweise angenommen wird.

> **Beispiel:** Arne bietet Bert 1.000 Kästen Bier zu je 10 € an. Bert erklärt: „Ich kaufe 500 Kästen." Die „Annahme" des Bert gilt nach § 150 Abs. 2 BGB grds. als Ablehnung, verbunden mit einem neuen Antrag. Ergibt die Auslegung allerdings, dass der Antrag des Arne teilbar ist, kann Bert den Antrag teilweise annehmen und mit seiner Erklärung kam sofort ein Vertrag über 500 Kästen zustande.

37   Der Antragende kann durch Ausgestaltung seines Antrags neben einer bestimmten Annahmefrist weitere **Anforderungen für die Annahmeerklärung** aufstellen, von deren Erfüllung der Vertragsschluss abhängt. Er kann z. B. vorgeben, dass die Annahme nur ihm persönlich, nur schriftlich oder nur durch eingeschriebenen Brief erklärt werden kann. Dies rechtfertigt sich daraus, dass der Empfänger des Antrags eine für ihn günstige Rechtsposition erhält, welche nur so weit reicht, wie sie ihm vom Antragenden unterbreitet wird. Der Antragende kann die Annahmemodalitäten aber nicht nur erschweren, sondern auch erleichtern. Dies erkennt das Gesetz in § 151 S. 1 BGB an, wo ausdrücklich geregelt wird, dass der Antragende auf den Zugang der Annahme verzichten kann.[18]

> **Beispiel:** Arne und Bert streiten sich vor dem Arbeitsgericht um die Wirksamkeit einer Kündigung. Da derartige Verfahren bis zu einem rechtskräftigen Abschluss eine gewisse Zeit dauern, möchte Arne das Risiko mindern, dass er nach verlorenem Prozess Lohn nachzahlen muss, ohne hierfür wenigstens die Arbeitsleistung erhalten zu haben. Er bietet daher Bert an, dass er bei ihm befristet bis zum rechtskräftigen Abschluss des Prozesses arbeiten kann. Arne bestimmt weiter, dass Bert diesen Antrag durch Gegenzeichnung auf der Antragsurkunde annehmen muss. Der Vertrag wird nur geschlossen, wenn Bert die Antragsurkunde wie von Arne vorgegeben unterschreibt.[19]

38   Da die Annahme die Zustimmung zum Antrag zum Ausdruck bringen soll, ist grds. erforderlich, dass sich die **Annahme auf einen konkreten Antrag bezieht**.

> **Beispiel:** Arne schickt Bert einen Brief, in welchem er anfragt, ob Bert ihm sein Auto für 15.000 € verkauft. Zeitgleich schickt Bert an Arne einen Brief, in welchem er Arne sein Auto für 15.000 € zum Kauf anbietet. In diesem Fall sich kreuzender Offerten kommt eigentlich ein Vertrag nicht zustande, weil sich keine der Erklärungen im Sinne einer Annahme auf die andere Erklärung bezieht. Gleichwohl geht die ganz h. A. davon aus, dass mit Zugang der Erklärungen bei der jeweils anderen Partei ein Vertrag geschlossen wurde, ohne dass es einer weiteren Erklärung bedarf.[20] Dies rechtfertigt sich daraus, dass Geltungsgrund des Vertrags der übereinstimmende Wille der Parteien ist. Die §§ 145 ff. BGB regeln insoweit nur das abstrakte Verfahren wie diese Einigung erzielt wird. Diese Vorschriften werden allerdings trotz z. B. einer Sonderregelung für Versteigerungen (Vertragsschluss durch Zuschlag, vgl. § 156 BGB) der Vielgestaltigkeit des Lebens nicht gerecht und schließen deshalb nicht aus, dass eine Einigung auf andere Art und Weise zustande kommt.

---

[18] Siehe unten Rn. 41 ff.

[19] Vgl. BAG v. 16.04.2008, NZA 2008, 1184, 1185 f.

[20] *Flume*, AT II, § 35 II. Ziffer 1, S. 650 f.

Sobald der Antrag erloschen ist, weil z. B. die Annahmefrist abgelaufen ist, kann **39** ein Antrag nicht mehr angenommen werden. Eine auf ihn abzielende Annahme geht ins Leere. Sie gilt allerdings nach § 150 Abs. 1 BGB als neuer Antrag.

2. Wirkung

Entspricht die Annahmeerklärung dem Antrag, ist der Vertrag mit Zugang der An- **40** nahme geschlossen, sofern der Antrag noch annahmefähig und nicht erloschen war. Mit Vertragsschluss tritt die oben beschriebene gegenseitige Bindungswirkung[21] ein. Enthält die Annahme jedoch Änderungen, gilt sie als Ablehnung, verbunden mit einem neuen Antrag (vgl. § 150 Abs. 2 BGB). Geht die Annahme verspätet zu, ist zunächst § 149 BGB zu prüfen, der ausnahmsweise einen Vertragsschluss durch verspätete Annahme ermöglicht.[22] Liegen die Voraussetzungen des § 149 BGB nicht vor, bewirkt die verspätete Annahme jedoch keinen Vertragsschluss. Sie gilt aber über § 150 Abs. 1 BGB als neuer Antrag.

3. Sonderfälle der Annahme

a) Annahme durch Schweigen oder ohne Zugang einer Annahmeerklärung

aa) Keine Annahme durch Schweigen

Die Annahme erfordert, dass die Zustimmung zum Antrag erklärt wird. Deshalb **41** liegt grds. keine Annahme vor, wenn der Antragsempfänger auf den Antrag lediglich schweigt (**Schweigen ist keine Willenserklärung**, vgl. Art. 18 Abs. 1 S. 2 CISG).[23] Vielmehr bringt § 146 BGB zum Ausdruck, dass das Schweigen auf den Antrag von Gesetzes wegen wie eine Ablehnung behandelt wird, sobald die Annahmefrist abgelaufen ist. Das Gegenteil bestimmt scheinbar § 151 BGB (vgl. auch Art. 18 Abs. 3 CISG). Danach kann ein Vertrag auch geschlossen werden, ohne dass dem Antragenden eine Annahmeerklärung zugeht. Hieraus kann aber nicht geschlossen werden, dass für die Annahme bloßes Schweigen genügt. Vielmehr bezieht sich § 151 BGB zunächst auf den **Verzicht** des Antragenden **auf den Zugang der Annahmeerklärung**. Dieser Verzicht kann ausdrücklich erklärt werden oder er kann sich durch Auslegung des Antrags ergeben. Beide Fälle erwähnt § 151 S. 1 BGB ausdrücklich, wobei es sich bei der Nennung der Verkehrssitte um einen Verweis auf die Auslegung[24] handelt.

---

[21] Siehe oben Rn. 2.
[22] Siehe oben Rn. 34.
[23] Siehe oben § 5 Rn. 21.
[24] Siehe oben § 8 Rn. 24 f.

Beispiel:[25] Arndt hat bei Bert Schulden in Höhe von 5.000 €. Da er sich in finanziellen Schwierigkeiten befindet, schickt er Bert ein Schreiben, in welchem er ausführt: „Anbei findest Du einen Verrechnungsscheck über 4.000 €. Mehr kann ich auch in Zukunft nicht zahlen. Wenn Du den Scheck einlöst, gehe ich davon aus, dass Du mit einem Erlass des restlichen Betrags einverstanden bist." Bert liest das Schreiben und löst den Scheck ein. Arndt hat Bert mit seinem Anschreiben einen Antrag zum Abschluss eines Erlassvertrags (vgl. § 397 BGB) unterbreitet. Auf den Zugang einer Annahmeerklärung hat Arndt verzichtet. Zur Annahme genügte die Einlösung des Schecks.

42 Der Vertragsschluss wird durch § 151 BGB noch weiter als nur durch einen Verzicht auf den Zugang der Annahme erleichtert. Entbehrlich ist auch die Abgabe einer auf Annahme gerichteten Willenserklärung. Ausreichend ist vielmehr jede **Betätigung des Annahmewillens** (Willensbetätigung).[26] Der Annahmewille muss sich äußerlich manifestieren, ein bloß innerer Annahmewille genügt nicht.[27] Es ist nicht erforderlich, dass der Geschäftswille (Annahme des Antrags) verlautbart werden soll. Ausreichend ist, dass aus dem Verhalten des Antragsempfängers auf einen (latenten) Annahmewillen geschlossen werden kann. Hierfür muss dem Empfänger der Antrag zumindest bekannt sein. Da der Zugang der Willensbetätigung nicht erforderlich ist, kann diese nicht nach § 130 Abs. 1 S. 2 BGB widerrufen werden. Dies gilt auch, wenn der Antragende noch keine Kenntnis von der Willensbetätigung hat. Im Übrigen finden auf die Willensbetätigung nach § 151 BGB die Vorschriften über Willenserklärungen jedoch sinngemäße Anwendung.

43 Eine noch weitergehende Erleichterung des Vertragsschlusses enthält § 151 BGB nicht. Er erlaubt auch nicht, dass der Antragende einseitig vorgibt, welche Handlungen oder Unterlassungen (Schweigen) als Betätigung eines Annahmewillens behandelt werden. Anderenfalls würde der Antragende unzulässig in die Privatautonomie des Antragsempfängers übergreifen. Der auf Selbstbestimmung angelegte Vertrag würde zum Mittel der Fremdbestimmung. Vielmehr bleibt es trotz § 151 BGB bei dem Grundsatz, dass Schweigen keine Willenserklärung und erst recht keine Zustimmung (Annahme) ist. Deshalb bewirken z. B. unbestellt zugesandter Ware beigegebene Klauseln wie „wird diesem Antrag nicht innerhalb von zwei Wochen widersprochen, gehen wir von einer Annahme aus" nicht, dass der unterlassene Widerspruch (Schweigen) als Annahme gilt. Die Klausel kann jedoch i. S. v. § 151 S. 1 BGB den Zugang einer Annahmeerklärung entbehrlich machen.

Beispiel: Richard hat eine tolle Geschäftsidee und setzt diese spontan um. Er verschickt wahllos an Adressen aus dem Telefonbuch Päckchen, welche einen Ziegelstein enthalten. Dem Päckchen ist ein Schreiben beigegeben, dass ein Vertrag über den Kauf des Ziegelsteins zum Preis von „nur" 25,00 € geschlossen wird, wenn die „Ware" nicht innerhalb von zwei Tagen zurückgesandt wird. Die Nichtrücksendung bewirkt trotz dieses Anschreibens keine Annahme, weil Schweigen keinen Willen erklärt oder auch nur betätigt. Allerdings

---

[25] Vgl. BGH v. 18.12.1985, NJW-RR 1986, 416.

[26] Vgl. Prot. I, S. 83: es genügt „eine jede Betätigung des Annahmewillens, welche diesen erkennbar zum Ausdruck bringt, ohne dass sie an den Antragenden gerichtet, diesem gegenüber erfolgt zu sein braucht."

[27] RG v. 02.12.1913, RGZ 84, 320, 323; BGH v. 07.05.1979, NJW 1979, 2143, 2144; BGH v. 14.04.1999, NJW 1999, 2179. – A. A. *Flume*, AT II, § 35 II. Ziffer 3, S. 655.

hat Richard auf den Zugang einer Annahmeerklärung verzichtet. Wenn die Empfänger ihren Annahmewillen betätigen, kommt ein Kaufvertrag zustande.

Ob ein Verhalten auf die Betätigung eines Annahmewillens schließen lässt, bestimmt sich nach **allgemeinen Auslegungsgrundsätzen**. Der Antragende kann hierauf nicht einseitig Einfluss nehmen. Anderenfalls läge wieder eine Fremdbestimmung des Empfängers des Antrags vor. Deshalb bewirkt allein das Anschreiben des Schuldners im obigen Erlassfall[28] nicht, dass die Scheckeinlösung als Betätigung eines Annahmewillens erscheint. Vielmehr ist maßgeblich, dass die Einlösung des Schecks regelmäßig auf ein Einverständnis des Empfängers schließen lässt. Dies gilt allerdings grds. dann nicht, wenn der übersandte Scheck lediglich 1 % der Schuld abdeckt.[29] Hier lässt die Einlösung nur darauf schließen, dass der Gläubiger ein Minimum an Geld für sich sichern will. Ein Verzicht auf den Rest ist nicht anzunehmen.

44

Die Parteien können sich, insbesondere im Rahmen einer länger andauernden Geschäftsbeziehung, einvernehmlich darauf verständigen, dass bestimmte Verhaltensweisen als Annahme gelten sollen. Danach kann auch Schweigen einvernehmlich die Bedeutung einer Annahme beigelegt werden (sog. **beredtes Schweigen**).[30]

45

> **Beispiel:** Arndt bekommt schon seit fünf Jahren jedes Quartal ein „Auswahlbuch" aus dem Verlag Leseauswahl unaufgefordert zugesandt. Jedes Mal ist dem Buch ein Schreiben beigelegt, dass Arndt für das Buch 21,90 € bezahlen soll, wenn er es behalten will, anderenfalls muss er es innerhalb von 14 Tagen zurücksenden. Dieser Maßgabe folgend verhielt sich Arndt die letzten fünf Jahre. Durch die fortwährende Übung ist es zwischen Arndt und dem Verlag zur Geschäftspraxis geworden, dass eine Annahme vorliegt, wenn Arndt die Bücher nicht innerhalb von 14 Tagen zurücksendet. Es liegt hier ein Ausnahmefall vor, in dem Schweigen doch eine Annahme bedeutet.

bb) Erfüllungs-, Aneignungs- und Gebrauchshandlungen

Die Betätigung des Annahmewillens i. S. v. § 151 BGB erfolgt hauptsächlich durch Erfüllungs- (vgl. Art. 18 Abs. 3 CISG) sowie Aneignungs- und Gebrauchshandlungen. Erfüllungshandlungen sind offensichtlich dazu bestimmt, den angetragenen Vertrag auszuführen oder mit der Erfüllung wenigstens zu beginnen. In diesem Fall dient § 151 BGB vorrangig den Interessen des Antragsempfängers, der nach **Beginn der Erfüllungshandlung** auch die Rechte aus dem Vertrag haben soll.

46

> **Beispiel:** Arndt schickt dem Hotel Xaver ein Fax, in dem er kurzfristig ein Zimmer für die nächste Nacht bestellt. Der Portier reserviert für Arndt ein Zimmer im Buchungssystem, wodurch dieses für weitere Buchungen nicht mehr zur Verfügung steht. Das Fax ist der Antrag des Arndt auf Abschluss eines Beherbergungsvertrags zum Hauspreis. Die Auslegung (Verkehrssitte) dieses Antrags ergibt, dass Arndt keine Rückmeldung erwartet. Indem der Portier das Hotelzimmer reserviert, hat er seinen Annahmewillen betätigt, d. h. der Vertrag wurde durch das Reservieren geschlossen. Reist Arndt nicht an, muss er das Zimmer trotzdem bezahlen.

---

[28] Siehe oben Rn. 41.

[29] BGH v. 10.05.2001, NJW 2001, 2324; BGH v. 13.09.2007, VersR 2008, 1090, 1091.

[30] Siehe oben § 5 Rn. 22, 25.

47 Die Fallgruppe der Willensbetätigung durch **Aneignungs- und Gebrauchshand-
lungen** ist dadurch gekennzeichnet, dass der Empfänger des Antrags zugleich die
Leistung des Antragenden empfängt und mit dieser verfährt, wie er es nur auf der
Grundlage des Vertrags darf.

> **Beispiel:** Der juristische Verlag Beck sendet Rechtsanwalt Müller einen Palandt zu, ohne
> dass Müller diesen bestellt hat. Müller nimmt das Buch in seine Kanzleibibliothek auf
> und versieht es mit einem Kanzleistempel. Das Zusenden des Palandt ist ein Angebot des
> Verlags. Entsprechend der Verkehrssitte verzichtet der Verlag auf den Zugang einer Annah-
> meerklärung. Durch Eingliederung in seine Kanzleibibliothek hat Müller seinen Annahme-
> willen bekundet, weil er sich so verhält, wie er sich nur auf der Grundlage von Kauf und
> Übereignung des Buches verhalten darf.

48 Die Willensbetätigung durch Aneignungs- und Gebrauchshandlungen hat jedoch erheblich an praktischer Bedeutung verloren. Sie basiert darauf, dass der Empfänger
einer Leistung zu Aneignungs- und Gebrauchshandlungen nur berechtigt ist, wenn
er den angetragenen Vertrag schließt. Umgekehrt kann dort grds. nicht von einer
Aneignungs- oder Gebrauchshandlung auf einen Annahmewillen geschlossen werden, wo der Empfänger des Antrags auch ohne Vertragsschluss zur Aneignung oder
Ingebrauchnahme berechtigt ist. Eine entsprechende Berechtigung besteht nach
h. A. für Verbraucher (vgl. § 13 BGB), denen von einem Unternehmer (vgl. § 14
BGB) **unbestellt Ware zugesandt** wird (vgl. § 241a BGB), weil die Vorschrift alle
durch die Zusendung und mit ihr im Zusammenhang stehenden nichtvertraglichen
Ansprüche (Herausgabe der Ware, Wertersatz, Schadensersatz, Nutzungsersatz),
nicht aber einen Vertragsschluss als solchen, ausschließt.[31]

> **Beispiel:** Fotografin Claudia will ihren Lebensunterhalt durch Vermarktung ihrer Bilder
> verdienen. Sie entschließt sich, eine Auswahl ihrer Naturaufnahmen als Kalender drucken
> zu lassen. Sämtliche Kalender verschickt sie zur Weihnachtzeit an wahllos aus dem Tele-
> fonbuch herausgesuchte Adressen. Den Kalendern ist ein Anschreiben beigefügt, in wel-
> chem Claudia erklärt, sie biete den Kalender zum Preis von nur 149,50 € zum Kauf an
> und gehe davon aus, dass der Empfänger mit dem Kauf einverstanden sei, wenn er den
> Kalender nicht innerhalb von zwei Wochen zurückschicke, wozu er nach Ablauf der Frist
> verpflichtet sei. Am 07.12.2012 erhält Verbraucher Gregor einen Kalender nebst Anschrei-
> ben. Über die unerwartete Zusendung erfreut, hängt er diesen sogleich auf. In der Zusen-
> dung des Kalenders liegt der Antrag von Claudia. Diesen muss Gregor angenommen haben.
> Die Annahme ist grds. eine empfangsbedürftige, die Zustimmung ausdrückende Willens-
> erklärung. Sie ist nicht generell durch § 241a BGB ausgeschlossen, weil diese Vorschrift
> nicht den Vertragsschluss verbietet, sondern alle nicht vertraglichen Ansprüche ausschließt.
> Eine Annahmeerklärung ist Claudia nicht zugegangen. Der Vertrag könnte gleichwohl nach
> § 151 S. 1 BGB geschlossen worden sein, weil der Zugang einer Annahmeerklärung infolge
> des Anschreibens entbehrlich ist. Gregor hat seinen Annahmewillen betätigt, wenn das Auf-
> hängen des Kalenders auf einen solchen Willen schließen lässt. Dies ist der Fall, wenn
> Gregor sich so verhält, als habe er einen Vertrag geschlossen. Hierfür spricht ein Verhalten,
> welches nur infolge eines Vertragsschlusses möglich ist. Dies gilt grds. für Gebrauchshand-
> lungen. Allerdings lassen Gebrauchshandlungen ausnahmsweise nicht auf einen Annahme-
> willen schließen, wenn sie auch ohne Erbringung einer Gegenleistung rechtlich zulässig
> sind, d. h. an sie bei fehlendem Vertragsschluss keine gesetzlichen Ansprüche anknüpfen.

---

[31] Palandt/*Grüneberg* § 241a BGB Rn. 7; *Riehm* JURA 2000, 505, 512. – A. A. *Berger* JuS 2001,
649, 653; *Casper* ZIP 2000, 1602, 1605 ff.

Dies ergibt sich hier aus § 241a BGB, weil Gregor Verbraucher ist und ihm Claudia unbestellt eine Ware zugesandt hat. Auf Grund der Regelung des § 241a BGB kann Gregor unabhängig von einem Vertragsschluss mit dem Kalender nach seinem Belieben verfahren. Er muss diesen nicht zurücksenden, keinen Schadensersatz oder Nutzungsersatz leisten. Ein Vertrag wurde deshalb nicht geschlossen.

cc) Frist für Annahme durch Willensbetätigung

Da in den Fällen des § 151 S. 1 BGB der Zugang einer Annahmeerklärung nicht **49** erforderlich ist, kann das Erlöschen des Antrags nicht daran anknüpfen, dass innerhalb einer bestimmten Frist keine Annahmeerklärung zugeht. Die §§ 147–149 BGB gelten daher nicht. Vielmehr richtet sich das Erlöschen des Antrags danach, was der Antragende ausdrücklich oder konkludent vorgibt (vgl. § 151 S. 2 BGB).[32] Fehlt eine ausdrückliche Vorgabe, ergibt sich aus den Umständen, dass in den Fällen, in denen die Annahme durch Erfüllungshandlungen erfolgen soll, diejenige Frist entscheidend ist, in welcher der Antragende mit der (Gegen-) Leistung rechnen kann. Bei Annahme durch Aneignungs- und Gebrauchshandlungen ist diejenige Frist entscheidend, innerhalb der mit diesen noch zu rechnen ist.

Beispiel: Arndt bestellt beim Versandhaus Salendo einen Pullover zu 99,95 € (Antrag unter Verzicht auf Zugang der Annahme). Die Annahme soll durch Erfüllungshandlung, d. h. dann erfolgen, wenn Salendo den Pullover zum Versand bringt. Hierfür steht Salendo, vorbehaltlich der Angabe einer abweichenden Lieferzeit, der übliche Zeitraum (drei bis sieben Werktage) zur Verfügung. Wenn Salendo allerdings den Pullover erst 10 Monate nach Bestellung versendet, ist der Antrag bereits erloschen.

b) Annahme durch sozialtypisches Verhalten

Unter dem Schlagwort Annahme durch sog. sozialtypisches Verhalten wurde disku- **50** tiert, ob unter bestimmten Umständen Verträge auch ohne übereinstimmende Willenserklärungen geschlossen werden können. Für **Geschäfte des Massenverkehrs** wurde dies in der Lit. und vereinzelt vom BGH[33] vertreten.

Beispiel: Die Stadt Hamburg hat einen Teil des Rathausplatzes abgegrenzt und als bewachten Parkplatz ausgewiesen. Für das Parken sollen pro Stunde 2,00 € gezahlt werden. Arndt stellte seinen Pkw auf dem Rathausplatz ab, weigerte sich jedoch gegenüber dem Parkplatzwächter, die Parkgebühr zu zahlen. Er äußert diesem gegenüber vielmehr, dass das Parken zum kostenfreien Gemeingebrauch gehört und er eine Bewachung nicht wünsche. Der BGH nahm einen „Bewachungsvertrag" an, der dadurch geschlossen wurde, dass Arndt sein Auto auf dem Parkplatz abgestellt hat. Es sei sozialtypisch, dass durch das Abstellen des Pkw der Antrag der Stadt Hamburg angenommen und der Vertrag geschlossen werde. Arndt musste zwei Euro an die Stadt Hamburg zahlen. Der Vertrag kam nicht zustande, weil er von den Parteien gewollt ist, sondern weil er nach Ansicht der Rspr. bestehen soll.

In der **Lit.** wird die Lehre vom Vertragsschluss durch sozialtypisches Verhalten zu **51** Recht **überwiegend kritisiert**. Gegen sie spricht zwar weniger, dass der Verzicht

---

[32] Vgl. hierzu BGH v. 14.04.1999, NJW 1999, 2179, 2180.
[33] Vgl. BGH v. 14.07.1956, BGHZ 21, 319; BGH v. 29.01.1957, BGHZ 23, 175, 177 f.

auf einander entsprechende Willenserklärungen den Geschäftswillen der Parteien entbehrlich und die Vorschriften zu dessen Schutz (z. B. Anfechtung oder Schutz der Geschäftsunfähigen) nicht anwendbar macht.[34] Soweit ein entsprechendes Schutzbedürfnis besteht, ließen sich derartige Schutzvorschriften auf das sozialtypische Verhalten entsprechend anwenden. Entscheidend ist vielmehr, dass der Vertrag nicht mehr auf dem Willen der Beteiligten beruhen würde. Seine Geltung rechtfertigt sich dann nicht mehr aus der Selbstbestimmung der Beteiligten, sondern aus einer hoheitlichen Anordnung. Hierin liegt ein Eingriff in die grundrechtlich geschützte Privatautonomie, für welchen jegliche gesetzliche Rechtfertigung fehlt.[35] Losgelöst von §§ 145 ff. BGB wird durch sozialtypisches Verhalten kein Vertrag geschlossen.

52   Zur Rechtfertigung des im Parkplatzfall vom BGH gefundenen Ergebnisses wurden anstelle der abzulehnenden Lehre vom Vertragsschluss durch sozialtypisches Verhalten verschiedene andere Lösungswege vorgeschlagen:

1. Nach einer Ansicht erfolgt durch die Nutzung einer regelmäßig nur gegen Entgelt erbrachten Leistung eine konkludente Annahmeerklärung bzgl. des im Leistungsangebot liegenden Antrags. Die Verweigerung des Parkplatznutzers soll unbeachtlich sein, weil sie in Widerspruch zu seinem sonstigen Verhalten (Nutzung des Parkplatzes) steht und deshalb gegen § 242 BGB (Treu und Glauben) verstößt (***protestatio facto contraria non valet***).[36] Dem ist allerdings entgegenzuhalten, dass im Falle widersprüchlichen Verhaltens besonders zu begründen ist, weshalb ein Verhalten in seiner Bedeutung hinter das andere zurücktritt.[37] Dabei kann man zwar im Einzelfall dazu gelangen, dass einem tatsächlichen Verhalten (Nutzung des Parkplatzes) eine größere Bedeutung als bloßen Worten (Worte sind Schall und Rauch) zukommt. Ein solcher Vorrang besteht allerdings nicht durchgängig, weil sonst jeder Dieb in einem Selbstbedienungsladen einen Kaufvertrag schließen würde. Im Hinblick auf den Empfängerhorizont des Verkäufers ist dies ein absurdes Ergebnis.
2. Außerdem ließe sich an eine **Parallele zu §§ 612, 632 BGB** denken.[38] Nach diesen Vorschriften ist für Leistungen, die üblicherweise nur gegen Entgelt zu erlangen sind, im Zweifel ein angemessener Preis zu zahlen. Beide Vorschriften setzen jedoch den Vertragsschluss voraus. Sie fingieren nicht einen Vertrag, sondern dienen nur der Lückenfüllung, wenn die Frage der Vergütung nicht hinreichend geregelt ist. Dies zeigt, dass auch der Ansatz über §§ 612, 632 BGB nicht hilft, um einen Vertragsschluss zu begründen, weil beide Vorschriften diesen voraussetzen.

---

[34] So *Larenz/Wolf* § 30 Rn. 23, 25; *Wolf/Neuner* § 37 Rn. 47.

[35] So auch *Wolf/Neuner* § 37 Rn. 47.

[36] BGH v. 09.05.2000, NJW 2000, 3429, 3431; *Flume*, AT II, § 8 Ziffer 2, S. 99; *Larenz/Wolf* § 30 Rn. 26.

[37] Vgl. BGH v. 02.07.1986, NJW-RR 1986, 1496, 1497; BGH v. 06.12.2001, NJW 2002, 817.

[38] *Medicus* Rn. 250.

Beispiel: Arndt steigt in ein Taxi und sagt „Zum Bahnhof bitte". Der Taxifahrer sagt „Okay". Hierdurch wird ein Beförderungsvertrag geschlossen. Allerdings wurde die Frage der Vergütung nicht geregelt. Hier greift § 632 BGB ein, weshalb Arndt den üblichen Beförderungspreis zahlen muss.

3. **Vorzugswürdig** erscheint daher, dass man nicht versucht, ohne wirklich tragfähige Grundlage einen Vertrag zu konstruieren, sondern hinnimmt, dass z. B. im Parkplatzfall kein Vertrag zustande kommt.[39] Ein gerechter Ausgleich treuwidrig bewirkter Vermögensverschiebungen kann im Einzelfall durch gesetzliche Ansprüche wie z. B. §§ 812, 823 BGB erfolgen. Dieser Lösung hat sich der BGH in einer späteren Entscheidung (Flugreisefall) angeschlossen und dort Ansprüche aus § 812 BGB angenommen.[40] Über gesetzliche Ansprüche (Herausgabe einer Bereicherung, Schadensersatz) lassen sich nicht nur Flugreisefälle, sondern ohne Weiteres auch typische Geschäfte des Massenverkehrs wie das Schwarzfahren in öffentlichen Verkehrsmitteln lösen.[41]

Beispiel: Django steigt jeden Morgen beim Fahrer in den Bus und sagt zu diesem „Django zahlt nicht!". Ein Beförderungsvertrag wird hier durch das Einsteigen nicht geschlossen. Dem Betreiber der Buslinie können aber gesetzliche Ansprüche auf das (ggf. erhöhte)[42] Beförderungsentgelt zustehen.

c) Annahme durch Kaufmännisches Bestätigungsschreiben

Schweigen bewirkt grds. nicht die Annahme eines Antrags. Ausnahmen von diesem Grundsatz werden im Handelsrecht gemacht. Um den besonderen Bedürfnissen des geschäftlichen Verkehrs nach rascher und möglichst unkomplizierter Klärung der Rechtsverhältnisse Rechnung zu tragen, sieht das Gesetz zunächst in **§ 362 HGB** vor, dass das Schweigen eines Kaufmanns als Annahme gilt, wenn ihm ein Antrag von jemandem zugeht, mit dem er in Geschäftsbeziehung steht. **53**

Darüber hinaus hat die Rspr. schon früh die Rechtsfigur des Kaufmännischen Bestätigungsschreibens entwickelt.[43] Dieses Institut trägt dem Kaufmännischen Brauch Rechnung, dass die Vertragsparteien in der Regel zunächst mündlich verhandeln und anschließend eine Partei das Verhandlungsergebnis schriftlich bestätigt. Ist der Empfänger eines Kaufmännischen Bestätigungsschreibens mit dessen Inhalt nicht einverstanden, muss er nach allgemeinem Handelsbrauch unverzüglich widersprechen. Anderenfalls gilt sein Schweigen als Zustimmung zum niedergelegten Vertragsinhalt. Damit dem Empfänger mittels eines Kaufmännischen Bestätigungsschreibens eine solche Reaktionsobliegenheit auferlegt werden kann, muss es **54**

---

[39] So auch *Wolf/Neuner* § 37 Rn. 47.

[40] BGH v. 07.01.1971, FamRZ 1971, 247, 247 ff. – Anders aber nachfolgend BGH v. 09.05.2000, NJW 2000, 3429, 3431.

[41] So auch *Wolf/Neuner* § 37 Rn. 47.

[42] Abl. insoweit AG Bonn v. 14.10.2009, NJW-RR 2009, 417.

[43] Vgl. BGH v. 24.09.1952, NJW 1952, 1369; BGH v. 27.09.1989, NJW 1990, 386, 386 f.

einigen von der Rechtsprechung aufgestellten Anforderungen entsprechen und dem Schweigenden zurechenbaren Verhandlungen nachfolgen.[44] Hierzu gehört insbesondere, dass sein Inhalt nur in unwesentlichen Punkten vom Ergebnis der vorausgegangenen Verhandlungen abweichen darf.[45] Dies macht deutlich, dass in den Fällen des Kaufmännischen Bestätigungsschreibens das Schweigen des Empfängers einen Vertrag im Grundsatz nicht begründet. Vielmehr erlangt das Schweigen auf ein Kaufmännisches Bestätigungsschreiben nur insoweit Bedeutung, dass dessen Inhalt den Gegenstand der vorausgegangenen mündlichen Einigung bestimmt. Auf Grund des Erfordernisses einer Übereinstimmung in den wesentlichen Punkten der mündlichen Einigung kann das Schweigen allenfalls in Bezug auf unwesentliche Vertragsbestandteile begründend wirken.

> **Beispiel:** Karlchen rief am 28.09.2001 bei Händler an und kaufte im Namen des Elektro 1.000 Meter Kupferkabel. Händler bestätigte Elektro den Kaufvertrag mit Schreiben vom 28.09.2001. Dieses Schreiben ging Elektro zu. Da er Karlchen zwar kennt, diesem aber weder eine Vollmacht erteilt noch ihn mit irgendwelchen Verhandlungen beauftragt hat, reagiert er auf das aus seiner Sicht unsinnige Schreiben nicht. Nachdem Karlchen das Kupfer bei Händler abholt, dieses verkauft und sich mit dem Erlös ins Ausland abgesetzt hat, wendet sich Händler wegen der Bezahlung des vereinbarten Kaufpreises an Elektro. Der BGH hat für einen vergleichbaren Sachverhalt den Abschluss eines Kaufvertrags nach den Grundsätzen des Schweigens auf ein kaufmännisches Bestätigungsschreiben bejaht,[46] weil es zwischen Karlchen und Händler mündliche Verhandlungen gab, welche von Händler in dem Schreiben an Elektro niedergelegt wurden. Dass Karlchen ohne Vertretungsmacht für Elektro gehandelt habe, sei nach ständiger Rechtsprechung unschädlich. Infolge des Schweigens des Elektro sei daher ein Kaufvertrag zwischen Elektro und Händler geschlossen worden. – Allerdings ist die Entscheidung des BGH entgegen teilweiser Annahme[47] unzutreffend. Die Grundsätze über das Schweigen auf ein kaufmännisches Bestätigungsschreiben kommen nur zur Anwendung, wenn die vorausgegangenen Verhandlungen dem Elektro zurechenbar waren. Hierzu bedarf es zwar keiner Vertretungsmacht zum Abschluss des verhandelten Vertrags. Erforderlich ist aber zumindest, dass Elektro Karlchen mit irgendwelchen Vertragsverhandlungen beauftragt hat (vgl. § 75h Abs. 1 HGB, § 91a Abs. 1 HGB).[48] Da es hieran fehlt, kommt zwischen Händler und Elektro kein Vertrag zustande.

d) Annahme durch elektronische Medien, insbes. Internetauktion

55   Soweit der Vertragsschluss unter Einsatz elektronischer Medien erfolgt, müssen zwei Konstellationen unterschieden werden:

1. das elektronische Medium wird lediglich als Kommunikationsmittel von den Vertragsschließenden verwendet.

---

[44] Siehe oben § 5 Rn. 26.

[45] Vgl. BGH v. 24.09.1952, NJW 1952, 1369; BGH v. 26.06.1963, NJW 1963, 1922, 1923.

[46] BGH v. 10.01.2007, NJW 2007, 987, 988.

[47] Vgl. *Boecken* Rn. 255; *Schmidt* JuS 2007, 779, 780 f.

[48] Vgl. BGH v. 24.09.1952, BGHZ 7, 187, 189.

Beispiele: (1) Arndt schickt Bert einen Antrag über den Verkauf von 500 Barhockern via E-Mail. Bert erklärt mittels SMS, dass er den Antrag annimmt. Derartige Fälle unterscheiden sich hinsichtlich des für den Grundtatbestand des Vertragsschlusses einschlägigen Rechts nicht von denen, in denen die Willenserklärungen unter Abwesenden mit der normalen (langsamen) Post versandt werden. (2) Arndt und Bert finden im Rahmen eines Internetchats zueinander. Dort einigen sie sich über den Verkauf von 500 Barhockern. Auch dieser Fall weist hinsichtlich des Zustandekommens des Vertrags keine Besonderheiten auf. Da Absender und Empfänger unmittelbar miteinander interagieren, liegt ein Fall eines Antrags unter Anwesenden vor, auch wenn Arndt in Berlin und Bert in Freiburg sitzen. Die Rechtslage entspricht grds. derjenigen eines Vertragsschlusses am Telefon (vgl. § 147 Abs. 1 S. 2 BGB). Besonderheiten bestehen in vergleichbaren Fallgestaltungen nur insoweit, als im Verhältnis zwischen Verbraucher und Unternehmer dem Verbraucher ein Recht zur Lösung vom Vertrag zustehen kann (vgl. §§ 312d, 355 BGB).[49]

2. die auf Abschluss eines Vertrags gerichteten Willenserklärungen werden (ein- oder beidseitig) direkt vom elektronischen Medium abgegeben und empfangen.

Beispiel: Mike betreibt eine Internetapotheke. Dabei richten die Kunden ihren Kaufwunsch direkt an einen Onlineshop. Ein Computer ermittelt automatisch den Lagervorrat, löst einen computergestützten Versandprozess aus, an dessen Ende (ohne Zwischenschaltung eines Menschen) dem Besteller die Annahme seines Antrags bestätigt wird. Hier geht der Antrag vom Kunden aus. Der Onlineauftritt enthält eine bloße *invitatio ad offerendum*.[50] Der Antrag wird an das Computersystem gesandt. Im Unterschied zur ersten Fallgruppe geht der Antrag niemals einer natürlichen Person zu. Auch trifft die Entscheidung über die Vertragsannahme nicht eine natürliche Person, sondern das Computersystem nach Regeln, welche ihm allerdings die natürliche Person vorgegeben hat. Deshalb kommt der Vertrag nicht mit dem Computer, sondern mit der natürlichen Person zustande, der die Erklärung des Computers zuzurechnen ist.[51] Computer können nicht Vertragspartner sein, weil sie nicht rechtsfähig sind. Außerdem können Maschinen keine eigenen Willenserklärungen abgeben, weil sie keinen Willen im Rechtssinne bilden können. Der Vertrag wird mit Mike als Apothekeninhaber geschlossen.

C. Widerruf

I. Vertragliche Vereinbarung

Mit Zustandekommen des Vertrags entfaltet dieser seine Bindungen, d. h. er wird   **56** zwischen den Parteien zur rechtlich verbindlichen Regelung. Es gilt der Grundsatz *pacta sunt servanda* (Verträge sind einzuhalten). Dies bedeutet, dass sich die Vertragsparteien auf eine geschlossene Vereinbarung verlassen können. Grds. kann sich keine Partei einseitig vom Vertrag lösen. Ausnahmsweise entstehen die vertraglichen Bindungen mit dem Abschluss des Vertrags jedoch nur eingeschränkt. Der Vertrag begründet für seine Parteien (noch) keine verlässliche Grundlage. Dies

---

[49] Siehe unten Rn. 69 ff.

[50] Vgl. BGH v. 26.01.2005, NJW 2005, 976.

[51] Siehe oben § 5 Rn. 28.

ist der Fall, wenn den Parteien in besonderen Fällen das Recht eingeräumt wird, ihre Willenserklärung auch noch nach deren Zugang (vgl. § 130 Abs. 1 S. 2 BGB) innerhalb einer bestimmten Frist zu widerrufen.

57   Ein entsprechendes Widerrufsrecht können die Parteien zunächst in Wahrnehmung ihrer Privatautonomie **einvernehmlich begründen**.

> **Beispiel:** In dem Gerichtsverfahren zwischen dem Autofahrer Arndt und der Versicherung Victor wird auf Anregung des Gerichts ein Vergleich über die hälftige Klageforderung geschlossen. Dabei behalten sich Arndt und Victor das Recht vor, diesen Vergleich innerhalb von 14 Tagen zu widerrufen. Die Vereinbarung der Parteien über ein Widerrufsrecht dient dazu, dass diese in Ruhe nochmals ihre Prozessaussichten überprüfen können. Arndt wird den Vergleich widerrufen, wenn sich ergibt, dass seine Klage in voller Höhe absolut „wasserdicht" ist. Er kann dann im Prozess mehr erhalten als durch den Vergleich. Ist seine Klage jedoch unsicher, weil es sich z. B. um einen bisher unentschiedenen Streitfall handelt oder die Beweisbarkeit einer Tatsache unklar ist, wird er den Vergleich nicht widerrufen. Analog hierzu wird sich die Versicherung für oder gegen einen Widerruf entscheiden.

58   Eine Frage der Auslegung der Einigung der Parteien ist, welche Wirkungen der Widerruf auf den Vertragsschluss erlangt. Einerseits ist denkbar, dass die Einigung bis zum Ablauf der Widerrufsfrist schwebend unwirksam ist und erst durch Nichtwiderruf innerhalb der möglichen Frist ihre volle Wirksamkeit erlangt. Hiervon ist z. B. für den Abschluss gerichtlicher Vergleiche im Regelfall auszugehen, weil die Parteien vermeiden wollen, dass bis zu Erlangung endgültiger Rechtssicherheit bereits ein Vollstreckungstitel existiert. Andererseits ist denkbar, dass die Vereinbarung vor Ablauf der Frist schwebend wirksam, d. h. wirksam aber einseitig vernichtbar ist. Diese Konstruktion hat der Gesetzgeber für die verbraucherschützenden Widerrufsrechte[52] gewählt. In beiden Fällen entsteht ein **Schwebezustand**, weil der Vertragsschluss noch nicht „sicher" ist.

II. Gesetzliche Widerrufsrechte (Verbraucherschutz)

1. Grundgedanke

59   Soweit ein Schwebezustand nicht auf Grund privatautonomer Bestimmung der Parteien, sondern auf Grund gesetzlicher Anordnung entsteht, liegt hierin ein Eingriff in die Privatautonomie, weil den Parteien die volle Anerkennung der gewollten Bindung (vorübergehend) versagt wird. Seine Rechtfertigung findet der Eingriff vielfach darin, dass besonders schutzwürdige Vertragsparteien (insbes. Verbraucher) vor einem verfrühten, unüberlegten Vertragsschluss geschützt werden sollen. Eine entsprechende Überrumpelungsgefahr sieht der Gesetzgeber bei bestimmten Vertriebsformen (Fernabsatz oder Haustürgeschäfte), aber auch bei bestimmten Vertragsinhalten (Finanzierungsgeschäfte, Versicherungsverträge), wenn Geschäftspartner des Verbrauchers ein Unternehmer ist. Dies aufgreifende Widerrufsrechte finden sich insbesondere in §§ 312, 312d BGB sowie in § 495 BGB. Sie dienen dem

---

[52] Siehe unten Rn. 59 ff.

Verbraucherschutz, indem sie eine (aus unterschiedlichen Gründen) typischerweise ungleiche Verhandlungssituation ausgleichen. Dem Verbraucher soll im Interesse seiner Selbstbestimmung nach dem unmittelbaren, ggf. übereilten Vertragsschluss eine Überlegungsfrist eingeräumt werden.

2. Haustürgeschäfte

a) Bedeutung

Häufig werden insbesondere geschäftlich nicht so bewanderte Personen, z. B.   **60** Hausfrauen und ältere Leute, an der Haustür durch einen Vertreter zu einem Vertragsschluss (Kauf von Büchern, Zeitschriften oder Mitgliedschaften in Videoclubs) bewogen, den sie später bereuen und losgelöst von der besonderen Konfrontation nicht getätigt hätten. Ursächlich sind die besondere Konstellation, dass der Verbraucher an der Haustür oder in vergleichbaren Situationen unvorbereitet betroffen und überrascht wird, sowie der Umstand, dass die Vertreter im erfolgreichen Führen von Verkaufsgesprächen besonders geschult sind. Sie stellen der Reihe nach zahlreiche belanglose Fragen, an deren Ende sich die Frage anschließt, ob man einen bestimmten Vertrag schließen will. Dabei scheinen für den Verbraucher die zunächst unverfänglichen Fragen die Antwort „Ja" auf das Vertragsangebot zu indizieren. Um das danach in Hautürsituationen typischerweise gestörte Verhandlungsgewicht auszugleichen, wird dem Verbraucher nach § 312 BGB ein Widerrufsrecht eingeräumt, damit er seinen Vertragsabschluss in Ruhe und ohne die Gegenwart des Vertreters überdenken kann.

b) Voraussetzungen des Widerrufs

Grundvoraussetzung für das Widerrufsrecht ist, dass ein Vertrag **zwischen** einem   **61** **Verbraucher**[53] **und** einem **Unternehmer**[54] geschlossen wurde. Ein Widerrufsrecht besteht deshalb z. B. nicht, wenn Kaufleute, Ärzte, Anwälte usw. in ihren Geschäftsräumen von Vertretern mit dem Ziel aufgesucht werden, mit ihnen einen Vertrag mit geschäftlichem Bezug abzuschließen. Indem Unternehmer vom Schutz des § 312 BGB ausgenommen sind, bringt der Gesetzgeber zum Ausdruck, dass diese Personen keines besonderen Schutzes bedürfen, weil sie in ihrer geschäftlichen Betätigung typischerweise damit rechnen müssen, auf einen Vertragsschluss angesprochen zu werden. Anders verhält sich dies bei Verbrauchern, weil insoweit üblich ist, dass diese nicht mit einem Geschäftsabschluss konfrontiert werden, sondern im Bedarfsfall selbst den geschäftlichen Kontakt suchen. Der Umstand, dass das Widerrufsrecht nur gegenüber Unternehmern besteht, berücksichtigt, dass diese typischerweise einem Verbraucher überlegen sind. Verhandelt ein Verbraucher

---

[53] Siehe oben § 4 Rn. 29.
[54] Siehe oben § 4 Rn. 30.

mit einem anderen Verbraucher, tritt ihm grds. kein besonders geschulter Vertreter gegenüber. Außerdem ist es regelmäßig nur Unternehmern zuzumuten, die Belastungen eines Widerrufsrechts (Aufwand für Rückabwicklung) zu tragen.

62 Weiterhin setzt das Widerrufsrecht voraus, dass der Kunde **unter besonderen Umständen zur Abgabe einer Willenserklärung bestimmt** wurde, die auf Abschluss eines Vertrags über eine entgeltliche Leistung gerichtet ist. Dabei ist egal, ob der Verbraucher den Antrag oder die Annahme erklärt. Ein Vertrag über eine entgeltliche Leistung liegt nicht nur bei Kaufverträgen oder sonstigen gegenseitigen Verträgen vor. Vielmehr werden alle Verträge erfasst, nach denen sich der Verbraucher zu einer Leistung verpflichtet, egal ob diese als Preis, Lohn, Honorar, Gebühr oder anders bezeichnet wird. Ohne Bedeutung ist, ob es sich bei der Leistung des Verbrauchers um Geld handelt. Das Widerrufsrecht eines Verbrauchers besteht deshalb nicht nur dort, wo dieser als Käufer, sondern auch, wo er als Verkäufer auftritt.

> **Beispiel:** Antiquitätenhändler Arndt hat sich darauf spezialisiert, die Wohnung kürzlich verstorbener Personen aufzusuchen und den Erben an Ort und Stelle wertvolle Möbel für kleines Geld abzukaufen. Den Erben steht hier ein Widerrufsrecht nach § 312 BGB zu, auch wenn sie sich nicht zu einer Geld-, sondern zu einer Sachleistung verpflichten.

63 Außerdem muss die Willenserklärung des Kunden auf **Überraschung oder Überrumpelung** beruhen. Diesbezüglich knüpft das Gesetz im Interesse der Rechtssicherheit allerdings nicht daran an, ob im konkreten Einzelfall eine Überrumpelung oder Überraschung erfolgt ist. Vielmehr ist entscheidend, dass eine der Fallkonstellationen gegeben ist, an deren Vorliegen das Gesetz die Vermutung knüpft, dass Überraschung und Überrumpelung für die Abgabe der Willenserklärung mitbestimmend waren. Die konkreten Umstände des Einzelfalls gewinnen nur insoweit Bedeutung, als ein Widerrufsrecht trotz Einschlägigkeit einer Fallgruppe nicht besteht, wenn auf Grund der Besonderheiten des Falls die Vermutungswirkung der gesetzlichen Fallkonstellation nicht eingreift.

> **Beispiel:**[55] Arbeitgeber Artig sucht Mitarbeiter Max an dessen Arbeitsplatz auf und legt diesem einen Aufhebungsvertrag vor. Max soll 3.000 € Abfindung erhalten, wenn er zum Monatsende aus dem Arbeitsverhältnis ausscheidet. Max unterschreibt. Nachdem seine Ehefrau ihn hierfür heftig kritisiert hat, widerruft Max den Aufhebungsvertrag, weil er diesen an seinem Arbeitsplatz geschlossen hat (§ 312 Abs. 1 S. 1 Nr. 1 BGB). Der Widerruf geht ins Leere. Zwar wurde Max an seinem Arbeitsplatz angesprochen. Allerdings ist die Besonderheit zu berücksichtigen, dass Max an seinem Arbeitsplatz einen das Arbeitsverhältnis betreffenden Vertrag geschlossen hat. Da er damit rechnen muss, dass er am Arbeitsplatz von seinem Arbeitgeber mit einem Antrag konfrontiert wird, greift die hinter § 312 Abs. 1 S. 1 Nr. 1 BGB stehende Vermutung einer Überrumpelung oder Überraschung nicht. Max kann den Aufhebungsvertrag nicht widerrufen.

64 Als Fallgruppen benennt das Gesetz in § 312 Abs. 1 S. 1 BGB enumerativ:

1. **mündliche Verhandlungen am Arbeitsplatz** des Kunden oder in einer Privatwohnung. Der Begriff Arbeitsplatz umfasst auch das Werksgelände, insbesondere die Kantine und das Werkstor. Mit Privatwohnung ist nicht nur die des

---

[55] BAG v. 27.11.2003, NZA 2004, 597.

Kunden gemeint. Der Begriff umfasst außerdem die Haustür, die Etagentür, das Treppenhaus und den Hausgarten.

2. Vertragsverhandlungen **anlässlich einer Freizeitveranstaltung**, die von der anderen Vertragspartei oder zumindest in deren Interesse von Dritten durchgeführt wird. Erfasst werden z. B. Kaffee-, Butter-, Besichtigungsfahrten oder Modenschauen. Keine Freizeitveranstaltungen i. d. S. liegen vor, wenn es sich um eine Verkaufsveranstaltung wie z. B. Markttage handelt. Hier fehlt ein eigenständiger überragender Unterhaltungswert, der den Zweck (Verkauf) verschleiern könnte.[56]

3. **überraschendes Ansprechen in öffentlichen Verkehrsmitteln** oder im Bereich öffentlicher Verkehrswege. Hierzu gehören auch Bahnhöfe, Bahnsteige, Autobahnraststätten, öffentliche Parks und sonstige allgemein zugängliche Flächen, wie z. B. Sportplätze.

c) Ausschlussgründe

Ein danach bestehendes Widerrufsrecht ist ausgeschlossen, wenn der Verbrau-   **65**
cher nicht schutzbedürftig ist. Dies ist z. B. der Fall, wenn die **Verhandlungen am Arbeitsplatz oder in der Privatwohnung auf Bestellung des Verbrauchers** durchgeführt wurden. In diesem Fall fehlt der Überraschungseffekt, weil sich der Verbraucher vergleichbar wie beim Betreten eines Ladenlokals freiwillig dem Verkäufer ausliefert (vgl. § 312 Abs. 3 Nr. 1 BGB). Schickt der Verbraucher z. B. eine Werbeantwortkarte zurück, auf der steht „Vertreterbesuch erwünscht", ist er nicht schutzwürdig, weil er sich vorbereiten kann. Steht auf der Antwortkarte allerdings nur „weitere Informationen" gewünscht, liegt keine Bestellung vor, weil der Verbraucher in diesem Fall nicht mit einem Vertreterbesuch rechnen muss. Wird der Verbraucher durch ein überraschendes Telefongespräch gefragt, ob er einen Vertreterbesuch wünscht, wurde die Bestellung des Vertreters provoziert und das Widerrufsrecht bleibt bestehen.

Das Widerrufsrecht ist ebenfalls ausgeschlossen, wenn die Leistungen sofort er-   **66**
bracht werden und das **Entgelt 40 € nicht übersteigt**. Hier kann der Kunde zwar durchaus überrascht und überrumpelt werden, der Gesetzgeber berücksichtigt aber, dass der Kunde keine unüberschaubaren Risiken eingeht.

Das Schutzbedürfnis des Verbrauchers ist zudem deutlich eingeschränkt, wenn   **67**
seine Willenserklärung **von einem Notar beurkundet** wurde, weil der Verbraucher in diesem Fall vom Notar unabhängig belehrt wurde (vgl. § 17 BeurkG).

Schließlich besteht kein Widerrufsrecht des Verbrauchers nach § 312 BGB bei   **68**
Abschluss von Versicherungsverträgen (vgl. § 312 Abs. 3 BGB), weil das VVG (vgl. §§ 8, 152 VVG) insoweit speziellere Vorschriften enthält. Einen vergleichbaren Ausschlussgrund (Konkurrenz mehrerer Widerrufsrechte) regelt § 312a BGB.

---

[56] BGH v. 26.03.1992, NJW 1992, 1889, 1889 f.

3. Fernabsatzgeschäfte

a) Bedeutung

69   Ein im Vergleich mit § 312 BGB und seiner Vorläufervorschrift im Haustürwider-
rufsgesetz relativ junges Widerrufsrecht regelt § 312d BGB. Hinter diesem steht die
Erwägung, dass der Verbraucher bei Vertragsschlüssen im Fernabsatz die von ihm
bestellte Leistung anders als im Ladengeschäft nicht unmittelbar besichtigen und
prüfen kann. Auf Grund des besonderen Vertriebswegs besteht daher für den Verbraucher das Risiko, dass er sich auf einer unvollständigen Entscheidungsgrundlage
zum Vertragsschluss entschließt. Durch ein Widerrufsrecht soll ihm die Gelegenheit gegeben werden, seine zum Vertragsschluss führende Willenserklärung nach
unmittelbarer Prüfung der Ware zu widerrufen. Außerdem wird der Verbraucher
vor Vertragsschlüssen geschützt, die durch Fehlbedienungen elektronischer Medien
beeinflusst sind. Hier greift zwar ggf. auch ein Anfechtungsrecht nach § 119 BGB
ein,[57] jedoch muss der Verbraucher dafür seinen Anfechtungsgrund darlegen und
beweisen sowie im Anschluss ggf. Schadensersatz leisten. Diese Lasten nimmt ihm
das Widerrufsrecht, weil dieses unabhängig von einem bestimmten Widerrufsgrund
besteht und ggf. zu günstigeren Rechtsfolgen führt.[58]

b) Voraussetzungen des Widerrufs

70   Das Widerrufsrecht setzt zunächst voraus, dass ein Vertrag zwischen Verbraucher
und Unternehmer geschlossen wird.[59] Wie beim Widerrufsrecht bei Haustürgeschäften begrenzt der Gesetzgeber hierdurch das Widerrufsrecht auf das von ihm
angenommene Schutzbedürfnis sowie auf diejenigen Widerrufsgegner, denen die
hiermit verbundenen wirtschaftlichen Folgen zumutbar sind.

71   Außerdem muss es sich bei dem geschlossenen Vertrag um einen **Fernabsatzvertrag** handeln. Hierzu gehören alle Verträge über die Lieferung von Waren oder
die Erbringung von Dienstleistungen, die unter ausschließlicher Verwendung von
Fernkommunikationsmitteln geschlossen werden (vgl. § 312b Abs. 1 S. 1 BGB).
Kein Widerrufsrecht nach § 312d BGB besteht danach bei Vertragsschlüssen unter
Anwesenden, wobei hier allerdings abweichend von § 147 Abs. 1 S. 2 BGB nur
die Anwesenheit „Auge in Auge" gemeint ist. Typische Fernkommunikationsmittel
sind z. B. Briefe, Kataloge, Telefonanrufe, Fax, E-Mail, Online-Shops usw.

72   Trotz ausschließlicher Verwendung von Fernkommunikationsmitteln handelt es
sich aber dann nicht um einen Fernabsatzvertrag, wenn der Absatz außerhalb eines
Fernabsatzsystems erfolgt. Nur diejenigen Unternehmer sollen mit den Folgen des
Widerrufsrechts belastet werden, welche sich durch Schaffung der organisatori-

---

[57] Siehe unten § 12 Rn. 24.
[58] Siehe unten Rn. 87 f.
[59] Siehe oben Rn. 61.

schen Voraussetzungen für einen wiederholten Fernabsatz auch dessen Vorteile gesichert haben.

Beispiel: Blume verkauft in seinem Ladengeschäft Blumen und Pflanzen an Laufkunden. Gelegentlich kommt es vor, dass eine Brautmutter anruft und für eine Hochzeit noch ein paar Blumengestecke ordert. Hier wird zwar zwischen einem Verbraucher und einem Unternehmer ein Vertrag über den Absatz von Waren geschlossen, wobei der Vertragsschluss ausschließlich unter Verwendung von Fernkommunikationsmitteln (Telefon) erfolgt. Gleichwohl besteht kein Widerrufsrecht, weil und soweit Blume nicht die organisatorischen Voraussetzungen für einen wiederholten Fernabsatz geschaffen hat, insbesondere keinen Onlineshop und kein Call-Center o. Ä., wo Fernabsatzgeschäfte gezielt getätigt werden, unterhält.

c) Ausschlussgründe

Kein Widerrufsrecht besteht zudem in den von § 312d Abs. 4 BGB benannten **73** Fällen, nämlich bei Verträgen:

1. über die Lieferung von Waren, die nach Kundenspezifikationen angefertigt werden oder eindeutig auf die persönlichen Bedürfnisse des Kunden zugeschnitten oder auf Grund ihrer Beschaffenheit nicht für eine Rücksendung geeignet sind oder schnell verderben können oder deren Verfallsdatum überschritten würde. Das Widerrufsrecht wird hier ausgeschlossen, weil die wirtschaftlichen Folgen des Widerrufs für den Unternehmer besonders gravierend sind. Er muss die vom Verbraucher erhaltene Gegenleistung erstatten und erhält seinerseits die von ihm erbrachte Leistung zurück. Diese ist jedoch durch das bloße Versenden, d. h. unabhängig von einer Ingebrauchnahme, wertlos geworden, weshalb ihm keine Wertersatzansprüche gegen den Verbraucher zustehen.

Beispiel: Susi bestellt in der Internetapotheke von Mike fünf Packungen eines bekannten Kopfschmerzmittels. Diese werden ihr mit einem Päckchen nach Hause gesandt. Ein Widerrufsrecht nach § 312d BGB steht Susi nicht zu, weil der Ausschlussgrund des § 312d Abs. 4 Nr. 1 BGB eingreift. Zwar wurde das Kopfschmerzmittel nicht nach Kundenspezifikationen angefertigt oder auf Susi zugeschnitten. Allerdings ist es bereits mit dem Versenden und damit unabhängig von einer Ingebrauchnahme durch Susi unverkäuflich und damit wertlos geworden, weil zum Schutz der Gesundheit nur solche Arzneimittel verkauft werden dürfen, für die sich ein gesicherter Transport vom Hersteller über den Großhändler zum Apotheker nachvollziehen lässt. Hat ein Arzneimittel diesen gesicherten Kreis verlassen, darf es nicht mehr an Verbraucher abgegeben werden, weil nicht mehr gesichert ist, dass es nicht bereits verdorben (verunreinigt) ist.[60]

Hinsichtlich der nach Kundenspezifikationen angefertigten Waren rechtfertigt sich der Ausschluss des Widerrufsrechts zudem dadurch, dass der Verbraucher hier keine ihm unbekannte und ungeprüfte Ware erhält.

2. über die Lieferung von Audio- oder Videoaufzeichnungen oder von Software, sofern die gelieferten Datenträger vom Verbraucher entsiegelt wurden. Dies soll

---

[60] Vgl. *Mand* NJW 2008, 190. – A. A. AG Köln v. 31.05.2007, NJW 2008, 236.

verhindern, dass entsprechende Waren bestellt, vervielfältigt und zurückgegeben werden.

3. über die Lieferung von Zeitungen, Zeitschriften und Illustrierten. Hier greift der Gedanke ein, dass der Verbraucher die Ware nicht nach vollständiger Nutzung zurückgeben können soll. Hat der Kunde jedoch telefonisch bestellt, soll das Widerrufsrecht bestehen bleiben. Hierdurch sollen unlautere Geschäftspraktiken wie der Verkauf im Rahmen unerwünschter Telefonwerbung unattraktiv gemacht werden.

4. über Wett- und Lotteriedienstleistungen, weil diese mit einem hohen spekulativen Charakter verbunden sind. Hohes Risiko und hohe Gewinnchance sind zwei Seiten einer Medaille. Diese Verbindung soll nicht durch ein Widerrufsrecht zerstört werden, sonst würden Verbraucher, wenn sie nicht gewonnen haben, ihr Geld zurückfordern. Bestehen bleibt das Widerrufsrecht aber auch hier, wenn der Kunde den Vertrag telefonisch geschlossen hat.

5. die in der besonderen Form einer Versteigerung (vgl. § 156 BGB) geschlossen wurden. Das Widerrufsrecht ist hier ausgeschlossen, weil es mit der Eigenart einer Versteigerung nicht vereinbar ist. Versteigerungen i. S. v. § 156 BGB zeichnen sich durch eine Preisbildung in Form des Ausbietens aus. Kann sich der Ersteigerer nach Erteilung des Zuschlags risikolos vom Vertrag lösen, besteht die Gefahr, dass der Preis durch nicht ernstlich gemeinte Gebote künstlich nach oben getrieben wird. Wichtig ist, dass die üblichen Internetauktionen nicht unter § 312d Abs. 4 Nr. 5 BGB fallen und das Widerrufsrecht deshalb nicht ausgeschlossen ist, weil kein Ausbieten erfolgt, sondern die Auktion nach einer vorgegebenen Zeit endet.[61]

6. über spekulative Finanzgeschäfte. Hier soll vergleichbar zu Nr. 4 vermieden werden, dass der Verbraucher zu Lasten des Unternehmers mit sich schnell ändernden Marktpreisen spekuliert.[62]

7. zur Erbringung telekommunikationsgestützter Dienste, die auf Veranlassung des Verbrauchers unmittelbar per Telefon oder Telefax in einem Mal erbracht werden (z. B. Telefonauskunft, Telefonberatung, Börsentipps per Telefaxabruf). Hierhinter steht die gleiche Erwägung wie hinter Nr. 2, 3.

74 Nach § 312d Abs. 5 BGB ist das Widerrufsrecht nach § 312d BGB schließlich ausgeschlossen, soweit ein dort genanntes spezielleres Widerrufsrecht besteht.

4. Verbraucherkreditverträge

a) Bedeutung

75 Bereits früh erkannte der Gesetzgeber die besonderen Gefahren von Verbraucherkrediten, die vielfach in der Form von Abzahlungsgeschäften angeboten werden.

---

[61] BGH v. 03.11.2004, NJW 2005, 53, 54 ff.
[62] BGH v. 27.11.2012, NJW 2013, 1223, 1224.

Da der Verbraucher Geld ausgibt, über welches er aktuell nicht verfügt, besteht das Risiko, dass er sich finanziell übernimmt, weil er über seine Verhältnisse lebt.

Beispiel: Der Otti-Versand wirbt in seinen „Highlights Weihnachten 2012" mit den Schlagworten „Vorteilskauf: Jetzt bestellen, erst 2013 bezahlen!" Hiervon ermutigt kaufen Ramona und Sebastian für den kleinen Joris doppelt so viele Weihnachtsgeschenke, wie sie es sich eigentlich leisten können.

Außerdem sind Kreditgeschäfte auf Grund der Vertragsgestaltung durch den Kreditgeber, die neben dem eigentlichen Kreditbetrag (Darlehensvaluta) verschiedene Gebühren, Kosten o. Ä. vorsieht, in besonderem Maß für den unerfahrenen Kunden schwer durchschaubar und lassen die tatsächlich entstehenden finanziellen Belastungen nicht ohne Weiteres erkennen. **76**

Auf die entsprechenden Gefahren reagierte der Gesetzgeber bereits mit dem vor dem BGB in Kraft getretenen Abzahlungsgesetz von 1894. Dieses wurde, angetrieben von europäischen Richtlinien, zum 01.01.1991 in das Verbraucherkreditgesetz überführt. Seit dem 01.01.2002 finden sich die verschiedenen Schutzvorschriften für Verbraucher, welche der Vertragstransparenz, der Vertragsgerechtigkeit und dem Schutz vor Übereilung dienen, nunmehr in §§ 491 ff. BGB. Sie begründen u. a. nach § 495 Abs. 1 BGB ein Widerrufsrecht. **77**

b) Voraussetzungen des Widerrufs

Das Widerrufsrecht nach § 495 Abs. 1 BGB steht nur dem Darlehensnehmer eines **Verbraucherdarlehensvertrags** zu. Voraussetzung ist nach § 491 Abs. 1 BGB, dass ein entgeltlicher Darlehensvertrag zwischen einem Verbraucher als Darlehensnehmer und einem Unternehmer als Darlehensgeber geschlossen wird. Einem Darlehen steht ein Zahlungsaufschub oder eine sonstige Finanzierungshilfe ebenso gleich (vgl. § 506 Abs. 1 BGB) wie ein Ratenlieferungsvertrag (§ 510 Abs. 1 BGB). Außerdem werden neben Verbrauchern nach Maßgabe des § 512 BGB auch Existenzgründer in den durch das Widerrufsrecht vermittelten Schutz einbezogen. Der persönliche Anwendungsbereich ist hier weiter als bei Haustürgeschäften oder im Fernabsatz. Insgesamt sind persönlicher und sachlicher Anwendungsbereich des Widerrufsrechts sehr unübersichtlich, weil auf verschiedene Vorschriften verteilt und mittels Verweisungen geregelt. **78**

Beispiel: Bert will sich als Rechtsanwalt selbstständig machen. Hierfür erachtet er es als unabdingbar, dass er sich zunächst ein passendes Auto für den Besuch von Gerichtsterminen zulegt. Deshalb schließt er einen Leasingvertrag über ein Jaguar F-Type Cabrio im Wert von 75.000 € ab. Nach § 512 BGB gelten die §§ 491–511 BGB, obwohl Bert den Vertrag für seine selbstständige berufliche Tätigkeit schließt, weil er Existenzgründer ist. Nach § 506 Abs. 1 BGB gelten die für Darlehensverträge geltenden Vorschriften der §§ 491a-502 auch für den abgeschlossenen Leasingvertrag. Da die Leasingbank Unternehmerin ist, steht Bert ein Widerrufsrecht nach § 495 Abs. 1 BGB zu.

c) Ausschluss des Widerrufs

79   Der Ausschluss des Widerrufsrechts nach § 495 Abs. 1 BGB ist vergleichbar unübersichtlich geregelt, wie dessen Voraussetzungen. Ein Widerrufsrecht besteht zunächst nicht, wenn der Anwendungsbereich der §§ 491 ff. BGB nach § 491 Abs. 2
BGB ausgeschlossen ist, d. h.:

1. das auszuzahlende Darlehen 200 € nicht übersteigt. Der Gesetzgeber hält das
   Gefährdungsrisiko insoweit für überschaubar.
2. die Haftung des Verbrauchers auf einen Pfandgegenstand beschränkt ist (Pfand-
   leihe). Hier besteht ein überschaubares Risiko, weil der Verbraucher die Pfand-
   sache schlimmstenfalls „verkauft" hat.
3. das auszuzahlende Darlehen von kurzfristiger Dauer ist und zu günstigen Konditionen gewährt wird (Bagatelldarlehen).
4. der Arbeitgeber seinem Arbeitnehmer ein besonders günstiges Darlehen gewährt.
   Der Gesetzgeber will hier vermeiden, dass Arbeitgeber durch die komplizierten
   Regelungen der §§ 491 ff. BGB davon abgehalten werden, ihre Arbeitnehmer
   mit günstigen Darlehen zu unterstützen.
5. bei Darlehen, die nach öffentlich-rechtlichen Vorgaben besonders gefördert
   werden.

80   Außerdem besteht kein Widerrufsrecht, wenn der Vertrag gerichtlich protokolliert
wurde (vgl. § 491 Abs. 3 BGB). Das Widerrufsrecht ist hier ausgeschlossen, weil
der Verbraucher als ausreichend durch die gerichtliche Fürsorge geschützt erachtet
wird. Außerdem soll der Abschluss gerichtlicher Vergleiche nicht unnötig erschwert
werden.

81   Ein Widerrufsrecht besteht nach § 495 Abs. 3 BGB schließlich nicht:

1. wenn einen Darlehensvertrag, zu dessen Kündigung der Unternehmer wegen
   Zahlungsverzugs des Verbrauchers berechtigt ist, durch Rückzahlungsvereinba-
   rungen ergänzt oder ersetzt wird, hierdurch ein gerichtliches Verfahren vermieden wird und der Gesamtbetrag geringer ist als die Restschuld des ursprünglichen
   Vertrags.
2. wenn der Darlehensvertrag notariell beurkundet wurde und der Notar die Wahrung bestimmter Rechte des Darlehensnehmers bestätigt. In diesem Fall wird der
   Verbraucher durch die Belehrungspflicht des Notars hinreichend vor Übereilung
   geschützt (vgl. § 17 BeurkG).
3. bei bestimmten dem Verbraucher eingeräumten Überziehungskrediten und
   geduldeten Überziehungen. Ein Widerrufsrecht ist hier nicht erforderlich, weil
   das wirtschaftlich gleiche Ergebnis praktisch durch sofortige Rückzahlung/Til-
   gung erreicht werden kann.

5. Ausübung und Folgen des Widerrufs

Ausübung und Rechtsfolgen des Widerrufs werden in §§ 355 ff. BGB geregelt. **82**
Diese Vorschriften begründen weder ein Widerrufs- noch ein ihm gleichwertiges
Rückgaberecht. Vielmehr setzen sie voraus, dass durch eine andere Norm ein ent-
sprechendes Recht begründet wird.

a) Ausübung des Widerrufs

Der Widerruf ist durch **empfangsbedürftige Willenserklärung** auszuüben, mit **83**
welcher der Erklärende zum Ausdruck bringt, dass er sich von seiner zum Vertragsschluss führenden Willenserklärung lösen will. Die Erklärung bedarf der Textform
(z. B. Brief, Fax, E-Mail, nicht aber Telefon) oder muss durch Rücksendung der
Ware erfolgen. Die Erklärung muss innerhalb einer **Frist** von grds. **zwei Wochen**
abgegeben werden. Unter bestimmten Voraussetzungen (Belehrung nach dem hierfür vorgesehenen Zeitpunkt) verlängert sich die Frist auf einen Monat (vgl. § 355
Abs. 2 S. 3 BGB). Entscheidend für die **Fristwahrung** ist nicht der Zugang, sondern die Abgabe der Erklärung. Erfolgt jedoch kein Zugang, weil die Erklärung
beim Transport verloren geht, wird der Widerruf nicht wirksam, weil er zugangs-
bedürftig ist. Der Verbraucher muss daher im Streitfall ggf. beweisen, dass dem
Unternehmer der Widerruf zugegangen ist.

Den **Beginn der Widerrufsfrist** bestimmen verschiedene Aspekte. Im Regelfall **84**
wird der Fristbeginn dadurch ausgelöst, dass dem Verbraucher bei oder nach Abgabe seiner auf Abschluss eines Vertrags gerichteten Erklärung eine ordnungsgemäße
Belehrung über sein Widerrufsrecht in Textform erteilt wird (vgl. § 355 Abs. 2 S. 1
BGB). Soweit der Verbraucher den Antrag erklärt, kann die Widerrufsfrist danach
grds. auch schon vor Vertragsschluss anlaufen.[63]

> **Beispiel:** Der Vertreter eines Staubsaugerherstellers erscheint bei Beate, um sie von den
> Vorteilen der von ihm vertriebenen Geräte zu überzeugen. Nachdem er Beates ganze Woh-
> nung gesaugt hat, hat diese Mitleid und unterschreibt eine „verbindliche Bestellung". Das
> Formular weist darauf hin, dass der Vertreter nicht berechtigt ist, Vertragserklärungen abzu-
> geben, die Annahme des Antrags durch Absendung des Geräts erfolgt und der Verbraucher
> drei Wochen an seine Erklärung gebunden bleibt. Außerdem wird Beate ordnungsgemäß
> über ihr Widerrufsrecht belehrt. Beate steht ein Widerrufsrecht nach § 312 BGB zu. Sie
> muss ihren Widerruf innerhalb von zwei Wochen ab Übergabe der Widerrufsbelehrung
> erklären. Danach ist sie an ihren Antrag gebunden und der Staubsaugerhersteller kann den
> Antrag durch Absendung der Ware annehmen. Hierdurch entsteht ein vollständig bindender
> Vertrag.

Durch unterschiedliche Umstände kann der **Beginn der Widerrufsfrist gehemmt** **85**
werden. Dies muss der Unternehmer bei der Gestaltung der Widerrufsbelehrung beachten. Bedarf der Vertrag der Schriftform, läuft die Widerrufsfrist nicht an, bevor
dem Verbraucher eine Vertragsurkunde, sein schriftlicher Antrag oder eine Abschrift

---

[63] BGH v. 23.09.2010, NJW 2010, 3503, 3503 f.

hiervon zur Verfügung gestellt wird (vgl. § 355 Abs. 3 S. 2 BGB). Wird ein Fernabsatzvertrag geschlossen, läuft die Widerrufsfrist nicht vor Erfüllung bestimmter
Informationspflichten und bei einem Vertrag über die Lieferung von Waren nicht
vor Erhalt der Waren (vgl. § 312d Abs. 2 BGB) an. Hierdurch soll sichergestellt
werden, dass der Verbraucher seine Entscheidung über den Widerruf auf einer möglichst umfassenden Entscheidungsgrundlage treffen kann.

86   Das Widerrufsrecht erlischt spätestens mit Ablauf von sechs Monaten nach Vertragsschluss (vgl. § 355 Abs. 4 S. 1 BGB). Dieser Regelung kommt allerdings nur
sehr eingeschränkte Bedeutung zu, weil sie im Fall einer unzureichenden Information und Belehrung nicht zum Erlöschen des Widerrufsrechts führt. Insbesondere **ohne ordnungsgemäße Widerrufsbelehrung** kann der Widerruf daher in den
Grenzen der Verwirkung ohne zeitliche Grenzen ausgeübt werden.

b) Rechtsfolgen des Widerrufs

87   Übt der Verbraucher ein ihm zustehendes Widerrufsrecht form- und fristgemäß aus,
ist er **nicht mehr an seine** auf Abschluss eines Vertrags gerichtete **Willenserklärung gebunden** (vgl. § 355 Abs. 1 S. 1 BGB). Hat der Verbraucher den Antrag
erklärt und erfolgt der Widerruf noch vor Vertragsschluss, verliert der Antrag seine
Wirkungen und kann nicht mehr angenommen werden. Wurde der Vertrag bereits
geschlossen, verliert die Erklärung des Verbrauchers (Antrag oder Annahme) ihre
Wirkungen. Da der Vertragsschluss zwei einander entsprechende Willenserklärungen voraussetzt, entfallen seine Wirkungen zugleich mit den Wirkungen der Erklärung des Verbrauchers. Da der Vertragsschluss entfällt, entfallen rückwirkend
die Wirkungen des Vertrags. Der Vertrag ist bis zum Erlöschen des Widerrufsrechts
schwebend wirksam.[64]

88   Soweit der rückwirkend entfallende Vertrag bereits vollzogen wurde, regelt
§ 357 BGB die **weiteren Rechtsfolgen des Widerrufs** im Kern durch einen Verweis auf das gesetzliche Rücktrittsrecht (vgl. §§ 346 ff. BGB). Ist der widerrufene
Vertrag mit einem anderen Vertrag verbunden, regeln §§ 358, 359 BGB die Auswirkungen des Widerrufs eines Vertrags auf den anderen.

> **Beispiel:** Mike bekommt in seiner Privatwohnung Besuch von seinem örtlichen Mercedes
> Händler, der ihm einen Mercedes anbietet. Den Einwand, dass Mike das Fahrzeug nicht
> bar bezahlen kann, entkräftet der Händler mit dem Hinweis darauf, dass man eng mit der
> Lehmann Bank kooperiere, welche Finanzierungen für Mercedes Fahrzeuge anbiete. Noch
> direkt an der Haustür schließt Mike einen Kaufvertrag mit seinem Mercedes Händler und
> auch gleich einen Darlehensvertrag mit der Lehmann Bank. Später reut Mike der Vertrags-
> schluss und widerruft daher nach §§ 355, 312 BGB den Autokauf. Nach § 358 Abs. 1 BGB
> wird hierdurch zugleich das hiermit verbundene Verbraucherdarlehen hinfällig.

---

[64] Siehe unten § 14 Rn. 11.

D. Konsens und Dissens

I. Konsens

Mit dem Vertrag wollen die Beteiligten ihre Angelegenheiten selbstbestimmt ord-   **89**
nen. Damit die vertragliche Regelung Ausdruck der Selbstbestimmung ist, muss sie
vom Willen der Vertragsparteien getragen werden. Es bedarf einer Übereinstimmung der Willenserklärungen der Vertragsparteien (**Konsens**). Ohne diese Übereinstimmung (Dissens) kommt ein Vertrag nicht zustande. Hierüber enthält das BGB
zwar keine ausdrückliche Regelung. Vielmehr setzen die §§ 145 ff. BGB voraus,
dass ein Vertrag nur zustande kommt, wenn sich Antrag und Annahme entsprechen.
Deutlich wird dies in § 150 Abs. 2 BGB, nach dem eine Annahme unter Abweichungen als Ablehnung gilt und keinen Vertragsschluss bewirkt.

Der für einen Vertragsschluss notwendige Konsens setzt voraus, dass sich An-   **90**
trag und Annahme inhaltlich entsprechen. Hierzu bedarf es eines Abgleichs des Inhalts der beiden Erklärungen. Dabei wird der Privatautonomie der Beteiligten am
stärksten Rechnung getragen, wenn der Inhalt des **inneren Willens** übereinstimmt.
Soweit dies der Fall ist, bestimmt die innere Willensübereinstimmung den Inhalt
des Konsenses und damit des Vertrags.[65]

> **Beispiel:** Kim möchte für sein Sushi-Restaurant weißen Thunfisch einkaufen. Er ruft bei
> Edel an und erklärt, um Fachwissen vorzutäuschen, dass er „5 kg Thunnus thynnus" zum
> aktuellen Marktpreis kaufen möchte. Edel will sich nicht die Blöße einer Nachfrage geben
> und erklärt Kim, dass er den Antrag annimmt. Edel geht dabei davon aus, dass Kim wei-
> ßen Thunfisch meint. Die wechselseitigen Erklärungen stimmen äußerlich überein. Inhalt
> des Konsenses ist allerdings nicht der äußerlich erklärte Verkauf von Thunnus thynnus
> (Roter Thunfisch), sondern der wirklich gewollte Verkauf von weißem Thunfisch (Thunnus
> alalunga).

Da die Parteien den inneren Willen des jeweiligen Vertragspartners nicht feststellen,   **91**
sondern lediglich den Erklärungen ihres Partners entnehmen können, kann ein Vertrag auch geschlossen werden, wenn keine Übereinstimmung des inneren Willens
vorliegt. Ausreichend ist die durch Antrag und Annahme **äußerlich erklärte Einigung**. Innere und erklärte Einigung müssen nicht notwendig übereinstimmen, weil
ein geheimer Vorbehalt unbeachtlich ist (vgl. § 116 S. 1 BGB) und der Inhalt der erklärten Einigung durch Auslegung bestimmt wird und hierbei normative Umstände
(Treu und Glauben mit Rücksicht auf die Verkehrssitte) berücksichtigt werden (vgl.
§ 157 BGB).[66] Dies kann zu Abweichungen des Inhalts der erklärten Einigung vom
inneren Willen einer oder beider Parteien führen.

> **Beispiel:** Arne und Bert sind seit 50 Jahren miteinander befreundet und gehen ihrer gemein-
> samen Leidenschaft (Rotweine) nach. Arne hat über die Jahre einen beachtlichen Wein-
> keller zusammengetragen, den er gegenüber Bert stets liebevoll „seine Bibliothek" nennt.
> Nach zwei Flaschen 2003er Ornellaia Masseto sagt Arne zu Bert, dass er ihm „gerne seine

---

[65] Vgl. *Petersen* JURA 2009, 419, 420. – Siehe unten § 8 Rn. 17 f.

[66] Siehe unten § 8 Rn. 15 ff.

Bibliothek verkaufen" möchte. Arne meint hiermit, dass er seine tausend Werke umfassende Sammlung von Büchern zum Thema Rotwein veräußern will. Bert versteht Arne jedoch so, dass dieser seinen Weinkeller verkaufen will und nimmt den Antrag hocherfreut an. Der innere Wille von Arne und Bert stimmt nicht überein. Gleichwohl wurde ein Vertrag geschlossen, weil die Erklärungen des Willens übereinstimmen. Inhalt des Vertrags ist der Verkauf des Weinkellers. Dies ergibt sich daraus, dass Bert den Antrag unter Berücksichtigung der konkreten Umstände (Arne nannte seinen Weinkeller stets Bibliothek) so verstehen durfte, dass dieser sich auf den Weinkeller bezieht.[67] Mit diesem Inhalt ist der Antrag Bert zugegangen und wurde von diesem angenommen.

92   Indem das Gesetz die **normative Übereinstimmung** des erklärten Willens ausreichen lässt, schränkt es im Interesse des Verkehrsschutzes die privatautonome Verwirklichung des Willens ein. Die Interessen desjenigen, dessen innerer Wille keine Anerkennung findet, werden dadurch geschützt, dass er seine Erklärung nach Maßgabe der §§ 119 ff. BGB anfechten und sich hierdurch von seiner Erklärung und dem Vertrag lösen kann.[68]

93   Solange kein Konsens über die *essentialia negotti*[69] besteht, ist selbstverständlich, dass der Vertrag nicht geschlossen ist. Für diese Fälle sieht das BGB keine besondere Regelung vor, weil sich denknotwendig ergibt, dass noch kein Vertrag geschlossen ist (sog. **Totaldissens**). Liegt hingegen eine Einigung über die *essentialia negotii* vor, haben sich die Parteien aber nicht über alle Nebenpunkte geeinigt, kann zweifelhaft sein, ob die Parteien den Vertrag bereits im Rahmen der getroffenen Übereinstimmung gelten lassen wollen. Im Gegensatz zum Totaldissens besteht hier eine sinnvolle (Teil-) Einigung. Welche Rechtsfolgen durch einen Teildissens ausgelöst werden, regelt das BGB in den §§ 154, 155 BGB in Abhängigkeit davon, ob den Parteien der Dissens bewusst ist.

II. Offener Dissens

94   Fehlt es an einer vollständigen Einigung der Parteien über Haupt- und Nebenpunkte und sind sich die Parteien dessen bewusst, liegt ein offener Dissens vor. Für diesen bestimmt § 154 Abs. 1 BGB, dass der **Vertrag im Zweifel noch nicht geschlossen** wurde, solange über einen Punkt, den auch nur eine Partei regeln wollte, noch keine Einigung getroffen wurde. Dies gilt selbst dann, wenn bzgl. einiger Vertragspunkte bereits eine schriftliche Einigung erzielt wurde (Punktation, vgl. § 154 Abs. 1 S. 2 BGB).

95   Bei § 154 Abs. 1 BGB handelt es sich nicht um eine zwingende Regelung, sondern nur um eine (materielle) **Auslegungsregel**. Wollen sich die Parteien trotz der noch offenen Punkte erkennbar vertraglich binden, kommt der Vertrag gleichwohl zustande. Die Parteien können einvernehmlich entscheiden, dass die bisherige Einigung Geltung erlangen soll. Ein entsprechender Wille ist insbesondere dann an-

---

[67] Siehe unten § 8 Rn. 14, 19 ff.

[68] Siehe unten § 12.

[69] Siehe oben Rn. 9 ff.

zunehmen, wenn die Parteien in Kenntnis des Dissenses einvernehmlich mit der Vertragsausführung beginnen. Hierdurch bringen sie zum Ausdruck, dass ihnen die bisherige Einigung wichtiger ist als der Streit über Nebenpunkte.

> **Beispiel:** Arndt geht zum Gebrauchtwagenhändler Bert. Dieser bietet ihm einen 30 Jahre alten VW für 2.000 € an. Arndt sagt, er nehme an, müsse aber auf Ratenzahlung bestehen. Bert antwortet, er sei einverstanden und erwarte entsprechende Vorschläge des Arndt. In diesem Fall unterbreitet zunächst Bert einen Antrag, den Arndt durch seinen Zusatz (Ratenzahlung) ablehnt. Gleichzeitig gibt Arndt einen neuen Antrag ab (vgl. § 150 Abs. 2 BGB). Diesen nimmt Bert grds. an. Zwischen beiden Parteien besteht Einigkeit über Kaufgegenstand und Kaufpreis. Allerdings blieb die Frage der Modalitäten der Ratenzahlung (Ratenhöhe) bislang ungeregelt. Angenommen Bert übereignet den VW an Arndt, spricht dies dafür, dass der Vertrag als bereits geschlossen anzusehen ist. Die verbliebene Vertragslücke wird durch ergänzende Vertragsauslegung geschlossen.

III. Versteckter Dissens

Gehen die Parteien übereinstimmend davon aus, dass sie sich geeinigt haben, obwohl in Wirklichkeit ein Dissens vorliegt, spricht man von einem versteckten Dissens. Typische Erscheinungsformen des versteckten Dissens sind: **96**

1. der sog. Erklärungsdissens, bei dem die Willenserklärungen äußerlich voneinander abweichen, die Parteien ihre Erklärungen aber wechselseitig missverstehen und vom Zustandekommen eines Vertrags ausgehen.
2. der sog. Scheinkonsens. Ein solcher liegt vor, wenn die Parteien Erklärungen abgeben, welche rein sprachlich einander entsprechen, bei denen die Auslegung hingegen ergibt, dass die verwendeten Begriffe mehrdeutig sind und jede Partei den Begriff in einer anderen Bedeutung meint.

> **Beispiel:**[70] Alpha und Beta sind Großhandelsunternehmen. Am 20.03. schickt Alpha an Beta ein Fax „Erbitten Limit über hundert Kilo Weinsteinsäure Gries bleifrei". Beta antwortet am 22.03. per Fax „Weinsteinsäure Gries bleifrei Kilogramm 128 € Nettokasse bei hiesiger Übernahme." Daraufhin schickt Alpha ein Fax zurück: „Hundert Kilo Weinsteinsäure Gries bleifrei geordert." Alpha und Beta scheinen hier einen Kaufvertrag über hundert Kilo einer Chemikalie geschlossen zu haben. Die Erklärungen entsprechen sich ihrem äußeren Inhalt nach. Sowohl Alpha als auch Beta gehen vom Abschluss eines Kaufvertrags aus und richten sich hierauf ein. Allerdings meinen sowohl Alpha als auch Beta Verkäufer zu sein. Die von ihnen abgegebenen Erklärungen sind mehrdeutig, weil sie keine Aussage darüber enthalten, wer Verkäufer ist. Es liegt danach ein versteckter Dissens vor

3. der sog. Teildissens, bei dem die Parteien glauben, sich vollständig geeinigt zu haben, während sie in Wirklichkeit einen Punkt, über den sie eigentlich eine Einigung erzielen wollten, nicht geregelt haben.

> **Beispiel:** Im Laufe der Verhandlungen über den Verkauf eines Unternehmens äußert der Verkäufer, dass im Kaufvertrag eine Regelung zur zukünftigen gemeinsamen Nutzung

---

[70] Nach RG v. 05.04.1922, RGZ 104, 265.

einer Marke erfolgen soll. Im Laufe der komplizierten Vertragsverhandlungen verlieren beide Parteien diesen Punkt aus den Augen. Sie schließen einen Vertrag, der alle übrigen Punkte, nicht jedoch die Abgrenzung der Markenbenutzung regelt. Hier gehen beide Seiten davon aus, dass ein Vertrag geschlossen wurde. In Wirklichkeit fehlt jedoch eine Einigung über einen Punkt, der nach Ansicht der Parteien geregelt werden sollte.

97   Soweit sich der versteckte Dissens auf die *essentialia negotii* bezieht, liegt ein Totaldissens vor und ein Vertrag wurde nicht geschlossen. Betrifft der Dissens dagegen **nicht die** *essentialia negotii*, entscheidet die Auslegung darüber, ob die Parteien eine vertragliche Bindung im Umfang des Konsenses gewollt haben. Im Unterschied zu § 154 BGB kann hierbei allein aus dem Verhalten der Parteien nach Vertragsschluss (Vornahme von Erfüllungshandlungen) nicht ohne Weiteres auf einen Einigungswillen geschlossen werden, weil die Parteien den Einigungsmangel nicht kennen. Deshalb lässt sich durch Auslegung regelmäßig nicht eindeutig klären, ob trotz des teilweisen Dissenses eine Bindung im Umfang des Konsenses gewollt ist. Nach der (materiellen) Auslegungsregel des § 155 BGB gilt das Vereinbarte im Umfang des Konsenses, wenn anzunehmen ist, dass die Parteien den Vertrag auch ohne Regelung des offenen Punkts geschlossen hätten. Entscheidend ist anders als bei § 154 BGB der hypothetische Parteiwille, weil ein wirklicher Wille nicht gebildet wurde. Indem § 155 BGB im Unterschied zu § 154 BGB für den versteckten Dissens über Nebenpunkte die Wirksamkeit des Vertrags als Regel vorsieht, trägt die Vorschrift dem Umstand Rechnung, dass die Parteien übereinstimmend von einem Vertrag ausgegangen sind und auf dessen Abschluss vertraut haben. Ist nach vorstehenden Grundsätzen von einem Einigungswillen auszugehen, ist die durch den Dissens verursachte Vertragslücke durch ergänzende Vertragsauslegung oder dispositives Gesetzesrecht zu schließen.

E. Kontrahierungszwang

I. Ausgangspunkt: Vertragsfreiheit

98   Die Vertragsfreiheit ist die praktisch wichtigste Erscheinungsform der Privatautonomie und wird als Teilbereich dieser verfassungsrechtlich durch Art. 2 Abs. 1 GG gewährleistet. Sie umfasst vor allem die **Abschlussfreiheit** und die **Gestaltungsfreiheit** und garantiert, dass der Einzelne frei darin ist, ob und mit wem er einen Vertrag schließt und wie der Vertrag inhaltlich ausgestaltet wird.[71] Sowohl Abschluss- als auch Gestaltungsfreiheit werden ausnahmsweise durch Abschlussgebote (Kontrahierungszwang) beschränkt.

---

[71] Siehe oben § 4 Rn. 7 ff.

II. Kontrahierungszwang

Obwohl nach *Flume*[72] der Vertrag seines Charakters als Institution der Privatauto- **99**
nomie entkleidet wird, soweit ein Rechtszwang zu seinem Abschluss besteht, wird
die Abschlussfreiheit im Einzelfall durch einen **spezialgesetzlichen Kontrahierungszwang** eingeschränkt:

- § 22 PBefG (Personenbeförderungsgesetz) sieht einen Kontrahierungszwang für
  Verkehrsbetriebe vor.
- § 5 Abs. 2, 4 PflVG (Pflichtversicherungsgesetz) verpflichtet die zur Kraftfahr-
  zeug-Haftpflichtversicherung zugelassenen Unternehmen grds. dazu, mit jedermann eine Kfz-Haftpflichtversicherung abzuschließen.
- In §§ 48, 49 BRAO (Bundesrechtsanwaltsordnung) ist für bestimmte Fälle eine
  Pflicht des Rechtsanwalts zur anwaltlichen Vertretung vorgesehen.
- nach § 11 UrhWG (Urheberrechtswahrnehmungsgesetz) sind Verwertungsge-
  sellschaften (z. B. GEMA), welche bestimmte Verwertungsrechte monopolartig
  verwalten, im Regelfall verpflichtet, Nutzungsrechte zu angemessenen Bedingungen einzuräumen.[73]
- nach § 19 ArbNErfG (Arbeitnehmererfindungsgesetz) muss ein Arbeitnehmer,
  der eine freie Erfindung während der Dauer seines Arbeitsverhältnisses anderweitig verwerten will, zuvor seinem Arbeitgeber ein Recht zur Benutzung der
  Erfindung zu angemessenen Bedingungen anbieten.

Neben solchen ausdrücklich angeordneten Kontrahierungszwängen kann sich eine **100**
gesetzliche Verpflichtung zum Abschluss eines Vertrags auch als Folge eines Scha-
densersatz- oder Beseitigungsanspruchs ergeben (**mittelbarer Kontrahierungszwang**). Bereits das RG hat den Grundsatz entwickelt, dass der Missbrauch einer
rechtlichen oder faktischen Monopolstellung, insbesondere die Weigerung eines in
solcher Vorzugsstellung befindlichen Unternehmers, zu den allgemeinen und angemessenen Bedingungen Verträge abzuschließen, eine gegen die guten Sitten verstoßende Handlung darstellen und zum Schadensersatz nach § 826 BGB führen
kann.[74] Dieser Ansicht folgt auch der BGH.[75] Die Lit. stimmt dem im Wesentlichen
im Ergebnis zu, führt allerdings eine Vielzahl abweichender Anspruchsgrundlagen,
u. a. einen Beseitigungsanspruch an.[76]

Beispiel:[77] Bert ist in einem Betrieb der Automobilindustrie tätig. Er beantragt bei der
zuständigen Gewerkschaft IG-Metall seine Mitgliedschaft. Diese lehnt unter Hinweis
darauf ab, dass Bert in der Werkszeitung die Arbeit des von der IG-Metall unterstützten
Betriebsrats kritisiert hat. Die Nichtaufnahme hat für Bert die Konsequenz, dass er nicht am

---

[72] Vgl. *Flume*, AT II, § 1 Ziffer 7, S. 10 und § 33 Ziffer 6 d), S. 611.

[73] Vgl. zu Ausnahmen vom Kontrahierungszwang BGH v. 22.04.2009, NJW-RR 2010, 612, 613 f.

[74] RG v. 07.11.1931, RGZ 133, 388, 392 f.; grundlegend RG v. 11.04.1901, RGZ 48, 114, 126 ff.

[75] BGH v. 09.11.1989, NJW 1990, 761, 762 f.

[76] Vgl. den Überblick bei MünchKommBGB/*Busche* Vor §§ 145 ff. BGB Rn. 9, 12 ff. – Ablehnend
Staudinger/*Oechsler* § 826 BGB Rn. 266 ff.

[77] Vgl. BGH v. 10.12.1984, NJW 1985, 1216.

Schutz eines Tarifvertrags teilhaben kann, weil sich sein Arbeitgeber weigert, Außenseiter den Gewerkschaftsmitgliedern gleich zu behandeln. Da der IG-Metall als für den Betrieb faktisch allein zuständige Gewerkschaft eine Monopolstellung zukommt und Bert auf die Mitgliedschaft angewiesen ist, um am Schutz des Tarifrechts teilzunehmen, ist die IG-Metall verpflichtet, Bert als Mitglied aufzunehmen, wenn sie ihn ohne sachlichen Grund abgelehnt hat. Die Ablehnung schädigt Bert zumindest bedingt vorsätzlich.

101 Unabhängig von den vom RG entwickelten Grundsätzen hat die jüngere Tätigkeit des Gesetzgebers zu weiteren Einschränkungen der Abschlussfreiheit geführt. Das zum 18.08.2006 in Kraft getretene **AGG** schränkt sowohl für den Bereich des Arbeitsrechts als auch den Bereich des allgemeinen Zivilrechts die Abschlussfreiheit insoweit ein, als ein Vertragsschluss aus bestimmten Gründen nicht abgelehnt werden darf (Differenzierungsverbote).

> **Beispiel:** Unternehmer Ulle will ein Restaurant eröffnen. Da er ein optischer Typ ist, will er nur weibliche und junge Arbeitnehmer als Bedienungen einstellen. Nach §§ 1, 2 Abs. 1 Nr. 1 AGG ist es Ulle grds. verboten, bei der Einstellung von Arbeitnehmern nach deren Geschlecht oder Alter zu differenzieren.

102 Für den **arbeitsrechtlichen Diskriminierungsschutz** erfolgt die vorstehende Einschränkung der Abschlussfreiheit allerdings nicht unmittelbar dadurch, dass ein Anspruch auf Abschluss des Arbeitsvertrags besteht. Einen solchen Anspruch schließt § 15 Abs. 6 AGG ausdrücklich aus. Vielmehr wird die Einschränkung dadurch bewirkt, dass dem Betroffenen im Falle einer unzulässigen Differenzierung nach § 15 Abs. 1, 2 AGG Ansprüche auf Schadensersatz und Entschädigung gegen den Arbeitgeber zustehen. Für den **allgemeinen zivilrechtlichen Diskriminierungsschutz** enthält das AGG in § 21 dagegen keine § 15 Abs. 6 AGG entsprechende Regelung. Deshalb ist in diesem Bereich nicht ausgeschlossen, dass der nach § 21 Abs. 1 S. 1 AGG bestehende Anspruch auf Beseitigung einer Diskriminierung auf Abschluss des abgelehnten Vertrags gerichtet ist, wenn der Vertragsschluss noch möglich ist und die Ablehnung ausschließlich aus diskriminierenden Gründen erfolgte.[78]

> **Beispiel:** Unternehmer Rudolf betreibt eine Disko. Er verweigert der dunkelhäutigen Hella den Zutritt nur, weil er keine Ausländer in seinem Laden duldet. Hier liegt eine unzulässige Diskriminierung wegen Rasse und ethnischer Herkunft vor. Nach § 21 Abs. 1 S. 1 AGG kann Hella Beseitigung in Gestalt eines Anspruchs auf Zutritt verlangen.

103 Eine Verpflichtung zum Abschluss eines Vertrags kann sich schließlich daraus ergeben, dass sich eine Partei hierzu **rechtsgeschäftlich verpflichtet** hat. In diesem Fall liegt gleichwohl kein Kontrahierungszwang vor, weil die Verpflichtung nicht unabhängig vom Willen des Vertragsschließenden besteht. Sie beschränkt nicht die Privatautonomie, sondern ist deren Ausfluss.

---

[78] *Wendt/Schäfer* JuS 2009, 206, 207 ff.; i. E. auch *Wolf/Neuner* § 48 Rn. 27. – A. A. *Brehm* Rn. 81; *Brox/Walker* Rn. 75. – Offen gelassen von BGH v. 09.03.2012, NJW 2012, 1725, 1727.

F. Klausurfall – Vertragsschluss

I. Sachverhalt[79]

Ricardo bietet Dritten die Möglichkeit, Internetauktionen zu veranstalten. Eine **104** Teilnahme ist nur nach Anerkennung der Versteigerungsbedingungen des Ricardo möglich, auf welche dieser auf seiner Internetseite hinweist. Diese sehen vor, dass sich der jeweilige Veranstalter (Anbieter, Verkäufer) bereits mit Freischaltung der Auktion zur Annahme des höchsten innerhalb des Bietzeitraums abgegebenen Antrags verpflichtet; § 156 BGB wird abbedungen. Rechtsanwalt Ulrich ist gerade in Geldnöten und will seinen Kanzlei-Porsche verkaufen. Er schaltet deshalb bei Ricardo eine eigene Verkaufsanzeige, in der er einen näher beschriebenen Porsche im Wert von 75.000 € bei einem Startpreis von 1 € ohne Angabe eines Mindestpreises vom 22.07. (21:33 Uhr) bis zum 27.07. (21:33 Uhr) anbietet. Gemäß einer Empfehlung von Ricardo hat Ulrich bewusst auf die Angabe eines Mindestpreises verzichtet. Dadurch soll eine größere Anzahl von Teilnehmern für das Angebot interessiert werden, was zu einem höheren Endgebot führen soll. Allerdings hat Ulrich seine Auktion in einer ungünstigen Warenkategorie eingestellt, weshalb innerhalb der Bietzeit Christian als letzter Bieter online ein Gebot über 5,50 € abgibt. Daraufhin gratuliert Ricardo diesem mittels E-Mail zum Zuschlag. Ulrich verweigert die Lieferung zum Preis von 5,50 €. Zu Recht?

II. Lösungsskizze

Christian könnte gegen Ulrich ein Anspruch auf Übergabe und Übereignung des **105** Porsche aus § 433 Abs. 1 BGB i. V. m. einem geschlossenen Kaufvertrag zustehen. Voraussetzung ist, dass durch zwei einander entsprechende Willenserklärungen (Antrag und Annahme) ein Kaufvertrag wirksam geschlossen wurde.

1. Antrag

a) Freischalten der Angebotsseite

Ulrich könnte einen Antrag dadurch erklärt haben, dass er sein Auktionsangebot bei **106** Ricardo eingegeben und freigeschaltet hat. Der Antrag ist eine empfangsbedürftige Willenserklärung, die einem anderen einen Vertragsschluss derart anträgt, dass dieser nur noch zustimmen muss. Dies setzt voraus, dass der Antrag die *essentialia negotii* des abzuschließenden Vertrags inhaltlich bestimmt, wobei eine Aussage zur

---

[79] Vgl. BGH v. 07.11.2001, NJW 2002, 363.

Bestimmbarkeit ausreicht. Außerdem muss der Erklärende zum Ausdruck bringen, dass er sich rechtlich binden will.

107 Unmittelbar bestimmt Ulrich mit dem Freischalten der Auktionsseite noch nicht die *essentialia negotii* des Kaufvertrags. Ganz konkret wird zwar der Kaufgegenstand (Porsche) bestimmt. Kaufpreis und Vertragspartner sind allerdings noch unbestimmt. Ausreichend ist aber, dass die *essentialia negotii* bestimmbar sind. Diesen Anforderungen genügt bereits das Auktionsangebot, weil es konkrete Regeln dazu vorgibt, wer Vertragspartner sein soll (Höchstbietender) und wie der Preis bestimmt wird (Höchstgebot innerhalb des Auktionszeitraums). Die *essentialia negotii* werden danach durch das Freischalten der Auktionsseite inhaltlich so bestimmt, dass man ihnen nur noch zustimmen muss.

108 Ob Ulrich sich mit Freischaltung seiner Auktion an einen solchen Antrag rechtlich binden oder nur Interessenten zur Abgabe von Anträgen einladen wollte (*invitatio ad offerendum*), ist durch Auslegung zu ermitteln. Für eine bloße *invitatio* spricht ein Vergleich mit Zeitungsanzeigen usw., welche sich regelmäßig an eine Vielzahl von Menschen richten, gegenüber denen sich der Erklärende regelmäßig nicht gleichermaßen binden will, weil er nur einmal leisten kann. Gegen einen Antrag ließe sich zudem § 156 BGB anführen, der davon ausgeht, dass erst die Gebote den Antrag darstellen. Andererseits kann ein Antrag durchaus an einen unbeschränkten Personenkreis gerichtet werden. Dies gilt erst recht, wenn der Antrag so gefasst ist, dass er letztlich nur von einer Person angenommen werden kann und deshalb nur ein Vertrag geschlossen wird. Auch wurde § 156 BGB in den Versteigerungsbedingungen ausdrücklich ausgeschlossen. Gegen einen Antrag und für eine bloße *invitatio* spricht schließlich, dass die Versteigerungsbedingungen davon ausgehen, dass Ulrich keinen Antrag, sondern eine vorweggenommene Annahme erklärt. Dies entspricht auch insoweit den Interessen des Ulrich, als er zum höchsten Preisgebot kontrahieren will, unabhängig davon, ob eines der vorausgegangenen Gebote unwirksam ist und deshalb wegfällt. Ginge man dagegen davon aus, dass Ulrich den Vertrag zu dem in einem Bietverfahren erzielten Preis schließen will, könnte dieser Preis durch Störungen des Bietverfahrens beeinflusst werden (z. B. der zweithöchste Bieter hat nur eine Scherzerklärung abgegeben, weshalb der höchste Preis entsprechend der Ausschaltung dieses Fehlers verringert werden müsste). Nimmt man dagegen den Wortlaut der Versteigerungsbedingungen ernst, erklärt der Höchstbietende einen bestimmten Preis als Antrag. Diesen nimmt der Versteigerer an, unabhängig vom Fortbestand der übrigen Gebote.

109 Ulrich hat mit dem Freischalten seiner Auktion keinen Antrag erklärt, sondern nur Interessenten aufgefordert, ihrerseits Anträge zu erklären.

b) Höchstgebot

110 Einen Antrag könnte Christian durch sein Höchstgebot über 5,50 € erklärt haben. Dies ist der Fall, weil Christian zum Ausdruck gebracht hat, dass er von Ulrich den Porsche zum Preis von 5,50 € kaufen und sich insoweit binden will. Christian hat einen Antrag zum Abschluss eines Kaufvertrags erklärt.

2. Annahme

a) Gratulations-E-Mail

Ulrich könnte diesen Antrag dadurch angenommen haben, dass Ricardo mit Wirkung für ihn durch die nach Abschluss der Auktion versandte Gratulations-E-Mail die Zustimmung zum Antrag erklärt hat. Voraussetzung hierfür ist zumindest, dass durch die Gratulations-E-Mail zum Ausdruck gebracht wird, dass ein Vertrag zustande kommen soll. Dies ist allerdings nicht der Fall, weil diese E-Mail vielmehr zu einem bereits geschlossenen Vertrag gratuliert. **111**

b) Antizipierte Annahme

Allerdings könnte Ulrich den Antrag des Christian bereits vorweggenommen bei Freischaltung der Auktion angenommen haben. Dies ist der Fall, wenn eine antizipierte Annahme möglich ist und Ulrich mit Bindungswillen vorab seine Zustimmung zum Antrag erklärt hat. **112**

Das Prinzip der Privatautonomie bedingt, dass eine Annahme grds. auch vorweggenommen erklärt werden kann, soweit sie inhaltlich alle Anforderungen einer Zustimmung zu einem bestimmten Antrag umfasst. Derjenige, der eine Annahme erklärt, obwohl ihm der Inhalt des Antrags noch gar nicht bewusst ist, geht zwar ein hohes Risiko ein. Dies ist jedoch nicht verboten. Vielmehr lässt die Privatautonomie auch die Vornahme riskanter Geschäfte zu, um z. B. einen möglichst hohen Gewinn zu realisieren. Eine vorweggenommene Annahme ist möglich. **113**

Ulrich müsste bereits bei Freischaltung der Auktion seine uneingeschränkte und bindende Zustimmung zum Antrag erklärt haben. Dies ist durch Auslegung zu ermitteln. Die Freischaltung der Auktion selbst enthält hierzu keine eindeutige Erklärung. Allerdings haben sich sowohl Ulrich als auch Christian der Internetplattform von Ricardo bedient und ihrem Handeln die dortigen Versteigerungsbedingungen zugrunde gelegt. Vor diesem Hintergrund durfte Christian das Freischalten der Auktion entsprechend der Versteigerungsbedingungen dahin verstehen, dass Ulrich hiermit vorbehaltlos und bindend den Antrag des Höchstbietenden annimmt. Hiergegen kann nicht eingewandt werden, dass Christian nicht erwarten dürfe, dass ihm Ulrich einen 75.000 € teuren Sportwagen zum Preis von nur 5,50 € verkauft. Dieser Einwand übersieht, dass Ulrich sich bewusst auf ein Spekulationsgeschäft eingelassen hat. Er wollte zwar innerlich nicht für 5,50 € verkaufen. Er wollte aber, und hat auch erklärt, zu dem innerhalb des Auktionszeitraums erzielten Höchstpreis verkaufen, weil er damit rechnete, dass die Auktion eine Vielzahl Interessenten anlockt und einen guten Preis erzielt. Hieran muss er sich festhalten lassen. Ulrich hat den Antrag von Christian angenommen. **114**

3. Widerruf

115 Ein Anspruch aus dem Kaufvertrag besteht allerdings nicht, wenn Ulrich seine auf Abschluss des Kaufvertrags gerichtete Willenserklärung nach § 355 Abs. 1 S. 1 BGB wirksam widerrufen hat. Voraussetzung hierfür ist, dass ihm ein Widerrufsrecht zusteht. Dieses könnte sich aus § 312d Abs. 1 BGB ergeben, wenn er einen Fernabsatzvertrag abgeschlossen hat und Verbraucher ist. Zwar liegt ein Vertragsschluss unter Einsatz von Fernkommunikationsmitteln vor, jedoch ist Ulrich nicht Verbraucher (vgl. § 13 BGB), weil er den Vertrag in Ausübung seiner selbstständigen beruflichen Tätigkeit abgeschlossen hat (Kanzlei-Porsche). Ulrich kann sich nicht durch einen Widerruf vom Vertragsschluss lösen.

4. Ergebnis

116 Christian kann von Ulrich Übergabe und Übereignung des Porsche verlangen.

Literatur

Berger (2001) Der Ausschluss gesetzlicher Rückgewähransprüche bei der Erbringung unbestellter Leistungen nach § 241a BGB. JuS 2001, 649

Boecken (2012) BGB – Allgemeiner Teil. 2. Aufl

Brehm (2007) Allgemeiner Teil des BGB. 6. Aufl

Brox/Walker (2012) Allgemeiner Teil des BGB. 36. Aufl

Casper (2000) Die Zusendung unbestellter Waren nach § 241a BGB. ZIP 2000, 1602

Erman (2011) Handkommentar zum Bürgerlichen Gesetzbuch. 13. Aufl

Flume (1992) Allgemeiner Teil des Bürgerlichen Rechts. Zweiter Band: Das Rechtsgeschäft. 4. Aufl

Larenz/Wolf (2004) Allgemeiner Teil des deutschen Bürgerlichen Rechts. 9. Aufl

Mand (2008) Widerrufsrecht gegenüber Versandapotheke?. NJW 2008, 190

Medicus (2012) Allgemeiner Teil des BGB. 10. Aufl

MünchKommBGB (2012) Münchener Kommentar zum Bürgerlichen Gesetzbuch. 6. Aufl

Palandt (2013) Bürgerliches Gesetzbuch. 72. Aufl

Petersen (2009) Der Dissens beim Vertragsschluss. JURA 2009, 419

Riehm (2000) Das Gesetz über Fernabsatzverträge und andere Fragen des Verbraucherrechts. JURA 2000, 505

Schmidt (2007) Kaufmännisches Bestätigungsschreiben nach Vertragsschluss durch falsus procurator. JuS 2007, 779

Staudinger (Stand 31.03.2013) Kommentar zum Bürgerlichen Gesetzbuch. 13. Bearb

Wendt/Schäfer (2009) Kontrahierungszwang nach § 21 I 1 AGG?. JuS 2009, 206

Wolf/Neuner (2012) Allgemeiner Teil des deutschen Bürgerlichen Rechts. 10. Aufl

§ 8 Auslegung von Rechtsgeschäften

Literaturhinweise: *Biehl*, Grundsätze der Vertragsauslegung, JuS 2010, 195; *Cziupka*, Die ergänzende Vertragsauslegung, JuS 2009, 103; *Kötz*, Dispositives Recht und ergänzende Vertragsauslegung, JuS 2013, 289; *Stöhr*, Der objektive Empfängerhorizont und sein Anwendungsbereich im Zivilrecht, JuS 2010, 292.

A. Überblick

I. Bedeutung der Auslegung

Die Auslegung ist eine der **wichtigsten Aufgaben** des Juristen. Denn „auslegen" bedeutet „den Sinn verstehen".[1] Und dieses Verständnis ist die Voraussetzung dafür, dass man etwas rechtlich beurteilen kann.

> **Beispiel:** Ein Amerikaner und ein Kanadier schließen in Sydney einen Kaufvertrag über ein Auto. Der Kaufpreis soll 10.000 „Dollar" betragen. Wenn der Verkäufer danach fragt, was er als Kaufpreis fordern kann, muss aufgeklärt werden, ob 10.000 US-Dollar, 10.000 Kanadische Dollar oder wegen des Abschlussorts 10.000 Australische Dollar gezahlt werden sollen. Da der Anspruch durch einen Vertrag begründet wurde, ist hierfür entscheidend, worüber sich die Parteien mit ihren wechselseitigen Erklärungen geeinigt haben. Da die Einigung auf dem übereinstimmenden Willen der Parteien gründet, ist Ziel der Auslegung, das Verständnis der Parteien zu ermitteln.

Juristen müssen im Wesentlichen den Sinn von **Gesetzen** und **Rechtsgeschäften** ermitteln, um mit ersteren zu arbeiten und letztere beurteilen zu können. Dabei gelten aber jeweils unterschiedliche Regeln, weil der Gleichbehandlungsgrundsatz des Art. 3 Abs. 1 GG bedingt, dass Gesetze einheitlich ausgelegt und angewandt werden, wogegen ein Rechtsgeschäft grds. nur einen abgegrenzten Adressatenkreis betrifft und deshalb nur für diesen der maßgebliche Sinn erschlossen werden muss. Ausnahmsweise sind allerdings auch Rechtsgeschäfte wie Gesetze auszulegen.

1

2

---

[1] Vgl. *Medicus* vor Rn. 307.

B. Boemke, B. Ulrici, *BGB Allgemeiner Teil,* Springer-Lehrbuch, DOI 10.1007/978-3-642-39171-2_8, © Springer-Verlag Berlin Heidelberg 2014

Dies betrifft insbesondere **Allgemeine Geschäftsbedingungen,**[2] welche ihrer Natur nach darauf angelegt sind, Vertragsinhalte für eine Vielzahl von Rechtsgeschäften zu vereinheitlichen. Dementsprechend bleiben bei ihrer Auslegung die konkreten Umstände des Einzelfalls grds. unberücksichtigt (Ausnahme: Einmalbedingungen, § 310 Abs. 3 Nr. 2 BGB). Gegenstand dieses Abschnitts ist lediglich die Auslegung von Rechtsgeschäften[3].

3   Die Auslegung steht als Frage nach dem Sinn eines Rechtsgeschäfts bei juristischen Überlegungen an sehr früher Stelle:[4] Es ist kaum eine juristische Frage gegenüber der **Auslegung vorrangig.** Vielmehr sind die meisten Fragen nachrangig. Der Auslegung vorgelagert ist ggf. das Wirksamwerden einer Willenserklärung (Abgabe und Zugang), weil ohne Abgabe eine Willenserklärung noch gar nicht existent ist und eine nicht existierende Willenserklärung nicht ausgelegt werden muss. Entsprechendes gilt für eine empfangsbedürftige Willenserklärung, welche ohne Zugang noch ohne rechtliche Bedeutung ist. Der Auslegung nachgelagert ist aber z. B. die Frage, ob ein Vertrag geschlossen, d. h. ein Konsens erzielt wurde oder ob infolge Dissenses noch kein Vertrag zustande gekommen ist, weil hierfür der Inhalt von Antrag und Annahme zu vergleichen ist.

4   Die besondere Bedeutung der Auslegung zeigt sich nicht zuletzt darin, dass nach zutreffender Ansicht alle, auch (scheinbar) **eindeutige Rechtsgeschäfte** der Auslegung bedürfen. Zwar findet sich in Gerichtsentscheidungen immer wieder die Aussage, dass eindeutige Rechtsgeschäfte nicht auslegungsbedürftig und -fähig sind.[5] Diese Aussage ist aber irreführend, weil sie unberücksichtigt lässt, dass bereits die Eindeutigkeit eines Rechtsgeschäfts erst nach dessen Auslegung (Sinnermittlung) festgestellt werden kann. Zudem wird übersehen, dass sich die vermeintliche Eindeutigkeit nur in Bezug auf die Verwendung sprachlicher Erklärungen und die Berücksichtigung des allgemeinen Wortsinns feststellen lässt. So wie grds. auch nichtsprachliche (z. B. Kopfnicken), aber auch fremdsprachliche Erklärungen abgegeben werden können, steht es den Beteiligten frei, sich in einer Geheimsprache zu verständigen, welche vermeintlich eindeutige Erklärungszeichen umfasst.

> **Beispiel:** Arndt und Bert einigen sich über den Verkauf von „100 Kisten Tulpen" zum Preis von 20.000 US-$. Allerdings sind Arndt und Bert nicht als Floristen, sondern als „Suchtberater" tätig. Um nicht beim Abhören von Telefongesprächen aufzufallen, verwenden sie Code-Worte. Jedem Pharmazeutikum wird dabei eine Blumensorte zugeordnet. Z. B. steht „Tulpen" für ein bestimmtes Nasenspray. Die Auslegung der eindeutigen Erklärung ergibt nach § 133 BGB, dass Arndt Nasenspray und keine Blumen verkaufen will.

5   Ziel der Auslegung ist schließlich nicht nur, den Inhalt einer Erklärung zu ermitteln. Vielmehr entscheidet die Auslegung bereits darüber, ob überhaupt eine Willenserklärung, d. h. eine auf die willentliche Herbeiführung einer Rechtsfolge gerichtete Erklärung vorliegt.[6]

---

[2] Siehe hierzu § 11 Rn. 82 f.

[3] Zur Auslegung von Gesetzen vgl. § 3 Rn. 7 ff.

[4] *Medicus* Rn. 312.

[5] Vgl. RG v. 03.04.1939, RGZ 160, 109, 111; BGH v. 09.04.1981, NJW 1981, 1736.

[6] BGH v. 26.10.1983, NJW 1984, 721. – Vgl. oben § 5 Rn. 10.

Beispiele: (1) Sagt Arndt zu Bert lediglich „Ja!", muss anhand der vorausgegangenen Frage entschieden werden, ob Arndt eine Willenserklärung oder nur eine sonstige Erklärung abgegeben hat. Hat Bert gefragt, ob Arndt sein Auto zu 2.500 € kaufen will, liegt eine Willenserklärung vor. Hat Bert dagegen gefragt, ob Arndt schon den aktuellsten Kinofilm gesehen hat, liegt keine Willenserklärung vor. (2) Bietet Claudia ihrer Nachbarin Dagmar an, während des Urlaubs deren Briefkasten zu leeren, muss ermittelt werden, ob Claudia einen Antrag auf Abschluss eines Vertrags (Willenserklärung) erklären oder nur eine bloße Gefälligkeit des täglichen Lebens (keine Willenserklärung) in Aussicht stellen wollte. Hierüber entscheiden die Begleitumstände, insbesondere die mit der Aufgabe verbundenen Interessen.[7]

II. Auslegungsregeln

Die Auslegung erfolgt nicht nach Gutdünken, sondern nach rechtlichen Regeln. Das BGB steuert die Sinnermittlung in Bezug auf Rechtsgeschäfte durch materielle und formelle Auslegungsregeln. **Formelle Auslegungsregeln** geben (nur) die Methode der Auslegung vor (vgl. §§ 133, 157 BGB). Sie regeln abstrakt die Frage, auf welchem Weg man zur richtigen Bedeutung der Erklärung gelangt. Dagegen geben sie kein bestimmtes Auslegungsergebnis vor. Materielle Auslegungsregeln beziehen sich dagegen unmittelbar auf das Ergebnis der Auslegung, indem sie bei mehrdeutigen Willenserklärungen eine Bedeutung bevorzugen.

6

Beispiel: Die Fa. GMC verkauft an die Fa. Fiat „Werkshallen der Automodelle Astra und Insignia". Wurden dadurch nur die Fabrikhallen verkauft oder auch die in diesen befindlichen Maschinen? Dies hängt davon ab, wie die Erklärung „Verkauf der Werkshallen der Automodelle Astra und Insignia" zu verstehen ist. Unterstellt man, dass das BGB gilt, sieht die materielle Auslegungsregel des § 311c BGB insoweit vor, dass zu den Hallen auch die Maschinen gehören, wenn sich nicht aus besonderen Umständen (z. B. Fiat will in den Werkshallen in Zukunft Ferraris produzieren und muss dafür ohnehin neue Maschinen installieren) etwas anderes ergibt. Die Vorschrift des § 311c BGB gibt das vom Gesetzgeber bevorzugte Ergebnis der Auslegung wieder.

Da materielle Auslegungsregeln punktuelle Einzelfragen, z. B. im Erbrecht (vgl. §§ 2087, 2097 f. BGB), regeln, werden sie nachfolgend nicht behandelt. Sie sind vielmehr in ihrem jeweiligen Regelungszusammenhang zu besprechen. Einzugehen ist nachfolgend jedoch vor allem auf die allgemein gültigen formellen Auslegungsregeln der §§ 133, 157 BGB.

7

B. Erläuternde Auslegung

I. Das Auslegungssystem der §§ 133, 157 BGB

Das BGB regelt die Auslegung von Rechtsgeschäften in zwei allgemeinen Vorschriften (vgl. §§ 133, 157 BGB). Nach § 133 BGB ist bei der Auslegung einer **Willenserklärung** der wahre Wille des Erklärenden zu erforschen. **Verträge** sind nach

8

---

[7] Vgl. BGH v. 22.06.1956, NJW 1956, 1313, 1313 f.

Treu und Glauben mit Rücksicht auf die Verkehrssitte auszulegen (vgl. § 157 BGB). Geht man vom Wortlaut der Vorschriften aus, regelt § 133 BGB die Auslegung von Willenserklärungen und § 157 BGB die Auslegung von Verträgen. Im ersten Fall ist der wahre Wille entscheidend. Im zweiten Fall sind dagegen normative Aspekte (Treu und Glauben mit Rücksicht auf die Verkehrssitte) hinzuzuziehen. Eine solche Exklusivität der beiden Vorschriften besteht jedoch entgegen ihrem Wortlaut bereits deshalb nicht, weil Verträge durch Willenserklärungen geschlossen werden. Eine unterschiedliche Behandlung der den Vertrag begründenden Willenserklärungen und des Vertrags selbst ist deshalb nicht denkbar.

9   Die Vorschrift des § 133 BGB stellt den Willen des Erklärenden stark in den Vordergrund. Dies betont das **Prinzip der Privatautonomie**, weil danach gilt, was gewollt ist, d. h. der Erklärende kann seine Angelegenheiten seinem Willen entsprechend regeln. Hierbei bleibt aber unberücksichtigt, dass Willenserklärungen in vielen Fällen erst mit Zugang beim Empfänger wirksam werden (vgl. § 130 Abs. 1 BGB). Das Zugangserfordernis soll sicherstellen, dass der Empfänger Kenntnis von der Willenserklärung erlangt, um sich auf diese einzurichten, weil er von ihr rechtlich betroffen wird.[8] Deshalb können diese Erklärungen nach ihrem Zugang nicht mehr frei widerrufen werden (vgl. § 130 Abs. 1 S. 2 BGB). Seinen Zweck kann das Zugangserfordernis allerdings nur vollständig erreichen, wenn die Erklärung vom Empfänger so verstanden wird, wie sie rechtlich gilt. Fallen gewollter Erklärungsinhalt und Verständnis des Empfängers auseinander, müssen beide Deutungen deshalb in Einklang gebracht werden. Räumt man mittels § 133 BGB dem Willen des Erklärenden generell Vorrang ein, liefe das dem Vertrauensschutz des Erklärungsempfängers dienende Zugangserfordernis partiell leer. Den **Schutz des Vertrauens** berücksichtigt zwar § 157 BGB, welcher vorsieht, dass Verträge nach Treu und Glauben mit Rücksicht auf die Verkehrssitte auszulegen sind. Allerdings bezieht sich diese Vorschrift ihrem Wortlaut und ihrer systematischen Stellung nach nur auf Verträge.

10   Da zwischen Willenserklärung und Vertrag nicht zu trennen ist, wird die gesetzliche Unterscheidung allgemein als missglückt angesehen. Sie wird deshalb dahin interpretiert, dass für die Anwendung des § 157 BGB entscheidend ist, ob neben dem Willen des Erklärenden auch Vertrauensschutzgesichtspunkte zu berücksichtigen sind. Letzteres ist bei Verträgen stets der Fall, weil hieran mehrere Personen beteiligt sind und der Vertrag mit einem einheitlichen Inhalt zwischen ihnen gilt. Der Vertrauensschutz ist daneben aber auch bei empfangsbedürftigen Willenserklärungen zu berücksichtigen, weil vor diesem Hintergrund das Zugangserfordernis gerade vorgesehen oder nicht vorgesehen ist.[9]

> **Beispiel:** Albert setzt in seinem Testament Bert zum Alleinerben ein. Albert kann dieses Testament jederzeit ohne Zustimmung des Bert widerrufen bzw. ändern (vgl. §§ 2253 ff. BGB). Schutzwürdige Interessen des Bert sind nicht ersichtlich, weil dieser keinen Anspruch darauf hat, Erbe zu werden. Das Testament ist nicht empfangsbedürftig.

---

[8] Siehe oben § 6 Rn. 6 f.
[9] Siehe oben § 6 Rn. 6.

Abweichend von ihrem Wortlaut wirken §§ 133, 157 BGB danach derart zusam-   **11**
men, dass **§ 133 BGB Ausgangspunkt der Auslegung** sämtlicher Rechtsgeschäfte
ist, weil deren Geltung im privatautonomen Willen des Erklärenden wurzelt. Deshalb ordnet § 133 BGB an, dass Ziel der Auslegung die Ermittlung des wahren von
der Partei erklärten Willens ist, auch wenn dieser im Wortlaut nicht zum Ausdruck
kommt. Die ausschließliche Berücksichtigung des Willens des Erklärenden führt
jedoch dort zu Schwierigkeiten, wo der Empfänger einer Erklärung auf den geäußerten Erklärungstatbestand vertraut. Im Bereich **empfangsbedürftiger Willenserklärungen** und der Verträge müssen Schutz des Willens des Erklärenden und
Vertrauensschutz des Erklärungsempfängers in Ausgleich gebracht werden. Dies
sichert **§ 157 BGB**, der anordnet, dass der Wille nur maßgeblich ist, wenn er aus der
Sicht eines objektiven Empfängers unter Berücksichtigung von Treu und Glauben
sowie der Verkehrssitte hinreichend zum Ausdruck gekommen ist.

II. Natürliche Auslegung

Mit seiner Willenserklärung will der Erklärende, ggf. in Verbindung mit weiteren   **12**
Elementen und Willenserklärungen, willentlich eine Rechtsfolge herbeiführen. Der
Eintritt der Rechtsfolge beruht darauf, dass diese gewollt ist. Voraussetzung hierfür
ist aber, dass der Erklärende die von ihm innerlich gewollte Rechtsfolge (Geschäftswille) in seiner Verlautbarung nach außen trägt. Ziel der Vorschrift des § 133 BGB
ist es, den hinter der äußeren Erklärung stehenden Willens zu ermitteln, um diesen
optimal zur Geltung gelangen zu lassen. Deshalb ordnet § 133 BGB an, dass bei
der Ermittlung des Sinns einer Erklärung nicht an deren Wortlaut zu verhaften ist
(**Verbot der Buchstabeninterpretation**). Dies bedeutet allerdings nicht, dass der
innere, gar nicht geäußerte Wille entscheidend ist. Gegenteiliges legt bereits § 116
S. 1 BGB nahe, der einen nur inneren Vorbehalt für unbeachtlich erklärt. Vielmehr
ist nach § 133 BGB zu klären, wie der Erklärende seine Erklärung selbst verstanden
wissen wollte.

> **Beispiel:** Fies ist Alleingesellschafter einer GmbH und sagt zu seinem Geschäftsführer
> Treu „Raus!". Dem Wortlaut ließe sich entnehmen, dass Fies Treu bittet, dass dieser sein
> Büro verlässt. Erforscht man aber den wirklichen Willen, kann sich ergeben, dass Fies den
> Dienstvertrag mit Treu kündigen und diesen als Geschäftsführer abberufen will. Fies wollte
> das energisch ausgesprochene „Raus!" als Kündigung verstanden wissen.

Zur **Erforschung des wirklichen Willens** sind alle Umstände zu berücksichti-   **13**
gen. Dies ist bei sprachlichen Erklärungen zunächst der Wortlaut als primärer Sinnträger. Ergänzend sind die Systematik einer umfangreichen Erklärung sowie alle
erklärungsbegleitenden Umstände zu berücksichtigen, denen im Zusammenhang
mit der Erklärung irgendwie ein rechtlich erheblicher Sinn zukommen kann. Bei
konkludenten Erklärungen sind diese Begleitumstände sogar primärer Sinnträger,
weil es an einer sprachlichen Erklärung fehlt. Generell können alle auch außerhalb der Erklärung liegenden inneren und äußeren Umstände der Vergangenheit
oder Gegenwart, insbesondere die Entstehungsgeschichte, die Begleitumstände der

Erklärungsabgabe oder die bestehende Interessenlage, berücksichtigt werden. Im vorstehenden Beispiel gewinnt insoweit z. B. Bedeutung, ob Treu einen Anlass zur Kündigung gegeben hat, indem er sich zuvor mit Fies heftig gestritten hat, Fies hierdurch in Wut geraten ist, so dass sein Gesicht tiefrot anlief, und er das Wort „Raus!" so laut geschrien hat, dass man es noch auf der Straße gehört hat.

14   Da der Vernehmende einer nichtempfangsbedürftigen Willenserklärung nicht schutzwürdig ist, ist deren Auslegung beendet, wenn der wirkliche Wille gefunden wurde. Die Willenserklärung gilt mit dem wirklichen Willen, unabhängig von ihrem Wortlaut.

> **Beispiel:** Arndt vermacht in seinem Testament Bert seine „Bibliothek". Arndt war vor seinem Tod lediglich Eigentümer von drei Büchern (Telefonbuch, Gelbe Seiten und Postleitzahlenverzeichnis). Er besaß jedoch einen sehr gut gefüllten Weinkeller, den er gegenüber Freunden regelmäßig als seine „Bibliothek" bezeichnet hat. Aus den Umständen (persönlicher Sprachgebrauch des Arndt) ergibt sich, dass Arndt seinen Weinbestand vermachen wollte. Mit diesem Inhalt gilt das Testament, auch wenn das Wort „Bibliothek" objektiv einen anderen Sinn hat. Der Privatautonomie entsprechend ist der wahre Wille entscheidend, soweit keine gegenläufigen Interessen zu berücksichtigen sind.

III. Normative Auslegung

1. Ausgangspunkt

15   Da sich der Empfänger einer **empfangsbedürftigen Willenserklärung** auf die Erklärung einstellen können soll, muss das Interesse des Erklärenden an einer optimalen Verwirklichung seines Willens mit dem Vertrauensschutz des Empfängers in Ausgleich gebracht werden. Diesen Ausgleich regelt § 157 BGB. Bedeutung erlangt der Ausgleich zwischen Wille des Erklärenden und Vertrauen des Empfängers aber nur in den Fällen, in denen sich der wirkliche Wille nicht mit dem Erklärungsverständnis des Empfängers deckt.

> **Beispiel:** Arndt schreibt an Bert, dass er hundert Flaschen Champagner Krug Grande Cuvée für 195 € je Stück kaufen will. In Wirklichkeit will Arndt aber nur 159 € je Flasche bezahlen, ihm ist schlicht ein Zahlendreher unterlaufen. Hat Bert keine weiteren Anhaltspunkte, muss er jedoch aus der Erklärung schließen, dass Arndt einen Stückpreis von 195 € bezahlen will. Dies kann ihn z. B. veranlassen, den Antrag anzunehmen und sich für 165 € je Flasche entsprechend einzudecken, um Arndt beliefern zu können. Wird der Zahlendreher später aufgedeckt, muss entschieden werden, ob Arndt Lieferung für 159 € (Wille des Arndt) verlangen kann oder er vielmehr 195 € (Verständnis des Bert) bezahlen muss.

16   Ursächlich für das Missverständnis des Empfängers einer Erklärung können sowohl Umstände aus der Sphäre des Erklärenden (z. B. undeutliche Wortwahl, Versprechen, Vergreifen) als auch der des Empfängers (z. B. Verhören, Unkenntnis eines Fremdworts) sein. Ein Ausgleich der widerstreitenden Interessen muss darauf abzielen, die jeweiligen **individuellen Unzulänglichkeiten auszuschließen**. Geht man aus der Sicht des Erklärungsempfängers davon aus, dass das Zugangserfordernis sicherstellen soll, dass er sich auf eine Erklärung einrichten können soll, weil er von ihr betroffen wird, und weist man ihm aber die Verantwortung für seine persönlichen Unzulänglichkeiten zu, ist nicht entscheidend, wie er die Erklärung verstanden hat, sondern wie er sie hätte verstehen können (objektiver Erklärungsgehalt). Dies entspricht der Verteilung des Zugangsrisikos im Rahmen des § 130 BGB, wonach nicht entscheidend ist, dass der Empfänger eine Erklärung zur Kenntnis genommen hat, sondern es ausreicht, dass er sie unter normalen Umständen hätte zur Kenntnis nehmen können. Geht man umgekehrt vom Erklärenden aus, ist ihm die Verantwortung für die aus seiner Sphäre stammenden Missverständnisse zuzuweisen. Da er den Inhalt seiner Erklärung frei bestimmen kann, trägt er zum Schutz des Erklärungsempfängers die Verantwortung dafür, dass sein Wille hinreichenden Ausdruck in der Erklärung gefunden hat. Es ist daher interessengerecht, den Erklärenden an der objektiven Bedeutung seiner Erklärung festzuhalten. Dies bestätigen letztlich die §§ 116 ff. BGB, insbesondere die §§ 119 ff. BGB, aus denen sich ableiten lässt, dass eine Willenserklärung, bei der sich Wille und Erklärung nicht decken, wirksam ist, der Erklärende diese jedoch vernichten und sich hierdurch von ihren Bindungen befreien kann.[10]

2. Falsa demonstratio non nocet

Das Vertrauen des Empfängers einer empfangsbedürftigen Erklärung bedarf allerdings dort keines Schutzes, wo dieser den Erklärenden richtig verstanden hat. Das gilt unabhängig davon, ob von den Parteien bewusst eine vom allgemeinen Sprachgebrauch verschiedene Bedeutung eines Ausdrucks verwendet wird (es besteht gar kein Vertrauen des Empfängers, welches zu schützen ist)[11] oder zufällig ein Begriff übereinstimmend in abweichender Bedeutung verstanden wird (dann hat sich das übereinstimmend Gewollte verwirklicht, der Privatautonomie wurde entsprochen). **17**

> **Beispiel:**[12] Kim möchte für sein Sushi-Restaurant weißen Thunfisch kaufen. Er ruft bei Edel an und erklärt, um Fachwissen vorzutäuschen, dass er „5 kg Thunnus thynnus" zum aktuellen Marktpreis bestellt. Edel will sich nicht die Blöße einer Nachfrage geben und erklärt Kim, dass er den Antrag annimmt. Er geht dabei davon aus, dass Kim weißen und nicht roten Thunfisch meint. Edel erkennt zutreffend den wirklichen Willen. Er bedarf keines Schutzes, weshalb kein Grund ersichtlich ist, Kim die Verwirklichung seines wahren Willens zu versagen. Auch wenn „Thunnus thynnus" der Fachbegriff für roten Thunfisch ist, bezieht sich die Bestellung auf weißen Thunfisch (Thunnus alalunga). Die Parteien hier am objektiven Wortsinn der Erklärung festzuhalten, hindert die Verwirklichung der Privatautonomie des Kim und enttäuscht zugleich das Vertrauen des Edel, wenn sich dieser auf weißen Thunfisch eingerichtet hat.

Soweit keine Differenz zwischen wirklichem Willen des Erklärenden und Verständnis durch den Empfänger vorliegt, bedarf es keiner weiteren (normativen) Auslegung. Der von § 157 BGB aufzulösende Interessengegensatz besteht nicht. Es gilt **18**

---

[10] Siehe unten § 12 Rn. 5, 21 ff.
[11] Vgl. weiter das Beispiel oben Rn. 4.
[12] Vgl. auch RG v. 08.06.1920, RGZ 99, 147, 148.

der Grundsatz, dass eine falsche Bezeichnung nicht schadet (*falsa demonstratio non nocet*), wenn beide Parteien die Erklärung übereinstimmend in einem anderen Sinn verstehen, als dies gemeinhin der Fall ist.

3. Objektiver Empfängerhorizont

19   Ist in Bezug auf eine empfangsbedürftige Willenserklärung kein übereinstimmendes Verständnis des Rechtsgeschäfts gegeben, ist zum Schutz des Vertrauens des Empfängers zu ermitteln, wie ein verständiger Empfänger die Erklärung unter Berücksichtigung von Treu und Glauben verstehen konnte. Dabei ordnet § 157 BGB nicht an, dass am Wortlaut zu haften ist. Vielmehr wird auch die objektive Bedeutung einer Willenserklärung durch weitere Umstände bestimmt (**normative Auslegung**). Erneut können hierbei auch außerhalb der Erklärung liegende Umstände berücksichtigt werden.

20   Allerdings können nur die dem Empfänger **bekannten** oder für ihn zumindest **erkennbaren** Umstände berücksichtigt werden (Vertrauensschutz). Soweit dem Empfänger bestimmte Umstände bekannt sind, ist er nicht schutzwürdig. Er bedarf weitergehend auch dann keines Schutzes, wenn er zwar nicht erkennt, was wirklich mit der Erklärung gewollt ist, er dies aber bei Anwendung der ihm zumutbaren Sorgfalt hätte erkennen können. Mit der Ausübung der Privatautonomie durch Teilnahme am Rechtsverkehr verbunden ist die in Treu und Glauben wurzelnde Verpflichtung, dass der Empfänger eine Erklärung entsprechend der erkennbaren Umstände auszulegen hat. Tut er dies nicht, ist er nicht schutzwürdig. Lässt sich der wirkliche Wille für den Empfänger nicht zweifelsfrei ermitteln, ist dieser verpflichtet beim Erklärenden nachzufragen. Er darf die Erklärung keinesfalls ohne Weiteres in seinem Sinne auslegen. Vielmehr ist eine Erklärung mit im Weg der Auslegung nicht aufklärbarem Inhalt grds. unwirksam.

> **Beispiel:** Der in Leipzig wohnende Arndt bietet dem in München lebenden Bert ein Gemälde zum Preis von 80.000 Lira an. Lässt sich aus den Umständen nicht entnehmen, ob türkische oder syrische Lira gemeint sind, darf Bert nicht zu seinen Gunsten davon ausgehen, dass er nur syrische Lira schuldet. Er muss vielmehr nachfragen, welche Währung Arndt meint. Fragt er nicht nach und geht Arndt von türkischen und Bert von syrischen Lira aus, ist der Antrag und damit der Vertrag mangels eindeutigen Inhalts unwirksam.

21   **Erkennbar sind Umstände**, die bei gebotener Sorgfalt vom Empfänger hätten erkannt werden können. Daher kann eine Erklärung, die an mehrere Empfänger gerichtet ist, jeweils verschiedene Bedeutungen haben. Den Kreis der für den Empfänger erkennbaren und damit in die Auslegung einzubeziehenden Umstände bezeichnet man als objektiven Empfängerhorizont. Die Auslegung empfangsbedürftiger Willenserklärungen erfolgt daher anders ausgedrückt „nach dem objektiven Empfängerhorizont". Eine empfangsbedürftige Willenserklärung gilt mit dem auf diesem Weg bestimmten Inhalt, soweit nicht der Empfänger den wahren Willen des Erklärenden erkannt hat.

Die durch normative Auslegung auf der Grundlage des objektiven Empfänger-   **22**
horizonts gefundene Bedeutung der Erklärung muss nicht mit ihrem Wortlaut übereinstimmen.

> **Beispiel:** Arndt schreibt an Bert, dass er hundert Flaschen Champagner Krug Grande
> Cuvée für 195 € je Stück kaufen will. In Wirklichkeit will Arndt aber nur 159 € je Flasche
> bezahlen, ihm ist schlicht ein Zahlendreher unterlaufen. Dies zeigt die dem Schreiben des
> Arndt vorausgegangene Korrespondenz zwischen Arndt und Bert, in welcher stets ein Preis
> von 159 € je Stück benannt wurde. Deshalb war für Bert erkennbar, welchen Preis Arndt
> wirklich bieten wollte und der Antrag gilt mit dem Inhalt, dass ein Preis von 159 € je Fla-
> sche geboten wird.

Dies gilt nicht nur zum Vorteil, sondern auch zum Nachteil des Erklärenden, wenn   **23**
dieser die Erklärung im Sinne ihres Wortlauts gewollt hat, weitere Umstände aber
eine andere Bedeutung ergeben.

> **Beispiel:** Der Leipziger Jurastudent Arndt bestellt in einem Kölner Imbiss einen „halven
> Hahn". Er ist stark verwundert, als der Kellner ihm ein Roggenbrötchen mit Käse an den
> Tisch bringt. Mag der Wortlaut der Erklärung außerhalb des Rheinlands nahe legen, dass
> Arndt ein halbes Grillhähnchen bestellen wollte, ergeben die vom Erklärungsempfänger
> vorausgesetzten und im Rahmen der Auslegung als ein Kriterium zu berücksichtigenden
> Sprachgepflogenheiten vor Ort, dass ein „halver Hahn" ein Käsebrötchen ist.

4. Verkehrssitte

Als wichtigen berücksichtigungsfähigen Umstand betont § 157 BGB die Verkehrs-   **24**
sitte. Eine Verkehrssitte ist eine **schon länger geltende einverständliche Übung**
der betreffenden Verkehrskreise i. S. einer Branchenüblichkeit. Bestand sie bei Vornahme des Rechtsgeschäfts, ist davon auszugehen, dass die Beteiligten sie diesem
im Zweifel zugrunde legen. Voraussetzung hierfür ist allerdings, dass Erklärender
und Adressat dem gleichen Geschäftskreis angehören oder der Erklärungsempfänger zumindest die Verkehrssitte des Geschäftskreises des Erklärenden kennt. Besteht zwischen Kaufleuten eine bestimmte Verkehrssitte (Handelsbrauch), ist diese
grds. nur zu berücksichtigen, wenn die Erklärung von einem Kaufmann an einen
anderen Kaufmann gerichtet ist. Ist die gleiche Erklärung von einem Kaufmann an
einen Verbraucher gerichtet, ist bei der Ermittlung ihrer Bedeutung der Handelsbrauch dagegen nicht zu berücksichtigen, soweit der Handelsbrauch dem Verbraucher nicht ausnahmsweise bekannt war.

Aber auch bei der Verkehrssitte handelt es sich lediglich um einen von mehre-   **25**
ren zu berücksichtigenden Umständen. Sie kann durch weitere Umstände entkräftet
oder widerlegt werden. Dies ergibt sich daraus, dass letztlich auch der Wortsinn auf
einem allgemeinen Verständnis eines Worts, d. h. einer entsprechenden Verkehrssitte beruht, eine sprachliche Erklärung gleichwohl in einem bestimmten Zusammenhang eine von ihrem Wortsinn abweichende Bedeutung haben kann.[13] Dies gilt
nicht nur in Bezug auf den Wortsinn, sondern für jede Verkehrssitte. Verstößt eine

---

[13] Siehe das Beispiel oben Rn. 4.

Verkehrssitte gegen Treu und Glauben, ist sie allerdings nicht zu berücksichtigen, weil § 157 BGB der Verkehrssitte nur im Rahmen von Treu und Glauben Bedeutung beimisst.

C. Ergänzende Auslegung

I. Bedeutung und Rechtsgrundlage

26   Die erläuternde Auslegung vermag lediglich den (normativen) Willen des Erklären-den (der Parteien) aufzudecken. Soweit dieser fehlt, weil sich der Erklärende z. B. zu einem bestimmten Aspekt seines Rechtsgeschäfts keine Gedanken gemacht hat, kann die erläuternde Auslegung den Inhalt der Erklärung nicht aufdecken. Dass der Erklärende einen Aspekt nicht bedacht hat, kann darauf beruhen, dass er die-sen übersehen hat oder das Regelungsbedürfnis erst nachträglich entstanden ist. Ergibt die erläuternde Auslegung, dass der Erklärende aus vorstehenden Gründen zu einem Aspekt **keinen Willen gebildet** hat und erweist sich das **Rechtsgeschäft** deshalb als **lückenhaft**, greift die ergänzende Auslegung ein.[14] Diese zielt darauf ab, die Lücke des Rechtsgeschäfts entsprechend dem hypothetischen Willen des Erklärenden zu schließen.

> **Beispiel:**[15] Arndt ist Arzt in Dresden. Nachdem er seine Traumfrau in Leipzig kennenge-lernt hat, vereinbart er mit dem aus Leipzig stammenden Arzt Bert einen Tausch der Praxen. Bert erklärte sich zu diesem Tausch bereit, weil er in Dresden mit besseren Einnahme-möglichkeiten (zahlreiche an Stress leidende und privat versicherte Landtagsabgeordnete) gerechnet hat. Als Bert aber klar wird, dass die Landtagsabgeordneten überwiegend ein stressfreies Leben führen und sich seine Einnahmeerwartungen nicht erfüllt haben, kehrt er nach neun Monaten nach Leipzig zurück und eröffnet zwei Häuser neben seiner alten Praxis eine neue. Arndt, der seinen Patientenstamm gefährdet sieht, meint, Bert dürfe nicht in seiner alten Umgebung praktizieren. Arndt und Bert haben sich auf einen Praxistausch geeinigt. Dabei haben sie den Umstand nicht berücksichtigt, dass Bert nach Leipzig zurück-kommen könnte. Für diesen Fall sieht ihr Vertrag keine Regelung vor, weil die Parteien diesen Fall gar nicht bedacht haben. Durch ergänzende Auslegung ist zu entscheiden, ob Bert in seinem alten Stadtteil praktizieren darf.

27   Gegenstand der ergänzenden Auslegung können sowohl ein- als auch mehrseitige Rechtsgeschäfte sein. Besonders wichtig ist die Ausfüllung lückenhafter Verträ-ge (**ergänzende Vertragsauslegung**). Hier wirkt sich insbesondere aus, dass der Gesetzgeber zwar dispositives Gesetzesrecht für eine Vielzahl von Vertragstypen bereitstellt, die Parteien jedoch frei sind, andere Vertragstypen zu entwickeln (z. B. Leasing, Franchise, Factoring) und hierbei vielfach nicht alle regelungsbedürftigen (Stör-) Fälle voraussehen können. Dadurch entstehende Lücken müssen durch er-gänzende Auslegung geschlossen werden. Als einseitige Rechtsgeschäfte erweisen

---

[14] *Bork* Rn. 532; *Medicus* Rn. 340 ff. – Ablehnend *Wolf/Neuner* § 35 Rn. 66 ff.
[15] Vgl. BGH v. 18.12.1954, BGHZ 16, 72.

sich insbesondere Testamente häufig als lückenhaft und bedürfen der ergänzenden Auslegung. Dies beruht regelmäßig darauf, dass der Erblasser das Testament mitunter viele Jahre vor seinem Ableben errichtet und vor seinem Tod nicht mehr an veränderte Umstände angepasst hat.

Die ergänzende Auslegung findet ihre **Rechtsgrundlage** wie die erläuternde Auslegung in **§§ 133, 157 BGB**. Soweit für die ergänzende Vertragsauslegung vielfach §§ 157, 242 BGB als einheitliche Rechtsgrundlage angeführt werden, überzeugt dies nicht. Eines Rückgriffs auf § 242 BGB bedarf es nicht.[16] Dies zeigt sich deutlich darin, dass nicht nur Verträge, sondern auch einseitige Rechtsgeschäfte einer ergänzenden Auslegung zugänglich sind. Erweist sich ein nicht empfangsbedürftiges einseitiges Rechtsgeschäft als lückenhaft, ist allein der hypothetische Wille des Erklärenden maßgeblich. Vertrauensschutzinteressen eines Erklärungsempfängers, d. h. Treu und Glauben sowie eine Verkehrssitte, müssen nicht berücksichtigt werden. Einschlägig ist für diese deshalb nur § 133 BGB und nicht §§ 157, 242 BGB. Richtet sich aber die ergänzende Auslegung einseitiger nicht empfangsbedürftiger Rechtsgeschäfte allein nach § 133 BGB, ist nicht ersichtlich, warum § 157 BGB für empfangsbedürftige Rechtsgeschäfte oder Verträge keine ausreichende Rechtsgrundlage enthalten und einer Ergänzung durch § 242 BGB bedürfen soll.

28

II. Lücke

Voraussetzung für eine ergänzende Auslegung ist, dass ein **lückenhaftes Rechtsgeschäft** besteht. Dies ist der Fall, wenn das Rechtsgeschäft einen offen gebliebenen Punkt enthält, dessen Ergänzung „zwingend und selbstverständlich" geboten ist, um einen offenen Widerspruch zwischen der tatsächlich entstandenen Lage und dem mit dem Rechtsgeschäft verfolgten Zweck zu beseitigen.[17] Kurz gesagt: es entscheidet die Vervollständigungsbedürftigkeit des Rechtsgeschäfts.

29

> **Beispiel:** Bert eröffnet im vorstehenden Fall (vgl. oben Rn. 26) neun Monate nach einem erfolgten Praxistausch in unmittelbarer Nähe seiner alten, nunmehr an Arndt übergebenen Arztpraxis eine neue Praxis. Sinn des Praxistauschvertrags war es, dass jeder der beiden Ärzte die Praxis des anderen sowie dessen Patientenstamm übernimmt. Anderenfalls hätten sie die Praxen nicht tauschen müssen, sondern jeder von ihnen hätte unabhängig vom anderen seine Praxis in die andere Stadt verlegen können. Dieser Vertragszweck wird vereitelt, wenn sich Bert an alter Stelle niederlässt. Da der Vertrag zu diesem Punkt keine Regelung enthält, ist er vervollständigungsbedürftig. Anders wäre es, wenn Arndt und Bert mit einer baldigen Rückkehr gerechnet haben und Bert bei den Vertragsverhandlungen zu erkennen gegeben hat, dass er sich eine Rückkehr vorbehalte.

Ob ein lückenhaftes Rechtsgeschäft vorliegt, ist durch erläuternde Auslegung zu ermitteln. Dabei darf nicht nur der wirkliche Geschäftswille erforscht werden. Vielmehr sind auch die Motive zu berücksichtigen, die zu diesem Geschäftswillen ge-

30

---

[16] Vgl. BGH v. 13.04.2010, NJW 2010, 1742, 1742 f. – A. A. BGH v. 10.02.2009, NJW 2009, 1482, 1483.

[17] Vgl. BGH v. 18.12.1954, BGHZ 16, 72, 76; BGH v. 15.11.2012, NJW 2013, 678, 679.

führt haben. Eine Lücke liegt vor, wenn das Rechtsgeschäft den mit ihm verfolgten Zweck ohne Regelung eines Teilaspekts nicht vollständig zu erreichen vermag. Unerheblich ist, ob dies darauf beruht, dass der nicht geregelte Aspekt **bewusst** nicht geregelt wurde, weil er nicht regelungsbedürftig erschien, oder ob eine Regelung **unbewusst** nicht erfolgt ist, weil der Aspekt nicht bedacht wurde.[18] Gleichwohl liegt nicht immer eine Lücke vor, wenn ein bestimmter Umstand von den Parteien nicht geregelt wurde. Sie fehlt vielmehr, wenn die Regelung eines Aspekts bewusst nicht gewollt war, weil die ohne Regelung eintretende (gesetzliche) Rechtslage eintreten soll. Eine Lücke fehlt aber auch, wenn der Wille zwar nicht auf Eintritt der gesetzlichen Rechtsfolgen gerichtet war, deren Eingreifen jedoch ausreichend die Erreichung des Zwecks des Rechtsgeschäfts sichert.

> **Beispiel:** Arndt verkauft Bert einen Staubsauger, ohne zu regeln, was mit dem Geschäft passieren soll, wenn der Staubsauger nicht funktioniert. Arndt und Bert hielten eine solche Regelung nicht für notwendig, weil sie davon ausgingen, dass der Staubsauger mangelfrei ist. Ein bestimmter Umstand wurde hier bewusst nicht geregelt, weil er nicht regelungsbedürftig erschien. Ein lückenhaftes Rechtsgeschäft liegt gleichwohl nicht vor, weil die Parteien das Eingreifen des gesetzlichen Gewährleistungsrechts (vgl. § 437 BGB) entweder stillschweigend vorausgesetzt haben oder dessen Eingreifen jedenfalls verhindert, dass der angestrebte gerechte Austausch von Geld und Ware vereitelt wird.

31   Obwohl der Gesetzgeber insbesondere durch Ausgestaltung bestimmter Vertragstypen und deren dispositiver Normierung Vorsorge zur Vermeidung ausfüllungsbedürftiger Lücken trifft, scheidet eine Lücke gleichwohl nicht zwingend aus, wenn das Gesetz **lückenfüllendes Recht** anbietet. Vielmehr kann sich das vom Gesetzgeber angebotene Recht im Einzelfall ebenfalls als zur Erreichung des Zwecks des Rechtsgeschäfts ungeeignet erweisen, weshalb sein Eingreifen (mutmaßlich) nicht gewollt ist. Der Grund hierfür liegt darin, dass der Gesetzgeber nur sehr allgemeingültige Regelungen getroffen hat, die denknotwendig nicht allen Fallgestaltungen Rechnung tragen können. Dies wird deutlich, wenn man sich vergegenwärtigt, dass der Gesetzgeber für den Kauf eines Stücks Butter die gleichen rechtlichen Regelungen wie für den Kauf eines ICE-Zugs oder eines Unternehmens zur Verfügung stellt. Es ist offensichtlich, dass sich für diese Fälle ganz unterschiedliche Regelungsbedürfnisse ergeben können. Allerdings ist das Vorliegen einer ausfüllungsbedürftigen Lücke besonders begründungsbedürftig, wenn für den ungeregelten Fall dispositives Gesetzesrecht zur Verfügung steht.

III. Lückenfüllung

32   Ziel der ergänzenden Auslegung ist die Ermittlung des hypothetischen Willens. Bei einseitigen Rechtsgeschäften ist nach § 133 BGB der mutmaßliche Wille des Erklärenden zu ermitteln. Entscheidend ist nicht, was ein vernünftiger Erklärender, sondern was der konkret am Rechtsgeschäft Beteiligte gewollt hätte. Grundlage

---

[18] BGH v. 15.11.2012, NJW 2013, 678, 679.

hierfür ist das durch erläuternde Auslegung ermittelte Rechtsgeschäft. Soweit ein einseitiges Rechtsgeschäft empfangsbedürftig ist oder ein lückenhafter Vertrag ausgefüllt werden soll, müssen jedoch über § 157 BGB zusätzlich die Interessen der anderen Beteiligten (Adressat der Erklärung bzw. Vertragspartner) berücksichtigt werden. Es muss daher der hypothetische Parteiwille unter Beachtung der Gebote von Treu und Glauben sowie der Verkehrssitte ermittelt werden. Für einseitige empfangsbedürftige Rechtsgeschäfte ist der mutmaßliche Wille deshalb nur insoweit maßgeblich, als der Empfänger der Erklärung auf Grund der ihm bekannten oder für ihn erkennbaren Begleitumstände mit ihm rechnen musste. Bei einem ausfüllungsbedürftigen Vertrag gilt dies entsprechend. Es darf dabei aber nicht so vorgegangen werden, dass nach dem erkennbaren hypothetischen Willen jeder einzelnen Vertragspartei gefragt wird, weil sonst ein übereinstimmender Wille auf Grund der stets bestehenden und erkennbaren Interessengegensätze kaum gefunden würde. Vielmehr ist aufzuklären, was beide Parteien bei redlicher Denkweise als einen gerechten Interessenausgleich gewollt hätten, wenn sie den betreffenden Punkt bedacht hätten.[19] Ausgangspunkt ist das Rechtsgeschäft, wie es nach der erläuternden Auslegung besteht. Aus ihm sind als Leitlinien der Lückenfüllung die von den Parteien getroffenen Wertungen sowie der Vertragszweck zu ermitteln.

Beispiel: Bert eröffnet neun Monate nach einem erfolgten Praxistausch in unmittelbarer Nähe seiner alten, nunmehr an Arndt übergebenen Arztpraxis eine neue Praxis (vgl. oben Rn. 26). Sinn des Praxistauschvertrags war, dass jeder der beiden Ärzte die Praxis des anderen sowie dessen Patientenstamm übernimmt. Anderenfalls hätten sie die Praxen nicht tauschen müssen, sondern jeder hätte unabhängig vom anderen seine Praxis in die andere Stadt verlegen können. Dieser Vertragszweck wird vereitelt, wenn sich Bert an alter Stelle niederlässt. Da der Vertrag zu diesem Punkt keine Regelung enthält, ist er vervollständigungsbedürftig. Dies gilt aber nur im Hinblick auf eine baldige Rückkehr des Tauschpartners in seinen früheren Stadtbezirk. Deshalb hätten die Parteien kein zeitlich unbeschränktes, sondern nur ein zeitlich angemessen begrenztes Rückkehrverbot vereinbart. Nach dieser Maßgabe ist die Lücke zu schließen. Arnd kann deshalb von Bert verlangen, dass dieser für die Dauer von zehn Jahren nicht in seinem alten Stadtteil praktizieren darf.

D. Vorgehen bei der Auslegung von Rechtsgeschäften

Der Vorgang der Auslegung vollzieht sich typischerweise in vier gedanklichen Schritten: **33**

1. Nach § 133 BGB ist ausgehend vom gesetzten Erklärungstatbestand der wirkliche Wille des Erklärenden zu erforschen. Es ist zu fragen, wie er im Zeitpunkt der Erklärung diese selbst verstanden hat. Bei **nicht empfangsbedürftigen Rechtsgeschäften** ist dies die einzige Aufgabe der Auslegung, soweit sich ein vollständiger Wille ermitteln lässt. Lässt sich der wahre Wille nicht ermitteln, weil sich der Erklärende keine hinreichenden Vorstellungen von der Bedeutung

---

[19] BGH v. 15.11.2012, NJW 2013, 678, 679 (dort auch für dreiseitigen Vertrag).

seiner Erklärung oder sich in Bezug auf bestimmte Umstände gar keine Gedanken gemacht hat, ist mit Schritt 4 fortzusetzen. Lässt sich der wahre Wille zwar ermitteln, liegt jedoch ein empfangsbedürftiges bzw. mehrseitiges Rechtsgeschäft vor, ist mit Schritt 2 fortzusetzen.

2. Es ist zu ermitteln, wie der **Empfänger der Willenserklärung diese verstanden hat**. Deckt sich das Verständnis des Empfängers mit dem Willen des Erklärenden, ist die Auslegung beendet. Der Wille des Erklärenden hat sich verwirklicht (Privatautonomie). Die Erklärung gilt, wie sie von beiden verstanden wurde, unabhängig von ihrer objektiven Bedeutung (*falsa demonstratio non nocet*). Decken sich das Verständnis des Empfängers und der Wille des Erklärenden nicht, ist die Auslegung mit Schritt 3 fortzusetzen.

3. Nach § 157 BGB ist zu ermitteln, wie die Erklärung vom **objektiven Empfängerhorizont** zu verstehen war. Dazu sind alle Anhaltspunkte der Erklärung, des Erklärungsvorgangs und außerhalb der Erklärung heranzuziehen, die dem Empfänger bei Zugang der Erklärung zur Verfügung standen. Mit diesem Inhalt gilt die Erklärung, auch wenn der Erklärende sie anders verstanden haben wollte (Vertrauensschutz). Erweist sich das Rechtsgeschäft hiernach als lückenhaft, ist mit Schritt 4 fortzusetzen. Anderenfalls ist die Auslegung mit dem nach Schritt 3 gefundenen Ergebnis beendet.

4. Hat der Erklärende bestimmte Umstände nicht berücksichtigt, ist ein lückenhaftes Rechtsgeschäft durch **ergänzende Auslegung** aufzufüllen. Lückenhaft ist ein Rechtsgeschäft, wenn es zu einem bestimmten Punkt keine Regelung enthält und es ohne eine entsprechende Regelung, d. h. auch unter Berücksichtigung des zur Verfügung stehenden Gesetzesrechts, seinen Zweck nicht erreichen kann. Ist dies der Fall, ist bei nicht empfangsbedürftigen Willenserklärungen zu ermitteln, was der Erklärende gewollt hätte, wenn er von dem Umstand gewusst hätte. Bei empfangsbedürftigen Willenserklärungen steht dies unter dem Vorbehalt, dass der Empfänger mit dem mutmaßlichen Willen des Erklärenden auf Grund des Empfängerhorizonts hätte rechnen müssen. Bei Verträgen bedeutet dies, dass die Lücke im Geiste des Vertrags gefüllt werden muss, welcher durch die Interessen aller Beteiligten mitbestimmt wird.

E. Klausurfall – Auslegung

I. Sachverhalt[20]

34   Albert unterbreitet Berthold am 18. November 1916 folgendes Angebot: „Verkauf von 214 Fass Haakjöringsköd per Dampfer Jessica abgeladen à 4,30 M per Kilo". Haakjöringsköd ist das norwegische Wort für Haifischfleisch. Weder Albert noch Berthold kannten die wahre Bedeutung des Worts Haakjöringsköd. Vielmehr ver-

---

[20] Vgl. RG v. 08.06.1920, RGZ 99, 147.

standen sie beide unter dieser Bezeichnung Walfischfleisch. Berthold erklärte, er nehme das Angebot über den Verkauf von Haakjörigsköd an. Kann Berthold von Albert Lieferung von Walfischfleisch verlangen?[21]

II. Lösung

Berthold könnte gegen Albert ein Anspruch auf Lieferung von Walfischfleisch aus einem Kaufvertrag i. V. m. § 433 Abs. 1 BGB zustehen. Dies setzt voraus, dass durch Austausch von Antrag und Annahme ein Kaufvertrag mit entsprechendem Inhalt geschlossen wurde.   **35**

Einen Antrag könnte Albert erklärt haben, indem er Berthold 214 Fass Haakjöringsköd zum Preis von 4,30 M angeboten hat. Der Antrag ist eine empfangsbedürftige Willenserklärung, die einem anderen einen Vertragsschluss derart anträgt, dass dieser nur noch zustimmen muss. Dies ist vorliegend generell der Fall. Fraglich ist allein, mit welchem Inhalt der Vertragsschluss angetragen wurde. Dies ist durch Auslegung des Antrags zu ermitteln. Der nach § 133 BGB ermittelte wahre Wille des Albert ist darauf bezogen, Walfischfleisch zu verkaufen, was die Begleitumstände, z. B. das bestehende Importverbot, ergeben. Da der Antrag jedoch eine empfangsbedürftige Willenserklärung ist, muss das Vertrauen des Berthold in sein Verständnis des Antrags geschützt werden (vgl. § 157 BGB). Zu ermitteln ist deshalb, wie Berthold den Antrag unter Berücksichtigung von Treu und Glauben sowie der Verkehrssitte interpretieren durfte und musste. Ausgangspunkt hierbei ist der allgemeine Sprachgebrauch (Verkehrssitte). Danach bezieht sich der Antrag auf Haifischfleisch, weil Haakjöringsköd die norwegische Bezeichnung für Haifischfleisch ist. Allerdings ist das normative Verständnis vom Empfängerhorizont nur insoweit maßgeblich, als dies zum Schutz des Erklärungsempfängers erforderlich ist. Hat Berthold die Erklärung so verstanden, wie Albert sie verstanden wissen wollte, ist dem wahren Willen des Albert Geltung zu verschaffen (*falsa demonstratio non nocet*). Da Berthold den Antrag zutreffend als Angebot von Walfischfleisch verstanden hat, weil er nicht mit dem Importverbot in Konflikt geraten wollte, gilt der Antrag mit dem Inhalt, dass Walfischfleisch verkauft werden sollte.   **36**

Berthold muss den Antrag angenommen haben. Die Annahme ist eine empfangsbedürftige Willenserklärung, durch die einem Vertragsangebot unbeschränkt zugestimmt wird. Entscheidend ist deshalb, ob Berthold dem Kauf von Walfischfleisch zugestimmt hat. Dies ist der Fall, weil sich die Erklärung des Berthold trotz der Verwendung der falschen Begrifflichkeit auf den Antrag des Albert bezog und Gegenstand dieses Antrags Walfischfleisch war. Berthold hat den Antrag angenommen. Danach kam zwischen den Parteien ein Kaufvertrag über Walfischfleisch zustande. Berthold kann Lieferung von Walfischfleisch verlangen.   **37**

---

[21] Der Unterschied zwischen beiden Fleischsorten war nicht nur geschmacklich von Bedeutung. Vielmehr unterlag die Einfuhr von Haifischfleisch kriegswirtschaftlich bedingten Beschränkungen, woraus sich in dem klassischen Fall weitere Probleme ergaben.

Literatur

Bork (2011) Allgemeiner Teil des Bürgerlichen Gesetzbuchs. 3. Aufl
Medicus (2012) Allgemeiner Teil des BGB. 10. Aufl
Wolf/Neuner (2012) Allgemeiner Teil des deutschen Bürgerlichen Rechts. 10. Aufl

§ 9 Geschäftsfähigkeit

Literaturhinweise: *Coester-Waltjen*, Überblick über die Probleme der Geschäftsfähigkeit, JURA 1994, 331; *dies.*, Nicht zustimmungsbedürftige Rechtsgeschäfte beschränkt geschäftsfähiger Minderjähriger, JURA 1994, 668; *Hähnchen*, Schwebende Unwirksamkeit im Minderjährigenrecht – Ein Aufbauproblem aus historischer Sicht, JURA 2001, 668; *Harder*, Die Erfüllungsannahme durch den Minderjährigen – lediglich ein rechtlicher Vorteil, JuS 1977, 149 und JuS 1978, 84; *Keller*, Grundstücksschenkung an Minderjährige, JA 2009, 561; *Leenen*, Die Heilung fehlender Zustimmung gemäß § 110 BGB, FamRZ 2000, 863; *Lorenz*, Grundwissen – Zivilrecht: Rechts- und Geschäftsfähigkeit, JuS 2010, 11; *Ludwig*, Zur Problematik des Widerrufs eines Vertragsangebots gegenüber einem beschränkt geschäftsfähigen Minderjährigen, JURA 2011, 9; *Petersen*, Die Geschäftsfähigkeit, JURA 2003, 97; *Preuß*, Das für den Minderjährigen lediglich rechtlich vorteilhafte Geschäft, JuS 2006, 305; *Röthel/Krackhardt*, Lediglich rechtlicher Vorteil und Grunderwerb, JURA 2006, 161; *Schreiber*, Neutrale Geschäfte Minderjähriger, JURA 1987, 221; *Staudinger/Steinrötter*, Minderjährige im Zivilrecht, JuS 2012, 97; *Ulrici*, Alltagsgeschäfte volljähriger Geschäftsunfähiger, JURA 2003, 520; *Wacke*, Nochmals: Die Erfüllungsannahme durch den Minderjährigen – lediglich ein rechtlicher Vorteil?, JuS 1978, 80; *Wilhelm*, Das Merkmal „lediglich rechtlich vorteilhaft" bei Verfügungen über Grundstücksrechte, NJW 2006, 2353.

A. Defizite der Geschäftsfähigkeit

I. Ausgangspunkt

Willenserklärungen **wirken**, **weil** ihr rechtlicher Erfolg **gewollt** ist.[1] Der Handelnde   1
kann seine Angelegenheiten im Rahmen der Privatautonomie entsprechend seinem
Willen selbst gestalten. Umgekehrt muss er sich jedoch an den von ihm bewirkten
Rechtsfolgen festhalten lassen (Selbstverantwortung).

> **Beispiel:** Der 5-jährige Joris hat zum Geburtstag ein tolles Kinderfahrrad im Wert von
> 300 € geschenkt bekommen. Da ihn beim Spielen der Durst überkommt, tauscht er das
> Fahrrad kurzerhand mit seiner Spielkameradin Anna gegen einen Saft. Der Fall zeigt, dass
> die Bindung an das eigene rechtsgeschäftliche Handeln nur dort gerechtfertigt ist, wo der
> Handelnde die Folgen seines Handelns zumindest im Wesentlichen überschauen kann.

---

[1] Siehe oben § 5 Rn. 1.

B. Boemke, B. Ulrici, *BGB Allgemeiner Teil*, Springer-Lehrbuch,
DOI 10.1007/978-3-642-39171-2_9, © Springer-Verlag Berlin Heidelberg 2014

2   Die Selbstverantwortung setzt voraus, dass der Erklärende zu einer vernünftigen
Willensbildung in der Lage ist. Es wird hierfür ein gewisses Mindestmaß an Urteilsvermögen vorausgesetzt.[2] Ohne die Bindung an das eigene Handeln ist es umgekehrt nicht gerechtfertigt, selbstbestimmt handeln zu können. Die Fähigkeit einer
Person, Rechtsgeschäfte (z. B. Verträge) durch die Abgabe einer eigenen Willenserklärung vornehmen zu können, wird **Geschäftsfähigkeit** genannt.[3] Sie findet im
Prozessrecht ihre Entsprechung in der Prozessfähigkeit, d. h. der Fähigkeit eine
Prozesshandlung (z. B. Klageerhebung) vorzunehmen. Von der den rechtsgeschäftlichen Bereich betreffenden Frage der Geschäftsfähigkeit ist die Frage zu unterscheiden, ob eine Person für ihr tatsächliches Handeln (deliktisch) verantwortlich
gemacht werden kann. Die **Deliktsfähigkeit** richtet sich nach §§ 827 f. BGB. Geschäfts- und Deliktsfähigkeit vorgelagert ist die Rechtsfähigkeit, d. h. die Fähigkeit
Träger von Rechten und Pflichten zu sein. Sie kommt zumindest allen lebenden
Menschen ohne weitere Einschränkungen zu.[4]

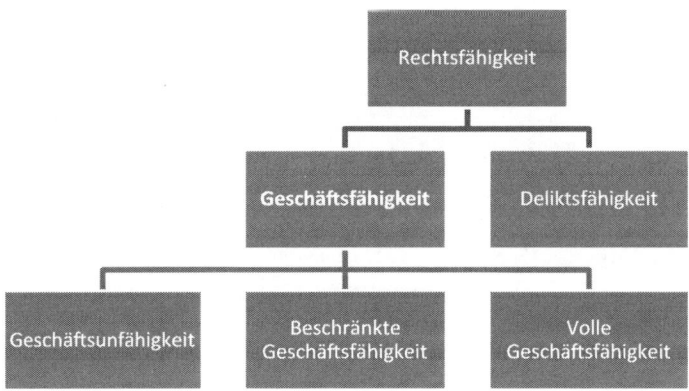

3   Da der Rechtsverkehr gefährdet ist, wenn jedes Rechtsgeschäft im Nachgang mit
dem Argument in Frage gestellt werden könnte, man habe dessen Folgen nicht überschauen können, und auch nicht vor jedem Rechtsgeschäft die „Reife" des oder
der Beteiligten individuell festgestellt werden kann, regelt das BGB die Geschäftsfähigkeit in den **§§ 104 bis 113 BGB**[5] abstrakt und losgelöst vom Schwierigkeitsgrad eines Geschäfts. Es geht dabei regelungstechnisch so vor, dass eine natürliche

---

[2] Vgl. Mot. I, S. 129.

[3] Vgl. Mot. I, S. 129; *Leenen* § 2 Rn. 8; Palandt/*Ellenberger* Einf v § 104 BGB Rn. 2.

[4] Siehe unten § 21 Rn. 7.

[5] Wichtige Sondervorschriften finden sich z. B. in §§ 2229 ff. BGB für die Testierfähigkeit und in
§§ 1303 ff. BGB für die Ehefähigkeit.

Person grds. nicht nur rechts-, sondern auch geschäftsfähig ist.[6] Hierauf aufbauend regelt das Gesetz Einschränkungen der Geschäftsfähigkeit. Diese knüpft das Gesetz insbesondere an das relativ sicher feststellbare Merkmal des Alters (II.). Daneben können Beschränkungen der Geschäftsfähigkeit aus dem Fehlen des abstrakt notwendigen Mindestmaßes an Einsicht oder gerichtlichen Anordnungen folgen (III.). Die Geschäftsfähigkeit fehlt bereits dann ganz oder teilweise, soweit ein gesetzlicher Beschränkungsgrund gegeben ist.

> **Beispiel:** Der 12-jährige Timo ist geisteskrank. Auf Grund seines Alters ist Timo zwar nicht mehr geschäftsunfähig nach § 104 Nr. 1 BGB, sondern beschränkt geschäftsfähig nach § 106 BGB. Infolge seiner Geisteskrankheit ist er jedoch zugleich nach § 104 Nr. 2 BGB geschäftsunfähig. Als stärkere Einschränkung genießt § 104 Nr. 2 BGB Vorrang, weshalb Timo insgesamt geschäftsunfähig ist.

II. Altersstufen

1. Überblick

Das Gesetz entscheidet die Frage der Geschäftsfähigkeit in erster Linie nach dem **Lebensalter**. Insoweit sind drei Altersstufen zu unterscheiden, an welche verschiedene Beschränkungen der Geschäftsfähigkeit anknüpfen.   **4**

1. Bis zur Vollendung des 7. Lebensjahres (24:00 Uhr des Tags vor dem Geburtstag, vgl. § 187 Abs. 2 S. 2 BGB) sind Personen nach § 104 Nr. 1 BGB **geschäftsunfähig**.
2. Ab Vollendung des 7. Lebensjahres (0:00 Uhr des Geburtstags) bis zur Vollendung des 18. Lebensjahres (sog. Minderjährigkeit) besteht nach §§ 2, 106 BGB **beschränkte Geschäftsfähigkeit**.
3. Ab Vollendung des 18. Lebensjahres (sog. Volljährigkeit) sind gesetzlich keine an das Lebensalter anknüpfenden Beschränkungen der Geschäftsfähigkeit mehr vorgesehen. Es besteht **volle Geschäftsfähigkeit**.

2. Teilgeschäftsfähigkeit Minderjähriger (§§ 112, 113 BGB)

Für Minderjährige[7] treffen die §§ 112, 113 BGB eine weitere Unterscheidung. Der **5** Gesetzgeber sieht insoweit vor, dass sie unter bestimmten Voraussetzungen auf bestimmten Gebieten wie Volljährige am Rechtsverkehr teilnehmen können. In den betroffenen Geschäftsbereichen sind Minderjährige bei Vorliegen der weiteren Voraussetzungen voll geschäftsfähig. Im Übrigen bleiben sie beschränkt geschäftsfähig (sog. **partielle Geschäftsfähigkeit**).

---

[6] MünchKommBGB/*Schmitt* § 104 BGB Rn. 2; Palandt/*Ellenberger* Einf v § 104 BGB Rn. 2.
[7] Ebenso für Volljährige unter Einwilligungsvorbehalt (vgl. § 1903 Abs. 1 S. 2 BGB und unten Rn. 15).

a) Betrieb eines Erwerbsgeschäfts

6   Nach § 112 BGB wird ein Minderjähriger für alle Geschäfte, die der **Betrieb eines Erwerbsgeschäfts** mit sich bringt, voll geschäftsfähig, wenn seine gesetzlichen Vertreter ihn zum Betrieb eines Erwerbsgeschäfts ermächtigt haben. Ein **Erwerbsgeschäft** ist jede erlaubte, selbstständige, berufsmäßig ausgeübte und gewinnorientierte Tätigkeit.[8] **Selbstständigkeit** liegt vor, wenn der Minderjährige das Erwerbsgeschäft nicht nur vorübergehend planmäßig selbst führt. Die **Ermächtigung** durch die gesetzlichen Vertreter ist eine empfangsbedürftige Willenserklärung mit dem Inhalt, dass die gesetzlichen Vertreter mit dem selbstständigen Geschäftsbetrieb einverstanden sind. Sie bedarf zu ihrer Wirksamkeit der **Genehmigung durch das Familiengericht.** Eine besondere Form ist für die Ermächtigung nicht zu beachten.

7   Liegen diese Voraussetzungen vor, erlangt der Minderjährige für den Bereich seines Erwerbsgeschäfts, d. h. für alle Rechtsgeschäfte, die der Betrieb des Erwerbsgeschäfts mit sich bringt, volle Geschäftsfähigkeit, soweit kein Fall des § 112 Abs. 1 S. 2 BGB vorliegt. Er steht insoweit einem Volljährigen gleich und ist für die betreffenden Einzelgeschäfte nicht auf die Mitwirkung seiner gesetzlichen Vertreter angewiesen. Für sonstige Rechtsgeschäfte bleibt der Minderjährige beschränkt geschäftsfähig.

> **Beispiel:** Der 17-jährige Lars gründet mit vom Familiengericht genehmigter Zustimmung seiner Eltern einen Elektronikhandel. Hinsichtlich aller dieses Geschäft betreffenden Geschäfte ist Lars voll geschäftsfähig, d. h. er kann Mitarbeiter einstellen,[9] Waren bestellen und nötigenfalls einen Insolvenzantrag stellen. Ausgeschlossen ist aber z. B. die Übernahme einer Bürgschaft (vgl. §§ 112 Abs. 1 S. 2, 1643 Abs. 1, 1822 Nr. 10 BGB).

b) Dienst- oder Arbeitsverhältnis

8   Nach § 113 BGB wird ein Minderjähriger für alle Geschäfte, die die Eingehung, Durchführung oder Aufhebung eines **Dienst- oder Arbeitsverhältnisses** betreffen, voll geschäftsfähig, wenn seine gesetzlichen Vertreter ihn ermächtigt haben, in Dienst oder Arbeit zu treten. Wie bei § 112 BGB ist eine Ermächtigung des gesetzlichen Vertreters erforderlich, welche von der Einwilligung bzw. Genehmigung des Arbeitsvertrags i. S. v. §§ 107 f. BGB oder dessen Abschluss durch den gesetzlichen Vertreter zu unterscheiden ist. Sie muss an den Minderjährigen gerichtet sein und sich auf die entgeltliche Verrichtung von Arbeit oder Diensten unter Einräumung eines gewissen Entscheidungsspielraums beziehen. Darunter fallen sowohl Dienst- bzw. Arbeits- als auch Werkverträge, nicht jedoch Berufsausbildungsverträge, welche nicht auf Dienstleistung, sondern auf Ausbildung gerichtet sind.[10] Mit der

---

[8] Palandt/*Ellenberger* § 112 BGB Rn. 3.

[9] *Boemke*, ArbR, § 3 Rn. 56.

[10] *Boemke*, ArbR, § 3 Rn. 35; Palandt/*Ellenberger* § 113 BGB Rn. 2. – A. A. stillschweigend BAG v. 22.01.2008, NJW 2008, 1833, 1834. – Offen gelassen von BAG v. 08.12.2011, NZA 2012, 495, 496.

wirksamen Ermächtigung wird der Minderjährige hinsichtlich aller Rechtsgeschäfte, die die Eingehung, Erfüllung und Aufhebung des Dienst- oder Arbeitsverhältnisses betreffen, **voll geschäftsfähig**. Nach § 113 Abs. 1 S. 2 BGB ausgenommen sind Rechtsgeschäfte, welche die gesetzlichen Vertreter nur mit Genehmigung des Familiengerichts vornehmen könnten.

> **Beispiel:** Der 17-jährige Bruno verdingt sich mit Zustimmung seiner Eltern als Lagerarbeiter. Für den hiervon betroffenen Bereich wird er voll geschäftsfähig. Er kann deshalb zur Verbesserung seiner Arbeitsbedingungen einer Gewerkschaft beitreten oder das Arbeitsverhältnis wegen unzumutbarer Bedingungen kündigen.

III. Geistige Schwächen

1. Grundsätze

Die notwendige Urteilsfähigkeit kann außer infolge Jugendlichkeit auch auf Grund   9
anderer Umstände, nämlich wegen Geisteskrankheit oder Geistesschwäche eingeschränkt sein. Dies greift § 104 Nr. 2 BGB auf und ordnet an, dass diejenigen Personen ohne Rücksicht auf ihr Lebensalter **geschäftsunfähig** sind, bei denen eine freie Willensbildung durch eine nicht bloß vorübergehende, d. h. dauerhafte krankhafte Störung der Geistestätigkeit ausgeschlossen ist. Ein solcher Zustand liegt vor, wenn der Betroffene nicht mehr in der Lage ist, seine Entscheidungen von vernünftigen Erwägungen abhängig zu machen.[11]

> **Beispiele:** Altersschwachsinn, manisch-depressives Irresein; nicht jedoch Trinksucht, Rauschgiftsucht.[12]

Denkbar ist, dass sich der die Geschäftsfähigkeit beeinträchtigende Zustand auch   10
auf einen bestimmten Geschäftskreis beschränkt (sog. **partielle Geschäftsunfähigkeit**).[13] Dies betrifft z. B. den Querulantenwahn für die Prozessführung[14] oder die krankhafte Eifersucht für Scheidungsfragen.[15] Dagegen ist eine beschränkte Beeinträchtigung für Geschäfte ab einem gewissen Anspruch oder Schwierigkeitsgrad (sog. **relative Geschäftsfähigkeit**) zum Schutz des Rechtsverkehrs nicht vorgesehen.[16] Einer rüstigen Rentnerin fehlt daher nicht die Geschäftsfähigkeit für den Kauf von komplizierten Zertifikaten der Lehmann-Bank, solange sie geistig in der Lage ist, zwei Brötchen zu kaufen.

---

[11] BGH v. 05.12.1995, NJW 1996, 918, 919; BAG v. 28.10.2010, NJW 2011, 872.

[12] Vgl. Mot. I, S. 129.

[13] BGH v. 04.11.1999, NJW 2000, 289, 290; BAG v. 11.06.1963, AP BGB § 104 Nr. 1.

[14] BAG v. 11.06.1963, AP BGB § 104 Nr. 1.

[15] BGH v. 24.09.1955, BGHZ 18, 184, 186 f.

[16] BGH v. 14.07.1953, NJW 1953, 1342; BGH v. 19.06.1970, NJW 1970, 1680, 1681; *Bork* Rn. 984. – A. A. RG v. 21.03.1938, JW 1938, 1590, 1591; OLG Köln v. 29.01.1960, NJW 1960, 1389.

11   Die von § 104 Nr. 2 BGB vorausgesetzte dauerhafte Beeinträchtigung der Geis-
tesfähigkeit wird nicht dadurch ausgeschlossen, dass sie für kürzere Zeiträume (sog.
lichte Augenblicke) unterbrochen wird. Trotz derartiger Unterbrechungen bleibt
die Geschäftsunfähigkeit bestehen. Für die Dauer der Unterbrechung „befindet
sich" der Erklärende jedoch nicht in einem die Geschäftsunfähigkeit begründenden „Zustand". Seine Geschäftsfähigkeit wird nicht durch § 104 Nr. 2 BGB ausgeschlossen.[17] Er ist geschäftsfähig, soweit seine Geschäftsfähigkeit nicht aus anderen
Gründen ausgeschlossen oder beschränkt ist.

12   Liegt allerdings bloß eine **vorübergehende** – also einmalige oder nur gelegent-
liche – **Störung der Geistestätigkeit** vor (z. B. Vollrausch, Drogentrip, Hypnose),
ist § 104 Nr. 2 BGB nicht anzuwenden. Der Erklärende ist nicht geschäftsunfähig.
Allerdings sind nach § 105 Abs. 2 BGB die Willenserklärungen, welche im Zeitraum
der Geistesstörung abgegeben werden, nichtig. Obwohl danach der Geschäftsunfähige im lichten Augenblick ggf. wie ein Geschäftsfähiger handeln kann und umgekehrt ein Geschäftsfähiger im Zustand der vorübergehenden Geistesschwäche nicht
wirksam handeln kann, ist die Unterscheidung beider Fälle nicht entbehrlich. Sie
erlangt Bedeutung u. a. für die Darlegungs- und Beweislast im Prozess.[18] Außerdem
wirkt sich die Unterscheidung im Hinblick auf den Zugang von Willenserklärungen
aus, weil die Sonderregelung des § 131 BGB nur[19] für Geschäftsunfähige gilt.[20]

2. Gerichtliche Entscheidung

13   Die Anknüpfung der Geschäftsunfähigkeit an eine geistige Schwäche beeinträchtigt
den Rechtsverkehr, weil sich die entscheidenden Voraussetzungen, insbesondere für
einen weit in der Vergangenheit liegenden Zeitpunkt, nur schwer feststellen lassen.
Diese Unsicherheiten ließen sich dadurch verringern, dass die Voraussetzungen des
§ 104 Nr. 2 BGB in einem gerichtlichen Verfahren geprüft und zum Abschluss verbindlich festgestellt werden. Mit diesem Ziel fand bis zum 31.12.1991 in den Fällen
der Geisteskrankheit oder -schwäche ein gerichtliches **Entmündigungsverfahren**
statt.[21] Es bewirkte, dass der Entmündigte geschäftsunfähig war (vgl. § 104 Nr. 3
BGB a. F.) oder nur noch als beschränkt geschäftsfähig eingestuft wurde (vgl. § 114
BGB a. F.). Seine Vertretung wurde durch einen vom Gericht bestellten Vormund
wahrgenommen. Dies diente der Sicherheit des Rechtsverkehrs. Gegen die Entmündigung bestanden trotz ihrer Vorteile für den Rechtsverkehr jedoch erhebliche
Bedenken, weil sie vielfach zum „sozialen Tod" der Entmündigten führte.

14   Zum 01.01.1992 hat der Gesetzgeber daher den Entzug der Geschäftsfähigkeit
durch Entmündigung abgeschafft. An ihre Stelle trat die Betreuung. Nach § 1896
BGB kann durch das Betreuungsgericht, auch unabhängig von den Voraussetzun-

---

[17] RG v. 19.10.1909, RGZ 72, 61, 64; Palandt/*Ellenberger* § 104 BGB Rn. 4.

[18] Vgl. BGH v. 11.03.1988, NJW 1988, 3011 und BGH v. 05.06.1972, WM 1972, 972.

[19] Palandt/*Ellenberger* § 131 BGB Rn. 1. – Vgl. auch BAG v. 28.10.2010, NJW 2011, 872, 874.

[20] Siehe unten Rn. 17.

[21] Vgl. Mot. I, S. 130.

gen des § 104 Nr. 2 BGB, ein **Betreuer** bestellt werden, der in seinem Aufgabenkreis als gesetzlicher Vertreter des Betreuten auftritt (vgl. § 1902 BGB). Hierdurch
soll der Betreute bei seinem selbstbestimmten Handeln unterstützt werden, weshalb
die Bestellung eines Betreuers seine Geschäftsfähigkeit nicht beschränkt. Vielmehr
tritt der Betreuer mit seiner Zuständigkeit neben den Betreuten (Doppelzuständig-
keit). Ein Betreuter kann deshalb sehr wohl (voll) geschäftsfähig sein. Umgekehrt
kann es vorkommen, dass ein Geschäftsunfähiger i. S. v. § 104 Nr. 2 BGB keinen
Betreuer hat, weil seine Geschäftsunfähigkeit nicht erkannt wurde.

Die Bestellung eines Betreuers schafft für diesen eine Vertretungsbefugnis, lässt **15**
die Geschäftsfähigkeit des Betreuten aber unberührt. Es gilt hierfür vielmehr uneingeschränkt § 104 BGB. Nach § 1903 BGB kann das Gericht allerdings einen sog.
Einwilligungsvorbehalt anordnen. Dies bewirkt, dass der Betreute in bestimmten Fällen nur mit Zustimmung seines Betreuers rechtlich wirksam handeln kann.
Seine Stellung ist vergleichbar der eines beschränkt Geschäftsfähigen. Der Einwilligungsvorbehalt erleichtert zwar auch den Rechtsverkehr, weil sich seine Anordnung leichter feststellen lässt als die Voraussetzungen des § 104 Nr. 2 BGB. Da
zusätzlich zu § 1903 BGB jedoch weiterhin § 104 Nr. 2 BGB zu beachten ist, wird
das Vertrauen des Rechtsverkehrs nicht umfassend geschützt. Vielmehr kann es im
Einzelfall sogar zu einer Irreführung des Rechtsverkehrs[22] kommen.

> **Beispiel:** Für einen unerkannt Geisteskranken wird ein Betreuer bestellt. Zusätzlich wird
> ein Einwilligungsvorbehalt angeordnet. Der unerkannt Geisteskranke mietet einen Garten
> an. Der Betreuer genehmigt dieses Geschäft. Der Vertrag ist trotz der Genehmigung des mit
> gerichtlicher Autorität bestellten Betreuers nach §§ 105 Abs. 1, 104 Nr. 2 BGB nichtig, weil
> § 104 Nr. 2 BGB durch § 1903 BGB nicht verdrängt wird.

B. Rechtsfolgen defizitärer Geschäftsfähigkeit

I. Geschäftsunfähigkeit

1. Grundsätze

Die Willenserklärungen, die ein Geschäftsunfähiger abgibt, sind gemäß § 105 **16**
Abs. 1 BGB nichtig, d. h. sie werden so behandelt, als seien sie als **Rechtsgeschäft
nicht existent**. Ein Geschäftsunfähiger kann nicht selbst durch **Abgabe** von Willenserklärungen am Rechtsverkehr teilnehmen. Ihn rechtlich bindende Erklärungen
kann vielmehr nur sein Vertreter mit Wirkung für ihn abgeben.[23] Auf Grund ihres
Alters Geschäftsunfähige werden nach §§ 1626, 1629 BGB regelmäßig durch ihre
Eltern vertreten. Für volljährige Geschäftsunfähige trifft das Gesetz dagegen keine
eigene Regelung über die Person des Vertreters. Geisteskranke Volljährige werden

---

[22] Vgl. *Coester* Jura 1991, 1, 7; *Jurgeleit* Rpfleger 1995, 282.
[23] Zur Stellvertretung siehe § 14.

danach nicht von Gesetzes wegen z. B. durch ihre Kinder oder Geschwister vertreten. Denkbar ist insoweit vielmehr, dass der Geisteskranke selbst in geschäftsfähigem Zustand Vorsorge getroffen und einen Vertreter (Vorsorgevollmacht) oder das Betreuungsgericht einen Betreuer bestellt hat.

17   Die Geschäftsunfähigkeit hindert nicht nur die Abgabe wirksamer Willenserklärungen, vielmehr steht sie auch der rechtlichen Entgegennahme (**Zugang**)[24] entgegen. Ein Geschäftsunfähiger kann eine Willenserklärung zwar u. U. tatsächlich vernehmen. Ihm im Rechtssinne zugegangen ist die Erklärung nach § 131 Abs. 1 BGB allerdings erst, wenn sie seinem gesetzlichen Vertreter zugeht.[25]

18   Nach Vorstehendem führt die Geschäftsunfähigkeit also nicht dazu, dass ein Geschäftsunfähiger seine Eigenschaft als Rechtssubjekt – also die Fähigkeit Träger von Rechten und Pflichten zu sein[26] – verliert. Er kann aber nicht selbst durch die Abgabe von Willenserklärungen wirksam Rechte erwerben bzw. Pflichten eingehen. Hierzu **muss** er (gesetzlich) **vertreten werden**. Diese Rechtsfolgen treten auch dann ein, wenn sie im Rechtsverkehr nicht erkannt wurden.[27] Der Grund hierfür liegt im Schutz des Geschäftsunfähigen, der insbesondere durch § 105 Abs. 1 BGB gewährleistet wird. Das Risiko, an einen Geschäftsunfähigen zu geraten und dadurch einen (**Vertrauens**-) Schaden zu erleiden, trägt danach regelmäßig jeder selbst als Teil des allgemeinen Lebensrisikos.

> **Beispiel:** Wenn der sechsjährige Paule bei Raffzahn einen Gameboy kauft, ist seine Willenserklärung nach § 105 Abs. 1 BGB auch dann nichtig und nicht bloß nach §§ 107, 108 Abs. 1 BGB schwebend unwirksam, wenn Raffzahn auf Grund des Aussehens von Paule darauf vertraut hat, dass Paule bereits acht Jahre alt (und damit nach §§ 2, 106 BGB beschränkt geschäftsfähig) war.

19   Haben die Parteien (in Verkennung der Unwirksamkeit ihres Vertrags) die wechselseitigen Leistungen ausgetauscht, ist dieser Leistungsaustausch auf Grund § 105 Abs. 1 BGB nicht durch entsprechende Verpflichtungen abgedeckt. Hieran anknüpfend regelt § 812 Abs. 1 S. 1 Alt. 1 BGB, dass in Bezug auf die ausgetauschten Leistungen eine **Rückabwicklung** vorzunehmen ist.[28]

2. Sonderfall: Alltagsgeschäfte volljähriger Geschäftsunfähiger

20   Aufbauend auf die grundsätzlichen Folgen des Geschäftschlusses durch Geschäftsunfähige (Unwirksamkeit des Vertrags, wechselseitige Rückabwicklung ausgetauschter Leistungen) hat der Gesetzgeber mit **§ 105a BGB** eine **Sondervorschrift** für Alltagsgeschäfte[29] volljähriger Geschäftsunfähiger geschaffen. Die Vorschrift soll die Teilnahme Behinderter am Alltagsleben erleichtern. Sie setzt

---

[24] Siehe oben § 6 Rn. 40 f.

[25] Siehe oben § 6 Rn. 40.

[26] Vgl. unten § 21 Rn. 7 ff.

[27] Vgl. BGH v. 12.10.1976, NJW 1977, 622, 623.

[28] Siehe oben § 4 Rn. 41.

[29] Dem Rechtsgedanken von § 105a BGB entsprechende Sondervorschriften finden sich zudem in § 4 Abs. 2 WBVG und § 138 Abs. 5–7 SGB IX.

voraus, dass ein volljähriger (vgl. § 2 BGB) Geschäftsunfähiger (vgl. § 104 Nr. 2 BGB) einen **Vertrag schließt**. Dieser Vertrag darf allein wegen des Mangels in der Geschäftsfähigkeit unwirksam sein.[30] Bei dem geschlossenen Vertrag muss es sich um ein Geschäft des täglichen Lebens handeln. Dies erfasst entgeltliche wie unentgeltliche Geschäfte. Ein existenznotwendiges Geschäft im engsten Sinn ist nicht erforderlich. Das Tatbestandsmerkmal „täglich" verlangt auch nicht, dass das in Betracht kommende Geschäft notwendigerweise jeden Tag vorgenommen wird. Entscheidend ist vielmehr, ob die Verkehrsauffassung das Geschäft zu den **alltäglichen Geschäften** zählt. Insoweit entspricht § 105a BGB der Regelung des § 1903 Abs. 3 S. 2 BGB. Der Gesetzgeber selbst dachte an Geschäfte wie den Erwerb von Gegenständen des täglichen Bedarfs (z. B. Lebensmittel, Zahnpasta), aber auch die Inanspruchnahme einfacher Dienstleistungen (Friseur, Personennahverkehr). Das Geschäft muss mit **geringwertigen Mitteln**, typischerweise Bargeld, bewirkt werden können. Zur Bestimmung des Werts sind nicht die wirtschaftlichen Verhältnisse des Geschäftsunfähigen heranzuziehen, vielmehr ist auf das durchschnittliche Preis- und Einkommensniveau abzustellen.[31] Die Grenze dürfte derzeit bei etwa 35 € liegen.[32] Außerdem setzt § 105a BGB voraus, dass beide Vertragspartner die von ihnen geschuldeten **Leistungen** tatsächlich **bewirkt** haben, d. h. vollständige Erfüllung i. S. v. § 362 BGB eingetreten ist.[33] Sind die Voraussetzungen erfüllt, ist § 105a BGB nach S. 2 gleichwohl nicht anwendbar, wenn das Geschäft eine erhebliche Gefahr für die Person oder das Vermögen des Geschäftsfähigen begründet.[34]

Soweit die Voraussetzungen des § 105a BGB vorliegen, wirkt dieser auf die **21** generellen Rechtsfolgen der Geschäftsunfähigkeit ein, indem er die unerwünschte **Rückabwicklung** des vollzogenen Vertrags **ausschließt**. Zu diesem Zweck ordnet er an, dass der vom Geschäftsunfähigen geschlossene Vertrag in Ansehung von Leistung und Gegenleistung als wirksam gilt. Mit dieser Fiktion wird die Rückforderung von Leistung und Gegenleistung ausgeschlossen, sobald diese bewirkt sind. Der Vertrag wird jedoch nicht im Rechtssinne wirksam.[35] Um seinen Zweck vollständig zu erreichen, muss § 105a BGB auch die Wirksamkeit der Rechtsgeschäfte des Geschäftsunfähigen fingieren, welche dieser zur „Vertragserfüllung" vornimmt.[36]

Beispiel: Die 99-jährige Berta ist körperlich noch rüstig aber geschäftsunfähig im Sinne von § 104 Nr. 2 BGB. Sie geht jeden Tag zu Emma um die Ecke und kauft dort zwei Brötchen zum Gesamtpreis von 0,90 €. Sie erhält die Brötchen, welche sie zu Hause isst, und gibt Emma dafür Münzen im entsprechenden Gegenwert. Nach § 105a BGB gilt der Kaufvertrag über die zwei Brötchen als wirksam. Berta kann deshalb die von ihr gegebenen Münzen nicht nach § 812 Abs. 1 S. 1 Alt. 1 BGB zurückverlangen. Umgekehrt muss sie

---

[30] Ausführlich *Ulrici* JURA 2003, 520, 521.

[31] BT-Drs. 14/9266 S. 43 re. Sp.; ausführlich *Ulrici* JURA 2003, 520, 521.

[32] Vgl. zum Stand 2003 *Ulrici* JURA 2003, 510, 521.

[33] Ausführlich *Ulrici* JURA 2003, 520, 521.

[34] Ausführlich *Ulrici* JURA 2003, 520, 521 f.

[35] BT-Drs. 14/9266 S. 43 re. Sp.; ausführlich *Ulrici* JURA 2003, 520, 522.

[36] *Ulrici* JURA 2003, 520, 522.

auch keinen Wertersatz (vgl. § 818 Abs. 2 BGB) für die zwei Brötchen leisten. Um eine Rückabwicklung gänzlich auszuschließen, ermöglicht § 105a BGB zugleich, dass Emma durch Übereignung nach § 929 S. 1 BGB Eigentum an den Münzen erwirbt. Anderenfalls müsste sie diese nämlich nach § 985 BGB herausgeben, soweit sie noch im Besitz dieser ist und an diesen nicht kraft Gesetzes Eigentum erworben hat (vgl. §§ 948, 947 Abs. 2 BGB).

II. Beschränkte Geschäftsfähigkeit

1. Überblick

22   Beschränkt Geschäftsfähige[37] sowie Geschäftsfähige, für die gem. § 1903 BGB ein Einwilligungsvorbehalt angeordnet wurde,[38] können in zwei Formen am Rechtsverkehr teilnehmen:

1. Sie können wie Geschäftsunfähige von ihren gesetzlichen Vertretern (Eltern, Betreuer) vertreten werden (Ausnahme: höchstpersönliche Geschäfte).[39]
2. Sie können aber auch selbst handeln, indem sie eine eigene Willenserklärung abgeben. Davon geht das Gesetz als Regelfall aus, normiert in § 107 BGB aber eine wesentliche Beschränkung der Geschäftsfähigkeit. Danach sind folgende Rechtsgeschäfte zu unterscheiden:

   a) Rechtsgeschäfte, aus denen der beschränkt Geschäftsfähige bzw. Betreute i. S. v. § 1903 BGB **lediglich einen rechtlichen Vorteil** erlangt (§§ 107, 1903 Abs. 3 S. 1), können vom ihm selbst wirksam vorgenommen werden, ohne dass es einer Beteiligung des gesetzlichen Vertreters bedarf.
   b) Alle anderen Rechtsgeschäfte bedürfen zu ihrer Wirksamkeit grundsätzlich einer Mitwirkung des gesetzlichen Vertreters. Diese Mitwirkung kann entweder durch **vorherige Einwilligung** (vgl. § 183 BGB)[40] oder durch **nachträgliche Genehmigung** (vgl. § 184 Abs. 1 BGB)[41] erfolgen. Für einzelne Fälle sieht das Gesetz Ausnahmen vom Zustimmungserfordernis des § 107 BGB vor (§§ 112, 113, 1903 Abs. 3 S. 2 BGB).

2. Zustimmungsfreie Rechtsgeschäfte

a) Grundsätze

aa) Ausgangspunkt

23   Nach § 107 BGB sind alle Rechtsgeschäfte des beschränkt Geschäftsfähigen ohne vorherige oder nachträgliche Zustimmung seines gesetzlichen Vertreters wirksam,

---

[37] Siehe oben Rn. 4.
[38] Siehe oben Rn. 15.
[39] Zur Stellvertretung siehe § 14.
[40] Siehe unten Rn. 37 ff.
[41] Siehe unten Rn. 50.

wenn sie für ihn lediglich einen rechtlichen Vorteil begründen. Entsprechendes gilt nach § 1903 Abs. 3 S. 1 BGB für den Betreuten unter Einwilligungsvorbehalt. Durch die beschränkte Geschäftsfähigkeit will das Gesetz Minderjährige an die volle Geschäftsfähigkeit heranführen.[42] Um sie dabei jedoch **vor** unbedachten **Selbstgefährdungen** durch nicht vorteilhafte Geschäfte zu **schützen**, sieht das Gesetz ein Zustimmungserfordernis vor.[43] Neben dem Schutz des Minderjährigen vor sich selbst dient das Zustimmungserfordernis dagegen nicht pädagogischen Zielen oder dem Erziehungsrecht der Eltern, weil eine Beeinträchtigung dieser Interessen auch durch rechtlich vorteilhafte Rechtsgeschäfte möglich ist.[44]

> **Beispiel:** Der Großvater schenkt seinem 17-jährigen Enkel ein Moped. Die Eltern wollen unbedingt vermeiden, dass ihr Sohn sich für motorisierte Zweiräder begeistert.

bb) Rechtlicher Vorteil

Obwohl der Minderjährige insbesondere vor Beeinträchtigungen seines Vermögens geschützt werden soll, knüpft § 107 BGB nicht daran an, ob ein Rechtsgeschäft wirtschaftlich vor- oder nachteilig ist. Der Grund hierfür liegt darin, dass eine wirtschaftliche Beurteilung vielfach nicht eindeutig möglich ist, sondern regelmäßig von den Umständen des Einzelfalls und persönlichen Ansichten (Privatautonomie) abhängt. Die hiermit verbundenen Unsicherheiten gefährden den Rechtsverkehr.[45] Deshalb unterscheidet das Gesetz anhand des **rechtlichen Vorteils**, welchem eine Indizwirkung für die wirtschaftlichen Folgen zukommt.[46] Um weder Schutz des Minderjährigen noch Rechtsverkehr zu gefährden, ist das Tatbestandsmerkmal des rechtlichen Vorteils grds. strikt anzuwenden. Entscheidend sind nur die **rechtlichen Auswirkungen** (sowohl Haupt- als auch Nebenpflichten) des Geschäfts. Mag dieses bei objektiver Betrachtung wirtschaftlich auch noch so vorteilhaft sein, ist es im Grundsatz trotzdem zustimmungsbedürftig, wenn es bei rechtlicher Betrachtung mit Nachteilen verbunden ist.[47] Ein Rechtsgeschäft ist deshalb zustimmungsbedürftig, wenn mit ihm nur **irgendein rechtlicher Nachteil** verbunden ist.

> **Beispiel:** Wenn der zehnjährige Gustav eine komplette Ausgabe des Großen Brockhaus aus dem Jahr 1925 zum Preis von 20 € von einem Antiquariat kauft, ist dieses Rechtsgeschäft (Kaufvertrag) nicht rechtlich lediglich vorteilhaft im Sinne von § 107 BGB, weil Gustav nach § 433 Abs. 2 BGB verpflichtet ist, den Kaufpreis zu zahlen und das Buch abzunehmen. Diese Verpflichtungen bringen für Gustav rechtliche Nachteile, unabhängig davon, dass der Kauf bei wirtschaftlicher Betrachtung vorteilhaft ist. Der Kaufvertrag zwischen Gustav und dem Antiquariat ist daher nicht wirksam, sondern nach §§ 108 Abs. 1, 107 BGB schwebend unwirksam. Die Eltern können dem Kauf nachträglich zustimmen und damit dessen Wirksamkeit herbeiführen.

24

---

[42] Staudinger/*Knothe* § 107 BGB Rn. 1; *Wilhelm* NJW 2006, 2353, 2355.

[43] BGH v. 25.11.2004, NJW 2005, 415, 417 f.

[44] Selbstverständlich können die gesetzlichen Vertreter aber bei ihrer Entscheidung über die Erteilung der Zustimmung pädagogische Aspekte berücksichtigen.

[45] BGH v. 25.11.2004, NJW 2005, 415, 417 f.; Staudinger/*Knothe* § 107 BGB Rn. 4.

[46] BGH v. 25.11.2004, NJW 2005, 415, 417 f.

[47] Vgl. Prot. I, S. 60. – Siehe zu Ausnahmen unten Rn. 25 ff.

cc) Teleologische Reduktion des Zustimmungserfordernisses

25 Um zu vermeiden, dass der Kreis zustimmungsfreier Rechtsgeschäfte nur symbolisch ist, muss das Merkmal des lediglich rechtlichen Vorteils teleologisch reduziert werden. Dies betrifft zunächst Rechtsgeschäfte, die für den Minderjährigen **rechtlich neutral** sind.[48] Sie begründen für den Minderjährigen zwar keinen rechtlichen Vorteil, können ihn aber auch nicht negativ berühren. Von ihnen gehen keine Risiken für den Minderjährigen aus, weshalb sie der Minderjährige selbst vornehmen kann. Für die entsprechende Einschränkung des Zustimmungserfordernisses kann auf den Rechtsgedanken des § 165 BGB verwiesen werden.

> **Beispiele:** Rechtlich neutral sind Abgabe oder Entgegennahme von Willenserklärungen als Stellvertreter (vgl. § 165 BGB), die Bestimmung der Leistung für ein Schuldverhältnis, an welchem der Minderjährige nicht beteiligt ist (vgl. § 317 BGB) oder die Verfügung über fremde Rechte (mit Ermächtigung des Betroffenen,[49] vgl. § 185 Abs. 1 BGB).

26 Aber auch darüber hinaus ist eine teleologische Reduktion notwendig, weil abstrakt fast jedes Rechtsgeschäft auch nachteilige Rechtsfolgen zeitigen kann.[50]

> **Beispiele:** An den Erwerb des Eigentums an einem Grundstück knüpft die öffentlich-rechtliche Pflicht zur Zahlung von Grundsteuer an. Eine Schenkung begründet die abstrakte Gefahr, dass der Schenker die Leistung wegen Verarmung zurückfordert (vgl. § 528 BGB). Auch bestehen bei jedem Schuldvertrag, einschließlich der Schenkung, wechselseitige Pflichten i. S. v. § 241 Abs. 2 BGB. Wird eine Leistung (Eigentum, Besitz, Forderung) in Vollzug eines unwirksamen Vertrags erlangt, entstehen hieraus Rückabwicklungspflichten nach § 812 Abs. 1 S. 1 Alt. 1 BGB.

27 Die wohl **h. L.** sucht die Lösung darin, dass nur **unmittelbare** rechtliche Nachteile zu berücksichtigen sind.[51] Der Nachteil muss aus dem Rechtsgeschäft selbst und nicht erst unter Hinzuziehung weiterer Umstände erwachsen. Die in jedem Schuldvertrag bestehenden Pflichten nach § 241 Abs. 2 BGB sind danach unschädlich, weil sie erst durch eine Verletzungshandlung relevant werden.[52] Lediglich mittelbare Nachteile begründen auch §§ 528, 530 BGB.[53] Ebenso bleiben Rückabwicklungspflichten aus § 812 Abs. 1 S. 1 Alt. 1 BGB unberücksichtigt, weil sie nicht im Vollzugsgeschäft, sondern im unwirksamen Schuldgrund wurzeln. Zusätzlich zur Unmittelbarkeit wird eine weitere Einschränkung teilweise insoweit vorgenommen, als nur Nachteile zu berücksichtigen sein sollen, die an die Art der rechtsgeschäftlichen Handlung, nicht aber den Inhalt des konkret betroffenen Leistungsgegenstands anknüpfen. Die an das Grundeigentum anknüpfenden öffentlich-rechtlichen Steu-

---

[48] *Bork* Rn. 997, 1008; Erman/*Müller* § 107 BGB Rn. 10; Palandt/*Ellenberger* § 107 BGB Rn. 7.

[49] Umstritten ist die Behandlung der Verfügung eines beschränkt Geschäftsfähigen als Nichtberechtigter ohne Ermächtigung im Hinblick auf ihre Wirkungen für den Erwerber, vgl. *Medicus* Rn. 567 f.; *Boecken* Rn. 350.

[50] Vgl. zu verschiedenen Lösungsansätzen die Darstellung bei Staudinger/*Knothe* § 107 BGB Rn. 5 ff.

[51] Staudinger/*Knothe* § 107 BGB Rn. 6, 8.

[52] Staudinger/*Knothe* § 107 BGB Rn. 6.

[53] MünchKommBGB/*Schmitt* § 107 BGB Rn. 47.

ern bleiben danach unberücksichtigt, weil sie nicht an jede Übereignung, sondern nur die Übereignung von Grundstücken anknüpfen.

Die jüngere **Rspr.** geht einen anderen Weg. Sie hat zunächst klargestellt, dass für **28** den Kreis der zu berücksichtigenden Nachteile nicht entscheidend ist, ob eine belastende Rechtsfolge gewollt ist oder vom Gesetz an ein Rechtsgeschäft angeknüpft wird, wie z. B. öffentliche Abgaben oder Gebühren.[54] Das Vermögen des Minderjährigen wird nicht weniger gefährdet, wenn der Eintritt eines Rechtsnachteils zwar nicht gewollt, vom Gesetz aber als dessen Folge angeordnet ist.[55] Vielmehr stellt die Rspr. auf den **Schutzzweck** des § 107 BGB ab. Sie geht davon aus, dass der Gesetzgeber das Kriterium des rechtlichen Nachteils im Interesse des Rechtsverkehrs gewählt hat. Es erschien dem Gesetzgeber als geeignetes **Indiz** für die nach Sinn und Zweck der Norm entscheidenden wirtschaftlichen Nachteile. Soweit dem Merkmal des rechtlichen Nachteils jedoch eine Indizwirkung fehlt, ohne dass der Rechtsverkehr beeinträchtigt wird, soll kein Zustimmungserfordernis bestehen. Davon geht die Rspr. aus, wenn ein rechtlicher Nachteil bei typisierender Betrachtung mit einem ganz geringen, zu vernachlässigenden Gefährdungspotential verbunden ist.[56]

> **Beispiele:** Typischerweise nur mit einem zu vernachlässigenden Gefährdungspotential verbunden sind die an einen Grundstückserwerb anknüpfenden öffentlichen Lasten (Gebühren, Steuern), weil sie in ihrem Umfang begrenzt sind und regelmäßig aus den Erträgen des Grundstücks bestritten werden können.[57] Entsprechendes gilt für die an die Erfüllung eines unwirksamen Rechtsgeschäfts anknüpfenden Rückgewährpflichten aus § 812 Abs. 1 S. 1 Alt. 1 BGB, weil sie wertmäßig durch § 818 Abs. 3 BGB begrenzt werden[58] und bei gegenseitigem Leistungsaustausch unter Beteiligung eines Minderjährigen die sog. Saldotheorie nicht angewendet wird.[59]

b) Wichtige Einzelfälle

aa) Verpflichtungsgeschäfte

Ein **gegenseitiger Vertrag**, d. h. ein Vertrag, der beide Vertragspartner zu einer **29** Leistung verpflichtet, verlangt dem beschränkt Geschäftsfähigen immer eine Gegenleistung ab und **ist** daher **immer rechtlich nachteilig**.[60] Zu den gegenseitigen Verträgen zählen die meisten alltäglich geschlossenen Verträge. Beim Kaufvertrag ist der Verkäufer zur mangelfreien Übereignung der Kaufsache (vgl. § 433 Abs. 1 BGB) und der Käufer zur Kaufpreiszahlung und Abnahme (vgl. § 433 Abs. 2 BGB) verpflichtet. Entsprechendes gilt z. B. auch für Werk- und Dienstverträge.

---

[54] BGH v. 25.11.2004, NJW 2005, 415, 417 f. –Vgl. auch unten Rn. 34. – Im Anschluss an den BGH auch Palandt/*Ellenberger* § 107 BGB Rn. 2. – A. A. MünchKommBGB/*Schmitt* § 107 BGB Rn. 39.

[55] BGH v. 25.11.2004, NJW 2005, 415, 417 f.

[56] BGH v. 25.11.2004, NJW 2005, 415, 417 f.; Erman/*Müller* § 107 BGB Rn. 7.

[57] BGH v. 25.11.2004, NJW 2005, 415, 417 f.

[58] Vgl. Palandt/*Ellenberger* § 107 BGB Rn. 3.

[59] BGH v. 04.05.1994, NJW 1994, 2021, 2022.

[60] Mot. I, S. 134.

30   Stets rechtlich nachteilig sind auch die **unvollkommen zweiseitigen Verträge**.[61] Diese zeichnen sich dadurch aus, dass für einen Vertragspartner immer Pflichten entstehen, für den anderen dagegen nur unter bestimmten Voraussetzungen. Bspw. ist der Auftragnehmer nach § 662 BGB verpflichtet, ein Geschäft für einen Auftraggeber zu führen. Er erhält hierfür keine Vergütung, weshalb der Auftrag zunächst aus der Sicht des Auftraggebers als rechtlich vorteilhaft erscheint. Je nach Entwicklung des besorgten Geschäfts ist der Auftraggeber jedoch nach § 670 BGB verpflichtet, Aufwendungen des Auftragnehmers zu ersetzen. Diese latente Pflicht begründet für ihn einen rechtlichen Nachteil.

31   Dagegen sind Verträge, bei denen stets nur eine Vertragspartei verpflichtet wird (sog. **einseitig verpflichtende Verträge**), nur dann für den beschränkt Geschäftsfähigen rechtlich nachteilig, wenn er der sich verpflichtende Vertragsteil ist. Danach kann der beschränkt Geschäftsfähige z. B. ein Schenkungsangebot, soweit die Schenkung nicht mit einer Auflage belastet ist, annehmen.

bb) Verfügungsgeschäfte

32   **Verfügungsgeschäfte** sind nur rechtlich vorteilhaft, wenn **zugunsten** des beschränkt Geschäftsfähigen ein Recht übertragen, aufgehoben, verändert oder belastet wird. Der Minderjährige kann danach z. B. als Erwerber an der Übereignung einer beweglichen Sache gem. § 929 BGB mitwirken. Dagegen sind Verfügungsgeschäfte immer rechtlich nachteilig, wenn der beschränkt Geschäftsfähige **über eigene Rechte verfügt**, z. B. der 12-jährige Paule seine Spielzeugeisenbahn an seine zehnjährige Spielkameradin Josefine übereignet.

33   Im Zusammenhang mit der Prüfung, ob ein Geschäft rechtlich nachteilig ist, müssen stets **Trennungs- und Abstraktionsprinzip**[62] beachtet werden. Danach sind Verpflichtungs- und Verfügungsgeschäft zwei voneinander zu unterscheidende Rechtsgeschäfte, welche jeweils eigenständig zu beurteilen sind.[63] Dabei kann die Prüfung ergeben, dass nur eines der beiden Geschäfte nachteilig und damit unwirksam ist. Die Wirksamkeit des anderen Geschäfts wird hierdurch nicht berührt.

> **Beispiel:** Rudi verkauft und übereignet dem 14-jährigen Paule einen Fußball, obwohl dessen Eltern das Fußballspielen und damit auch den Erwerb eines derartigen Spielgeräts verboten haben. Da Paule auf Grund des Kaufvertrags zur Kaufpreiszahlung verpflichtet ist, bedarf der Kaufvertrag nach §§ 107, 108 BGB der Genehmigung durch die Eltern. Bis zur Genehmigung ist er schwebend unwirksam. Hiervon unberührt hat Paule jedoch wirksam nach § 929 BGB das Eigentum an dem Fußball erworben, weil der Eigentumserwerb lediglich rechtlich vorteilhaft ist. Der Umstand, dass Paule den Fußball nach § 812 Abs. 1 S. 1 Alt. 1 BGB an Rudi zurückübereignen und diesem herausgeben muss, begründet keinen rechtlichen Nachteil des Verfügungsgeschäfts, weil diese Verpflichtung vielmehr im unwirksamen Verpflichtungsgeschäft wurzelt.

---

[61] Mot. I, S. 137.
[62] Siehe oben § 4 Rn. 31 ff.
[63] BGH v. 25.11.2004, NJW 2005, 415, 416. – Vgl. auch Mot. I, S. 127 f.

Allerdings kann im Einzelfall auch der rechtsgeschäftliche Erwerb eines Gegen-   **34**
stands rechtlich nachteilig sein, wenn der betroffene **Gegenstand belastet** ist. Hierbei ist sorgfältig zu unterscheiden:

1. Wird ein Gegenstand erworben, der **dinglich belastetet ist**, ist dies regelmäßig
   nicht rechtlich nachteilig, weil und soweit die Belastung, d. h. der Nachteil auf
   dem Gegenstand selbst lastet und nur seinen Wert mindert.[64] Eine den Erwerber
   persönlich treffende Rechtspflicht wird dagegen nicht begründet. Wird z. B. ein
   Grundstück übereignet, welches mit einer Hypothek (vgl. § 1113 BGB) belastet
   ist, mindert dies den Wert des Grundstücks. Der Erwerber muss im schlimmsten
   Fall das Grundstück dem Inhaber der Hypothek zur Befriedigung überlassen.
   Aus seinem übrigen, d. h. bereits vor dem Erwerb vorhandenen Vermögen muss
   er jedoch keine Pflichten erfüllen.
2. Rechtlich nachteilig ist ein Verfügungsgeschäft jedoch, wenn an den Erwerb
   unmittelbar **persönliche**, d. h. nicht auf den erworbenen Gegenstand begrenzte
   Pflichten des Erwerbers anknüpfen.[65] Ist das übertragene Grundstück vermie-
   tet oder verpachtet und wurden dem Mieter bzw. Pächter bereits der Besitz an
   dem Grundstück eingeräumt, bewirkt die Übereignung des Grundstücks, dass
   der Erwerber unmittelbar mit dem Eigentumserwerb in die über das Grundstück
   bestehenden Miet- und Pachtverhältnisse eintritt (vgl. §§ 566, 578 Abs. 1, 581
   Abs. 2 BGB). Der Erwerber wird zugleich Vermieter und Verpächter und deshalb
   mit miet- und pachtrechtlichen Forderungen belastet. Die Übereignung begründet für ihn daher auch rechtliche Nachteile und ist nicht nach § 107 BGB zustim-
   mungsfrei.[66] Entsprechendes gilt für die Übereignung von Wohneigentum, weil
   der jeweilige Eigentümer nach den Vorschriften des WEG in ein ganzes, ihn
   persönlich treffendes Pflichtennetz eingebunden wird[67].
3. **Öffentlich-rechtliche Lasten** (Steuern, Gebühren), die den Erwerber eines Grundstücks persönlich treffen, sind nach h. M. gleichwohl keine rechtlichen Nachteile.
   Dies folgt zwar nicht daraus, dass sie durch Gesetz und nicht durch die Übereignung begründet sind.[68] Für die Rspr. ist vielmehr entscheidend, dass diese Lasten
   in ihrem Umfang typischerweise begrenzt sind und regelmäßig aus den Erträgen
   des Grundstücks bestritten werden können.[69] Sie gefährden den Minderjährigen
   typischerweise nicht. Nach a. A. ist entscheidend, dass diese Lasten nicht in der
   Verfügung, sondern in der Eigenart des betroffenen Gegenstands wurzeln.

---

[64] Vgl. BGH v. 25.11.2004, NJW 2005, 415, 417.

[65] BGH v. 25.11.2004, NJW 2005, 415, 417.

[66] BGH v. 03.02.2005, NJW 2005, 1430, 1431.

[67] BGH v. 30.09.2010, NJW 2010, 3643, 3643 f.; *Wilhelm* NJW 2006, 2353, 2354. – Einschränkend *Keller* JA 2009, 561, 565.

[68] A. A. MünchKommBGB/*Schmitt* § 107 BGB Rn. 39.

[69] BGH v. 25.11.2004, NJW 2005, 415, 417 f.

cc) Erfüllung

35 Der Grundsatz, dass Verfügungen zu Gunsten des beschränkt Geschäftsfähigen rechtlich vorteilhaft sind, wird nach einer Ansicht dadurch in Frage gestellt, dass die Verfügung regelmäßig zur Erfüllung einer entsprechenden Verpflichtung erfolgt. Ist die Verfügung wirksam führe dies zu einem rechtlichen Nachteil, weil das Schuldverhältnis i. e. S. nach **§ 362 Abs. 1 BGB** erlischt, wenn die geschuldete Leistung an den Gläubiger bewirkt wird. Ob und inwieweit diese Wirkungen der Erfüllung einen rechtlichen Nachteil begründen, ist im Hinblick auf die beiden zu unterscheidenden Ebenen (Schuldverhältnis und Eigentumslage) umstritten.

> **Beispiel:** Der 14-jährige Paul hat gegen den 19-jährigen Hugo eine Forderung aus einem wirksamen Kaufvertrag i. H. v. 150,00 €. Zwei Wochen nach dem Kaufvertragsschluss händigt Hugo (nur) Paul den Kaufpreis aus. Ist Paul Eigentümer der Geldscheine geworden? Ist Hugo von seiner Kaufpreiszahlungspflicht befreit worden? (1) Nach einer Ansicht ist die Erfüllung im Rahmen einer Gesamtbetrachtung vorteilhaft, weil es besser ist, den Leistungsgegenstand selbst und nicht nur einen Anspruch auf ihn zu haben.[70] Nach dieser Ansicht ist Paul Eigentümer geworden und Hugo wurde von seiner Kaufpreiszahlungspflicht befreit. (2) Denkbar erscheint auch die Annahme, dass das Geschäft insgesamt rechtlich nachteilig ist.[71] Da der Minderjährige seine Forderung infolge der Erfüllungswirkungen verliert, ist die Erfüllung nachteilig und die Erfüllungswirkungen treten nicht ein. Da die Erfüllungswirkungen in unmittelbarem Zusammenhang mit der Übereignung eintreten, ist auch diese rechtlich nachteilig und der Minderjährige erwirbt kein Eigentum. (3) Nach zutreffender **h. A.**[72] sind dagegen Trennungs- und Abstraktionsprinzip zu beachten. Danach ist das dingliche Verfügungsgeschäft isoliert zu bewerten und erscheint danach rechtlich vorteilhaft. Es konnte von Paul ohne Zustimmung seiner Eltern vorgenommen werden und er ist Eigentümer der Geldscheine geworden. Anders stellt sich die Rechtslage hinsichtlich der schuldrechtlichen Erfüllungswirkungen dar. Diese sind für Paul nachteilig und treten entsprechend dem Rechtsgedanken der §§ 107, 131 Abs. 2 BGB erst ein, wenn der gesetzliche Vertreter die Leistung erlangt hat oder er die Erfüllungswirkungen genehmigt. Paul fehlt ohne seine Eltern entsprechend §§ 107, 131 Abs. 2 BGB die **Empfangszuständigkeit** für die Annahme des Geldes. Deshalb ist Hugo nicht von seiner Kaupreiszahlungspflicht befreit worden.

dd) Einseitige Rechtsgeschäfte

36 **Einseitige Rechtsgeschäfte** sind häufig rechtlich nachteilig, weil sie regelmäßig zum Verlust einer Rechtsposition führen. Dies betrifft z. B. die Kündigung, den Rücktritt oder die Anfechtung, welche ein Vertragsverhältnis beenden, in ein Rückabwicklungsverhältnis umwandeln oder vernichten. Ausnahmsweise können auch einseitige Rechtsgeschäfte rechtlich vorteilhaft sein. Dies betrifft die Entgegennahme eines Vertragsangebots, welche für den Minderjährigen die Möglichkeit zur Annahme begründet. Zu erwähnen sind weiterhin aus dem Bereich der geschäftsähnlichen Handlungen[73] die **Mahnung** und die Mängelrüge.

---

[70] *Harder* JuS 1977, 149, 151 f. – Ähnlich *Schreiber* JURA 1993, 666, 667.

[71] *Westermann* JZ 1955, 244. – Dagegen *Coester-Waltjen* JURA 1994, 668, 669.

[72] Erman/*Müller* § 107 BGB Rn. 9; *Köhler* § 10 Rn. 18; *Wacke* JuS 1978, 80, 83.

[73] Siehe oben § 4 Rn. 14.

3. Zustimmungsbedürftige Rechtsgeschäfte

a) Die Einwilligung (§ 107 BGB)

aa) Grundsatz

Soweit ein Rechtsgeschäft nicht lediglich rechtlich vorteilhaft ist, bedarf dieses   **37**
bei Vornahme durch den beschränkt Geschäftsfähigen zu seiner Wirksamkeit nach
§ 107 BGB der **Einwilligung** des gesetzlichen Vertreters. Die Einwilligung ist eine
einseitige empfangsbedürftige Willenserklärung. Sie enthält ausweislich des § 183
Abs. 1 BGB die vor oder zeitgleich[74] mit Vornahme des Rechtsgeschäfts durch den
Minderjährigen kundgegebene Zustimmung zum Rechtsgeschäft.[75] Diese Zustimmung kann sowohl gegenüber dem Minderjährigen als auch gegenüber dem anderen Teil, d. h. dem Vertragspartner des Minderjährigen erklärt werden (vgl. § 182
Abs. 1 BGB). Sie muss vom Umfang der gesetzlichen Vertretungsmacht gedeckt
sein, ansonsten ist sie ihrerseits unwirksam.

Die Einwilligung bedarf zwar keiner besonderen Form.[76] Allerdings ist zu be-   **38**
achten, dass § 111 S. 2 BGB für die Vornahme eines **einseitigen zustimmungsbedürftigen Rechtsgeschäfts** vorsieht, dass der Geschäftspartner des Minderjährigen
dessen Erklärung zurückweisen kann, wenn ihm der Minderjährige die Zustimmung seiner gesetzlichen Vertreter nicht in schriftlicher Form (Originalurkunde)
vorlegt und die gesetzlichen Vertreter den Geschäftspartner nicht über die Erteilung
der Zustimmung informiert haben (vgl. § 111 S. 3 BGB). Durch diese Regelung
will der Gesetzgeber vermeiden, dass eine Schwebelage dadurch eintritt, dass der
Geschäftspartner des Minderjährigen nicht sicher weiß, ob das einseitige Rechtsgeschäft wirksam ist oder nicht.

> **Beispiel:** Die 12-jährige Wendy hat mit Zustimmung ihrer Eltern ein Abonnement für eine
> Pferdezeitung abgeschlossen. Rechtzeitig vor Ablauf des maßgeblichen Zeitpunkts erklärt
> sie die Kündigung des Abonnementvertrags. Ihre Eltern hatten ihr dies zuvor erlaubt. Um
> den Vertragspartner von Wendy von der Unsicherheit zu befreien,[77] ob die Kündigung wirk-
> sam ist, kann dieser die Kündigung nach § 111 S. 2 BGB unverzüglich zurückweisen.
> Wendy muss erneut kündigen. Ist der Kündigungstermin verstrichen, verschiebt sich hier-
> durch der Beendigungszeitpunkt. Dies kann Wendy vermeiden, indem sie ihrer Kündigung
> eine schriftliche Originalzustimmung ihrer Eltern beifügt oder die Eltern ihrerseits den Ver-
> tragspartner darüber informieren, dass Wendy kündigen darf.

Die Einwilligung kann grds. bis zur Vornahme des Rechtsgeschäfts durch den Min-   **39**
derjährigen frei **widerrufen** werden (vgl. § 183 S. 1 BGB). Hierzu muss der Widerruf seinem Adressaten vor Vornahme des Rechtsgeschäfts zugehen.

---

[74] Vgl. RG v. 27.10.1930, RGZ 130, 124, 127.
[75] Siehe unten § 16 Rn. 5 ff.
[76] Siehe unten § 16 Rn. 6.
[77] Vgl. Mot. I, S. 133.

40   Hinsichtlich ihres **Umfangs** können **drei Arten der Einwilligung** unterschieden werden:

1. sog. **Spezialeinwilligung**, bei der sich die Zustimmung auf ein ganz konkret bestimmtes Rechtsgeschäft bezieht.

> **Beispiel:** Die Eltern geben dem 14-jährigen Paule 50 €, damit er sich das neue Computerspiel „Die Siedler" beim Computerhändler Hardy kaufen kann. Damit haben sie konkludent dem Abschluss eines ganz bestimmten Kaufvertrags zugestimmt.

2. die Einwilligung kann sich aber auch auf einen bestimmten abgrenzbaren Kreis noch nicht individualisierter Rechtsgeschäfte beziehen.[78] In diesem Fall spricht man von der sog. **beschränkten Generaleinwilligung**.

> **Beispiel:** Paule erhält von seinem Eltern zu Weihnachten Geld und die Erlaubnis, damit eine Reise zu den Großeltern ins Erzgebirge zu unternehmen. Damit haben sie im Voraus in diejenigen Rechtsgeschäfte eingewilligt, die Paule zum Zweck der Durchführung der Reise abschließen wird und die sich im gesetzten Rahmen halten (z. B. Beförderungsverträge mit der Bahn AG, Kauf von Proviant).

3. dagegen verstößt eine Einwilligung, die sich nicht auf einen abgrenzbaren Kreis bestimmter Rechtsgeschäfte bezieht (sog. **unbeschränkte Generaleinwilligung**), gegen den vom Gesetz bezweckten Minderjährigenschutz und ist daher unwirksam.[79] Sie würde zu einer partiell erweiterten Geschäftsfähigkeit führen, die das Gesetz nur in den Fällen der §§ 112, 113 BGB vorsieht und im Übrigen nicht ins Belieben der Eltern stellt.

> **Beispiel:** Die Eltern erklären gegenüber dem 17-jährigen Paule, dass sie ihn für reif halten, auf eigenen Beinen zu stehen, und er daher zukünftig alle Rechtsgeschäfte selbst vornehmen kann. Diese unbeschränkte Generaleinwilligung ist unwirksam. Schließt Paule auf der Grundlage der unwirksamen Einwilligung Geschäfte, sind diese wie ohne Einwilligung vorgenommene Geschäfte zu behandeln.

41   Eine wirksame Einwilligung bewirkt, dass der **Minderjährige** aus dem von ihm vorgenommenen Rechtsgeschäft **selbst** unmittelbar **berechtigt und verpflichtet** wird. Die gesetzlichen Vertreter des Minderjährigen werden dagegen weder berechtigt noch verpflichtet, selbst wenn sie ihre Einwilligung gegenüber dem Geschäftspartner des Minderjährigen erklärt haben.

> **Beispiel:** Der 16-jährige Klaus interessiert sich sehr für Finanzprodukte. Mit Zustimmung seiner sehr vermögenden Eltern geht er mit der Spaßkasse einen Zinsswap ein, der es ihm ermöglicht, durch unterschiedliche Zinssätze Geld zu verdienen, ohne vorhandenes Geld anzulegen. Infolge von Währungsverwerfungen entwickelt sich das Geschäft negativ und Klaus sieht sich innerhalb kürzester Zeit mit Forderungen in der Größenordnung von 250.000 € konfrontiert. Kann die Spaßkasse die Eltern in Anspruch nehmen? Kann die Spaßkasse sich Hoffnung machen, das Geld vom vermögenslosen Klaus zu bekommen, wenn dieser nach Eintritt der Volljährigkeit ein Einkommen hat? Die Spaßkasse kann die

---

[78] Vgl. BGH v. 12.10.1976, NJW 1977, 622, 623.
[79] *Bork* Rn. 1014; Erman/*Müller* § 107 BGB Rn. 12.

Eltern des Klaus nicht in Anspruch nehmen, weil diese durch das von Klaus geschlossene Geschäft nicht gebunden werden. Sie kann sich aber auch keine großen Hoffnungen machen, das Geld von Klaus zu bekommen. Nach § 1629a BGB kann Klaus mit Eintritt seiner Volljährigkeit seine Haftung für die zuvor begründeten Verbindlichkeiten auf sein im Zeitpunkt des Eintritts der Volljährigkeit vorhandenes Vermögen begrenzen. Vereinfacht gesagt startet ein Minderjähriger im schlimmsten Fall mit einem Vermögen von Null, nicht aber mit Schulden in die Volljährigkeit.

bb) Taschengeldparagraph: § 110 BGB

Die Regelung des § 110 BGB soll ermöglichen, dass beschränkt Geschäftsfähige **42** an die eigenverantwortliche Teilnahme am Rechtsverkehr herangeführt werden. Sie sollen mit ihnen überlassenen Mitteln (z. B. Taschengeld) selbstständig am Rechtsverkehr teilnehmen können, ohne ihren besonderen Schutz zu verlieren.

Nach h. M. handelt es sich bei § 110 BGB um einen **besonderen Anwendungs-** **43** **fall des § 107 BGB** und nicht um einen selbstständigen Tatbestand.[80] Danach soll in der von § 110 BGB vorausgesetzten Überlassung von Mitteln eine konkludent, aber inhaltlich auf den Zweck der Überlassung[81] sowie auf die Verwendung der Mittel zur Leistungsbewirkung[82] beschränkte Einwilligung liegen. Die Formulierung des § 110 BGB „ohne Zustimmung" ist danach als „ohne ausdrückliche Zustimmung" zu verstehen.[83] Mit diesem Verständnis beschränkt § 110 BGB für Verträge die Regelung des § 107 BGB insoweit, als ein vom Minderjährigen ohne vorherige **ausdrückliche Zustimmung** seiner gesetzlichen Vertreter geschlossener Vertrag **erst** als von Anfang an **wirksam** gilt (Fiktion rückwirkender Wirksamkeit), wenn die vertragsgemäße Leistung **mit Mitteln bewirkt wurde**, die zu diesem Zweck oder zur freien Verfügung von dem Vertreter oder mit dessen Zustimmung von einem Dritten überlassen wurden.

> **Beispiel:** Die Eltern überlassen Paule monatlich 100 € zur freien Verwendung. Paule kauft bei Raffzahn einen Gameboy zum Preis von 100 €. Paule darf den Gameboy gleich mitnehmen. Den Kaufpreis muss er erst zwei Wochen später bezahlen. Nach h. M. liegt in der Überlassung der 100 € eine konkludente Einwilligung zum Kauf des Gameboy. Trotzdem soll der von Paule geschlossene Vertrag nach § 110 BGB erst wirksam werden, wenn Paule den Kaufpreis voll gezahlt hat.

Die **h. M. überzeugt** jedoch **nicht**. Den §§ 107 ff. BGB ist zunächst keine **44** Unterscheidung zwischen ausdrücklichen und konkludenten Einwilligungen zu entnehmen. Eine entsprechende Unterscheidung würde zudem zu schwierigen Abgrenzungsfragen führen. Wann ist z. B. ein Kopfnicken eine ausdrückliche Zustimmung? Auch ist nicht ersichtlich, weshalb zwischen ausdrücklichen und kon-

---

[80] *Boecken* Rn. 354; *Bork* Rn. 1021; Erman/*Müller* § 110 BGB Rn. 1; MünchKommBGB/*Schmitt* § 110 BGB Rn. 5; Palandt/*Ellenberger* § 110 BGB Rn. 1. – A. A. *Leenen* FamRZ 2000, 863, 867 ff., der § 110 BGB als Heilungsvorschrift vergleichbar §§ 311b Abs. 1 S. 2, 518 Abs. 2 BGB interpretiert; ähnlich Staudinger/*Knothe* § 110 BGB Rn. 6.

[81] Vgl. RG v. 29.09.1910, RGZ 74, 234, 235 f.

[82] Palandt/*Ellenberger* § 110 BGB Rn. 1.

[83] Palandt/*Ellenberger* § 110 BGB Rn. 1; *Wolf/Neuner* § 34 Rn. 42.

kludenten Einwilligungen zu unterscheiden sein soll. Bei der Einwilligung handelt es sich in jedem Fall um eine Willenserklärung, welche gilt, weil sie gewollt ist. Dies gilt für ausdrückliche und konkludente Erklärungen gleichermaßen. Zudem provoziert die h. A. die Folgefrage, ob eine konkludente Genehmigung des Geschäfts möglich ist oder warum nicht. Überdies steht die h. M. im Widerspruch zum Wortlaut des § 110 BGB, der belegt, dass der Gesetzgeber in den Fällen des § 110 BGB von der Zustimmungsbedürftigkeit des Verpflichtungsgeschäfts ausgeht. Dementsprechend kann allein in der Überlassung der Mittel noch keine konkludente Zustimmung zur Eingehung einer Verpflichtung liegen. Vielmehr ist mit der a. A. davon auszugehen, dass in der Überlassung lediglich eine Zustimmung zur Verfügung liegt. An die Verfügung über die überlassenen Mittel knüpft § 110 BGB die Wirksamkeit des Verpflichtungsgeschäfts an, um Rückabwicklungen zu vermeiden und dem Minderjährigen Gewährleistungsrechte zu sichern.

> **Beispiel:** Die Eltern überlassen Paule monatlich 100 € zur freien Verwendung. Paule kauft bei Raffzahn einen Gameboy zum Preis von 100 €. Der Kaufpreis soll in zehn Raten gezahlt werden. (1) Nach h. M. wird der von Paule geschlossene Vertrag nach § 110 BGB auch dann nicht wirksam, wenn Paule die letzte Rate aus den ihm fortdauernd zur freien Verfügung gewährten Mitteln bezahlt, wenn man die bloß konkludente Einwilligung der Eltern, welche in der Überlassung der 100 € liegt, lebensnah dahingehend auslegt, dass diese sich nicht auf Ratengeschäfte erstreckt, weil diese Zustimmung das Ratengeschäft nicht abdeckt. Die gesetzlichen Vertreter könnten den Vertrag allenfalls noch genehmigen. § 110 BGB schafft aber keinen eigenständigen Tatbestand neben § 107 BGB. (2) Nach zutreffender a. A. willigen die Eltern mit der Überlassung des Taschengelds nicht in die Begründung schuldrechtlicher Pflichten, sondern nur in die Verfügung über das Geld ein.[84] Zunächst ist daher allein die Übereignung der einzelnen Raten an Raffzahn wirksam. Mit der Zahlung der letzten Rate wird der Kaufvertrag nach § 110 BGB wirksam. Da infolge der Erfüllung die Wirksamkeit des Vertrags keine Pflichten des Minderjährigen mehr begründen kann, besteht für diesen kein Risiko.

45 **Bewirken der vertragsgemäßen Leistung** setzt den Eintritt der Erfüllung i. S. v. § 362 Abs. 1 BGB voraus. Es genügen aber auch Erfüllungssurrogate wie die Leistung an Erfüllungs statt (§ 364 BGB) oder die Hinterlegung (§ 378 BGB). Eine **Teilerfüllung** kann ausnahmsweise zur Teilwirksamkeit des Vertrags führen, wenn Leistung und Gegenleistung entsprechend teilbar sind.[85]

> **Beispiel:** Der 17-jährige Paule schließt einen Mobilfunkvertrag mit Flatrate ohne Gerätekauf ab. Im Anschluss zahlt er für die ersten sechs Monate von seinem Taschengeld das monatliche Entgelt. Nachdem seine Mutter findet, er bemühe sich nicht ausreichend um sein Abitur, streicht sie ihm das Taschengeld. Für die ersten sechs Monate ist der Mobilfunkvertrag nach § 110 BGB wirksam geworden. Für die Zukunft ist der Vertrag dagegen nach § 108 BGB schwebend unwirksam.

46 Die zur Leistungsbewirkung eingesetzten Mittel müssen dem Minderjährigen speziell für den mit dem Geschäft verfolgten Zweck oder zur freien Verfügung überlassen worden sein, z. B. auch durch Belassen des Arbeitsentgelts.[86] Eine **Zweck-**

---

[84] So ausführlich *Leenen* FamRZ, 2000, 863, 867 ff.; ähnlich Staudinger/*Knothe* § 110 BGB Rn. 6.

[85] Palandt/*Ellenberger* § 110 BGB Rn. 4.

[86] Vgl. BGH v. 12.10.1976, NJW 1977, 622, 622 f.

setzung kann **ausdrücklich oder konkludent** erfolgen und insbesondere auch negative Eingrenzungen umfassen.[87]

> **Beispiel:** Die Eltern zahlen ihrem 15-jährigen Sohn Alois ein monatliches Taschengeld von 30 €. In diesem Fall kann der Kauf einer Jugendzeitschrift ebenso § 110 BGB unterfallen wie der Kauf von Lakritzschnecken. Ob die grds. freie Zwecksetzung dagegen auch den Kauf von Verhütungsmitteln oder das Anbringen einer Tätowierung[88] umfasst, hängt von den familiären Wertvorstellungen der Eltern des Alois ab.

Bei den **überlassenen Mitteln** handelt es sich i. d. R. um **Geldmittel**. Daneben kommen aber auch **andere Vermögensgegenstände** in Betracht (z. B. Wertpapiere). Problematisch sind die Fälle, in denen der Minderjährige mit den ihm überlassenen Mitteln Surrogate erwirbt. Hier ist durch Auslegung der von den gesetzlichen Vertretern gesetzten Zweckbestimmung zu klären, ob dem Minderjährigen auch die Surrogate zur Vornahme weiterer Geschäfte überlassen wurden. 47

> **Beispiel:** (1) Paule kauft sich von seinem Taschengeld ein Überraschungsei für 0,59 €. Dessen Inhalt veräußert er für 6 € an den Sammler Siegfried. Kann sich Paule unter Rückgriff auf § 110 BGB zehn weitere Eier kaufen? (2) Paule kauft sich für einen Euro ein Lotterielos und gewinnt mit diesem 5.000 €. Kann sich Paule unter Rückgriff auf § 110 BGB von den 5.000 € ein Schlagzeug kaufen? Im zweiten Fall ergibt die Auslegung eindeutig, dass Paule die gewonnenen 5.000 € nicht zur freien Verfügung i. S. v. § 110 BGB überlassen wurden, wenn man bedenkt, dass dieser Betrag das ihm üblicherweise überlassene Taschengeld um ein Vielfaches überschreitet. Die Überlassung der zum Kauf des Loses eingesetzten Geldmittel deckt den Gewinn nicht ab, weil die Eltern durch die Zahlung eines Taschengelds bezwecken, ihr Kind im Umgang mit Geld zu schulen. Den ihnen hierbei vertretbaren Rahmen bestimmen die Eltern durch die Höhe des Taschengelds. Kann Paule plötzlich frei über 5.000 € verfügen, liegt es nahe, dass pädagogische Ziele der Eltern vereitelt werden. Im ersten Fall ist das Auslegungsergebnis dagegen weniger deutlich. Entscheidend sind die Umstände des Einzelfalls.

b) Rechtsfolgen fehlender Einwilligung (§§ 108, 109, 111 BGB)

Hat ein Minderjähriger ein Rechtsgeschäft **ohne die erforderliche Einwilligung** des gesetzlichen Vertreters vorgenommen, dann richtet sich die Rechtsfolge dieses Handelns: 48

1. bei **Verträgen** nach den §§ 108, 109 BGB,
2. bei **einseitigen Rechtsgeschäften** (z. B. Kündigung, Anfechtung) nach § 111 BGB.

Schließt ein Minderjähriger einen Vertrag ohne die erforderliche Einwilligung, hängt die Wirksamkeit des Vertrags von der Genehmigung durch den gesetzlichen Vertreter ab (vgl. § 108 Abs. 1 BGB). Das Gesetz bringt hiermit zum Ausdruck, dass der ohne die erforderliche Einwilligung geschlossene Vertrag zunächst unwirksam ist, aber durch eine Genehmigung, d. h. nachträgliche Zustimmungserteilung 49

---

[87] Vgl. RG v. 29.10.1910, RGZ 74, 234, 235.
[88] Vgl. AG München v. 17.03.2011, NJW 2012, 2452.

(vgl. § 184 Abs. 1 BGB) rückwirkend wirksam werden kann. Da die Erteilung der Genehmigung unsicher ist, weil der gesetzliche Vertreter frei darin ist, ob er diese erklärt, entsteht eine Schwebelage (sog. **schwebende Unwirksamkeit**).

50   Die eingetretene Schwebelage kann sowohl von den gesetzlichen Vertretern als auch vom Geschäftspartner des Minderjährigen, aber ggf. auch vom Minderjährigen selbst beendet werden:

1. Der **gesetzliche Vertreter** kann die Schwebelage nach § 108 Abs. 1 BGB dadurch beenden, dass er das **Geschäft** ausdrücklich oder konkludent **genehmigt**.[89] Die Genehmigung kann sowohl gegenüber dem Minderjährigen als auch gegenüber dem Geschäftspartner des Minderjährigen erklärt werden. Hat der Geschäftspartner den gesetzlichen Vertreter jedoch zur Genehmigung aufgefordert, kann sie nur noch ihm gegenüber erklärt werden (vgl. § 108 Abs. 2 S. 1 BGB). Anders als die Einwilligung ist die Genehmigung nicht widerruflich, weil die Wirkungen des genehmigten Rechtsgeschäfts mit Erteilung der Genehmigung eingetreten sind und die Genehmigung ihrer Funktion nach auf eine endgültige Beendigung der Schwebelage gerichtet ist. Eine nur dem Minderjährigen erklärte Genehmigung wird nach § 108 Abs. 2 S. 1 Hs. 2 BGB aber unwirksam, wenn der Geschäftspartner den gesetzlichen Vertreter zur Genehmigung aufgefordert hat. In diesem Fall kann und muss der gesetzliche Vertreter erneut über die Erteilung der Genehmigung entscheiden. Außerdem kann die Schwebelage dadurch beendet werden, dass der gesetzliche Vertreter die **Genehmigung verweigert**.[90]

2. Der **Geschäftspartner** des Minderjährigen kann die Schwebelage dadurch beenden, dass er den gesetzlichen Vertreter nach § 108 Abs. 2 S. 1 BGB **zur Genehmigung auffordert**. Die Genehmigung kann in diesem Fall nur noch innerhalb von zwei Wochen ab Zugang der Aufforderung erklärt werden. Anderenfalls gilt die Genehmigung spätestens nach Ablauf der Frist als verweigert und der Vertrag ist endgültig unwirksam. Außerdem kann der Geschäftspartner des Minderjährigen den **Vertrag** nach § 109 Abs. 1 BGB **widerrufen**, wodurch dieser endgültig unwirksam wird. Der Widerruf kann auch gegenüber dem Minderjährigen erklärt werden. Obwohl der Widerruf für den Minderjährigen nachteilig ist, genügt abweichend von § 131 Abs. 2 BGB der Zugang des Widerrufs beim Minderjährigen. Nach § 109 Abs. 2 BGB ist das Recht zum Widerruf jedoch ausgeschlossen, wenn der Geschäftspartner des Minderjährigen die Schwebelage bewusst eingegangen ist.

3. Der **Minderjährige** kann die Schwebelage selbst beenden, sobald er unbeschränkt geschäftsfähig (volljährig) geworden ist (vgl. § 108 Abs. 3 BGB). In diesem Fall geht die Zuständigkeit des gesetzlichen Vertreters zur Genehmigung sowie zu deren Verweigerung auf ihn über und er kann die entsprechende Entscheidung treffen. Dementsprechend muss der Geschäftspartner seine Aufforde-

---

[89] Siehe unten § 16 Rn. 9 ff.
[90] Siehe unten § 16 Rn. 9.

rung nach § 108 Abs. 2 S. 1 BGB an den nunmehr Volljährigen richten.[91] Nimmt der Volljährige z. B. Erfüllungshandlungen vor, kann hierin eine konkludente Genehmigung liegen.

Ein einwilligungsbedürftiges **einseitiges Rechtsgeschäft** des Minderjährigen ist im Grundsatz nach § 111 S. 1 BGB endgültig und nicht nur schwebend unwirksam. Als solches kann es nicht genehmigt, sondern allenfalls erneut vorgenommen werden. Letzteres scheidet z. B. aus, wenn eine für die Vornahme laufende Frist (z. B. § 121 BGB) verstrichen ist. Dies schließt aus, dass dem Adressaten des einseitigen Rechtsgeschäfts ein Schwebezustand zugemutet wird.[92] Hiervor wird der Geschäftspartner zusätzlich gesichert, weil er nach § 111 S. 2 BGB ein **empfangsbedürftiges** einseitiges Rechtsgeschäft auch im Fall einer vorliegenden Zustimmung zurückweisen kann, wenn ihm die Zustimmung nicht ausreichend nachgewiesen oder bekannt gemacht wurde.[93]

51

> **Beispiel:** Die Eltern erlauben ihrem 17-jährigen Sohn Sigurd, sich ein neues Computerspiel zum Preis von bis zu 80 € zu kaufen. Sigurd zieht los und kauft sich ein Schachprogramm. Zu Hause muss er feststellen, dass er sich im Laden vergriffen und anstelle der für einen WINDOWS-PC geeigneten Version die Apple-kompatible Version gekauft hat. Sigurd geht zurück in den Laden und erklärt die Anfechtung des Kaufvertrags. Da die erfolgreiche Anfechtung den Kaufvertrag beseitigt und Sigurd mit Rückabwicklungspflichten belastet, ist die Anfechtungserklärung rechtlich nachteilig und bedarf der Zustimmung seiner gesetzlichen Vertreter. Diese ist empfangsbedürftig, weil sie die Rechte des Anfechtungsgegners umgestaltet.[94] Der Anfechtungsgegner soll wissen, dass seine Rechte umgestaltet wurden. Die Funktion des Zugangserfordernis sichert § 111 S. 1 BGB, indem er vermeidet, dass dem Erklärungsempfänger eine Erklärung zugeht, dieser aber nicht sofort weiß, ob diese auch rechtlich wirkt.

Allerdings ist **§ 111 S. 1 BGB teleologisch zu reduzieren**, wenn sich der Vertragspartner des Minderjährigen mit der Vornahme des einseitigen Rechtsgeschäfts ohne Zustimmung des gesetzlichen Vertreters einverstanden erklärt hat.[95] In diesem Fall ist der Geschäftspartner nicht schutzwürdig. Dies zeigt sich darin, dass der entscheidende Unterschied zwischen einseitigen Rechtsgeschäften i. S. v. § 111 BGB und den sonstigen Rechtsgeschäften i. S. v. §§ 108, 109 BGB darin liegt, dass der Geschäftspartner in den Fällen des § 111 BGB gegen seinen Willen mit einer Schwebelage konfrontiert werden kann.[96] Soweit er hiermit jedoch einverstanden ist, entspricht dies der Ausgangslage der §§ 108, 109 BGB, weshalb diese anstelle des § 111 BGB anzuwenden sind.

52

---

[91] BGH v. 25.01.1989, NJW 1989, 1728.

[92] Mot. I, S. 133.

[93] Siehe oben Rn. 38.

[94] Siehe oben § 6 Rn. 6 f.

[95] RG v. 29.03.1911, RGZ 76, 89, 91 f. – I. E. auch KG v. 12.03.2012, NJW 2012, 2293 für Vollmachtserteilung durch Minderjährigen.

[96] Vgl. Mot. I, S. 133.

C. Klausurfall – Geschäftsfähigkeit

I. Sachverhalt[97]

53 Gustav wirft am Abend in den Briefkasten der Nachbarsfamilie einen an die 16-jährige Nachbarstochter Luisa gerichteten Antrag auf Verkauf einer bestimmten Gitarre zu 500 €. Als ihm im Anschluss Dieter 1.000 € für dieselbe Gitarre bietet, reut Gustav sein Antrag an Luisa. Er verfasst sogleich einen Widerruf seines Antrags und wirft diesen ebenfalls in den Nachbarsbriefkasten. Dort findet Luisa beide Schreiben, als sie am selben Abend von einem Konzert nach Hause kommt, und liest gleich den Widerruf und anschließend sofort den Antrag. Am nächsten Morgen bespricht Luisa beide Erklärungen mit ihren Eltern. Diese schreiben an Gustav und erklären im Namen von Luisa die Annahme des Antrags. Kann Luisa von Gustav die Übereignung der Gitarre verlangen?

II. Lösungsskizze

54 Luisa könnte gegen Gustav ein Anspruch auf Übereignung der Gitarre aus § 433 Abs. 1 BGB i. V. m. einem geschlossenen Kaufvertrag zustehen. Voraussetzung ist, dass durch zwei einander entsprechende Willenserklärungen (Antrag und Annahme) ein Kaufvertrag wirksam geschlossen wurde. Ein Antrag ist eine empfangsbedürftige Willenserklärung, mit welcher einem anderen der Abschluss eines bestimmten Vertrags so angetragen wird, dass das Zustandekommen des Vertrags nur noch von dessen Zustimmung abhängig ist. Zwar hat Gustav mit seinem an Luisa gerichteten Schreiben dieser einen Vertragsschluss angetragen. Allerdings müsste dieser Antrag auch wirksam geworden sein. Als empfangsbedürftige Willenserklärung wird der Antrag nach § 130 Abs. 1 S. 1 BGB mit seinem Zugang beim Adressaten wirksam (1.). Trotz Zugangs wird die Willenserklärung aber nach § 130 Abs. 1 S. 2 BGB nicht wirksam, wenn dem Adressaten vorher oder gleichzeitig ein Widerruf zugeht (2.).

1. Zugang des Antrags

55 Der Antrag könnte Luisa zugegangen sein, als sie diesen am späten Abend seines Einwurfs gelesen hat. Zugang erfolgt regelmäßig dadurch, dass eine Erklärung in den Machtbereich des Empfängers gelangt und dieser von ihr tatsächlich Kenntnis nimmt oder unter gewöhnlichen Umständen von ihr Kenntnis nehmen kann. Aufgrund des Einwurfs in den Familienbriefkasten ist der Antrag in den Machtbereich auch der Luisa gelangt. Als sie diesen gelesen hat, ist ihr der Antrag zugegangen.

---

[97] Vgl. *Ludwig* JURA 2011, 9.

Erfolgt der Zugang i. S. v. § 130 Abs. 1 S. 1 BGB bei einem beschränkt Ge- **56** schäftsfähigen wie der 16-jährigen Luisa (vgl. §§ 2, 106 BGB), wird das Wirksamwerden der Willenserklärung nach § 131 Abs. 1, 2 S. 1 BGB aufgeschoben, bis die Willenserklärung dem gesetzlichen Vertreter zugegangen ist. Dies gilt nach § 131 Abs. 2 S. 2 BGB nicht, wenn die Willenserklärung dem Minderjährigen rechtlich lediglich einen Vorteil bringt. Aufgrund teleologischer Reduktion gilt § 131 Abs. 1, 2 S. 1 BGB außerdem nicht, wenn die Willenserklärung für den Minderjährigen rechtlich neutral ist. In diesem Fall bedarf der Minderjährige keines besonderen Schutzes. Da der Antrag für Luisa bei rechtlicher Betrachtung lediglich die Möglichkeit begründet, einen Vertrag zu schließen, ist er für diese nicht mit rechtlichen Nachteilen verbunden. Diese ergeben sich auch nicht daraus, dass der Zugang des Antrags ggf. die Annahmefrist nach §§ 146 ff. BGB in Gang setzt. Erstens erlangt Luisa gleichwohl eine (wenn auch beschränkte) Vertragsschlussmöglichkeit, welche sie ohne Wirksamwerden des Antrags nicht erlangt und auf welche sie keinen Anspruch besitzt. Zweitens unterscheidet § 131 Abs. 2 S. 2 BGB zwischen den von der wirksam gewordenen Willenserklärung ausgelösten Rechtsfolgen und dem Zeitpunkt des Wirksamwerdens; letzterer ist für den Tatbestand des § 131 Abs. 2 S. 2 BGB ohne Belang.

Luisa ist ein Antrag zum Abschluss eines Kaufvertrags zugegangen. **57**

2. Vorheriger oder gleichzeitiger Zugang des Widerrufs

Luisa könnte zuvor oder gleichzeitig ein Widerruf i. S. v. § 130 Abs. 1 S. 2 BGB **58** zugegangen sein. Zugang erfolgt regelmäßig dadurch, dass eine Erklärung in den Machtbereich des Empfängers gelangt und dieser von ihr tatsächlich Kenntnis nimmt oder unter gewöhnlichen Umständen von ihr Kenntnis nehmen kann. Aufgrund des Einwurfs in den Familienbriefkasten ist der Widerruf in den Machtbereich auch der Luisa gelangt. Als sie diesen – vor dem Antrag – gelesen hat, ist ihr der Widerruf zugegangen. Da Luisa minderjährig ist, könnte das Wirksamwerden des Widerrufs nach § 131 Abs. 1, 2 S. 1 BGB aufgeschoben sein, bis die Willenserklärung dem gesetzlichen Vertreter zugegangen ist. Da die Eltern der Luisa als gesetzliche Vertreter (§§ 1626 Abs. 1, 1629 Abs. 1 S. 1, 2 BGB) den Widerruf erst am nächsten Morgen gelesen haben und aufgrund des späten Einwurfs mit einer früheren Kenntnisnahme unter gewöhnlichen Umständen auch nicht zu rechnen war, wäre der Widerruf dann erst nach dem Antrag zugegangen und hätte die Wirksamkeit des Antrags nicht gehindert. Dies ist aber nicht der Fall, wenn § 131 Abs. 2 S. 1 BGB keine Anwendung findet. Nach § 131 Abs. 2 S. 2 BGB ist hierfür Voraussetzung, dass eine Erklärung für den Minderjährigen rechtlich lediglich einen Vorteil bringt bzw. neutral ist.

Einerseits ließe sich für den Widerruf i. S. v. § 130 Abs. 1 S. 2 BGB insoweit ver- **59** treten, dass er für Luisa weder rechtlich lediglich vorteilhaft noch neutral ist, weil er ihr die durch Zugang entstehende Vertragsschlussmöglichkeit, d. h. einen rechtlichen Vorteil, entzieht. In der Folge wäre auf den Zugang bei den Eltern abzustellen und der Widerruf ginge ins Leere. Andererseits ließe sich anführen, dass sich § 130 Abs. 1 S. 2 BGB auf eine Situation bezieht, in welcher ein Antrag noch nicht wirksam geworden, d. h. eine Vertragsschlussmöglichkeit für Luisa gerade noch nicht begründet wurde. Dementsprechend wird kein rechtlicher Vorteil entzogen, sondern nur verhindert, dass ein Vorteil (Vertragsschlussmöglichkeit), auf welchen Luisa keinen Anspruch hat, entsteht. Anders als im Falle der Anfechtung ist dies auch nicht nur das Ergebnis einer rückwirkenden Fiktion. Vielmehr greift § 130 Abs. 1 S. 2 BGB von Anfang an nur ein, wenn eine Willenserklärung noch nicht wirksam geworden ist. In der Folge erschiene der Widerruf als rechtlich neutrale Erklärung, weil sich der Rechtskreis von Luisa nicht ändert. Der Widerruf löste bereits mit Zugang bei Luisa die von ihm intendierten Rechtsfolgen aus.

60   Nach der ersten Ansicht führt danach die Nichtanwendbarkeit des § 131 Abs. 2 S. 2 BGB dazu, dass der Antrag nach § 130 Abs. 1 S. 1 BGB wirksam wird und für Luisa eine Rechtsposition begründet, vor deren Entzug die Nichtanwendung des § 131 Abs. 2 S. 2 BGB schützen soll. Die Nichtanwendbarkeit des § 131 Abs. 2 S. 2 BGB wird kurz gesagt mit der Nichtanwendbarkeit derselben Norm begründet, was zugleich durch den „schulmäßigen", sauber zwischen Satz 1 und 2 des § 130 Abs. 1 BGB trennenden Prüfungsaufbau verdeckt wird. Vergleichbar zirkulär argumentiert aber auch die zweite Ansicht, welche die Anwendung des § 131 Abs. 2 S. 2 BGB damit begründet, dass eine Vertragsschlussmöglichkeit noch nicht entstanden ist, was u. a. daraus folgt, dass der Widerruf infolge Anwendung des § 131 Abs. 2 S. 2 BGB zugehen kann. Der Unterschied beider Ansichten liegt einzig darin, dass die erste stärker die Trennung zwischen Satz 1 und 2 des § 130 Abs. 1 BGB und die zweite stärker die von § 130 Abs. 1 BGB in den Blick genommene Abfolge (Luisa liest den Widerruf vor bzw. zeitgleich mit dem Antrag) betont.

61   Beide letztlich rein formal argumentierenden Ansichten können nicht überzeugen. Sie verlieren insbesondere durch die Trennung innerhalb des § 130 Abs. 1 BGB das einheitliche Regelungskonzept dieser Vorschrift aus dem Blick. Es wird übersehen, dass bei den von § 130 Abs. 1 BGB behandelten empfangsbedürftigen Willenserklärungen regelmäßig das Interesse des Erklärenden an der Verwirklichung seiner Selbstbestimmung mit den Interessen des Erklärungsempfängers in Ausgleich gebracht werden muss. Vor diesem Hintergrund beschränkt § 130 Abs. 1 S. 2 BGB das der Selbstbestimmung des Erklärenden dienende Recht zum Widerruf zeitlich. Der Empfänger einer Willenserklärung soll ab deren Wirksamwerden auf die bewirkten Rechtsfolgen vertrauen dürfen und keiner Unsicherheit (Schwebezustand) ausgesetzt sein. Dies setzt im Normalfall voraus, dass der Adressat des Widerrufs nach § 130 Abs. 1 S. 2 BGB mit dem Adressaten der zu widerrufenden Willenserklärung i. S. v. § 130 Abs. 1 S. 1 BGB identisch ist. Anderenfalls besteht die Gefahr, dass der für den Empfang der Willenserklärung nach § 130 Abs. 1 S. 1 BGB zuständige Adressat auf deren Wirksamkeit vertraut, obwohl die Willenserklärung aufgrund eines vorherigen Widerrufs gegenüber einem anderen, für den Widerruf nach § 130 Abs. 1 S. 2 BGB zuständigen Adressaten gar nicht wirksam geworden ist. Derartiges versucht das BGB grundsätzlich zu vermeiden. Dementsprechend ist der zuständige Adressat für § 130 Abs. 1 Satz 1 BGB und § 130 Abs. 1 S. 2 BGB einheitlich zu bestimmen. Dabei ist für § 131 Abs. 2 S. 2 BGB allein darauf abzustellen, ob die Willenserklärung, deren Wirksamwerden § 130 Abs. 1 BGB durch das Zusammenwirken zweier Teilregelungen behandelt, für den Minderjährigen rechtlich lediglich mit einem Vorteil verbunden bzw. neutral ist. Die isolierten Wirkungen des Widerrufs sind dagegen ohne Belang, weil der Widerruf nur ein unselbstständiges Vehikel im Rahmen des Wirksamwerdens einer Willenserklärung ist. Bei ihm handelt es sich der Sache nach nur um einen Ersatz für die tatsächliche Verhinderung des Zugangs.[98] Verdeutlichen lässt sich die Richtigkeit vorstehender Annahme an dem Fall, dass Gustav gegenüber Luisa keinen Vertragsantrag, sondern eine Kündigung erklärt und zugleich widerrufen hat. Bei lediglich formaler Betrachtung müsste man dazu gelangen, dass der Widerruf einer nachteiligen Kündigung rechtlich lediglich vorteilhaft ist. Dementsprechend wäre denkbar, dass die für die Entgegennahme der Kündigung zuständigen gesetzlichen Vertreter von dem gegenüber der Minderjährigen möglichen Widerruf keine Kenntnis erlangen und im Vertrauen auf die Wirksamkeit der Kündigung Dispositionen treffen. Infolge des Widerrufs würde dieses Vertrauen allerdings in einer mit § 130 Abs. 1 BGB nicht vereinbaren Weise enttäuscht. Nimmt man – wie vorstehend dargelegt – dagegen eine einheitliche Zuständigkeit der gesetzlichen Vertreter für den Empfang der Kündigung und ihres Widerrufs an, wird dies vermieden.

3. Ergebnis

Luisa kann von Gustav nicht die Übereignung der Gitarre verlangen, weil zwischen beiden ein Kaufvertrag nicht geschlossen wurde. **62**

Literatur

Boecken (2012) BGB – Allgemeiner Teil. 2. Aufl
Boemke (2004) Studienbuch Arbeitsrecht. 2. Aufl
Bork (2011) Allgemeiner Teil des Bürgerlichen Gesetzbuchs. 3. Aufl
Coester (1991) Von anonymer Verwaltung zu persönlicher Betreuung. JURA 1991, 1
Coester-Waltjen (1994) Nicht zustimmungsbedürftige Rechtsgeschäfte beschränkt geschäftsfähiger Minderjähriger. JURA 1994, 668
Erman (2011) Handkommentar zum Bürgerlichen Gesetzbuch. 13. Aufl
Harder (1977) Die Erfüllungsannahme durch den Minderjährigen – lediglich ein rechtlicher Vorteil. JuS 1977, 149
Jurgeleit (1995) Der geschäftsunfähige Betreute unter Einwilligungsvorbehalt. Rpfleger 1995, 282
Keller (2009) Grundstücksschenkung an Minderjährige. JA 2009, 561
Köhler (2012) BGB Allgemeiner Teil. 36. Aufl
Leenen (2000) Die Heilung fehlender Zustimmung gemäß § 110 BGB. FamRZ 2000, 863
Leenen (2011) BGB Allgemeiner Teil: Rechtsgeschäftslehre
Ludwig (2011) Zur Problematik des Widerrufs eines Vertragsangebots gegenüber einem beschränkt geschäftsfähigen Minderjährigen. JURA 2011, 9
Medicus (2012) Allgemeiner Teil des BGB. 10. Aufl
MünchKommBGB (2012) Münchener Kommentar zum Bürgerlichen Gesetzbuch. 6. Aufl
Palandt (2013) Bürgerliches Gesetzbuch. 72. Aufl
Schreiber (1993) Erfüllung durch Leistung an Minderjährige. JURA 1993, 666

---

[98] Vgl. Mot. I, S. 158.

Staudinger (Stand 31.03.2013) Kommentar zum Bürgerlichen Gesetzbuch. 13. Bearb

Ulrici (2003) Alltagsgeschäfte volljähriger Geschäftsunfähiger. JURA 2003, 520

Wacke (1978) Nochmals: Die Erfüllungsannahme durch den Minderjährigen – lediglich ein rechtlicher Vorteil?. JuS 1978, 80

Wilhelm (2006) Das Merkmal „lediglich rechtlich vorteilhaft" bei Verfügungen über Grundstücksrechte. NJW 2006, 2353

Wolf/Neuner (2012) Allgemeiner Teil des deutschen Bürgerlichen Rechts. 10. Aufl

§ 10 Form des Rechtsgeschäfts

Literaturhinweise: *Armbrüster*, Treuwidrigkeit der Berufung auf Formmängel, NJW 2007, 3317; *Blasche*, Notarielle Beurkundung, öffentliche Beglaubigung und Schriftform, JURA 2008, 890; *Boente/Riehm*, Das BGB im Zeitalter digitaler Kommunikation – Neue Formvorschriften, JURA 2001, 793; *Hagen*, Die Form als „Schwester der Freiheit", DNotZ 2010, 644; *Häsemeyer*, Die Bedeutung der Form im Privatrecht, JuS 1980, 1; *Mankowski*, Formzwecke, JZ 2010, 662; *Petersen*, Die Form des Rechtsgeschäfts, JURA 2005, 168; *Regenfus*, Gesetzliche Schriftformerfordernisse – Auswirkungen des Normzwecks auf die tatbestandlichen Anforderungen, JA 2008, 161, 246.

A. Grundsatz der Formfreiheit

Ausfluss der **Privatautonomie** ist, dass jedermann frei wählen kann, auf welche Art und Weise er seinem Rechtsbindungswillen Ausdruck verleiht.[1] Die gewünschten Rechtsfolgen treten bereits ein, wenn der Erklärende seinen Willen nach außen erkennbar kundtut. Dies kann mündlich, schriftlich, durch Gebärden usw. geschehen. Die Beachtung einer bestimmten Form verlangt das BGB für die Wirksamkeit von Rechtsgeschäften grds. nicht. Hierdurch werden der Rechtsverkehr und die Verwirklichung des privatautonomen Willens erleichtert.

> **Beispiel:** Torsten fragt Lucretia, ob sie bei ihm Vollzeit als Chefsekretärin tätig werden wolle. Lucretia ist begeistert und entgegnet mit der Frage, wann sie anfangen könne. Torsten meint: „Am besten sofort.", woraufhin Lucretia erwidert: „abgemacht". Da der Abschluss von Arbeitsverträgen (vgl. § 611 BGB) keiner Form bedarf, hat Torsten mit Lucretia wirksam einen Arbeitsvertrag geschlossen.

Ausfluss der Privatautonomie ist aber auch, dass die Parteien die Möglichkeit haben, rechtsgeschäftlich festzulegen, dass bestimmte Rechtsfolgen nur eintreten sollen, wenn eine vereinbarte Form eingehalten wurde (**vereinbarte konstitutive Form**, vgl. § 127 BGB i. V. m. § 125 S. 2 BGB).

> **Beispiel:** Arndt beliefert Bert unregelmäßig mit Rohstoffen. Da es in der Vergangenheit häufiger zu Unstimmigkeiten über den Umfang der Bestellungen kam, treffen beide eine Rahmenvereinbarung, nach der Bestellungen nur als wirksam betrachtet werden, wenn

1

2

---

[1] Siehe oben § 4 Rn. 5, 8.

B. Boemke, B. Ulrici, *BGB Allgemeiner Teil,* Springer-Lehrbuch, DOI 10.1007/978-3-642-39171-2_10, © Springer-Verlag Berlin Heidelberg 2014

sie zumindest per Fax im Büro eintreffen. Zukünftig setzt ein wirksamer Vertragsschluss voraus, dass ein Antrag mindestens als Fax übersandt wird. Die Annahme des Antrags kann hingegen weiterhin konkludent durch bloße Lieferung erfolgen.

3 Der Grundsatz der Formfreiheit gilt allerdings nicht uneingeschränkt. Aus unterschiedlichen Gründen sieht das Gesetz in bestimmten Fällen Formerfordernisse für die wirksame Vornahme eines Rechtsgeschäfts vor.

> **Beispiele:** Grundstückskaufvertrag (§ 311b Abs. 1 S. 1 BGB), Bürgschaftserklärung (§ 766 BGB).

4 Eine Beschränkung der Freiheit, kraft des privatautonom gebildeten Willens selbstbestimmt Rechtsfolgen zu setzen, folgt nur aus sog. konstitutiven Formgeboten. Von diesen zu unterscheiden sind Formgebote, welche nicht die Vornahme eines Rechtsgeschäfts i. S. d. Setzung einer Rechtsfolge betreffen, sondern erst nachgelagert hierzu an das wirksam vorgenommene Rechtsgeschäft anknüpfen und insbesondere dessen Bestätigung in einer bestimmten Form vorsehen (sog. **deklaratorische Formgebote**). Bedeutung erlangt diese Unterscheidung auf der Rechtsfolgenseite, insbesondere gilt § 125 BGB nur für konstitutive Formgebote. Inwieweit von einem konstitutiven oder nur deklaratorischen Formgebot auszugehen ist, ist eine Frage der Auslegung der das Formgebot enthaltenden Regelung.

> **Beispiele:** Nach § 626 Abs. 2 S. 3 BGB sind die Gründe für eine außerordentliche Kündigung auf Verlangen unverzüglich schriftlich mitzuteilen. Geschieht dies nicht, ist dies für die Wirksamkeit der erklärten Kündigung ohne Bedeutung (deklaratorisches Formerfordernis). Um ein konstitutives Formerfordernis handelt es sich dagegen bei § 22 Abs. 3 BBiG, welcher vorsieht, dass die Kündigung eines Berufsausbildungsverhältnisses schriftlich und unter Angabe der Kündigungsgründe erfolgen muss. Werden die Kündigungsgründe im Kündigungsschreiben nicht angegeben, ist die Kündigung unwirksam.

B. Formzwecke[2]

I. Überblick

5 Gesetzliche Formvorschriften beschränken die Formfreiheit. Sie können nicht vertraglich abbedungen werden. Die Parteien eines Grundstückskaufvertrags können also in ihrem nur schriftlichen Vertragswerk keine Abrede treffen, nach welcher der Vertrag auch ohne Einhaltung der notariellen Form des § 311b Abs. 1 S. 1 BGB wirksam sein soll. Angesichts der hiermit für die Parteien verbundenen Beschränkung bedürfen gesetzliche Formvorschriften einer Rechtfertigung; dabei kommt dem Gesetzgeber jedoch ein weiter Einschätzungsspielraum zu. Die Form kann z. B. dem Schutz des Einzelnen oder des Rechtsverkehrs dienen (Formzwecke). Hinter einer jeden gesetzlichen Formvorschrift steht zumindest ein Formzweck.[3]

---

[2] Ausführlich hierzu *Mankowski* JZ 2010, 662.

[3] Vgl. *Mankowski* JZ 2010, 662, 662 f.

Vielfach verfolgt das Gesetz aber auch mehrere verschiedene Formzwecke. Bedeutung erlangen die jeweiligen Formzwecke für den Umfang eines Formerfordernisses und die an die Nichtbeachtung der Form knüpfenden Rechtsfolgen.[4]

II. Klarstellungs- und Beweisfunktion

Je bedeutsamer ein Rechtsgeschäft ist, desto größer ist auch das mögliche Streitpotential über dessen Vorliegen oder dessen Inhalt. Zahlreiche gesetzliche Vorschriften ordnen eine bestimmte Form, insbesondere die Schriftform, an, um einem etwaigen Klarstellungs- und Beweisbedürfnis Rechnung zu tragen. Der Wunsch nach **Rechtssicherheit** ist auch der häufigste Beweggrund für die privatrechtliche Vereinbarung von Formerfordernissen.[5] Hintergrund hierfür ist, dass durch eine Privaturkunde (Schriftstück) nach § 416 ZPO bewiesen werden kann, dass der Aussteller eine Erklärung entsprechenden Inhalts abgegeben hat.   **6**

> **Beispiel:** Nachdem Arndt und Bert für künftige Bestellungen vereinbart haben, dass zumindest ein Bestellfax vorliegen muss, kann Arndt zukünftig leichter den Beweis über das Bestehen und den Inhalt einer Bestellung durch Vorlage des Telefaxes führen.

Dem Beweisinteresse tragen u. a. folgende Formerfordernisse Rechnung: **7**

- § 1310 BGB (Eheschließung),
- § 1410 BGB (Ehevertrag),
- § 2231 BGB (Testament), hier tritt das Beweisinteresse ganz deutlich hervor, weil der tatsächliche Wille des Erblassers bei Eintritt des Erbfalls nicht mehr dadurch ermittelt werden kann, dass man ihn befragt.

Der Klarstellung und dem Beweis dienende Formerfordernisse müssen nicht ausschließlich den Interessen der am Rechtsgeschäft Beteiligten dienen. Mitunter tragen Formerfordernisse auch entsprechenden **Interessen Dritter** Rechnung. So bedarf z. B. nach § 550 BGB ein befristeter Mietvertrag mit einer Überlassungsdauer von mehr als einem Jahr, der nicht ordentlich gekündigt werden kann, der Schriftform. Anderenfalls gilt er als auf unbestimmte Zeit geschlossen und ist nach einem Jahr Überlassung beiderseits ordentlich kündbar. Geschützt ist hier nach überwiegender Auffassung[6] vor allem der potentielle Erwerber des Grundstücks, der nach § 566 BGB mit Erwerb in die Stellung des Vermieters einrückt. Er soll sich deshalb vor dem Erwerb durch Einsichtnahme in den Mietvertrag zuverlässig über die künftigen Vertragsbedingungen (insbesondere über die Beendigungsmöglichkeiten des Mietverhältnisses) informieren können.   **8**

Deutlich wird dies auch beim Abschluss von **Tarifverträgen** zwischen Gewerkschaften und Arbeitgeberverbänden. Der Tarifvertragsschluss bedarf der Schriftform (vgl. § 1 Abs. 2 TVG), weil im Tarifvertrag Rechtsnormen für die Arbeits-   **9**

---

[4] *Mankowski* JZ 2010, 662, 662 f.

[5] Vgl. *Mankowski* JZ 2010, 662, 663 f.

[6] BGH v. 19.09.2007, NJW 2007, 3346, 3347; Palandt/*Weidenkaff* § 550 BGB Rn. 1.

verhältnisse von Arbeitgebern und Arbeitnehmern gesetzt werden (vgl. § 4 Abs. 1 TVG). Der Tarifvertrag wirkt auf deren Rechtsverhältnisse ein, obwohl sie regelmäßig nicht unmittelbar an dem Vertragsschluss beteiligt sind. Die Schriftform dient ihrer Information sowie der Klarstellung ihrer Rechte und Pflichten.

III. Warnfunktion und Übereilungsschutz

10 Haben Rechtsgeschäfte für beide oder einen der Beteiligten eine besondere Bedeutung, z. B. auf Grund der **erheblichen wirtschaftlichen Tragweite** oder weil sie mit besonderen Risiken behaftet sind, kann das Formerfordernis dazu dienen, dem Erklärenden die besondere Bedeutung des von ihm beabsichtigten Rechtsgeschäfts aufzuzeigen (Warnfunktion). Darüber hinaus wird er dazu bewegt, seine Entscheidung zu überdenken (Übereilungsschutz).

> **Beispiele:** (1) Nach § 311b Abs. 1 S. 1 BGB bedarf ein Verpflichtungsgeschäft über die Übertragung oder den Erwerb eines Grundstücks der notariellen Beurkundung. Grundstücke sind in der Regel besonders werthaltig. Zum einen sind sie nur begrenzt verfügbar und zum anderen unterliegen sie auch bei unterschiedlichen konjunkturellen Entwicklungen weniger ausgeprägten Wertschwankungen. Gleichzeitig ist das Grundstückseigentum mit zahlreichen öffentlichen Abgaben belastet. Die Verpflichtung zur Übertragung oder zum Erwerb eines Grundstücks soll also überlegt sein. (2) Im Rahmen eines Bürgschaftsvertrags nach § 765 Abs. 1 BGB verpflichtet sich jemand, für die Verbindlichkeit eines anderen einzustehen, ohne zugleich einen Anspruch auf eine adäquate Gegenleistung zu erhalten. § 766 S. 1 BGB trägt dem Bedürfnis nach Übereilungsschutz Rechnung, indem er für die Erklärung des künftigen Bürgen das Erfordernis der Schriftform aufstellt. Der Übereilungsschutz zeigt sich besonders deutlich darin, dass der Gesetzgeber für die Erteilung der Bürgschaftserklärung die elektronische Form[7] ausdrücklich ausgeschlossen hat (vgl. § 766 S. 2 BGB). Der Erklärende sieht sich bei der Leistung seiner Unterschrift mehr zu einem Überdenken genötigt als bei einem bloßen Knopfdruck.

IV. Beratungs- und Belehrungsfunktion

11 Schließlich kann eine Formvorschrift auch dazu dienen, eine ausreichende Beratung oder Belehrung des Erklärenden im Zusammenhang mit der Vornahme eines Rechtsgeschäfts sicherzustellen. Zu diesem Zweck ordnet der Gesetzgeber das Erfordernis einer **notariellen Beurkundung** an, weil der Notar als rechtskundige Person nach § 17 BeurkG verpflichtet ist, die Beteiligten auf die rechtlichen, nicht aber die wirtschaftlichen Folgen ihres Handelns hinzuweisen. Der Gesetzgeber hat eine notarielle Beurkundung z. B. als notwendig erachtet bei der Verpflichtung zur Übertragung von Grundstückseigentum (vgl. § 311b Abs. 1 BGB), bei der Verpflichtung zur Übertragung des gesamten Vermögens (vgl. § 311b Abs. 2 BGB), bei der Schenkung (vgl. § 518 BGB), beim Ehevertrag (vgl. § 1410 BGB) oder beim Erbvertrag (vgl. § 2276 Abs. 1 BGB).

---

[7] Siehe unten Rn. 27, 29 ff.

C. Arten der Form

I. Überblick

Das BGB kennt unterschiedliche **Arten** der gesetzlichen Form: **12**

- Schriftform (vgl. § 126 BGB),
- elektronische Form (vgl. § 126a BGB),
- Textform (vgl. § 126b BGB),
- öffentliche Beglaubigung (vgl. § 129 BGB),
- notarielle Beurkundung (vgl. § 128 BGB).

Zu beachten ist, dass sich der Gesetzgeber bei der Ausgestaltung der einzelnen   **13**
Formvorgaben nicht von bestimmten Formzwecken leiten lässt. Die **Ausgestaltung**
der Form erfolgt **zweckneutral**.[8] Die Entscheidung für einen bestimmten Formzweck trifft der Gesetzgeber vielmehr dadurch, dass er sich im Zusammenhang mit
einer Sachfrage dafür entscheidet, z. B. nur die Text- statt der Schriftform anzuordnen.

Auf Grund der Privatautonomie sind die Parteien frei darin, weitere Formen zu   **14**
erfinden. Ihrem Ideenreichtum bei der Ausgestaltung einer rechtsgeschäftlichen
Form sind kaum Grenzen (vgl. aber § 309 Nr. 13 BGB) gesetzt.

> **Beispiel:** Vereinbaren Arndt und Bert in einer Rahmenvereinbarung, dass Bestellungen
> des Arndt nur noch schriftlich und mit grüner Tinte unterschrieben erfolgen können, muss
> er sich im Schreibwarengeschäft neu eindecken, wenn er mit Bert kontrahieren will, ihm
> jedoch die grüne Tinte ausgegangen ist und sich Bert nicht auf Ausnahmen einlassen will.

Die aufgezählten gesetzlichen Formerfordernisse unterscheiden sich in ihren An-   **15**
forderungen. Dabei erfüllt in der Regel die Einhaltung der strengeren Form zugleich
auch die der leichteren. Dementsprechend ordnen z. B. §§ 126 Abs. 4, 129 Abs. 2
BGB an, dass die dortigen Voraussetzungen nicht gesondert gewahrt werden müssen, wenn das Rechtsgeschäft notariell beurkundet wurde.

II. Schriftform (§§ 126, 127 BGB)

Die gesetzliche Schriftform des § 126 BGB setzt voraus, dass eine Urkunde errich- **16**
tet wird und der Aussteller diese mit seiner handschriftlichen Unterschrift versieht.
Ersatzweise kann an die Stelle der Namensunterschrift auch ein notariell beglaubig-
tes Handzeichen treten.

---

[8] Vgl. BGH v. 24.09.1997, NJW 1998, 58: Formanforderungen gelten im gesamten Zivilrecht
einheitlich.

1. Urkunde

17   Urkunden sind **verkörperte Gedankenerklärungen**. Die Gedanken müssen
      durch Textzeichen einer lebenden oder toten Sprache wiedergegeben sein. Eine
      handschriftliche Wiedergabe des Textes ist nicht erforderlich. Vielmehr kann sich
      der Aussteller zur Herstellung der Urkunde auch maschineller Hilfsmittel (z. B.
      Schreibmaschine, Computer nebst Drucker) bedienen. Eine Ausnahme bildet das
      eigenhändige Testament. Es ist gemäß § 2247 Abs. 1 BGB nur wirksam errichtet,
      wenn auch der Text als solcher handschriftlich niedergelegt ist. Anderenfalls bedarf
      es nach § 2232 BGB der Mitwirkung eines Notars.

2. Unterzeichnung

a) Namenszug

18   Der Erklärungstext muss handschriftlich unterzeichnet werden. Dies erfolgt entwe-
      der durch **Namensunterschrift** oder mittels eines **notariell beglaubigten Hand-
      zeichens**. Hierdurch soll es dem Rechtsverkehr ermöglicht werden, die Erklärung
      dem Aussteller zuzuordnen und gegebenenfalls dessen Urheberschaft zu beweisen.
      Für die Namensunterschrift genügt die Wiedergabe des Familiennamens. Selbst
      die Verwendung eines Künstlernamens oder eines Pseudonyms ist ausreichend,
      wenn eine Identifizierung des Urhebers zweifelsfrei erfolgen kann und der Zuord-
      nungsfunktion damit entsprochen ist. Nicht entscheidend ist, dass der Namenszug
      lesbar ist. Insbesondere Akademiker könnten sonst aufgrund ihrer vielfach krake-
      ligen Handschrift wohl nur eingeschränkt Erklärungen in Schriftform abgeben.
      Ausreichend, aber auch notwendig ist, dass der Schriftzug das Vorhandensein von
      Buchstaben erkennen lässt und im Übrigen derart individuell ist,[9] dass eine Identi-
      fizierung möglich ist. Bloße Handzeichen wie Kreuze, Striche, Initialen sind keine
      Namensunterschrift,[10] weil sie der Zuordnungs- und Identifizierungsfunktion der
      Unterschrift nicht gerecht werden. Sie können ausnahmsweise nach § 126 Abs. 1
      Alt. 2 BGB dem Schriftformerfordernis genügen, wenn sie notariell beglaubigt wer-
      den.

b) Eigenhändigkeit

19   Die Unterschrift muss **eigenhändig** erfolgen. Dies bedeutet, dass der Erklärende
      den Namenszug selbst auf die Urkunde schreiben muss. Nicht erforderlich ist je-
      doch, dass die Unterschrift von demjenigen stammt, der durch die Erklärung be-
      rechtigt und verpflichtet wird. Das Schriftformerfordernis steht also einem **Ver-
      tretungsgeschäft** nicht entgegen. Bei einem Handeln durch Vertreter (vgl. § 164

---

[9] BGH v. 27.09.2005, NJW 2005, 3775.
[10] Zur Abgrenzung schulmäßig BAG v. 06.09.2012, NZA 2013, 524, 526.

Abs. 1 BGB) ist die Schriftform daher gewahrt, wenn der Vertreter die Urkunde mit seinem Namen unterschreibt. Dies folgt daraus, dass der Vertreter nicht die Erklärung des Vertretenen, sondern eine eigene Erklärung abgibt.[11] Hierin liegt ein wesentlicher Unterschied zur **Botenschaft**, bei der eine fremde Erklärung überbracht wird,[12] weshalb dort der Erklärende den Namenszug schreiben muss.

Nach h. A. soll es genügen, wenn ein **Vertreter** die Urkunde **mit dem Namen**   **20** **des Vertretenen** unterschreibt.[13] Dies soll sowohl der vertretungsrechtlichen Offenkundigkeit Rechnung tragen als auch der Schriftform genügen. Bei näherer Betrachtung kann diese Auffassung jedoch nicht überzeugen. Zwar mag auch in diesem Fall die Erklärung dem Vertretenen über § 164 Abs. 1 BGB zuzurechnen sein; der Schriftform wird aber nicht genügt. Durch die Schriftform soll die Erklärung dem Aussteller zugeordnet und ggf. dessen Urheberschaft bewiesen werden können.[14] Im Fall eines Vertretungsgeschäfts soll mittels der Zuordnungs- und Identifizierungsfunktion die Feststellung ermöglicht werden, welche Person für den Vertretenen gehandelt hat und diesen damit berechtigen und verpflichten wollte. Bei Unterzeichnung mit dem Namen des Vertretenen, die nicht von diesem selbst stammt, wird aber gerade nicht ersichtlich, welche Person gehandelt hat. Es ist daher nicht nachprüfbar, ob eine Person gehandelt hat, die auch mit der erforderlichen Vertretungsmacht ausgestattet war. Dass (allein) der Vertretene den Vertreter benennen kann, hilft im Streitfall nicht weiter.[15]

c) Abschluss der Urkunde

Indem das Gesetz das Wort „unterzeichnet" verwendet, bringt es zum Ausdruck,   **21** dass der Unterschrift eine **Abschluss- und Deckungsfunktion** zukommt. Die Unterschrift muss deshalb unterhalb des die Erklärung beinhaltenden Textes platziert werden. Eine „Oberschrift" oder eine „Nebenschrift" ist keine Unterschrift und genügt dem Schriftformerfordernis nicht.[16] Deshalb genügt eine Erklärung nur dann vollständig der Schriftform, wenn auch Zusätze, die einem bereits mit einer Unterschrift versehenen Text angehängt werden, erneut unterschrieben werden.

Die **Abschlussfunktion** kommt der Unterschrift jedoch **ausschließlich** in   **22** **räumlicher** Hinsicht zu. Da der Rechtsverkehr bei einer vollständigen Urkunde nicht ergründen kann, ob zuerst der Text oder die Unterschrift auf dem Schriftstück vorhanden war, gilt die Vorgabe aus Gründen des Vertrauensschutzes nicht

---

[11] Siehe unten § 13 Rn. 25 f.

[12] Siehe unten § 13 Rn. 29.

[13] RG (VZS) v. 27.06.1910, RGZ 74, 69, 72 ff.; *Boecken* Rn. 378; *Bork* Rn. 1061; *Wolf/Neuner* § 44 Rn. 29. – *Brox/Walker* Rn. 303 gehen insoweit sogar von einer gewohnheitsrechtlichen Anerkennung aus.

[14] Siehe oben Rn. 18.

[15] A. A. *Wolf/Neuner* § 44 Rn. 29.

[16] RG v. 13.10.1902, RGZ 52, 277, 280. – Vgl. auch BGH v. 20.11.1990, NJW 1991, 487.

in zeitlicher Hinsicht.[17] Deshalb genügt die Unterschrift ihrer Abschlussfunktion auch dann, wenn zuerst die Unterschrift erfolgt und anschließend oberhalb der eigentliche Erklärungstext eingefügt wird. Eine formwirksame Erklärung ist selbst dann abgegeben, wenn der Erklärende zunächst ein leeres, aber unterschriebenes Blatt willentlich aus der Hand gibt („**Blankounterschrift**") und ein von ihm Ermächtigter das Blatt nachträglich mit dem Erklärungstext versieht. Im Einzelfall hat die Rspr. jedoch zum Schutz der mit der Schriftform verfolgten Formzwecke angenommen, dass abweichend von § 167 Abs. 2 BGB[18] auch die Ermächtigung zur Ausfüllung eines Blanketts selbst der Schriftform bedarf.[19] Entspricht die Ausfüllungsermächtigung in diesen Fällen nicht der Schriftform, führt dies zwar nicht zur Formunwirksamkeit des ausgefüllten Blanketts. Allerdings wird die im Blankett verkörperte Willenserklärung dem Erklärenden nicht zugerechnet. Der Ausfüllende ist wie ein Vertreter ohne Vertretungsmacht zu behandeln.[20]

> **Beispiel:**[21] Arndt sendet einen von ihm bereits unterschriebenen Mietvertrag an Bert und bittet um Gegenzeichnung binnen zwei Wochen. Bert unterschreibt den Mietvertrag und sendet ihn an Arndt zurück. Dort geht das beiderseitig unterschriebene Vertragsexemplar erst nach Ablauf der gesetzten Frist ein. Arndt ruft daraufhin bei Bert an, teilt ihm dies mit, erklärt aber zugleich, dass er mit der Geltung des Mietvertrags einverstanden sei. Der Mietvertrag wird erst im Rahmen des Telefonats geschlossen, weil der Antrag des Arndt nach §§ 146, 148 BGB infolge Fristablaufs erloschen war. Durch Unterzeichnung hat Bert allerdings einen neuen Antrag erklärt (vgl. § 150 Abs. 1 BGB). Diesen Antrag hat Arndt im Rahmen des Telefonats angenommen. Trotz des erst im Rahmen des Telefonats geschlossenen Mietvertrags genügt dieser der Schriftform, weil für diese allein darauf abzustellen ist, dass das Rechtsgeschäft äußerlich verkörpert ist und (räumlich) durch die Unterschriften von Arndt und Bert abgedeckt wird.

3. Empfangsbedürftige Willenserklärungen

23 Empfangsbedürftige Willenserklärungen entfalten ihre Wirkungen erst mit ihrem Zugang.[22] Dementsprechend muss eine empfangsbedürftige Willenserklärung dem **Empfänger in der gehörigen Form zugehen**, um dem Formgebot zu genügen.[23] Deshalb können empfangsbedürftige Willenserklärungen nicht unter Wahrung der Schriftform per Telefax übermittelt werden. Der Empfänger erhält nur eine Reproduktion der auf dem Original enthaltenen Unterschrift. Diese Reproduktion wurde aber nicht vom Unterzeichner eigenhändig gefertigt.

24 Das Schriftformerfordernis wird allerdings bereits gewahrt, wenn die formgerechte Urkunde dem Empfänger zugegangen ist. Dass die Urkunde vom Erklärungsempfänger zur Kenntnis genommen wird oder ihm verbleibt, ist nicht notwendig.

---

[17] RG v. 25.04.1906, RGZ 63, 230, 234; BGH v. 31.10.1956, NJW 1957, 137.

[18] Vgl. unten § 13 Rn. 35.

[19] BGH v. 29.02.1996, NJW 1996, 1467, 1468 f. für eine Bürgschaftserteilung.

[20] Siehe hierzu § 13 Rn. 96 ff.

[21] Vgl. BGH v. 24.02.2010, NJW 2010, 1518.

[22] Siehe oben § 6 Rn. 6 f.

[23] BGH v. 30.07.1997, NJW 1997, 3169, 3170.

Beispiel:[24] Personalchef Flüchtig will dem Angestellten Ungehobelt kündigen. Er zitiert ihn in sein Büro und überreicht ihm das Kündigungsschreiben mit seiner Unterschrift im Original. Außerdem überreicht er ihm eine Kopie mit der Bitte, auf dieser den Empfang zu bestätigen und ihm die Kopie zurückzugeben. Es kommt zu einer Verwechslung und Ungehobelt quittiert auf dem Original und reicht dieses zurück. Die Kündigung entspricht trotzdem der von § 623 BGB angeordneten Schriftform. Das Schriftstück ist Ungehobelt in der erforderlichen Form zugegangen. Dies setzt lediglich voraus, dass die Erklärung so in den Machtbereich des Empfängers gelangt ist, dass dieser unter gewöhnlichen Umständen diese zur Kenntnis nehmen kann. Der Verbleib des Originalkündigungsschreibens bei Ungehobelt war dagegen nicht erforderlich.

4. Zusammengesetzte Urkunden

Besteht eine Urkunde aus mehreren Einzelbestandteilen (Blättern), müssen diese **25** zusammen eine Einheit bilden, um der Schriftform zu genügen. Erforderlich ist, dass sich die Unterschrift ersichtlich auf alle Bestandteile der Urkunde bezieht.[25] Hieran bestehen Zweifel, wenn die unterschiedlichen Blätter z. B. nur lose aufeinander gelegt werden, weil der Erklärungsgehalt jederzeit dadurch manipuliert werden kann, dass einzelne Blätter ausgetauscht werden. Um dies zu vermeiden, forderte die Rspr. zunächst eine **feste körperliche Verbindung** zwischen den verschiedenen Bestandteilen einer Urkunde, welche so fest sein musste, dass ihre Aufhebung eine teilweise Substanzzerstörung bewirkt.[26] Diese strenge Sichtweise behinderte den Rechtsverkehr jedoch erheblich und wurde folgerichtig **aufgelockert**. Ausreichend ist nunmehr, dass sich die Zusammengehörigkeit der einzelnen Bestandteile aus anderen Umständen, wie z. B. einer fortlaufenden Blätter- oder Seitennummerierung (Paginierung), aus einem einheitlichen Schriftbild oder anderen vergleichbaren Merkmalen, zweifelsfrei ergibt und die Möglichkeit einer vorangegangenen Manipulation ausgeschlossen werden kann.[27]

5. Schriftform bei Verträgen

Soweit das Gesetz einen Vertrag der Schriftform unterwirft, wie dies z. B. nach **26** § 623 BGB für den Aufhebungsvertrag in Bezug auf ein Arbeitsverhältnis der Fall ist, müssen nach § 126 Abs. 2 S. 1 BGB **alle Vertragsparteien auf derselben Urkunde unterzeichnen.** Diese Urkunde[28] muss den gesamten Vertragsinhalt umfassen. Dem gesetzlichen Schriftformerfordernis ist deshalb nicht genügt, wenn jeweils nur das Vertragsangebot und dessen Annahme gesondert auf verschiedenen

---

[24] Vgl. BAG v. 04.11.2004, NZA 2005, 513.

[25] BAG v. 14.07.2010, NZA 2011, 413, 416.

[26] BGH v. 13.11.1963, NJW 1964, 395.

[27] Vgl. BGH v. 24.09.1997, NJW 1998, 58, 58 f.; BGH v. 18.12.2002, NJW 2003, 1248, 1248 f.; BAG v. 14.07.2010, NZA 2011, 413, 416 f.

[28] Siehe auch oben Rn. 22.

Urkunden unterschrieben sind. Nur für den Fall, dass mehrere gleich lautende Urkunden errichtet werden, genügt zur Wahrung der Schriftform, dass jede Partei das für die andere Seite vorgesehene Exemplar unterzeichnet (vgl. § 126 Abs. 2 S. 2 BGB).

Beispiel: Anton schickt seinem Arbeitnehmer Norbert einen Brief, in dem er ihm die Beendigung des Arbeitsverhältnisses zum Monatsende anbietet. Norbert schreibt zurück, dass er damit einverstanden sei. Die Einigung der Parteien über die Aufhebung des Arbeitsverhältnisses entspricht nicht dem Schriftformerfordernis des § 623 BGB, weil der vollständige Vertragsinhalt nicht von beiden Parteien unterzeichnet wurde (vgl. § 126 Abs. 2 S. 1 BGB). Zudem greift auch § 126 Abs. 2 S. 2 BGB nicht ein, weil Norbert keine gleich lautende Urkunde zurückgesandt hat.

6. Ersetzung der Schriftform durch die elektronische Form

27   Die **elektronische Form ersetzt** nach § 126 Abs. 3 BGB **grds. die Schriftform**, weil sie im Hinblick auf das Erfordernis einer qualifizierten elektronischen Signatur überwiegend die gleichen Formzwecke wie die Schriftform erfüllen kann.[29] Soweit dies nach Einschätzung des Gesetzgebers nicht der Fall ist, weil z. B. die elektronische Form keinen ausreichenden Schutz vor Übereilung bietet,[30] hat der Gesetzgeber die Gleichsetzung der Schriftform und der elektronischen Form ausdrücklich ausgeschlossen. Dies gilt z. B. für:

- die Kündigung eines Arbeitsverhältnisses oder den Abschluss eines Aufhebungsvertrags (§ 623 BGB a. E.),
- Erteilung eines Dienstzeugnisses (§ 630 S. 3 BGB), wobei hier nicht der Schutz vor Übereilung, sondern die Verwendbarkeit für den Dienstnehmer gesichert wird,
- Abgabe eines Leibrentenversprechens (§ 761 S. 2 BGB),
- Erteilung einer Bürgschaft (§ 766 S. 2 BGB),
- Abgabe eines abstrakten Schuldversprechens (§ 780 S. 2 BGB) oder eines abstrakten Schuldanerkenntnisses (§ 781 S. 2 BGB).

7. Vertraglich vereinbartes Schriftformerfordernis

28   Nach § 127 Abs. 1 BGB gelten die Formanforderungen des § 126 BGB im Zweifel, d. h. bei Fehlen eines abweichenden Parteiwillens, auch, soweit die Parteien privatautonom ein Formerfordernis begründen. Allerdings sieht § 127 Abs. 2 BGB, soweit ein abweichender Wille der Parteien nicht ersichtlich ist, eine Erleichterung dahingehend vor, dass zur Wahrung der privatrechtlich vereinbarten Schriftform die

---

[29] Siehe zur elektronischen Form unten Rn. 29 ff.

[30] Vgl. *Larenz/Wolf* § 27 Rn. 43.

telekommunikative Übermittlung (z. B. Fax[31], E-Mail[32]) oder für den Abschluss eines Vertrags in Schriftform ein Briefwechsel ausreicht.

III. Elektronische Form (§ 126a BGB)

Die Anforderungen an die Wahrung der elektronischen Form regelt § 126a BGB. **29** Danach muss die Erklärung zunächst Gegenstand eines **elektronischen Dokuments** sein. Hierunter versteht man alle elektronisch erfassten Daten, die derart reproduzierbar gespeichert sind, dass sie jederzeit lesbar wiedergegeben werden können, sei es durch Ausdruck oder als bloße Schriftzeichen auf dem Bildschirm. Ferner gibt das Gesetz als Mindestangabe innerhalb des Dokuments die Angabe des **Namens des Ausstellers** vor.

Dem Unterschrifterfordernis der Schriftform entspricht es, dass das Dokument **30** mit einer **elektronischen Signatur** versehen werden muss. Elektronische Signaturen sind nach der Legaldefinition des § 2 Nr. 1 SigG Daten in elektronischer Form, die anderen Daten beigefügt oder logisch mit ihnen verknüpft sind und die zur Authentifizierung dienen. Die Qualifizierung erlangt die Signatur, wenn ihre Herstellung zusätzlichen Anforderungen entspricht, mittels derer ausgeschlossen werden kann, dass Dritte diese Signatur hergestellt haben könnten. Die qualifizierte elektronische Signatur sichert die Zuordnung der Erklärung zu einem Erklärenden.

Sollen **Verträge** in elektronischer Form geschlossen werden, gelten nach § 126a **31** Abs. 1 BGB ähnliche Anforderungen wie bei der Schriftform nach § 126 Abs. 2 S. 2 BGB. Danach muss jede Partei ein gleichlautendes elektronisches Dokument mit der eigenen Signatur versehen.

IV. Textform (§ 126b BGB)

Die erst 2001 eingeführte Textform trägt dem Anliegen Rechnung, dass vielfach **32** eine gewisse Festlegung einer Erklärung zur Klarstellung, Information oder auch (eingeschränkt) zum Beweis erwünscht ist, sich die Schriftform aber – insbesondere im elektronischen Verkehr – als zu aufwändig erweist. Im Unterschied zur Schriftform verzichtet die Textform auf das Erfordernis einer eigenhändigen Unterschrift. Sie erfüllt daher allenfalls eingeschränkt deren Warn- und Beweisfunktion. Entsprechendes gilt für die anderen klassischen Formzwecke.[33] Ihre Hauptanliegen sind, unter Ermöglichung des Einsatzes moderner Übertragungsmedien, die **Information** des Empfängers einer Erklärung und die **Dokumentation** einer Er-

---

[31] BGH v. 22.04.1996, NJW-RR 1996, 866, 867.

[32] Begr. zum RegE eines Gesetzes zur Anpassung der Formvorschriften des Privatrechts und anderer Vorschriften an den modernen Rechtsgeschäftsverkehr, BT-Drs. 14/4987, S. 20.

[33] Siehe oben Rn. 6 ff.

klärung, um Zweifel über ihre Abgabe auszuräumen. Dies wird vor allem deutlich, wenn man die Fälle betrachtet, in denen das Gesetz die Textform genügen lässt:

- Ausübung eines Verbraucherwiderrufsrechts nach § 355 Abs. 1 S. 2 BGB,
- Ankündigung des Vermieters von Erhaltungs- und Modernisierungsmaßnahmen nach § 554 Abs. 3 BGB,
- Aufrechnungsanzeige des Mieters nach § 556b Abs. 2 BGB,
- Verlangen zur Anpassung der Betriebskostenvorauszahlungen nach § 560 Abs. 4 BGB.

33   Ist Textform vorgeschrieben, muss die Erklärung in einer Urkunde oder auf andere zur **dauerhaften Wiedergabe in Schriftzeichen** geeignete Weise abgegeben werden. Außerdem muss die Person des Erklärenden genannt und der Abschluss der Erklärung durch Nachbildung der Namensunterschrift oder auf andere geeignete Weise erkennbar gemacht werden. Wie die Schriftform verlangt auch die Einhaltung der Textform eine Erklärung, die durch Schriftzeichen wiedergegeben ist. Deshalb genügt z. B. eine Information auf einem Anrufbeantworter trotz ihrer Festlegung nicht der Textform.

34   Eine handschriftliche Unterzeichnung der Erklärung ist nicht erforderlich. Deshalb kann die Fixierung der Schriftzeichen nicht nur auf Papier, ggf. übermittelt durch ein Telefax, sondern auch als E-Mail, Computerfax oder auf sonstigen elektronischen Speichermedien (CD-ROM, USB-Stick) erfolgen. Erforderlich ist lediglich, dass die Erklärung **dauerhaft verkörpert** wird oder zumindest **jederzeit** wegen eines vorangegangenen Speichervorgangs **reproduzierbar** ist.

> **Beispiel:** Ein Onlineshop zeigt unmittelbar vor Beendigung des Bestellvorgangs die Widerrufsbelehrung nach §§ 312d, 355 Abs. 2 BGB als Teil der Internetseite auf dem Bildschirm an. Dies genügt nicht, um die Widerrufsfrist nach § 355 Abs. 2 BGB in Gang zu setzen, weil die Anzeige auf dem Bildschirm nicht der Textform entspricht. Die Widerrufsbelehrung wird zwar in Schriftzeichen abgebildet. Sie geht dem Empfänger jedoch nicht in Textform zu, weil es an einer Festlegung fehlt, welche dem Empfänger die Reproduktion der Erklärung innerhalb seines eigenen Einflussbereichs ermöglicht. Dass der Empfänger die Seite ggf. im Internet erneut aufrufen kann, ist nicht ausreichend.

35   Schließlich muss die Erklärung ihren Aussteller und ihren **Abschluss** erkennen lassen. Einer Unterschrift oder einer elektronischen Signatur bedarf es hierzu nicht. Vielmehr kann der Abschluss durch eine nachgebildete Unterschrift (z. B. Faksimile) erfolgen. Ausreichend hierfür ist jedoch auch jede andere Kenntlichmachung des Abschlusses, wie z. B. durch die Hinzufügung einer Grußformel oder des Namenszugs in Druckbuchstaben.

V. Notarielle Beurkundung (§ 128 BGB)

36   Die Ausgestaltung der notariellen Beurkundung ist nicht im BGB geregelt. Dort stellt lediglich § 128 BGB klar, dass bei Verträgen auch eine sukzessive Beurkundung zulässig ist.[34] Vielmehr wird das Verfahren einer notariellen Beurkundung im **BeurkG** geregelt.[35] Danach berät zunächst der Notar über die rechtlichen Auswirkungen der beabsichtigten Erklärung (vgl. § 17 BeurkG). Anschließend wird die Erklärung gegenüber dem Notar abgegeben, welcher sie niederschreibt (vgl. § 8 BeurkG), vorliest (vgl. § 13 BeurkG) und sich vom Erklärenden genehmigen lässt. Sowohl der Erklärende als auch der Notar müssen die Erklärung zum Abschluss unterzeichnen (vgl. § 13 BeurkG). Eine derart errichtete Urkunde ermöglicht den Nachweis, dass die enthaltene Erklärung in dieser Gestalt vor einem Notar abgegeben wurde.

Nach § 128 BGB ist bei **Verträgen**, die der notariellen Beurkundung bedürfen, **nicht erforderlich**, dass **sämtliche Vertragsparteien gleichzeitig** vor dem Notar anwesend sind. Vielmehr genügt es, dass zunächst der Antrag und anschließend die Annahme beurkundet werden (sukzessive Beurkundung). Für diesen Fall enthält § 152 S. 1 BGB eine Ausnahme vom Grundsatz, dass Verträge im Zeitpunkt des Zugangs der Annahmeerklärung zustande kommen,[36] weil der Vertrag im Fall einer sukzessiven Beurkundung bereits mit der Beurkundung der Annahmeerklärung zustande kommt. Die Regelung des § 128 BGB erfährt in Einzelfällen jedoch eine Einschränkung. Insbesondere können ein Ehevertrag nach § 1410 BGB und ein Erbvertrag nach § 2276 Abs. 1 BGB jeweils nur zur Niederschrift eines Notars unter gleichzeitiger Anwesenheit beider Teile geschlossen werden. **37**

Obwohl hierdurch die Beratungs- und Belehrungsfunktion der notariellen Beurkundung gemindert werden, ist grds. nicht erforderlich, dass die Partei eines Rechtsgeschäfts persönlich vor dem Notar erscheint. Vielmehr ist auch bei der Abgabe von Erklärungen, die notariell beurkundet werden müssen, eine **Stellvertretung** (vgl. § 164 BGB) zulässig. Dies wird mittelbar durch § 12 BeurkG bestätigt, der hierfür eine Bestimmung enthält, wonach etwaige Nachweise über die Vertretungsmacht in beglaubigter Form beigefügt werden sollen. Im Einzelfall kann die Stellvertretung jedoch ausgeschlossen sein. Ist dies, wie z. B. nach § 2274 BGB, der Fall, muss die Partei persönlich vor dem Notar erscheinen. **38**

Wird eine Erklärung notariell beurkundet, genügt sie nach § 126 Abs. 4 BGB der Schriftform. Gleiches gilt für die Textform. Umgekehrt bedarf es nach § 127a BGB keiner gesonderten notariellen Beurkundung, wenn die Erklärungen im Rahmen eines **gerichtlichen Vergleichs** in ein gerichtliches Protokoll nach den §§ 159 ff. ZPO aufgenommen wurden. In diesem Fall sichert die Tätigkeit des Gerichts die Beratung und Belehrung des Erklärenden. **39**

VI. Öffentliche Beglaubigung (§ 129 BGB)

Soweit das Gesetz die öffentliche Beglaubigung einer Erklärung vorschreibt, ist diese Erklärung nach § 129 Abs. 1 BGB zunächst schriftlich abzufassen, vom Er- **40**

---

[34] Siehe unten Rn. 37.
[35] Vgl. zum Ablauf des Beurkundungsverfahrens *Blasche* JURA 2008, 890, 893 f.
[36] Siehe zum Vertragsschluss § 7 Rn. 40.

klärenden zu unterschreiben und anschließend vom Notar zu beglaubigen.[37] Im
Gegensatz zur notariellen Beurkundung, die der Belehrung, Beratung sowie dem
Beweis des gesamten Erklärungsinhalts dient, **bezeugt** die öffentliche Beglaubigung mittels eines Beglaubigungsvermerks lediglich, dass die der Erklärung an-
gefügte **Unterschrift** von demjenigen stammt, der auch die Erklärung abgegeben
hat. Dies zeigt, dass die öffentliche Beglaubigung in der notariellen Beurkundung
enthalten ist, weshalb § 129 Abs. 2 BGB folgerichtig klarstellt, dass eine notariell
beurkundete Erklärung dem Erfordernis öffentlicher Beglaubigung entspricht.

41   Das Gesetz ordnet die öffentliche Beglaubigung vor allem dort an, wo wegen
der Tragweite der Erklärung die Echtheit der Unterschrift und damit die Identität
des Erklärenden sicher feststehen soll. Dies ist unter anderem bei der Bewilligung
von Eintragungen in das Grundbuch (vgl. § 29 GBO) sowie für Anmeldungen zur
Eintragung in das Handelsregister (vgl. § 12 HGB) der Fall.

D. Umfang des Formzwangs

I. Vertrag oder Erklärung

42   Zu beachten ist jeweils, in welchem Umfang das Gesetz einen Formzwang anordnet. Auf welche Bestandteile des Rechtsgeschäfts bezieht sich das Formerfordernis?
Denkbar ist insoweit, dass sich der Formzwang auf den gesamten Vertrag erstreckt
oder nur eine einzelne Willenserklärung betrifft. Ist der Gesetzgeber der Ansicht,
dass bestimmte Formzwecke nur gegenüber einzelnen an einem mehrseitigen
Rechtsgeschäft Beteiligten verfolgt werden müssen, begnügt er sich damit, dass
einzelne Willenserklärungen dem Formerfordernis entsprechen. Da ein Vertrag,
welcher die Verpflichtung zur Eigentumsübertragung an einem Grundstück enthält,
sowohl für den Veräußernden als auch für den Erwerber von besonderer Tragweite
ist, unterwirft § 311b Abs. 1 BGB den gesamten Vertrag, d. h. Antrag und Annahme,
der notariellen Form. Umgekehrt bedarf bei Abschluss eines Bürgschaftsvertrags
nach § 765 Abs. 1 BGB, der ebenfalls durch Antrag und Annahme erfolgt, lediglich die Bürgschaftserklärung des Bürgen der Schriftform (vgl. § 766 S. 1 BGB),
weil allein der Bürge vor der Übernahme weitreichender Verpflichtungen gewarnt
werden muss. Entsprechendes gilt für den Schenkungsvertrag nach § 516 BGB, für
welchen § 518 Abs. 1 S. 1 BGB vorschreibt, dass lediglich das Schenkungsverspre-
chen der notariellen Beurkundung bedarf. Die Annahme der Schenkung durch den
Beschenkten kann formlos erfolgen.

---

[37] Zum Ablauf des Beglaubigungsverfahrens vgl. *Blasche* JURA 2008, 890, 894 f.

II. Inhaltliche Reichweite

Das Formerfordernis erstreckt sich grds. auf den gesamten Inhalt des Rechtsge-   **43**
schäfts, insbesondere eines Vertrags. Es reicht daher über die wesentlichen Bestandteile (*essentialia negotii*) hinaus und erfasst regelmäßig auch sämtliche getroffenen Nebenabreden, z. B. über Zahlungsmodalitäten. Im Grundsatz muss daher der
gesamte Inhalt des Rechtsgeschäfts, bei einem Vertrag der gesamte Inhalt der
Einigung, der Form entsprechen, z. B. in der formwahrenden Urkunde enthalten
sein.[38] Umgekehrt reicht der Formzwang nicht weiter als der rechtsgeschäftliche
Wille der Parteien. Deshalb bedarf etwa die anlässlich eines Grundstückskaufver-
tragsschlusses erteilte Quittung nicht der für den Vertrag geltenden Form.[39] Die
grds. umfassende Reichweite des Formzwangs sichert Klarstellungs- und Beweisfunktion, welche neben möglichen anderen Formzwecken meist Grund für die Anordnung des Formzwangs ist.[40] Abweichendes gilt nur ausnahmsweise, wenn sich
dem Gesetz entnehmen lässt, dass lediglich bestimmte Teile des Rechtsgeschäfts
formbedürftig sind. Bspw. schreibt § 14 Abs. 4 TzBfG vor, dass nur die Abrede über
die Befristung des Arbeitsverhältnisses der Schriftform bedarf. Der übrige Inhalt
des Arbeitsverhältnisses kann dagegen formfrei vereinbart werden.

III. Formzwang und Auslegung

Mit dem Erfordernis, dass grds. der gesamte Inhalt des Rechtsgeschäfts dem Form-   **44**
zwang unterliegt, steht die Frage im Zusammenhang, inwieweit ein formbedürftiges
Rechtsgeschäft der Auslegung zugänglich ist. Das Formerfordernis tritt scheinbar in
Widerstreit mit dem Ziel der Auslegung, wonach der wirkliche Wille der Beteiligten
zu ermitteln ist.

> **Beispiel:** Arndt und Bert wollen einen Kaufvertrag über das Grundstück Parzelle Nr. 12
> schließen. Aus Versehen wird bei der notariellen Beurkundung des Kaufvertrags Parzelle
> Nr. 21 in die Vertragsurkunde aufgenommen. Kann Bert von Arndt wie gewollt die Über-
> eignung des Grundstücks Parzelle Nr. 12 anstelle von Nr. 21 verlangen? Würde der Grund-
> stückskaufvertrag nicht nach § 311b Abs. 1 BGB einem Formzwang unterliegen, bestünde
> dieser Anspruch ohne Weiteres, weil übereinstimmend die Übereignung des Grundstücks
> Parzelle Nr. 12 gewollt war (*falsa demonstratio non nocet*).[41] Vorliegend ist das wirklich
> Gewollte jedoch nicht wörtlicher Gegenstand der Vertragsurkunde geworden. Hält man die
> Parteien am Wortlaut der Erklärung fest, gilt ein Rechtsgeschäft, welches nicht dem Willen
> der Parteien entspricht. Verhilft man dem wirklichen Willen zur Geltung, lässt sich aus der
> Urkunde nicht mehr entnehmen, was Inhalt der Einigung war.

Die h. A. versucht den Widerstreit zwischen Form und Selbstbestimmung dadurch   **45**
in Ausgleich zu bringen, dass im **Ausgangspunkt** auch formbedürftige Erklärun-

---

[38] Vgl. BGH v. 13.11.1963, NJW 1964, 395.
[39] BGH v. 20.05.2011, NJW 2011, 2785, 2785 f.
[40] Vgl. *Larenz/Wolf* § 27 Rn. 23.
[41] Zur Auslegung siehe § 8 Rn. 17 f.

gen der **Auslegung zugänglich** sind.[42] Dabei folgt die Auslegung formbedürftiger
Erklärungen allgemeinen Grundsätzen. Insbesondere können zur Auslegung auch
außerhalb der formgerechten Erklärung (z. B. Urkunde) liegende Umstände herangezogen werden.[43] Im zweiten Schritt ist dem Formerfordernis dadurch Rechnung
zu tragen, dass die durch Auslegung gefundene Erklärung nur wirksam ist, wenn
der Erklärungsinhalt in der Urkunde zumindest angedeutet wurde (sog. **Andeutungstheorie**).[44] Ist dies nicht der Fall, gilt die Erklärung nicht mit ihrem formgerechten Inhalt. Vielmehr ist der nach Auslegung erklärte Wille formunwirksam.
Obwohl es in den Fällen einer Falschbezeichnung (*falsa demonstratio non nocet*)
an einer Andeutung des wirklichen Willens fehlt, geht die h. A. davon aus, dass die
beiderseitige Falschbezeichnung auch bei formbedürftigen Erklärungen unbeachtlich und das wirklich Gewollte als formgerecht vereinbart zu behandeln ist.[45] Dies
begegnet jedoch Bedenken, weil die formgerechte Falschbezeichnung zwar, ggf.
mit Einschränkungen, geeignet ist, die Formzwecke Warnfunktion, Übereilungsschutz, Beratung und Belehrung zu erfüllen, sie jedoch einer etwaigen Klarstel-
lungs- und Beweisfunktion nicht gerecht wird. Dies legt es nahe, im Einzelfall in
Abhängigkeit vom jeweils verfolgten Formzweck zu entscheiden.[46] Hierbei würde
allerdings übersehen, dass die Frage, ob eine Erklärung formgerecht abgegeben
wurde, nach §§ 126 ff. BGB zu beurteilen ist und diese Vorschriften zweckneutral
sind.[47] Ohne ausreichende Andeutung ist das Rechtsgeschäft daher entgegen der
h. A. unwirksam.

IV. Erstreckung des Formzwangs

46 Bedarf ein Vertrag bzw. eine Willenserklärung als Vertragsbestandteil zum Schutz
vor Übereilung einer bestimmten Form, muss nach Sinn und Zweck des Formerfordernisses regelmäßig auch ein etwaiger **Vorvertrag** bereits dieser Form genügen,
weil er die Parteien bereits weitreichend bindet. Der Übereilungsschutz liefe leer,
wenn ein Vorvertrag, der einen einklagbaren Anspruch auf Abschluss eines bestimmten Vertrags begründet, formfrei zustande kommen könnte.[48]

47 Die **nachträgliche Änderung** eines formbedürftigen Vertrags ist regelmäßig
auch formbedürftig, wenn das Formerfordernis im Interesse des Rechtsverkehrs
insgesamt, im Interesse aller Beteiligten oder im Interesse der Partei besteht, deren
Rechtsposition durch die Veränderung verschlechtert wird.

---

[42] Vgl. BGH v. 25.03.1983, NJW 1983, 1610, 1610 f.

[43] RG v. 12.02.1937, RGZ 154, 41, 44 f.; BGH v. 25.03.1983, NJW 1983, 1610, 1611.

[44] BGH v. 12.07.1996, NJW 1996, 2792, 2793; BGH v. 17.02.2000, NJW 2000, 1569, 1570; *La-
renz/Wolf* § 28 Rn. 88.

[45] BGH v. 25.03.1983, NJW 1983, 1610, 1611; BGH v. 18.01.2008, NJW 2008, 1658, 1659.

[46] *Larenz/Wolf* § 28 Rn. 90; *Medicus* Rn. 331.

[47] Siehe oben Rn. 13.

[48] RG v. 08.12.1925, RGZ 112, 199, 200 f.; BGH v. 07.06.1973, NJW 1973, 1839, 1840.

> **Beispiel:** Bert schloss mit Arndt formgerecht einen Vertrag, wonach Bert gegenüber Arndt für eine Verbindlichkeit des Claus als Bürge in Höhe von bis zu 10.000 € haften soll. Einige Zeit später vereinbaren Arndt und Bert mündlich, dass die Bürgschaftsforderung auf 6.000 € reduziert werden soll. Die Änderungsvereinbarung ist formlos wirksam. Bei der Reduzierung der Bürgschaftsforderung bedarf es nach Sinn und Zweck des § 766 S. 1 BGB nicht des Schutzes des Bürgen vor Übereilung.[49]

Nicht formbedürftig ist dagegen grds. die **Aufhebung** eines formbedürftigen   **48**
Rechtsgeschäfts. Deshalb bedarf z. B. die Rücktrittserklärung nicht der für den ursprünglich vorgesehenen Vertrag vorgeschriebenen Form, auch wenn die Ausübung
des Rücktritts dazu führt, dass die Vertragsbeziehung (z. B. Grundstückskauf) sich
in ein Rückabwicklungsschuldverhältnis umwandelt und etwa erbrachte Leistungen
zurückzugewähren sind (z. B. Rückübereignung des Grundstücks).

E. Rechtsfolgen von Formverstößen

I. Verletzung gesetzlicher Formvorschriften

1. Grundsatz: Nichtigkeit

Entspricht ein Rechtsgeschäft nicht der für seine Vornahme gesetzlich angeordneten   **49**
Form, ergeben sich die **eintretenden Rechtsfolgen** vorrangig aus der Vorschrift,
welche die Form anordnet, oder aus ergänzenden Regelungen. Im Regelfall trifft
der Gesetzgeber im Zusammenhang mit der Anordnung einer bestimmten Form
jedoch keine eigenständige Regelung zu den Folgen eines Formmangels. In diesem
Fall richtet sich die Rechtsfolge nach § 125 S. 1 BGB und das Rechtsgeschäft ist
nichtig (konstitutives Formerfordernis).

> **Beispiel:** Personalchef Flüchtig kündigt dem Angestellten Ungehobelt per E-Mail zum 31.12. Das Arbeitsverhältnis besteht über dieses Datum hinaus fort, weil die Kündigung nicht dem Schriftformerfordernis des § 623 BGB entspricht und deshalb nach § 125 S. 1 BGB nichtig ist.

Entspricht lediglich ein Teil eines Rechtsgeschäfts nicht der Schriftform, ist zu-   **50**
nächst lediglich dieser **Teil formunwirksam**. Die Auswirkungen des Formmangels
auf das übrige Rechtsgeschäft sind nach § 139 BGB zu beurteilen.[50] Im Regelfall
zieht die Teilnichtigkeit die Nichtigkeit des gesamten Rechtsgeschäfts nach sich.
Abweichendes gilt nur, wenn die Parteien das Rechtsgeschäft auch ohne den form-
unwirksamen Teil vorgenommen hätten.

> **Beispiel:** Arndt und Bert schließen vor dem Notar einen Kaufvertrag über ein Grundstück, wobei sie sich vorab auf Ratenzahlung geeinigt hatten. Dies wird allerdings nicht beurkun-

---

[49] Vgl. BGH v. 30.01.1997, NJW-RR 1997, 684, 685: „Dieser Schutzzweck erfordert es, daß alle den Bürgen *belastenden* Abreden der Schriftform unterliegen…"

[50] Siehe unten § 14 Rn. 13 ff.

det. Der Vertrag bedarf nach § 311b Abs. 1 BGB der notariellen Beurkundung. Dies gilt für den gesamten Vertrag, einschließlich der Ratenzahlungsvereinbarung. Nach §§ 125 S. 1, 311b Abs. 1 i. V. m. § 139 BGB ist der gesamte Vertrag nichtig, soweit er nicht ausnahmsweise auch ohne Vereinbarung der Ratenzahlung zustande gekommen wäre.

51   Teilweise sieht das Gesetz selbst eine die Gesamtnichtigkeit vermeidende Regelung vor. Nach § 14 Abs. 4 TzBfG bedarf ausschließlich die Abrede über die Befristung eines Arbeitsverhältnisses der Schriftform. Im Übrigen kann der Arbeitsvertrag formfrei geschlossen werden. Folgerichtig ordnet § 16 S. 1 TzBfG an, dass die Formunwirksamkeit der Befristungsabrede lediglich zu deren Unwirksamkeit führt und das übrige Arbeitsverhältnis als unbefristetes fortbesteht.

2. Ausnahmen

52   Erscheint dem Gesetzgeber die Nichtigkeit des Rechtsgeschäfts, insbesondere im Hinblick auf den verfolgten Formzweck, unangemessen, ordnet er eine eigenständige von der **Auffangregelung** des § 125 S. 1 BGB **abweichende Rechtsfolge** an. Auf Grund des Zusammenhangs mit dem jeweiligen Formzweck regelt der Gesetzgeber derartige Ausnahmen jeweils im systematischen Zusammenhang mit der Anordnung eines Formerfordernisses und nicht innerhalb der §§ 125 ff. BGB. Verdeutlichen lässt sich dies an § 550 BGB. Das dortige Formerfordernis dient insbesondere dem Erwerber eines Grundstücks, der sich im Vorfeld des gesetzlichen Eintritts in das Mietverhältnis (vgl. § 566 BGB) über die zu erwartenden Bindungen informieren können soll.[51] Ist eine derartige Information wegen Verletzung der Schriftform nicht möglich, ist die Unwirksamkeit des Mietverhältnisses nicht die angemessene Rechtsfolge. Vielmehr sollen sich lediglich die einen Erwerber u. U. treffenden Bindungen verringern. Dementsprechend ordnet § 550 S. 2 BGB an, dass das befristete Mietverhältnis als unbefristet gilt und deshalb unabhängig von der Befristung nach Ablauf eines Jahres ordentlich kündbar ist.

53   Als Einschränkung der **Nichtigkeitsfolge** des § 125 S. 1 BGB ordnet das Gesetz in einigen Fällen an, dass diese **entfällt**, wenn eine gewollte – infolge eines Formmangels aber nicht wirksam entstandene – Verbindlichkeit erfüllt wird. Dies dient der Rechtssicherheit und vermeidet die Rückabwicklung der formnichtigen, aber vollzogenen Verträge.[52] Entsprechende Ausnahmen stehen wiederum im Zusammenhang mit dem jeweils verfolgten Formzweck. Insbesondere ein dem Übereilungsschutz dienendes Formerfordernis kann sich erledigt haben, wenn das Rechtsgeschäft nicht nur vorgenommen, sondern anschließend auch vollzogen wurde. Hierüber befindet der Gesetzgeber ebenfalls im Zusammenhang mit der Anordnung einer bestimmten Form. Losgelöst von gesetzlichen Vorgaben darf dieser Gedanke nicht verallgemeinert werden. Entsprechende Vorschriften finden sich z. B. für die:

---

[51] Siehe oben Rn. 8.
[52] BGH v. 08.10.2004, NJW 2004, 3626.

- Übereignung eines Grundstücks trotz formnichtigen Verpflichtungsgeschäfts (vgl. § 311b Abs. 1 S. 2 BGB),
- Vollziehung der Schenkung (vgl. § 518 Abs. 2 BGB),
- Erfüllung der Bürgschaftsforderung (vgl. § 766 S. 2 BGB).

Die Beschränkung der Nichtigkeitsfolge tritt in diesen Fällen mit Wirkung *ex nunc* ein. Deshalb bleibt z. B. eine auf Grund eines nicht notariell beurkundeten Grundstückskaufvertrags eingetragene Auflassungsvormerkung wirkungslos.[53]   **54**

Schließlich kennt das Gesetz als Modifikation der Nichtigkeitsfolge Fälle, in denen neben die Beschränkung der Nichtigkeitsfolge eine **Modifizierung des Vertragsinhalts** zugunsten der vom Formerfordernis geschützten Vertragspartei tritt. Bspw. ist ein Verbraucherdarlehensvertrag, der nicht den besonderen Formerfordernissen entspricht, zunächst nach § 494 Abs. 1 BGB nichtig. Wird das Darlehen jedoch ausgezahlt, wird der Darlehensvertrag nach § 494 Abs. 2 BGB wirksam, wobei die Darlehenskonditionen nach § 494 Abs. 2 S. 2 BGB bestimmte Änderungen zugunsten des Darlehensnehmers erfahren.   **55**

3. Formmangel und Verstoß gegen Treu und Glauben

a) Grundsatz

Die nach § 125 S. 1 BGB eintretende Unwirksamkeit eines formfehlerhaften Rechtsgeschäfts ist unabänderliche Rechtsfolge, welche grds. nicht zur Disposition der Beteiligten steht. Allerdings hat die Rspr. im Einzelfall angenommen, dass das Berufen auf die Formnichtigkeit gegen die Grundsätze von **Treu und Glauben** (§ 242 BGB) verstößt.[54] Das überzeugt kaum, weil die Formunwirksamkeit nicht geltend gemacht werden muss, sondern umgekehrt die Formwirksamkeit Voraussetzung dafür ist, dass ein Rechtsgeschäft rechtlich anerkannt wird. Fehlt diese, ist dies vom Gericht von Amts wegen und unabhängig davon zu berücksichtigen, ob sich eine Partei hierauf beruft.[55] Allenfalls kann es treuwidrig sein, die sich infolge der Formunwirksamkeit ergebenden Folgen geltend zu machen. Hierbei, dies betont auch die Rspr., ist jedoch **äußerste Zurückhaltung** geboten.[56] Anderenfalls verliert § 125 S. 1 BGB faktisch seine Wirkung.   **56**

> **Beispiel:**[57] Siegfried verspricht Geerd als Belohnung für dessen geleistete Dienste die Übereignung eines Grundstücks. In Kenntnis des Formerfordernisses des § 311b Abs. 1 BGB, ggf. auch des § 518 BGB, bittet Geerd darum, dieses Versprechen notariell zu beurkunden. Siegfried entgegnet, er sei von Adel und deshalb genüge sein Wort als Edelmann. Die Einigung zwischen Siegfried und Geerd ist nach §§ 125 S. 1, 311b Abs. 1 BGB

---

[53] BGH v. 15.05.1970, NJW 1970, 1541, 1543.

[54] RG v. 12.11.1936, RGZ 153, 59, 60 f.; BGH v. 05.02.1957, NJW 1957, 787, 787 f. – Vgl. auch *Armbrüster* NJW 2007, 3317.

[55] Siehe unten § 19 Rn. 7.

[56] Vgl. BGH v. 24.04.1998, NJW 1998, 2350, 2352.

[57] RG v. 21.05.1927, RGZ 117, 121.

unwirksam. Da Geerd den Formzwang kannte, verstößt es nicht gegen Treu und Glauben, wenn Siegfried die Leistung unter Berufung auf den Formmangel verweigert. Wer sich auf ein Ehrenwort statt auf das Recht verlässt, darf keine Hilfe des Rechts erwarten.

b) Arglistige Täuschung über Formerfordernis

57   Die Rspr. geht davon aus, dass das Berufen auf den Formfehler ausgeschlossen ist, wenn eine Seite die andere über die Formbedürftigkeit arglistig getäuscht hat.[58] Allein der Umstand, dass der Geschäftspartner arglistig getäuscht wurde, führt jedoch nicht dazu, dass die Nichtigkeitsfolge des § 125 S. 1 BGB automatisch entfällt. Anderenfalls könnte sich auch die täuschende Partei auf die Wirksamkeit des Rechtsgeschäfts berufen und aus diesem Rechte ableiten. Hierdurch würde sein treuwidriges Verhalten grundlos belohnt. Vielmehr ist davon auszugehen, dass der Geschäftspartner sich nach § 242 BGB entscheiden kann, ob er dem Täuschenden den Einwand treuwidrigen Verhaltens entgegenhält und danach die Wirksamkeit des Geschäfts geltend macht oder nicht.

58   Von den Fällen einer arglistigen Täuschung über die Formbedürftigkeit eines Rechtsgeschäfts streng zu unterscheiden sind Fälle, in denen eine oder gar beide Vertragsparteien die Formbedürftigkeit fahrlässig verkannt haben. Hier ist grds. keine Ausnahme von der zwingenden Rechtsfolge des § 125 BGB zuzulassen. Nach wohl h. L. soll in solchen Fällen allerdings diejenige Partei, die den Formmangel zu verantworten hat, der anderen Seite (auf das negative Interesse gerichteten) **Schadensersatz** wegen Verletzung vorvertraglicher Pflichten schulden.[59] Dies vermag allerdings nicht zu überzeugen, weil die Nichtbeachtung von Formvorschriften gleichermaßen in den Verantwortungsbereich beider Parteien eines Rechtsgeschäfts fällt.

c) Bewusstes Vereiteln der Form

59   Weiterhin geht die Rspr. davon aus, dass das Berufen auf einen Formfehler nach § 242 BGB ausgeschlossen ist, wenn eine Partei die Wahrung der Form bewusst vereitelt hat,[60] d. h. ihr Verhalten darauf abzielt, die andere Partei von einer form- und fristgerechten Vornahme des Rechtsgeschäfts abzuhalten, obwohl die entstehenden Nachteile vorhersehbar und ihre Abwendung zumutbar ist.[61] Wie für die Fallgruppe der arglistigen Täuschung über das Formerfordernis ist das Rechtsgeschäft aber nicht automatisch wirksam. Vielmehr muss die treuwidrig von der Formwahrung abgehaltene Partei die Wirksamkeit des Rechtsgeschäfts für sich reklamieren.

---

[58] Vgl. RG v. 12.11.1936, RGZ 153, 59, 60 f.
[59] Vgl. *Larenz/Wolf* § 27 Rn. 68.
[60] BGH v. 17.09.2009, MMR 2010, 336, 337.
[61] BAG v. 15.12.2011, NZA-RR 2012, 413, 416.

Beispiel:[62] Nach § 78a Abs. 2 BetrVG kann ein Auszubildender, welcher sich im Betriebsrat o. Ä. engagiert, innerhalb der letzten drei Monate vor Beendigung des Ausbildungsverhältnisses von seinem Arbeitgeber schriftlich die Übernahme in ein Arbeitsverhältnis verlangen. Bert, dessen Ausbildungsverhältnis aufgrund eines unerwartet späten Prüfungstermins erst am 26.06.2009 endete, bewarb sich mit E-Mail vom 23.01.2009 und Schreiben vom 17.02.2009 bei seinem Arbeitgeber Adam. Adam lehnte mit Schreiben vom 20.02.2009 ab und verwies auf die Dreimonatsfrist. Daraufhin wiederholte Bert mit Schreiben vom 17.03.2009 sein Übernahmeverlangen. Mit E-Mail vom 06.04.2009 bewarb er sich erneut bei Adam. Die E-Mail vom 23.01.2009 genügte nicht der Schriftform und war zudem nicht fristgemäß. Die Schreiben vom 17.02.2009 und 17.03.2009 waren zwar formgerecht aber nicht fristgemäß (zu früh). Die E-Mail vom 06.04.2009 war zwar fristgerecht aber nicht formwirksam. Das BAG nahm insoweit aber an, dass sich Adam nicht auf die Formunwirksamkeit der E-Mail vom 06.04.2009 berufen könne, weil er Bert von der Formwahrung abgehalten habe, indem er die Vorfristigkeit des Schreibens vom 17.03.2009 – anders als die des Schreibens vom 17.02.2009 – nicht beanstandet habe. Diese Annahme des BAG vermag allerdings nicht zu überzeugen, weil die bloße Nichtbeanstandung durch Adam kaum hinreichend gewichtig ist, um von einer treuwidrigen Vereitelung der Form auszugehen. Abgesehen hiervon zeigt der auf die Erklärung vom 17.03.2009 abstellende Begründungsansatz des BAG, dass dieses in Wahrheit nicht mittels § 242 BGB den Formmangel, sondern den Fristmangel überwinden will.

d) Untragbare Ergebnisse

Schließlich weicht die Rspr. unter Rückgriff auf § 242 BGB auch im Fall fahrlässiger Verkennung eines gesetzlichen Formerfordernisses vom Grundsatz der Nichtigkeit ab, wenn die Unwirksamkeit zu **„schlechthin untragbaren Ergebnissen"** führt. Als Beispiel hierfür wird insbesondere eine drohende Existenzgefährdung genannt.[63] Wegen der Bedeutung des Formzwangs ist dieser Ansicht allerdings mit äußerster Zurückhaltung zu begegnen. **60**

e) Verfügungen

Im Hinblick auf formunwirksame Verfügungsgeschäfte[64] ist die Rechtsfolge des § 125 BGB zwingend. Die unter Rückgriff auf § 242 BGB hiervon gemachten Ausnahmen finden insoweit keine Anwendung, weil Verfügungen absolut wirken. Aus Gründen des Verkehrsschutzes kann die Wirksamkeit einer Verfügung daher nicht im Nachgang vom Willen einer Partei abhängen. **61**

---

[62] BAG v. 15.12.2011, NZA-RR 2012, 413, 416.

[63] BGH v. 05.02.1957, NJW 1957, 787, 787 f. – Vgl. die Fallgruppen bei *Armbrüster* NJW 2007, 3317, 3318 ff.

[64] Siehe oben § 4 Rn. 24 ff.

II. Verletzung gewillkürter Formvorgaben

62 Wie bereits mehrfach angedeutet wurde, steht es den Parteien eines Rechtsgeschäfts frei, Formerfordernisse vertraglich vorzusehen. Das wohl häufigste Motiv für derartige Abreden ist ein Bedürfnis nach Klarstellung über das Vereinbarte und dessen Beweisbarkeit.

1. Rechtsfolgen bei Formverstößen

63 Ergibt sich ein Formerfordernis nicht aus dem Gesetz, sondern aus einer privatautonomen Bestimmung, dann ergeben sich die **Rechtsfolgen** eines etwaigen Verstoßes vorrangig nach dem, was die Parteien verabredet haben. Soweit die **Abrede** keine ausdrückliche Regelung über Rechtsfolgen enthält, muss der Wille der Parteien durch (ergänzende) Vertragsauslegung ermittelt werden.[65]

> **Beispiel:** Arndt und Bert sind Parteien eines Mietvertrags. Dieser enthält eine Klausel, wonach die Kündigung des Mietverhältnisses der Schriftform bedarf und außerdem mittels eines Einschreibens mit Rückschein übermittelt werden muss. Eine Rechtsfolge für etwaige Formverstöße sieht die Vereinbarung nicht ausdrücklich vor. Arndt kündigt nur schriftlich, kann den Zugang des Kündigungsschreibens jedoch anderweitig beweisen. Hier ergibt die Auslegung der Abrede, dass die Vertragsparteien mittels des Einschreibens Beweisschwierigkeiten vermeiden wollten. Für den Fall, dass dieser Beweis anderweitig geführt werden kann, ist dem Mietvertrag nicht zu entnehmen, dass die Parteien dennoch die Unwirksamkeit der Kündigung beabsichtigten.[66] Die Kündigung ist deshalb wirksam. Die Form des Einschreibens ist nicht konstitutiv, sondern deklaratorisch.[67]

64 Lässt sich ein (hypothetischer) Parteiwille nicht feststellen, greift **§ 125 S. 2 BGB** ein, der vorsieht, dass die Nichteinhaltung eines vertraglichen Formerfordernisses (nur) im Zweifel die Nichtigkeit zur Folge hat. Diese Regelung kommt aber erst zum Tragen, wenn sich der Parteiwille überhaupt nicht ermitteln lässt. Eine weitere Regelung für den Zweifelsfall enthält **§ 154 Abs. 2 BGB** für den Vertragsschluss. Haben die Parteien eine Beurkundung verabredet, ist der Vertrag im Zweifel nicht geschlossen, bis die Beurkundung erfolgt ist.

2. Aufhebung eines vereinbarten Formerfordernisses

65 Ein vertraglich vereinbartes Formerfordernis kann von den Parteien jederzeit durch eine Änderungsvereinbarung aufgehoben werden. Dies ist Ausdruck der Privatautonomie der Parteien. Dabei kann die das Schriftformerfordernis aufhebende Änderungsvereinbarung sowohl ausdrücklich als auch konkludent geschlossen werden. Deshalb ist es möglich, ein vereinbartes Formerfordernis durch bloßes einvernehm-

---

[65] Siehe zur Auslegung oben § 8.

[66] Vgl. BGH v. 21.01.2004, NJW 2004, 1320; BGH v. 23.01.2013, NJW 2013, 1082.

[67] Vgl. BAG v. 01.12.2004, NZA 2005, 211, 214.

liches Zuwiderhandeln aufzuheben.[68] Die Anerkennung dieser Möglichkeit führt jedoch zu dem Problem, dass zu ergründen ist, ob die Parteien tatsächlich den Willen hatten, das ursprünglich vereinbarte Formerfordernis entfallen zu lassen. Dies lässt sich vielfach nicht feststellen, weshalb die Rspr. darauf rekurriert, dass die formlose Einigung nur wirklich ernsthaft gewollt ist.[69] Der müßige Streit hierüber lässt sich vermeiden, wenn eine sog. doppelte Formklausel vereinbart wird, welche zugleich für die Aufhebung des Formerfordernisses explizit die Beachtung einer bestimmten Form vorsieht, z. B.: *„Änderungen dieses Vertrages bedürfen der Schriftform. Dies gilt auch für die Aufhebung der Schriftform."*[70]

F. Klausurfall – Form

I. Sachverhalt[71]

Klaus findet ein Inserat mit der Überschrift „Toplage! Einfamilienhaus mit direktem Seezugang". Er nimmt mit Bert, welcher das Grundstück gerade geerbt und zum Kauf angeboten hat, Kontakt auf und besichtigt gemeinsam mit diesem das im Internet als „wunderschön eingewachsen und direkt an den Cospudener See angrenzend" beschriebene Grundstück mit Einfamilienhaus. In diesem Rahmen können sich beide davon überzeugen, dass das auf einem von einer Hecke eingerahmten Grundstück stehende Haus tatsächlich in direkter Seenähe liegt und ein ausgetretener Weg direkt von der Veranda bis zum Wasser führt. Klaus und Bert werden sich schnell über einen Kaufpreis von 750.000 € einig und vereinbaren einen Termin beim Notar. Dieser beurkundet einen Grundstückskaufvertrag, welcher den Kaufgegenstand wie folgt beschreibt: „Grundstück, bebaut mit Einfamilienhaus und massiven Nebengebäuden, Poetenweg 7, 04416 Markkleeberg, eingetragen im Grundbuch des AG Borna … [genaue Bezeichnung des Flurstücks]". Tatsächlich reicht das im Grundstückskaufvertrag bezeichnete Grundstück aber nicht bis zur Uferlinie des Sees. Vielmehr liegt ein ca. 5 m breiter Uferstreifen zwischen der Grenze des verkauften Grundstücks und der Uferlinie. Dieser Grundstücksstreifen, welcher nicht selbstständig vermessener Teil des gesamten Ufergebiets ist, befindet sich im Eigentum der Stadt Markkleeberg. Nachdem Klaus den Kaufpreis überwiesen hat, begehrt er die Übereignung des Grundstücks entsprechend seiner Vorstellungen einschließlich des Uferstreifens. Zu Recht?

66

---

[68] BGH v. 02.06.1976, NJW 1976, 1395.

[69] RG v. 23.11.1910, JW 1911, 94; BGH v. 20.06.1962, NJW 1962, 1908; BAG v. 28.10.1987, AP AVR Caritasverband § 7 Nr. 1.

[70] BGH v. 17.09.2009, MMR 2010, 336, 337. – Zur (Un-)Wirksamkeit derartiger Klauseln in AGB vgl. BAG v. 20.05.2008, AP BGB § 307 Nr. 35 mit Anm. *Ulrici*; *Ulrici* BB 2008, 2243.

[71] Vgl. OLG Schleswig v. 29.03.2011, NJW-RR 2011, 1233; BGH v. 18.01.2008, NJW 2008, 1658.

II. Lösungsskizze

67   Klaus könnte gegen Bert einen Anspruch auf Übereignung des Grundstücks einschließlich des Uferstreifens aus § 433 Abs. 1 BGB i. V. m. einem geschlossenen Kaufvertrag haben. Dies setzt voraus, dass ein entsprechender Kaufvertrag wirksam geschlossen wurde. Hierzu müssten sich Klaus und Bert über den Verkauf des Grundstücks einschließlich Uferstreifen formgerecht (2.) geeinigt haben (1.).

1. Einigung

68   Die Einigung setzt voraus, dass die Parteien hinsichtlich eines ausreichend bestimmten (c) Vertragsinhalts (b) einen Konsens (a) erzielt haben.

a) Tatbestand

69   Eine Einigung kommt im Regelfall durch Antrag und Annahme zustande (§§ 145 ff. BGB). Da ein Vertrag seine Bindungen aus dem Konsens der Parteien ableitet, kann die Einigung aber auch dadurch erfolgen, dass einem vorliegenden Vertragstext allseitig zugestimmt wird. Indem Klaus und Bert im Rahmen der Beurkundung vor dem Notar den Grundstückskaufvertrag unterzeichnet haben, haben sie sich über dessen Inhalt formal geeinigt.

b) Inhalt

70   Inhalt der Einigung müsste die Übereignung des Grundstücks einschließlich des Uferstreifens sein. Was Inhalt der Einigung ist, ist durch Auslegung zu ermitteln. Ausgehend von den Willenserklärungen der Parteien ist deren wirklicher Wille zu ermitteln (§ 133 BGB). Hierbei ist nicht am Wortlaut der Vertragsurkunde zu haften. Dies gilt uneingeschränkt trotz des Umstands, dass § 311b Abs. 1 S. 1 BGB Verträge, mit denen sich die Parteien zur Übertragung oder zum Erwerb eines Grundstücks verpflichten, dem Erfordernis notarieller Form unterwirft. Dass ein Rechtsgeschäft einem Formgebot unterliegt, beschränkt nicht dessen Auslegung, weil Formgebote im Ergebnis darauf hinauslaufen können, dass gewollte Rechtsfolgen nicht anerkannt werden (Kassation des Rechtsgeschäfts). Sie zielen im Regelfall dagegen nicht auf eine Verfälschung des Parteiwillens durch Begründung eines vom Parteiwillen nicht getragenen Rechtsgeschäfts (keine Reformation des Rechtsgeschäfts). Dementsprechend ergibt die Auslegung, dass sich Klaus und Bert über die Übereignung des bis unmittelbar an den See heranreichenden Grundstücks geeinigt haben, weil sie aufgrund der örtlichen Gegebenheiten beide davon ausgegangen sind, dass das Grundstück bis unmittelbar an den See reicht. Dass sie den Kaufgegenstand in der notariellen Urkunde dagegen nur mit der Postanschrift und der Flurnummer bezeichnet haben und weder Postanschrift noch Flurnummer den im Eigentum der Stadt stehenden Uferstreifen bezeichnen, erweist sich demgegenüber als unbeachtliche Falschbezeichnung (*falsa demonstratio non nocet*).

c) Bestimmtheit

Die Einigung muss so bestimmt sein, dass sich durch Auslegung, ggf. durch An-   **71**
wendung dispositiven Rechts oder nach ergänzender Vertragsauslegung, ihr Inhalt so eindeutig ermitteln lässt, dass ein Gericht im Prozess verbindlich entscheiden kann, was die Parteien einander schulden. Die Parteien müssen insbesondere die *essentialia negotii* eindeutig bezeichnen oder bestimmbar machen. Hieran könnten vorliegend Zweifel dergestalt bestehen, dass der Kaufgegenstand nicht ausreichend konkret bezeichnet ist, weil der von den Parteien in den Blick genommene Grundstücksstreifen noch nicht gesondert vermessen und eigenständig grundbuchmäßig bezeichnet ist. Allerdings ist eine grundbuchmäßige Abgrenzung eines Grundstücks zu dessen Bezeichnung nicht zwingend notwendig, weil und soweit sich Größe und Lage der erfassten Fläche anderweitig bestimmen lassen. Dies ist vorliegend der Fall, weil die erfasste Fläche durch Verlängerung der vorhandenen Grundstücksseitengrenzen entsprechend der gewachsenen Hecke bis zur sichtbaren Uferlinie eindeutig bezeichnet wird. Der Kaufgegenstand ist hinreichend bestimmt.

d) Zwischenergebnis

Die Parteien haben sich über den Verkauf des Seegrundstücks einschließlich des   **72**
Uferstreifens geeinigt.

2. Formwirksamkeit

Der geschlossene Grundstückskaufvertrag müsste nach § 311b Abs. 1 S. 1 BGB die   **73**
Form einer notariellen Beurkundung wahren. Dies setzt voraus, dass der durch den Willen der Parteien getragene Inhalt des Rechtsgeschäfts in der vorgeschriebenen Form niedergelegt ist. Nicht ausreichend ist dagegen, dass überhaupt irgendetwas beurkundet wurde, weil hierdurch das Formgebot von seinem Bezugspunkt, dem Rechtsgeschäft, gelöst würde. Gesetzliche Formgebote schreiben zwar regelmäßig eine sprachliche, d. h. im Idealfall leicht verständliche Erklärung vor. Allerdings sind auch sprachliche Erklärungen mit Unsicherheiten behaftet und daher regelmäßig auslegungsbedürftig. Da dem Gesetz auch nicht zu entnehmen ist, dass formbedürftige Erklärungen an die Verwendung bestimmter Fachbegriffe (welche sollten das sein?) gebunden sind, kann auf die Auslegung formbedürftiger Rechtsgeschäfte nicht verzichtet werden. Dementsprechend müssen Auslegung und Form in einen angemessenen Ausgleich gebracht werden.

74   Ganz überwiegend wird insoweit gefordert, dass der Inhalt des Rechtsgeschäfts
(das Gewollte) in der förmlichen Erklärung – wenn auch unvollkommen – zumindest angedeutet wird. Hierdurch werde Missbrauch vermieden, weil die Parteien im
Nachgang einem Rechtsgeschäft nicht einfach einen anderen Inhalt geben können.
Auch gebe es zumindest einen Anknüpfungspunkt, dass den Parteien die Bedeutung des Rechtsgeschäfts vor Augen geführt werde. Eine Urkundsperson könne nur
dann überhaupt eine ihr zukommende Pflicht zur Beratung und Belehrung erfüllen.
Schließlich werde Behörden nur dann ermöglicht, den Inhalt des Rechtsgeschäfts
nachzuvollziehen und zu überprüfen. Kurz gesagt: nur auf der Grundlage einer hinreichenden Andeutung können typischerweise einer Form zugeschriebene Zwecke
erfüllt werden. Gemessen hieran fehlt im vorliegenden Fall einer *falsa demonstratio non nocet* im beurkundeten Grundstückskaufvertrag jede Andeutung dafür, dass
auch der im fremden Eigentum stehende Uferstreifen mitverkauft werden sollte.

75   Für die Fälle einer versehentlichen Falschbezeichnung hält die h. A., anders als
für Fälle einer absichtlichen Falschbezeichnung (vgl. § 117 BGB), das vorstehende Ergebnis jedoch für unangemessen. Sie will die Andeutungstheorie zu Gunsten
der Verwirklichung der Privatautonomie (Verwirklichung des wahren Willens) in
Abhängigkeit von den Zwecken der jeweiligen Formvorschrift zurücktreten lassen. Solange trotz der Falschbezeichnung die Zwecke der Formvorschrift (§ 311b
Abs. 1 S. 1 BGB) im wesentlichen erreicht werden, soll eine eigentlich erforderliche Andeutung entbehrlich sein. Da infolge der überhaupt erfolgten Beurkundung
der Warnfunktion sowie der Belehrungsfunktion Rechnung getragen wurde und der
Beweisfunktion im Hinblick auf die Auslegungsfähigkeit formgebundener Erklärungen ohnehin nur eine eingeschränkte Bedeutung zukommt, gelangt die h. A. zu
einem formgerechten Vertragsschluss.

76   Die Argumentation der h. A. überzeugt aber nicht. Sie lässt unberücksichtigt,
dass zwar § 311b Abs. 1 S. 1 BGB die notarielle Form zur Erreichung bestimmter,
entgegen verbreiteter Annahme allerdings keineswegs allgemein erkannter, Zwecke anordnet, dass allerdings die Anforderungen an die Form allgemeingültig in
§§ 126 ff. BGB normiert sind. Da das Verhältnis von Form und Auslegung die
Anforderungen der Form betrifft, bedarf es einer allgemeingültigen und nicht auf
einzelne Formvorschriften und die mit ihnen verfolgten Zwecke abstellenden Abgrenzung. Dies dient der Rechtssicherheit, weil beispielsweise der einzelfallbezo-
gene Streit darüber vermieden wird, ob der Notar seiner Beratungsfunktion wirklich
hinreichend Rechnung getragen hat, wenn er zwar allgemein über die Konsequenzen eines Grundstückserwerbs belehrt hat, dagegen über die besonderen Folgen des
Erwerbs eines Seegrundstücks (ggf. besondere öffentlich-rechtliche Anliegerpflich-
ten) mangels Andeutung gar nicht belehren konnte. Abgesehen hiervon führt die
h. A. zu dem unter dem Blickwinkel der Privatautonomie zweifelhaften Ergebnis,
dass nicht der Streit um den Inhalt eines Vertrags, sondern der Streit um die Absicht-
lichkeit oder Versehentlichkeit einer Falschbezeichnung über das Zustandekommen
eines Vertrags entscheiden kann. Der hierdurch in Bezug genommene § 117 BGB
enthält seinerseits keine für Formfragen aussagekräftigen Wertungen.

3. Ergebnis

Entgegen der h. A. ist zwischen Klaus und Bert kein wirksamer Kaufvertrag ge-   **77**
schlossen worden. Klaus kann nicht die Übereignung des vermeintlichen Seegrundstücks verlangen.

Literatur

Armbrüster (2007) Treuwidrigkeit der Berufung auf Formmängel. NJW 2007, 3317
Blasche (2008) Notarielle Beurkundung, öffentliche Beglaubigung und Schriftform. JURA 2008,
    890
Boecken (2012) BGB – Allgemeiner Teil. 2. Aufl
Bork (2011) Allgemeiner Teil des Bürgerlichen Gesetzbuchs. 3. Aufl
Brox/Walker (2012) Allgemeiner Teil des BGB. 36. Aufl
Larenz/Wolf (2004) Allgemeiner Teil des deutschen Bürgerlichen Rechts. 9. Aufl
Mankowski (2010) Formzwecke. JZ 2010, 662
Medicus (2012) Allgemeiner Teil des BGB. 10. Aufl
Palandt (2013) Bürgerliches Gesetzbuch. 72. Aufl
Wolf/Neuner (2012) Allgemeiner Teil des deutschen Bürgerlichen Rechts. 10. Aufl

§ 11 Wahrung inhaltlicher Schranken

Literaturhinweise: *Boemke*, Kontenkündigung als Sittenverstoß, JuS 2001, 444; *Bülow*, Grundfragen der Verfügungsverbote, JuS 1994, 1; *Grünberger*, Der Anwendungsbereich der AGB-Kontrolle, JURA 2009, 249; *Löhnig/Gietl*, Grundfälle zum Recht der Allgemeinen Geschäftsbedingungen, JuS 2012, 494; *Lorenz/Gärtner*, Grundwissen – Zivilrecht: Allgemeine Geschäftsbedingungen, JuS 2013, 199; *Petersen*, Die Einbeziehung Allgemeiner Geschäftsbedingungen, JURA 2010, 667; *Ulrici*, Verbotsgesetz und zwingendes Gesetz, JuS 2005, 1073.

A. Ausgangspunkt Privatautonomie

Die geltende Privatrechtsordnung beruht auf dem Prinzip der **Selbstbestimmung**. Die Parteien können durch privatautonome Rechtsgeschäfte Rechtsfolgen setzen, die vor Gericht eingeklagt werden können und die der Staat notfalls auch mit staatlichen Zwangsmitteln im Rahmen der Zwangsvollstreckung durchzusetzen bereit ist.[1]   **1**

> **Beispiel:** Drei wesentliche Aspekte der Privatautonomie kommen in § 105 S. 1 Hs. 1 GewO für den Arbeitsvertrag zum Ausdruck. Dieser lautet: „Arbeitgeber und Arbeitnehmer können *Abschluss, Inhalt und Form* des Arbeitsvertrags frei vereinbaren, ...".

Kein Aspekt der Privatautonomie besteht uneingeschränkt.[2] Die für Rechtsgeschäfte geltenden allgemeinen inhaltlichen Schranken sind Gegenstand der nachfolgenden Darstellung. Sie werden nur verständlich, wenn man ihre Grundlage, das Prinzip der Privatautonomie, berücksichtigt. Der Gesetzgeber regelt nicht, welche Rechtsgeschäfte vorgenommen werden dürfen. Vielmehr ist **Ausgangspunkt** der gesetzlichen Regelungen, dass die Parteien einem Rechtsgeschäft grds. jeden Inhalt geben können, soweit nicht das Gesetz entgegensteht (vgl. § 105 S. 1 Hs. 2 GewO). Es bedarf danach nicht der Begründung, dass der eine oder der andere Inhalt eines Rechtsgeschäfts zulässig ist. Vielmehr ist jeweils zu prüfen, ob ein be-   **2**

---

[1] *Larenz/Wolf* § 34 Rn. 1.

[2] Siehe oben § 4 Rn. 4 f., 9.

B. Boemke, B. Ulrici, *BGB Allgemeiner Teil,* Springer-Lehrbuch, DOI 10.1007/978-3-642-39171-2_11, © Springer-Verlag Berlin Heidelberg 2014

stimmter Inhalt, z. B. wegen Verstoßes gegen zwingendes Recht, ein gesetzliches Verbot, Sittenwidrigkeit, Nichtbeachtung der Vorgaben der §§ 305 ff. BGB oder ein Veräußerungsverbot, ausnahmsweise unzulässig ist.

B. Zwingendes Recht

I. Begriff

3   Rechtssätze lassen sich im Hinblick auf ihren Geltungsanspruch in solche mit zwingender und solche mit nachgiebiger (dispositiver) Wirkung unterscheiden. Das **zwingende Recht** bildet eine Grenze der Privatautonomie. Dies bringt § 105 S. 1 Hs. 2 GewO exemplarisch zum Ausdruck, wenn er die freie Gestaltung von Abschluss, Inhalt und Form des Arbeitsvertrags nur insoweit zulässt, als (zwingende) Gesetze nicht entgegenstehen. Der Gesetzgeber beschränkt sich allerdings nicht darauf, die Grenzen der Privatautonomie zu normieren. Vielmehr stellt er den Parteien auch gewisse Regelungsmodelle zur Verfügung, auf welche diese im Rahmen ihrer Gestaltungen zurückgreifen können und welche eingreifen, wenn und soweit die Parteien keine abweichenden Vereinbarungen treffen (**dispositives Recht**). Die Rechtsordnung setzt sich demnach einerseits aus zwingenden, d. h. die Reichweite der Privatautonomie bestimmenden, und dispositiven Rechtssätzen zusammen. Im Gegensatz zum dispositiven Recht ist zwingendes Recht der Parteidisposition entzogen und kann deshalb nicht kraft Parteiwillens abbedungen werden.

II. Auslegung

4   In einigen gesetzlichen Vorschriften ist ausdrücklich die Rede davon, dass die Parteien eine bestimmte Rechtsfolge nicht vereinbaren „können" (vgl. § 276 Abs. 3 BGB), eine abweichende Vereinbarung „unwirksam ist" (vgl. § 551 Abs. 4 BGB), eine Vertragspartei sich auf eine abweichende Vereinbarung „nicht berufen kann" (vgl. § 475 Abs. 1 S. 1 BGB) oder eine Vorschrift „zwingend" gelte (vgl. § 32b UrhG). Man könnte im Umkehrschluss davon ausgehen, dass es sich um dispositives Recht handelt, wo eine entsprechende Anordnung fehlt. Diese Annahme ist jedoch verfehlt, weil der Gesetzgeber aus Gründen der Übersichtlichkeit davon abgesehen hat, für jede Vorschrift ausdrücklich zu bestimmen, ob es sich um dispositives oder zwingendes Recht handelt.[3] Fehlt eine ausdrückliche Bestimmung über den Geltungsanspruch einer Norm, ist dieser durch **Gesetzesauslegung** zu ermitteln.[4] Hierzu ist zu prüfen, ob der Gesetzgeber durch die betreffende Norm die

---

[3] Mot. I, S. 17.

[4] *Boemke*, Gewerbeordnung, § 105 GewO Rn. 10; *Köhler* § 3 Rn. 23.

Privatautonomie im Interesse anderer von der Rechtsordnung zu schützender Werte einschränken wollte.

Zwingend sind danach insbesondere Rechtssätze, welche der **Sicherung der**   5
Selbstbestimmung (vgl. § 626 BGB) dienen, die Anforderungen an eine gültige Willenserklärung (vgl. §§ 104 ff. BGB) oder, soweit wie im Sachenrecht **Typenzwang** besteht, die zulässigen Geschäftstypen regeln.[5] Zwingend sind ferner solche Vorschriften, die die **Sicherheit des Rechtsverkehrs** gewährleisten (vgl. § 311b Abs. 1 BGB), das **Vertrauen Dritter schützen** wollen (vgl. § 137 S. 1 BGB) und endlich Vorschriften, die die Privatautonomie einschränken, um **grobe Ungerechtigkeiten**, z. B. infolge ungleicher Verhandlungsstärke (vgl. § 12 EFZG, § 32 Abs. 3 S. 1 UrhG), zu vermeiden oder um sozialen Anforderungen (vgl. § 138 BGB) zu genügen.

Ausgehend von dem mit einer Norm verfolgten Zweck bestimmt sich auch die   6
Reichweite der zwingenden Wirkung eines Gesetzes. Insoweit lassen sich von den **absolut zwingenden** die nur **halbseitig zwingenden** Rechtssätze unterscheiden, welche – regelmäßig zum Schutz einer Vertragspartei – nur Abweichungen mit einem bestimmten Inhalt ausschließen.[6] So dienen z. B. arbeitsrechtliche Vorschriften häufig dem Schutz des Arbeitnehmers, weshalb nur eine Abweichung zu seinen Lasten, nicht aber zu seinen Gunsten unzulässig ist.[7]

III. Rechtsfolgen

Zwingendes Recht setzt sich gegenüber privatautonom bestimmten Rechtsfolgen   7
durch, weil den Parteien die Macht zur abweichenden Regelung fehlt.[8] Die Privatautonomie der Parteien ist entsprechend eingeschränkt. Da das Rechtsgeschäft demnach nicht die von ihm intendierten Wirkungen zeigt, ist es **unwirksam**. Dies folgt für zwingendes Recht nicht aus § 134 BGB,[9] sondern auch ohne ausdrückliche Anordnung aus der zwingenden Norm selbst.[10] Dabei lassen sich negative und positive zwingende Rechtssätze unterscheiden. Negative zwingende Gesetze sind in ihrer Rechtsfolge darauf beschränkt, anzuordnen, welche privatautonome Gestaltung nicht anerkannt wird (vgl. §§ 104 ff. BGB). Das positive zwingende Recht ordnet daneben an, was stattdessen unbedingt gelten soll (vgl. § 626 BGB).

Der Grundsatz der Unwirksamkeit von zwingendem Recht abweichender   8
Rechtsgeschäfte unterliegt in Einzelfällen **verschiedenen Ausnahmen**. So führt eine Abweichung von halbseitig zwingenden Gesetzen nur dann zur Unwirksam-

---

[5] *Larenz/Wolf* § 3 Rn. 102.

[6] *Larenz/Wolf* § 3 Rn. 104 ff.

[7] *Boemke*, Gewerbeordnung, § 105 GewO Rn. 10.

[8] *Larenz/Wolf* § 40 Rn. 3.

[9] Siehe unten Rn. 10 ff.

[10] Vgl. *Flume*, AT II, § 17 Ziffer 2, S. 343; *Medicus* Rn. 645. – A. A. *Boemke*, Gewerbeordnung, § 105 GewO Rn. 10.

keit, wenn die gesetzliche Vorgabe aus der Sicht der geschützten Interessen unterschritten wird (vgl. §§ 475 Abs. 1 S. 1, 551 Abs. 4 BGB).[11] Teilweise führt die Abweichung von halbseitig zwingenden Vorschriften auch nur dazu, einer Partei das Reklamieren einer abweichenden Rechtsfolge zu verwehren, es jedoch ins Belieben der geschützten Partei zu stellen, an der abweichenden Rechtsfolge festzuhalten (vgl. § 475 Abs. 1 S. 1 BGB, § 32 Abs. 3 S. 1 UrhG). Schließlich gibt es im Arbeitsrecht Gesetze, die sich zwingenden Charakter nur gegenüber einzelvertraglichen Vereinbarungen und Betriebsvereinbarungen beimessen, gegenüber Tarifverträgen jedoch dispositiv sind (vgl. § 622 Abs. 4 S. 1 BGB, § 13 Abs. 1 BUrlG).

9   Ist ein Rechtsgeschäft **nur in einem Teil** wegen eines Verstoßes gegen zwingendes Recht unwirksam, richten sich die Auswirkungen auf seinen Rest nach § 139 BGB.[12] Danach führt die Unwirksamkeit eines Teils im Zweifel zur Unwirksamkeit des gesamten Rechtsgeschäfts. Die Totalnichtigkeit tritt jedoch nur ein, sofern nicht ein abweichender Parteiwille besteht oder sich ausdrücklich oder aus Sinn und Zweck einer gesetzlichen Vorschrift eine abweichende Rechtsfolge ergibt. Letzteres ist in Fällen zwingenden Rechts insbesondere dort der Fall, wo es auf den Schutz einer Vertragspartei angelegt ist. Diesem Schutzzweck kann es häufig nur gerecht werden, wenn sich die Unwirksamkeit auf den betroffenen Teil des Rechtsgeschäfts beschränkt, das übrige Rechtsgeschäft aber wirksam fortbesteht.[13] Die Lücke im Rechtsgeschäft wird in diesem Fall durch Gesetzesrecht oder im Wege ergänzender Auslegung ausgefüllt.[14]

C. Verstoß gegen gesetzliches Verbot (§ 134 BGB)

I. Ausgangspunkt

10   Ein Rechtsgeschäft ist nichtig, wenn es gegen ein gesetzliches Verbot verstößt, soweit sich aus dem Gesetz nicht ein anderes ergibt. Mit § 134 BGB wollte der Gesetzgeber die Streitfrage entscheiden, ob ein Rechtsgeschäft, das entgegen einem gesetzlichen Verbot vorgenommen wird, nichtig ist, auch wenn das Verbotsgesetz die **zivilrechtliche Nichtigkeitssanktion** nicht ausspricht.[15] § 134 BGB setzt ein gesetzliches Verbot somit voraus, ohne selbst zu bestimmen, welche Gesetze Verbotsgesetze sind. Vielmehr können solche Verbote in beliebigen, insbesondere auch nicht zivilrechtlichen Gesetzen, enthalten sein.[16] Dem Zivilrecht kommt in letzte-

---

[11] Vgl. *Köhler* § 3 Rn. 23. – Vgl. außerdem *Larenz/Wolf* § 3 Rn. 104 ff., die weiter unterscheiden zwischen subjektiv, objektiv und zeitlich halbzwingenden Normen.

[12] Siehe unten § 14 Rn. 13 ff.

[13] Vgl. Palandt/*Ellenberger* § 139 BGB Rn. 18; *Larenz/Wolf* § 45 Rn. 28 ff.

[14] Vgl. auch für § 306 BGB unten Rn. 88 ff.

[15] Mot. I, S. 210.

[16] Vgl. Mot. I, S. 210.

rem Fall die Aufgabe zu, die bürgerlich-rechtlichen Rechtsfolgen des Verstoßes zu bestimmen. Diese Aufgabe erfüllt § 134 BGB, der als Blankettnorm für alle gesetzlichen Verbote die Verbindung zum Rechtsgeschäft herstellt. Die Anwendung des § 134 BGB berührt insgesamt drei Fragen: Besteht ein gesetzliches Verbot, wurde gegen dieses verstoßen und was sind die Rechtsfolgen?

II. Verbot durch Gesetz

Grundvoraussetzung für die Anwendung von § 134 BGB ist, dass ein Gesetz ein Verbot aufstellt. Dabei gilt der **Gesetzesbegriff** des Art. 2 EGBGB. Als Verbotsgesetze kommen daher nicht nur förmliche Gesetze, sondern auch Gesetze im materiellen Sinn (z. B. Tarifverträge) in Betracht.   **11**

Die Norm muss ein Verbot enthalten. Dies ist durch Auslegung zu ermitteln. Erforderlich ist, dass ein Gesetz ein **bestimmtes Verhalten** – gerade auch außerhalb des rechtsgeschäftlichen Handelns – **untersagen und vermeiden will**.[17] Anders formuliert: Es kommt darauf an, ob es mit Sinn und Zweck der Vorschrift unvereinbar wäre, die durch das Rechtsgeschäft getroffene Regelung hinzunehmen und bestehen zu lassen. Anhaltspunkte kann dabei zunächst der Wortlaut der Norm liefern (vgl. § 612a BGB, § 7 Abs. 1 AGG: „darf nicht"). Das Gesetz muss ein Verbot aber nicht ausdrücklich aussprechen, vielmehr genügt es, wenn sich dieses Sinn und Zweck der Norm entnehmen lässt.[18] So enthalten bspw. Strafgesetze Verbote, ohne eine entsprechende Formulierung zu verwenden, weil die Anordnung einer Kriminalstrafe zeigt, dass der Staat ein Verhalten vermeiden will.[19]   **12**

Abzugrenzen sind gesetzliche Verbote von Regelungen, welche lediglich das rechtliche Können einschränken. Verbotsgesetze betreffen Rechtsgeschäfte, die der Betroffene **eigentlich vornehmen kann, aber nicht vornehmen darf**.[20] Davon zu unterscheiden sind Beschränkungen der Gestaltungs- und Verfügungsmacht (bloß zwingendes Recht), d. h. Bereiche, welche der Privatautonomie von vornherein entzogen sind.[21] Bspw. verbietet § 118 BGB nicht die Abgabe einer Scherzerklärung, vielmehr ordnet er lediglich zwingend deren rechtliche Unerheblichkeit an.[22] Auch ein die Grenzen der Privatautonomie nicht beachtendes Rechtsgeschäft ist zwar unwirksam, aber nicht i. S. v. § 134 BGB verboten.[23]   **13**

---

[17] BGH v. 05.05.1992, NJW 1992, 2557, 2257 f.

[18] BGH v. 05.05.1992, NJW 1992, 2557, 2257 f.

[19] BGH v. 05.05.1992, NJW 1992, 2557, 2257 f.

[20] Vgl. Palandt/*Ellenberger* § 134 BGB Rn. 5; *Wolf/Neuner* § 45 Rn. 3 f.

[21] Vgl. *Wolf/Neuner* § 45 Rn. 5.

[22] *Mayer-Maly*, Handelsrechtliche Verbotsgesetze, FS Hefermehl (1976), S. 103, 111.

[23] *Flume*, AT II, § 17 Ziffer 2, S. 343.

III. Verstoß

14 Voraussetzung ist weiterhin, dass das Rechtsgeschäft gegen das gesetzliche Verbot verstößt. Dies ist durch einen Vergleich des Verbots mit dem betroffenen Rechtsgeschäft zu ermitteln. Hierfür muss zunächst die Reichweite des gesetzlichen Verbots in persönlicher, sachlicher, modaler und zeitlicher Hinsicht durch Auslegung des Gesetzes ermittelt werden. Anschließend ist unter Beachtung des **Trennungsprinzips**, d. h. ggf. für Verpflichtung und Verfügung getrennt,[24] zu prüfen, ob ein Rechtsgeschäft mit einem Verbot unvereinbar ist.

> **Beispiel:** Ein V-Mann der Polizei kauft von einem Dealer Haschisch und bezahlt dafür 25.000 €. Hier verstößt nach Ansicht des BGH nicht nur der Kaufvertrag gegen das BtMG, sondern auch die Übereignung des Rauschgifts und überdies die Übereignung des Geldes. Dies leitet der BGH daraus ab, dass gerade die Übereignung des Geldes verhindert werden soll. Diese ist zwar an sich wertneutral. Da sie aber erst den verbotenen Rauschgifterwerb ermöglicht (Zug-um-Zug), unterliegt auch sie dem Verbot.[25]

15 Die durch Auslegung ermittelte Reichweite des Verbots entscheidet etwa auch darüber, in welchem Umfang **Umgehungsgeschäfte** noch von dem Verbot erfasst werden. Ein sog. Umgehungsgeschäft liegt vor, wenn die Parteien den Zweck eines verbotenen Geschäfts mithilfe eines anderen, nicht ausdrücklich verbotenen Rechtsgeschäfts zu erreichen suchen. Das Umgehungsgeschäft ist dann nichtig, wenn die Verbotsnorm nicht nur die Vornahme eines Geschäfts bestimmter Art, sondern einen bestimmten rechtlichen oder wirtschaftlichen Erfolg verhindern will, gleichgültig, auf welche Art er herbeigeführt wird.

> **Beispiele:** (1) Ein Autohaus bietet seinen Kunden den Service an, sich um die Abwicklung von Ansprüchen aus Verkehrsunfällen zu kümmern. Es sieht sich hieran jedoch durch § 3 Rechtsdienstleistungsgesetz (RDG) gehindert.[26] Deshalb bewegt es seine Kunden, ihre Ansprüche an ein anerkanntes Inkassounternehmen (vgl. § 10 RDG) abzutreten. Von dem Inkassounternehmen lässt sich das Autohaus die Ansprüche anschließend zur Sicherheit abtreten, legt die Abtretung offen und zieht die Forderungen ein. Die Sicherungsabtretung ist nach § 134 BGB nichtig. Sie verstößt zwar nicht unmittelbar gegen das RDG. Sie unterläuft allerdings Sinn und Zweck von §§ 3, 2 Abs. 2 RDG und ist deshalb ebenfalls vom Verbot umfasst.[27] (2) Der Vertrag, mit dem ein Handwerksmeister einem Handwerksbetrieb lediglich seinen Meistertitel zur Verfügung stellt, ohne dass er tatsächlich als technischer Betriebsleiter dort tätig wird, ist nach § 134 BGB nichtig, weil er auf die Herbeiführung des von § 1 Abs. 1 HwO verbotenen Erfolgs unter Umgehung des § 7 HwO zielt.[28]

16 Die Problematik erweist sich danach als Problem der teleologischen Auslegung der Verbotsgesetze, weshalb es der **eigenständigen Rechtsfigur** des Umgehungsgeschäfts nicht bedarf. Gleichwohl hat der Gesetzgeber diese Rechtsfigur, insbesondere im Zusammenhang mit verbraucherschützenden Vorschriften, ausdrücklich

---

[24] Vgl. Mot. I, S. 210.

[25] BGH v. 04.11.1982, NJW 1983, 636.

[26] Vgl. aber einschränkend hierzu BGH v. 31.01.2012, NJW 2012, 1005, 1005 f.

[27] Vgl. BGH v. 18.03.2003, NJW 2003, 1938, 1938 ff.

[28] BAG v. 18.03.2009, NJW 2009, 2554, 2555.

normiert (z. B. §§ 306a, 312i S. 2, 475 Abs. 1 S. 2, 487 Abs. 1 S. 2, 511 S. 2 BGB). Bei diesen Vorschriften handelt es sich letztlich um eine positive gesetzliche Anordnung zur teleologischen Auslegung von (Verbots-) Vorschriften, wodurch die teleologische gleichberechtigt neben der Wortlautauslegung steht.[29]

IV. Rechtsfolge

Trifft das Verbotsgesetz über die an seine Verletzung anknüpfenden Auswirkungen auf Rechtsgeschäfte selbst eine ausdrückliche Aussage, gilt diese. Auf § 134 BGB ist in diesem Fall nicht zurückzugreifen. Insbesondere bei Verbotsgesetzen außerhalb des BGB (z. B. Strafgesetze) wird aber regelmäßig keine Aussage über die Rechtsfolgen für das betroffene Rechtsgeschäft getroffen. Für diesen Fall bestimmt § 134 BGB, dass die Rechtsfolge in der **Nichtigkeit des Rechtsgeschäfts** besteht, soweit sich aus Sinn und Zweck des Verbotsgesetzes nicht ein anderes ergibt.   **17**

Zur Bestimmung der Rechtsfolgen muss ermittelt werden, ob der jeweilige Verbotszweck die Nichtigkeit des Rechtsgeschäfts im Hinblick auf den konkreten Verstoß mit umfasst oder ob das Gesetz sich mit anderen Sanktionen begnügt, die die Gültigkeit des Geschäfts unberührt lassen.[30] Dies ist letztlich eine durch Auslegung zu beantwortende Wertungsfrage. So verbieten die §§ 211, 212 StGB primär die Tötung eines Menschen, nach Sinn und Zweck jedoch auch den auf die Tötung eines Menschen gerichteten Werkvertrag. Für die vorzunehmende Auslegung bestehen bestimmte Leitlinien. Zunächst gilt, dass ein nichtigkeitsbegründender Verbotszweck vorliegt, wenn das gesetzliche Verbot dem **Inhalt** oder dem **Zweck des Rechtsgeschäfts entgegensteht**. Verbietet ein Gesetz dagegen lediglich die Vornahme eines Geschäfts unter bestimmten **Umständen**, z. B. den Verkauf in einem Ladengeschäft unter Verstoß gegen die gesetzlichen Regelungen über den Ladenschluss, führt dies nicht unbedingt zur Nichtigkeit des Rechtsgeschäfts, sofern dieses etwa unter anderen Umständen wirksam nachgeholt werden könnte.[31] Gegen die Nichtigkeit des Rechtsgeschäfts insgesamt spricht regelmäßig auch, wenn sich ein **Verbot nur an eine Partei** des Rechtsgeschäfts **richtet**.[32] Es ist in diesen Fällen zumeist unangemessen, der nicht verbotswidrig handelnden Partei das komplette Rechtsgeschäft zu entziehen. Richtet sich das Verbot dagegen an alle Parteien eines Rechtsgeschäfts oder soll das verletzte Gesetz besonders wichtige **Interessen der Allgemeinheit** oder Dritter schützen, spricht dies wiederum für einen nichtigkeitsbegründenden Verbotszweck.[33]   **18**

---

[29] Vgl. *Ulrici*, Vermögensrechtliche Grundfragen des Arbeitnehmerurheberrechts, 2008, S. 360. – Abw. (bloße Klarstellung) *Wolf/Neuner* § 46 Rn. 27.

[30] Vgl. BGH v. 19.01.1984, NJW 1984, 1175, 1175 f.; BGH v. 14.12.1999, NJW 2000, 1186, 1187.

[31] RG v. 17.03.1905, RGZ 60, 273, 276 f.

[32] BGH v. 14.12.1999, NJW 2000, 1186, 1187; BGH v. 12.05.2011, NJW-RR 2011, 1426; *Ulrici* JuS 2000, 947, 951.

[33] Vgl. BGH v. 14.12.1999, NJW 2000, 1186, 1187.

19   Verstößt nur ein Teil eines Rechtsgeschäfts gegen ein Verbotsgesetz, bestimmen sich die Auswirkungen dieses Verstoßes auf das restliche Rechtsgeschäft nach § 139 BGB. Es ist von Gesamtnichtigkeit auszugehen, soweit sich nicht aus dem Parteiwillen oder dem Sinn und Zweck des Verbotsgesetzes etwas anderes ergibt.[34]

20   Das **Abstraktionsprinzip** bleibt aber gültig. Ist allein das Verpflichtungsgeschäft nichtig, lässt dies das Verfügungsgeschäft unberührt.[35] Richtet sich das Verbot allerdings gerade gegen das Erfüllungsgeschäft, ist zwangsläufig auch das dazugehörige Verpflichtungsgeschäft nichtig. Dies folgt allerdings nicht aus einer Aufweichung des Abstraktionsprinzips, sondern aus einer teleologischen Auslegung der Verbotsvorschrift. Es ist im Regelfall erkennbar sinnwidrig, einen Rechtszwang auf Herbeiführung eines wegen § 134 BGB rechtlich nicht erreichbaren Erfolgs anzuerkennen.

> **Beispiel:** Die ohne Zustimmung des Mandanten erfolgte Abtretung der Honorarforderung eines Anwalts verstößt gegen § 203 Abs. 1 S. 3 StGB (Schweigepflicht), weil nach § 402 BGB der Anwalt als Zedent verpflichtet wäre, dem Zessionar bestimmte Informationen zu erteilen. Nichtig ist damit aber auch der zugrunde liegende Kaufvertrag über die Forderung.[36]

V. Klausurfall – Gesetzesverstoß

1. Sachverhalt

21   Arndt will eine Garage bauen lassen. Da ihm die regulären Angebote der örtlichen Bauunternehmer zu teuer sind, wendet er sich an den ihm bekannten Maurermeister Murks, der sich bereit erklärt, den Bau gegen Zahlung eines Preises, der um rund 20 % unter den regulären Angeboten liegt, zu erstellen, wenn Arndt auf eine Rechnung verzichten würde. Hierauf einigen sich beide Seiten. Nach Fertigstellung zeigen sich Baumängel. Kann Arndt von Murks Mangelbeseitigung verlangen? Kann Murks von Arndt Bezahlung des Werklohns verlangen?

2. Lösungsskizze

a) Mangelbeseitigung

22   Ein Anspruch auf Mangelbeseitigung kann sich aus §§ 634 Nr. 1, 633 Abs. 2, 635, 631 BGB ergeben. Voraussetzung ist neben der Mangelhaftigkeit des Werks, dass Arndt und Murks wirksam einen Werkvertrag geschlossen haben. Da sich Arndt und Murks über die Errichtung der Garage zu einem bestimmten Preis geeinigt

---

[34] Siehe unten § 14 Rn. 13 ff.

[35] Siehe aber oben Rn. 14.

[36] BGH v. 17.05.1995, NJW 1995, 2026, 2027. – Allein auf die Abtretung abstellend, das (nicht entscheidungserhebliche) Verpflichtungsgeschäft als gegeben hinnehmend aber BGH v. 07.02.2013, NJW 2013, 1092, 1093 für den Verkauf von Forderungen eines Telekommunikationsdienstleisters.

haben, wurde ein Werkvertrag geschlossen. Dieser könnte jedoch nach § 134 BGB unwirksam sein, wenn das Rechtsgeschäft gegen ein gesetzliches Verbot verstößt.

Als Verbotsgesetz kommt zunächst § 370 AO in Betracht. Danach sind Steuer- **23** hinterziehungen strafbar. Die Auslegung dieser Regelung ergibt, dass Rechtsge-schäfte, die auf die Verkürzung von Steuern gerichtet sind, verboten sind. Hiergegen verstößt die Ohne-Rechnung-Abrede, weil sie der rechtswidrigen Vermeidung von Steuerzahlungen dient.[37] Außerdem kommt als Verbotsgesetz § 1 Abs. 1, 2 Nr. 2 SchwarzArbG in Betracht. Die Auslegung dieser Vorschrift ergibt, dass Schwarz-arbeit verboten ist („bekämpft" werden soll). Schwarzarbeit leistet u. a., wer seine steuerlichen Pflichten im Zusammenhang mit einem Werkvertrag nicht erfüllt. Das hierauf gerichtete Verbot erfasst bereits die Vereinbarung darüber, Werkleistungen gegen Entgelt ohne Rechnung zu erbringen, um hierdurch Steuerzahlungen zu ver-meiden.[38] Auch hiergegen verstößt die getroffene Abrede, dass eine Rechnung nicht erteilt werden soll.

Der Verstoß gegen § 370 AO führt nach § 134 BGB zur Nichtigkeit, wenn das **24** Gesetz nicht ein anderes bestimmt. Entscheidend ist, ob und inwieweit § 370 AO die Nichtigkeit des Rechtsgeschäfts gebietet. Hierbei ist zu unterscheiden. Ein haupt-sächlich auf die Hinterziehung von Steuern gerichtetes Rechtsgeschäft ist insge-samt nichtig. Verfolgt ein Rechtsgeschäft dagegen nur im Nebenzweck die Hinter-ziehung von Steuern, ist allein der hierauf abzielende Teil nichtig.[39] Da Hauptzweck des Geschäfts die Errichtung der Garage ist, gebietet § 370 AO über § 134 BGB lediglich die Nichtigkeit der Ohne-Rechnung-Abrede.[40] Das Schicksal des Restge-schäfts richtet sich nach § 139 BGB. Unabhängig hiervon führt nach § 134 BGB der zusätzlich gegebene Verstoß gegen § 1 Abs. 1, 2 Nr. 2 SchwarzArbG zur Nichtig-keit, wenn das Gesetz nicht ein anderes bestimmt. Das SchwarzArbG bezweckt, die Schwarzarbeit wegen ihrer sozial schädlichen Auswirkungen schlechthin zu verbie-ten. Dieser Zweck lässt sich nur erreichen, wenn den auf Schwarzarbeit gerichteten Verträgen insgesamt die Wirksamkeit versagt wird, weil dann beide Vertragspartei-en vom Abschluss solcher Verträge abgeschreckt werden. Der Verstoß gegen § 1 Abs. 1, 2 Nr. 2 SchwarzArbG führt danach über § 134 BGB zur Gesamtnichtigkeit des Werkvertrags.[41] Es kann deshalb dahinstehen, wie sich die durch § 370 AO aus-gelöste Unwirksamkeit der Ohne-Rechnung-Abrede auf den Restvertrag auswirkt.

Der Werkvertrag ist nach § 134 BGB nichtig. Gewährleistungsansprüche des **25** Arndt bestehen nicht.

---

[37] Vgl. BGH v. 24.04.2008, NJW-RR 2008, 1050.

[38] Vgl. *Armbrüster* JZ 2008, 1006, 1006, 1008.

[39] BGH v. 24.04.2008, NJW-RR 2008, 1050, 1050 f.

[40] BGH v. 24.04.2008, NJW-RR 2008, 1050, 1050 f.; *Armbrüster* JZ 2008, 1006.

[41] *Armbrüster* JZ 2008, 1006, 1006, 1008; vgl. jetzt auch BGH v. 1.8.2013, VII ZR 6/13.

b) Vergütungsanspruch

26   Ein Anspruch des Murks auf Vergütung könnte sich aus § 631 Abs. 1 BGB i. V. m.
einem Werkvertrag ergeben. Da der geschlossene Werkvertrag jedoch nichtig ist,
besteht ein solcher Anspruch nicht.

27   Ein Anspruch des Murks auf Vergütung könnte sich aus §§ 812 Abs. 1 S. 1 Alt. 1,
818 Abs. 2 BGB ergeben, wenn Murks ohne Rechtsgrund eine Leistung erbracht
hat, welche in Natur nicht herausgegeben werden kann. Der Anspruch dürfte nicht
ausgeschlossen sein.

28   Murks hat gegenüber Arndt dadurch eine Leistung erbracht, dass er die Garage
errichtet hat. Er hat hierdurch ziel- und zweckgerichtet das Vermögen des Arndt
erhöht. Hierfür bestand kein Rechtsgrund, weil der die Grundlage der Leistungser-
bringung bildende Werkvertrag nichtig war.

29   Die von Murks erbrachten Leistungen können in Natur nicht herausgegeben
werden. Durch den Abriss der Garage ist Murks nicht gedient. Nach § 818 Abs. 2
BGB steht Murks daher Wertersatz zu. Dieser bestimmt sich nach dem objektiven
Wert der erbrachten Bauleistungen. Hiervon ist jedoch ein angemessener Abschlag
vorzunehmen, weil Arndt keine Gewährleistungsansprüche zustehen.

30   Der Anspruch auf Wertersatz dürfte nicht nach § 817 S. 2 BGB ausgeschlossen
sein. Nach dieser auch auf § 812 Abs. 1 S. 1 Alt. 1 BGB anwendbaren Regelung ist
ein Bereicherungsanspruch ausgeschlossen, wenn sowohl Leistender als auch Leistungsempfänger durch Erbringung und Entgegennahme der Leistung gegen die guten Sitten verstoßen. Dies ist vorliegend der Fall, weil sich das Verbot des § 1 Abs. 2
Nr. 2 SchwarzArbG gegen beide Parteien richtet. Allerdings schränkt die Rspr.
§ 817 S. 2 BGB aus Billigkeitsgründen (vgl. § 242) ein und spricht dem Schwarzarbeiter trotzdem eine Vergütung zu. Ansonsten käme der Bauherr kostenlos in den
Genuss einer Bauleistung, weil er nach (üblicher) Vorleistung des Schwarzarbeiters
nur unter Berufung auf § 134 BGB die Bezahlung verweigern müsste.[42] Er würde
aus seinem eigenen Rechtsverstoß einen Vorteil ziehen.

31   Murks kann nach §§ 812 Abs. 1 S. 1 Alt. 1, 818 Abs. 2 BGB Zahlung eines dem
Wert seiner Leistungen entsprechenden Entgelts verlangen. Der Anspruch ist nicht
nach § 817 S. 2 BGB ausgeschlossen. Dass Arndt keine Gewährleistungsrechte zustehen, vermindert den Wert seiner Leistung.

D. Verfügungsverbote (§§ 135–137 BGB)

I. Ausgangspunkt

32   Im **Zusammenhang mit** dem gesetzlichen Verbot und der Regelung des **§ 134
BGB** sind die §§ 135–137 BGB zu sehen. Gemeinsam regeln die §§ 134–137 BGB

---

[42] BGH v. 31.05.1990, NJW 1990, 2542, 2543. – A. A. *Kern* JuS 1993, 193, 195.

„unerlaubte Rechtsgeschäfte".[43] Dabei bezieht sich das Gesetz ausweislich seines Wortlauts in den §§ 135–137 BGB auf „Veräußerungsverbote". Es entspricht jedoch allg. A., dass diese Begrifflichkeit zu eng ist und nicht nur Veräußerungsverbote, sondern **Verfügungsverbote** erfasst werden.[44] Der Begriff der Verfügung ist weiter als derjenige der Veräußerung und erfasst neben Veräußerungen z. B. auch Belastungen.[45]

Den **Ausgangspunkt** des Regelungskomplexes bildet § 134 BGB, der anordnet, **33** dass ein gegen ein gesetzliches Verbot verstoßendes Rechtsgeschäft nichtig ist, soweit das Gesetz nicht ein anderes anordnet. Dies gilt auch für Verfügungsgeschäfte, welche nach § 134 BGB unwirksam sein können. In bestimmten Konstellationen erweist sich die Nichtigkeitsfolge des § 134 BGB aber als zu weitgehend. Dient ein gesetzliches Verbot nur dem Schutz Einzelner, ist eine absolut wirkende Unwirksamkeit einer Verfügung ggf. unangemessen. Hier greift § 135 BGB ein und modifiziert die Rechtsfolge des § 134 BGB (relatives Verfügungsverbot).

Von § 134 BGB wird nur der Verstoß gegen gesetzliche Verbote erfasst. Keine **34** Anwendung findet § 134 BGB auf **behördliche und gerichtliche Verfügungsverbote**.[46] Diese Lücke schließt § 136 BGB, der insoweit auf die Rechtsfolgen des § 135 BGB verweist. Für **rechtsgeschäftliche Verfügungsverbote** stellt schließlich § 137 BGB klar, dass diese keine dingliche Wirkung entfalten.[47]

II. Relatives Verfügungsverbot

Nach § 134 BGB ist eine gegen ein gesetzliches Verbot verstoßende Verfügung **35** unwirksam, soweit das Gesetz nicht ein anderes anordnet. In denjenigen Fällen, in denen das Gesetz ausdrücklich oder stillschweigend keine abweichende Anordnung trifft, spricht man von **absoluten Verfügungsverboten**. Diesen ist eigen, dass die Verfügung nach § 134 BGB unwirksam ist und diese Rechtsfolge mit Wirkung gegenüber und mit Wirkung für jedermann eintritt.

> **Beispiel:** Als absolut nichtig werden z. B. Verfügungen über Arzneimittel entgegen den §§ 43 ff. AMG, über Lebensmittel entgegen § 5 f. LFGB oder über Betäubungsmittel unter Verstoß gegen § 29 BtMG angesehen.

Die Regelung des § 135 BGB knüpft nur an solche Verbote an, die dem Schutz **36** bestimmter Personen, nicht des Verfügenden, dienen (**relative Verfügungsverbote**). Dieser beschränkte Anwendungsbereich korrespondiert mit der Rechtsfolge des § 135 Abs. 1 BGB. Dient ein Verfügungsverbot nur dem Schutz bestimmter Personen, muss die Unwirksamkeit der Verfügung auch nur zugunsten dieser Person eintreten. Dritte sollen nicht von der Unwirksamkeitsfolge profitieren.

---

[43] Vgl. die Überschrift dieses Normkomplexes bei Mot. I, S. 210.

[44] Mot. I, S. 213; *Flume*, AT II, § 17 Ziffer 6 a), S. 351; *Medicus* Rn. 664.

[45] *Medicus* Rn. 664.

[46] Siehe unten Rn. 38.

[47] Siehe unten Rn. 40.

37   Sucht man entsprechende relative Verfügungsverbote, muss man erstaunlicher-
weise feststellen, dass § 135 BGB **praktisch keinen direkten Anwendungsbereich** hat.[48] Absolute Verfügungsverbote werden ebenso wenig erfasst wie dem
Schutz des Verfügenden dienende Vorschriften (vgl. § 311b Abs. 2 BGB). Ist die
Wirksamkeit einer Verfügung von der Zustimmung einer Behörde oder des Gerichts
(vgl. § 1821 Abs. 1 Nr. 1 BGB) abhängig oder wird bereits die Verfügungsmacht beschränkt (vgl. §§ 719, 1365, 1369 BGB), liegt schon kein Verfügungsverbot vor.[49]

38   Deshalb gewinnt § 135 BGB seine **praktische Bedeutung** im Wesentlichen nur
dadurch, dass **§ 136 BGB** auf ihn verweist. Nach § 136 BGB steht ein von einer Behörde oder einem Gericht im Rahmen seiner Zuständigkeit erlassenes Verfügungsverbot einem gesetzlichen Verfügungsverbot i. S. d. § 135 BGB gleich.

> **Beispiele:** Das Gericht ordnet Verfügungsverbote vor allem im Rahmen der Zwangsvoll-
> streckung (vgl. §§ 829 Abs. 1, 857 Abs. 1 ZPO und §§ 20 ff. ZVG), im Rahmen des einst-
> weiligen Rechtsschutzes (vgl. §§ 935, 938 Abs. 1 ZPO) oder im Rahmen des Strafprozesses
> an (vgl. §§ 290 ff. StPO).

39   Aus dem Verweis des § 136 BGB auf § 135 BGB ergibt sich zunächst, dass eine
verbotswidrige Verfügung nur gegenüber dem Geschützten unwirksam ist. Dies gilt
allerdings nach § 135 Abs. 2 BGB nicht, wenn ein Erwerb vom Nichtberechtigten
(sog. **gutgläubiger Erwerb**) möglich ist und dessen Voraussetzungen vorliegen.

> **Beispiel:** Arndt ist Eigentümer eines Gemäldes von Picasso. Da er dringend Geld braucht,
> will er sich von diesem trennen. Bei nächster Gelegenheit kommt er mit Bert überein, ihm
> das Gemälde für 7,8 Mio. € zu verkaufen. Beide schließen einen Kaufvertrag. Kurz darauf
> bietet Carl sogar 8,0 Mio. € für das Gemälde. Arndt ist hiervon derart begeistert, dass er
> auch mit Carl einen Kaufvertrag schließt. Als Bert hiervon hört, beantragt er bei Gericht
> den Erlass einer einstweiligen Verfügung, welche Arndt untersagt, das Gemälde an Carl
> zu übereignen. Obwohl das Gericht das Verbot erlässt und dieses Arndt zugestellt wird,
> übergibt und übereignet er das Gemälde an Carl. Hierdurch erledigt sich die Übereignungs-
> anspruch des Bert (vgl. § 275 BGB). Wusste Carl um das gerichtliche Verbot, ist die Über-
> eignung jedoch nach §§ 136, 135 Abs. 1 BGB zugunsten von Bert unwirksam. Arndt ist
> aus der Sicht des Bert noch Eigentümer und kann ihm das Gemälde noch übereignen. War
> das Veräußerungsverbot Carl dagegen unbekannt und musste er es auch nicht kennen, ist er
> nach §§ 136, 135 Abs. 2 BGB i. V. m. §§ 929, 932 BGB auch aus der Sicht des Bert end-
> gültig Eigentümer geworden.

III. Rechtsgeschäftliches Verfügungsverbot

40   Eine Sonderregelung für rechtsgeschäftliche Verfügungsverbote findet sich in
§ 137 BGB. Die Regelung stellt zunächst klar, dass die **Befugnis zur Verfügung**
über ein veräußerliches Recht **nicht durch Rechtsgeschäft ausgeschlossen oder
beschränkt werden kann.** Anders als der Gesetzgeber (vgl. § 135 BGB) oder
Gericht und Behörden (vgl. § 136 BGB) haben Privatpersonen nicht die Macht,
ein veräußerliches Recht (etwa das Eigentum) der Verfügung zu entziehen. In Ab-

---

[48] Vgl. *Medicus* Rn. 671.
[49] Vgl. *Medicus* Rn. 669.

weichung hierzu kann allerdings für Forderungen die Abtretbarkeit ausgeschlossen werden (vgl. § 399 Alt. 2 BGB). Nach § 137 S. 2 BGB steht das Ausbleiben der dinglichen Wirkungen eines rechtsgeschäftlichen Verfügungsverbots nicht der Wirksamkeit einer schuldrechtlichen Verpflichtung entgegen, nicht über ein Recht zu verfügen. Der von einem solchen Verfügungsverbot Betroffene kann zwar dinglich wirksam verfügen. Da er dies jedoch nicht soll, macht er sich im Fall des Verstoßes ggf. schadensersatzpflichtig.

> **Beispiel:** Lucretia ist Hundeliebhaberin. Sie möchte gerne einem Hund ein Zuhause bieten. Sie wendet sich an das örtliche Tierheim, welches ihr einen eingefangenen Streuner mit dem Namen „Volley" übereignet. In dem zu diesem Zweck geschlossenen Vertrag steht: „Ein Verkauf des Tiers an Dritte ist nicht möglich. Sollte der Abnehmer gegen dieses Verbot verstoßen, wird ihm eine Vertragsstrafe von 400 € auferlegt." Als Lucretia sich entschließt, ihre berufliche Zukunft in Indien zu suchen, verkauft und übereignet sie „Volley" an ihre Freundin Anja. Diese fragt sich im Anschluss, ob sie Eigentümerin des Hundes geworden oder ihre Freundin irgendwelchen Ansprüchen des Tierheims ausgesetzt ist. Aufgrund des § 137 S. 1 BGB hindert die Abrede im „Tierabgabevertrag" nicht die Wirksamkeit der Übereignung. Anja kann Eigentümerin des Hundes werden. Obwohl das Verfügungsverbot unmittelbar wirkungslos bleibt, hat dies keine Auswirkungen auf seine schuldrechtliche Absicherung (vgl. § 137 S. 2 BGB). Lucretia muss die Vertragsstrafe bezahlen.

E. Verstoß gegen die guten Sitten (§ 138 BGB)

I. Einführung

Die Aufgabe der Rechtsordnung besteht in der verbindlichen Regelung der zwischenmenschlichen Beziehungen nach rechtlichen Maßstäben. Dabei obliegt es dem Gesetzgeber innerhalb bestimmter Grenzen, z. B. der Vorgaben der Verfassung, das Zusammenleben nach seinen Wertvorstellungen auszugestalten. Diese müssen nicht den herrschenden Wertvorstellungen der Gesellschaft entsprechen, sondern können auch auf deren Wandel abzielen. Die Vielgestaltigkeit des Lebens schließt allerdings aus, dass der Gesetzgeber das soziale Zusammenleben umfassend und in jeder Hinsicht normiert.[50] Dies gilt nicht nur im Deliktsrecht, wo neben die Verletzung bestimmter Rechtsgüter (vgl. § 823 Abs. 1 BGB) und die Verletzung eines Schutzgesetzes (vgl. § 823 Abs. 2 BGB) der Sittenverstoß (vgl. § 826 BGB) gestellt wird, sondern auch in Bezug auf Rechtsgeschäfte und ihre Grenzen. Auch hier kann der Gesetzgeber nicht im Vorfeld durch einen abschließenden Katalog von gesetzlichen Verboten (vgl. § 134 BGB) sicherstellen, dass Rechtsgeschäfte nicht zu Gestaltungen genutzt werden, die seinen Wertvorstellungen über die sozialen Beziehungen widersprechen.[51] Als **Korrektiv** bietet sich eine **Generalklausel** an, die der autonomen Rechtsgestaltung dort eine Grenze setzt, wo diese in Wider-

41

---

[50] *Köhler* § 13 Rn. 18.

[51] Vgl. Staudinger/*Sack/Fischinger* § 138 BGB Rn. 26.

spruch zu den Wertvorstellungen des Gesetzgebers[52] tritt. Zu diesem Zweck sieht
§ 138 Abs. 1 BGB vor, dass ein gegen die guten Sitten verstoßendes Rechtsgeschäft
nichtig ist. Die Vorschrift will verhindern, dass Rechtsgeschäfte in einen den maßgeblichen Wertvorstellungen widersprechenden Dienst gestellt werden.

> **Bild:**[53] Im Verhältnis zu weiteren Ausgestaltungen und Beschränkungen der Privatauto-
> nomie entspricht § 138 Abs. 1 BGB dem Grundton eines Gemäldes im Verhältnis zu den
> hierauf aufgetragenen Farben. Nur dort, wo das Gemälde unvollendet geblieben ist, tritt der
> Grundton unverdeckt hervor. Und nur dort, wo die Umsetzung der Wertvorstellungen des
> Gesetzgebers unvollendet geblieben ist, erlangt § 138 Abs. 1 BGB seine Bedeutung.

II. Tatbestand

1. Sittenverstoß

a) Klassische Formel

42   Im Unterschied zu § 134 BGB, der den Grund der Nichtigkeit nicht eigenständig
regelt, sondern lediglich die Anordnung des Verbotsgesetzes in den rechtsgeschäftlichen Bereich transformiert,[54] formuliert § 138 Abs. 1 BGB selbst den Unwirksamkeitsgrund. Die Vorgabe des Gesetzgebers beschränkt sich jedoch auf eine
Formel, welche zu ihrer Anwendung der Konkretisierung und Ausfüllung bedarf.
Nach **klassischer Formel**, welche sich bereits in den Motiven zum BGB[55] findet,
frühzeitig vom RG[56] sowie später vom BGH[57] aufgegriffen wurde und bis heute von
der Rspr. fortgeführt wird,[58] ist ein Rechtsgeschäft sittenwidrig, wenn es gegen das
Anstandsgefühl aller billig und gerecht Denkenden verstößt.

43   Durch diese Formulierung wird der wertausfüllungsbedürftige Begriff der guten
Sitten durch den ebenfalls ausfüllungsbedürftigen Begriff des Anstandsgefühls aller
billig und gerecht Denkenden ersetzt.[59] Immerhin wird deutlich, dass der Begriff
nicht an eine absolut geltende Sittenordnung gebunden ist.[60] Außerdem sind nicht
einfache demoskopische Anschauungen entscheidend.[61] Weder ist die Anschauung
aller noch der Mehrheit, sondern nur der billig und gerecht Denkenden maßgeb-

---

[52] Vgl. Staudinger/*Sack/Fischinger* § 138 BGB Rn. 50.

[53] Vgl. zu diesem Bild *Klein*, Untergang der Obligation durch Zweckerreichung, 1905, S. 146.

[54] Siehe oben Rn. 10.

[55] Mot. II, S. 727.

[56] RG v. 11.04.1901, RGZ 48, 114, 124.

[57] BGH v. 09.07.1953, BGHZ 10, 228, 232.

[58] BGH v. 19.07.2004, NJW 2004, 2668, 2670; BGH v. 07.12.2011, NJW-RR 2012, 332, 335.

[59] *Boemke* JuS 2001, 444, 444 f.

[60] *Boemke* JuS 2001, 444, 445.

[61] *Boemke* JuS 2001, 444, 445.

lich.[62] Auch ist nicht auf diejenigen abzustellen, die allgemein billig und gerecht denken, sondern nur auf diejenigen, für die dies auch im konkreten Einzelfall zutrifft.[63] Diesen Kreis kann aber letztlich nur bestimmen, wer schon weiß, was billig und gerecht ist,[64] weshalb der Gewinn für die Rechtsanwendung gering ist. Allerdings macht die Formulierung deutlich, dass es der Rechtsordnung **keineswegs** um die Durchsetzung einer **Hochethik** geht, sondern allenfalls um die Anknüpfung an eine bestehende „Sozialmoral des anständigen Durchschnittsmenschen." Anschauungen von extremer Strenge (aber auch Laxheit) sind ausgeklammert. Um die Rechtsanwendung zu erleichtern und die Rechtssicherheit zu stärken, wurden Fallgruppen und für diese wiederum griffigere Merkmale erarbeitet.[65] Für neue Fragestellungen wird die Lösung in einer Anlehnung an Bekanntes gesucht.

b) Konkretisierung

Die traditionelle Formel ist dahin zu konkretisieren, dass vorrangig nicht sozial-   **44**
ethische, moralische, sondern **rechtliche Wertvorstellungen** entscheidend sind.[66]
Auch ist weder die Anschauung der Mehrzahl noch des jeweiligen Rechtsanwenders zum Maßstab erhoben worden.[67] Anzulegen ist vielmehr ein objektiver Maßstab, der sich letztlich durch einen Rückgriff auf die Funktion des § 138 Abs. 1 BGB bestimmen lässt.[68] Es geht um die Schließung vom Gesetzgeber belassener Lücken.[69] Der Richter soll sich **wie ein Gesetzgeber verhalten**.[70] Dies bedeutet nicht, dass er seine eigenen Wertvorstellungen anlegt.[71] Vielmehr soll er ausgehend von der bestehenden Rechtsordnung, welche Ausdruck der Wertvorstellungen des Gesetzgebers ist, entscheiden. Hierhinter steht die Erwägung, dass der Gesetzgeber mit den gesetzlichen Wertungen und den Prinzipien der Rechtsordnung die Grundsätze niedergelegt hat, die aus Gründen des gemeinen Wohls in der Rechtsgemeinschaft als rechtlicher Ausschnitt einer ethischen Ordnung auch für die Gestaltung der Rechtsbeziehungen zwischen den Einzelnen verbindlich sein sollen.[72]

Bei seinem Rückgriff auf die bestehende Rechtsordnung hat der Richter deren   **45**
Aufbau und vorgegebene Rangverhältnisse zu beachten. Die **Wertungen des GG** und ggf. des Europarechts genießen danach ebenso Vorrang vor denen des einfachen Rechts, wie der Gesetzgeber bei der Ausgestaltung des einfachen Rechts an

---

[62] Staudinger/*Sack/Fischinger* § 138 BGB Rn. 16.

[63] Staudinger/*Sack/Fischinger* § 138 BGB Rn. 16.

[64] Staudinger/*Sack/Fischinger* § 138 BGB Rn. 16.

[65] Siehe unten Rn. 48 ff.

[66] Vgl. *Köhler* § 13 Rn. 20.

[67] *Boemke* JuS 2001, 444, 445.

[68] Staudinger/*Sack/Fischinger* § 138 BGB Rn. 25.

[69] Vgl. auch BGH v. 26.01.1989, NJW 1989, 1477.

[70] Staudinger/*Sack/Fischinger* § 138 BGB Rn. 50.

[71] Staudinger/*Sack/Fischinger* § 138 BGB Rn. 52. – Abweichend Mot. I, S. 211 f.

[72] BGH v. 06.12.1989, NJW 1990, 567, 568; *Boemke* JuS 2001, 444, 445.

das GG oder europarechtliche Vorgaben gebunden ist. Dies bedeutet andererseits nicht, dass der Richter vorrangig die Wertungen des GG zu beachten hat. Vielmehr ist zunächst von den Wertungen des einfachen Rechts auszugehen, in denen der Gesetzgeber seine Wertvorstellungen konkreter zum Ausdruck bringt. Dabei lassen sich dem einfachen Recht an verschiedenen Stellen relevante Wertungen, wie z. B. **Vertragstreue** im Sinne der Einhaltung einer gegebenen Zusage (*pacta sunt servanda*), Verbot der **bewussten Täuschung** des Geschäftspartners (vgl. § 123 BGB, § 263 StGB) und **Vertrauensschutz** (vgl. § 122 BGB, § 15 HGB), entnehmen. Soweit sich dem einfachen Recht keine hinreichenden Anhaltspunkte für die Wertvorstellungen des Gesetzgebers entnehmen lassen, ist ergänzend auf die Wertordnung des GG als übergeordneter Maßstab zurückzugreifen.[73] Dies entspricht praktisch allg. A., welche zu Recht davon ausgeht, dass die Generalklausel des § 138 Abs. 1 BGB Einfallstor für die Geltung der Wertordnung des GG (z. B. Sozialstaatsgebot), insbesondere die Grundrechte (z. B. Glaubensfreiheit, Berufsfreiheit), im Privatrecht ist.[74] Hierbei ist aber jeweils zu berücksichtigen, dass das GG, insbesondere die Grundrechte, – abgesehen von wenigen Ausnahmen (vgl. z. B. Art. 9 Abs. 3 GG) – nicht unmittelbar im Verhältnis von Privatrechtssubjekten gilt. Dementsprechend kann nicht bei jeder Kollision von Rechtsgeschäft und Verfassungsgebot Sittenwidrigkeit angenommen werden. Vielmehr bedarf es einer Abwägung der grundrechtlichen Wertentscheidung mit konkurrierenden Interessen des Geschäftspartners, aber auch des Grundrechtsträgers.

> **Beispiel:** Das öffentlich-rechtliche Kreditinstitut Spaßkasse kündigt seine Geschäftsbeziehung zur rechtsgerichteten, aber nicht verfassungsgerichtlich verbotenen Partei NEP, weil sie mit deren politischen Ansichten nicht einverstanden ist. Diese Ansicht teilt die Spaßkasse mit der weit überwiegenden Bevölkerung. Die Kündigung ist nach § 138 Abs. 1 BGB nichtig, wenn sie gegen die guten Sitten verstößt. Hiergegen lässt sich nicht anführen, dass die Kündigung sogar von der überwiegenden Mehrheit der Bevölkerung begrüßt wird. Vielmehr ist entscheidend, ob die ausgesprochene Kündigung Wertentscheidungen des Gesetzgebers widerspricht. Als solche lässt sich aus Art. 21 Abs. 1 GG i. V. m. Art. 9 Abs. 1 GG ableiten, dass Parteien nicht aufgrund der von ihnen vertretenen Politik benachteiligt werden dürfen, sofern sie nicht vom BVerfG verboten sind. Dieser Wertentscheidung ist über § 138 BGB Rechnung zu tragen.

46 In Anwendung dieses Maßstabs kann sich der Sittenverstoß sowohl aus dem **Inhalt** eines Rechtsgeschäfts als auch aus den **Umständen** seiner Vornahme ergeben. Maßgeblich sind grds. die Umstände im **Zeitpunkt der Vornahme des Rechtsgeschäfts**.[75] Umstritten ist, ob von diesem Grundsatz Ausnahmen zu machen sind, wenn Rechtsgeschäfte, wie z. B. ein Testament oder ein Erbvertrag, über Generationen gelten sollen. Für Arbeitsverträge bejaht die Rspr. eine Abweichung vom Grundsatz und stellt auf den jeweils vom Arbeitsvertrag gestalteten Zeitraum der Dienstleistung ab.[76] Im Hinblick darauf, dass langlaufende Rechtsbeziehungen

---

[73] *Boemke* JuS 2001, 444, 445.

[74] BGH v. 26.01.1989, NJW 1989, 1477; *Boemke* JuS 2001, 444, 445; *Köhler* § 13 Rn. 20.

[75] BGH v. 18.01.1996, NJW 1996, 1274, 1276; *Bork* Rn. 1156 f.; *Köhler* § 13 Rn. 21; *Medicus* Rn. 691.

[76] BAG v. 22.04.2009, NZA 2009, 837, 838; BAG v. 17.10.2012, NZA 2013, 266, 268.

nach §§ 313, 314 BGB an geänderte Umstände angepasst werden können, überzeugt diese Ausnahme nicht.[77] Gegen eine solche Ausnahme spricht zudem, dass Arbeitsverhältnisse auch kraft Gesetzes begründet werden können und die an ein Rechtsgeschäft anknüpfende Regelung des § 138 Abs. 1 BGB den Arbeitnehmer in diesem Fall auch nicht davor schützen kann, dass der Leistungsaustausch sittenwidrig wird. Eine bestimmte **subjektive Einstellung** ist nicht zwingende Voraussetzung eines Sittenverstoßes.[78] Allerdings kann im Einzelfall die Sittenwidrigkeit erst durch das Hinzutreten subjektiver Umstände (z. B. Schädigungsabsicht) begründet werden.

2. Subjektiver Tatbestand

Der Tatbestand des § 138 Abs. 1 BGB setzt nicht voraus, dass dem Erklärenden bewusst ist, dass er sittenwidrig handelt, weil er anderenfalls seine Wertvorstellungen anstelle des objektiv maßgeblichen Wertmaßstabs setzen würde. Nach h. A. soll aber erforderlich sein, dass der Handelnde die **Umstände kennt**, welche die Sittenwidrigkeit begründen.[79] Dies ist jedoch nicht überzeugend. Steht ein Rechtsgeschäft derart in Widerspruch mit den maßgeblichen Wertvorstellungen, dass es aufgrund seines Inhalts oder der Umstände seiner Vornahme unerträglich ist, ändert ein Irrtum der Beteiligten hieran nichts.[80] Lediglich in Fällen, in denen erst das Hinzutreten subjektiver Umstände (z. B. Schädigungsabsicht) den Makel der Sittenwidrigkeit begründet, kommt es auf einen subjektiven Tatbestand an.[81]

47

3. Fallgruppen

a) Beschränkung der wirtschaftlichen Freiheit

Sittenwidrig können Rechtsgeschäfte sein, welche die wirtschaftliche Betätigungsfreiheit einer Partei übermäßig beschränken und hierdurch die Selbstbestimmung des Geknebelten faktisch beseitigen, indem sie ihn seinem Geschäftspartner ausliefern (**Knebelungsverträge**).[82] Die hierhinter stehende gesetzliche Wertvorstellung zeigt sich bspw. in § 624 BGB oder §§ 40 Abs. 1 S. 2, 41 UrhG.

48

> **Beispiel:**[83] Gustav hat von der Brauerei Brew eine Gaststätte gepachtet. Hiermit verbunden ist die Verpflichtung, sämtliches Bier während der mind. 20-jährigen Pachtzeit ausschließlich von Brew zu beziehen. Nach Ansicht des BGH ist der Vertrag unter Berücksichtigung

---

[77] *Boemke* JuS 2010, 259, 260.

[78] Vgl. Mot. I, S. 211.

[79] BGH v. 19.01.2001, NJW 2001, 1127, 1128; *Köhler* § 13 Rn. 23.

[80] *Flume*, AT II, § 18 Ziffer 3, S. 373; *Medicus* Rn. 690.

[81] *Flume*, AT II, § 18 Ziffer 3, S. 373 f.; *Medicus* Rn. 690.

[82] BGH v. 12.07.1962, NJW 1962, 1811; BGH v. 26.01.1989, NJW 1989, 1477; BGH v. 17.10.2008, NJW 2009, 1135, 1136; *Köhler* § 13 Rn. 27.

[83] Vgl. BGH v. 09.04.1970, NJW 1970, 2157.

der Bindungsdauer sittenwidrig. Aus der Abnahmeverpflichtung ergibt sich eine übermäßige und unbillige Beschränkung des Gastwirts in seiner wirtschaftlichen Freiheit. Je länger der Zeitraum ist, für den derartige Verpflichtungen übernommen werden, desto näher
liegt der Schluss, dass die wirtschaftliche Freiheit des Gastwirts in einer Weise beschränkt
wird, die den an das Wirtschaftsleben zu stellenden Anforderungen von dem, was billig und
gerecht ist, nicht mehr entspricht.

49 Zu einer sittenwidrigen Beschränkung der wirtschaftlichen Freiheit lassen sich auch
die Fälle der **Übersicherung** zählen, in denen sich ein Gläubiger zur Absicherung
seiner Ansprüche Sicherheiten in einem Ausmaß gewähren lässt, dessen er objektiv
nicht bedarf. Hierdurch verringert er den Kreis der dem Schuldner zur Verfügung
stehenden Sicherheiten und schneidet diesen ggf. von weiteren Kreditquellen ab.[84]

b) Ausnutzen einer wirtschaftlichen Machtstellung

50 Sittenwidrig sind Rechtsgeschäfte, mit denen eine Partei ihre wirtschaftliche Macht-
stellung unter Ausnutzung einer (z. B. wirtschaftlichen, intellektuellen, emotiona-
len oder psychischen) Unterlegenheit des Geschäftspartners missbraucht, um ohne
sachlichen Grund übermäßige Vorteile für sich zu erreichen.[85]

> **Beispiel:**[86] Eine Bürgschaft durch nahe Angehörige ist nach Ansicht des BGH sittenwidrig
> und deshalb unwirksam, wenn sie aufgrund der Verbundenheit des Angehörigen zum Dar-
> lehensnehmer abgegeben wurde, den Bürgen finanziell krass überfordert und er selbst kei-
> nen Vorteil aus dem gesicherten Geschäft zieht. Unter diesen Voraussetzungen liegt nahe,
> dass die Bank ihre Marktstellung sowie die emotionale Abhängigkeit des Bürgen in recht-
> lich zu missbilligender Weise ausgenutzt hat.[87]

c) Gefährdung und Benachteiligung Dritter oder der Allgemeinheit

51 Als sittenwidrig angesehen werden vertragliche Gestaltungen, die in vorhersehbarer
Weise („sehenden Auges") am Rechtsgeschäft nicht beteiligte Dritte gefährden oder
unmittelbar benachteiligen.[88] Hierhinter steht die Wertvorstellung, dass die Parteien
grds. nur ihre Angelegenheiten, nicht aber den Rechtskreis Unbeteiligter gestalten
dürfen. Hinzu tritt teilweise die Wertung, dass der Dritte getäuscht wird.

> **Beispiele:** (1) Pharmagroßhändler Sonne beliefert Apotheker Morris mit Arzneimitteln und
> tritt hierbei in Vorleistung. Zur Absicherung seiner Kaufpreisansprüche lässt sich Sonne
> sämtliche Ansprüche des Morris aus dessen Abrechnungen gegenüber den Krankenkassen
> abtreten, obwohl Sonne bewusst ist, dass Morris auch von anderen Großhändlern belie-
> fert wird. Die Sittenwidrigkeit dieser Globalzession ergibt sich daraus, dass Sonne Morris
> zum Vertragsbruch gegenüber anderen Großhändlern verleitet, weil diese Morris ebenfalls

---

[84] Vgl. *Medicus* Rn. 696.

[85] Vgl. *Köhler* § 13 Rn. 25.

[86] Vgl. BGH v. 18.12.1997, NJW 1998, 597, 598.

[87] Kritisch hierzu *Medicus* Rn. 706e.

[88] Vgl. *Köhler* § 13 Rn. 26. – Vgl. auch BGH v. 28.10.2011, NJW-RR 2012, 18.

nur gegen Abtretung von Abrechnungsansprüchen beliefern. Will Morris vermeiden, nicht mehr beliefert zu werden, muss er die Forderungen unter Täuschung seiner Geschäftspartner mehrfach abtreten, obwohl nur die erste Abtretung erfolgreich ist. (2) Als weiteres Beispiel ist daran zu denken, dass eine familienrechtliche Gestaltung mit dem Ziel getroffen wird, einen Anspruch auf staatliche Sozialleistungen zu begründen.[89] (3) Schließlich wird der Vertrag über den Kauf eines zum Einsatz in Deutschland bestimmten Radarwarners als sittenwidrig erachtet, weil er auf eine Beeinträchtigung der Sicherheit des Straßenverkehrs abzielt.[90]

d) Verstöße gegen die Sexualmoral

Unter Rückgriff auf die Regelung des § 138 Abs. 1 BGB wurde in der Vergangenheit z. B. die Vermietung eines Doppelzimmers an (nicht) Verlobte als sittenwidrig erachtet (Grund: Kuppelei).[91] Als weitere Beispiele für sittenwidrige Rechtsgeschäfte können in diesem Zusammenhang Verträge über Telefonsex oder Mätressentestamente genannt werden. Entgegen einer ersten Vermutung kann und darf der Vorwurf der Sittenwidrigkeit allerdings nicht mit einer bestimmten Sexualmoral begründet werden. Vielmehr ist auf gesetzliche Wertvorstellungen zurückzugreifen. Deshalb bleiben der Wandel des Sexualstrafrechts und die Einführung des ProstG nicht ohne Auswirkungen.

52

> **Beispiel:** Der verheiratete Klaus setzt seine Geliebte als Alleinerbin ein und übergeht hierdurch seine Ehefrau. Der BGH ging anfänglich davon aus, dass ein entsprechendes Testament sittenwidrig und deshalb nichtig sei, weil und soweit es die Fortsetzung des ehebrecherischen Verhältnisses fördern und die Geliebte für die geschlechtliche Hingabe entlohnen soll.[92] Im Lauf der Zeit änderten sich die Wertvorstellungen und der BGH ging dazu über, dass sittenwidrig nur solche Verfügungen sind, bei denen die Entlohnung für die geschlechtliche Hingabe das einzige Motiv der Erbeinsetzung einer Geliebten ist. Deshalb sind Testamente zugunsten der langjährigen Lebensgefährtin, die den Zweck haben, deren Versorgung zu sichern, nicht sittenwidrig, sofern sie nicht in gröblicher Weise die Rücksichten außer Acht lassen, die der Zuwendende nach den sittlichen Mindestanforderungen auf seine Ehefrau und nächsten Angehörigen zu nehmen verpflichtet ist.[93]

Der Wandel der Einstellung des Gesetzgebers zur Sexualität hindert allerdings nicht, sexualitätsbezogene Rechtsgeschäfte **aus anderen Gründen** als sittenwidrig anzusehen. Dies klingt bspw. in der Rspr. zu Mätressentestamenten an, wo zur Begründung der Sittenwidrigkeit auf die Verletzung eines Mindestmaßes an Rücksichtnahme gegenüber den nächsten Angehörigen abgestellt wird.

53

---

[89] Vgl. BGH v. 05.11.2008, NJW 2009, 842, 845; BGH v. 17.09.1986, NJW 1987, 1546, 1548. – Vgl. aber BGH v. 19.01.2011, NJW 2011, 1586, 1587 ff.

[90] BGH v. 23.02.2005, NJW 2005, 1490, 1490 f.

[91] AG Emden v. 11.02.1975, NJW 1975, 1363, 1364.

[92] BGH v. 15.02.1956, BGHZ 20, 71, 72.

[93] BGH v. 10.11.1982, NJW 1983, 674, 675 f.

e) Verbot der Kommerzialisierung

54 Über § 138 Abs. 1 BGB stellt der Gesetzgeber auch sicher, dass bestimmte, an sich zulässige Verhaltensweisen nicht kommerzialisiert werden. Danach werden z. B. Leihmütterverträge als sittenwidrig angesehen, weil die Wertungen des GG diesen Bereich der Lebensgestaltung dem Rechtsverkehr entziehen.[94] Entsprechendes gilt für eine Vereinbarung, mit der sich eine Frau verpflichtet, durch Einnahme einer Antibabypille zu verhüten.[95] Unter dem Gesichtspunkt einer unerwünschten Kommerzialisierung wird auch der Titelkauf (Adelstitel, Dr. iur., Konsul) als sittenwidrig erachtet.[96]

f) Das wucherische Geschäft (§ 138 Abs. 2 BGB)

55 Als besondere Ausprägung des Sittenverstoßes („insbesondere") regelt § 138 Abs. 2 BGB den Wucher. Sein Tatbestand besteht aus zwei Elementen. Objektiv ist erforderlich, dass ein auffälliges Missverhältnis zwischen Leistung und Gegenleistung besteht und sich der Bewucherte in einer unterlegenen Position (Zwangslage, Unerfahrenheit, Mangel an Urteilsvermögen oder erhebliche Willensschwäche) befindet. Subjektiv ist erforderlich, dass der Wucherer die unterlegene Position bewusst ausnutzt.

aa) Objektiver Tatbestand

56 Die Regelung des § 138 Abs. 2 BGB findet nur auf gegenseitige Verträge Anwendung. Diese können aber sehr unterschiedliche Inhalte haben und im Zusammenhang mit sehr unterschiedlichen Marktverhältnissen stehen. Dementsprechend wird das Erfordernis eines **auffälligen Missverhältnisses** zwischen Leistung und Gegenleistung auch nicht einheitlich bestimmt. Vielmehr hat die Rspr. dieses Merkmal für verschiedene Geschäftstypen unterschiedlich konkretisiert. Einheitlicher Vergleichsmaßstab ist aber jeweils der Marktpreis (objektive Wert) im Verhältnis zur vereinbarten Gegenleistung.

57 Für **Darlehensverträge** ist von einem auffälligen Missverhältnis i. d. R. auszugehen, wenn der vereinbarte Zins den marktüblichen Effektivzins relativ um 100 % oder absolut um 12 Prozentpunkte übersteigt.[97] Hierbei handelt es sich um einen Richtwert, von dem Abweichungen möglich sind. Bspw. kann eine Gesamtwürdigung bereits bei einer relativen Abweichung von nur 91 % die Anwendung des § 138 Abs. 2 BGB rechtfertigen.[98] Dagegen legt das BAG im Arbeitsverhältnis, welches der Absicherung des Lebensunterhalts dient, einen deutlich strengeren

---

[94] OLG Hamm v. 02.12.1985, NJW 1986, 781, 782.

[95] Vgl. BGH v. 17.04.1986, NJW 1986, 2043, 2044.

[96] BGH v. 05.10.1993, NJW 1994, 187, 188; BGH v. 10.10.1996, NJW 1997, 47, 48.

[97] BGH v. 13.03.1990, NJW 1990, 1595, 1595 f.

[98] BGH v. 08.07.1982, NJW 1982, 2433, 2435.

Maßstab an. Das vereinbarte Arbeitsentgelt steht bereits dann in einem auffälligen Missverhältnis zur Arbeitsleistung, wenn es um mehr als 1/3 unter dem (tarif-) üblichen Entgelt liegt.[99]

Eine **Zwangslage** i. S. d. § 138 Abs. 2 BGB liegt vor, wenn aufgrund wirtschaftlicher Bedrängnis ein zwingendes Bedürfnis nach Sach- oder Geldleistungen besteht. **Unerfahrenheit** ist ein bedeutsamer Mangel an Lebens- oder Geschäftserfahrung. Ein Mangel an **Urteilsvermögen** ist gegeben, wenn der Betroffene die Bedeutung des Geschäfts nicht vernünftig beurteilen kann. Hiervon kann ausgegangen werden, wenn jemand für unnötige Anschaffungen Verpflichtungen eingeht, die sein Leistungsvermögen erheblich übersteigen. Eine **erhebliche Willensschwäche** ist gegeben, wenn jemand zwar in der Lage ist, einen vernünftigen Willen zu bilden, jedoch nicht die Kraft besitzt, diesem entsprechend zu handeln.

58

> **Beispiele:** (1) Sperrt sich Frauke am Heiligabend aus ihrer Wohnung aus, ist sie in einer Zwangslage, wenn sie den einzig erreichbaren Schlüsseldienst der Stadt anruft. Berechnet dieser für seinen Einsatz von knapp fünf Minuten zzgl. Anfahrt statt der üblichen 35 € inklusive Feiertagszuschlag einen Betrag von 791 €, nutzt er diese Zwangslage aus. (2) Bestellt Frauke ständig Creme im Homeshopping, weil sie kaufsüchtig ist, handelt sie in einer erheblichen Willensschwäche. Da dem Homeshoppingsender diese Schwäche jedoch unbekannt ist, kann er sie nicht ausbeuten.

bb) Subjektiver Tatbestand

Das vom Gesetz geforderte **Ausbeuten** ist anzunehmen, wenn sich der Wucherer die Schwächeposition des Bewucherten bewusst, d. h. vorsätzlich zunutze macht und dabei Kenntnis von dem Missverhältnis der beiderseitigen Leistungen hat.

59

g) Das wucherähnliche Geschäft

Die Rspr. berücksichtigt die gesetzliche Wertung des § 138 Abs. 2 BGB auch im Rahmen des § 138 Abs. 1 BGB. Die Sittenwidrigkeit eines Rechtsgeschäfts kann durch ein auffälliges Missverhältnis zwischen Leistung und Gegenleistung deshalb auch nach § 138 Abs. 1 BGB begründet werden. Hierfür reicht das Missverhältnis allein jedoch nicht aus. Vielmehr muss auch im Rahmen des § 138 Abs. 1 BGB ein weiterer, in § 138 Abs. 2 BGB nicht genannter Umstand hinzutreten. In bestimmten Fallgestaltungen vermutet die Rspr. das Vorliegen eines solchen weiteren Umstands, wenn ein auffälliges Missverhältnis gegeben ist.[100]

60

---

[99] BAG v. 22.04.2009, NZA 2009, 837, 838; BAG v. 17.10.2012, NZA 2013, 266, 267.
[100] BGH v. 10.02.2012, NJW 2012, 1570, 1570 f. – Kritisch *Medicus* Rn. 711.

III. Rechtsfolgen der Sittenwidrigkeit

61 Der Verstoß gegen die guten Sitten, einschließlich des Wuchers, führt im Grundsatz zur Nichtigkeit, d. h. **anfänglich** (*ex-tunc*) **eintretender Unwirksamkeit** des Rechtsgeschäfts. Das sittenwidrige Rechtsgeschäft begründet keine rechtsgeschäftlichen Verpflichtungen. Die Unwirksamkeitsfolge erfasst zunächst jeweils nur das sittenwidrige Geschäft selbst. Dies ist in der Regel das Verpflichtungsgeschäft und nicht das hiervon zu trennende Verfügungsgeschäft, welches seinerseits regelmäßig wertneutral ist. Im Hinblick auf die Geltung des **Abstraktionsprinzips** berührt die Unwirksamkeit des Verpflichtungsgeschäfts nicht die Wirksamkeit des Verfügungsgeschäfts.[101] Im Einzelfall kann sich das Sittenwidrigkeitsverdikt jedoch auch auf das Verfügungsgeschäft beziehen. Dies ist der Fall, wenn gerade die Veränderung oder Perpetuierung der Güterzuordnung rechtlich zu missbilligen ist. In diesem Fall ist das Verfügungsgeschäft nach § 138 Abs. 1 BGB unwirksam.

> **Beispiel:** Im Fall des Pharmagroßhändlers Sonne, der sich zur Sicherheit alle Abrechnungsansprüche des belieferten Apothekers Morris abtreten lässt (vgl. Rn. 51), bewirkt erst die dingliche Wirkung der Abtretung (Verfügung) die Gefährdung Dritter, weshalb in diesem Fall auch die Verfügung unwirksam ist.

62 Eine **geltungserhaltende Reduktion**, d. h. eine richterliche Korrektur des Vertragsinhalts auf ein gerade noch zulässiges Maß ist grds. **nicht zulässig**, weil ansonsten ein sittenwidriges Rechtsgeschäft für die von ihm begünstigte Partei das **Nichtigkeitsrisiko verlieren** würde, weil im ungünstigsten Fall immerhin noch ein Vertrag zu marktüblichen Konditionen zustande käme.[102] Dies widerspricht dem Anliegen des § 138 BGB, soweit die den Sittenwidrigkeitsmakel begründende gesetzliche Wertung nicht ein anderes gebietet. Nur ausnahmsweise kann das Rechtsgeschäft entsprechend § 139 BGB ohne den sittenwidrigen Teil aufrechterhalten werden, wenn dies dem mutmaßlichen Parteiwillen entspricht.[103] Notwendig ist hierfür, dass sich der Sittenverstoß eindeutig auf einen abtrennbaren Teil beschränkt und im Übrigen gegen den Inhalt und das Zustandekommen des Vertrages keine Bedenken bestehen.

63 Bei sittenwidrigen, bereits vollzogenen **Arbeits- und Gesellschaftsverträgen** erfährt die *ex-tunc*-Wirkung der Nichtigkeit eine Einschränkung. Die Nichtigkeitsfolge des § 138 BGB kann hier in der Regel nur mit Wirkung *ex nunc* geltend gemacht werden.[104] Dies gilt ohnehin, soweit man mit der Rspr. annimmt, dass ein Arbeitsvertrag während seines Vollzugs nach § 138 Abs. 1 BGB unwirksam geworden ist.[105]

---

[101] Siehe oben § 4 Rn. 35.

[102] BGH v. 17.10.2008, NJW 2009, 1135, 1136 f.

[103] BGH v. 17.10.2008, NJW 2009, 1135, 1136 f.

[104] Siehe unten § 14 Rn. 44.

[105] Siehe oben Rn. 46.

F. Verwendung Allgemeiner Geschäftsbedingungen

I. Ausgangspunkt

Das BGB beruht auf der Annahme, dass beim Abschluss von Verträgen der Ver- **64** tragsinhalt von den Parteien gemeinsam individuell ausgehandelt und bestimmt wird. Dies entspricht allerdings nur noch bedingt der sozialen Wirklichkeit. Der Wirtschaftsverkehr ist inzwischen von Massenproduktion und Massenkonsum **standardisierter Waren- und Dienstleistungen** geprägt. Entsprechend standardisiert wollen die Leistungserbringer (Versicherungen, Banken, Warenverkäufer, Logistikunternehmen, aber auch Kinos, Fitnessstudios oder Hausverwaltungen) ihre Rechtsbeziehungen zu ihren Kunden gestalten und schließen Verträge deshalb unter Verwendung vorformulierter, zur mehrfachen Verwendung bestimmter Geschäftsbedingungen.

Die Vorteile dieses Vorgehens aus der Sicht des Verwenders liegen auf der **65** Hand:[106]

- **Rationalisierung** durch Standardisierung des Geschäftsablaufs,
- **umfassende Regelung der Geschäftsbeziehung, Lückenfüllung** insbesondere bei gesetzlich nicht geregelten, aber im Wirtschaftsverkehr verbreiteten Vertragstypen (z. B. Leasing, Factoring),
- erleichterte **Risikoabwälzung** auf den Geschäftspartner durch Freizeichnung von Verpflichtungen, weitgehende Beschränkung der Haftung oder Abbedingung dispositiver Gesetzesbestimmungen zugunsten des Verwenders.

Die Vorteile für den Verwender ziehen umgekehrt Nachteile für dessen Vertrags- **66** partner nach sich:[107]

- Es erfolgt eine **einseitige Abwälzung der Geschäftsrisiken** auf den Vertragspartner, der zumeist nur noch die Wahl zwischen dem Vertragsschluss unter Einbeziehung der vorgegebenen Bedingungen oder der Abstandnahme vom Geschäft hat. Die ausgleichende Wirkung von Vertragsverhandlungen geht verloren. Es besteht die Gefahr, dass der Vertrag nicht mehr als Ausdruck der Selbstbestimmung erscheint, sondern der Vertragspartner vom Verwender inhaltlich fremdbestimmt wird.
- Obwohl umfangreiche Klauselwerke, welche nicht aus Verhandlungen hervorgegangen sind, dem Vertragspartner des Verwenders regelmäßig nicht vollständig inhaltlich bekannt sind, rechtfertigt die Bedeutung der Geschäfte des Massenverkehrs weder eine sorgfältige Lektüre des vorgegebenen Vertragswerks noch dessen umfassende Prüfung. Es besteht die Gefahr, dass der Vertragspartner des Klauselverwenders dem Vertragsinhalt **lediglich formal,** aber mangels Kenntnis

---

[106] Vgl. UBH/*Ulmer/Habersack* Einleitung Rn. 4.
[107] Vgl. UBH/*Ulmer/Habersack* Einleitung Rn. 5.

vom Vertragsinhalt nicht materiell **zustimmt**. Ggf. wird ihm eine ungewollte Vertragsbedingung untergeschoben.

67   In diesem Spannungsfeld wollen die §§ 305 ff. BGB den Vertragspartner des Verwenders vor den Gefahren einer einseitigen Ausnutzung der faktischen Vertragsgestaltungsfreiheit schützen.[108]

II. Begriff der Allgemeinen Geschäftsbedingung

68   Der sachliche Anwendungsbereich der §§ 305 ff. BGB knüpft im Wesentlichen an das Vorliegen Allgemeiner Geschäftsbedingungen an. Nach § 305 Abs. 1 S. 1 BGB sind **AGB** alle für eine Vielzahl von Verträgen vorformulierten Vertragsbedingungen, die eine Vertragspartei (Verwender) der anderen bei Abschluss des Vertrags stellt.

1. Vertragsbedingung

69   Eine Vertragsbedingung ist eine auf die Regelung des **Inhalts eines Vertrags**, d. h. die Ausgestaltung eines Rechtsverhältnisses abzielende Abrede.[109] Sie muss ihre rechtlichen Wirkungen aus der vertraglichen Bindung ableiten und an dieser teilnehmen.[110] Aufgrund der bestehenden Privatautonomie ist unerheblich, welcher konkrete Inhalt einem Rechtsverhältnis gegeben werden soll. Durch eine Vertragsbedingung können mithin sowohl Haupt- als auch Nebenpflichten sowie prozessuale Fragen gestaltet werden. Über den eigentlichen Wortsinn des Begriffs Vertragsbedingung hinaus werden auch **einseitige Erklärungen** (Willenserklärungen und rechtsgeschäftsähnliche Erklärungen) **des Vertragspartners** des Verwenders (nicht des Verwenders selbst) erfasst.[111] Dies ergibt sich aus § 309 Nr. 12b BGB, der Fälle der Vorformulierung einseitiger Erklärungen des Vertragspartners des Verwenders regelt. Tragend ist dabei, dass die Vorformulierung von Erklärungen des Vertragspartners des Verwenders ebenso wie die Vorformulierung einer Vertragsbedingung, aber anders als die Gestaltung der eigenen Erklärungen durch den Verwender, zu einem Übergriff in eine fremde Gestaltungsfreiheit führen kann. Vertragsbedingungen sind demnach z. B. auch datenschutzrechtliche Einwilligungen, Entbindungen von Schweigepflichten, Einwilligungen in Operationen, Einwilligungen in Werbeanrufe,[112] Vollmachtserteilungen oder Empfangsbestätigungen.

---

[108] UBH/*Ulmer/Habersack* Einleitung Rn. 48.

[109] Vgl. BGH v. 16.03.1999, NJW 1999, 1864.

[110] Vgl. BGH v. 04.02.2009, NJW 2009, 1337, 1338: *invitatio ad offerendum* ist keine Vertragsbedingung.

[111] BGH v. 16.03.1999, NJW 1999, 1864; BGH v. 25.10.2012, GRUR 2013, 531, 532.

[112] BGH v. 25.10.2012, GRUR 2013, 531, 532.

Beispiel:[113] Ein Supermarkt hängt in seinem Eingangsbereich ein Schild mit folgendem Text auf: „Liebe Kunden, wir möchten Sie bitten, Ihre Taschen an der Information abzugeben. Anderenfalls weisen wir Sie höflich darauf hin, dass wir an den Kassen gegebenenfalls Taschenkontrollen durchführen müssen." Obwohl der Text als Bitte formuliert ist, liegt eine Vertragsbedingung vor, weil der Durchschnittskunde den Text so versteht, dass er sich durch Mitnahme seiner Tasche in den Markt verbindlich einer Kontrolle unterwirft.

2. Vorformuliert

Vorformuliert ist eine Vertragsbedingung, wenn sie zeitlich vor dem Vertragsschluss **70** vorliegt. Dies ist zunächst der Fall, wenn die Vertragsbedingung schriftlich oder elektronisch **fixiert** vorliegt, wobei eine Niederlegung in Richtlinien zum internen Gebrauch genügt. Vorformuliert ist eine Vertragsbedingung aber auch, wenn sie nur im **Gedächtnis** abgespeichert war. Dementsprechend können auch handschriftlich verfasste Klauseln vorformuliert sein, wenn sie „aus dem Gedächtnis" verwendet werden.[114]

3. Vielzahl von Verträgen

Für eine Vielzahl von Verträgen vorgesehen sind Vertragsbedingungen, wenn sie für **71** eine mindestens **dreimalige Verwendung** bestimmt sind.[115] Werden Vertragsbedingungen tatsächlich mehrfach verwendet, spricht dies für eine entsprechende Verwendungsabsicht.[116] Ist eine entsprechende Verwendungsabsicht schon anfänglich gegeben, handelt es sich bereits bei der ersten Verwendung um AGB.[117] Eine Verwendung gegenüber verschiedenen Vertragspartnern ist nicht erforderlich.[118] Abzustellen ist grds. auf die Verwendungsabsicht des Aufstellers und nur ergänzend die des Verwenders. Von einem Verband entworfene Vertragsbedingungen sind danach auch dann für eine Vielzahl von Verträgen bestimmt, wenn das einzelne Verbandsmitglied sie nur einmalig einsetzen will.

Beispiel: Bei dem vom Grundbesitzerverein erstellten Formularmietvertrag handelt es sich auch dann um AGB, wenn der einzelne Hauseigentümer diesen nur einmal verwendet.

4. Vom Verwender gestellt

Gestellt werden Vertragsbedingungen von derjenigen Vertragspartei, die sie fertig **72** in die Vertragsverhandlungen mit der anderen Partei einbringt, um sie ihr einseitig

---

[113] BGH v. 03.07.1996, NJW 1996, 2574.
[114] BGH v. 30.09.1987, NJW 1988, 410.
[115] BAG v. 18.03.2008, NZA 2008, 1004, 1005 f.; BAG v. 25.5.2005, NZA 2005, 1111, 1116.
[116] BGH v. 10.03.1999, NJW 1999, 2180, 2181.
[117] BGH v. 26.09.1996, NJW 1997, 135.
[118] BAG v. 01.03.2006, BB 2006, 1282, 1283.

aufzuerlegen. Eine zwangsweise Auferlegung ist nicht erforderlich, weil das Merkmal „Stellen" nicht das Gegenstück zum Aushandeln darstellt, sondern nur der
Zuordnung der Vertragsbedingung zu ihrem **Verwender** dient. Von Bedeutung ist
dies insbesondere insoweit, als sich der Verwender selbst nicht auf den Schutz der
AGB-Kontrolle berufen kann.[119] Werden die Vertragsbedingungen von einem Dritten beiden Parteien vorgeschlagen, fehlt es am Merkmal „Stellen", wenn der Dritte
nicht im Auftrag einer Vertragspartei handelt. Dementsprechend fehlt das Merkmal
„Stellen" auch, wenn Verbraucher untereinander einvernehmlich auf ein von einem
unabhängigen Dritten entworfenen Mustertext zurückgreifen.[120]

> **Beispiel:** Arbeitgeber Artig und Arbeitnehmer Nörgler schließen einen von Artig vorfor-
> mulierten Arbeitsvertrag. Dieser enthält eine Klausel, wonach Änderungen des Arbeits-
> vertrags ebenso der Schriftform bedürfen wie eine Änderung der Schriftformklausel. Im
> Rahmen einer sich verschlechternden Wirtschaft sagt Nörgler zu, zukünftig bei unver-
> ändertem Monatslohn drei Stunden/Woche mehr zu arbeiten. Später reut ihn dies und er
> meint zu Artig, dass die Verlängerung der Arbeitszeit unwirksam war, weil sie nicht schrift-
> lich erfolgt ist. Artig wendet hiergegen ein, dass nach st. Rspr. des BAG eine umfassende
> Schriftformklausel unwirksam ist.[121] Da Artig die Vertragsbedingungen in den Vertrag ein-
> gebracht hat, hat er diese gestellt und ist Verwender. Als solcher kann er sich nicht auf die
> Unwirksamkeit der Klausel berufen.

5. Nicht ausgehandelt

73   Keine AGB, sondern eine **Individualvereinbarung** liegt vor, wenn eine Vertragsbedingung zwischen den Parteien ausgehandelt wurde. Aushandeln setzt voraus,
dass der Verwender eine Vertragsbedingung, insbesondere ihren gesetzesfremden
Kerngehalt, ernsthaft inhaltlich zur Disposition stellt, d. h. seinem Vertragspartner
die Möglichkeit einräumt, zur Wahrung der eigenen Interessen auf den Vertragsinhalt Einfluss zu nehmen, und sich eindeutig bereit erklärt, die von ihm gestellte Vertragsbedingung zu ändern.[122] Zudem muss sich der Vertragspartner der Bereitschaft
des Verwenders bewusst sein und sich auf das Aushandeln einlassen. Erforderlich
ist mithin mehr als ein bloßes Verhandeln.[123]

6. Unerhebliche Merkmale

74   In § 305 Abs. 1 S. 2 BGB wird klargestellt, dass das Vorliegen einer AGB nicht
von bestimmten Formalien abhängt. Dies schließt allerdings nicht aus, bestimmte
formale Umstände als Indizien für das Vorliegen einer AGB heranzuziehen. Unerheblich ist nach § 305 Abs. 1 S. 2 BGB zunächst, ob die Bedingung einen äußer-

---

[119] BAG v. 27.10.2005, BB 2006, 1003.

[120] BGH v. 17.02.2010, NJW 2010, 1131, 1132 f.

[121] BAG v. 20.05.2008, AP BGB § 307 Nr. 35 mit zust. Anm. *Ulrici*.

[122] BAG v. 27.07.2005, NZA 2006, 40, 44; BAG v. 25.05.2005, NZA 2005, 1111, 1116.

[123] BAG v. 01.03.2006, BB 2006, 1282, 1283; BAG v. 27.07.2005, NZA 2006, 40, 44.

lich **gesonderten Bestandteil** des Vertrags bildet oder in die Vertragsurkunde selbst aufgenommen wird. Im zuletzt genannten Fall handelt es sich um einen **Formularvertrag**, der ggf. insgesamt den §§ 305–310 BGB unterfällt. Weiterhin ist der **Umfang** der vorformulierten Vertragsbedingungen unerheblich. Möglich ist daher, dass nur eine einzige Klausel eines Vertragswerks eine AGB ist. Dementsprechend ist es erforderlich, die Voraussetzungen des § 305 BGB für jede einzelne Klausel gesondert zu prüfen. Außerdem ist die verwandte **Schriftart** unerheblich, weshalb auch handschriftlich verfasste Vertragsbedingungen erfasst werden können. Schließlich ist die **Form** des Vertrags ohne Bedeutung.

III. Gegenständlicher Anwendungsbereich

Nach § 310 Abs. 4 BGB finden die §§ 305 ff. BGB **keine Anwendung** bei Verträgen auf dem Gebiet des **Erb-, Familien- und Gesellschaftsrechts**. Für den Bereich des Arbeitsrechts gelten diese Vorschriften nur unter Berücksichtigung einiger Besonderheiten.[124]   **75**

IV. Persönlicher Anwendungsbereich

Die §§ 305 ff. BGB gelten nicht nur für bestimmte Personenkreise. Insbesondere entfalten sie ihren Schutz nicht nur zugunsten von Verbrauchern. Vielmehr können sich auch Unternehmer auf den Schutz dieser Vorschriften berufen. Allerdings ist die Intensität des von §§ 305 ff. BGB vermittelten Schutzes nicht für alle Personen in gleicher Weise ausgestaltet: **76**

1. einen **geringeren Schutz genießen** grds. **Unternehmer** sowie die **öffentliche Hand**, soweit ihnen gegenüber AGB verwendet werden. Dies regelt § 310 Abs. 1 BGB. Danach genießen Unternehmer sowie die öffentliche Hand nicht den von § 305 Abs. 2, 3 BGB vermittelten Schutz im Zusammenhang mit der Einbeziehung Allgemeiner Geschäftsbedingungen. Außerdem gelten die besonderen Klauselverbote der §§ 308, 309 BGB nicht zu ihren Gunsten. Allerdings können die in diesen Vorschriften enthaltenen Rechtsgedanken im Rahmen des auch zugunsten von Unternehmern und der öffentlich Hand anwendbaren § 307 BGB berücksichtigt werden.
2. einen **stärkeren Schutz genießen Verbraucher**, wenn ein Unternehmer ihnen gegenüber AGB verwendet (Verbrauchervertrag). Dies regelt § 310 Abs. 3 BGB. Für diesen Fall sieht zunächst § 310 Abs. 3 Nr. 1 BGB vor, dass vermutet wird, dass der Unternehmer die AGB gestellt hat, wenn diese nicht durch den Verbraucher in den Vertrag eingeführt wurden. Dies bedeutet, dass auch von dritter, neutraler Seite (z. B. Notar, Richter bei gerichtlichem Vergleich) vorgeschlagene

---

[124] Vgl. hierzu Hk-ArbR/*Boemke/Ulrici* § 310 BGB Rn. 4 ff.

Vertragsbedingungen dem Unternehmer zugerechnet werden. Nach § 310 Abs. 3 Nr. 2 BGB finden die wichtigsten Vorschriften der AGB-Kontrolle auch auf solche Vertragsbedingungen Anwendung, welche nur zur einmaligen Verwendung bestimmt sind, sofern der Verbraucher keinen Einfluss auf ihren Inhalt hatte. Dies erspart dem Verbraucher den Nachweis, dass eine Klausel mindestens dreimal verwendet werden sollte. Schließlich sieht § 310 Abs. 3 Nr. 3 BGB vor, dass im Rahmen der Beurteilung, ob eine Klausel den Verbraucher unangemessen benachteiligt, auch die den Vertragsschluss begleitenden Umstände zu berücksichtigen sind. Dies ermöglicht z. B. zu berücksichtigen, dass der Unternehmer die Klauseln als bloße „Formalien" verharmlost und den Verbraucher hierdurch überrumpelt hat. Umgekehrt kann die Berücksichtigung der Begleitumstände im Fall einer eigentlich unangemessenen Klausel zu deren Angemessenheit führen, wenn sie z. B. besonders erläutert wurde.

V. Wirksame Einbeziehung in den Vertrag

1. Grundsatz

77   Nach §§ 145 ff. BGB kommt ein Vertrag durch Antrag und Annahme zustande, wobei ein äußerer Konsens genügt. Es ist nicht erforderlich, dass der innere Wille der Parteien übereinstimmt.[125] Dabei lässt der Grundsatz der Privatautonomie auch Raum, unbekannte Regelungswerke in Bezug zu nehmen. Dementsprechend könnten AGB nach §§ 145 ff. BGB bereits dadurch Inhalt des Vertrags werden, dass dieser irgendwo die Formulierung enthält: „Im Übrigen gelten unsere Allgemeinen Geschäftsbedingungen." Dies begründet aber zunächst die Gefahr, dass sich der Vertragspartner des Verwenders auch nicht ansatzweise bewusst ist, weitere, teilweise sehr umfangreiche Klauselwerke einzubeziehen. Die erzielte Einigung wird zur inhaltsleeren **Formalie**. Zudem besteht die Gefahr, dass sich der Vertragspartner nach Vertragsschluss ggf. nicht selbst und unabhängig vom Verwender einen Überblick über die vertraglichen Rechte und Pflichten verschaffen kann. Um diese Gefahren zu begrenzen, regeln § 305 Abs. 2, 3 BGB besondere Anforderungen an die Einbeziehung Allgemeiner Geschäftsbedingungen, welche sicherstellen sollen, dass dem Vertragspartner des Verwenders zumindest im Mindestmaß bewusst ist, dass er ein Klauselwerk einbezieht. Außerdem soll gesichert sein, dass er die Klauseln zur Kenntnis nehmen kann (Transparenzgedanke).

78   Nach § 305 Abs. 2, 3 BGB werden AGB in Ergänzung der §§ 145 ff. BGB nur im Wege der besonderen Einbeziehungsvereinbarung oder einer besonderen Rahmenvereinbarung Vertragsbestandteil:

---

[125] Siehe oben § 7 Rn. 91.

1. Eine **Einbeziehungsvereinbarung** nach § 305 Abs. 2 BGB setzt kumulativ voraus:

a. einen **ausdrücklichen** oder schriftlichen **Hinweis** des Verwenders auf seine AGB. Der Hinweis muss unmissverständlich und für den Kunden klar erkennbar sein. Nicht ausreichend ist ein Hinweis auf der Rückseite des Vertragstextes oder in der Fußzeile eines Schreibens. Wenn ein Hinweis wegen der Art des Vertragsabschlusses nur unter unverhältnismäßigen Schwierigkeiten möglich ist, genügt auch ein deutlich sichtbarer Aushang am Ort des Vertragsschlusses (vgl. § 305 Abs. 2 Nr. 1 Alt. 2 BGB). Dies betrifft z. B. die Parkhausbenutzung oder Autowaschanlagen. Der Aushang muss sich am Ort des Vertragsschlusses befinden, nicht am Ort der Erfüllungshandlung, d. h. z. B. vor der Einfahrt zum Parkhaus und nicht erst hinter der Einfahrtsschranke.

b. **Möglichkeit der Kenntnisnahme** durch den Vertragspartner des Verwenders. Die AGB müssen vorgelegt oder die unmittelbare Vorlage muss zumindest angeboten werden. Beim Vertragsschluss unter Abwesenden müssen die AGB zugesandt werden. Die Kenntnisnahme muss in zumutbarer Weise möglich sein. Dies ist erfüllt, wenn die AGB mühelos lesbar sind, ein Mindestmaß an Übersichtlichkeit wahren und einen im Verhältnis zur Bedeutung des Geschäfts vertretbaren Umfang haben.

c. **Einverständniserklärung der anderen Partei** i. S. d. §§ 145 ff. BGB, welche schlüssig erklärt wird, wenn der die AGB in Bezug nehmende Antrag angenommen wird.

2. In **Rahmenvereinbarungen** können die Parteien für eine bestimmte Art von Rechtsgeschäften die Geltung bestimmter AGB im Voraus vereinbaren (z. B. die AGB-Banken). **Unzulässig** ist aber, wenn vereinbart wird, dass die AGB in ihrer jeweiligen Fassung gelten sollen, weil der Verwender ansonsten die AGB ohne Einverständnis des Geschäftspartners zu seinen Gunsten verändern könnte.

Gegenüber einem **Unternehmer** oder der **öffentlichen Hand** (vgl. § 310 Abs. 1 S. 1 **79** BGB) sowie im Arbeitsverhältnis (vgl. § 310 Abs. 4 S. 2 BGB) gelten diese besonderen Einbeziehungsvoraussetzungen nicht.

2. Sonderfall: sich widersprechende AGB

In der Praxis erweist sich im Verkehr zwischen Unternehmern, d. h. außerhalb der **80** Geltung des § 305 Abs. 2, 3 BGB, als typisches Problem der Einbeziehung, dass beide Seiten jeweils ihre eigenen AGB einem Geschäft zugrunde legen wollen.

Beispiel: Die Deutsche Zug AG bestellt bei der Sesam AG mehrere Züge des Typs „Eis". Der Bestellung liegt ein Antrag der Sesam AG zugrunde, in welchem diese ausführt, dass der Vertrag ausschließlich unter Geltung ihrer Allgemeinen Verkaufsbedingungen geschlossen werden soll. In ihrem Bestellschreiben schreibt die Deutsche Zug AG, dass die Bestellung unter ausschließlicher Geltung ihrer Allgemeinen Einkaufsbedingungen gilt. Beide Klauselwerke unterscheiden sich, z. B. bzgl. Gerichtsstand und Gewährleistung, erheblich. Gleichwohl liefert die Sesam AG die Züge und die Deutsche Zug AG nimmt diese ab. Nach der sog. **Theorie des letzten Wortes** ist die Lösung § 150 Abs. 2 BGB zu entnehmen. Das Hinzufügen widersprechender AGB bei der Annahmeerklärung ist nach § 150 Abs. 2 BGB eine Ablehnung des ursprünglichen Antrags, verbunden mit einem neuen Antrag. Wenn der andere Vertragsteil nun trotzdem die Leistung erbringt oder entgegennimmt, liegt hierin eine konkludente Annahme des letzten Antrags, wenn nicht wiederum zusammen mit der Lieferung auf die Allgemeinen Lieferbedingungen des Verkäufers verwiesen wird. Die **h. M.** lehnt diesen Lösungsweg jedoch zu Recht ab, weil die dem Wortlaut des Gesetzes entsprechende Lösung die Parteien zu immer neuen Protesten gegen die AGB zwingt. Dies entspricht nicht dem wirklichen Willen der Parteien, welche durch den Beginn der Vertragsdurchführung zeigen, dass sie letztlich übereinstimmend einen wirksamen Vertrag wollen. Deshalb ist davon auszugehen, dass die konkurrierenden AGB jeweils nur insoweit Vertragsbestandteil werden, als sie übereinstimmen. Im Übrigen gilt, dass ein Dissens vorliegt (vgl. §§ 154, 155 BGB), der aber nach dem Rechtsgedanken des § 306 BGB die Wirksamkeit des übrigen Vertrags nicht hindert. Sich ergebende Vertragslücken sind durch Anwendung des dispositiven Gesetzesrechts zu schließen (vgl. § 306 Abs. 2 BGB). Tragend hierfür ist die Erwägung, dass der Fakt der Vertragsausführung schwerer wiegt als der Dissens bei einzelnen AGB.

3. Überraschende Klauseln

81   Nach § 305c Abs. 1 BGB werden überraschende Vertragsklauseln nicht Vertragsbestandteil. Dies beruht darauf, dass AGB vor Vertragsschluss regelmäßig nicht vollständig gelesen werden, sondern ihnen im Vertrauen auf ihre Üblichkeit zugestimmt wird. Ist eine Klausel überraschend, liegt zwar formal eine Einigung der Parteien vor. Der Wille des Vertragspartners des Verwenders deckt den Inhalt der überraschenden Klausel allerdings offensichtlich nicht ab, weshalb diese nicht Vertragsbestandteil wird. **Überraschend** ist eine Klausel, die objektiv so ungewöhnlich ist, dass der Vertragspartner des Verwenders subjektiv mit ihr nicht zu rechnen braucht. Beide Voraussetzungen müssen kumulativ vorliegen. Anknüpfungspunkte können dabei sowohl eine inhaltliche Ungewöhnlichkeit als auch eine verschleiernde Textgestaltung (z. B.: einschneidende Klausel wird in langem Vertragswerk unter „Sonstiges" versteckt) sein.

4. Auslegung von AGB

82   AGB sind wie Gesetze nach **objektiven Maßstäben**, d. h. nach ihrem objektiven Inhalt und typischen Sinn einheitlich so auszulegen, wie sie von verständigen und redlichen Vertragsparteien unter Abwägung der Interessen der normalerweise beteiligten Verkehrskreise verstanden werden, wobei die Verständnismöglichkeiten des durchschnittlichen Vertragspartners des Verwenders zugrunde zu legen sind. Dies beruht darauf, dass AGB nicht für ein konkretes Geschäft, sondern eine Vielzahl von Geschäften entworfen werden. Entsprechend dieser Ausrichtung darf nicht auf das individuelle Verständnis der Vertragspartner abgestellt werden. Vielmehr ist die Auslegung von diesen konkreten Vorstellungen zunächst zu abstrahieren. Ausgangspunkt ist in erster Linie der **Vertragswortlaut**. Ist dieser nicht eindeutig, kommt es für die Auslegung entscheidend darauf an, wie der Vertragstext aus der Sicht der typischerweise an Geschäften dieser Art beteiligten Verkehrskreise zu verstehen ist, wobei der **Vertragswille verständiger und redlicher Vertragspartner**

beachtet werden muss. Soweit auch der mit dem Vertrag **verfolgte Zweck** einzubeziehen ist, kann das nur in Bezug auf typische und von redlichen Geschäftspartnern
verfolgte Ziele gelten. Rechtskenntnisse dürfen den Parteien nicht unterstellt werden. Der Entstehungsgeschichte eines Klauselwerks kommt für seine Auslegung
deshalb keine, seiner Systematik nur eingeschränkte Bedeutung zu.

Verbleiben **nach Ausschöpfung der anerkannten Auslegungsmethoden** nicht   **83**
behebbare Zweifel hinsichtlich des Inhalts einer AGB, greift § 305c Abs. 2 BGB,
der vorsieht, dass in diesem Fall die für den Vertragspartner des Verwenders güns-
tigste Auslegungsvariante gilt.[126] Entsprechende Zweifel bestehen aber nur, wenn
mehrere Auslegungsvarianten rechtlich vertretbar sind und keine der Auslegun-
gen den klaren Vorzug verdient.[127] Es müssen zudem erhebliche Zweifel an der
richtigen Auslegung bestehen, die nur entfernte Möglichkeit einer anderen Auslegung genügt nicht.

5. Vorrang der Individualabrede

Die Regelung des § 305b BGB stellt klar, dass Individualvereinbarungen Vorrang   **84**
vor AGB genießen. Dies beruht auf der Wertung, dass AGB regelmäßig für eine
Vielzahl von Verträgen vorformuliert und nicht für ein konkretes Geschäft angepasst werden. Deshalb muss die für ein konkretes Geschäft getroffene Individualabrede uneingeschränkt zur Geltung kommen. Dies gilt nicht nur im Falle eines
direkten, sondern auch bereits bei einem nur mittelbaren Widerspruch der AGB zur
Individualabrede.

> **Beispiel:** Artig und Böse vereinbaren in dem von Böse vorformulierten und mehrfach ver-
> wendeten Formulararbeitsvertrag, dass Vertragsänderungen der Schriftform bedürfen und
> dies auch für die Änderung der Schriftform selbst gelte. Später einigen sich Artig und Böse
> anlässlich eines dringenden Auftrags mündlich darüber, dass Artig eine Lohnerhöhung um
> 10 % erhält. Als Artig eine entsprechende Bezahlung einfordert, verweist Böse auf die
> Schriftformklausel. Ein direkter Widerspruch besteht zwischen Schriftformklausel und
> Lohnhöhe nicht. Gleichwohl setzt sich die nur mündliche Lohnabrede nach § 305b BGB
> gegenüber der formulармäßigen Schriftformklausel durch. Ausreichend hierfür ist, dass ein
> mittelbarer Widerspruch dergestalt besteht, dass die Schriftformklausel die Anerkennung
> der mündlichen Lohnabrede behindert.

VI. Angemessenheitskontrolle von AGB

In §§ 307–309 BGB findet sich als Herzstück des AGB-Rechts die Grundlage   **85**
der **Angemessenheitskontrolle**. Hierbei ist allerdings zu beachten, dass § 307
Abs. 3 S. 1 BGB die Angemessenheitskontrolle, mit Ausnahme der Transparenzkontrolle, auf Vertragsbedingungen begrenzt, welche vom Gesetz abweichen oder
dieses ergänzen. Insbesondere die *essentialia negotii* eines Vertrags werden regel-

---

[126] BAG v. 18.11.2008, NZA-RR 2009, 153, 155.
[127] BAG v. 30.07.2008, NZA 2008, 1173, 1179.

mäßig nicht auf ihre Angemessenheit überprüft.[128] Zunächst fehlt hierfür ein geeigneter Maßstab, an welchem der Richter die Angemessenheit von Leistung und Gegenleistung prüfen kann. Zudem ist zu beachten, dass § 306 Abs. 2 BGB als Rechtsfolge einer unwirksamen Vertragsbedingung anordnet, dass an ihre Stelle zur Lückenschließung das Gesetzesrecht tritt. Da das Gesetz aber grds. nicht regelt, welche Leistung erbracht werden soll, geht dieser Verweis ins Leere. Ohne Bestimmung der *essentialia negotii* kann ein Vertrag jedoch nicht bestehen.

86   Ohne Einschränkungen unterliegen AGB der Transparenzkontrolle nach § 307 Abs. 1 S. 2 BGB, d. h. diese findet auch bei gesetzeswiederholenden Klauseln und Regelungen zu den Hauptleistungspflichten statt. Nach § 307 Abs. 1 S. 2 BGB sind AGB unangemessen, wenn sie nicht klar und verständlich sind. Hierdurch wird der Verwender verpflichtet, die **Rechte und Pflichten** seines Vertragspartners möglichst klar und durchschaubar darzustellen.[129] Entscheidend ist dabei, dass die Klausel im Zeitpunkt des Vertragsschlusses die mit ihr verbundenen wirtschaftlichen Nachteile und sonstigen Belastungen soweit erkennen lässt, wie dies nach den Umständen gefordert werden kann.[130] **Je einschneidender die** Wirkung einer Klausel ist, **desto klarer** und deutlicher muss eine Regelung gefasst sein.

87   Soweit nach § 307 Abs. 3 S. 1 BGB die eigentliche Angemessenheitskontrolle (Inhaltskontrolle) eröffnet ist, ist im Übrigen so zu verfahren, dass eine Vertragsbedingung zunächst an den **konkreten Klauselverboten** der §§ 309, 308 BGB gemessen wird. Erst im Anschluss ist auf die **Generalklausel** des § 307 BGB zurückzugreifen, wobei wiederum zunächst die konkreteren Fälle des § 307 Abs. 2 anzuwenden sind.

VII. Rechtsfolgen der Unwirksamkeit oder Nichteinbeziehung

88   Nach § 139 BGB wäre bei einer unwirksamen Klausel im Zweifel **das ganze Geschäft nichtig**.[131] Dies würde aber regelmäßig dem Zweck der AGB-Kontrolle zuwiderlaufen, den Vertragspartner des Verwenders zu schützen. Dem typischen Interesse des Vertragspartners entspricht vielmehr die **Aufrechterhaltung des Vertrags mit Ausnahme der unwirksamen Klausel.** Dies ordnet § 306 Abs. 1 BGB als Abweichung von § 139 BGB an. Der wirksam bleibende Restvertrag wird nach § 306 Abs. 2 BGB dadurch aufgefüllt, dass an die Stelle der unwirksamen Vertragsbedingung das Gesetzesrecht tritt. Diese Verweisung auf das Gesetzesrecht umfasst nicht nur konkret einschlägige Vorschriften, sondern z. B. auch die Vorschriften über die ergänzende Vertragsauslegung.

89   Die Rechtsfolgen des § 306 BGB sind im Grundsatz abschließend. Sie stehen insbesondere einer **geltungserhaltenden Reduktion** unwirksamer Vertragsbedingungen entgegen. Dies bedeutet, dass eine unangemessene Vertragsbedingung nicht auf ihr noch zulässiges Maß reduziert werden und in diesem Umfang fortgelten

---

[128] BAG v. 16.05.2012, NJW 2012, 2683, 2684.

[129] BAG v. 25.05.2005, NZA 2005, 1111, 1115.

[130] BAG v. 25.05.2005, NZA 2005, 1111, 1113; Palandt/*Grüneberg* § 307 BGB Rn 21.

[131] Siehe unten § 14 Rn. 13 ff.

kann. Dies widerspräche dem Anliegen der §§ 305 ff. BGB, insbesondere dem Transparenzgebot.

> **Beispiel:** Timo Beil vertreibt Handys mit Vertragsbindung. Er vermittelt Outu Kandu einen vorformulierten Vertrag, der eine Laufzeit von drei Jahren besitzt und sich im Fall der Nichtkündigung jeweils um zwei Jahre verlängert. Beide Regelungen zur Laufzeit sind nach § 309 Nr. 9 lit. a) bzw. lit. b) BGB unwirksam. Sie entfallen vollständig und es gelten die gesetzlichen Kündigungsfristen. Es erfolgt keine Reduktion, nach der die Laufzeit zwei und der Verlängerungszeitraum nur ein Jahr beträgt.

Nur für den Ausnahmefall, dass durch die Aufrechterhaltung des Vertrags das Ver-   **90** hältnis von Leistung und Gegenleistung völlig **ungleichgewichtig** würde oder der verbleibende Restvertrag im Hinblick auf den erstrebten Zweck **sinnlos** wäre, kann sich der Verwender nach § 306 Abs. 3 BGB vom Vertrag insgesamt lösen. Im Übrigen trägt er jedoch das Risiko, mit den Nachteilen einer unwirksamen Vertragsbedingung belastet zu werden. Dies rechtfertigt sich daraus, dass er den Vertrag einseitig vorformuliert und stellt.

Literatur

Boemke (2001) Kontenkündigung als Sittenverstoß. JuS 2001, 444

Boemke (2003) Gewerbeordnung Kommentar zu §§ 103–110.

Flume (1992) Allgemeiner Teil des Bürgerlichen Rechts. Zweiter Band: Das Rechtsgeschäft. 4. Aufl

Hk-ArbR (2013) Handkommentar Arbeitsrecht. 3. Aufl

Kern (1993) Der geprellte Schwarzarbeiter. JuS 1993, 193

Klein (1905) Untergang der Obligation durch Zweckerreichung

Köhler (2012) BGB Allgemeiner Teil. 36. Aufl

Larenz/Wolf (2004) Allgemeiner Teil des deutschen Bürgerlichen Rechts. 9. Aufl

Mayer-Maly (1976) Handelsrechtliche Verbotsgesetze. In: FS Hefermehl, S. 103

Medicus (2012) Allgemeiner Teil des BGB. 10. Aufl

Palandt (2013) Bürgerliches Gesetzbuch. 72. Aufl

Staudinger (Stand 31.03.2013) Kommentar zum Bürgerlichen Gesetzbuch. 13. Bearb

UBH (2011) Ulmer/Brandner/Hensen, AGB-Recht: Kommentar zu den §§ 305–310 BGB und zum UKlaG. 11. Aufl

Ulrici (2000) Die enttäuschende Internetauktion – LG Münster, MMR 2000, 280. JuS 2000, 947

Ulrici (2008) Vermögensrechtliche Grundfragen des Arbeitnehmerurheberrechts

Wolf/Neuner (2012) Allgemeiner Teil des deutschen Bürgerlichen Rechts. 10. Aufl

§ 12 Willensmängel

Literaturhinweise: *Büchler*, Die Anfechtungsgründe des § 123 BGB, JuS 2009, 976; *Coester-Waltjen*, Die fehlerhafte Willenserklärung, JURA 1990, 362; *Heerstraßen*, Arglistige Täuschung beim Kunstkauf, JuS 1995, 197; *Leenen*, Die Anfechtung von Verträgen – Zur Abstimmung zwischen § 142 Abs. 1 und §§ 119 ff. BGB –, JURA 1991, 393; *Lorenz*, Grundwissen – Zivilrecht: Willensmängel, JuS 2012, 490; *Martens*, Wer ist Dritter? – Zur Abgrenzung der §§ 123 I und II 1 BGB, JuS 2005, 887; *Preiß*, Die Berechtigung zur Anfechtung einer Willenserklärung in Mehrpersonenverhältnissen, JA 2010, 6; *Preuß*, Geheimer Vorbehalt, Scherzerklärung und Scheingeschäft, JURA 2002, 815; *Staudinger/Ewert*, Täuschung durch den Verkäufer, JA 2010, 241.

A. Einführung

I. Fehlerfreie Willenserklärung

Hat der Erklärende seinen Geschäftswillen fehlerfrei gebildet und tritt sein wirklicher Geschäftswille zutreffend und vollständig in seiner Erklärung nach außen, versteht sich von selbst, dass die vom Erklärenden gewollten Rechtsfolgen eintreten. Dies gilt selbst dann, wenn ihn seine Erklärung nachträglich reut, weil untrennbare Kehrseite der **Selbstbestimmung** die **Selbstverantwortung** ist. Eine andere Frage ist, inwieweit der Erklärende die von ihm zunächst fehlerfrei bewirkten Rechtsfolgen wieder ausräumen kann. Hierüber entscheidet maßgeblich, inwieweit andere hiervon betroffen sind.

> **Beispiel:** Arndt schließt mit Bert einen Dienstvertrag. Nach gewisser Zeit reut ihn den Vertragsschluss, weil er die Folgen der Weltwirtschaftskrise spürt. Da Mängel in der Bildung und Verwirklichung des Geschäftswillens nicht ersichtlich sind, wurde selbstverständlich ein Dienstvertrag geschlossen. Von dem hierdurch begründeten Dienstverhältnis kann sich Arndt ggf. durch Kündigung mit Wirkung für die Zukunft lösen und damit die von ihm bewirkten Rechtsfolgen wieder entfallen lassen. Da hierdurch jedoch auch die Interessen des Bert tangiert werden, ordnet § 620 Abs. 1 BGB an, dass die Kündigung nur unter Beachtung einer bestimmten Kündigungsfrist erfolgen kann. Ist Bert Arbeitnehmer, ist er nach dem Regelungskonzept des Gesetzgebers besonders schutzwürdig und kann unter bestimmten Voraussetzungen zusätzlich zur Beachtung der Kündigungsfrist nur gekündigt werden, wenn die Kündigung sozial gerechtfertigt ist (vgl. § 1 Abs. 1 KSchG).

1

B. Boemke, B. Ulrici, *BGB Allgemeiner Teil,* Springer-Lehrbuch,
DOI 10.1007/978-3-642-39171-2_12, © Springer-Verlag Berlin Heidelberg 2014

II. Quellen fehlerhafter Willenserklärungen

2 Nicht immer gelingt es, dass der Erklärende seinen Willen zutreffend bildet, erklärt und er von anderen Beteiligten, z. B. einem Vertragspartner, zutreffend verstanden wird. Vielmehr sind der Prozess des Wirksamwerdens sowie der nachfolgenden Verarbeitung einer Willenserklärung auf allen Stufen fehleranfällig:

1. **Fehler bei der Willensbildung:** Bevor eine Willenserklärung geäußert werden kann, muss zunächst der Wille gebildet werden, eine bestimmte Rechtsfolge herbeizuführen. Dies erfolgt dadurch, dass der Erklärende Gründe miteinander abwägt, die für und gegen die Abgabe einer solchen Erklärung sprechen (Motive). Diese Motive können ihren Ursprung in der Vergangenheit, der Gegenwart oder gar in der Zukunft (Erwartungen) haben. Ergebnis dieses inneren Abwägungsvorganges ist der Wille, eine konkrete Rechtsfolge herbeizuführen (Geschäftswille).[1] Bereits die Willensbildungsphase ist fehleranfällig. Bspw. kann der Wille von Motiven geprägt sein, deren tatsächliche Voraussetzungen nicht vorliegen.[2]

   Beispiel: Arndt kauft eine Eintrittskarte für ein Spiel des in seinem Ort ansässigen Fußballvereins. Für ihn ist hierbei entscheidend, dass er seinem Lieblingsstürmerstar Ronaltello beim Ballzauber zuschauen kann. Er weiß nicht, dass sich sein Idol beim Abschlusstraining verletzt hat und deshalb nicht auflaufen wird. Hier ist der Geschäftswille, das Ticket kaufen zu wollen, fehlerfrei geäußert und übermittelt worden. Fehlerhaft war allerdings das für die Erklärung maßgebliche Motiv, weshalb man von einem Motivirrtum spricht.

   Der Prozess der Willensbildung kann aber nicht bloß auf Grund autonomer Fehlvorstellungen des Erklärenden gestört sein. Vielmehr können auch äußere Umstände eine fehlerfreie Willensbildung beeinträchtigen, z. B. Drohung oder arglistige Täuschung.[3]

2. **Fehler bei der Willensäußerung:** Wurde ein rechtsgeschäftlicher Wille gebildet, muss diesem anschließend durch die entsprechende Willenserklärung Ausdruck verliehen werden. Ein bloß innerer, nicht erklärter Wille löst nicht die an eine Willenserklärung anknüpfenden Rechtsfolgen aus. Der Vorgang der Willensentäußerung vollzieht sich in zwei Schritten, welche fehleranfällig sind. In einem ersten Schritt gilt es zunächst, die zum Willen passenden Erklärungszeichen (Begriffe, Gesten usw.) auszuwählen (Wie erkläre ich mich richtig?).

   Beispiel: Bei Kfz-Händler Krumm erklärt Arndt: *„Ich will den Wagen für 15.000 € ohne Mehrwertsteuer kaufen."* Er meint dabei, es dürfe keine Mehrwertsteuer mehr hinzukommen. Der Händler wird die Erklärung jedoch gerade umgekehrt verstehen.

   Anschließend müssen die ausgewählten Erklärungszeichen fehlerfrei entäußert werden.

---

[1] Siehe oben § 5 Rn. 7.

[2] Siehe hierzu unten Rn. 30 ff.

[3] Siehe hierzu unten Rn. 39 ff.

Beispiel: Arndt möchte ein Fahrzeug für 15.000 € kaufen, er verspricht sich jedoch und sagt *„ich kaufe den Wagen für 50.000 €"*.

Die durch ein Auseinanderfallen von Wille und Entäußerung bedingten Willensmängel werden als erklärungsbezogene Irrtümer bezeichnet.[4]

3. **Fehler bei der Übermittlung:** Wird eine Erklärung gegenüber einem Abwesenden abgegeben, muss sie dem Empfänger richtig übermittelt werden. Dabei bedient sich der Erklärende menschlicher oder technischer Übermittlungshelfer, welche in unterschiedlichem Ausmaß fehleranfällig sein können.[5]

Beispiel: Arndt bittet Bert, Krumm eine Erklärung mit folgendem Wortlaut zu überbringen: *„Ich möchte den Wagen für 15.000 € kaufen"*. Bert vergisst den tatsächlich gewollten Preis und richtet Krumm aus, Arndt wolle den Wagen für 16.000 € erwerben.

4. **Fehler beim Vernehmen der Erklärung:** Schließlich ist denkbar, dass der Adressat, an den eine Willenserklärung gerichtet ist, die Erklärung unzutreffend vernimmt. Dieser Mangel tritt erst nach dem Wirksamwerden der Willenserklärung ein und fällt ausschließlich in den Verantwortungsbereich des Empfängers. Die Erklärung ist bereits mit dem erklärten Inhalt wirksam geworden. Der Wille des Erklärenden hat sich verwirklicht.

Beispiel: Arndt erklärt, dass er den Oldtimer *„für 13.000 € kaufen will."* Krumm war kurzzeitig abgelenkt und versteht, dass Arndt das Liebhaberstück für 30.000 € kaufen will. Der Antrag ist mit dem Inhalt wirksam geworden, zum Preis von 13.000 € zu kaufen.

III. Interessenlage bei Mängeln

Ist eine Willenserklärung fehlerbehaftet, sei es weil der Erklärende seinen Willen **3** fehlerhaft gebildet, diesen unbewusst unzutreffend verlautbart oder bewusst eine Erklärung abgegeben hat, ohne jedoch deren Rechtsfolgen zu wollen, erscheint der **Eintritt der** von einem Rechtsgeschäft **angestrebten Rechtsfolgen zweifelhaft.** Der Privatautonomie des Erklärenden würde am besten dadurch Rechnung getragen, dass dessen Erklärung nicht die äußerlich verlautbarten Rechtsfolgen, sondern die innerlich unter Ausblendung der Mängel wirklich gewollten Rechtsfolgen herbeiführt.[6] Ein genereller Vorrang des fehlerfrei gebildeten wirklichen Willens des Erklärenden gefährdet jedoch den Rechtsverkehr,[7] insbesondere bei **empfangsbedürftigen Willenserklärungen** den durch das Zugangserfordernis bezweckten Schutz des Erklärungsempfängers,[8] weil sich der Rechtsverkehr nicht auf die

---

[4] Siehe hierzu unten Rn. 21 ff.

[5] Siehe hierzu unten Rn. 25 ff.

[6] Vgl. *Flume*, AT II, § 19, S. 398; *Larenz/Wolf* § 35 Rn. 1.

[7] Vgl. *Flume*, AT II, § 19, S. 400 f., der zutreffend darauf hinweist, dass der Rechtsverkehr nicht nur in Person des Geschäftspartners, sondern auch Dritter (sog. Nachmänner) betroffen wird.

[8] Siehe oben § 4 Rn. 22.

Erklärung und den aus ihr erkannten Inhalt verlassen kann. Eine Enttäuschung des Rechtsverkehrs ließe sich vermeiden, wenn man den Erklärenden an seiner fehlerhaften Willenserklärung so festhält, wie der Empfänger diese verstehen durfte. Dies ließe sich als Preis für die Freiheit zur Selbstbestimmung begreifen.[9]

4   Aus der Berücksichtigung der vorstehend skizzierten gegenläufigen Interessen lassen sich die denkbaren Rechtsfolgen einer fehlerbehafteten Willenserklärung ableiten. Denkbar ist, die mangelhafte Erklärung stets als unwirksam anzusehen. Dies entspricht der sog. **Willenstheorie**.[10] Sie umgekehrt als uneingeschränkt wirksam zu betrachten, förderte den Vertrauensschutz auf Seiten des Erklärungsempfängers, wofür sich die sog. **Erklärungstheorie** stark macht. Als Mittelweg ließe sich denken, dass die Erklärung zunächst als wirksam behandelt wird, sich der Erklärende jedoch auf Grund ihrer Mangelhaftigkeit einseitig von der Erklärung und den durch sie ausgelösten Rechtsfolgen lösen kann. Durch eine differenzierte Ausgestaltung der Voraussetzungen eines entsprechenden Lösungsrechts und der hieran anknüpfenden Rechtsfolgen ließe sich den widerstreitenden Interessen für unterschiedliche Fälle angemessen Rechnung tragen.[11]

IV. Geltende Rechtslage

5   Der Gesetzgeber hat sich nicht ausschließlich für einen der drei Lösungsansätze entschieden.[12] Vielmehr enthält das BGB ein sehr **ausdifferenziertes Gesamtsystem**, welches auf alle drei Lösungswege zurückgreift und diese miteinander verbindet und aufeinander abstimmt. Regelungstechnisch geht der Gesetzgeber so vor, dass er als Grundsatz von der Unbeachtlichkeit eines Willensmangels, d. h. der Wirksamkeit der mangelbehafteten Willenserklärung ausgeht.[13] Dieser Grundsatz gilt, soweit das Gesetz keine abweichende Anordnung trifft. Für die meisten Fälle der bewussten Abweichung des äußeren Erklärungsinhalts vom tatsächlich gebildeten Willen sieht das Gesetz die Nichtigkeit der Willenserklärung vor.[14] Im Falle einer vom Gesetz für beachtlich angesehenen unbewussten Abweichung (Irrtum) ist die Willenserklärung zwar wirksam, der Erklärende kann sich jedoch durch Anfechtung von ihren Bindungswirkungen lösen.[15] Dem Vertrauensschutz des Erklärungsempfängers wird durch die Ausgestaltung des Lösungsrechts Rechnung getragen. Dieses muss zeitnah ausgeübt werden, um den Schwebezustand zu verkürzen (vgl. § 121 Abs. 1 BGB). Außerdem muss der Erklärende den einem schutzwürdigen

---

[9] Vgl. *Medicus* Rn. 737.

[10] Siehe oben § 5 Rn. 2.

[11] Zur Notwendigkeit einen Ausgleich durch Ausdifferenzierung herbeizuführen vgl. *Medicus* Rn. 737.

[12] Vgl. Mot. I, S. 216 ff.; *Flume*, AT II, § 19, S. 399.

[13] Vgl. *Larenz/Wolf* § 35 Rn. 1.

[14] Siehe unten Rn. 7 ff.

[15] Siehe unten Rn. 78 ff.

Erklärungsempfänger entstandenen Vertrauensschaden ersetzen (vgl. § 122 BGB). Dies gilt entsprechend, wenn ausnahmsweise ein Mangel der Willensbildung als beachtlich angesehen wird. Im Übrigen lassen insbesondere Fehler bei der Willensbildung den Eintritt und Fortbestand der Wirkungen der Willenserklärung grds. unberührt, weil der Gesetzgeber nur vereinzelt deren Beachtlichkeit anordnet. Außerdem haben Rspr. und Lit. zum Schutz des Rechtsverkehrs bestimmte Einschränkungen der vom Gesetzgeber eigentlich vorgesehenen Unwirksamkeit oder Anfechtbarkeit entwickelt.[16]

B. Nichtübereinstimmung von Wille und Erklärung

Wille und Erklärung können sowohl bewusst als auch unbewusst voneinander abweichen. Das bewusste Auseinanderfallen wird in §§ 116 – 118 BGB geregelt. Dies betrifft Fälle, in denen der Handelnde um das Fehlen seines Rechtsbindungswillens weiß. Das unbewusste Auseinanderfallen behandelt das Gesetz dagegen in §§ 119 Abs. 1, 120 BGB. Dies betrifft die Fälle, in denen der Erklärende sich entweder für unzutreffende Erklärungszeichen entscheidet oder bei deren Verlautbarung ihm bzw. einem Transportmittler ein Fehler unterläuft.   **6**

I. Bewusstes Abweichen (Willensvorbehalte)

1. Der geheime Vorbehalt

a) Grundgedanke

Nach § 116 S. 1 BGB ist eine Willenserklärung nicht deshalb nichtig, weil sich der Erklärende insgeheim vorbehält, das Erklärte nicht zu wollen (**Mentalreservation**, geheimer Vorbehalt). Diese Regelung gilt für alle, nicht nur für empfangsbedürftige Willenserklärungen.[17] Sie beruht auf dem Gedanken, dass die Rechtsordnung im Interesse des Rechtsverkehrs generell einen bloß inneren, nicht erklärten Willen nicht anerkennt, wenn Rechtsfolgen an die Erklärung eines Willens anknüpfen. Einer gesetzlichen Normierung bedurfte es vor diesem Hintergrund wegen der allgemeinen Auslegungsregeln eigentlich nicht.[18]   **7**

Für empfangsbedürftige Willenserklärungen tritt der Schutz des Vertrauens des Empfängers hinzu. Geht man mit der h. M. davon aus, dass das Vertrauen des   **8**

---

[16] Vgl. *Flume*, AT II, § 19, S. 401. – Siehe unten Rn. 105.

[17] *Flume*, AT II, § 19, S. 400 mit dem Hinweis, dass die empfangsbedürftige Willenserklärung jedoch das Leitbild des Gesetzgebers bei Schaffung der §§ 116 ff. BGB war.

[18] *Medicus* Rn. 592. – Vgl. auch *Flume*, AT II, § 20 Ziffer 1, S. 402 mit dem Hinweis, dass die Regelung des § 116 S. 1 BGB selbstverständlich sowohl mit der Erklärungs- als auch mit der Willenstheorie vereinbar ist.

Erklärungsempfängers bereits dann überwiegt, wenn der Erklärende nur fahrlässig nicht erkennt, dass der Rechtsverkehr aus seinem Handeln auf einen Rechtsbindungswillen schließt,[19] gilt dies erst recht, wenn der Erklärende bewusst eine Lage schafft, die geeignet ist, Vertrauen eines Dritten zu begründen. Da der Erklärende in den Fällen des § 116 S. 1 BGB den Rechtsverkehr bewusst täuscht, treten seine Interessen soweit zurück, dass er sich auch nicht durch Anfechtung von seiner Erklärung lösen kann. Hat der **Empfänger** einer empfangsbedürftigen Willenserklärung **den Vorbehalt** jedoch **erkannt**, ist es nicht gerechtfertigt, ihn auf Kosten des Erklärenden zu schützen. In diesem Fall hat der Vorbehalt hinreichenden Ausdruck nach außen gefunden, weil der Empfänger ihn sonst nicht kennen könnte. Dies rechtfertigt es, den wirklichen Willen (keine Rechtsbindung) anzuerkennen und die Erklärung als nichtig zu behandeln (vgl. § 116 S. 2 BGB).

b) Tatbestandsvoraussetzungen

9   Der **Vorbehalt muss sich auf die nach der äußeren Erklärung intendierte Rechtsfolge beziehen.** Diese muss der Erklärende nicht ernsthaft wollen, sei es, dass er gar keine oder nur eine andere Rechtsfolge herbeiführen will.[20] Nicht gemeint ist dagegen ein etwaiger Vorbehalt, die eingegangene Verpflichtung nicht zu erfüllen oder das Verschweigen etwaiger Motive für die Erklärung.[21]

> **Beispiel:** Arndt erklärt gegenüber Bert, ihm seine Stereoanlage für 1.500 € zu verkaufen, will jedoch insgeheim keine kaufvertragliche Bindung eingehen. Hier greift § 116 BGB. Behält sich Arndt dagegen (nur) vor, Bert die Anlage schlicht nicht verschaffen zu wollen, scheidet § 116 BGB aus. In beiden Fällen kommt ein wirksamer Kaufvertrag zustande. Kennt Bert den Vorbehalt des Arndt, greift allerdings nur im ersten Fall die Nichtigkeitsfolge des § 116 S. 2 BGB.

10 Ferner muss der Erklärende beabsichtigen, den **Erklärungsempfänger in Unkenntnis** über den eigenen Vorbehalt zu **lassen.** Nimmt der Erklärende hingegen an, der Empfänger werde den Vorbehalt erkennen, findet nicht § 116 BGB („böser Scherz"), sondern § 118 BGB („guter Scherz") Anwendung.[22] Die Motive für den geheimen Vorbehalt sind ebenso unerheblich wie seine Kenntnis durch am Rechtsgeschäft unbeteiligte Dritte („Mitwisser").

> **Beispiel:**[23] Da Mark der Auffassung ist, er sei unterbezahlt, und sein Arbeitgeber Arndt sein Verlangen nach einer Gehaltserhöhung zurückgewiesen hat, legt Mark ihm ein Schreiben vor, wonach er sein Arbeitsverhältnis kündigt. Tatsächlich will er nicht kündigen, sondern schlicht Druck auf Arndt ausüben, um ihn umzustimmen. Völlig unbeeindruckt versteht Arndt die Erklärung als ernst gemeint und ist erfreut, den „lästigen" Störenfried

---

[19] Zum Problem siehe oben § 5 Rn. 10 ff.

[20] *Flume*, AT II, § 20 Ziffer 1, S. 403; *Larenz/Wolf* § 35 Rn. 11; *Medicus* Rn. 591 f. – Vgl. den bei RG v. 22.10.1920, RGZ 100, 134, 135 geschilderten Sachverhalt.

[21] *Wolf/Neuner* § 40 Rn. 10. – Verkannt von OLG Hamm v. 03.12.2012, BeckRS 2013, 00152.

[22] Siehe unten Rn. 13 ff.

[23] Vgl. auch OLG München v. 07.03.2012, BeckRS 2012, 08018.

losgeworden zu sein. Auf seinen Vorbehalt kann sich Mark gemäß § 116 S. 1 BGB nicht berufen, weil Arndt die Kündigung wie beabsichtigt ernst nahm. Dies gilt auch, wenn Mark seine Absicht zuvor mit einem Kollegen ausführlich besprochen hat.

c) Rechtsfolge

Grds. ist ein geheimer Vorbehalt nach § 116 S. 1 BGB unbeachtlich mit der Folge, **11** dass der **Erklärende** an die von ihm abgegebene Erklärung **gebunden** ist. Es gilt die Erklärung, nicht der verschleierte innere Wille. Abweichend hiervon führt der geheime Vorbehalt nach § 116 S. 2 BGB zur **Nichtigkeit der Willenserklärung**, wenn der Erklärungsempfänger diesen Vorbehalt kennt. Es bedarf insoweit keines Vertrauensschutzes. Erforderlich ist seine positive Kenntnis. Grob fahrlässige Unkenntnis ist nicht ausreichend, weil der Erklärende den Erklärungsempfänger bewusst täuschen will. Besitzt der Erklärungsempfänger positive Kenntnis, ist unerheblich, wie er diese erlangt hat, sei es, weil er selbst die Absichten des Erklärenden durchschaut hat oder er diese durch einen Dritten mitgeteilt bekommen hat.

> **Beispiel:** Im vorstehenden Beispiel (vgl. oben Rn. 10) teilt Mark das Vorhaben seinem Kollegen Xaver mit, welcher wiederum sogleich auf Arndt zugeht und diesem die Pläne des Mark offenbart. Als Arndt die Kündigung zugeht, weiß er damit von Marks Vorbehalt, weshalb die Erklärung nach § 116 S. 2 BGB nichtig ist.

Anders als § 116 S. 1 BGB erfasst der Wortlaut des § 116 S. 2 BGB nur **empfangs-** **12** **bedürftige Willenserklärungen**; auf nicht empfangsbedürftige Willenserklärungen ist die Vorschrift auch nicht entsprechend anwendbar.[24] Es ist kein Empfänger vorhanden, der sich von bloßen Mitwissern unterscheidet, und auf dessen Kenntnisstand abgestellt werden kann.

2. Scherzerklärung

a) Tatbestandsvoraussetzungen

Nach § 118 BGB ist eine **nicht ernstlich gemeinte Willenserklärung** nichtig, die **13** in der Erwartung abgegeben wurde, der Mangel der Ernstlichkeit werde nicht verkannt. Wie auch bei der Mentalreservation fehlt dem Erklärenden der Rechtsbindungswille. In Abweichung hierzu meint er jedoch im Falle des § 118 BGB, dies gegenüber dem Erklärungsempfänger ausreichend zum Ausdruck zu bringen, weshalb dieser das Fehlen der Ernstlichkeit erkennen werde.

> **Beispiel 1:** Rechtsanwalt Martin will seiner Frau Uta imponieren. Deshalb erklärt er in deren Gegenwart gegenüber dem Junganwalt Berni, dass dieser von ihm nicht wie gefordert

---

[24] Eine Anwendung auf nicht empfangsbedürftige Willenserklärungen generell ablehnend Münch-KommBGB/*Armbrüster* § 116 BGB Rn. 12; *Köhler* § 7 Rn. 8. – Bezogen auf die Auslobung bejahend Staudinger/*Singer* § 116 BGB Rn. 11; Palandt/*Ellenberger* § 116 BGB Rn. 5. – Differenzierend auch *Preuß* Jura 2002, 815, 817 f.; *Wolf/Neuner* § 40 Rn. 7.

ein monatliches Gehalt von 5.000 €, sondern 6.000 € erhalten soll. Martin geht davon aus, dass Berni die Prahlerei erkennen und das überhöhte Angebot nicht ernst nehmen werde. Der Antrag des Martin ist nach § 118 BGB unwirksam.

Beispiel 2: Professor Smart erklärt seinen Studenten die Regelung des § 118 BGB. In diesem Zusammenhang bietet er einem Zuhörer zu Demonstrationszwecken den Kauf seines Fiat 500 zum Preis von 2,50 € an. Dabei erwartet er, dass der Student diesen Scherz erkennt. Dieser klassische Fall unterfällt bei genauerer Betrachtung § 118 BGB aber gar nicht, weil bereits keine Willenserklärung, sondern nur eine tatsächliche Handlung vorliegt.[25]

14   Bei Äußerungen, denen der Erklärungsempfänger das Fehlen des Rechtsbindungswillens selbst schon entnehmen kann, bedarf es der Anordnung der Nichtigkeit an sich nicht. Hier ergibt bereits die **Auslegung**, dass eine Willenserklärung mangels Rechtsbindungswillens nicht vorliegt.[26] Bedeutung erlangt die Anordnung des § 118 BGB dagegen, wenn der Erklärende zwar subjektiv meint, den Scherz ausreichend kundgetan zu haben, der Empfänger dies objektiv aber nicht erkennen konnte. Ohne Bedeutung ist, aus welchen Motiven der Erklärende handelt (z. B. Spaß, Prahlerei, Höflichkeit).

b) Rechtsfolgen

15   Die **Scherzerklärung ist unwirksam**. Dies gilt auch, wenn die Absicht, keine Rechtsfolgen herbeiführen zu wollen, wider Erwarten nicht ausreichend zum Ausdruck gekommen ist und der Empfänger die Erklärung als ernst gemeint auffasst. Mit dieser Rechtsfolge ließe sich § 118 BGB als Fremdkörper verstehen. Es besteht scheinbar ein Widerspruch dazu, dass in den Fällen, in denen der Erklärende fahrlässig verkennt, dass sein Handeln als rechtlich verbindliche Erklärung aufgefasst wird,[27] seine Willenserklärung nur anfechten kann, diese aber nicht automatisch nichtig ist. Ein solcher Widerspruch liegt jedoch nicht vor, weil die in § 118 BGB angeordnete Nichtigkeit dem wirklichen Willen vollständig Rechnung trägt. Der Erklärende will in den Fällen des § 118 BGB keine rechtliche Bindung. Dagegen hat sich der Erklärende, der nur fahrlässig den Rechtsschein einer Willenserklärung setzt, noch keine Gedanken darüber gemacht, wie andere seine Äußerung auffassen würden und ob er die hierdurch ausgelösten Rechtsfolgen will.[28] Deshalb soll ihm offen stehen, nachträglich zu entscheiden, ob er sich an seiner Erklärung festhalten lassen oder sich von ihr durch Anfechtung lösen möchte.

16   Indem § 118 BGB dem wirklichen Willen des Erklärenden generell Vorrang einräumt, wird das Vertrauen des Empfängers in die Wirksamkeit der Erklärung beeinträchtigt. Diesem Aspekt trägt § 122 BGB durch einen verschuldensunabhängigen

---

[25] *Larenz/Wolf* § 35 Rn. 15; *Preuß* JURA 2002, 815, 818.
[26] Auslegung entsprechend §§ 133, 157 BGB; siehe oben § 5 Rn. 10.
[27] Siehe oben § 5 Rn. 10 ff.
[28] *Flume*, AT II, § 20 Ziffer 3, S. 414 f.

Schadensersatzanspruch Rechnung.[29] Dieser Ersatzanspruch reicht nur soweit, wie das schutzwürdige Vertrauen des Erklärungsempfängers enttäuscht wurde. Er besteht deshalb nur, soweit eine empfangsbedürftige Willenserklärung nach § 118 BGB nichtig ist. Inhaltlich ist er auf Ersatz des Vertrauensschadens, beschränkt auf das Erfüllungsinteresse, gerichtet. Ausgeschlossen ist der Ersatzanspruch, wenn der Erklärungsempfänger das Fehlen der Ernstlichkeit kannte oder hätte erkennen müssen (§ 122 Abs. 2 BGB).

> **Beispiel:** Gustav äußert gegenüber Alois am Stammtisch, er sichere ihm eine lebenslange Rente von monatlich 5.000 € zu, wobei er demonstrativ mit dem linken Auge zwinkert. Ungeachtet etwaiger Formerfordernisse eines solchen Versprechens, schiede ein Schadensersatzanspruch vorliegend aus, weil Alois das Fehlen der Ernstlichkeit wegen des Augenzwinkerns erkennen musste.

Darüber hinaus geht die h. A. davon aus, dass es dem Erklärenden nach den Grundsätzen von Treu und Glauben (vgl. § 242 BGB) obliegt, den irrenden Erklärungsempfänger **unverzüglich über das Fehlen der Ernstlichkeit aufzuklären**, sobald er dessen Irrtum erkennt.[30] Unterlässt er diese Aufklärung, soll er sich in Abweichung von § 118 BGB an seiner Erklärung festhalten lassen müssen. Dies wird im Wesentlichen mit dem Rechtsgedanken des § 116 S. 1 BGB begründet.[31] Klärt der Erklärende den Scherz nicht auf, verschweigt er seinen Vorbehalt und dieser werde unbeachtlich. Dies überzeugt zwar wertungsmäßig, steht aber im Widerspruch zum Gesetz. § 118 BGB ordnet die Nichtigkeit als dauerhafte Nichtgeltung[32] an und setzt hierfür anders als im Falle der Anfechtung gerade keine „Erklärung" voraus.[33] Ein ausreichender Schutz des Erklärungsempfängers wird über § 122 BGB sowie daneben tretende Schadensersatzansprüche[34] gewährleistet. Klärt der Erklärende den Empfänger nicht auf, findet dies im Rahmen des Schadensersatzanspruchs Berücksichtigung, weil sich der Schaden ggf. fortentwickelt.

17

3. Scheingeschäft

a) Tatbestandsvoraussetzungen

Nach § 117 Abs. 1 BGB sind **empfangsbedürftige Willenserklärungen** nichtig, die **mit Einverständnis** des Empfängers **nur zum Schein** abgegeben werden. Liegt eine Scheinerklärung in diesem Sinne vor, kann die Rechtsordnung die Erklärung

18

---

[29] *Larenz/Wolf* § 35 Rn. 16. – Zum Inhalt des Schadensersatzanspruchs siehe unten Rn. 110 ff. – Neben dem Anspruch aus § 122 BGB kann ein (verschuldensabhängiger) Schadensersatzanspruch aus §§ 280, 311 Abs. 2, 241 Abs. 2 BGB bestehen.

[30] *Brox/Walker* Rn. 401; *Flume*, AT II, § 20 Ziffer 3, S. 414; *Larenz/Wolf* § 35 Rn. 17; *Medicus* Rn. 604.

[31] *Flume*, AT II, § 20 Ziffer 3, S. 414; *Medicus* Rn. 604. – Abweichende Begründung (Schweigen mit Erklärungsbedeutung) bei *Larenz/Wolf* § 35 Rn. 17; *Preuß* JURA 2002, 815, 819.

[32] Siehe hierzu § 14 Rn. 2 ff.

[33] Vgl. Staudinger/*Singer*, § 118 Rn. 8.

[34] Vgl. *Larenz/Wolf* § 35 Rn. 17 a. E.

nicht als rechtserheblich anerkennen, weil sich beide an der Erklärung Beteiligten bewusst außerhalb des rechtsgeschäftlichen Handelns stellen.[35] Dementsprechend bildet dieses tatsächliche nicht rechtsgeschäftliche[36] Einverständnis das maßgebliche Abgrenzungskriterium zu §§ 116, 118 BGB. Im Gegensatz zum geheimen Vorbehalt kommt es dem Erklärenden gerade darauf an, den Erklärungsempfänger vom Fehlen des Rechtsbindungswillens in Kenntnis zu setzen. Im Unterschied zur bloßen Scherzerklärung holt der Erklärende von seinem Gegenüber die Zustimmung zu seinem Handeln ein. Das Motiv für ein derartiges Vorgehen ist unerheblich.

b) Rechtsfolge

19　Das nur zum Schein vorgenommene (sog. **simulierte**) **Rechtsgeschäft** ist nach § 117 Abs. 1 BGB **nichtig**, was die Privatautonomie der Parteien in negativer Hinsicht sichert.[37] Dies gilt nicht nur zwischen Erklärendem und Erklärungsempfänger (*inter partes*), sondern auch gegenüber Dritten (*erga omnes*).[38] Soweit Erklärender und Empfänger versuchen, ein anderes Rechtsgeschäft durch das Scheingeschäft zu verschleiern, regelt § 117 Abs. 2 BGB das Schicksal dieses verschleierten (**dissimulierten**) **Geschäfts**. Da das verschleierte Rechtsgeschäft zwischen den Beteiligten wirklich gewollt ist, ordnet § 117 Abs. 2 BGB an, dass für dieses Geschäft die allgemeinen Vorschriften gelten. Stehen dem verdeckten Geschäft keine Wirksamkeitshindernisse (z. B. §§ 125, 134 BGB) entgegen, ist es wirksam. Dies sichert die Privatautonomie der Parteien in positiver Hinsicht.[39]

> **Beispiel:** Arndt und Bert schließen vor dem Notar einen Kaufvertrag über Berts Grundstück. Um Grunderwerbssteuer zu „sparen", lassen sie den Notar einen Kaufpreis von 100.000 € beurkunden. Tatsächlich sind sie sich jedoch einig, dass Arndt 200.000 € zahlen soll. Der notarielle Kaufvertrag über 100.000 € ist als Scheingeschäft nach § 117 Abs. 1 BGB nichtig. Der dahinter stehende wirkliche Kaufvertrag (Kaufpreis 200.000 €) ist nach allgemeinen Vorschriften zunächst nach § 311b Abs. 1 S. 1 BGB formunwirksam, kann aber nach § 311b Abs. 1 S. 2 BGB wirksam werden.[40]

---

[35] Vergleichbar sind die Fälle der „*falsa demonstratio non nocet*", in denen auch der tatsächliche Wille vorgeht, vgl. *Preuß* JURA 2002, 815, 819. Im Unterschied zu diesen gehen Erklärung und tatsächlicher Wille hier jedoch bewusst auseinander.

[36] BGH v. 01.06.1999, NJW 1999, 2882; *Larenz/Wolf* § 35 Rn. 18.

[37] BGH v. 26.05.2000, NJW 2000, 3127, 3128.

[38] *Larenz/Wolf* § 28 Rn. 28 ff.; *Medicus* Rn. 598 ff.; Staudinger/*Singer* § 117 Rn. 21 ff. jeweils mit Hinweisen, inwieweit (z. B. Schadensersatz, §§ 405, 409 BGB) das Vertrauen des Dritten geschützt wird.

[39] Staudinger/*Singer* § 117 BGB Rn. 1.

[40] Siehe oben § 10 Rn. 52 f.

c) Abgrenzung

Neben dem Scheingeschäft des § 117 BGB existieren verschiedene andere Fallge-   **20**
staltungen, in denen ebenfalls etwas verdeckt wird, welche von § 117 BGB jedoch
nicht erfasst werden. Von diesen Fallgestaltungen muss das Scheingeschäft, dessen
Eigenart es ist, die **geäußerten Rechtsfolgen** nicht herbeiführen zu wollen, abgegrenzt werden.

1. **Treuhandgeschäft:** Im Rahmen eines Treuhandgeschäfts soll dem Gegenüber
   (im Außenverhältnis) wirksam eine Rechtsposition (z. B. Eigentum) vollständig
   eingeräumt werden. Dennoch soll der Erwerber (im Innenverhältnis) gehindert
   sein, diese wie ein wirklicher Rechtsinhaber uneingeschränkt auszuüben.[41] Dies
   wird durch eine schuldrechtliche Abrede zwischen den Beteiligten erreicht (treu-
   händerische Bindung), deren Verletzung den Erwerber schadensersatzpflichtig
   gegenüber dem Einräumenden (Treugeber) macht. Damit der potentielle Erwerber (Treuhänder) die angedachte Rechtsposition auch tatsächlich erlangt, bedarf
   es eines rechtswirksamen Übertragungsaktes, woran es fehlte, würden die hierzu
   erforderlichen Rechtsgeschäfte nur zum Schein vorgenommen.[42]
2. **Strohmanngeschäft:** Ähnlich gestaltet sich die Situation bei Strohmannge-
   schäften. Dabei bedient sich ein Interessent eines Strohmannes (Mittelsmann)
   zum Erwerb eines Gegenstandes (Kunstwerke, Aktien usw.), weil er regelmäßig
   selbst nicht in Erscheinung treten will.[43] Zunächst erwirbt der Strohmann den
   Gegenstand selbst, ist jedoch zugleich auf Grund einer Abrede mit dem Hintermann verpflichtet, den Gegenstand an diesen weiterzuveräußern.[44] Gewollt
   ist also, dass der Gegenstand letztlich dem Hintermann zukommt. Selbst wenn
   der Veräußerer über die angestrebte Weiterveräußerung an den Hintermann
   Bescheid weiß und damit auch einverstanden ist, soll der erste Übertragungs-
   akt an den Strohmann grds. wirksam sein. Es soll also kein Direkterwerb des
   Hintermannes stattfinden, welcher durch den Erwerb des Strohmannes verdeckt
   würde. Nur wenn zwischen Strohmann und Geschäftspartner Einigkeit darüber
   besteht, dass den Strohmann keine Rechtswirkungen treffen sollen, ist § 117
   BGB einschlägig.[45]
3. **Umgehungsgeschäft:**[46] Schließlich gibt es Konstellationen, in denen die Parteien rechtliche Hindernisse, Verbote oder Belastungen dadurch zu vermeiden
   versuchen, dass sie den gleichen rechtlichen oder wirtschaftlichen Erfolg mit
   Hilfe anderer rechtlicher Gestaltungsformen verwirklichen wollen. Damit der

---

[41] RG v. 19.02.1937, RGZ 153, 366, 368 f.; Staudinger/*Singer* § 117 Rn. 20. – Nach § 137 S. 1
BGB wäre die abredewidrige Weiterveräußerung trotz des schuldrechtlichen Verfügungsverbots
dennoch wirksam.

[42] Vgl. BGH v. 28.10.2011, NJW-RR 2012, 18.

[43] Vgl. BGH v. 02.12.1958, NJW 1959, 332, 333.

[44] BGH v. 02.12.1958, NJW 1959, 332, 333; Staudinger/*Singer* § 117 Rn. 17.

[45] BGH v. 12.12.2012, BeckRS 2013, 01095; BGH NJW-RR 2007, 1209, 1210; BGH v. 22.10.1981,
NJW 1982, 569, 570; *Medicus* Rn. 603.

[46] Vgl. zum Umgehungsgeschäft § 11 Rn. 15 f.

Umgehungsversuch überhaupt Erfolg versprechen kann, muss die erstrebte Rechtsfolge auch wirksam herbeigeführt werden, weshalb ein Scheingeschäft ausscheidet.[47]

Beispiel:[48] Kfz-Händler Arndt vermittelt Kaufverträge über Gebrauchtfahrzeuge zwischen Verbrauchern. Würde er die Fahrzeuge zunächst selbst erwerben, um sie anschließend gewinnbringend an Verbraucher zu verkaufen, wäre er beim Verkauf den harten Vorgaben der §§ 474 ff. BGB unterworfen. Aus diesem Grund kommt es ihm gerade darauf an, nur als Vermittler aufzutreten (Agenturgeschäft), so dass ein Kaufvertrag nur zwischen den Verbrauchern zustande kommt und er nur am wirtschaftlichen Erfolg des Verkäufers teilhat. Diese Vorgehensweise stellt unter bestimmten Umständen eine (rechtlich zu missbilligende) Umgehung der §§ 474 ff. BGB dar. Die von Arndt beabsichtigte Umgehung ist jedoch allenfalls dann erfolgsversprechend, wenn der Vermittlungsvertrag auch wirksam ist, die Erklärungen also bindend sind, weshalb kein Scheingeschäft vorliegt.

II. Unbewusste Nichtübereinstimmung

1. Allgemeines

21   Die praktische Bedeutung der Fälle eines bewussten Auseinanderfallens von Wille und Erklärung ist eher gering.[49] Von deutlich größerer **Bedeutung** sind Fälle, in denen der wirksam gewordene Erklärungsinhalt unbewusst vom wirklich gebildeten Willen abweicht (Inhalts-, Erklärungs- und Übermittlungsirrtümer). Den Widerstreit zwischen dem Schutz der Selbstbestimmung und dem Verkehrsschutz löst das Gesetz hier dahin auf, dass der erklärte Wille rechtlich wirksam wird, auch wenn er nicht mit dem wirklich gebildeten Willen übereinstimmt. Allerdings kann sich der Erklärende durch Abgabe einer Gestaltungserklärung rückwirkend von seiner Erklärung lösen (**Anfechtung**).[50] Hierin besteht der Unterschied zu den bewusst herbeigeführten Abweichungen von Wille und Erklärung, die – soweit beachtlich – zur Nichtigkeit der Erklärung führen. In den Fällen des unbewussten Auseinanderfallens von Wille und Erklärung wird dem Erklärenden nachträglich die Entscheidung ermöglicht, die durch die Erklärung ausgelösten Bindungen für und gegen sich gelten zu lassen oder sich von diesen zu lösen. Anders als bei der bewussten Abweichung hat sich der Irrende hier im Vorfeld noch keine Gedanken darüber gemacht, ob er die Erklärung, wie sie wirksam geworden ist, für und gegen sich gelten lassen will. Dem Vertrauensschutz des Erklärungsempfängers trägt das Gesetz dadurch Rechnung, dass der Irrende seine Entscheidung über die Lösung zeitnah treffen (vgl. § 121 BGB) und dem Erklärungsempfänger denjenigen Schaden ersetzen

---

[47] *Wolf/Neuner* § 40 Rn. 29.
[48] Vgl. BGH v. 26.01.2005, NJW 2005, 1039.
[49] Praktisch bedeutsam ist vor allem § 117 BGB beim Schwarzkauf von Grundstücken.
[50] Zur Wirkung der Anfechtung siehe unten Rn. 104 ff.

muss, den dieser auf Grund seines enttäuschten Vertrauens in die Wirksamkeit der Erklärung erleidet (vgl. § 122 BGB).[51]

Wille und Erklärung fallen auseinander, wenn der nach Auslegungsgrundsätzen **22** bestimmte Erklärungsinhalt nicht mit demjenigen Willen übereinstimmt, den der Erklärende verlautbaren wollte. Dementsprechend kann das Vorliegen eines Irrtums erst festgestellt werden, nachdem die Willenserklärung ausgelegt wurde. Es gilt die Regel: **Auslegung geht vor Anfechtung.**[52] Da bei nichtempfangsbedürftigen Willenserklärungen die Auslegung den hinter der Erklärung stehenden, zur Erklärung vorgesehenen wirklichen Willen erforscht (vgl. § 133 BGB), ist ein Auseinanderfallen von Wille und Erklärung hier nicht denkbar. Versteht der Empfänger einer empfangsbedürftigen Erklärung den Erklärenden jedoch nicht so, wie dieser verstanden werden wollte, ist die Erklärung normativ auszulegen.[53] Danach können normative Erklärungsbedeutung und wirklicher Wille auseinanderfallen. Dies kann ein Anfechtungsrecht für den Erklärenden begründen.

Für das Auseinanderfallen von wirksam gewordener Erklärung und gebildetem **23** Willen benennt das Gesetz drei Ursachen:

1. § 119 Abs. 1 Alt. 1 BGB (**Inhaltsirrtum**): Auswahl eines unrichtigen Erklärungszeichens zur Verlautbarung des Willens.
2. § 119 Abs. 1 Alt. 2 BGB (**Erklärungsirrtum**): Setzung eines unrichtigen Erklärungszeichens infolge Störung des Erklärungsvorgangs.
3. § 120 BGB (**Übermittlungsfehler**): Verfälschung der richtig abgegebenen Erklärung bis zu deren Zugang.

2. Erklärungsirrtum

Der von § 119 Abs. 1 Alt. 2 BGB beschriebene Erklärungsirrtum zeichnet sich da- **24** durch aus, dass sich der Erklärende bei der Kundgabe seines Willens irrtümlicherweise eines eigentlich ungewollten Erklärungszeichens bedient, was regelmäßig durch **Versprechen, Verschreiben, Vergreifen oder Vertippen** geschieht.[54] Dabei ist ihm an sich bekannt, wie der Empfänger das verwendete Erklärungszeichen verstehen wird und dass die geäußerten Erklärungszeichen nicht seinen tatsächlichen Willen wiedergeben. Auf Grund eines der beispielhaft aufgezählten oder eines vergleichbaren Versehens bleibt ihm dies bei Abgabe der Erklärung jedoch verborgen.

Beispiele: (1) Bert will beim Pizzaservice Pronto eine Pizza Milano bestellen. Diese ist in der Bestellkarte mit Nr. 202 bezeichnet. Als Bert bei Pronto über das Internet bestellt, führt sein großer Hunger dazu, dass er sich vertippt und statt wie beabsichtigt „202" die Zahl „220" eingibt. Pronto liefert daraufhin eine Pizza Vegetarisch auf Vollkornteig. (2) Arndt gibt in das Warenwirtschaftssystem seines Onlineshops zutreffend den Verkaufspreis für ein Notebook mit 2.650 € ein. Der Verkaufspreis wird jedoch aufgrund eines Programmie-

---

[51] Siehe unten Rn. 78 ff.

[52] *Larenz/Wolf* § 36 Rn. 30; *Wolf/Neuner* § 41 Rn. 11.

[53] Siehe hierzu oben § 8 Rn. 19 ff.

[54] Vgl. den Fall BayObLG v. 16.03.2000, NJW-RR 2000, 1036.

rungsfehlers verfälscht und gegenüber Käufern mit 245 € angegeben. Auch hier liegt ein Fehler in der Erklärungshandlung vor.[55]

3. Falschübermittlung

25 Mit dem Erklärungsirrtum verwandt sind die Fälle des § 120 BGB. Der **Fehler**, der zum Zugang einer nicht dem Willen des Erklärenden entsprechenden Erklärung führt, **unterläuft** jedoch **der Übermittlungsperson** (Bote). Einschlägig ist § 120 BGB, wenn der Erklärende zur Kundgabe seines rechtsgeschäftlichen Willens zunächst die richtigen Erklärungszeichen gewählt und sich dieser anschließend fehlerfrei entäußert hat. Die Abgabe der Willenserklärung erfolgt jedoch nicht unmittelbar gegenüber ihrem Adressaten. Vielmehr schaltet der Erklärende eine seiner Risikosphäre zurechenbare Übermittlungshilfe („verwendete Person oder Einrichtung") ein. Diese verfälscht den Inhalt der Erklärung, wobei unerheblich ist, ob es zu kleineren Abweichungen oder einer vollständigen Sinnverkehrung kommt. Soweit die Übermittlungsperson der Risikosphäre des Erklärenden zuzurechnen ist, wird die Erklärung nach allgemeinen Grundsätzen mit dem Inhalt wirksam, mit dem sie ihrem Empfänger zugeht. Dies dient dem Schutz des Erklärungsempfängers. Zur Fehlerkorrektur steht dem Erklärenden jedoch ein Anfechtungsrecht zu. Dies trägt seiner Selbstbestimmung Rechnung.

> **Beispiel:** Arndt will per Telegramm bei Bert 500 Schweinehälften bestellen. Er füllt auf seinem Postamt den Telegrammschein aus und schreibt: „Ich möchte bei Ihnen 500 Schweinehälften bestellen. Gruß A." Durch einen Übermittlungsfehler der Post erreicht Bert jedoch ein Telegramm mit dem Inhalt: „Ich möchte bei Ihnen 5000 Schweinehälften bestellen. Gruß A." Arndt hat hier seinen Willen zunächst fehlerfrei erklärt. Infolge des Übermittlungsfehlers der Post geht Bert aber ein anderer Erklärungsinhalt zu, auf welchen Bert vertraut. Um dieses Vertrauen zu schützen, wird die Erklärung mit dem von Bert vernommenen Inhalt wirksam. Arndt kann sich jedoch nach § 120 BGB durch Anfechtung von seiner Erklärung lösen.

26 Die Anwendbarkeit des § 120 BGB setzt voraus, dass die Übermittlungsperson auch tatsächlich zur Übermittlung einer vorhandenen Erklärung eingesetzt wurde (**Erklärungsbote**). Hieran fehlt es, wenn der Übermittler nach seinem äußeren Auftreten eine eigene Erklärung abgibt und damit Stellvertreter ist.[56] Hieran fehlt es weiter, wenn der Übermittlungsauftrag zwischenzeitlich wirksam widerrufen wurde.[57] Zudem muss die Einschaltung zur Übermittlung durch den Erklärenden erfolgt sein. Nur in diesem Fall ist es gerechtfertigt, dass der Erklärende das Risiko der Fehlübermittlung trägt. Deshalb wird nur in diesen Fällen die Erklärung mit dem Inhalt wirksam, der dem Empfänger zugeht, woraus sich das Anfechtungsbedürfnis ergibt. Schaltet umgekehrt der Empfänger andere Personen zur Entgegennahme von Erklärungen ein (**Empfangsboten**) und unterläuft diesen ein Fehler bei der Weiter-

---

[55] BGH v. 26.01.2005, NJW 2005, 976, 977.

[56] Siehe unten § 13 Rn. 25 ff.

[57] BGH v. 21.05.2008, NJW 2008, 2702, 2704 f.

gabe an den eigentlichen Empfänger, fällt dies in die Risikosphäre des Empfängers. Die Erklärung wird mit dem Inhalt wirksam, der dem Empfangsboten zugeht. Einer Anfechtung durch den Erklärenden bedarf es hier nicht, weil sein Wille so wirksam wird, wie er gebildet wurde. Im Anschluss kann jedoch dem Adressaten der Erklärung ein Anfechtungsrecht zustehen, wenn er seinerseits eine auf die falsch verstandene Willenserklärung aufbauende Erklärung abgibt (z. B. Annahme eines durch einen Empfangsboten falsch übermittelten Antrags).

> **Beispiel:** Grds. kann man eine Sekretärin als dazu bestimmt ansehen, Erklärungen für ihren Chef entgegenzunehmen (Empfangsbote). Erklärt Arndt gegenüber der Sekretärin des Bert, er wolle zum Preis von 50 kaufen, und sagt die Sekretärin zu Bert, Arndt wolle zu 60 kaufen, gilt die Erklärung des Arndt mit dem Inhalt eines Kaufs zu 50. Der Fehler der Sekretärin geht zu Lasten des Bert, der die Fehlerquelle begründet hat, indem er diese in seinen Geschäftskreis eingeschaltet hat.

Die **h. M.** will dem Erklärenden die Fehlübermittlung allerdings nicht mehr zurechnen, wenn der Überbringer die Erklärung **bewusst verändert** hat.[58] Vielmehr wird davon ausgegangen, dass die Zurechnung der verfälschten Erklärung zum Erklärenden durch das bewusste Dazwischentreten des Übermittlers unterbrochen wird. Die verfälschte Erklärung bindet den Erklärenden nicht, weshalb kein Bedürfnis besteht, ihm ein Anfechtungsrecht einzuräumen. Der bewusst die Erklärung verfälschende Bote soll vielmehr vergleichbar einem Vertreter ohne Vertretungsmacht (*falsus procurator*) zu behandeln sein,[59] der eine gänzlich eigene Erklärung abgibt.[60] Dem Umstand, dass der Erklärende das Risiko der Verfälschung zumindest mitbegründet hat, trägt die h. M. dadurch Rechnung, dass dem Erklärungsempfänger nicht nur Ansprüche nach § 179 BGB gegen den Übermittler, sondern auch nach § 122 BGB gegen den Erklärenden zustehen sollen.[61] Der **h. M. ist allerdings nicht zu folgen.** Sie übersieht, dass sich die Abgrenzung von Stellvertretung und Botenschaft nicht nach dem inneren Willen des Handelnden, sondern nach dessen erkennbarem Auftreten richtet. Tritt der Handelnde wie ein Bote auf, gilt das Recht der Botenschaft. Hat der Erklärende einen Boten eingeschaltet, hat er das Risiko der Verfälschung begründet.[62] Er hat mindestens einen einer Anscheinsvollmacht[63] vergleichbaren Zurechnungsgrund geschaffen, weshalb es konsequent ist, ihn an die Erklärung mit ihrem verfälschten Inhalt zu binden. Der im Vergleich zur Stellvertretung geringeren Zurechnungskraft der Botenschaft wird dadurch Rechnung getragen, dass der Erklärende nach § 120 BGB anfechten kann. Dem auf Grund

27

---

[58] BGH v. 19.11.1962, WM 1963, 165, 166; *Flume*, AT II, § 23 Ziffer 3, S. 456; *Larenz/Wolf* § 36 Rn. 18. – A. A. MünchKommBGB/*Armbrüster* § 120 BGB Rn. 4; *Medicus* Rn. 748; Staudinger/ *Singer* § 120 Rn. 2 ff. – Offen gelassen von BGH v. 21.05.2008, NJW 2008, 2702, 2704 f.

[59] Siehe unten § 13 Rn. 96 ff.

[60] OLG Oldenburg v. 19.01.1978, NJW 1978, 951, 951 f.; *Flume*, AT II, § 23 Ziffer 3, S. 456; *Larenz/Wolf* § 36 Rn. 18.

[61] Vgl. *Larenz/Wolf* § 36 Rn. 18.

[62] *Medicus* Rn. 748; Staudinger/*Singer*, § 120 Rn. 2 ff.

[63] Siehe hierzu unten § 13 Rn. 66 f.

einer Anscheinsvollmacht an das Handeln eines Vertreters gebundenen Vertretenen stünde dagegen kein Lösungsrecht zu.

4. Inhaltsirrtum

28   Im Fall des in § 119 Abs. 1 Alt. 1 BGB beschriebenen Inhaltsirrtums hat der Erklärende seinen Willen, bestimmte Rechtsfolgen herbeizuführen, zunächst fehlerfrei gebildet. Im Gegensatz zum Erklärungsirrtum hat die geäußerte Erklärung auch genau den Inhalt, den sich der Erklärende vor der Kundgabe seines Willens zurechtgelegt hatte. Ein Fehler ist jedoch dadurch entstanden, dass er sich zur Kundgabe seines Geschäftswillens **Erklärungszeichen** zurecht gelegt hat, welche aus der für die Auslegung maßgeblichen Sicht eines objektiven Erklärungsempfängers eine abweichende, **von ihm nicht erkannte Bedeutung** besitzen.

> **Beispiel:** Arndt, der seinen Urlaub bislang stets individuell verbracht hatte, will zum ersten Mal eine Pauschalreise unternehmen. Daher bucht er beim Reiseunternehmen Reisen-rund-um-die-Uhr für sich und seine Ehefrau 14 Tage Mallorca im Doppelzimmer. Der Reisekatalog enthielt folgende Angabe: „Preis für 14-Tage Übernachtung im Doppelzimmer 598 €". Da Arndt der Meinung ist, im Doppelzimmer schliefen nur Ehepaare, geht er davon aus, die Reise kostete für ihn und seine Ehefrau zusammen 598 €. Das Reiseunternehmen durfte die Erklärung des Arndt jedoch dahingehend verstehen, er wolle zum Katalogpreis buchen. Dieser bedeutet aber entsprechend der Verkehrssitte, dass pro Person ein Reisepreis von 598 € zu entrichten ist. Geschäftswille des Arndt und normativer Erklärungsinhalt fallen auseinander.

29   Typische Ursachen für Inhaltsirrtümer sind die Verwendung von ungebräuchlichen Fachbegriffen oder einer nicht ausreichend beherrschten Fremdsprache. Denkbar ist auch, dass der Empfänger eines Vertragsangebots dieses falsch versteht und dennoch die Annahme erklärt, obwohl er hiervon bei richtiger Wahrnehmung abgesehen hätte.

> **Beispiel:**[64] Die Konrektorin einer Mädchenrealschule hat für diese „25 Gros Rollen" Toilettenpapier bestellt. Vergleichbar dem Wort „Dutzend", welches für die Zahl 12 steht, steht das Wort „Gros" objektiv für 12 mal 12 = 144. Objektiver Erklärungsinhalt war danach der Antrag auf Kauf von 3.600 Rollen Toilettenpapier, eine Menge, die den Bedarf der Schule über mehrere Jahre gedeckt hätte. Gemeint hat die Konrektorin dagegen, dass der Begriff „Gros" eine Bezeichnung der Verpackungsart sei. Sie wollte nur 25 Rollen für die Schultoiletten bestellen und hat diesen Geschäftswillen durch Auswahl eines ungeeigneten, weil dessen Beutung missverstehenden Erklärungszeichens fehlerhaft erklärt.

---

[64] Vgl. LG Hanau v. 30.06.1978, NJW 1979, 721.

C. Fehlerhafte Willensbildung

I. Eigenschaftsirrtum

Während eine unbewusste Abweichung der Erklärung vom tatsächlichen Willen **30** stets als beachtlich angesehen wird und deshalb zur Anfechtung berechtigt, sind Irrtümer, welche den Prozess der Willensbildung betreffen (**Motivirrtümer**), grds. unbeachtlich. Dies rechtfertigt sich daraus, dass diese Irrtümer der Erklärung vorgelagert sind und sich für den Erklärungsempfänger schwieriger erkennen lassen. Würden sie unbeschränkt als beachtlich behandelt, wäre ein geordneter Rechtsverkehr kaum möglich. Abweichungen hiervon könnten sich aber aus § 119 Abs. 2 BGB ergeben, der den Irrtum über die verkehrswesentliche Eigenschaft einer Person oder Sache (Eigenschaftsirrtum) zu einem Irrtum über den Inhalt der Erklärung erklärt.

1. Eigenschaftsirrtum als Inhalts- oder Erklärungsirrtum

Umstritten ist das richtige **Verständnis der Vorschrift** des § 119 Abs. 2 BGB, wel- **31** che der historische Gesetzgeber erst im laufenden Gesetzgebungsverfahren ohne klar erkennbares Konzept eingefügt hat.[65] Da bloße Motivirrtümer[66] die Wirksamkeit einer Erklärung im Interesse des Verkehrsschutzes nicht berühren sollen, wird die nur fehlerhafte Vorstellung des Erklärenden von den Eigenschaften der Sache oder der Person nach **teilweiser Ansicht** als irrelevant angesehen, weshalb ein Anfechtungsrecht nach § 119 Abs. 2 BGB nicht begründet würde. Relevant i. S. d. § 119 Abs. 2 i. V. m. Abs. 1 BGB und damit das Anfechtungsrecht begründen würde dieser Irrtum danach erst, wenn die vom Erklärenden angenommene Eigenschaft zum Erklärungsinhalt gemacht werden sollte, indem der Erklärende davon ausging, mit dem von ihm ausgewählten Erklärungszeichen werden zugleich bestimmte Eigenschaften zum Ausdruck gebracht.[67] Danach wäre ein Eigenschaftsirrtum nur beachtlich, wenn er zugleich ein Inhaltsirrtum ist.

> **Beispiel:**[68] Kristin besucht das Gestüt „Zur goldenen Mähne" im Leipziger Umland, um sich ein Pferd auszusuchen, das sie anschließend kaufen will. Sie entscheidet sich für das von ihr angesehene Pferd „Cindy", weil sie irrigerweise davon ausgeht, dieses Pferd habe im vergangenen Jahr das Derby auf der Rennbahn des Leipziger Scheibenholzes gewonnen. Der von Kristin gebildete Geschäftswille, das gesehene Pferd „Cindy" zu kaufen, ist fehlerfrei erklärt worden. Nach der eben beschriebenen Ansicht ist der vorliegende Fehler im Willensbildungsprozess (Motivirrtum) trotz § 119 Abs. 2 BGB unbeachtlich. – Stellt man sich den Sachverhalt dagegen leicht abgewandelt so vor, dass sich Kristin entschließt,

---

[65] Vgl. *Flume*, AT II, § 24 Ziffer 1, S. 472 ff.; *Medicus* Rn. 767.

[66] Siehe oben Rn. 2.

[67] *Flume*, AT II, § 24 Ziffer 2, S. 474 ff.; *Medicus* Rn. 770. – Tendenziell auch AG München v. 03.02.2011, BeckRS 2011, 04595.

[68] Vgl. *Titze*, Vom sogenannten Motivirrtum, 1956, S. 18 f.

ohne Besuch des Gestüts das Siegerpferd des letztjährigen Derbys zu erwerben und sie dabei glaubt, das Siegerpferd trage den Namen „Cindy", obwohl der Derbysieger „Lorelei" heißt, hat Kristin ihren fehlerfrei gebildeten Geschäftswillen durch ein hierzu ungeeignetes Erklärungszeichen verlautbart, wenn sie erklärt, sie wolle „Cindy" kaufen. Kristin wollte das Siegerpferd durch die Nennung des Namens individualisieren. Sie unterlag zunächst in Bezug auf das Pferd „Cindy" einem Eigenschaftsirrtum, der in Bezug auf ihren Geschäftswillen zugleich ein Inhaltsirrtum und deshalb nach § 119 Abs. 2 i. V. m. Abs. 1 BGB beachtlich ist.

32 Die **h. A.** versteht § 119 Abs. 2 BGB dagegen nicht als Unterfall der erklärungsbezogenen Irrtümer. Sie geht davon aus, dass § 119 Abs. 2 BGB der Willensäußerung vorgelagerte Fälle einer unzutreffenden Willensbildung erfasst.[69] Danach erklärt § 119 Abs. 2 BGB den Eigenschaftsirrtum als **Motivirrtum** ausnahmsweise[70] für **beachtlich**. Als Begründung wird angeführt, dass mit der Wendung „gilt" das Gesetz verdeutlicht, dass ein im Übrigen unbeachtlicher Motivirrtum ausnahmsweise Beachtung finden soll und stellt ihn deshalb unter bestimmten Voraussetzungen dem Inhaltsirrtum gleich. Einer solchen gesetzlichen Fiktion bedürfte es nicht, wenn § 119 Abs. 1 BGB ohnehin anwendbar ist.

2. Eigenschaften einer Person oder Sache

33 **Bezugspunkt des Irrtums** sind die Eigenschaften einer Person oder Sache. Unter Personen versteht das Gesetz sowohl die natürlichen als auch die juristischen Personen.[71] Der Begriff der Sache ist dagegen nicht auf das Verständnis des § 90 BGB beschränkt.[72] Vielmehr reicht der Sachbegriff des § 119 Abs. 2 BGB weiter und umfasst über die körperlichen Gegenstände hinaus sämtliche denkbaren Rechtsobjekte, weshalb auch Rechte hierzu zu zählen sind.

34 Das Verständnis der h. A. vom Wesen des § 119 Abs. 2 BGB gebietet eine sachgerechte Eingrenzung der anfechtungsrelevanten Motivirrtümer. Diese wird insbesondere im **Begriff der Eigenschaft** gesucht. In langer Tradition hat die Rspr. den Begriff der Eigenschaft dahingehend definiert, dass Eigenschaften alle Merkmale sind, die die Person oder Sache nicht nur vorübergehend, sondern mit einer gewissen Beständigkeit und Dauer entsprechend ihrer Lebensdauer kennzeichnen und im Verkehr für ihre Wertschätzung und Verwendbarkeit von Bedeutung sind.[73] Sie können im natürlichen Zustand einer Sache oder Person, aber auch in deren Beziehung zur Umwelt wurzeln, wenn sie in der Sache oder Person selbst ihren Grund haben, von ihr ausgehen und den Gegenstand kennzeichnen oder näher beschreiben. Da der Wert oder Preis einer Sache von der Einstufung durch die Marktteilnehmer

---

[69] Vgl. BGH v. 22.09.1983, BGHZ 88, 240, 246; *Bork* Rn. 844 ff., 860 ff.; *Larenz/Wolf* § 36 Rn. 35 ff.

[70] Vgl. zum Grundsatz oben Rn. 30.

[71] Vgl. zu den Personen § 21 Rn. 1 ff.

[72] Vgl. zu den Sachen i. S. d. §§ 90 ff. BGB unten § 23 Rn. 10 ff.

[73] RG v. 22.11.1935, RGZ 149, 235, 238 f.; BGH v. 14.12.1960, NJW 1961, 772, 775; *Larenz/Wolf* § 36 Rn. 38.

(Angebot und Nachfrage) abhängig und durch Eigenschaften der Sache bestimmt ist, ist er selbst keine Eigenschaft.

Beispiele: Eigenschaften einer **Person** sind z. B. Geschlecht, Alter, Vertrauenswürdigkeit, Ausbildung, Kreditwürdigkeit. Keine Eigenschaft einer Frau ist grds. die Schwangerschaft, weil es sich um einen vorübergehenden Zustand handelt.[74] Eigenschaft einer **Sache** ist z. B. die Bebaubarkeit eines Grundstücks, auf Grund fehlender Unmittelbarkeit nicht aber die Zahlungsfähigkeit der Mieter bei Kauf eines Mietshauses. Auf der gleichen Linie liegt die Annahme, dass die wirtschaftlichen Verhältnisse eines Grundstücks keine Eigenschaften der an dem Grundstück bestellten Hypothek sind,[75] obwohl der Wert der Hypothek durch die Werthaltigkeit des Grundstücks bestimmt wird.

3. Verkehrswesentlich

a) Grundsatz

Eine dem Verkehrsschutz widersprechende Ausuferung der Anfechtungsmöglich-keiten vermeidet das Gesetz dadurch, dass sich der Irrtum auf eine verkehrswesent-liche Eigenschaft beziehen muss. Erforderlich ist danach zunächst, dass die Sa-che oder Person, über deren Eigenschaften sich der Erklärende irrt, in irgendeiner **Beziehung zum Geschäft** steht. Dies schließt allerdings nicht aus, dass neben dem Erklärungsempfänger auch die Person eines Dritten für das Geschäft relevant sein und ein in Bezug auf sie bestehender Irrtum ggf. zur Anfechtung berechtigen kann. Z. B. kann für den Darlehensgeber bei Abgabe seiner Erklärung zum Darlehensver-trag die Solvenz eines vom Darlehensnehmer angebotenen Bürgen von erheblicher Bedeutung sein.[76] **35**

Aber auch darüber hinaus begründen Irrtümer über unbedeutende Faktoren kein Recht zur Anfechtung. Hierdurch soll vor allem vermieden werden, dass Rechts-geschäfte nachträglich wegen sämtlicher Umstände beseitigt werden, die allein in der Vorstellung des Erklärenden vorhanden waren.[77] Die Verkehrswesentlichkeit bestimmt sich zunächst nach dem **konkreten Geschäft**. Die Vertragsparteien kön-nen also einer Eigenschaft über das Maß des Üblichen hinaus einen gewissen Be-deutungsgehalt zumessen, wodurch die Eigenschaft den Grad der Verkehrswesent-lichkeit erlangt. Der Erklärungsempfänger ist nicht schutzbedürftig, wenn ihm die Wesentlichkeit einer Eigenschaft bekannt ist und er sich mit dieser Maßgabe auf das Rechtsgeschäft einlässt. Auf der Grundlage der h. A.[78] ist aber nicht erforderlich, **36**

---

[74] Vgl. BAG v. 06.02.1992, NJW 1992, 2173, 2174. – In Bezug auf ein zeitlich ebenfalls nur vo-rübergehend begründetes Arbeitsverhältnis kann die Schwangerschaft dagegen eine Eigenschaft sein. Sie ist allerdings aufgrund der Wertungen des AGG nicht verkehrswesentlich, vgl. Rn. 38.

[75] Vgl. RG v. 22.11.1935, RGZ 149, 235, 238 f.

[76] Siehe aber unten Rn. 37.

[77] Hieraus leiten z. B. *Flume*, AT II, § 24 Ziffer 2, S. 474 ff.; *Medicus* Rn. 770 ab, dass stets er-forderlich ist, dass die betreffende Eigenschaft auch tatsächlich ihren Niederschlag im Geschäft gefunden hat oder dies zumindest versucht wurde.

[78] Siehe oben Rn. 32.

dass der Erklärende zum Ausdruck gebracht hat, dass eine Eigenschaft für ihn wesentlich ist oder er dies zumindest versucht hat.[79] Soweit es bei den Parteien an hinreichend konkreten Vorstellungen über die Bedeutung einer Eigenschaft fehlt, ist subsidiär entscheidend, ob der Verkehr bei Geschäften von der typischen Eigenart des jeweils betroffenen Geschäfts der Eigenschaft ein entscheidendes Gewicht beimisst. Maßgeblich ist also, was **üblicherweise** bei einem solchen Geschäft als entscheidende Eigenschaften von den Parteien angesehen wird. Im Rahmen dieses erweiterten Maßstabes ist es dann aber nach ganz überwiegender Auffassung unerheblich, ob der Erklärungsempfänger die Wesentlichkeit dieser Eigenschaft im konkreten Fall kannte.

> **Beispiel:**[80] Albert beauftragt Bert mit der Einäscherung seiner „Tochter" Frieda. Nach Einäscherung und Beisetzung der Urne ficht Albert den Einäscherungsvertrag an, weil er sich darüber geirrt habe, dass Frieda gar nicht seine Tochter sei. Es fehlt an einem Irrtum über eine verkehrswesentliche Eigenschaft einer Person. Zwar kann die Verwandtschaft zu einer Person eine Eigenschaft sein. Allerdings ist die Verwandtschaft für Einäscherungsverträge nicht verkehrswesentlich. Bedeutung für Einäscherungsverträge haben ggf. Größe und Gewicht des Toten, nicht aber seine Abstammung vom oder seine Verwandtschaftsverhältnisse zum Auftraggeber.

b) Risikogeschäfte

37 Die primäre Bedeutung der konkreten Vorstellungen der Parteien über die Verkehrswesentlichkeit gewinnt im Zusammenhang mit der Anfechtbarkeit von Risikogeschäften Bedeutung. Ebenso wie die Parteien einer Eigenschaft die Verkehrswesentlichkeit übereinstimmend beimessen können, sind sie umgekehrt in der Lage, einer Eigenschaft übereinstimmend keine Bedeutung beizumessen.

> **Beispiele:** (1)[81] Janne sieht auf dem Flohmarkt ein Gemälde, welches er für ein echtes, verschollen geglaubtes Werk von Rembrandt hält. Er kauft das Bild von Mikka für 50 € in der Hoffnung, dass es sich tatsächlich um ein Gemälde des großen Künstlers handelt. Später erfährt er jedoch, dass es sich in Wirklichkeit um das Bild eines völlig unbedeutenden Malers handelt. Die Urheberschaft eines Gemäldes ist eine Eigenschaft i. S. d. § 119 Abs. 2 BGB. Charakter eines Geschäfts auf dem Flohmarkt ist es jedoch, gewisse Risiken über die Qualität der angebotenen Gegenstände in Kauf zu nehmen. Der Käufer bringt gerade zum Ausdruck, dass ihm die Urheberschaft gleichgültig ist und deshalb nicht als verkehrswesentlich i. S. d. § 119 Abs. 2 BGB anzusehen ist. (2) Moritz schließt mit Wilhelm einen Bürgschaftsvertrag (vgl. § 765 Abs. 1 BGB). Er will gegenüber Wilhelm für dessen Forderungen gegen Max einstehen. Er entschließt sich hierzu wegen seiner langjährigen Freundschaft zu Max und weil er glaubt, Max verfüge ohnehin über ausreichende Vermögenswerte, so dass Wilhelm ihn niemals in Anspruch nehmen müsse. Tatsächlich ist Max völlig mittellos. Die Solvenz des Max ist eine Eigenschaft i. S. d. § 119 Abs. 2 BGB. Mit Erteilung der Bürgschaftserklärung bringt der Bürge aber gerade zum Ausdruck, dass

---

[79] *Köhler* § 7 Rn. 21. – Anders *Larenz/Wolf* § 36 Rn. 45; vgl. auch BGH v. 22.09.1983, BGHZ 88, 240, 246.

[80] AG München v. 03.02.2011, BeckRS 2011, 04595.

[81] Nach *Brox/Walker* Rn. 420; *Larenz/Wolf* § 36 Rn. 46.

er das Risiko des Ausfalls in Form der Vermögenslosigkeit auf Seiten des Hauptschuldners übernehmen will. Die Solvenz des Hauptschuldners ist deshalb nicht verkehrswesentlich.

c) Gesetzliche Wertungen

Bei der Frage nach der Verkehrswesentlichkeit einer Eigenschaft sind neben den gemeinsamen Vorstellungen der Parteien sowie der Verkehrsanschauung vor allem auch gesetzliche Wertungen zu berücksichtigen. **38**

> **Beispiel:** Macho stellt E. Galité für drei Monate als Vertretungskraft ein. Nach einem Monat teilt diese ihm mit, sie sei im vierten Monat schwanger und könne auf Grund einer Risikoschwangerschaft ihre Arbeit nicht mehr erbringen. Macho ficht seine Erklärung zum Abschluss des Arbeitsvertrags an, weil er sich über eine verkehrswesentliche Eigenschaft geirrt habe. Mag es sich bei der Schwangerschaft trotz ihres nur vorübergehenden Charakters in Bezug auf ein kurz befristetes Arbeitsverhältnis um eine Eigenschaft handeln,[82] ist diese jedoch im Hinblick auf die Vorgaben des Art. 3 Abs. 3 GG sowie des §§ 7, 1 AGG (Benachteiligung wegen des Geschlechts) nicht verkehrswesentlich.

II. Willensbeeinflussung durch Täuschung oder Drohung

Neben § 119 Abs. 2 BGB behandelt § 123 BGB weitere Ausnahmen von dem Grundsatz, dass Mängel der Willensbildung die Bindung an eine Willenserklärung unberührt lassen und auch nicht zur Anfechtung berechtigen. Die Vorschrift schützt die Freiheit der Willensbildung als Grundlage der Selbstbestimmung, indem sie in bestimmten Grenzen ein Anfechtungsrecht begründet, wenn der Vorgang der Bildung des Geschäftswillens durch äußere Einwirkungen anderer Personen, nämlich Täuschung oder Drohung, beeinträchtigt wurde. **39**

1. Arglistige Täuschung

Nach § 123 Abs. 1 Alt. 1 BGB kann seine Willenserklärung anfechten, wer zu ihrer Abgabe durch arglistige Täuschung bestimmt wurde. Grundlage des Anfechtungsrechts ist ein **bewusst herbeigeführter Motivirrtum** des Erklärenden. **40**

a) Täuschung über Tatsachen

Erforderlich ist zunächst eine Täuschung über Tatsachen. Notwendig ist das willentliche Verhalten eines Menschen, welches darauf abzielt, bei einem anderen, dem Erklärenden, eine unrichtige Vorstellung über Tatsachen hervorzurufen, zu bestärken oder zu unterhalten. Gegenstand der Täuschung können nur Tatsachen, d. h. alle **41**

---

[82] Siehe oben Rn. 34.

dem Beweis zugänglichen inneren und äußeren Umstände aus Vergangenheit und Gegenwart sein. Bloße **Werturteile,** wie bestimmte Werbeaussagen oder übertriebene Anpreisungen („das beste Waschmittel der Welt"), berechtigen deshalb nicht zur Anfechtung nach § 123 Abs. 1 Alt. 1 BGB.

42   Die Täuschung kann zunächst durch ein aktives (positives) Tun erfolgen. Ein solches **aktives Täuschungsverhalten** ist gegeben, wenn der Beeinflussende ausdrücklich das Bestehen einer nicht gegebenen Tatsache vorspiegelt, d. h. unrichtige Angaben über Tatsachen macht.

> **Beispiel:** Arndt will seinen alten Audi 80, Bj. 1980, Farbe beige, 340.000 km Laufleistung verkaufen. Um einen höheren Kaufpreis zu erzielen, sagt er zu Bert, der Wagen ist erst 120.000 km gelaufen. Dies wird durch einen defekten Kilometerzähler untermauert, der bei 120.000 km stehen geblieben ist.

43   Ebenfalls um ein aktives Täuschen und nicht um ein Täuschen durch Unterlassen handelt es sich, wenn nicht gegebene **Tatsachen konkludent vorgespiegelt,** d. h. zum Ausdruck gebracht werden.

> **Beispiel:** Ein Kunde verabschiedet sich in der Boutique und flucht über den Regen draußen. Darauf entgegnet der Verkäufer, er könne ihm den Kauf eines „Regenschirms" anbieten. Tatsächlich handelt es sich bei diesem um ein für Regen völlig ungeeignetes Ausstellungsstück, welches sich beim ersten Kontakt mit Wasser auflöst, was der Verkäufer weiß. Auf Grund der Begleitumstände bringt der Verkäufer konkludent zum Ausdruck, dass der Schirm wasserdicht und -abweisend ist.

44   Eine **Täuschung** kann allerdings auch **durch Unterlassen** erfolgen, wenn eine Rechtspflicht zur Aufklärung über bestimmte Tatsachen besteht.[83] Eine allgemeine Pflicht zur Aufklärung über sämtliche Tatsachen, die für den Erklärenden entscheidungserheblich sein könnten, besteht allerdings nicht. Vielmehr beruht eine freiheitliche Marktwirtschaft u. a. darauf, dass jede Partei im Grundsatz ihren (vermeintlichen) Wissensvorsprung gegenüber der anderen Partei ausnutzen kann. Auf diese Weise funktionieren z. B. Aktienspekulationen. Der Käufer geht davon aus, dass er die Entwicklung eines Unternehmens (erwarteter Gewinnsprung) besser beurteilen kann als der Verkäufer und der von ihm gezahlte Preis daher vorteilhaft ist. Umgekehrt geht der Verkäufer davon aus, dass er das Unternehmen und seine Entwicklung (erwartete Gewinnstagnation) besser beurteilen kann und der Verkauf zum jetzigen Zeitpunkt und zum jetzigen Kurs vorteilhaft ist. In Einzelfällen kann sich jedoch **aus Treu und Glauben** eine **Aufklärungspflicht ergeben.**[84] Dies ist der Fall, wenn ein Umstand für den Erklärenden offensichtlich von besonderer, entscheidungserheblicher Bedeutung ist und er deshalb nach Treu und Glauben eine Offenlegung erwarten durfte. Eine entsprechende Verpflichtung darf nicht vorschnell angenommen werden. Vielmehr ist der vorstehend skizzierte Grundsatz hinreichend zu berücksichtigen. Gesteigerte Aufklärungspflichten werden allerdings vor allem bei Geschäften angenommen, deren Vollzug durch ein besonderes

---

[83] BAG v. 06.09.2012, NJW 2013, 1115, 1116.
[84] RG v. 07.07.1925, RGZ 111, 233, 234.

Vertrauensverhältnis geprägt ist (z. B. Gesellschaftsverträge).[85] Die Rspr. erblickt
jedoch auch im Rahmen einzelner Umsatzgeschäfte gewisse Aufklärungspflichten,
wenn das Aufklärungsbedürfnis offensichtlich und bei Abwägung der Interessen
schutzwürdig ist.[86]

> **Beispiel:**[87] Arndt möchte vom Gebrauchtwagenhändler Geerd einen günstigen Pkw kaufen.
> Er entscheidet sich für das von Geerd angepriesene Schnäppchen. Allerdings verschweigt
> Geerd, dass der ausgewählte Wagen bereits einen schweren, die Fahrsicherheit beeinträch-
> tigenden Unfall hatte. Da die Eigenschaft eines Gebrauchtwagens als Unfallwagen für den
> Käufer von besonderer Wichtigkeit ist, besteht für Geerd eine Aufklärungspflicht aus § 242
> BGB. Wegen des Verschweigens des zurückliegenden Unfalls hat Geerd durch Unterlassen
> getäuscht.

b) Irrtum und Kausalität

Das Täuschungsverhalten muss ursächlich zu einem (Motiv-) Irrtum des Erklären-   **45**
den führen, wobei eine **Mitverursachung genügt**. Unerheblich ist, ob der Erklärende das Vorliegen einer Täuschung hätte erkennen müssen. Der durch die Täuschung
verursachte Irrtum muss auch keine besondere Qualität dahingehend aufweisen,
dass es sich um einen solchen i. S. d. § 119 BGB handelt. Notwendig ist lediglich,
dass der Irrtum bei Abgabe der Willenserklärung fortbestand und für deren Abgabe
zumindest mitbestimmend war.

c) Arglist

Ferner muss die Täuschung arglistig erfolgt sein. Dies ist der Fall, wenn der Täu-   **46**
schende vorsätzlich gehandelt hat. Er muss daher die Unrichtigkeit seiner Angaben
gekannt haben und sich ferner im Klaren darüber gewesen sein, dass sein Gegenüber die beabsichtigte Willenserklärung bei Kenntnis der richtigen Sachlage nicht
in der konkreten Gestalt abgeben würde.[88] Dabei genügt jedoch bedingter Vorsatz.[89]
Das Recht zur Anfechtung ist deshalb z. B. auch dann gegeben, wenn der Täuschende die Unrichtigkeit der behaupteten Tatsachen für möglich hält und dennoch
billigend in Kauf nimmt, d. h. Angaben „ins Blaue hinein" tätigt.

> **Beispiel:** Arndt erblickt im Antiquitätengeschäft des Bert ein altes Fußballtrikot der
> „Königlichen" mit der Aufschrift „Schuster", wobei es sich lediglich um einen alten Wer-
> beartikel handelt, der nie ein Stadion von innen gesehen hat. Arndt fragt daraufhin, ob die-
> ses Trikot tatsächlich vom „blonden Engel" getragen wurde. Bert weiß es nicht, entgegnet
> jedoch, das Trikot habe tatsächlich Bernd Schuster getragen. Hocherfreut erwirbt Arndt das

---

[85] *Larenz/Wolf* § 37 Rn. 8.

[86] Vgl. für bloß finanzierende und nicht beratende Bank BGH v. 05.06.2012, NJW-RR 2012, 167, 168 f.

[87] Vgl. BGH v. 03.03.1982, NJW 1982, 1386; *Brox/Walker* Rn. 451.

[88] BGH v. 08.12.1999, NJW 2000, 2497, 2499; BGH v. 03.02.1998, NJW-RR 1998, 904, 905.

[89] BAG v. 06.09.2012, NJW 2013, 1115, 1116.

Trikot. Bert handelte arglistig, weil er es für möglich hielt, dass das Trikot tatsächlich nicht
von Bernd Schuster stammt und er wusste, dass Arndt in diesem Fall kein Kaufinteresse
bekunden würde.

47   Da § 123 BGB ausschließlich dem Schutz der Entschließungsfreiheit dient und
keine Ausprägung des Vermögensschutzes darstellt, ist anders als im Rahmen des
strafrechtlichen Betrugstatbestands (vgl. § 263 StGB) **nicht erforderlich**, dass der
Täuschende mit **Schädigungsvorsatz** handelt.

d) Widerrechtlichkeit

48   Obwohl der Wortlaut des § 123 Abs. 1 BGB das Merkmal der Widerrechtlichkeit
nur für die Alternative der Drohung, nicht aber für die Täuschung vorsieht, besteht
Einigkeit darüber, dass auch das Anfechtungsrecht wegen arglistiger Täuschung ein
widerrechtliches Verhalten auf Seiten des Täuschenden voraussetzt. Zu Unrecht
gingen die Väter des BGB davon aus, dass jede arglistige Täuschung widerrechtlich
ist. Sie haben nicht gesehen, dass unter bestimmten Voraussetzungen die Falsch-
beantwortung einer Frage gerechtfertigt sein kann.

> **Beispiel:** Macho ist auf der Suche nach einer Bürokraft, die sein Sekretariat führt. Auf ein
> entsprechendes Zeitungsinserat bewarb sich die Bürokauffrau E. Manze. Im Bewerbungs-
> gespräch antwort E. Manze auf die Frage des Macho, ob sie schwanger sei, wahrheitswidrig
> mit „Nein". Macho stellt E. Manze ein. Fünf Monate später offenbart sie ihm die Schwan-
> gerschaft und weist gleichzeitig darauf hin, dass sie nun nicht mehr arbeiten dürfe.[90] Macho
> ficht den Arbeitsvertrag wegen arglistiger Täuschung an. Seine Anfechtung bleibt ohne
> Erfolg, weil die arglistige Täuschung nicht widerrechtlich erfolgte.[91] Dies ergibt sich dar-
> aus, dass die Frage nach der Schwangerschaft eine unzulässige mittelbare Geschlechter-
> diskriminierung darstellt und deshalb unzulässig war.[92] Unzulässige Fragen müssen nicht
> beantwortet werden. In diesem Fall hätte Macho nach allgemeiner Lebenserfahrung die
> Einstellung ebenso abgelehnt wie im Falle einer wahrheitsgemäßen Antwort. Deshalb wird
> der Schutz vor unzulässigen Fragen dadurch gewährleistet, dass im erforderlichen Umfang
> ein „Recht zur Lüge" besteht, welches die Täuschung rechtfertigt.

e) Person des Täuschenden

49   Nach § 123 Abs. 1 BGB besteht das Anfechtungsrecht im Falle täuschungsbeein-
flusster Willensbildung im **Grundsatz** unabhängig davon, wer (Geschäftspartner
oder Dritter) die Täuschung begangen hat. Allerdings schränkt § 123 Abs. 2 BGB
für empfangsbedürftige Willenserklärungen das Anfechtungsrecht in Abhängigkeit
von der Person des Täuschenden ein. Diese **Ausdifferenzierung** dient einem angemessenen Ausgleich der widerstreitenden Interessen des Erklärenden (Privatautonomie) sowie des Erklärungsempfängers (Vertrauensschutz).

---

[90] Vgl. § 3 Abs. 2 MuSchuG (Mutterschutzgesetz).

[91] BAG v. 05.12.1957, NJW 1958, 516, 517.

[92] Vgl. ausführlich hierzu *Boemke*, ArbR, § 3 Rn. 88 ff.

aa) Uneingeschränktes Anfechtungsrecht

Ohne Rücksicht auf die Person des Täuschenden sind **nicht empfangsbedürftige**   **50**
Willenserklärungen anfechtbar. Dies ergibt der Umkehrschluss aus § 123 Abs. 2
BGB, der gesteigerte Anforderungen nur hinsichtlich empfangsbedürftiger Willenserklärungen aufstellt. Zudem zeichnen sich nicht empfangsbedürftige Willenserklärungen dadurch aus, dass es an einem konkreten Adressaten fehlt, dessen Vertrauen
durch ein Zugangserfordernis zu schützen ist.

Für **empfangsbedürftige Willenserklärungen** beschränkt § 123 Abs. 2 BGB   **51**
die Anfechtung nicht, wenn deren Empfänger selbst die Täuschung verübt hat. Der
Erklärungsempfänger ist ersichtlich nicht Dritter i. S. d. § 123 Abs. 2 BGB. Wertungsmäßig steht hierhinter die Erwägung, dass der Täuschende selbst keinen Vertrauensschutz verdient. Das Gleiche gilt aber auch, wenn die Person des Täuschenden „aus dem Lager" des Erklärungsempfängers stammt und am Vertragsschluss
mitwirkt. Auch in diesem Fall geht die Täuschung nicht von einem Dritten i. S. d.
§ 123 Abs. 2 BGB aus, weil und soweit sich der Erklärungsempfänger das Verhalten
des Täuschenden zurechnen lassen muss.[93] Zugleich wird vermieden, dass der
täuschungsbedingten Anfechtung durch § 123 Abs. 2 BGB zu hohe Hürden
entgegen gestellt werden. Die beschriebene Zurechnung findet entsprechend
dem Rechtsgedanken des § 166 Abs. 1 BGB zunächst bei täuschenden Stellvertretern, darüber hinaus aber auch bei Verhandlungs- oder Abschlussgehilfen sowie allen sonstigen Vertrauenspersonen statt, welche i. S. v. § 278 BGB seitens
des Erklärungsempfängers mit Wissen und Wollen im Rahmen der Vornahme des
Rechtsgeschäfts tätig geworden sind.[94]

bb) Anfechtungsrecht bei Bösgläubigkeit des Erklärungsempfängers

Ist der Täuschende Dritter i. S. d. § 123 Abs. 2 BGB, hat der Erklärungsemp-   **52**
fänger zunächst keinerlei Anlass zur Entstehung des Irrtums auf Seiten des Erklärenden gesetzt. Er muss den Irrtum zum Zeitpunkt des Zugangs der Erklärung in
keiner Weise erahnen, weshalb sein Vertrauen schützwürdig ist. Die Regelung des
§ 123 Abs. 2 BGB räumt hier dem Schutz des Vertrauens Vorrang vor der Selbstbestimmung ein, weil der Erklärende sich hat täuschen lassen und der Willensmangel
daher vorrangig in seiner Risikosphäre liegt. Dies gilt allerdings nicht, wenn der
Erklärungsempfänger den Irrtum kannte oder hätte erkennen müssen (fahrlässige
Unkenntnis). In diesem Fall ist sein Vertrauen ausnahmsweise nicht schutzwürdig
und der Erklärende kann anfechten.

cc) Anfechtung gegenüber Dritten

Einen Sonderfall regelt § 123 Abs. 2 S. 2 BGB. Ist der Adressat einer empfangs-   **53**
bedürftigen Willenserklärung gutgläubig in Bezug auf eine Täuschung durch einen

---

[93] *Larenz/Wolf* § 37 Rn. 17.
[94] BGH v. 08.12.1989, NJW 1990, 1661, 1662; BGH v. 14.11.2000, NJW 2001, 358, 358 f.

Dritten, erwirbt aber der Dritte aus der Erklärung unmittelbar selbst ein Recht, kann die Erklärung gegenüber diesem begünstigten Dritten angefochten werden. Folge dieser Anfechtung ist die **relative Unwirksamkeit** der Erklärung nur dem Täuschenden gegenüber.

> **Beispiel:** Arndt schließt bei Viktoria eine kapitalbildende Lebensversicherung ab. Dabei täuscht Beate, die Begünstigte der Versicherung ist, über den Gesundheitszustand des Arndt. Hier kann Viktoria gegenüber Beate anfechten. Stirbt Arndt, kann Beate wegen der hieraus resultierenden relativen Unwirksamkeit des Versicherungsvertrages nicht die Versicherungssumme einfordern. Erlebt Arndt dagegen das Vertragsende, kann er den angesparten Betrag von Viktoria verlangen, weil die Anfechtung ihm gegenüber nicht wirkt.

2. Widerrechtliche Drohung

54 Nach § 123 Abs. 1 Alt. 2 BGB kann eine Willenserklärung angefochten werden, wenn sie infolge einer widerrechtlichen Drohung abgegeben wurde. Im Unterschied zur Anfechtung wegen Täuschung besteht das Anfechtungsrecht unabhängig davon, wer die Drohung gegenüber dem Erklärenden verübt hat. Die in § 123 Abs. 2 BGB enthaltene Differenzierung, wer die Willensbeeinflussung vorgenommen hat, gilt ausschließlich für die arglistige Täuschung. Dies beruht darauf, dass die Drohung gegenüber der Täuschung als die **schwerere Einflussnahme** auf die Willensbetätigungsfreiheit erscheint und sich die Täuschung im Unterschied zur Bedrohung durch erhöhte Eigensorgfalt des Erklärenden vermeiden ließe. Für die Drohung räumt das Gesetz deshalb der Selbstbestimmung des Erklärenden uneingeschränkt Vorrang gegenüber dem Vertrauensschutz auf Seiten des Erklärungsempfängers ein. Dem Vertrauensschutz kann ggf. im Rahmen eines Schadensersatzanspruchs Rechnung getragen werden.[95]

> **Beispiel:**[96] Im Rahmen der Verhandlung vom 16.08.2006 vor dem Landesarbeitsgericht Niedersachsen kommentierte der Vorsitzende Richter die Vergleichsvorstellungen des Klägers mit den Worten: „Wer bis zuletzt hofft, stirbt mit einem Lächeln". Danach führte er dem Kläger die Erfolgsaussichten der Klage wie folgt vor Augen: „Wenn Sie dem nicht zustimmen, dann kriegen Sie sonst nur 10 oder 20 T€", „Sie haben keine Chance, höchstens 20 %, Sie müssen das machen!". Die weiterhin ablehnende Haltung des Klägers wurde vom Vorsitzenden mit den Worten kommentiert: „Sie spielen hier Vabanque"; „Was Sie machen, ist unverantwortlich im Hinblick auf Ihre familiäre Situation" und: „Hören Sie mir auf mit Mobbing, davon will ich nichts hören, da kommt nichts bei raus!" In unverhohlen aggressiver Art äußerte der Vorsitzende dann: „Seien Sie vernünftig. Sonst müssen wir Sie zum Vergleich prügeln", auf die weitere Verweigerung eines Vergleichsschlusses ohne Widerrufsmöglichkeit erklärte der Vorsitzende: „Ich reiße Ihnen sonst den Kopf ab" und schließlich: „Sie werden sonst an die Wand gestellt und erschossen" sowie: „Manche muss man eben zu ihrem Glück zwingen". Hierdurch hat der Kläger endgültig den Eindruck gewonnen, der Vorsitzende ist bereit, sich über jedes Recht hinwegzusetzen. Durch dessen weitere Reaktionen wie: „Dann wechseln Sie eben die Stadt."; „Dann müssen Sie eben wieder unten anfangen und sich hocharbeiten" ist dem Kläger klar geworden, dass für ein Urteil gleichgültig sei, was er noch vortrage. Nachdem der Vorsitzende äußerte „Stimmen

---

[95] Siehe unten Rn. 112.

[96] BAG v. 12.05.2010, NZA 2010, 1250 = jurisPR-ArbR 49/2010 Anm. 1 (*Ulrici*).

Sie dem jetzt endlich zu, ich will Mittag essen gehen", schloss der Kläger mit dem Beklagten den vom Gericht „angeratenen" Vergleich. Die durch das Gericht (Dritter) begangene Drohung berechtigt den Kläger nach § 123 Abs. 1 Alt. 2 BGB zur Anfechtung seines mit dem Beklagten geschlossenen Prozessvergleichs (Vertrag).

a) Drohung

Drohung ist das **Inaussichtstellen eines künftigen Übels** oder eines sonstigen Nachteils, auf dessen Eintritt der Drohende Einfluss zu haben vorgibt. Der Drohende muss danach ausdrücklich oder konkludent zum Ausdruck bringen, dass der Eintritt eines Nachteils für den Erklärenden in seinem Belieben steht. Es genügt dagegen nicht, dass dem Erklärenden künftige unabwendbare oder von Dritten veranlasste Nachteile offen gelegt werden. Grad oder Ausmaß des angekündigten Nachteils sind unerheblich. Es ist vielmehr eine Frage der Kausalität, ob dieser Nachteil geeignet ist, den Bedrohten zur Willenserklärung zu bewegen.

55

Ob für den Drohenden **tatsächlich die Möglichkeit einer Einflussnahme** auf den Eintritt des Übels **besteht**, ist unerheblich, weil für die von § 123 BGB geschützte Willensbetätigungsfreiheit allein maßgeblich ist, dass der Adressat der Drohung von einer solchen Fähigkeit ausgeht. Ziel der Drohung ist die Erzeugung einer psychischen Zwangslage beim Bedrohten. Er wird vor die Wahl gestellt, das Übel durch die Abgabe der geforderten Willenserklärung abzuwenden oder es anderenfalls in Kauf zu nehmen. Ziel ist die Beugung des Willens des Drohungsadressaten (**vis compulsiva**). Die so veranlasste Erklärung ist also tatsächlich auf den Willen des Bedrohten zurückzuführen und weist alle erforderlichen Elemente einer Willenserklärung auf. Dies gilt allerdings nicht mehr, wenn die zur Abgabe der Erklärung erforderlichen Körperbewegungen von außen durch unwiderstehlichen Zwang vorgegeben werden (**vis absoluta**). In diesen Fällen fehlt es bereits an dem für eine Willenserklärung konstituierenden Element des Handlungswillens, weshalb keine Willenserklärung vorliegt. Ein Bedürfnis zur Anfechtung besteht nicht.

56

Beispiel: Arndt schlägt Bert einmal und fordert ihn anschließend auf, er solle unterschreiben. Dabei bringt er konkludent zum Ausdruck, er werde weiter schlagen, falls Bert die geforderte Unterschrift nicht leiste. Folgt Bert dieser Aufforderung aus Angst vor weiteren Schlägen, liegt eine anfechtbare Willenserklärung vor. Ergreift Arndt dagegen sogleich die rechte Hand des Bert und führt den darin befindlichen Füllfederhalter, um den Namenszug des Bert abzubilden, hat Bert keinen Willen zur Leistung der Unterschrift (Handlungswille) gebildet. Eine anfechtungsbedürftige Willenserklärung liegt nicht vor.

Die **Drohung muss ursächlich** für eine Zwangslage des Erklärenden sein. Diese Zwangslage muss im Zeitpunkt der Abgabe der Willenserklärung noch fortbestehen. Hat die Zwangslage vor Abgabe der Willenserklärung geendet ohne fortzuwirken, kann die Willensbildung des Erklärenden nicht mehr drohungsbestimmt sein und ein Anfechtungsrecht nach § 123 Abs. 1 Alt. 2 BGB besteht nicht.

57

b) Widerrechtlichkeit der Drohung

58 Es genügt allerdings nicht jede Drohung. Vielmehr ist zur sachgerechten Beschränkung des Anfechtungsrechts erforderlich, dass die Drohung widerrechtlich erfolgt. Dies trägt der Erwägung Rechnung, dass es legitim sein kann, dem Verlangen auf Abgabe einer Willenserklärung besonderen Nachdruck zu verleihen.

> **Beispiel:** Mike hat aus einem Vorvertrag mit Sandy einen Anspruch auf Abschluss eines Mietvertrags, sobald das mit dem bisherigen Mieter bestehende Mietverhältnis ausgelaufen ist. Zu gegebener Zeit fordert Mike von Sandy die Zustimmung zum Abschluss eines Mietvertrags und droht für den Fall, dass sich Sandy weigert, an, er werde sie auf Abgabe einer entsprechenden Erklärung verklagen. Mike verhält sich in diesem Fall offensichtlich nicht rechtswidrig, weshalb Sandy einen erfolgten Vertragsschluss nicht anfechten kann.

59 Die Widerrechtlichkeit der Drohung kann sich zunächst aus dem angedrohten Nachteil (**Mittel**), daneben aus dem abverlangten Verhalten (**Zweck**) sowie schließlich aus dem Verhältnis zwischen beiden Aspekten (**Zweck-Mittel-Relation**) ergeben:

1. Die Drohung ist insgesamt widerrechtlich, wenn das seitens des Drohenden in Aussicht gestellte Verhalten für sich betrachtet bereits widerrechtlich ist. Die Widerrechtlichkeit eines solchen **Mittels** wird auch nicht dadurch kompensiert, dass der Drohende einen legitimen Zweck verfolgt. War die Willenserklärung also bedingt durch die vorangestellte Ankündigung von rechtswidrigen Handlungen, z. B. Sachbeschädigung, Körperverletzung, ist sie stets anfechtbar.

> **Beispiel:** Arndt und Bert schließen einen Vertrag, dessen Abschluss Bert später reut. Arndt fordert Bert zur Erfüllung des Vertrags durch Übereignung des Kaufgegenstands auf und droht ihm für den Fall der Weigerung Schläge an. Erklärt Bert deshalb die Übereignung an Arndt, ist diese Erklärung nach § 123 Abs. 1 Alt. 2 BGB anfechtbar, obwohl Arndt einen Anspruch auf Übereignung hatte.

2. Die Widerrechtlichkeit kann auch aus dem erstrebten **Zweck** der Drohung erwachsen. Die etwaige Rechtmäßigkeit des Mittels ist dann unbeachtlich. Der Bedeutungsgehalt des Anfechtungsrechts ist in derartigen Konstellationen freilich gering, weil das seitens des Drohenden erstrebte Rechtsgeschäft vielfach bereits nach § 134 BGB unwirksam ist.

> **Beispiel:** Arndt erfährt von einer zurückliegenden Straftat des mittlerweile rechtschaffend gewordenen Bert. Er kündigt ihm an, er werde diese Straftat anzeigen, wenn er ihm nicht letztmalig 30 Gramm Marihuana verkaufe. Die Drohung ist widerrechtlich. Zwar steht es jedermann frei, ihm bekannt gewordene Straftaten anzuzeigen, weshalb das Drohungsmittel rechtmäßig ist. Allerdings verstößt der erstrebte Kaufvertrag gegen geltendes Recht (vgl. § 29 BtMG). Der Drohungszweck ist daher widerrechtlich.

3. Schließlich kann die Drohung auch widerrechtlich sein, obwohl sowohl Mittel als auch Zweck der Drohung bei isolierter Betrachtung rechtmäßig sind. Denkbar ist, dass sich die Widerrechtlichkeit aus der **Verknüpfung von Mittel und Zweck** der Drohung ergibt. Der Vorwurf gegen den Drohenden zielt darauf ab, dass er zur Erreichung des konkreten Zwecks gerade dieses Mittel gewählt hat.

Die Zweckerreichung wird missbilligt, weil nach den Umständen des Einzelfalles jeder billig und gerecht Denkende das gewählte Mittel zur Erreichung des erstrebten Zwecks als unangemessen betrachtet. Nicht widerrechtlich ist danach die Ankündigung gerichtlicher Schritte zur Durchsetzung derjenigen Forderung, mit deren gerichtlicher Durchsetzung gedroht wird. Denkbar ist ein Fall der Widerrechtlichkeit aber, wenn zwischen Mittel und Zweck der Drohung keinerlei Bezug besteht.

Beispiel: Arndt droht Bert an, dass er dessen Handel mit gestohlenen Antiquitäten anzeigen werde, wenn Bert seinerseits nicht unverzüglich seine Schulden bei ihm begleicht. Die angekündigte Anzeige als solche ist ebenso wie das berechtigte Zahlungsverlangen als solches nicht zu beanstanden. Da die Anzeige jedoch keinen Bezug zur Kaufpreisforderung aufweist, ist die Drohung widerrechtlich.

c) Kein Verschulden erforderlich

Das Anfechtungsrecht **setzt nicht voraus, dass** dem Drohenden sein vorangegangenes Verhalten **in subjektiver Hinsicht vorwerfbar** ist. Es genügt, wenn er erkannt hat, durch sein Verhalten auf den Willen des Erklärenden Einfluss zu nehmen. Die Rechtswidrigkeit der Drohung muss er dagegen nicht erkannt haben. Allerdings verlangt die Rspr., dass der Drohende die tatsächlichen Umstände erfasst hat, die seine Drohung als rechtswidrig erscheinen lassen.[97] Dem widerspricht die h. L. zu Recht.[98] Grund für das Anfechtungsrecht nach § 123 BGB ist im Rahmen der Drohungsalternative allein die beim Erklärenden erzielte Willensbeeinträchtigung und nicht die Sanktionierung des Drohenden. Dies wird letztlich dadurch verdeutlicht, dass die Anfechtung unabhängig von der Person des Drohenden und der Kenntnis des Empfängers einer empfangsbedürftigen Willenserklärung besteht.

60

D. Problemfälle

Nach den Wertungen des Gesetzes sind zunächst nur **erklärungsbezogene Irrtümer** beachtlich (vgl. §§ 119 Abs. 1, 120 BGB). Eine auf einem **Motivirrtum** fußende Willenserklärung ist dagegen mit Ausnahme des Eigenschaftsirrtums[99] und der täuschungs- und drohungsbeeinflussten Willensbildung endgültig wirksam. Dies dient dem Schutz des Rechtsverkehrs. Die Abgrenzung von beachtlichen und unbeachtlichen Irrtümern spielt vor diesem Hintergrund eine erhebliche Rolle und wirft eine Reihe von Zweifelsfragen auf. Für bestimmte Problemfälle haben sich **eigenständige Begriffe** herausgebildet, unter denen auch nachfolgend die hiermit

61

---

[97] Vgl. BGH v. 23.09.1957, BGHZ 25, 217, 224.

[98] *Larenz/Wolf* § 37 Rn. 43 f.; *Medicus* Rn. 820.

[99] Vgl. oben Rn. 30 ff.

bezeichneten Rechtsfragen erörtert werden. Unbedingt zu beachten ist dabei aber, dass die verwendeten Begriffe keine feststehenden Rechtsbegriffe sind. Aus ihnen und ihrer Verwendung dürfen Rechtsfolgen nicht abgeleitet werden.

I. Identitätsirrtum

62 Ein sog. Identitätsirrtum liegt vor, wenn die Erklärung eine Sache (z. B. Kaufgegenstand) oder eine Person (z. B. Vertragspartner) namentlich aufführt oder sich hierauf ihrem verständlichen Sinn nach bezieht, der Erklärende tatsächlich jedoch eine **andere Person oder Sache meint**. Ein Identitätsirrtum liegt aber auch vor, wenn der Erklärende versehentlich auf den **falschen Gegenstand zeigt** oder den falschen Adressaten (z. B. im Internet, aber auch auf der Straße) „anwählt" und hierdurch beim Adressaten den Eindruck erweckt, die Erklärung beziehe sich auf den gezeigten Gegenstand oder der Adressat sei als Vertragspartner gemeint.

> **Beispiele:** (1) Arndt will Installateur Müller, den er schon mehrfach beauftragt hat und als zuverlässig ansieht, mit der Reparatur seines Wasserhahns beauftragen. Er schlägt daher das Telefonbuch auf, wo er unter den aufgeführten Installateuren einen Müller findet. Arndt ruft diesen an und erteilt ihm den Auftrag. In Wahrheit handelt es sich aber um einen anderen Müller, weil der von Arndt vormals beauftragte Müller inzwischen verschieden ist. Der Adressat des Antrags gehört zum Inhalt der Erklärung. Hierüber irrt Arndt, weshalb dieser Irrtum als Inhaltsirrtum i. S. v. § 119 Abs. 1 Alt. 1 BGB zu qualifizieren ist. Arndt hatte den Willen gefasst, den ihm bekannten Müller zu beauftragen und meinte, dies mit seiner Erklärung zum Ausdruck zu bringen. Der angerufene Müller darf jedoch von einem an ihn gerichteten Auftrag ausgehen. (2) Trifft Arndt dagegen Müller auf der Straße und hält ihn irrtümlich für den ihm nur vom Telefon bekannten Müller, wird der Adressat der Erklärung allein durch seine Anwesenheit und nicht über seinen Namen individualisiert. Erteilt Arndt dem angetroffenen Müller den Auftrag, ist sein Wille, den auf der Straße angetroffenen Installateur zu beauftragen, fehlerfrei zum Ausdruck gekommen. Allerdings unterlag Arndt einem Motivirrtum, der ggf. nach § 119 Abs. 2 BGB zur Anfechtung berechtigen kann.

63 Die Beispiele zeigen die Vielfältigkeit des Auftretens von Identitätsirrtümern. Hinsichtlich der Anfechtbarkeit einer von einem Identitätsirrtum betroffenen Erklärung darf deshalb nicht vom Begriff des Identitätsirrtums auf eine bestimmte Rechtsfolge geschlossen werden. Vielmehr ist im Einzelfall in Bezug auf die Vorgaben des Gesetzes zu ergründen, ob der Fehler bei der Willensäußerung oder bereits bei der Willensbildung aufgetreten ist.

II. Unterschriftsirrtum

64 Als Unterschriftsirrtum werden Fälle bezeichnet, in denen der Erklärende eine Urkunde unterzeichnet, deren Inhalt er zuvor nicht oder nicht richtig erfasst hat. Ursache hierfür kann sein, dass der Unterzeichnende die Urkunde nicht oder nur oberflächlich gelesen oder gar ihren Inhalt nicht verstanden hat. Ist dem Erklärungsempfänger in diesem Fall bekannt, welche Vorstellungen der Erklärende vom Inhalt des unterschriebenen Dokuments hat, genießt der wirkliche Wille des Erklärenden bereits nach den Grundsätzen der Auslegung Vorrang. Ein Irrtum ist nicht gegeben, weil die Erklärung mit dem Inhalt gilt, den sich der Unterzeichner vorgestellt hat. Im Übrigen gilt, dass ein Erklärungsirrtum vorliegt, wenn der **Erklärende selbst Urheber** des Schriftstücks ist und er sich beim Erstellen verschrieben oder vertippt hat. Hatte er seinen verwendeten Worten einen anderen Sinn gegeben, als ihnen der Rechtsverkehr beimisst, unterlag er einem Inhaltsirrtum.[100] Rührt die Urkunde dagegen von einem **fremden Verfasser** und liest der Erklärende diese nur oberflächlich und macht sich deshalb eine andere Vorstellung von den verwendeten Erklärungszeichen oder dem Inhalt, ist entweder ein Erklärungs- oder ein Inhaltsirrtum gegeben.[101]

Hat der Erklärende das **Schriftstück** vor Unterzeichnung **gar nicht gelesen**, ist **65** theoretisch denkbar, dass ein Anfechtungsrecht nicht besteht, weil der Erklärende gar keine Vorstellung vom Inhalt der Urkunde hat und deshalb keinem Irrtum unterliegen kann.[102] Praktisch ist hiervon aber im Regelfall nicht auszugehen, weil der Erklärende grds. zumindest eine ungefähre Vorstellung vom Urkundeninhalt hat. Er befindet sich dementsprechend in einem relevanten Irrtum, weil das Recht zur Anfechtung nicht davon abhängig ist, in welchem Ausmaß Vorstellung und Realität abweichen.[103]

> **Beispiele:** (1) Arndt diktiert seiner Sekretärin ein Angebot zu 50 €. Die Sekretärin verschreibt sich, weshalb das Schreiben objektiv auf 60 € lautet. Unterschreibt Arndt die Urkunde ungelesen, unterliegt er einem Erklärungsirrtum. (2) Legt Bert dagegen Arndt einen Kaufvertrag über eine gebrauchte Segelyacht vor, in welchem die Gewährleistung ausgeschlossen wird, und geht Arndt davon aus, eine solche Klausel sei nicht enthalten und es gelten deshalb die gesetzlichen Regeln, hat er eine fehlerhafte Vorstellung vom Bedeutungsgehalt seiner Unterschrift. Es liegt ein Inhaltsirrtum vor.

III. Fehlendes Erklärungsbewusstsein

Die Einsicht eines Erklärenden, dass seine Erklärung Rechtsfolgen für ihn auslöst **66** (Erklärungsbewusstsein), ist Bestandteil der Willenserklärung.[104] Nach **h. A.** ist jedoch nicht erforderlich, dass diese Einsicht beim Erklärenden tatsächlich gegeben ist. Vielmehr ist eine wirksame Willenserklärung bereits dann gegeben, wenn für den Erklärungsempfänger voraussehbar der Anschein erweckt wird, seitens des Erklärenden liege diese Einsicht vor.[105] Da der Handelnde in diesen Fällen jedoch

---

[100] Abweichend *Medicus* Rn. 755, der auch insoweit von einem Erklärungsirrtum ausgeht, weil das Schriftstück insgesamt als gesetztes Erklärungszeichen erscheint.

[101] Abweichend *Medicus* Rn. 755, der insgesamt von einem Inhaltsirrtum ausgeht, ohne danach zu differenzieren, ob der Unterzeichner sich verliest oder das Gelesene missversteht.

[102] *Brox/Walker* Rn. 421; *Wolf/Neuner* § 41 Rn. 92.

[103] Vgl. auch BGH v. 27.10.1994, NJW 1995, 190, 191; *Medicus* Rn. 755.

[104] Siehe oben § 5 Rn. 5 f.

[105] Siehe oben § 5 Rn. 10 ff.

subjektiv keine Willenserklärung abgeben wollte, wird seinem Selbstbestimmungsrecht dadurch Rechnung getragen, dass er die nach Auslegungskriterien gegebene
und deshalb wirksame Willenserklärung in entsprechender Anwendung des § 119
Abs. 1 S. 1 Alt. 1 BGB **anfechten kann**. Er wollte eine Erklärung mit dem Inhalt
einer Willenserklärung nicht abgeben.

> **Beispiel:**[106] Heinrich, der Hallen aus Stahl herstellt, will für Windig erst wieder tätig wer-
> den, wenn dieser für den zu zahlenden Werklohn einen Bürgen beschafft. Windig sagt zu,
> sich um eine Bankbürgschaft zu kümmern. Die zuständige Mitarbeiterin der Bank des Win-
> dig missversteht das Anliegen und sendet an Heinrich ein Schreiben folgenden Inhalts:
> *„Betreff: Unsere Bürgschaft in Höhe von 75.000 € zugunsten des Herrn Windig.... zuguns-*
> *ten des Herrn Windig haben wir Ihnen gegenüber die selbstschuldnerische Bürgschaft in*
> *Höhe von 75.000 € übernommen..."* und bittet um die Mitteilung der aktuellen Höhe der
> Forderungen gegen Windig. Sie geht ihrerseits davon aus, dass bereits eine Bürgschaft
> besteht und nur deren Inanspruchnahme zu klären ist. Dagegen wollte die Bankmitarbei-
> terin keine Bürgschaft begründen. Tatsächlich besteht noch keine Bürgschaft und Heinrich
> versteht den Brief daher als Antrag. Er antwortet der Bank, dass er die Bürgschaft annehme.
> Das mit dem Fall befasste Berufungsgericht legte den Brief der Bank als Bürgschaftserklä-
> rung aus. Dass die Bankmitarbeiterin mit diesem Brief keine solche rechtsverbindliche
> Erklärung abgeben wollte, ihr also der Rechtsbindungswille fehlte, ist für die Wirksamkeit
> der Erklärung unerheblich, weil sie zumindest hätte erkennen können, dass ihr Brief als
> solche verstanden würde.[107] Da die Bankmitarbeiterin eine Bürgschaft jedoch nicht über-
> nehmen wollte, kann sie sich durch Anfechtung von ihrer Erklärung lösen. Sie muss sich
> hierzu aber unverzüglich erklären (vgl. § 121 Abs. 1 BGB).

IV. Blankettmissbrauch

67   Ein sog. Blankettmissbrauch liegt vor, wenn der Erklärende eine Urkunde unterschreibt und das Ausfüllen im Anschluss einem Dritten überlässt, der das **Blankett
weisungswidrig ausfüllt**. Eine heute nicht mehr vertretene Ansicht ging in derartigen Konstellationen von einem beachtlichen Inhaltsirrtum aus, weil der Erklärende
eine Erklärung dieses Inhalts nicht abgeben wollte, sondern glaubte, das Formular
werde seiner Weisung entsprechend ausgefüllt.[108] Richtigerweise ist allerdings zunächst danach zu unterscheiden, wer bestimmungsgemäßer Adressat der Urkunde
ist. Ist der zur Ausfüllung Ermächtigte selbst auch Adressat der Erklärung, ist sein
Vertrauen auf die Richtigkeit des Erklärungsinhalts nicht geschützt. Er weiß, dass
der Erklärende eine Erklärung dieses Inhalts nicht abgeben wollte, weshalb bereits
die sich an diesem Sonderwissen orientierende Auslegung (vgl. §§ 133, 157 BGB)
ergibt, dass keine Willenserklärung des Erklärenden vorliegt. Anders verhält es
sich dagegen, wenn die Urkunde für einen Dritten bestimmt ist. Dieser hat keine

---

[106] BGH v. 07.06.1984, NJW 1984, 2279.

[107] Siehe oben § 5 Rn. 10 ff. – Bei genauer Betrachtung ist auch vertretbar, dass der Bankmit-
arbeiterin nicht das Erklärungsbewusstsein fehlte, sondern sie einem Inhaltsirrtum unterlag, der
unmittelbar zur Anwendung des § 119 Abs. 1 Alt. 1 BGB führt, weil und soweit ihr bewusst war,
eine rechtserhebliche und nicht lediglich eine tatsächliche Erklärung vorzunehmen.

[108] Vgl. RG v. 25.09.1925, RGZ 105, 183, 185.

Kenntnis von der abredewidrigen Ausfüllung und vertraut deshalb auf die Richtigkeit des Erklärungsinhalts. Auf Grund der Wertung des § 172 Abs. 2 BGB genießt dieses Vertrauen besonderen Schutz. Die Erklärung bindet den Unterzeichner deshalb mit dem ihr vom Ausfüllenden gegebenen Inhalt. Ein Anfechtungsrecht besteht nicht, weil der Ausfüllende rechtstechnisch wie ein durch Vollmachtsurkunde ausgewiesener Stellvertreter des Unterzeichners zu behandeln ist. In seiner, nach § 166 Abs. 1 BGB maßgeblichen, Person ist ein Irrtum nicht gegeben.[109] Dieses Ergebnis ist auch sachgerecht, weil der Unterzeichner bewusst das Risiko einer missbräuchlichen Ausfüllung geschaffen hat.

V. Rechtsfolgenirrtum

Ein sog. Rechtsfolgenirrtum liegt vor, wenn der Erklärende eine **fehlerhafte Vorstellung** davon hat, **welche Rechtsfolgen** durch seine Erklärung **ausgelöst werden**. Problematisch ist hierbei, dass die von einer Willenserklärung ausgehenden Rechtsfolgen weit gefächert sind. Es lassen sich unmittelbare und mittelbare Rechtsfolgen unterscheiden. Erstere treten ein, weil ihre Geltung vom erklärten Willen intendiert ist, d. h. ihre Geltung – nach Auslegung – Inhalt der Erklärung war. Mittelbare Rechtsfolgen sind dagegen solche, welche das Gesetz an die Erklärung knüpft. 68

> **Beispiele:** (1) Schließen Arndt und Bert einen Kaufvertrag über das gebrauchte Fahrrad des Arndt zum Preis von 100 €, sind unmittelbare (ausschließlich auf den wechselseitigen Erklärungen beruhende) Rechtsfolgen die Pflicht zur Übereignung des Fahrrads sowie die Pflicht zur Zahlung des Kaufpreises. Mittelbare Rechtsfolgen der gewechselten Willenserklärungen sind dagegen, dass Arndt gegenüber Bert nach §§ 434, 437 BGB auch für die Mangelfreiheit des Fahrrades einzustehen hat und ggf. zu bestimmten sekundären Leistungen verpflichtet ist. Geht Arndt davon aus, dass ihn im Falle eines Mangels keine Gewährleistungsrechte treffen, unterliegt er einem Irrtum über eine mittelbare Rechtsfolge.
> (2) Klaus erklärt gegenüber seinem Arbeitgeber Hubert, dass er das bestehende Arbeitsverhältnis kündige. Er geht hierbei davon aus, dass sein Arbeitsverhältnis ende, er jedoch eine Abfindung erhalte, von der er sein neues Leben als Weltreisender finanzieren kann. Unmittelbare Rechtsfolge der Kündigung ist die Beendigung des Arbeitsverhältnisses, weil diese allein auf der Erklärung des Klaus beruht. Mittelbare Rechtsfolge ist ein Anspruch auf Zahlung einer Abfindung. Diese mittelbare Rechtsfolge stellt sich Klaus irrig vor, weil ein Anspruch auf Abfindung grds. nicht besteht.

Da die **unmittelbaren Rechtsfolgen** vom Erklärenden zum Gegenstand seiner Erklärung gemacht wurden und eintreten, weil sie gewollt sind, begründen Fehlvorstellungen hierüber einen zur Anfechtung berechtigenden Inhaltsirrtum i. S. d. § 119 Abs. 1 Alt. 1 BGB.[110] 69

Problematisch ist die Behandlung einer Fehlvorstellung über bloß **mittelbare Rechtsfolgen**. Hier ließe sich ebenfalls argumentieren, dass diese vom Erklärenden nicht gewollt (vgl. Sachmängelhaftung) oder irrig gewollt (vgl. Abfindung) waren, 70

---

[109] Vgl. *Medicus* Rn. 913. – A. A. *Brox/Walker* Rn. 422.
[110] BGH v. 05.06.2008, NJW 2008, 2442, 2443 f.; BGH v. 05.07.2006, NJW 2006, 3353, 3355 f.; OLG Hamm v. 17.05.2011, NJW-RR 2011, 1436, 1436 f.

weshalb die insgesamt auf Grund des Rechtsgeschäfts eintretenden Rechtsfolgen nicht gewollt waren und deshalb ein Inhaltsirrtum vorliegt. Umgekehrt ließe sich argumentieren, dass der Eintritt oder das Ausbleiben einer mittelbaren Rechtsfolge bloßes Motiv für die Vornahme des auf Herbeiführung der unmittelbaren Rechtsfolgen gerichteten Rechtsgeschäfts war. Danach läge ein unbeachtlicher Motivirrtum vor. Verschärft wird die Problematik zudem dadurch, dass die Parteien Rechtsfolgen, welche das Gesetz an eine Erklärung knüpft, in den Grenzen der Privatautonomie zum Inhalt des Rechtsgeschäfts selbst machen können. Sie werden hierdurch zu unmittelbaren Rechtsfolgen des Rechtsgeschäfts.

71   Die **h. A.** strebt eine **sachgerechte Begrenzung des Anfechtungsrechts** dadurch an, dass der Irrtum über bloß mittelbare Rechtsfolgen als unbeachtlicher Motivirrtum behandelt wird.[111] Ein Anfechtungsrecht wird insoweit zum Schutz der Privatautonomie für nicht zwingend erforderlich erachtet, weil das die mittelbaren Rechtsfolgen anordnende Recht eine ausreichende Gewähr für die Angemessenheit des Rechtsgeschäfts bietet.[112] Ob es zum Schutz des Rechtsverkehrs wirklich der von der h. A. angenommenen Beschränkung der Anfechtung in Bezug auf Fehlvorstellungen über die mittelbaren Rechtsfolgen bedarf, erscheint zweifelhaft. Zu bedenken ist, dass der Anfechtende, um sich auf § 119 Abs. 1 Alt. 1 BGB zu berufen, darlegen und ggf. beweisen muss, dass sein Geschäftswille die herbeigeführten Rechtsfolgen nicht abdeckt. Hierzu muss er nachvollziehbar begründen, dass er sich bei Vornahme des Rechtsgeschäfts Gedanken über dessen mittelbare Rechtsfolgen gemacht und versucht hat, diese mit seiner Erklärung in Wirkung zu setzen. Gelingt ihm dies nicht, liegt ohnehin nur ein bloßer Motivirrtum vor.

VI. Kalkulationsirrtum

72   Ein sog. Kalkulationsirrtum ist gegeben, wenn der Erklärende in seiner Erklärung irrig eine Leistung o. Ä. falsch angibt, weil er sich auf dem Weg zu deren Bestimmung **vermessen, verrechnet, verschätzt** etc. und nicht nur bei ihrer Erklärung vertan, d. h. verschrieben oder versprochen, hat. Zu unterscheiden ist hierbei zwischen internen und externen Kalkulationsirrtümern.

1. Interner Kalkulationsirrtum

73   Intern ist der Irrtum, wenn dem Empfänger der Erklärung lediglich das Ergebnis der Ermittlung der Leistung, nicht aber der Weg zur Ermittlung offen gelegt wird. Der interne Kalkulationsirrtum ist ein **Fehler im Willensbildungsprozess** und berech-

---

[111] BGH v. 05.06.2008, NJW 2008, 2442, 2443 f.; BGH v. 05.07.2006, NJW 2006, 3353, 3355 f.; OLG Brandenburg v. 05.12.2012, BeckRS 2012, 25111; OLG Schleswig v. 06.10.2011, BeckRS 2011, 28739; OLG Hamm v. 17.05.2011, NJW-RR 2011, 1436, 1436 f.

[112] *Flume*, AT II, § 23 Ziffer 4 d), S. 465; *Larenz/Wolf* § 36 Rn. 75. – Vgl. auch *Medicus* Rn. 751.

tigt als reiner Motivirrtum nach allg. A. nicht zur Anfechtung.[113] Der Erklärende trägt das Risiko einer Fehlkalkulation.[114]

Beispiel: Maler Müller unterbreitet Anwalt Arndt ein Angebot zur Renovierung der Kanzlei. Dabei geht Müller davon aus, dass er fünf Tage zu acht Stunden mit jeweils zwei Gesellen à 100 € arbeiten müsse und dabei drei Eimer Wandfarbe à 50 € verbraucht werden (Summe: 8.150 €). Müller verrechnet sich und unterbreitet Arndt ein Angebot zum Festpreis von 6.150 €. Der auf Grund eines Rechenfehlers gebildete Geschäftswille (Angebot zu 6.150 €) wurde fehlerfrei erklärt. Ein Recht zur Anfechtung nach § 119 Abs. 1 BGB scheidet folglich aus. Dass sich Müller verrechnet hat, begründet lediglich einen nicht unter § 119 Abs. 2 BGB fallenden und deshalb unbeachtlichen Motivirrtum.

2. Offener Kalkulationsirrtum

Umstritten ist, ob und inwieweit sich die Rechtslage dadurch ändert, dass der Erklärende die Grundlagen und den Weg seiner Berechnungen offenlegt. Das **RG**[115] ging diesbezüglich davon aus, dass der Erklärende, der seine Kalkulation gegenüber dem Geschäftspartner offengelegt hat, seine Kalkulation zum Inhalt der Erklärung macht. Stimmen Vorstellungen des Erklärenden und Inhalt der Erklärung nicht überein, soll sich danach ein Anfechtungsrecht aus § 119 Abs. 1 Alt. 1 BGB ergeben. Das RG übersah allerdings, dass der Irrtum auch bei Aufnahme der Kalkulationsgrundlagen in die Erklärung auf der Ebene der Willensbildung liegt und deshalb ein bloßer Motivirrtum gegeben ist. Zu Recht wird die **Ansicht des RG** daher heute einhellig **abgelehnt**.[116]   **74**

Auch wenn entgegen der Ansicht des RG kein Anfechtungsrecht besteht, kann   **75** der Interessenlage der Parteien gleichwohl auf anderem Weg Rechnung getragen werden. Dabei gewinnt zunächst der **Vorrang der Auslegung** Bedeutung. Macht der Erklärende sowohl seine Berechnung als auch sein Ergebnis zum Inhalt der Erklärung, entscheiden die Umstände des Einzelfalls darüber, ob dem Rechenweg oder dem Ergebnis Vorrang zukommt.[117] Genießt der Rechenweg Vorrang, erlangt der wirkliche Wille des Erklärenden als Ergebnis der Auslegung unmittelbare Geltung.[118] Es handelt sich um den klassischen Fall der Unschädlichkeit der Falschbezeichnung (*„falsa demonstratio non nocet"*).[119] Soweit dem Ergebnis der Vorrang zukommt, gilt die Erklärung mit diesem Inhalt. Lässt sich der Widerspruch zwischen Kalkulation und Ergebnis nicht auflösen, ist die Willenserklärung perplex und wird insoweit nicht wirksam. Die weiteren Rechtsfolgen können sich aus

---

[113] Vgl. RG v. 16.10.1903, RGZ 55, 367, 369 f.; BGH v. 07.07.1998, NJW 1998, 3192, 3193; *Medicus* Rn. 757. – Vgl. auch MünchKommBGB/*Armbrüster* § 119 BGB Rn. 85 f.

[114] BGH v. 07.07.1998, NJW 1998, 3192, 3193.

[115] Vgl. RG v. 10.11.1906, RGZ 64, 266, 268.

[116] *Brox/Walker* Rn. 424; *Flume*, AT II, § 23 Ziffer 4 e), S. 470 f.; *Larenz/Wolf* § 36 Rn. 65.

[117] OLG Stuttgart v. 21.10.2009, BeckRS 2009, 86022.

[118] Dem Rechenweg kommt nur ausnahmsweise Vorrang zu, vgl. BGH v. 20.03.1981, NJW 1981, 1551, 1552 f.

[119] Siehe hierzu oben § 8 Rn. 17 f.

lückenfüllenden Regelungen wie z. B. § 612 BGB, sonstigem dispositiven Recht oder der ergänzenden Vertragsauslegung ergeben. Kann das lückenhafte Rechtsgeschäft nicht interessengerecht aufgefüllt werden, ist es unwirksam.

> **Beispiel:**[120] Arndt schuldet Bert 30.000 Rubel. Er stellt Bert einen Schuldschein über 7.500 € aus, weil beide übereinstimmend davon ausgehen, ein Rubel entspräche 0,25 €. Tatsächlich ist der Rubel aber nur 0,01 € wert. Das RG bejahte ein Recht zur Anfechtung. Zutreffenderweise liegt jedoch eine unschädliche Falschbezeichnung vor, weshalb sich die Summe des Schuldscheins tatsächlich auf 300 € bezieht, weil die Parteien lediglich die Bestätigung einer konkreten Schuld in einer anderen Währung erstrebten.

76   Der durch Auslegung gewonnene Inhalt des Rechtsgeschäfts (Geltung der Kalkulation, Geltung des Kalkulationsergebnisses, Nichtigkeit) kann sich aus der Sicht einer oder beider Parteien als unpassend oder nachteilig erweisen. Einen Ausgleich schaffen die weiteren Rechtsfolgen. Beruht die unzutreffende Kalkulation darauf, dass beide Parteien von unzutreffenden Kalkulationsgrundlagen ausgegangen sind, liegt ein beiderseitiger Motivirrtum vor.[121] Im Übrigen ist zu berücksichtigen, dass die Parteien bei Abgabe, Entgegennahme und Reaktion auf eine fehlerhafte Willenserklärung bereits in einer Sonderbeziehung i. S. d. § 311 Abs. 2 BGB stehen. Sie sind deshalb nach § 241 Abs. 2 BGB umfassend zur gegenseitigen Rücksichtnahme verpflichtet. Der Erklärende darf den Annehmenden deshalb nicht durch eine fehlerhafte Willenserklärung schädigen. Umgekehrt muss der Erklärungsempfänger den Erklärenden auf einen erkannten oder erkennbaren Fehler hinweisen und darf diesen nicht einseitig ausnutzen. Schädigt die Verletzung dieser Pflichten den jeweiligen Partner, steht diesem ggf. ein **Schadensersatzanspruch** (vgl. §§ 280, 241 Abs. 2, 311 Abs. 2 BGB) zu, der in seinen Rechtsfolgen auch die Aufhebung des Vertrages umfassen kann. Im Vorfeld eines Schadensersatzanspruchs kann es rechtsmissbräuchlich sein, sich auf die von der Willenserklärung bewirkten Rechtsfolgen zu berufen und hierdurch einen auf Beseitigung dieser Rechtsfolgen gerichteten Schadensersatzanspruch zu begründen. Zu berücksichtigen ist jedoch regelmäßig das Mitverschulden der jeweils anderen Partei (vgl. § 254 BGB).

> **Beispiel:**[122] Stadtdorf schreibt Schreinerarbeiten aus. Die Angebote müssen bis zum 28. Juni 2013 eingereicht werden. Nach Auswertung der Angebote erfolgt bis zum 30. Sept. 2013 der Zuschlag, wobei die Angebote bis zu diesem Zeitpunkt bindend sind. Arndt reicht fristgemäß sein Angebot über 305.000 € ein. Die weiteren Angebote der Konkurrenz belaufen sich auf 312.000 €, 360.000 € und 410.000 €. Nach dem 28. Juni 2013, aber vor dem 30. Sept. 2013, stellt Arndt fest, dass er sich verrechnet hat, weil er vergaß, die Kosten für den Transport einzurechnen. Dies teilt er Stadtdorf mit und bittet um Nichtberücksichtigung seines Angebots. Gleichwohl erteilt Stadtdorf Arndt den Zuschlag. Ein Anfechtungsrecht besteht nicht, weil Arndt einem bloßen Motivirrtum unterlag. Allerdings könnte es ausnahmsweise gegen die Grundsätze von Treu und Glauben (§ 242 BGB) verstoßen, wenn Stadtdorf in Kenntnis des Irrtums das Angebot annimmt. Dies verneinte der BGH jedoch zutreffend, weil Stadtdorf mit Zugang des bindenden Antrags eine günstige Rechtsposition erlangt hat, auf welche sie nicht verzichten muss. Ein Verstoß gegen Treu und Glauben

---

[120] Vgl. RG v. 30.11.1922, RGZ 105, 406.

[121] Siehe hierzu unten Rn. 77.

[122] BGH v. 07.07.1998, NJW 1998, 3192; LG Bonn v. 07.08.2009, NJW-RR 2010, 598.

wäre nur gegeben, wenn Stadtdorf im Zeitpunkt des Wirksamwerdens des Antrags bereits erkannt hat oder hätte erkennen können, dass ein Kalkulationsfehler vorlag. Dies war ausweislich der Nähe zu den anderen Geboten nicht der Fall, weshalb im entscheidenden Zeitpunkt letztlich nur ein interner Kalkulationsirrtum vorlag.

VII. Beiderseitiger Motivirrtum

Umstritten ist, ob ein nach § 119 Abs. 2 BGB bestehendes Anfechtungsrecht aus-   **77** geschlossen ist, wenn **beide Geschäftspartner einem beachtlichen Motivirrtum** unterliegen. Die h. A. bejaht einen Ausschluss des Anfechtungsrechts für diese Konstellation.[123] Stattdessen wird die Lösung über die Grundsätze der **Störung der Geschäftsgrundlage** nach § 313 BGB vorgezogen, die auch außerhalb des § 119 Abs. 2 BGB in Fällen eines beiderseitigen Motivirrtums zur Anwendung kommen.[124] Diese Grundsätze werden als sachgerechter empfunden, weil beide Parteien demselben Irrtum unterlagen und deshalb weder das Alles-oder-Nichts-Prinzip als Rechtsfolge der Anfechtung noch die einseitige Belastung mit einem Schadensersatzanspruch aus § 122 BGB angemessen erscheint. Vielmehr soll vorrangig eine Konfliktlösung innerhalb des Rechtsgeschäfts durch dessen Anpassung an die wahre Sachlage erfolgen. Dieser Ansicht wird teilweise widersprochen und darauf hingewiesen, dass ein Interesse an der Aufhebung des Vertrages nur diejenige Vertragspartei hat, zu deren Lasten sich der Irrtum auswirkt.[125] Insoweit sei es auch sachgerecht, dass diese Person ihrem Gegenüber Schadensersatz nach § 122 BGB leistet. Diese formale Betrachtung überzeugt allerdings nicht. Es ist nicht ersichtlich, worin das schutzwürdige Vertrauen desjenigen liegt, der von einem beiderseitigen Irrtum profitiert. Es hinge von bloßen Zufälligkeiten ab, wer den Nachteil aus dem beiderseitigen Irrtum zieht.

> **Beispiel:** Albert einigt sich mit Bertram über den Kauf einer altertümlichen Skulptur zum Preis von 80 €. Beide gehen davon aus, dass es sich um eine Skulptur handelt, welche nicht antiquarisch ist, sondern nur auf altertümlich getrimmt wurde. Später stellt sich heraus, dass die Skulptur eine echte Inkafigur ist, deren Wert 200.000 € beträgt. Nach zutreffender h. A. muss Arndt keine Anfechtung erklären, um auszuschließen, dass Bertram die Übereignung der Skulptur gegen Zahlung von 80 € verlangen kann. Es kommt vielmehr eine Vertragsanpassung in Betracht, wonach Bertram zur Zahlung von 200.000 € verpflichtet ist. Soweit sich diese Vertragsanpassung ihrerseits zu weit von den gemeinsamen Vorstellungen bei Vertragsschluss entfernt, weil z. B. Bertram lediglich mittelloser Jurastudent ist, scheidet eine Vertragsanpassung aus. Nach § 313 Abs. 2 S. 1 BGB erfolgt die Lösung vom Vertrag durch Rücktritt.

---

[123] *Bork* Rn. 944; *Brox/Walker* Rn. 476 ff; *Köhler* § 7 Rn. 26.

[124] *Bork* Rn. 944; *Brox/Walker* Rn. 477 f.

[125] *Medicus* Rn. 778.

E. Anfechtungsrecht

I. Anfechtungsvoraussetzungen

78   Liegt ein erklärungsbezogener Irrtum (vgl. §§ 119 Abs. 1, 120 BGB) oder ein beachtlicher Fehler im Willensbildungsprozess (vgl. §§ 119 Abs. 2, 123 BGB) vor,
kann der Erklärende unter den nachfolgend dargestellten weiteren Voraussetzungen
durch Anfechtung die Bindungen und Wirkungen der von ihm abgegebenen Willenserklärung beseitigen.

1. Kausalität

a) Allgemeines

79   Im Interesse des Verkehrsschutzes soll die Anfechtung grds. nicht wegen jedes geringfügigen Irrtums zugelassen werden. Vielmehr soll ein Willensmangel regelmäßig nur zur Anfechtung berechtigen, wenn er ursächlich und objektiv erheblich für
die Willenserklärung war.[126] Das entsprechende **Kausalitätserfordernis** kommt in
den Vorschriften, welche ein Anfechtungsrecht begründen, jeweils zum Ausdruck.
Für die erklärungsbezogenen Willensmängel ist erforderlich, dass der Erklärende
die Erklärung bei Kenntnis der Sachlage und bei verständiger Würdigung nicht abgegeben hätte (vgl. § 119 Abs. 1 BGB). Hierauf nimmt § 119 Abs. 2 BGB, der zudem das Erfordernis der Verkehrswesentlichkeit enthält, Bezug.

80   Nach **§ 123 BGB** muss der Erklärende „durch" Drohung oder Täuschung zur
Abgabe der Willenserklärung „bestimmt" worden sein. Dies erfordert eine **doppelte Kausalität**. Zunächst muss das willensbeeinflussende Verhalten selbst ursächlich
für den Willensmangel gewesen sein. Führt die Täuschung nicht zu einem Irrtum
oder die Drohung nicht zu einer Zwangslage, fehlt es bereits an einem beachtlichen
Willensmangel.[127] Außerdem muss der verursachte Irrtum oder die Zwangslage ursächlich für die Abgabe der Willenserklärung sein. Hieran fehlt es, wenn der Erklärende die Willenserklärung mit demselben Inhalt zum selben Moment auch ohne
die unzulässige Willensbeeinflussung abgegeben hätte.[128]

b) Subjektive Ursächlichkeit

81   Der Willensmangel muss für die Abgabe der Willenserklärung zunächst subjektiv ursächlich gewesen sein. Dies ist der Fall, wenn der Erklärende die Erklärung
nicht oder nicht mit dem konkreten Inhalt abgegeben hätte, wenn der Mangel oder

---

[126] Vgl. *Larenz/Wolf* § 36 Rn. 32; *Medicus* Rn. 773.
[127] Siehe oben Rn. 45, 57.
[128] Vgl. BGH v. 23.05.2001, VIZ 2001, 485, 487 f.

die Willensbeeinflussung nicht gegeben wäre. Entscheidend ist ein rein subjektiver Maßstab. Es wird also zuerst auf den konkreten Erklärenden und sein **hypothetisches Alternativverhalten** abgestellt.

Beispiel (Erklärungsirrtum):[129] Friedrich will erneut in einem ihm bekannten Hotel das Zimmer Nr. 31 wegen dessen ihm bekannter Ausstattung mieten. Verschreibt er sich und bestellt stattdessen das Zimmer Nr. 37, kann er nicht anfechten, wenn Zimmer Nr. 37 in seiner Ausstattung, Lage, Preis, Größe usw. gleichwertig mit Zimmer Nr. 31 ist und Friedrich deshalb das Zimmer Nr. 37 auch bestellt hätte.

Beispiel (Täuschung): Arndt erblickt im Antiquitätengeschäft das Trikot mit der Aufschrift „Schuster". Nachdem er es länger betrachtet hat, eröffnet ihm der Ladeninhaber wahrheitswidrig, dass es sich um ein Originaltrikot handelt. Arndt erwirbt das Trikot. Weiß Arndt, dass es sich überhaupt nicht um ein Originaltrikot handeln kann, wird bereits kein täuschungsbedingter Irrtum bei ihm erzeugt. Schenkt Arndt der Äußerung des Verkäufers Glauben, fasst jedoch den konkreten Kaufentschluss völlig unabhängig von dieser Information, weil ihm die Farbe des Trikots gut gefällt, wurde er ebenfalls nicht durch Täuschung zur Abgabe seiner Willenserklärung bestimmt.

c) Beschränkung auf die vernünftige Kausalität

Die Maßgeblichkeit des subjektiv bestimmten Alternativverhaltens entspricht dem Grundsatz der Privatautonomie, welche Raum auch für unvernünftige Entscheidungen lässt. Hierdurch wird allerdings der Rechtsverkehr erheblich belastet, weil auch objektiv noch so geringfügige Willensmängel zur Anfechtung berechtigen würden. Dem trägt § 119 Abs. 1 BGB für den Fall der Irrtumsanfechtung Rechnung. Der subjektive ursächliche Irrtum berechtigt nur zur Anfechtung, wenn er auch einen **vernünftigen Dritten bei verständiger Würdigung** der Sachlage davon abgehalten hätte, eine derartige Erklärung abzugeben. Motive wie Eigensinn, Launen oder schlicht törichte Anschauungen (z. B. Aberglauben), welche den Erklärenden ggf. subjektiv von der Willensäußerung abgehalten hätten, werden als unbeachtlich ausgeschieden.

82

Beispiel:[130] Friedrich will das Hotelzimmer Nr. 31 bestellen. Er vertippt sich und bucht das Zimmer mit der Nr. 13, welches – bis auf die Nummerierung – dem Zimmer Nr. 31 vollständig entspricht. Aus Aberglauben will Friedrich das Zimmer Nr. 13 nicht beziehen. Er hätte die Bestellung nicht abgesandt, wenn er seinen Tippfehler erkannt hätte. Da ein derartiger Aberglaube für den verständigen Menschen jedoch keine Relevanz hat, ist der Irrtum objektiv unerheblich und berechtigt deshalb nicht zur Anfechtung.

Die Beschränkung der Kausalität auf einen vernünftigen Maßstab **gilt** allerdings **nicht** für die Anfechtung wegen **arglistiger Täuschung** oder **widerrechtlicher Drohung**. Hier verbleibt es bei einem rein subjektiven Maßstab. Nicht entscheidend ist, ob ein verständiger und unbeeinflusster Dritter ohne die Willensbeeinträchtigung eine Erklärung gleichen Inhalts abgegeben hätte. Dies beruht auf der

83

---

[129] Vgl. *Brox/Walker* Rn. 431.
[130] Vgl. *Brox/Walker* Rn. 432.

gesetzgeberischen Einschätzung, dass täuschungs- und drohungsbedingte Willensmängel stets erheblich sind.

2. Anfechtungserklärung

84 Besteht ein Anfechtungsgrund, ist die Willenserklärung nicht unwirksam.[131] Vielmehr bedarf es zur Beseitigung ihrer rechtlichen Bindungen eines weiteren Aktes.
Der Erklärende muss nach § 143 Abs. 1 BGB die Anfechtung erklären. Durch das
Erfordernis einer **Gestaltungserklärung** wird ihm die Möglichkeit eröffnet, frei zu
entscheiden, ob er sich von seiner Willenserklärung lösen will.

a) Inhalt der Erklärung

85 Bei der Anfechtungserklärung handelt es sich um eine empfangsbedürftige und
grds. bedingungsfeindliche[132] Willenserklärung. Sie unterliegt keinem Formerfordernis. Eine bestimmte Formulierung ist nicht vorgeschrieben. Der Anfechtende
muss weder die Wendung „ich fechte an" noch den Begriff „Anfechtungserklärung"
verwenden. Ausreichend ist vielmehr, dass sich der Erklärung im Wege der Auslegung nach §§ 133, 157 BGB entnehmen lässt, dass der Erklärende ein bestimmtes
Rechtsgeschäft wegen eines Willensmangels (von Anfang an) nicht gegen sich gelten lassen will.

86   Der Wortlaut des Gesetzes sieht nicht vor, dass die Wirksamkeit der Anfechtungserklärung davon abhängig ist, dass der Anfechtende den **Anfechtungsgrund
benennt**. Dies spricht gegen die Annahme, die Angabe des Anfechtungsgrunds sei
Wirksamkeitsvoraussetzung.[133] Allerdings ist es dem Anfechtungsgegner nicht zumutbar, im Ungewissen über die Wirksamkeit der Anfechtung und somit über den
Fortbestand der Willenserklärung zu bleiben. Dies bringt das Gesetz deutlich darin zum Ausdruck, dass es die Ausübung des Anfechtungsrechts engen zeitlichen
Grenzen unterwirft.[134] Dem Interesse des Anfechtungsgegners nach Rechtsklarheit
wird allerdings durch die bloße Ausübung des Anfechtungsrechts nicht hinreichend
Rechnung getragen. Vielmehr muss er in die Lage versetzt werden, die Wirksamkeit
der Anfechtung zu prüfen. Hierzu bedarf es der Kenntnis des Anfechtungsgrunds,
weshalb die h. A. fordert, dass sich der **Grund der Anfechtung** für den Anfechtungsgegner zumindest **aus den Umständen ergibt**.[135]

---

[131] Siehe hierzu auch unten § 14 Rn. 5.

[132] Siehe § 15 Rn. 16.

[133] RG v. 12.01.1907, RGZ 65, 86, 88; Erman/*Arnold* § 143 BGB Rn. 2; *Larenz/Wolf* § 44 Rn. 38;
Staudinger/*Roth* § 143 BGB Rn. 10; *Wolf/Neuner* § 41 Rn. 15.

[134] Siehe unten Rn. 91 ff.

[135] Erman/*Arnold* § 143 BGB Rn. 2; *Larenz/Wolf* § 44 Rn. 38; *Medicus* Rn. 724; Palandt/*Ellenberger* § 143 BGB Rn. 3; Staudinger/*Roth* § 143 BGB Rn. 11; *Wolf/Neuner* § 41 Rn. 15. – Vgl. auch
BGH v. 14.12.1960, NJW 1961, 772, 774 f.

Die h. A. ist inkonsequent und widersprüchlich, wenn sie einerseits davon aus-   **87**
geht, dass die Angabe des Anfechtungsgrunds keine Wirksamkeitsvoraussetzung
ist, und andererseits die Wirksamkeit der Anfechtungserklärung daran koppelt, dass
sich die Gründe der Anfechtung zumindest aus den Umständen ergeben müssen.
Sie übersieht, dass die Forderung, der Anfechtungsgrund müsse sich aus den Umständen ergeben, nichts anderes bedeutet, als dass die Anfechtungserklärung den
Anfechtungsgrund benennen muss, hierfür aber nach allgemeinen Regeln ein kon-
kludenter Hinweis ausreichend ist. Entgegen der h. A. ist daher davon auszugehen,
dass die Anfechtungserklärung nur wirksam ist, wenn sie den **Anfechtungsgrund
benennt**, wobei ausreichend ist, dass sich die Ursache der Anfechtung in groben
Umrissen aus der Erklärung selbst oder den sie begleitenden Umständen ergibt.
Hierdurch lassen sich konsequent auch diejenigen Fälle lösen, in denen der Anfechtende nachfolgend **Anfechtungsgründe austauschen oder nachschieben** will.[136]
Im Vorbringen weiterer Anfechtungsgründe liegt danach jeweils eine erneute, weitere Anfechtungserklärung, welche ihrerseits wirksam, insbesondere fristgerecht
i. S. v. § 121 BGB erfolgt sein muss.[137] Sind diese Voraussetzungen nicht gegeben,
bleiben die nachgeschobenen Anfechtungsgründe ohne Bedeutung. Eine Präzisie-
rung bereits bei Erklärung der Anfechtung angeführter Gründe bleibt dagegen jederzeit möglich.

b) Anfechtungsberechtigung

Obwohl verschiedene Personen ein Interesse an der Aufhebung der Erklärung ha-   **88**
ben könnten, ist zur Anfechtung grds. nur **der Erklärende** selbst **berechtigt**. Dies
beruht auf der Erwägung, dass die Erklärung nicht seinem tatsächlichen Willen entspricht und das Anfechtungsrecht seinem Willen Rechnung tragen soll. Deshalb
kann im Falle eines Übermittlungsirrtums nach § 120 BGB nicht etwa der Bote
anfechten, sondern allein der Erklärende.

Dieser Grundgedanke erfährt im Fall der **Stellvertretung** eine Ausnahme.[138]   **89**
Unterliegt der Vertreter, der nach § 164 Abs. 1 BGB eine eigene Willenserklärung
abgibt, einem Irrtum, wäre er nach dem Grundgedanken anfechtungsberechtigt. Da
jedoch die Erklärung im Falle wirksamer Stellvertretung dem Vertretenen zugerechnet wird, d. h. ihn die Wirkungen der Erklärung treffen, soll allein er über den
Fortbestand der Erklärung entscheiden dürfen. Dies bedeutet allerdings nicht, dass
allein der Vertretene zur Abgabe der Anfechtungserklärung berechtigt wäre. Vielmehr kann auch die Abgabe der Anfechtungserklärung durch einen Stellvertreter
erfolgen. Ob ein irrender Stellvertreter berechtigt ist, die von ihm abgegebene Willenserklärung selbst im Namen des Vertretenen anzufechten, erweist sich deshalb
als Frage des Umfangs der ihm eingeräumten Vertretungsmacht.

---

[136] Vgl. hierzu BGH v. 11.10.1965, NJW 1966, 39; BGH v. 22.10.2003, NJW-RR 2004, 628, 630;
BAG v. 07.11.2007, NJW 2008, 939, 940, allerdings mit anderem Begründungsansatz.

[137] Erman/*Arnold* § 143 Rn. 2.

[138] Siehe unten § 13 Rn. 75 ff.

c) Adressat

90 Wem gegenüber die Anfechtungserklärung abzugeben ist, bestimmt sich nach § 143 Abs. 2–4 BGB. Eine einen Vertrag begründende Erklärung (Antrag oder Annahme)[139] ist gegenüber dem **Vertragspartner** anzufechten. In den Ausnahmefällen des § 123 Abs. 2 S. 2 BGB[140] ist der vertraglich **begünstigte Dritte** Anfechtungsgegner. Für alle **einseitigen** empfangsbedürftigen **Rechtsgeschäfte**, wie z. B. die Kündigungserklärung oder eine Anfechtungserklärung selbst, sieht § 143 Abs. 3 S. 1 BGB vor, dass Adressat der Anfechtungserklärung derjenige ist, dem gegenüber auch die anzufechtende Erklärung abgegeben wurde. Bei nicht empfangsbedürftigen Willenserklärungen wie der Auslobung oder der Dereliktion kann die Anfechtung nach § 143 Abs. 4 S. 1 BGB gegenüber jedem erfolgen, der unmittelbar einen rechtlichen Vorteil aus der Erklärung erlangt hat.

3. Anfechtungsausschlüsse

a) Zeitliche Grenzen der Anfechtbarkeit

91 Da die Wirkungen der Anfechtung von der Abgabe einer Gestaltungserklärung abhängen, besteht zunächst ein **Schwebezustand**. Das anfechtbare Rechtsgeschäft ist wirksam aber vernichtbar. Im Interesse der Rechtssicherheit soll der maßgebliche Zeitraum des Schwebezustands möglichst kurz gehalten werden. Deshalb unterwirft das Gesetz das Anfechtungsrecht einer zeitlichen Begrenzung.

92 Liegt ein Anfechtungsgrund nach **§§ 119, 120 BGB** vor, muss die Anfechtung gemäß § 121 Abs. 2 BGB spätestens innerhalb von zehn Jahren nach Abgabe der mangelbehafteten Willenserklärung erfolgen. Hierbei handelt es sich um eine absolute Frist, welche unabhängig von einer etwaigen Kenntnis des Anfechtungsgrunds seitens des Erklärenden läuft. Innerhalb dieser Ausschlussfrist muss die Anfechtung außerdem **unverzüglich** erfolgen (vgl. § 121 Abs. 1 BGB). Unverzüglich erfolgt eine Anfechtung, wenn der Zugang der Anfechtungserklärung „ohne schuldhaftes Zögern" bewirkt wird. Ein Hinhalten des Anfechtungsgegners wird damit ausgeschlossen. „Ohne schuldhaftes Zögern" bedeutet allerdings nicht, dass die Anfechtung sofort erklärt werden muss. Nach Sinn und Zweck des Anfechtungsrechts[141] wird dem Anfechtungsberechtigten vielmehr eine angemessene Bedenkzeit zugestanden. Deren Länge bestimmt sich nach den Umständen des Einzelfalls. Maßgeblich für den Beginn der Überlegungszeit ist die Kenntniserlangung vom Anfechtungsgrund. Grob fahrlässige Unkenntnis in der Form, dass der Erklärende Anlass zur Erforschung eines etwaigen Willensmangels hätte, genügt nicht. Auch wenn die Anfechtungserklärung erst mit ihrem Zugang wirksam wird und die Anfechtungsfrist deshalb erst mit Zugang gewahrt wird, stellt § 121 Abs. 1 S. 2 BGB klar, dass

---

[139] Siehe oben § 7 Rn. 4 ff.
[140] Siehe oben Rn. 53.
[141] Vgl. oben Rn. 21.

die Unverzüglichkeit unter Abwesenden durch die rechtzeitige Absendung der Erklärung gewahrt wird. Etwaige Transportverzögerungen, z. B. durch die Post, sind deshalb unschädlich.

Für eine auf einen Grund nach § **123 BGB** gestützte Anfechtung sieht § 124   **93**
Abs. 3 BGB zunächst ebenfalls eine äußerste zeitliche Schranke von zehn Jahren seit Abgabe der Willenserklärung vor. Innerhalb dieser Ausschlussfrist gilt allerdings nicht das Erfordernis der Unverzüglichkeit, weil der Anfechtungsgegner in diesen Fällen im Vergleich zur Schwere des Willensmangels nicht in gleichem Ausmaß schutzwürdig erscheint. Vielmehr sieht § 124 Abs. 1 BGB insoweit eine relative **Frist von einem Jahr** vor. Die Jahresfrist beginnt im Fall der arglistigen Täuschung in dem Zeitpunkt, in dem der Erklärende positive Kenntnis von der Täuschung erlangt. Nicht ausreichend ist, dass der Erklärende auf einen täuschungsbedingten Irrtum hätte schließen können. Im Fall der widerrechtlichen Drohung beginnt die Jahresfrist mit dem Wegfall der Zwangslage. Die Jahresfrist läuft mithin nicht an, solange die Zwangslage fortbesteht, d. h. die Drohung (konkludent) aufrechterhalten bleibt.

b) Bestätigung des Rechtsgeschäfts

Auf das Anfechtungsrecht kann im Voraus nur insoweit verzichtet werden, als dies   **94**
mit der Selbstbestimmung des Irrenden vereinbar ist. Auf das Recht, eine Willenserklärung wegen arglistiger Täuschung anzufechten, kann danach nicht vorab verzichtet werden.[142] Nachfolgend entfällt das Recht zur Anfechtung aber nach § 144 Abs. 1 BGB, wenn der Anfechtungsberechtigte das anfechtbare Rechtsgeschäft bestätigt. Hierbei handelt es sich um eine Erklärung, mittels derer der Anfechtungsberechtigte auf sein Recht, die mangelbehaftete Willenserklärung zu beseitigen, verzichtet.[143] Diese Erklärung kann ausdrücklich oder konkludent erfolgen, wobei für eine konkludente Bestätigung gefordert wird, dass das Verhalten des Anfechtungsberechtigten eindeutig Ausdruck eines Bestätigungswillens ist und jede andere, den Umständen nach einigermaßen verständliche Deutung ausscheidet.[144]

c) Subsidiarität gegenüber anderen Rechtsinstituten

aa) Vorrang des Gewährleistungsrechts

Ein besonderes Spannungsverhältnis besteht zwischen der Anfechtung wegen eines   **95**
Eigenschaftsirrtums (vgl. § 119 Abs. 2 BGB) und den (kaufrechtlichen)[145] Gewähr-

---

[142] BGH v. 21.09.2011, NJW 2012, 296, 298.

[143] Siehe unten § 14 Rn. 41.

[144] BGH v. 11.08.2010, NJW 2010, 3362, 3363.

[145] Zur Geltung auch gegenüber miet- und werkvertraglichen Gewährleistungsvorschriften vgl. *Medicus* Rn. 776; MünchKommBGB/*Armbrüster* § 119 BGB Rn. 35 ff.

leistungsrechten. Die anfängliche Mangelbehaftetheit des Kaufgegenstandes begründet nach kaufrechtlichen Vorschriften Gewährleistungsrechte des Käufers (vgl. § 437 BGB). Da der für das Vorliegen eines Sachmangels bedeutsame Begriff der Beschaffenheit i. S. d. § 434 Abs. 1 BGB den Begriff der Eigenschaft i. S. d. § 119 Abs. 2 BGB umfasst, kann bei Vorliegen eines Mangels der Kaufsache zugleich ein beachtlicher Eigenschaftsirrtum vorliegen. Könnte der Käufer sich in einem solchen Fall sogleich durch Anfechtung von den Bindungen des Kaufvertrags befreien, würde das austarierte System des Gewährleistungsrechts, welches primär einen Anspruch des Käufers auf Nacherfüllung und korrespondierend hiermit ein Recht des Verkäufers zur zweiten Andienung umfasst, umgangen. Deshalb wird von der ganz h. A. die Möglichkeit einer **Irrtumsanfechtung** nach § 119 Abs. 2 BGB **abgelehnt**, wenn das Anfechtungsrecht in Konkurrenz zum Gewährleistungsrecht tritt.[146] Dabei greift der Vorrang des Gewährleistungsrechts nicht erst ab Gefahrübergang, sondern bereits ab Vertragsschluss, um zu vermeiden, dass die Regelung des § 442 Abs. 1 S. 2 BGB umgangen wird.

96   Der **Ausschluss des Anfechtungsrechts** auf Grund des Vorrangs des Gewährleistungsrechts gilt auch für den Verkäufer. Die Gewährleistungsrechte des Käufers würden erheblich entwertet, wenn sich der Verkäufer durch Anfechtung nach § 119 Abs. 2 BGB von seinen vertraglichen Bindungen lösen könnte. Dies gilt nach h. A. allerdings nicht, wenn der Kaufgegenstand eine bessere Beschaffenheit als vereinbart oder üblich aufweist.[147] Der Verkäufer kann in diesem Fall den Kaufvertrag nach § 119 Abs. 2 BGB anfechten.[148]

97   Durch das Eingreifen des Gewährleistungsrechts wird das Anfechtungsrecht des Käufers nicht ausgeschlossen, wenn der Verkäufer seinen Vertragspartner über das Vorliegen eines Mangels **arglistig getäuscht** hat. Der Käufer kann in diesem Fall wählen, ob er anficht, um eine Rückabwicklung nach § 812 Abs. 1 BGB zu erreichen, oder von seinen in § 437 BGB aufgeführten Gewährleistungsrechten Gebrauch macht. Entscheidet er sich für die Anfechtung, gehen seine Gewährleistungsrechte verloren, weil diese einen wirksamen Kaufvertrag voraussetzen, der durch die Anfechtung der Vertragserklärung des Käufers rückwirkend beseitigt wird.[149]

bb) Abschließende Sonderregelungen des Irrtums

98   Ausgeschlossen wird die Anfechtung nach §§ 119 ff. BGB durch abschließende gesetzliche Sonderregelungen des Irrtums. Dies betrifft zunächst Regelungen im **Familienrecht**, soweit diese vorsehen, dass Irrtümer nicht durch eine Gestaltungserklärung (Anfechtungserklärung), sondern durch einen entsprechenden Antrag gegenüber dem Gericht geltend gemacht werden müssen (vgl. §§ 1313, 1314 Abs. 2 Nr. 2, 3 BGB). Erst der gerichtliche Beschluss gestaltet die Rechtslage um. Außerdem enthält das **Erbrecht** teilweise abschließende Vorschriften über die Anfech-

[146] BGH v. 08.06.1988, NJW 1988, 2597, 2598. – A. A. *Larenz/Wolf* § 36 Rn. 50.

[147] *Medicus* Rn. 775.

[148] BGH v. 08.06.1988, NJW 1988, 2597, 2598; *Medicus* Rn. 775.

[149] Siehe unten Rn. 104 f.

tung von Testamenten und Erbverträgen (§§ 2078 f., 2281, 2285 BGB), welche vor allem der besonderen Situation Rechnung tragen, dass ein Beteiligter verstorben ist.

4. Konkurrenz verschiedener Anfechtungsrechte

Im Einzelfall können in Bezug auf eine Willenserklärung mehrere Anfechtungs- **99** rechte, die sich aus verschiedenen Gründen ergeben, zusammentreffen. In diesem Fall ist grds. keinem der Anfechtungsgründe der Vorrang einzuräumen. Vielmehr **kann der Erklärende wählen**, ob er aus einem einzelnen oder auch aus mehreren oder allen Gründen die Anfechtung erklärt. Wurde der Erklärende z. B. über eine verkehrswesentliche Eigenschaft arglistig getäuscht, kann er entscheiden, auf welche Grundlage er seine Anfechtung stützt. Dabei muss er bedenken, dass er bei einer Irrtumsanfechtung unverzüglich handeln muss und er sich gegenüber dem Anfechtungsgegner einer Schadensersatzverpflichtung nach § 122 BGB[150] aussetzt. Diese Grenzen bestehen für die Anfechtung wegen Täuschung nicht. Allerdings müsste der Anfechtende im Falle einer gerichtlichen Auseinandersetzung hierfür die Arglist des Täuschenden darlegen und beweisen.

II. Gegenstand der Anfechtung

1. Rechtsgeschäft

Die Anfechtung und die damit verbundene Rechtsfolge beziehen sich nach **h. A.** **100** stets auf die mangelbehaftete Willenserklärung[151] (bzw. geschäftsähnliche Handlung).[152] Nach **a. A.** wird unter Bezugnahme auf den Wortlaut des § 142 Abs. 1 BGB, der anders als §§ 119, 120, 123 BGB von der Nichtigkeit des Rechtsgeschäfts[153] handelt, vertreten, die anfechtungsbedingte Nichtigkeit beziehe sich zwar im Grundsatz auf die Erklärung, dagegen werde im Falle mehrseitiger Rechtsgeschäfte nach deren Entstehung der gesamte Vertrag angefochten.[154] Hierfür wird neben dem Wortlaut angeführt, dass die zum Vertrag führende Willenserklärung lediglich dessen unselbstständiger Bestandteil sei.[155] Die Unterschiede beider Ansichten sind vorrangig von dogmatischem Interesse. Im praktischen Ergebnis besteht dagegen Übereinstimmung. Wird eine zum Vertrag führende Willenserklärung beseitigt, bringt dies den gesamten Vertrag zu Fall, weil jedenfalls ein notwendiger Bestandteil (Antrag oder Annahme) entfällt.

---

[150] Siehe hierzu unten Rn. 110 ff.
[151] Vgl. nur *Wolf/Neuner* § 41 Rn. 138.
[152] BGH v. 06.12.1988, NJW 1989, 1792.
[153] Zum Begriff siehe oben § 4 Rn. 17.
[154] *Leenen* JURA 1991, 393, 395 ff.; *Köhler* § 7 Rn. 69.
[155] *Leenen* JURA 1991, 393, 295 ff.; *Köhler* § 7 Rn. 69.

2. Trennungs- und Abstraktionsprinzip

101   Bei der Beurteilung der Rechtsfolgen einer Anfechtung sind stets **Trennungs- und Abstraktionsprinzip**[156] zu beachten. Anfechtbar ist stets nur diejenige Erklärung, die tatsächlich mangelbehaftet ist. Wegen des Trennungsprinzips ist für das Verpflichtungsgeschäft und für das Verfügungsgeschäft gesondert das Vorliegen eines Anfechtungsgrunds zu beurteilen. Betrifft der Mangel nur die Willenserklärung bezogen auf eines der beiden Rechtsgeschäfte (z. B. das Verpflichtungs- oder Kausalgeschäft), bleibt das andere (z. B. Verfügungsgeschäft) von der Anfechtung und ihren Wirkungen unberührt.

> **Beispiel:** Viktor ist Eigentümer eines Gemäldes, über dessen Urheber er sich irrt. Auf dieser Grundlage entschließt er sich zum Verkauf und schließt mit Klaus einen entsprechenden Kaufvertrag. Eine Woche später wird das Bild übereignet. Als Viktor seinen Irrtum bemerkt, will er alles rückgängig machen. Dabei kann er nur die Erklärung zum Abschluss des Kaufvertrags anfechten, weil allein diese mangelbehaftet war. Die Übereignung bleibt dagegen unangreifbar, weil der Urheber des Gemäldes für dessen Übereignung nicht verkehrswesentlich ist. Viktor kann jedoch von Klaus die Rückübereignung des Bildes verlangen.[157]

102   Denkbar ist allerdings, dass im Einzelfall sowohl das Verpflichtungs- als auch das Verfügungsgeschäft angefochten werden können. Dies ist der Fall, wenn beide Erklärungen mangelbehaftet sind, wobei sie auch an demselben Mangel (**Fehleridentität**) leiden können.[158]

3. Teilanfechtung

103   Gegenstand der Anfechtung kann auch ein **selbstständiger Teil** einer teilbaren Willenserklärung sein. Dies ergibt sich zwangsläufig, wenn nur dieser selbstständige Teil mangelbehaftet ist. Allerdings kann auch die aus mehreren Teilen bestehende Willenserklärung insgesamt mangelbehaftet sein und der Anfechtungsberechtigte gleichwohl ein Interesse daran haben, nur einen Teil dieser Willenserklärung durch Anfechtung zu beseitigen. Im Hinblick auf selbstständige Teile einer teilbaren Willenserklärung ist dies möglich. Die eine Teilanfechtung eröffnende Selbstständigkeit ist gegeben, wenn der nach Wegfall des angefochtenen Teils verbleibende Rest bei objektiver, vom Willen der Beteiligten absehender Betrachtung als selbstständiges, unabhängig von den anderen Teilen bestehendes Rechtsgeschäft denkbar ist; dabei kommt es für die Frage, ob eine Teilanfechtung begrifflich möglich ist, nicht auf den Willen der am Rechtsgeschäft Beteiligten, sondern allein auf die objektive (gedankliche) Zerlegbarkeit des Rechtsgeschäfts an.[159] Der Anfechtende muss in seiner Anfechtungserklärung ausreichend zum Ausdruck bringen, inwieweit er seine Erklärung anfechten will. Die Wirksamkeit des von der Anfechtung nicht erfass-

---

[156] Siehe oben § 4 Rn. 33 ff.
[157] Siehe zur Rückabwicklung unten Rn. 108 f.
[158] Siehe oben § 4 Rn. 39.
[159] BAG v. 24.02.2011, NZA-RR 2012, 148, 152.

ten Teils der Willenserklärung bestimmt sich nach § 139 BGB.[160] Dabei kann der Anfechtende seine Teilanfechtung auch unter den **Vorbehalt** stellen, dass sie ihre Wirkungen nur entfalten soll, wenn der verbleibende Teil auch tatsächlich wirksam bleibt.[161]

III. Rechtsfolgen der Anfechtung

1. Rückwirkende Nichtigkeit

Mit dem Zugang der Anfechtungserklärung wird die mangelbehaftete Willenserklärung, d. h. die von ihr ausgehenden Rechtswirkungen beseitigt (vgl. § 142 Abs. 1 BGB). Obwohl niemand die Vergangenheit ändern kann, tritt diese Rechtsfolge mit Wirkung auf den Zeitpunkt des Wirksamwerdens des Rechtsgeschäfts, d. h. rückwirkend (*ex tunc*) ein. Das Gesetz ordnet eine **Fiktion** an, indem es die angefochtene Erklärung so behandelt, als wäre sie niemals abgegeben worden.   **104**

Nach h. A. ist die rückwirkende Nichtigkeitsfiktion der Anfechtung jedoch bei **Statusverhältnissen** und bei bestimmten **Dauerschuldverhältnissen**, soweit diese bereits in Vollzug gesetzt worden sind, es also schon zu einem Leistungsaustausch gekommen ist, einzuschränken.[162] Dies folgt teilweise daraus, dass schutzwürdige Interessen Dritter eine rückwirkende Nichtigkeit ausschließen. In anderen Fällen ist die Erwägung tragend, dass die erforderliche Rückabwicklung[163] vollzogener Rechtsverhältnisse sich als schwierig oder unerwünscht erweist, weshalb sie zu vermeiden ist. Deshalb soll die Nichtigkeitsfolge, namentlich bei Arbeits- oder Gesellschaftsverträgen, abweichend von § 142 Abs. 1 BGB nicht mit Wirkung *ex tunc*, sondern erst mit Zugang der Anfechtungserklärung (***ex nunc***) bzw. im Falle einer vorherigen Außervollzugsetzung rückwirkend zu diesem Zeitpunkt eintreten. Dies wird aus einer teleologischen Reduktion[164] des § 142 Abs. 1 BGB abgeleitet. Inwieweit diese teleologische Reduktion im Falle einer auf § 123 BGB gestützten Anfechtung gerechtfertigt ist, ist umstritten.[165]   **105**

---

[160] Vgl. BGH v. 27.06.1969, NJW 1969, 1759, 1760. – Siehe unten § 14 Rn. 13 ff.

[161] Es handelt sich in diesem Fall um eine zulässige Rechtsbedingung, vgl. hierzu § 15 Rn. 11. – A. A. RG v. 19.12.1934, RGZ 146, 234, 240.

[162] Vgl. BGH v. 06.08.2008, NJW 2009, 1266, 1268: keine Beschränkung der Nichtigkeitsfolgen für vollzogene Mietverhältnisse.

[163] Siehe unten Rn. 108 f.

[164] Zum Begriff siehe oben § 3 Rn. 24.

[165] Vgl. *Bork* Rn. 960 und BAG v. 03.12.1998, NZA 1999, 584, 584 ff.

2. Beschränkung auf das Gewollte

106 Die Anfechtung beseitigt die fehlerbehaftete Willenserklärung grds. vollständig.[166]
Dies dient der negativen Selbstbestimmung des Anfechtenden. Dagegen setzt die
Anfechtung nicht den wirklichen Willen in Geltung: Die Anfechtung kassiert, sie
reformiert aber nicht. Im Einzelfall kann sich die vollständige Unwirksamkeit jedoch als überschießende, zum Schutz der Selbstbestimmung des Erklärenden nicht
erforderliche Rechtsfolge erweisen. Dies ist der Fall, wenn der Anfechtungsgegner
bereit ist, das Rechtsgeschäft entsprechend dem wirklichen Willen des Erklärenden
gelten zu lassen. Kann sich der Anfechtende entsprechend den gesetzlichen Regelungen gänzlich vom Rechtsgeschäft lösen, steht er besser als ohne Irrtum.

107 Diese Rechtsfolge wird einhellig[167] als unbefriedigend und vom Gesetzgeber
nicht bezweckt angesehen. Deshalb wird angenommen, dass der Anfechtende das
ihm gesetzlich eingeräumte Anfechtungsrecht treuwidrig missbraucht, wenn er sich
auf die Nichtigkeit beruft, obwohl der Anfechtungsgegner bereit ist, das Rechtsgeschäft mit dem wirklichen Willen gelten zu lassen.

> **Beispiele:** (1) Björn bestellt bei Ole telefonisch ein gebrauchtes Fahrrad. Dabei unterläuft
> ihm ein Missgeschick. Er gibt die Bezeichnung eines anderen von Ole ebenfalls angebote-
> nen Fahrrads an. Beide werden sich über den Preis von 800 € einig. Als Björn das Fahrrad
> abholen will und sich dabei der Irrtum aufklärt, ficht er seine Willenserklärung an. Ole
> meint jedoch, er sei auch mit dem Verkauf des von Björn tatsächlich gewollten Fahrrads
> einverstanden. Dies will Björn aber nicht gelten lassen. Er ist froh, gar kein Fahrrad kaufen
> zu müssen. Dass Björn seinen Irrtum zum Anlass nimmt, sich vollständig vom Vertrag zu
> lösen, ist treuwidrig. Er muss sich deshalb an seinem wirklichen Willen festhalten lassen
> und das ursprünglich gewollte Fahrrad gegen Zahlung von 800 € abnehmen. (2) Vergleich-
> bar hierzu muss die Mädchenrealschule im obigen Beispiel (vgl. Rn. 29) auf Wunsch des
> Lieferanten zumindest 25 Rollen Toilettenpapier abnehmen.

3. Rückabwicklung

108 Die von der angefochtenen Willenserklärung unmittelbar bewirkten Rechtsfolgen
entfallen infolge der Anfechtungserklärung.

> **Beispiele:** (1) Erklärt Arndt die Kündigung seines Arbeitsverhältnisses und ficht er
> anschließend seine Kündigungserklärung erfolgreich an, ist das Arbeitsverhältnis rechtlich
> so zu betrachten, als sei es niemals unterbrochen worden. (2) Ficht Arndt die Übereignung
> seines Fahrrads an Bert an, fällt das Eigentum mit Ausübung der Anfechtung automatisch
> und rückwirkend an Arndt zurück. Bert ist nie Eigentümer geworden. Arndt hat sein Eigen-
> tum nie verloren.

109 Soweit auf dem angefochtenen Rechtsgeschäft aufbauend weitere Rechtsgeschäfte,
namentlich Verfügungen zur Erfüllung einer sich aus einem angefochtenen Verpflichtungsgeschäft ergebenden Verbindlichkeit, vorgenommen wurden, sind diese
auf Grund des **Abstraktionsprinzips** nicht in jedem Fall auch unwirksam. Ebenso

---

[166] Vgl. zur teilweisen Anfechtung Rn. 103.
[167] *Flume*, AT II, § 21 Ziffer 6, S. 421 f.; *Larenz/Wolf* § 36 Rn. 113; *Medicus* Rn. 781.

wenig entfallen automatisch auf der Grundlage des angefochtenen Rechtsgeschäfts vorgenommene Realakte. Soweit das die Grundlage bildende Rechtsgeschäft (Kausalgeschäft) rückwirkend entfallen ist, fehlt den auf seiner Grundlage vorgenommenen Erfüllungshandlungen und -geschäften der Rechtsgrund. Die vorgenommenen Vermögensverschiebungen erweisen sich als ungerechtfertigt. Sie müssen deshalb rückabgewickelt werden. Die erforderliche Anspruchsgrundlage findet sich in § 812 Abs. 1 S. 1 Alt. 1 BGB.[168]

> **Beispiel:** Anton schließt mit Ronald einen Kaufvertrag über seinen Drahtesel. Später wird das Fahrrad übereignet. Ficht Anton allein seine Willenserklärung zum Abschluss des Kaufvertrags an, bleibt Ronald wegen des Abstraktions- und Trennungsprinzips weiterhin Eigentümer. Da infolge der Anfechtung jedoch kein Kaufvertrag (mehr) besteht, mangelt es der Übereignung an einem Kausalgeschäft. Anton kann deshalb nach § 812 Abs. 1 S. 1 Alt. 1 BGB von Ronald die Rückübereignung des Fahrrades verlangen. Soweit Anton jedoch ausnahmsweise (Fehleridentität)[169] sowohl den Antrag auf Abschluss des Kaufvertrags als auch die Erklärung zur Übereignung (vgl. § 929 BGB) anficht, werden sämtliche Rechtsfolgen beider Rechtsgeschäfte beseitigt. Der Kaufvertrag fällt rückwirkend weg und das Eigentum fällt ebenfalls mit Rückwirkung auf Anton zurück.

4. Ersatz des Vertrauensschadens

Die Anfechtung der mangelhaften Willenserklärung trägt der Selbstbestimmung des Erklärenden Rechnung. Löst sich dieser von den Bindungen an seine Erklärung, beeinträchtigt dies jedoch die Interessen des Erklärungsempfängers, der bis zur Anfechtung ggf. bereits zahlreiche Aufwendungen im Vertrauen auf den Bestand der ihm gegenüber abgegebenen Erklärung getätigt oder vom Abschluss eines anderen Geschäfts abgesehen hat. Seinen Interessen trägt der Gesetzgeber dadurch Rechnung, dass er ihm unter bestimmten Voraussetzungen einen Schadensersatzanspruch gegen den Anfechtenden einräumt (vgl. § 122 BGB).   **110**

a) Voraussetzungen

Der Schadensersatzanspruch nach § 122 BGB knüpft daran an, dass der Erklärende seine Willenserklärung erfolgreich auf Grund der §§ 119 f. BGB angefochten hat.[170] Ohne Bedeutung ist, ob der Erklärende seinen Irrtum zu vertreten hat (Verschulden). Deshalb handelt es sich bei § 122 Abs. 1 BGB nicht um einen Sonderfall der Haftung aus Verschulden bei Vertragsverhandlungen, sondern um eine reine **Vertrauenshaftung**.   **111**

Im Gegensatz zur Irrtumsanfechtung nach §§ 119 f. BGB muss derjenige, der seine Anfechtung auf § 123 BGB stützt, keinen Schadensersatz nach § 122 BGB   **112**

---

[168] Nach a. A., z. B. Palandt/*Sprau* § 812 BGB Rn. 26, ist § 812 Abs. 1 S. 2 Alt. 1 BGB einschlägig.

[169] Siehe oben Rn. 102.

[170] Außerdem kann die Schadensersatzpflicht des § 122 BGB auch durch eine Scherzerklärung nach § 118 BGB ausgelöst werden, vgl. oben Rn. 16.

leisten. Dies erscheint ohne Weiteres einleuchtend, soweit der Anfechtungsgegner selbst oder eine seinem Lager zuzurechnende Person die missbilligte Willensbeeinflussung (**Täuschung oder Drohung**) vorgenommen hat. Bedenken bestehen jedoch, wenn ein außenstehender Dritter den Erklärenden bedroht hat. In diesem Fall steht der Anfechtungsgegner der Ursache des Willensmangels nicht näher als der Erklärende. Vielmehr wurzelt der Willensmangel im allgemeinen Lebensrisiko des Erklärenden. Deshalb wird erwogen, dem Anfechtungsgegner in diesem Fall in entsprechender Anwendung des § 122 BGB einen Schadensersatzanspruch zuzubilligen, wenn er von der Drohung keine Kenntnis hatte.[171]

b) Inhalt des Ersatzanspruchs

113 Inhaber des Ersatzanspruchs ist, soweit eine empfangsbedürftige Willenserklärung angefochten wurde, der **Erklärungsempfänger**. Im Übrigen kann im praktisch weniger relevanten Fall, dass eine nicht empfangsbedürftige Willenserklärung angefochten wurde, jeder Dritte Schadensersatz verlangen, der auf die Wirksamkeit der Erklärung vertraut und deshalb einen Schaden erlitten hat.

114 Der Anspruch erstreckt sich auf den Ersatz des **Vertrauensschadens** (negatives Interesse). Anders als beim positiven Interesse (Schadensersatz wegen Nichterfüllung), bei dem der Anspruchssteller so zu stellen ist, wie er bei ordnungsgemäßer Erfüllung stünde, erfasst das negative Interesse sämtliche Schäden, die vermieden worden wären, wenn der Erklärungsempfänger gerade nicht auf den endgültigen Fortbestand der Erklärung vertraut hätte. Der Anfechtungsgegner ist so zu stellen, als hätte er von dem angefochtenen Rechtsgeschäft nie gehört. Allerdings soll der Anfechtungsgegner wirtschaftlich auch nicht besser stehen als er bei Fortbestand der angefochtenen Erklärung stünde. Deshalb **begrenzt** § 122 Abs. 1 BGB den Ersatzanspruch **auf das positive Interesse**.

> **Beispiel:** Koffee will bei Ikarus einen Reisebus mieten. Im Rahmen der Verhandlungen über den einzig verbliebenen Reisebus einigt man sich auf einen Gesamtmietpreis von 2.000 €. Koffee verspricht sich jedoch und benennt das erste Wochenende im Juni als Mietzeitraum, obwohl er den Bus für eine Sonderfahrt am ersten Wochenende im Juli benötigt. Kurz darauf ruft ein Vertreter von Fair-Travel bei Ikarus an und möchte den Bus ebenfalls für das erste Wochenende im Juni mieten. Er ist sogar bereit, eine Miete von 3.000 € zu zahlen. Da der Bus allerdings bereits Koffee versprochen ist, sagt Ikarus ab. Als Ikarus Ende Mai anfragt, wann genau Koffee den Bus abholen will, bemerkt Koffee seinen Irrtum und ficht seine Erklärung unverzüglich an. Der Mietvertrag zwischen Koffee und Ikarus entfällt. Ikarus steht gegen Koffee jedoch nach § 122 Abs. 1 BGB ein Anspruch auf Ersatz des Vertrauensschadens zu. Ikarus ist danach so zu stellen, wie er ohne die angefochtene Erklärung des Koffee stünde. In diesem Fall hätte er den Bus für 3.000 € an Fair-Travel vermietet. Das negative Interesse des Ikarus beläuft sich folglich auf Ersatz von 3.000 €. Da Ikarus jedoch nicht besser stehen soll, als er stünde, wenn der Mietvertrag tatsächlich fortbesteht, ist sein Anspruch aus § 122 BGB auf das positive Interesse begrenzt. Ikarus kann daher nicht mehr verlangen, als er bei Vollzug des durch Anfechtung entfallenen Mietvertrags erhielte (2.000 €).

---

[171] MünchKommBGB/*Armbrüster* § 123 BGB Rn. 117.

c) Ausschluss des Ersatzanspruchs

Wenn der Anfechtungsgegner nicht auf den endgültigen Fortbestand der angefoch-   **115**
tenen Erklärung vertrauen durfte, ist er nicht schutzwürdig. Hat er den Irrtum und
den wahren Willen des Erklärenden gekannt, gilt die Erklärung bereits nach Auslegungsgrundsätzen mit dem wirklich gewollten Inhalt. Einer Anfechtung bedarf es
nicht. Hat der Anfechtungsgegner zumindest den Irrtum erkannt oder hätte er ihn
erkennen können, schädigt er sich praktisch selbst, wenn er im Vertrauen auf die
Wirksamkeit der Erklärung Dispositionen trifft. Tritt die Nichtigkeit des Rechtsgeschäfts ein, steht dem Anfechtungsgegner deshalb kein Schadensersatzanspruch zu.
Dieser wird von § 122 Abs. 2 BGB ausgeschlossen.

5. Fiktion der Kenntnis

Als weitere Rechtsfolge der Anfechtung sieht § 142 Abs. 2 BGB vor, dass jeder, der   **116**
die Anfechtbarkeit einer Willenserklärung kannte oder infolge grober Fahrlässigkeit
nicht kannte, im Falle der Erklärung der Anfechtung so behandelt wird, als habe er
die Nichtigkeit der Willenserklärung gekannt. Dies erlangt Bedeutung zunächst dadurch, dass der bösgläubige Vertragspartner im Rahmen der Rückabwicklung eines
angefochtenen Vertrags nach § 819 Abs. 1 BGB verschärft haftet. Außerdem kann
§ 142 Abs. 2 BGB im Zusammenhang mit der Anfechtung von Verfügungen im
Rahmen des § 932 Abs. 2 BGB Bedeutung erlangen.

> **Beispiel:** Arndt geht zum Juwelier, um einen vergoldeten Ring zu kaufen. Der Juwelier ver-
> greift sich und übereignet Arndt einen echt goldenen Ring. Bert hat dies beobachtet und den
> Missgriff des Juweliers erkannt. Er spricht Arndt vor dem Laden an und kauft ihm den Ring
> ab. Nachdem der Juwelier seinen Irrtum bemerkt, ficht er die Übereignung an. Infolge der
> Anfechtung der Übereignung ist Arndt nicht Eigentümer des Rings geworden. Bert kann
> das Eigentum am Ring daher nur nach §§ 929, 932 BGB vom Nichtberechtigten erwerben.
> Dies scheitert, wenn Bert bösgläubig i. S. d. § 932 Abs. 2 BGB ist. Da Bert die Anfechtbar-
> keit kannte, wird er nach § 142 Abs. 2 BGB so behandelt, als habe er die Nichtigkeit der
> Übereignung gekannt. Er wusste danach, dass er vom Nichtberechtigten erwirbt. Er war
> bösgläubig und hat kein Eigentum erworben.

IV. Konkurrierende Rechtsinstitute

Neben dem Recht zur Anfechtung kann das Vorliegen eines Willensmangels zu-   **117**
gunsten des Erklärenden auch Schadensersatzansprüche begründen. Bspw. erfüllt
die arglistige Täuschung regelmäßig den Straftatbestand des Betrugs (vgl. § 263
StGB) und die widerrechtliche Drohung den Straftatbestand der Nötigung oder
der Erpressung (vgl. §§ 240, 253 StGB). Hieraus können sich für den Erklärenden
Schadensersatzansprüche nach § 823 Abs. 2 BGB i. V. m. den Strafvorschriften ergeben. Dies ist insoweit von Interesse, als Inhalt eines entsprechenden **Schadenser-**
satzanspruchs nach § 249 BGB auch die **Beseitigung der Bindungen an die Wil-**

lenserklärung sein kann. Derartige Ansprüche unterliegen der Regelverjährung von drei Jahren (vgl. § 195 BGB). Der Erklärende kann sich deshalb durch Geltendmachung des Schadensersatzanspruchs von seinen Bindungen lösen, obwohl die Anfechtungsfrist des § 124 BGB bereits abgelaufen ist. Hinzu kommt, dass ein derartiger Anspruch neben § 823 BGB auch an eine vorvertragliche Pflichtverletzung anknüpfen kann (vgl. §§ 280, 311 Abs. 2, 241 Abs. 2 BGB).[172] Als Pflichtverletzung kommt dabei bereits das **fahrlässige Unterlassen einer Aufklärung** in Betracht. Der Erklärende kann sich also ggf. seiner Bindungen entledigen, obwohl die gesteigerten Anforderungen des § 123 BGB (Arglist) nicht erfüllt sind. Dennoch werden die konkurrierenden Rechtsinstitute nicht eingeschränkt. Dies rechtfertigt sich aus der unterschiedlichen Schutzrichtung der Institute. Das Recht zur Anfechtung dient allein dem Schutz der Privatautonomie. Dagegen verfolgen die konkurrierenden Schadensersatzansprüche den **Schutz des Vermögens**, weshalb sie nur bestehen, soweit ein Schaden entstanden ist.

Literatur

Boemke (2004) Studienbuch Arbeitsrecht. 2. Aufl
Bork (2011) Allgemeiner Teil des Bürgerlichen Gesetzbuchs. 3. Aufl
Brox/Walker (2012) Allgemeiner Teil des BGB. 36. Aufl
Erman (2011) Handkommentar zum Bürgerlichen Gesetzbuch. 13. Aufl
Flume (1992) Allgemeiner Teil des Bürgerlichen Rechts. Zweiter Band: Das Rechtsgeschäft. 4. Aufl
Köhler (2012) BGB Allgemeiner Teil. 36. Aufl
Larenz/Wolf (2004) Allgemeiner Teil des deutschen Bürgerlichen Rechts. 9. Aufl
Leenen (1991) Die Anfechtung von Verträgen – Zur Abstimmung zwischen § 142 Abs. 1 und §§ 119 ff. BGB –. JURA 1991, 393
Medicus (2012) Allgemeiner Teil des BGB. 10. Aufl
MünchKommBGB (2012) Münchener Kommentar zum Bürgerlichen Gesetzbuch. 6. Aufl
Palandt (2013) Bürgerliches Gesetzbuch. 72. Aufl
Preuß (2002) Geheimer Vorbehalt, Scherzerklärung und Scheingeschäft. JURA 2002, 815
Staudinger (Stand 31.03.2013) Kommentar zum Bürgerlichen Gesetzbuch. 13. Bearb
Titze (1956) Vom sogenannten Motivirrtum.
Wolf/Neuner (2012) Allgemeiner Teil des deutschen Bürgerlichen Rechts. 10. Aufl

---

[172] BGH v. 18.09.2001, NJW-RR 2002, 308, 309 f.; BAG v. 24.02.2011, NZA-RR 2012, 148, 152 f. (allerdings einschränkend für Aufhebungsverträge).

§ 13 Stellvertretung

Literaturhinweise: *Forster*, „Ein kleiner Irrtum am Anfang wird am Ende ein großer" – Irrtümer um die Stellvertretung, JURA 2011, 778; *Giesen/Hegermann*, Die Stellvertretung, JURA 1991, 357; *Hauck*, Handeln unter fremdem Namen, JuS 2011, 967; *Hübner*, Grenzen der Zulässigkeit von Insichgeschäften, 1981, 288; *Joussen*, Abgabe und Willenserklärung unter Einschaltung einer Hilfsperson, JURA 2003, 577; *Lorenz*, Grundwissen – Zivilrecht: Stellvertretung, JuS 2010, 382; *ders.*, Grundwissen – Zivilrecht: Die Vollmacht, JuS 2010, 771; *Lüderitz*, Prinzipien des Vertretungsrechts, JuS 1976, 765; *Mock*, Grundfälle zum Stellvertretungsrecht, JuS 2008, 309, 391, 486; *Petersen*, Bestand und Umfang der Vertretungsmacht, JURA 2003, 310; *ders.*, Unmittelbare und mittelbare Stellvertretung, JURA 2003, 744; *ders.*, Die Wissenszurechnung, JURA 2008, 914; *ders.*, Stellvertretung und Botenschaft, JURA 2009, 904; *ders.*, Das Offenkundigkeitsprinzip bei der Stellvertretung, JURA 2010, 187; *ders.*, Vertretung ohne Vertretungsmacht, JURA 2010, 904; *Schwark*, Rechtsprobleme bei der mittelbaren Stellvertretung, JuS 1980, 777; *Stöhr*, Die Rechtsscheinshaftung nach § 172 I BGB, JuS 2009, 106.

A. Bedeutung

Grds. **wirkt das Handeln einer Person rechtlich für diese selbst**. Wer handelt, verpflichtet sich selbst. Wer verfügt, verfügt über eigenes Recht kraft eigener Verfügungsbefugnis. Allerdings besteht vielfach ein Bedürfnis, auch andere für sich handeln zu lassen.   **1**

> **Beispiel:** Unternehmer Big Boss ist vielbeschäftigt und hat kaum Zeit. Um an seinem Hochzeitstag nicht mit leeren Händen vor seiner Frau zu stehen, schickt er seine Sekretärin zum Juwelier. Sie soll dort eine nette Kleinigkeit zum Preis von rund 5.000 € aussuchen und mitnehmen. Den Kaufpreis soll der Juwelier auf die Rechnung des Big Boss buchen.

Das **Bedürfnis**, andere mit Wirkung für sich selbst handeln zu lassen, kann verschiedene Ursachen haben: **2**

B. Boemke, B. Ulrici, *BGB Allgemeiner Teil,* Springer-Lehrbuch,
DOI 10.1007/978-3-642-39171-2_13, © Springer-Verlag Berlin Heidelberg 2014

1. es gibt Rechtssubjekte, d. h. Träger von Rechten und Pflichten, die aus tatsächlichen oder rechtlichen Gründen **nicht selbst wirksam Willenserklärungen abgeben können**. Für diese Fälle ordnet das Gesetz an, dass diese Rechtssubjekte durch andere vertreten werden.

> **Beispiel:** Geschäftsunfähige können aus Rechtsgründen keine Willenserklärungen abgeben. Sie werden z. B. durch ihre Eltern (§§ 1626, 1629 BGB) vertreten. Juristische Personen (z. B. GmbH, AG) können als bloß juristische Gebilde aus tatsächlichen Gründen nicht selbst Willenserklärungen abgeben. Sie müssen vielmehr durch Menschen handeln (z. B. Geschäftsführer, § 35 GmbHG; Vorstand, § 78 AktG).

2. die **Handlungsmöglichkeiten** einer Person sind zu einer Zeit auf einen Ort und die eigenen Fähigkeiten **beschränkt**. Die faktische Beschränkung der eigenen rechtlichen Handlungsmöglichkeit kann durch privatautonome Einschaltung von Stellvertretern erweitert werden.

> **Beispiel:** Der Gemüsehandel von Herrn Schwarz erreicht über die Jahre eine gewaltige Größe. Er will Zweigstellen eröffnen, das Sortiment erweitern und die ganze Republik mit günstigen Produkten direkt von der Euro-Palette versorgen. Dies kann er alleine nicht leisten. Vielmehr muss er die Aufgaben verteilen. Er braucht Einkäufer, welche sich um den Warennachschub kümmern. Er braucht Verkäufer, welche Kaufverträge mit Kunden schließen. Nötig ist wohl auch ein Personalleiter, der Arbeitsverträge mit den Angestellten schließt. Wenn Herr Schwarz seine Ladenkette durch eine juristische Person, z. B. als GmbH, betreiben will, treffen beide Ursachen zusammen. Die GmbH ist darauf angewiesen, durch Menschen am Rechtsverkehr teilzunehmen. Zugleich sollen die Handlungsmöglichkeiten über die Fähigkeiten eines Menschen hinaus erweitert werden.

3 Dem Bedürfnis, Hilfspersonen einzuschalten, um die eigenen Handlungsmöglichkeiten zu begründen oder zu erweitern, trägt das Institut der Stellvertretung Rechnung. Es sieht Regeln vor, wann das Handeln einer Person (Vertreter) rechtlich unmittelbar einer anderen Person (Vertretener) zugerechnet wird, mit der Folge, dass die Wirkungen des Handelns unmittelbar den Vertretenen treffen. Die Stellvertretung ist dabei auf **rechtsgeschäftliches Handeln** beschränkt. Hiervon zu unterscheiden sind sonstige Drittwirkungen menschlichen Handelns.[1]

> **Beispiel:** Ein Mitarbeiter des Gemüsehandels von Herrn Schwarz lässt eine Dose Hundefutter fallen. Die Dose trifft Kati Kunde. Kati Kunde begehrt von Herrn Schwarz Schmerzensgeld für die erlittenen Schmerzen. Ob Herr Schwarz für die Unachtsamkeit seines Mitarbeiters zahlen muss, entscheidet nicht das Recht der Stellvertretung, sondern §§ 31, 278, 831 BGB.

---

[1] Siehe unten Rn. 24 ff.

B. Schema und Definition

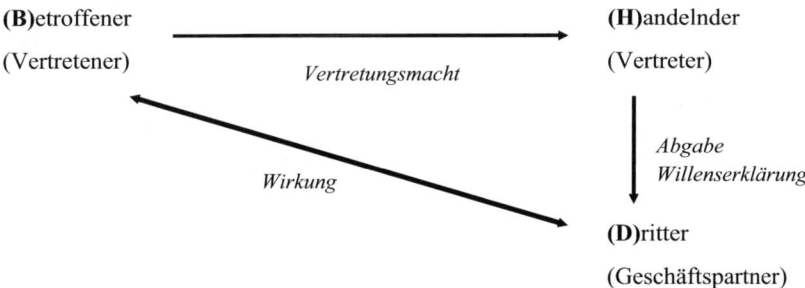

(B)etroffener
(Vertretener)

Vertretungsmacht

(H)andelnder
(Vertreter)

Wirkung

Abgabe
Willenserklärung

(D)ritter
(Geschäftspartner)

Stellvertretung ist das rechtsgeschäftliche Handeln einer Person (Stellvertreter) in   **4**
fremdem, d. h. im Namen einer anderen Person (des Vertretenen), das bei Vorliegen einer entsprechenden gesetzlichen oder rechtsgeschäftlichen Vertretungsmacht
dazu führt, dass das Geschäft durch den Vertreter hindurchgeht und nur zu Gunsten
und zu Lasten des Vertretenen wirkt.

C. Voraussetzungen und Wirkungen

I. Zulässigkeit der Stellvertretung

Die §§ 164 ff. BGB gehen von dem **Grundsatz** aus, dass die Stellvertretung bei   **5**
jeder Willenserklärung und zwar sowohl bei deren Abgabe (Aktivvertretung, § 164
Abs. 1 BGB) als auch bei deren Zugang (Passivvertretung, § 164 Abs. 3 BGB)
möglich ist. Zu prüfen bleibt aber jeweils, ob die Einschaltung eines Stellvertreters ausnahmsweise durch Gesetz, Rechtsgeschäft oder Natur des vorzunehmenden
Rechtsgeschäfts[2] ausgeschlossen ist (sog. **höchstpersönliche Rechtsgeschäfte**).
Ausgeschlossen ist die Stellvertretung z. B. bei der:

- Eheschließung (§ 1311 S. 1 BGB),
- Anerkennung der Vaterschaft (§ 1596 Abs. 4 BGB),
- Testamentserrichtung (§ 2064 BGB),
- Bestätigung eines anfechtbaren Erbvertrags (§ 2284 S. 1 BGB).

---

[2] Vgl. MünchKommBGB/*Schramm* Vor § 164 BGB Rn. 74.

II. Eigene Willenserklärung

6 Der Stellvertreter muss im Fall der Aktivvertretung eine eigene Willenserklärung abgeben und nicht nur eine fremde Willenserklärung übermitteln.[3] Notwendig ist, dass der Stellvertreter einen **eigenen rechtsgeschäftlichen Willen bildet** und diesen Willen auch **erklärt**. In seiner Person müssen daher die Voraussetzungen einer wirksamen Willenserklärung (Handlungswille, Erklärungsbewusstsein, Geschäftsfähigkeit etc.) vorliegen. Hieraus folgt, dass **Geschäftsunfähige** nicht Stellvertreter sein können, weil sie wegen § 105 BGB keine eigenen Willenserklärungen abgeben können. Beschränkt geschäftsfähige Personen können dagegen ohne Mitwirkung ihrer gesetzlichen Vertreter Stellvertreter sein (vgl. § 165 BGB), weil sie aus ihrem Vertreterhandeln keinen rechtlichen Nachteil erleiden.[4]

III. Offenkundigkeit

1. Grundsatz

7 Da die Wirkungen des Vertreterhandelns nicht den unmittelbar handelnden Vertreter, sondern den Vertretenen treffen sollen, hat der Geschäftspartner ein Interesse daran, zu erfahren, mit wem er in rechtlichen Kontakt tritt.

> **Beispiel:** Ein stadtbekannter, vermögender Anwalt schließt als Vertreter einen Mietvertrag. Er will dabei einen mittellosen Landstreicher vertreten. Es ist offensichtlich, dass der Vermieter im Hinblick auf die Fremdwirkungen der Stellvertretung ein erhebliches Interesse hat, dies vor dem Geschäftsabschluss zu erfahren, weil von den (wirtschaftlichen) Eigenschaften des Vertretenen ganz wesentlich abhängt, ob der Vertragsschluss vorteilhaft ist.

8 Zum Schutz des Geschäftspartners regelt § 164 Abs. 1 S. 1 BGB, dass die Fremdwirkungen der Stellvertretung voraussetzen, dass der Vertreter sich als solcher **offenbart**. Dies muss nicht ausdrücklich, sondern kann auch konkludent erfolgen, wie § 164 Abs. 1 S. 2 BGB klarstellt. Ausreichend und entscheidend ist, dass sich aus der Sicht eines verständigen Empfängers aus den Umständen ergibt, dass der Vertreter nicht in eigenem Namen handelt.

> **Beispiel:** Albert geht zur Fachbuchhandlung Sacks und sagt zur Verkäuferin, er wolle für seinen Kommilitonen Bert einen Schönfelder kaufen. Die Verkäuferin in der Buchhandlung erklärt gegenüber Albert, dass sie dessen Antrag auf Abschluss eines Kaufvertrages über einen Schönfelder annimmt. Albert offenbart ausdrücklich, dass er sich nicht selbst, sondern Bert verpflichten will. Hinsichtlich der Verkäuferin ergibt sich aus den Umständen, dass diese nicht selbst Vertragspartnerin des Bert werden, sondern Sacks den Kaufvertrag abschließen will (sog. unternehmensbezogenes Geschäft).

9 Bringt der Handelnde den Willen, für einen anderen handeln zu wollen, nicht ausreichend zum Ausdruck, handelt es sich **mangels Offenkundigkeit** um ein

---

[3] Siehe unten Rn. 25 ff.

[4] Siehe oben § 9 Rn. 25 ff.

Eigengeschäft. Die Rechtsfolgen des rechtsgeschäftlichen Handelns treffen nicht den Vertretenen, sondern den Handelnden (Vertreter) selbst. Dies gilt selbst dann, wenn der Handelnde in fremdem Namen tätig werden will, jedoch vergisst, dies kundzutun. Der Handelnde befindet sich in diesem Fall zwar in einem Inhaltsirrtum nach § 119 Abs. 1 BGB. Gleichwohl kann er das Rechtsgeschäft nicht anfechten[5] und sich hierdurch von dessen Folgen befreien, weil § 164 Abs. 2 BGB eine hierauf gestützte Anfechtung ausschließt. Der Handelnde bleibt an das unbeabsichtigte Eigengeschäft gebunden.

2. Sonderfall: Geschäft für den, den es angeht

Unter dem Schlagwort vom „**Geschäft für den, den es angeht**" werden für bestimmte Fallgestaltungen Einschränkungen des Offenkundigkeitsprinzips diskutiert. Zu unterscheiden sind offenes (unechtes) und verdecktes (echtes) Geschäft für den, den es angeht. Das **offene** Geschäft für den, den es angeht, zeichnet sich dadurch aus, dass der Vertreter zwar angibt, dass er nicht für sich selbst, sondern für einen Vertretenen handelt, allerdings dessen Identität nicht offenbart. **10**

> **Beispiel:** Albert erklärt bei einer Kunstauktion, dass er zwei chinesische Tierfiguren für insgesamt 28 Mio. € für einen Sammler, der ungenannt bleiben will, ersteigert. Hier liegt keine echte Ausnahme vom Offenkundigkeitsprinzip vor, weil das Auktionshaus erkennt, dass der Vertrag nicht mit Albert geschlossen wird. Aus diesem Grund ist das Auktionshaus nicht schutzwürdig, weil es den Vertrag nicht schließen muss. Wenn ihm die Identität des anonymen Bieters wichtig ist, kann es einen Vertragsschluss ablehnen. Die Vertretung des Sammlers durch Albert ist deshalb nach allg. A. wirksam.

Das **verdeckte Geschäft** für den, den es angeht, zeichnet sich dagegen dadurch aus, dass der Handelnde mit Vertretungsmacht für einen Vertretenen handeln will, dies gegenüber seinem Geschäftspartner jedoch nicht zu erkennen gibt.[6] Dem Offenkundigkeitsprinzip wird hier auf den ersten Blick nicht entsprochen. Gleichwohl soll das Vertreterhandeln für den Vertretenen wirken, soweit kein schutzwürdiges Interesse des Geschäftspartners entgegensteht und § 164 Abs. 1 S. 1 BGB deshalb teleologisch zu reduzieren ist.[7] Hiervon wird insbesondere für die sog. Bargeschäfte des täglichen Lebens ausgegangen, bei denen dem Verkäufer die Person des Käufers grds. egal ist.[8] **11**

> **Beispiel:** Der nette Zivi Albert geht in den Supermarkt, um für Rentnerin Uschi etwas Brot, Milch und ein paar Eier einzukaufen. Uschi hatte ihm hierfür Geld mitgegeben. Albert bezahlt im Supermarkt bar. Nach h. A. wird hier eine Ausnahme vom Offenkundigkeitsprinzip gemacht. Da der Supermarkt sein Geld für die Ware sofort in bar erhält, ist ihm die Person des Vertragspartners egal. Da Albert den Willen hat, für Uschi einzukaufen, wird

---

[5] Siehe oben § 12 Rn. 21 ff.

[6] Vgl. BGH v. 25.03.2003, NJW-RR 2003, 921, 922.

[7] BGH v. 25.03.2003, NJW-RR 2003, 921, 922; *Bork* Rn. 1398; *Köhler* § 11 Rn. 21; *Medicus* Rn. 920; *Wolf/Neuner* § 49 Rn. 50.

[8] BGH v. 25.03.2003, NJW-RR 2003, 921, 922.

Uschi Partnerin der Übereignung. Sie erwirbt das Eigentum an Brot, Milch und den Eiern unmittelbar vom Supermarkt und nicht von Albert. Außerdem wird Uschi Partnerin des Kaufvertrags. Sollte die eingekaufte Milch sauer sein, stünden daher Uschi die Gewährleistungsrechte (z. B. Nachlieferung, Rückzahlung des Kaufpreises, vgl. § 437 BGB) zu. Die Person ist dem Supermarkt egal, entscheidend ist, dass der Kassenzettel vorgelegt wird. Das verdeckte „Geschäft für den, den es angeht" erklärt hier, was ohnehin Geschäftspraxis ist.

12 Teilweise wird eine entsprechende teleologische Reduktion des Offenkundigkeitsprinzips für schuldrechtliche Verträge abgelehnt.[9] Denkbar sei zwar ein Eigentumserwerb für den, den es angeht, weil hier eine Beeinträchtigung der Interessen des Übereignenden ausgeschlossen werden kann. Für das **schuldrechtliche Verpflichtungsgeschäft** sei eine solche Ausnahme aber unzulässig, weil dem Dritten kein anderer Geschäftspartner untergeschoben werden dürfe. Diese Bedenken haben jedoch mit Inkrafttreten des AGG deutlich an Gewicht verloren, weil § 19 Abs. 1 Nr. 1 AGG anerkennt, dass es Massengeschäfte gibt, die ohne Ansehung der Person vorgenommen werden. Für solche Geschäfte verbietet das AGG ausdrücklich eine unsachliche Differenzierung in Ansehung von Rasse, ethnischer Herkunft, Geschlecht usw. Verallgemeinert man diesen Gedanken, kann hierin die Anerkennung des Gedankens liegen, dass die Person des Vertragspartners bei Massengeschäften egal ist,[10] soweit der Leistungsaustausch sofort in bar erfolgt. Unter diesen Voraussetzungen darf der Vertreter davon ausgehen, dass der Geschäftsgegner nach der Verkehrssitte auf die Offenbarung der Stellvertretung verzichtet (vgl. Rechtsgedanke des § 151 S. 1 BGB).

13 Die Abgrenzung des verdeckten „Geschäfts für den, den es angeht" vom Eigengeschäft des Vertreters erfolgt in diesen Fällen anhand des **inneren Willens** des Vertreters.[11] Will dieser für den Vertretenen handeln, treffen die Rechtsfolgen den Vertretenen, anderenfalls treffen die rechtlichen Folgen den Vertreter.

IV. Vertretungsmacht

14 Die Stellvertretung soll der Privatautonomie dienen, indem ein Vertretener seinen Handlungskreis nach seinen Vorstellungen durch Einschaltung eines Vertreters erweitert oder nur mittels eines Vertreters überhaupt am Rechtsverkehr teilnehmen kann. Sie soll dagegen nicht eine Fremdbestimmung des Vertretenen durch den Vertreter ermöglichen. Dementsprechend muss dem Interesse des Vertreters Rechnung getragen werden, dass nicht jedermann mit Wirkung für ihn Geschäfte tätigen kann. Dem trägt § 164 Abs. 1 S. 1 BGB Rechnung, indem er verlangt, der Vertreter muss „innerhalb der ihm zustehenden **Vertretungsmacht**" tätig werden. Handelt der

---

[9] *Flume*, AT II, § 44 II Ziffer 2 b, e, S. 772, 774. – Zurückhaltend auch BGH v. 25.03.2003, NJW-RR 2003, 921, 922.

[10] Vgl. auch BGH v. 30.10.2009, NJW 2010, 534, 535; BGH v. 09.03.2012, NJW 2012, 1725, 1727.

[11] BGH v. 21.12.1954, NJW 1955, 587, 590; *Bork* Rn. 1399. – A. A. *Wolf/Neuner* § 49 Rn. 50.

Vertreter ohne Vertretungsmacht oder überschreitet er seine Vertretungsmacht, treffen den Vertretenen die Folgen des Vertreterhandelns grundsätzlich nicht.[12]

Die Vertretungsmacht kann auf Rechtsgeschäft oder Gesetz beruhen. Eine **rechtsgeschäftliche** Vertretungsmacht wird Vollmacht genannt (vgl. § 166 Abs. 2 BGB). Sie wird vom Vertretenen oder einem seiner Vertreter durch empfangsbedürftige Willenserklärung, welche grds. keiner Form bedarf,[13] erteilt (vgl. § 167 BGB). Die Zurechnung des Vertreterhandelns an den Vertretenen ist hier durch das privatautonome Handeln des Vertretenen gerechtfertigt. **Durch Gesetz** wird eine Vertretungsmacht vor allem in Fällen angeordnet, in denen der Vertretene nicht selbst rechtsgeschäftlich handeln kann (§ 1629 BGB: Eltern für Kind; § 1902 BGB: Betreuer für Betreuten). Die Zurechnung des Vertreterhandelns an den Vertreter rechtfertigt sich hier aus der Anordnung des Gesetzes. Das oben geschilderte Interesse des Vertretenen, nicht von jedermann verpflichtet werden zu können, wird in diesen Fällen vom Gesetzgeber wahrgenommen bzw. von diesem die Wahrnehmung auf ein Gericht delegiert. | **15**

V. Wirkung für und gegen den Vertretenen

Im Falle einer wirksamen Stellvertretung wirkt die vom Vertreter abgegebene Willenserklärung für und gegen den Vertretenen (vgl. § 164 Abs. 1 S. 1 BGB). | **16**

> **Beispiel:** Holger schließt im Namen und mit Vollmacht des Bert mit Daniel einen Mietvertrag. Zwischen Bert und Daniel wird ein Mietvertrag geschlossen. Bert ist Mieter, weshalb er die gemietete Wohnung bewohnen darf. Dafür muss er die Miete zahlen. Eine Kündigung muss Daniel gegenüber Bert erklären. Für die Frage, ob die Kündigung eine unzumutbare Härte i. S. v. § 574 BGB darstellt, ist auf die Person des Bert und seine Familie abzustellen.

Anders ausgedrückt geht das vom Vertreter vorgenommene Geschäft durch seine Person hindurch. Er ist nur Repräsentant des Vertretenen. Deshalb schuldet der Vertreter dem Geschäftspartner nichts und kann umgekehrt von diesem auch nichts fordern. Die **Rechtslage**, die bei wirksamer Stellvertretung eintritt, entspricht derjenigen, die bestünde, **wenn der** (unterstellt geschäftsfähige) **Vertretene selbst gehandelt hätte.** Deshalb ist auch bei einem Irrtum des Vertreters grds. nur der Vertretene zur Anfechtung berechtigt. Die Auslegung der Vollmacht (vgl. §§ 133, 157 BGB) kann aber ergeben, dass der Vertreter befugt ist, auch die Anfechtungserklärung für den Vertretenen abzugeben.[14] | **17**

Fehlt es an einer der Voraussetzungen der wirksamen Stellvertretung (Verbot der Stellvertretung, z. B. infolge Geschäftsunfähigkeit fehlende eigene Willenserklärung des Vertreters, fehlende Offenkundigkeit oder fehlende Vertretungsmacht) treten die dargestellten Rechtsfolgen des § 164 Abs. 1 S. 1 BGB nicht ein. Aber selbst wenn alle Voraussetzungen einer wirksamen Stellvertretung gegeben sind, ist für | **18**

---

[12] Siehe unten Rn. 96 ff.

[13] Siehe aber unten Rn. 35.

[14] Siehe oben § 12 Rn. 89.

einseitige empfangsbedürftige Rechtsgeschäfte (z. B. Kündigungen) eine Besonderheit zu beachten. Diesen Rechtsgeschäften ist eigen, dass sie die Rechtslage des Empfängers einseitig umgestalten, ohne dass er sich ihnen entziehen kann. Die Wirkungen der Gestaltung sind jedoch nach vorstehenden Grundsätzen davon abhängig, dass alle Voraussetzungen einer Stellvertretung vorliegen, insbesondere der Vertreter mit Vertretungsmacht gehandelt hat. Hat der Vertretene dem Geschäftspartner die Vollmacht nicht mitgeteilt (vgl. § 174 S. 2 BGB), kann der Geschäftspartner die Vertretungsmacht regelmäßig nicht zuverlässig nachprüfen und muss weitestgehend auf die Angaben des Vertreters vertrauen. Um den Geschäftspartner nicht im Unklaren über die Wirkungen des Vertreterhandelns zu lassen, sieht § 174 S. 1 BGB vor, dass sich der Vertreter bei Abgabe einer einseitigen empfangsbedürftigen Willenserklärung durch eine schriftliche Vollmachtsurkunde, d. h. durch Vorlage des Originals legitimieren muss. Anderenfalls kann der Erklärungsempfänger die Erklärung unverzüglich zurückweisen. Hierdurch wird diese unwirksam. Eine Schwebelage besteht nicht.

> **Beispiel:** Ein Personalsachbearbeiter der Bahnhof AG unterschreibt ein Kündigungsschreiben und übergibt es der Buchhalterin Frohsinn. Diese erklärt daraufhin, dass sie die Kündigung zurückweise, weil sie nicht wisse, ob er vom Vorstand mit Kündigungsbefugnis ausgestattet wurde.

VI. Klausurfall – Stellvertretung I

1. Sachverhalt

19　　Richard, der im 15. Semester Jura studiert, benötigt für seine Vorbereitung auf das Examen unbedingt noch die aktuelle Auflage des *Medicus/Petersen*, Bürgerliches Recht. Da aber die erste Klausur nur noch zwei Wochen entfernt ist, hat er keine Zeit, um selbst zur Buchhandlung zu gehen. Er schickt daher seine Freundin Frida, um für ihn einen *Medicus/Petersen* zu kaufen. Frida sagt im Geschäft des Buchhändlers Brecht zur anwesenden Verkäuferin Victoria: „Ich möchte diesen *Medicus/Petersen* für 23,90 € im Namen meines Freundes Richard kaufen." Victoria sagt: „Ja, damit bin ich einverstanden." Frida muss feststellen, dass sie ihr Portemonnaie vergessen hat. Da Victoria aber Richard kennt, ist sie damit einverstanden, dass der *Medicus/Petersen* später bezahlt wird. Kann Brecht von Richard Zahlung von 23,90 € verlangen?

2. Lösungsskizze

20　　Brecht könnte einen Anspruch gegen Richard auf Zahlung von 23,90 € aus einem geschlossenen Kaufvertrag i. V. m. § 433 Abs. 2 BGB haben. Dies setzt voraus, dass Richard und Brecht durch Austausch einander entsprechender Willenserklärungen (Antrag und Annahme, vgl. §§ 145 ff. BGB) einen entsprechenden Kaufvertrag geschlossen haben.

Richard selbst hat keine Erklärung gegenüber Brecht abgegeben. Allerdings **21** könnte Frida gegenüber Brecht einen Antrag mit Wirkung für Richard erklärt haben („Ich möchte diesen *Medicus/Petersen* ..."). Ein Antrag ist eine empfangsbedürftige Willenserklärung, die einem anderen einen Vertragsschluss derart anträgt, dass dieser nur noch Ja sagen muss. Diesen Anforderungen entspricht die Erklärung der Frida. Ihre Erklärung könnte nach § 164 Abs. 1 S. 1 BGB für Richard wirken. Dazu darf die Stellvertretung nicht ausgeschlossen sein. Außerdem muss Frida eine eigene Willenserklärung in fremdem Namen mit der notwendigen Vertretungsmacht abgegeben haben. Der Kauf eines Buches ist kein höchstpersönliches Rechtsgeschäft. Weder Gesetz noch Rechtsgeschäft oder Natur des vorgenommenen Rechtsgeschäfts schließen eine Stellvertretung aus. Frida hat auch eine eigene Willenserklärung abgegeben und nicht lediglich eine Erklärung des Richard überbracht. Zwar hatte Frida nur einen engen Entscheidungsspielraum. Sie durfte aber immerhin noch den Buchladen auswählen und hierdurch den Vertragspartner bestimmen. Frida handelte ausdrücklich im Namen des Richard. Sie besaß auch die erforderliche Vertretungsmacht, welche ihr Richard als Vollmacht nach § 167 BGB konkludent dadurch erteilt hat, dass er sie losgeschickt hat, ihm ein Buch zu kaufen. Die Erklärung der Frida, welche einen Antrag enthält, ist Richard nach § 164 Abs. 1 S. 1 BGB als eigener Antrag zuzurechnen.

Brecht müsste den Antrag des Richard angenommen haben. Selbst hat Brecht **22** keine Erklärung abgegeben. Allerdings könnte Victoria eine Annahmeerklärung mit Wirkung für Brecht abgegeben haben. Indem Victoria dem von Frida für Richard erklärten Antrag zugestimmt hat, hat sie inhaltlich eine Annahmeerklärung abgegeben. Diese ist nach § 164 Abs. 1 S. 1 BGB Brecht zuzurechnen, wenn die Stellvertretung nicht ausgeschlossen ist und Victoria eine eigene Erklärung im Namen des Brecht mit ausreichender Vertretungsmacht abgegeben hat. Ein Ausschluss der Stellvertretung ist nicht gegeben. Victoria hat auch eine eigene Willenserklärung abgegeben. Zwar steht der Preis bei Büchern fest, weshalb Victoria nur ein ganz enger Entscheidungsraum bleibt. Sie muss jedoch den Vertragspartner noch aussuchen bzw. bestimmen. Victoria hat daher nicht nur eine Erklärung des Brecht übermittelt. Dabei erklärte Victoria allerdings nicht ausdrücklich, dass sie für Brecht handelt. Vielmehr hat sie sogar erklärt, dass sie selbst zustimmt („ich bin einverstanden"). Jedoch ergibt sich aus den Umständen (vgl. § 164 Abs. 1 S. 2 BGB), dass Brecht als Ladeninhaber und nicht die angestellte Victoria Vertragspartner werden soll. Victoria handelte auch mit der notwendigen Vertretungsmacht. Indem Brecht Victoria als Verkäuferin eingestellt und ihr den Verkauf von Büchern übertragen hat, hat er ihr auch die hierfür erforderliche Vertretungsmacht eingeräumt. Hilfsweise gilt Victoria nach § 56 HGB als bevollmächtigt. Victoria hat somit die Annahme des Antrags für Brecht erklärt. Brecht hat den Antrag angenommen.

Auf Grund von Antrag und Annahme wurde zwischen Brecht und Richard ein **23** Kaufvertrag geschlossen, aus dem sich i. V. m. § 433 Abs. 2 BGB für Brecht ein Kaufpreiszahlungsanspruch gegen Richard ergibt. Von Frida kann Brecht auch dann nicht Bezahlung verlangen, wenn Richard unbekannt verzieht oder insolvent wird, weil die Folgen des Rechtsgeschäfts durch den Vertreter hindurchgehen.

D. Abgrenzung

24 Das Bedürfnis, die eigenen Handlungsmöglichkeiten durch Einschaltung von Gehilfen zu erweitern, besteht nicht nur im rechtsgeschäftlichen Bereich, sondern auch über diesen hinaus. Je nach betroffenem Bereich und konkreter Ausgestaltung der Einschaltung von Hilfspersonen können sich die jeweiligen Interessen und Bedürfnisse der Beteiligten unterscheiden. Ein Ausgleich der beteiligten Interessen kann nicht jeweils in gleicher Weise erfolgen. Das Recht der Stellvertretung betrifft dementsprechend nur einen Ausschnitt. Für sonstige Formen des Handelns für und durch Dritte existieren andere Regeln und Institute, von denen die Stellvertretung abzugrenzen ist.

I. Botenschaft

1. Erklärungsbote

a) Abgrenzungskriterien

25 Neben der Stellvertretung besteht für den rechtsgeschäftlichen Bereich mit der Botenschaft ein weiteres Instrument, fremde Handlungen zuzurechnen. Die Botenschaft ist nicht ausdrücklich im Gesetz geregelt. Sie behandelt die **tatsächliche Übermittlung einer Willenserklärung** und erlangt rechtliche Bedeutung deshalb im Zusammenhang mit Abgabe und Zugang von Willenserklärungen.[15] Ihre Zulässigkeit und Existenz wird vom Gesetz als bekannt vorausgesetzt. Erwähnung findet sie in § 120 BGB, der sich mit Falschübermittlungen beschäftigt.

26 Die Abgrenzung zwischen Botenschaft und Stellvertretung erfolgt durch das Merkmal „Abgabe einer eigenen Willenserklärung". Der Stellvertreter gibt eine eigene Willenserklärung ab, der Bote transportiert dagegen lediglich eine fremde Willenserklärung. Der Bote hat eine **Übermittlerfunktion** (z. B. Post), was am deutlichsten bei verkörperten Willenserklärungen erkennbar wird.

> **Beispiel:** Bert schreibt einen an Doris gerichteten Antrag über den Verkauf seines Pkw. Dieses Schriftstück übergibt er Helmut mit der Maßgabe, es Doris auszuhändigen. Hier überbringt Helmut eine fertige Willenserklärung. Er erklärt keinen selbst gebildeten, eigenen Willen und ist daher Bote.

27 Schwieriger ist die Abgrenzung bei nicht verkörperten, insbesondere mündlichen Willenserklärungen. Rechtlich ist auch hier entscheidend, dass der Vertreter einen eigenen Willen bildet und erklärt, der Bote dagegen nur die Willenserklärung eines anderen transportiert. Der Bote ist also der Sache nach ein „**sprechender Brief**". Ein sicheres Indiz für die Abgrenzung ist, ob der Handelnde eine eigene Entscheidungsmöglichkeit hat. Soweit von ihm noch Entscheidungen zu treffen sind, kann er nicht bloß eine fremde Willenserklärung übermitteln. Vielmehr muss er die

---

[15] Siehe oben § 6 Rn. 43 ff.

Erklärung zuvor noch vervollständigen, d. h. den maßgeblichen Willen bilden. Er ist
dann Stellvertreter. Das Fehlen von eigenen Entscheidungsmöglichkeiten schließt
das Vorliegen von Stellvertretung gleichwohl nicht aus. Auch der strikt nach Weisung Handelnde kann Stellvertreter sein, wenn er eine eigene Erklärung abgibt. Im
Hinblick auf die unterschiedlichen Rechtsfolgen zwischen Botenschaft und Stellvertretung kann hierbei nicht auf den inneren Willen des Handelnden abgestellt
werden. Entscheidend ist vielmehr, wie der Handelnde aus der Sicht eines verständigen Geschäftspartners nach außen auftritt. Deutet sein Verhalten darauf hin, dass
er einen eigenen Willen gebildet hat, ist er Stellvertreter. Anderenfalls ist er Bote.

> **Beispiel:** Die Verkäuferin eines Kaufhauses schließt mit einem Kunden einen Kaufvertrag
> über eine Stereoanlage. Dabei ist der Preis für die Verkäuferin bereits vorgegeben. Sie ist
> auch grds. verpflichtet, an alle Kunden zu verkaufen. Gleichwohl ist sie Vertreterin des
> Kaufhauses, weil das Kaufhaus bzw. dessen Geschäftsleitung noch gar keinen Willen bzgl.
> eines Geschäfts mit dem konkreten Kunden bilden konnte. Der Kunde war zuvor unbe-
> kannt. Den Willen zum Verkauf musste daher die Verkäuferin bilden.

b) Bedeutung

Für Stellvertretung und Botenschaft gelten **unterschiedliche rechtliche Regeln.**   **28**
Dies wirkt sich insbesondere bei der Frage aus, in Bezug auf wessen Handeln die
Voraussetzungen einer wirksamen Willenserklärung vorliegen müssen. Bei
Botenschaft ist auf das Handeln des Absenders der Erklärung abzustellen. Bei
Stellvertretung ist dagegen auf den Vertreter abzustellen. Da Geschäftsunfähige
keinen beachtlichen Willen bilden können, können sie zwar nicht Stellvertreter,
gleichwohl aber Bote sein.

> **Beispiel:** Der sechsjährige Joris erhält von seiner Mutter Ramona 2 €, um sich ein Eis zu
> kaufen. Da Joris geschäftsunfähig ist (vgl. § 104 Nr. 1 BGB), ist eine von ihm abgege-
> bene Willenserklärung nach § 105 BGB nichtig. Hier hilft auch § 165 BGB nicht, welcher
> zumindest beschränkte Geschäftsfähigkeit als Voraussetzung einer erheblichen Willensbil-
> dung erfordert. Joris kann das Eis nicht als Vertreter von Ramona kaufen. Allerdings hin-
> dert die Geschäftsunfähigkeit nicht, dass Joris als Bote eine Willenserklärung der Ramona
> überbringt. Als problematisch erweist sich dabei u. U., dass Joris eine eigene Entschei-
> dungsfreiheit verbleibt, weil er die Wahl hat, ob es ein Kirsch-, Schoko-, Vanille- oder
> Erdbeereis wird. Ein Vertragsschluss durch Überbringung einer fremden Willenserklärung
> ist gleichwohl nicht ausgeschlossen. Vielmehr kann die von Joris überbrachte Erklärung
> dahin verstanden werden, dass Ramona für Joris ein Eis kaufen will und Joris im Rahmen
> des Vertrags die tatsächliche Auswahl der Eissorte treffen soll. Joris kann als Geschäftsun-
> fähiger zwar keine Leistungsbestimmung i. S. v. § 317 BGB vornehmen. Im Rahmen der
> Privatautonomie können sich Ramona und der Eisverkäufer aber auch auf eine Bestim-
> mung durch Realakt einigen.

Die Unterscheidung wird nicht nur für die Geschäftsfähigkeit relevant. Bedeutung   **29**
erlangt sie z. B. auch bei Formfragen. Ist für ein Rechtsgeschäft eine besondere
Form vorgesehen, muss bei der Botenschaft der Erklärende die **Form** wahren und
der Bote muss die formgültige Erklärung überbringen.[16] Bei der Stellvertretung

---

[16] Vgl. oben § 10 Rn. 19. – Vgl. BAG v. 13.12.2007, NJW 2008, 1243, 1244.

reicht es dagegen aus, wenn der Vertreter die Form des Rechtsgeschäfts wahrt. Dabei muss seine Bevollmächtigung durch den Vertretenen grds. nicht der für das Rechtsgeschäft vorgeschriebenen Form entsprechen (vgl. § 167 Abs. 2 BGB).

2. Empfangsbote

30   Ebenso wie Stellvertreter nicht nur bei der Abgabe, sondern auch bei der Entgegennahme einer Willenserklärung tätig werden, können auch Boten sowohl bei der Übermittlung zum Empfänger als auch bei der Übermittlung vom Absender tätig werden. Man unterscheidet insoweit zwischen Erklärungs- und Empfangsboten.[17] Da der **Empfangsbote** ebenso wie der Empfangsvertreter keine Willenserklärung abgibt, ist ihre Abgrenzung voneinander besonders schwierig. Entscheidend ist wiederum das äußere Auftreten. Bildlich entspricht der Empfangsbote einem „menschlichen Briefkasten". Rechtliche Bedeutung erlangt die Abgrenzung hier insbesondere für den **Zeitpunkt des Zugangs** der Erklärung. Geht eine Erklärung einem Empfangsvertreter zu, wird die Zugangswirkung unmittelbar dem Vertretenen zugerechnet. Der Zugang erfolgt sofort. Beim Empfangsboten erfolgt der Zugang dagegen erst, wenn unter regelmäßigen Umständen mit einer Weiterleitung an den Adressaten zu rechnen ist.[18]

II. Mittelbare Stellvertretung

31   Zeichnet sich die Stellvertretung im eigentlichen Sinne (direkte oder auch unmittelbare Stellvertretung) dadurch aus, dass die rechtlichen Folgen des Vertreterhandelns den Vertretenen treffen, gibt es Konstellationen, in denen das rechtsgeschäftliche Handeln des Vertreters einen Hintermann nicht rechtlich aber wirtschaftlich treffen soll. Diese Konstruktionen werden als indirekte oder **mittelbare Stellvertretung** bezeichnet. Das BGB enthält hierüber keine ausdrücklichen Vorschriften. Einzelne Ausgestaltungen finden sich aber im Handelsrecht (vgl. §§ 383 ff. HGB: Kommission und §§ 453 ff. HGB: Spedition).

32   Wesen der mittelbaren Stellvertretung ist, dass der Handelnde (Strohmann) im Interesse und für Rechnung eines anderen (Geschäftsherr) aber in eigenem Namen tätig wird, weshalb er aus seinem Handeln rechtlich berechtigt und verpflichtet wird. Er leitet anschließend die wirtschaftlichen (nicht die rechtlichen) Folgen jedoch auf den Geschäftsherren über.[19] Wie und in welchem Umfang dies erfolgt, richtet sich nach dem Innenverhältnis (Rechtsverhältnis zwischen Handelndem und Geschäftsherrn). Bei der unmittelbaren Stellvertretung treffen den Vertretenen die rechtlichen und wirtschaftlichen Folgen, bei der mittelbaren Stellvertretung treffen den Geschäftsherren dagegen nur die wirtschaftlichen Folgen, die rechtlichen Folgen treten beim Handelnden ein.

---

[17] Siehe oben § 6 Rn. 43 ff.

[18] Siehe oben § 6 Rn. 48 ff.

[19] Vgl. oben § 12 Rn. 20.

Beispiel: Albert bringt seinen alten Porsche zum Gebrauchtwagenhandel Ehrlich. Ehrlich soll das Auto für Albert zum bestmöglichen Preis verkaufen und ihm den Erlös auskehren. Ehrlich verkauft das Auto an Eva. Wenn sich nicht aus den Umständen ergibt, dass Ehrlich für Albert handelt, kommt der Kaufvertrag zwischen Ehrlich und Eva zustande. Eva muss den Kaufpreis an Ehrlich zahlen. Ehrlich wiederum muss das Geld an Albert auskehren. Zeigt sich am Fahrzeug ein Mangel, muss sich Eva mit ihren Gewährleistungsansprüchen an Ehrlich wenden. Ehrlich kann ggf. bei Albert Rückgriff nehmen.

III. Ermächtigung

Das Wesen der Ermächtigung ist es, dass ein anderer in eigenem Namen ein frem- **33** des Recht wahrnimmt, die Folgen dieses Handelns aber den anderen treffen. Gemeinsamkeit der Ermächtigung und der Stellvertretung ist die unmittelbare rechtliche Fremdwirkung eines Handelns. Die Ermächtigung ist in § 185 BGB geregelt („Einwilligung des Berechtigten").[20] Wie sich dieser Vorschrift entnehmen lässt, gilt sie **nur für Verfügungen** (z. B. Übereignungen, Abtretungen) und nicht für Verpflichtungen (z. B. Abschluss eines Kaufvertrags). Es kommt auch keine analoge Anwendung des § 185 BGB auf Verpflichtungsgeschäfte in Betracht. Hierfür fehlt ein Bedürfnis, weil die Stellvertretung ein fremdwirkendes Handeln ermöglicht. Außerdem würde die entsprechende Anwendung des § 185 BGB auf Verpflichtungsgeschäfte zur Umgehung des Rechts der Stellvertretung, dort insbesondere des Offenkundigkeitserfordernisses führen. Zum Schutz der Selbstbestimmung des Geschäftspartners soll dieser wissen, mit wem er kontrahiert, weshalb das Offenkundigkeitsprinzip nicht umgangen werden darf. Eine wichtige Ausnahme hiervon findet sich im **Familienrecht.** Dort normiert **§ 1357 BGB** einen gesetzlichen Fall der Verpflichtungsermächtigung. Eine Umgehung oder Aufweichung des Offenkundigkeitsprinzips ist hiermit gleichwohl nicht verbunden, weil die Verpflichtungsermächtigung des § 1357 BGB nicht dazu führt, dass ein Hintermann anstelle des Handelnden verpflichtet wird. Vielmehr bewirkt § 1357 BGB, dass zusätzlich zum Handelnden auch sein Ehegatte verpflichtet wird.

Beispiel: Astrid schließt einen neuen Telefonvertrag für ihr gemeinsam mit ihrem Ehemann Andreas bewohntes Haus ab. Nach § 1357 Abs. 1 S. 2 BGB wird Andreas neben Astrid aus diesem Vertrag berechtigt und verpflichtet.

IV. Zurechnung bei Tathandlungen

Das Recht der Stellvertretung betrifft nur die Zurechnung bzw. Fremdwirkung von **34** Rechtsgeschäften (vgl. § 164 Abs. 1 S. 1 BGB: „Willenserklärung"). Ein Bedürfnis zur Erweiterung des eigenen Handlungskreises besteht allerdings nicht nur im Rechtsverkehr, sondern auch in tatsächlicher Hinsicht. Auch in diesem Bereich muss das Recht eine Antwort auf die Frage geben, welche Wirkungen die tatsächlichen Handlungen einer vom Geschäftsherrn hinzugezogenen Person für diesen haben. Nicht einschlägig

---

[20] Siehe unten § 16 Rn. 15.

ist insoweit § 164 BGB. Vielmehr enthält das Gesetz hierfür Sondervorschriften. Die wichtigsten sind:

1. **§ 278 BGB:** Der Schuldner (Geschäftsherr) hat das Verhalten einer von ihm zur Erfüllung der Verbindlichkeit eingeschalteten Person (Erfüllungsgehilfe) wie eigenes zu vertreten.

   Beispiel: Verätzt die im Frisörsalon angestellte Auszubildende Anna der Kundin Katrin beim Haarefärben die Bluse, muss der Inhaber des Frisörsalons hierfür nach §§ 280 Abs. 1 S. 1, 278 BGB Schadensersatz leisten, so als hätte er den Fehler begangen.

2. **§ 31 BGB:** Ein Verein (§ 31 BGB gilt analog für andere juristische Zusammenschlüsse)[21] ist für einen von seinem Vorstand (Organ) verursachten Schaden so verantwortlich, als hätte er ihn verursacht. Die Vorschrift trägt dem Umstand Rechnung, dass juristische Personen nicht selbst, sondern nur durch Menschen handeln können und stellt klar, das Handlungen der Organe wie ein Handeln der juristischen Person anzusehen sind.

3. **§ 855 BGB:** Die von einem Besitzdiener, z. B. einem Arbeitnehmer, wahrgenommene tatsächliche Herrschaft über einen Gegenstand wird dem Geschäftsherrn zugerechnet. Der Geschäftsherr ist Besitzer des Gegenstands. Die Vorschrift ist zentral für die Zurechnung von tatsächlichen Gehilfenhandlungen. Sie erlangt Bedeutung nicht nur für den Besitz, sondern auch für eine Reihe von gesetzlichen Tatbeständen des Eigentumserwerbs (Fund, Aneignung, Ersitzung).[22] Sie hat darüber hinaus Modellcharakter für das tatsächliche Verhältnis von Geschäftsherren zu Gehilfen und erlangt so Bedeutung auch für die Verarbeitung durch Gehilfen.

4. **§ 831 BGB:** Der Geschäftsherr muss für die deliktischen Handlungen seiner Verrichtungsgehilfen einstehen, wenn er sich nicht entlasten kann. Die Vorschrift bewirkt anders als § 164 BGB keine Fremdwirkung. Vielmehr beruht § 831 BGB auf der Annahme, dass der Geschäftsherr seinen Verrichtungsgehilfen schlecht ausgewählt oder angewiesen hat, wenn dieser Schädigungen verursacht. Für dieses vermutete Fehlverhalten haftet der Geschäftsherr, wenn es ihm nicht gelingt, darzulegen und zu beweisen, dass Auswahl und Anleitung fehlerfrei waren.

E. Vollmacht

I. Erteilung der Vollmacht

35   Als Vollmacht wird die durch Rechtsgeschäft erteilte Vertretungsmacht bezeichnet (vgl. § 166 Abs. 2 BGB). Die Erteilung erfolgt durch grds. formfreies (vgl. § 167 Abs. 2 BGB; vgl. aber z. B. §§ 312h, 1945 Abs. 3 BGB) **einseitiges Rechtsgeschäft**

---

[21] Siehe unten § 22 Rn. 37 ff.

[22] Vgl. *Ulrici*, Vermögensrechtliche Grundfragen des Arbeitnehmerurheberrechts, 2008, S. 54 ff., 57 f.

gegenüber dem Geschäftspartner oder dem Vertreter (vgl. § 167 Abs. 1 BGB). Sie bedarf zu ihrer Wirksamkeit keiner Annahme durch den Vertreter oder Geschäftspartner. Dem Vertreter steht jedoch ein Recht zur Zurückweisung der Bevollmächtigung zu. Dies folgt daraus, dass ihm die Vertretungsmacht nicht gegen seinen Willen aufgedrängt werden soll. Der Bevollmächtigte erlangt durch die Vollmacht zwar lediglich einen Vorteil. Wie §§ 397, 516 Abs. 2 BGB deutlich zeigen, können auch vorteilhafte Rechtsgeschäfte wie der Erlass oder eine Schenkung nicht gegen den Willen der Begünstigten erfolgen.

Als Willenserklärung unterliegt die Vollmacht den **allgemein für Willenserklä-** 36 **rungen geltenden Grundsätzen**. Sie kann z. B. grds. wegen Irrtums angefochten werden.[23] Da sie lediglich einen rechtlichen Vorteil gewährt, kann die Erteilung auch gegenüber beschränkt Geschäftsfähigen erfolgen. Die Vollmacht kann ausdrücklich oder konkludent erteilt werden. Eine konkludente Erteilung kommt sogar besonders häufig vor, weil die Bevollmächtigung grds. darin zu sehen ist, dass jemand zu einer Tätigkeit angestellt wird, die typischerweise mit dem Abschluss von Rechtsgeschäften verbunden ist.

Beispiel: Blumenhändler Blümel stellt für den Verkauf eine Mitarbeiterin ein. Da der Einsatz einer Verkäuferin nur Sinn macht, wenn diese auch Kaufverträge abschließen kann, erteilt Blümel zugleich mit der Einstellung eine entsprechende Vollmacht.

II. Arten der Vollmacht

1. Einteilung nach dem Umfang

Im Hinblick auf ihren Umfang lassen sich begrifflich verschiedene Vollmachten 37 unterscheiden:

1. **Spezialvollmacht:** sie berechtigt zur Vornahme eines ganz bestimmten Geschäfts, z. B. dem Kauf eines Gebrauchtwagens.
2. **Gattungsvollmacht:** sie gilt für die Vornahme einer ganz bestimmten Gattung von Geschäften. Anknüpfungspunkt kann dabei eine bestimmte Geschäftsart, z. B. der Ankauf von Gebrauchtwagen, oder ein Geschäftsbereich, z. B. Hausverwaltung (berechtigt zur Vornahme aller hierzu gehörigen Geschäfte: Reparatur, Reinigung, Vermietung etc.), sein.
3. **Generalvollmacht:** sie berechtigt grundsätzlich zur Vornahme aller Rechtsgeschäfte, soweit eine Stellvertretung nicht ausgeschlossen ist.

Welche Vollmachtsart im Einzelfall vorliegt, ist durch Auslegung (vgl. §§ 133, 157 38 BGB) der Vollmachtserteilung zu ermitteln. Im Zweifel wird die Vollmacht nur in dem Umfang eingeräumt, wie eine Bevollmächtigung nach dem ihr regelmäßig zugrundeliegenden Grundverhältnis[24] erforderlich ist.

---

[23] Siehe unten Rn. 69 ff.
[24] Siehe unten Rn. 47 ff.

2. Einzel- und Gesamtvollmacht

39 Der von § 167 BGB normierte Normalfall ist die Bevollmächtigung einer Person als Stellvertreter (Einzelvollmacht). Der Vertreter ist allein berechtigt, mit Wirkung für den Vertretenen zu handeln. Mitunter besteht aber für den Vertretenen ein Interesse, seinen Vertreter einer stärkeren Kontrolle zu unterwerfen. Dies kann er dadurch erreichen, dass er den Vertreter nur zur Vertretung gemeinsam mit einem zweiten Vertreter bevollmächtigt (sog. **Gesamtvollmacht**). Bei der Gesamtvollmacht müssen mehrere Stellvertreter bei der Vertretung zusammenwirken, um über ausreichende Vertretungsmacht zu verfügen. Eine mehreren Personen nur gemeinschaftlich zustehende Gesamtvertretung schreibt das Gesetz vereinzelt sogar ausdrücklich vor:

> **Beispiel:** Nach § 26 Abs. 1 S. 2 BGB wird ein Verein vom Vorstand vertreten. Wie sich aus § 28 Abs. 1 S. 1 BGB ergibt, kann der Vorstand aus mehreren Personen bestehen. Ist dies der Fall, muss die Mehrheit der Vorstandsmitglieder zusammenwirken, weil ihnen nur gemeinsam die Vertretungsmacht zukommt (vgl. § 26 Abs. 2 S. 1 BGB). Dies ergibt sich im Umkehrschluss auch aus § 26 Abs. 2 S. 2 BGB, der regelt, dass zur Entgegennahme einer Willenserklärung (Passivvertretung) der Zugang gegenüber einem Vorstandsmitglied ausreicht, um den Zugang gegenüber dem Verein zu bewirken.

40 Eine Gesamtvertretung muss nicht wie nach § 26 BGB beim Vereinsvorstand so organisiert sein, dass nur die Mehrheit der Vertreter gemeinsam über ausreichende Vertretungsmacht verfügen. Im Rahmen der Privatautonomie kann eine Gesamtvollmacht auch in anderer Ausgestaltung erteilt werden. Denkbar ist insbesondere, dass insgesamt eine Vielzahl von Vertretern bestellt wird, ihre Vertretungsmacht aber dahingehend beschränkt wird, dass für die **Aktivvertretung** jeweils mindestens zwei Stellvertreter zusammenwirken müssen (Vier-Augen-Prinzip). Für die **Passivvertretung** beansprucht allerdings der Rechtsgedanke aus § 26 Abs. 2 S. 2 BGB (ebenso § 1629 Abs. 1 S. 2 Hs. 2 BGB) Allgemeingültigkeit. Ausreichend für den Zugang ist jeweils der Zugang bei einem Vertreter.[25] Der Zugang einer Willenserklärung soll nicht durch die Erteilung von Gesamtvollmacht erschwert werden.

3. Haupt- und Untervollmacht

41 Es können auch mehrere Stellvertretungen nacheinander geschaltet werden. Nicht nur der Vertretene kann sich vertreten lassen. Vielmehr kann sich der vom Vertretenen bestellte Vertreter auch seinerseits bei der Stellvertretung vertreten lassen.[26] Hierbei entsteht eine mehrstufige Stellvertretung. Die Vollmacht des Vertretenen an den ersten Vertreter wird Hauptvollmacht genannt. Die vom ersten Vertreter an den zweiten Vertreter erteilte Vollmacht wird als Untervollmacht bezeichnet.

---

[25] RG v. 31.12.1902, RGZ 53, 227, 230 ff.; BGH v. 14.02.1974, NJW 1974, 1194, 1195; BGH v. 17.09.2001, NZG 2002, 43, 44.

[26] BGH v. 05.05.1960, NJW 1960, 1565, 1566; *Bork* Rn. 1447. – Dagegen *Flume*, AT II, § 49 Ziffer 5, S. 836 ff.; *Medicus* Rn. 951, die ausschließlich die Vertretung des Vertretenen durch einen Unterbevollmächtigten anerkennen.

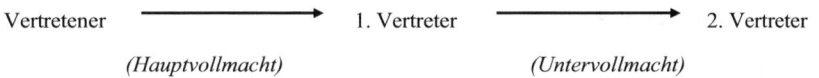

Vertretener   1. Vertreter   2. Vertreter

(Hauptvollmacht)   *(Untervollmacht)*

Von vorstehendem Fall, in welchem sich der Hauptvertreter bei Vornahme eines   **42** Vertretergeschäfts von einem Untervertreter vertreten lässt, ist der Fall zu unterscheiden, dass ein Stellvertreter einem Dritten im Namen des Vertretenen eine Vollmacht zur Vertretung des Vertretenen erteilt. Auch in dieser Gestaltung wird die dem zweiten Vertreter erteilte Vollmacht als Untervollmacht bezeichnet, obwohl der zweite Vertreter hierarchisch auf der gleichen Stufe wie der erste Vertreter steht. Welche Gestaltung die Parteien gewählt haben, ist eine Frage der Auslegung. Ob der Hauptvertreter berechtigt ist, einen Untervertreter zu bestellen, ist in beiden Fällen eine Frage des Umfangs der ihm erteilten Hauptvollmacht (ebenfalls Auslegungsfrage). Unterschiede zwischen beiden Gestaltungen ergeben sich aber ggf. in Bezug auf das Erlöschen der Untervollmacht bei Erlöschen der Hauptvollmacht sowie in Bezug auf die Haftung des Untervertreters bei Mängeln der Hauptvollmacht.

4. Einteilung nach der Erteilung

Im Zusammenhang mit der Erteilung der Vollmacht lassen sich drei Fallgestaltun-   **43** gen unterscheiden, an welche das Gesetz in Einzelfragen verschiedene Rechtsfolgen knüpft:

1. Die Vollmacht kann durch Abgabe einer Willenserklärung gegenüber dem Vertreter erteilt werden (vgl. § 167 Abs. 1 Alt. 1 BGB, sog. **Innenvollmacht**).
2. Außerdem kann die Vollmacht durch Abgabe einer Willenserklärung gegenüber dem Geschäftspartner erteilt werden (vgl. § 167 Abs. 1 Alt. 2 BGB, sog. **Außenvollmacht**).
3. Schließlich erwähnt das Gesetz in § 171 BGB den Fall, dass eine durch Willenserklärung gegenüber dem Vertreter erteilte Innenvollmacht zusätzlich dem Geschäftspartner mitgeteilt wird (sog. **kundgemachte Innenvollmacht**). Die Vollmacht wird als Innenvollmacht erteilt. Bei der Mitteilung gegenüber dem Geschäftspartner handelt es sich nicht um eine Willenserklärung, sondern nur um eine geschäftsähnliche Handlung[27].

5. Postmortale und transmortale Vollmacht

Eine erteilte Vollmacht muss nicht mit dem Tod des Vertretenen enden. Vielmehr   **44** entscheidet hierüber die Ausgestaltung der Vollmacht. Als nach dem Tod bestehende Vollmachten werden transmortale und postmortale Vollmacht unterschieden. Ihnen ist gemeinsam, dass sie Wirkungen nach dem Tod des Vertretenen entfalten. Verpflichtet und berechtigt werden jeweils die Erben des Vertretenen.[28] Eine

---

[27] Siehe oben § 4 Rn. 14.
[28] Vgl. BGH v. 23.02.1983, NJW 1983, 1487, 1489.

transmortale Vollmacht zeichnet sich dadurch aus, dass eine vor dem Tod gültige Vollmacht nach dem Tod fortwirkt und durch diesen nicht ihre Gültigkeit verliert. Der **postmortalen Vollmacht** ist dagegen eigen, dass der Vertreter berechtigt ist, erst nach dem Tod des Vertretenen diesen bzw. vielmehr dessen Erben zu vertreten.

> **Beispiel:** Großmutter Waltraud eröffnet bei der Spaßkasse mehrere Sparbücher auf die Namen ihrer Enkelkinder. Die Enkel erfahren hiervon zunächst nichts. Vielmehr soll die Spaßkasse den Enkeln erst nach dem Tod der Großmutter mitteilen, dass diese für sie Sparbücher eröffnet hat. Die Anweisungen der Großmutter an die Spaßkasse enthalten zugleich die postmortale Vollmacht, welche die Spaßkasse berechtigt, mit den Enkeln Schenkungsverträge über die Spareinlagen zu schließen.

6. Widerrufliche und unwiderrufliche Vollmacht

45   Vollmachten lassen sich auch danach unterscheiden, ob sie vom Vertretenen einseitig widerrufen werden können (vgl. § 168 S. 2 BGB a. E.). Inwieweit eine Vollmacht widerruflich oder unwiderruflich ist, muss durch Auslegung geklärt werden.[29]

7. Handelsrechtliche Vollmachten

46   Das Handelsgesetzbuch (HGB) gestaltet einige Vollmachten besonders aus. Sie erhalten hierdurch einen klareren Inhalt, was letztlich dem Vertrauen des Rechtsverkehrs dient. Die wichtigsten Fälle sind:

1. **Prokura** (§§ 48 ff. HGB): Sie ist eine besonders weit reichende Vollmacht und kann nur von Kaufleuten erteilt werden. Der Prokurist besitzt Vollmacht in allen Angelegenheiten, die irgendein Handelsgeschäft mit sich bringt (vgl. § 49 Abs. 1 HGB). Ausgenommen sind lediglich die Veräußerung oder Belastung von Grundstücken (vgl. § 49 Abs. 2 HGB). Eine Beschränkung der Prokura mit Außenwirkung ist praktisch unzulässig (vgl. § 50 HGB, Ausnahme vgl. § 50 Abs. 3 HGB). Dies dient dem Rechtsverkehr, welcher sich darauf verlassen kann, dass ein Prokurist im gesetzlich vorgegebenen Umfang vertretungsberechtigt ist.
2. **Handlungsvollmacht** (§ 54 HGB): Wird jemandem Vollmacht für ein Handelsgeschäft erteilt, ohne dass Prokura erteilt wurde, umfasst diese Handlungsvollmacht die Berechtigung zur Vornahme aller Geschäfte, die dieses Handelsgeschäft gewöhnlich mit sich bringt. Der Unterschied zur Prokura besteht darin, dass erstere zu allen Geschäften berechtigt, die irgendein Handelsgeschäft mit sich bringt. Die Handlungsvollmacht ist dagegen auf das konkrete Handelsgeschäft begrenzt. Außerdem kann die Handlungsvollmacht noch weiter beschränkt werden. Eine Beschränkung wirkt jedoch nur bei Kenntnis oder Kennenmüssen des Geschäftspartners.
3. Vollmacht von **Laden-** oder **Lagerangestellten** (§ 56 HGB): Nach § 56 HGB gilt auch ohne Erteilung einer Vollmacht als zur Veräußerung oder Annahme von

---

[29] Siehe unten Rn. 53 ff.

Waren bevollmächtigt, wer in einem Warenlager oder Laden angestellt ist. Da Lagerangestellte gewöhnlich eine Verkaufsvollmacht haben, schützt § 56 HGB das Vertrauen des Verkehrs in diese Lebenserfahrung. Bedeutung erlangt dies, wenn im Einzelfall trotz Anstellung nicht zumindest konkludent eine Vollmacht erteilt wurde oder die Erteilung unwirksam ist.

III. Vollmacht und Grundverhältnis

In der Regel liegt der Erteilung der Vollmacht ein Vertragsverhältnis oder ein sonstiges Rechtsverhältnis zwischen Vollmachtgeber und Bevollmächtigtem zugrunde, welches die rechtliche und wirtschaftliche Beziehung zwischen Vertreter und Vertretenem regelt (sog. **Grundverhältnis**). Die Vollmacht regelt dabei den Umfang des rechtlichen Könnens im Außenverhältnis, d. h. der Bevollmächtigte wird zur Vertretung berechtigt. Das Grundverhältnis regelt dagegen u. a. den Umfang des Dürfens im Innenverhältnis, aber z. B. auch die Frage, ob der Bevollmächtigte für den Vollmachtgeber tätig werden muss. **47**

Regelmäßig wird das Grundverhältnis durch Vertrag begründet und bedarf daher neben dem Antrag einer Partei dessen Annahme durch die andere Partei. Hierdurch unterscheidet sich das Grundgeschäft von der Vollmacht, welche keiner Annahme bedarf. Typische Grundgeschäfte sind: **48**

- Auftrag (vgl. §§ 662 ff. BGB),
- Arbeitsverhältnis (vgl. §§ 611 ff. BGB),
- Geschäftsbesorgung (vgl. § 675 BGB).

Innen- und Außenverhältnis, d. h. rechtliches Können und rechtliches Dürfen müssen sich nicht decken. **49**

> **Beispiel:** Bert sagt zu Dieter, dass Helmut berechtigt sei, im Namen des Bert einen gebrauchten Mercedes Benz 300 SL, Bj. 1956, zu kaufen. Außerdem erteilt Bert Helmut den Auftrag, bei Dieter ein solches, guterhaltenes Fahrzeug für ihn bis zum Preis von 400.000 € zu kaufen. Helmut wählt bei Dieter einen geeigneten Mercedes aus und kauft ihn im Namen des Bert zum Preis von 450.000 €. Da Bert gegenüber Dieter für Helmut eine unbeschränkte Außenvollmacht erteilt hat, ist der Kaufvertrag zwischen Bert und Dieter zum Preis von 450.000 € wirksam zustande gekommen. Gleichwohl hat Helmut seine Pflicht aus dem Innenverhältnis gegenüber Bert verletzt und ist ihm daher zum Schadensersatz verpflichtet.

Innen- und Außenverhältnis sind nicht nur hinsichtlich ihres Umfangs, sondern auch hinsichtlich ihrer Begründung und Wirksamkeit voneinander unabhängig, d. h. abstrakt.[30] Dies bedeutet, dass die Unwirksamkeit des Grundgeschäfts nicht automatisch zur Unwirksamkeit der Vollmacht führt und umkehrt. Lediglich hinsichtlich des Erlöschens der Vollmacht wird die Abstraktheit der beiden Geschäfte wegen § 168 S. 1 BGB durchbrochen. **50**

---

[30] Vgl. oben § 4 Rn. 36.

Beispiel: Bert schließt mit dem 14-jährigen Hannes einen Arbeitsvertrag ohne Zustimmung von dessen Eltern. Hannes wird als Verkäufer im Außendienst tätig. Sind nunmehr alle Kaufverträge, die Hannes abgeschlossen hat, unwirksam? Dies ist nicht der Fall. Wegen § 165 BGB kann auch der beschränkt geschäftsfähige Hannes Stellvertreter sein. Da die Vollmacht einen rechtlichen Vorteil bringt, ist ihre Erteilung nach §§ 107, 131 Abs. 2 S. 2 BGB wirksam, auch wenn das hiervon zu unterscheidende Grundgeschäft (Arbeitsvertrag) nach §§ 107, 108 BGB unwirksam ist.

IV. Erlöschen der Vollmacht

1. Ende des Grundverhältnisses (§ 168 S. 1 BGB)

51   Als Gründe für das Erlöschen der Vollmacht benennt § 168 BGB zunächst das Ende des Grundverhältnisses. Dies ist insoweit problematisch, als nicht selten der Vertreter das Ende des Grundverhältnisses noch nicht kennt. Es besteht für ihn daher das Risiko, dass er als Vertreter ohne Vertretungsmacht handelt und hierfür nach § 179 BGB haftet.[31] Wohl noch häufiger ist denkbar, dass der Geschäftspartner das Ende des Grundverhältnisses noch nicht kennt. Er glaubt daran, dass das von ihm mit dem Vertreter geschlossene Geschäft wirksam mit dem Vertretenen zustande gekommen ist. Sowohl **Vertreter** als auch **Geschäftspartner** müssen in ihrem **Vertrauen** geschützt werden. Dies erreicht das Gesetz durch verschiedene Instrumente. Das Vertrauen des Vertreters wird über §§ 674, 729 BGB geschützt, indem für ihn das Fortbestehen des Grundverhältnisses fingiert wird. Nach §§ 168 S. 1, 169 BGB knüpft hieran die Fiktion des Fortbestehens der Vollmacht an.

Beispiel: Der 87-jährige Hubert beauftragt Stefan damit, seine Briefmarkensammlung noch vor seinem Tod zu veräußern. Als Hubert verstirbt, erlangt Stefan hiervon zunächst keine Kenntnis und schließt mit Bert einen Kaufvertrag über die Sammlung ab. Bert verlangt von den Erben des Hubert Lieferung und Übereignung der Briefmarkensammlung. Da Stefan diese noch vor dem Tod des Hubert verkaufen sollte, ist der Geschäftsbesorgungsvertrag mit dem Tod des Hubert erloschen (vgl. §§ 675 Abs. 1, 672 S. 1 BGB: „im Zweifel"). Ein Grund für die Fortführung (vgl. § 672 S. 2 BGB) ist nicht ersichtlich. Das Erlöschen des Geschäftsbesorgungsvertrags führte nach § 168 S. 1 BGB eigentlich zum Erlöschen der Vollmacht. Da Stefan vom Tod des Hubert jedoch nichts wusste, galt sein Geschäftsbesorgungsvertrag nach §§ 675 Abs. 1, 674 BGB als fortbestehend. Dies wiederum führt nach §§ 168 S. 1, 169 BGB dazu, dass die Vollmacht als fortbestehend fingiert wird. Ein Kaufvertrag ist zwischen den Erben des Hubert und Bert daher zustande gekommen.

52   Zielen §§ 674, 729 BGB zunächst auf den **Schutz des Vertreters**, dienen sie als Reflex auch dem Schutz des **Geschäftspartners**. Dieser wird aber auch unabhängig davon über die §§ 170–172 BGB selbst geschützt, wenn die Vollmacht als Außenvollmacht erteilt, eine Innenvollmacht kundgetan oder eine Vollmachtsurkunde ausgestellt wurde. Sowohl der Schutz des Vertreters nach §§ 674, 729 BGB als auch der Schutz des Geschäftspartners nach §§ 170–172 BGB besteht jeweils nur für den Gutgläubigen (vgl. §§ 169, 173 BGB).

---

[31] Siehe unten Rn. 103 ff.

2. Widerruf (§ 168 S. 2 BGB)

Da Vollmacht und Grundgeschäft unabhängige Rechtsgeschäfte sind, kann die Voll-   **53**
macht grds. auch ohne Beendigung des Grundverhältnisses beendet werden. Als
Mittel der Beendigung sieht § 168 S. 2 BGB hierfür den Widerruf der Vollmacht
vor. Hinsichtlich der Ausübung des Widerrufs verweist § 168 S. 3 BGB auf § 167
Abs. 1 BGB. Der Widerruf erfolgt danach in gleicher Weise wie die Erteilung der
Vollmacht durch **einseitiges empfangsbedürftiges Rechtsgeschäft**, welches entweder gegenüber dem Bevollmächtigten oder gegenüber dem Geschäftspartner vorzunehmen ist. Dabei ist nicht erforderlich, dass die Vollmacht auf die gleiche Art
und Weise widerrufen wird, wie sie auch erteilt wurde. Es ist daher möglich, eine
Innenvollmacht gegenüber dem Geschäftspartner zu widerrufen. Ebenso kann eine
Außenvollmacht gegenüber dem Bevollmächtigten widerrufen werden. Dass im
zuletzt genannten Fall das Vertrauen des Geschäftspartners, welcher den Widerruf
nicht kennt, geschützt werden muss, liegt auf der Hand. Dem tragen §§ 170, 173
BGB Rechnung.

Ein Vollmachtswiderruf scheidet aus, wenn die Vollmacht unwiderruflich erteilt   **54**
wurde (vgl. § 168 S. 2 Hs. 2 BGB). Die Widerruflichkeit kann ausweislich des
§ 168 S. 2 Hs. 2 BGB durch **Vereinbarung im Grundgeschäft** ausgeschlossen
werden. Dies ist auch konkludent möglich. Umstritten ist allerdings, ob die Unwiderruflichkeit auch durch Vereinbarung in einem Rechtsgeschäft mit einem Dritten[32]
oder einseitig als Ausgestaltung der Vollmacht selbst[33] erfolgen kann. Der Wortlaut
des § 168 S. 2 Hs. 2 BGB gibt hierüber nur bedingt Auskunft, weil ihm nicht hinreichend deutlich zu entnehmen ist, dass er den Ausschluss des Widerrufsrechts
abschließend regelt. Vorzugswürdig erscheint, die unwiderrufliche Ausgestaltung
der Vollmacht als inhaltliche Ausgestaltung der Vollmacht selbst anzusehen. Der
Ausschluss des Widerrufsrechts erfolgt deshalb stets wie die Vollmachtserteilung
als einseitiges Rechtsgeschäft. Zum Schutz der Selbstbestimmung des Vertretenen
bedarf der Ausschluss der Widerruflichkeit jedoch eines rechtfertigenden Grunds.
Wie § 168 S. 2 Hs. 2 BGB zeigt, kann dieser nur darin liegen, dass sich der Vertre-
ne in einem Kausalgeschäft (Grundgeschäft mit dem Bevollmächtigten oder Vertrag
mit einem Dritten) zur Unwiderruflichkeit verpflichtet hat. Die Vollmacht selbst
trägt den rechtfertigenden Grund nicht in sich. Dies wird relevant bei der Bestimmung der Reichweite der Unwiderruflichkeit. Zum Schutz der Selbstbestimmung
des Vertretenen ist nämlich auch eine unwiderrufliche Vollmacht unter den Voraussetzungen des § 314 BGB widerruflich.[34] Die Vollmacht selbst enthält allerdings
keinen Wertmaßstab, wann ein wichtiger Grund i. S. v. § 314 BGB vorliegt. Diesen

---

[32] Dafür Erman/*Maier-Reimer* § 168 BGB Rn. 16; MünchKommBGB/*Schramm* § 168 BGB
Rn. 20.

[33] Dagegen RG v. 13.12.1924, RGZ 109, 331, 333; BGH v. 26.02.1988, NJW 1988, 2603, 2603 f.;
Palandt/*Ellenberger* § 168 BGB Rn. 6. – Dafür Erman/*Maier-Reimer* § 168 BGB Rn. 17; Münch-
KommBGB/*Schramm* § 168 BGB Rn. 20.

[34] BGH v. 12.05.1969, WM 1969, 1009; BGH v. 08.02.1985, WM 1985, 646, 647.

enthält vielmehr das Kausalgeschäft. Deshalb ist eine ohne Kausalvereinbarung erteilte Vollmacht (sog. isolierte Vollmacht) stets widerruflich.

55   Die Vollmacht ist unwiderruflich, soweit ihre Auslegung ergibt, dass kein Widerrufsrecht besteht und das Kausalgeschäft hierfür einen rechtfertigenden Grund enthält. Der Schwerpunkt der Auslegung wird regelmäßig auf dem Kausalgeschäft liegen, weil die Vollmacht im Zweifel in dem Umfang erteilt wird, in welchem das Kausalgeschäft dies bezweckt. Eine ausschließlich im Interesse des Vertretenen erteilte Vollmacht kann in Ermangelung eines rechtfertigenden Grunds nicht unwiderruflich erteilt werden. Eine vorrangig im Interesse des Bevollmächtigten liegende Vollmacht wird dagegen vielfach unwiderruflich ausgestaltet sein. Eine unbeschränkte Generalvollmacht kann nicht unwiderruflich erteilt werden, weil hierfür kein den Eingriff in die Selbstbestimmung des Vertretenen rechtfertigender Grund denkbar ist.[35]

> **Beispiel:** Arbeitgeber Bert stellt Heinrich als leitenden Angestellten in der Buchhaltung ein. Er sagt ihm im Arbeitsvertrag unwiderruflich zu, ihm uneingeschränkte Vollmacht zum Forderungseinzug einzuräumen. Bert stellt Heinrich eine entsprechende Vollmachtsurkunde aus. Im Rahmen einer Steuerprüfung wird festgestellt, dass Heinrich wiederholt Forderungen auf sein Privatkonto eingezogen und sie gegenüber Bert als nicht realisierbar angegeben hat. Da Bert Mitleid mit Heinrich hat, kündigt er Heinrich nicht fristlos, sondern lediglich unter Einhaltung einer Kündigungsfrist von sechs Monaten. Zur Vermeidung weiterer Schädigungen erklärt Bert jedoch sogleich den Widerruf der Vollmacht und fordert von Heinrich die Herausgabe der Vollmachtsurkunde. Ein Anspruch auf Herausgabe der Vollmachtsurkunde ergibt sich aus § 175 BGB, wenn die Vollmacht erloschen ist. Da das Grundverhältnis noch nicht beendet ist, ist die Vollmacht nicht nach § 168 S. 1 BGB erloschen. Sie ist infolge des Widerrufs nach § 168 S. 2 BGB erloschen, wenn die Widerruflichkeit nicht ausgeschlossen ist. Da Bert die Vollmacht im Arbeitsvertrag zugesagt hat, wurde eine unwiderrufliche Vollmacht erteilt. Allerdings kann auch diese analog § 314 BGB widerrufen werden, wenn ein wichtiger Grund vorliegt. Wenn Bert das Grundverhältnis außerordentlich kündigen und hierdurch die Vollmacht nach § 168 S. 1 BGB zum Erlöschen bringen kann, kann er erst recht nur die Vollmacht zum Erlöschen bringen. Da die Untreue (vgl. § 266 StGB) des Heinrich ein wichtiger Grund ist, wurde die Vollmacht wirksam widerrufen. Ein Herausgabeanspruch besteht.

3. Andere Gründe

56   Neben den im Gesetz geregelten Fällen, in denen die Vollmacht erlischt (§ 168 BGB) gibt es weitere, ungeschriebene Erlöschensgründe:

- **Erledigung/Zweckerreichung:** Hat sich der Zweck, zu dem die Vollmacht erteilt wurde, erledigt bzw. wurde er erreicht, erlischt die Vollmacht. Dies betrifft vorrangig Fälle der Spezialvollmacht, kann im Ausnahmefall aber auch für eine beschränkte Generalvollmacht gelten.

> **Beispiel:** Wurde Herbert bevollmächtigt, für Brecht einen Mercedes 300 SL zu erstehen und hat er im Anschluss ein entsprechendes Fahrzeug gekauft, wurde der Zweck, zu dem

---

[35] Erman/*Maier-Reimer* § 168 BGB Rn. 17.

die Vollmacht erteilt wurde, erreicht. Die Vollmacht erlischt, weil Herbert mit ihr keine weiteren Geschäfte für Brecht abschließen können soll.

- **Verzicht:** Da der Bevollmächtigte die Erteilung der Vollmacht zurückweisen darf[36], kann er auch später auf die Vollmacht verzichten (vgl. § 671 Hs. 2 BGB analog).
- **Tod des Bevollmächtigten:** Da die Vollmacht Vertrauenssache ist, geht sie grds. nicht auf die Erben über (vgl. § 673 BGB). Abweichendes kann gelten, wenn die Vollmacht im Interesse des Bevollmächtigten bestand. Der Tod des Vollmachtgebers hat dagegen grds. keinen Einfluss auf das Fortbestehen der Vollmacht (vgl. § 672 BGB).
- **Zeitablauf/Bedingungseintritt:** Wurde die Vollmacht befristet oder bedingt erteilt, erlischt sie mit Fristablauf oder Bedingungseintritt.[37] Dies folgt daraus, dass die Vollmacht eine Willenserklärung ist und für sie die allgemeinen rechtsgeschäftlichen Regelungen gelten.

V. Vollmacht kraft Rechtsscheins

1. Problemstellung

Erteilung und Erlöschen der Vollmacht können sich, für den Geschäftspartner unerkannt, im Innenverhältnis abspielen. In der Folge sind zahlreiche Fälle denkbar, in denen ausgehend vom Empfängerhorizont des Geschäftspartners der (allerdings unzutreffende) Anschein besteht, dass der Handelnde Bevollmächtigter ist. Folge ist, dass der Geschäftspartner an das wirksame Bestehen einer Vollmacht glaubt, obwohl gar keine Vollmacht (mehr) besteht.   **57**

> **Beispiel:** Artig erteilt Böse Vollmacht zum Einzug von ausstehenden Forderungen. Nachdem Artig auf Unregelmäßigkeiten aufmerksam wird, widerruft er die erteilte Vollmacht. Böse behält aber vorerst die ihm ausgestellte Vollmachtsurkunde und zieht unter deren Vorlage weiter Geld ein.

In derartigen Fällen muss bestimmt werden, wann das Interesse des Vertretenen daran, privatautonom zu bestimmen, wer ihn vertritt, hinter das Vertrauen des Dritten zurücktreten muss. Für eine Reihe von Fällen trifft das BGB selbst in den §§ 170–173 BGB die notwendige Abwägung. In Fortentwicklung der Abwägung des Gesetzgebers haben Rspr. und Lit. für weitere Fälle einen gerechten Ausgleich der beteiligten Interessen herausgearbeitet.   **58**

---

[36] Siehe oben Rn. 35.
[37] Siehe unten § 15 Rn. 21 ff., 40.

2. Gesetzlich geregelte Fälle

a) Außenvollmacht

59 Nach § 170 BGB bleibt eine Außenvollmacht, d. h. die dem Geschäftspartner gegenüber erklärte Vollmacht (vgl. § 167 Abs. 1 Alt. 2 BGB), diesem gegenüber solange bestehen, bis ihm das Erlöschen vom Vollmachtgeber angezeigt wird. Die Vorschrift setzt eine wirksam[38] im Außenverhältnis erteilte Vollmacht voraus und schützt das Vertrauen in deren Fortbestand. Sie betrifft den Fall, dass eine Außenvollmacht im Innenverhältnis wirksam widerrufen wurde oder aus anderen Gründen (Beendigung Grundgeschäft) erloschen ist. Solange dem Geschäftspartner das im Innenverhältnis erfolgte Erlöschen der Vollmacht nicht im Außenverhältnis angezeigt wurde, ordnet § 170 BGB die relative Fortgeltung der Vollmacht an. Vom Vertreter trotz Erlöschens der Vollmacht vorgenommene Vertretergeschäfte binden in den Grenzen des § 173 BGB weiterhin den Vertretenen. Wird die Vollmacht im Außenverhältnis widerrufen, erlangt § 170 BGB keine Bedeutung, weil der Widerruf die Anzeige der Beendigung der Vollmacht umfasst.

> **Beispiel:** Artig stellt fest, dass sein Einkäufer Böse wiederholt Bestechungsgelder für unvorteilhafte Bestellungen kassiert hat. Er kündigt Böse fristlos. Noch bevor er alle seine Lieferanten von der Kündigung informieren kann, bestellt Böse im Namen des Artig Waren bei Gläubig, gegenüber dem Artig den Böse früher ausdrücklich zum Wareneinkauf bevollmächtigt hat. Eine weitere Bestellung tätigt Böse, nachdem Artig den Gläubig vom Widerruf der Vollmacht informieren konnte. Beide Bestellungen wirken nur für und gegen Artig, wenn Böse über ausreichende Vertretungsmacht verfügte. Infolge der fristlosen Kündigung seines Arbeitsverhältnisses ist die Vollmacht nach § 168 S. 1 BGB sofort erloschen. Böse handelt eigentlich ohne Vertretungsmacht. Da die Vollmacht jedoch im Außenverhältnis erteilt wurde, gilt sie nach § 170 BGB als fortbestehend, bis Gläubig das Erlöschen der Vollmacht angezeigt wurde. Die erste Bestellung bindet Artig danach noch. Da die zweite Bestellung erst nach Anzeige erfolgte, bindet sie Artig nicht mehr.

b) Vollmachtskundgabe

60 Hat der Vertretene eine Innenvollmacht (vgl. § 167 Abs. 1 Alt. 1 BGB) dem Geschäftspartner gegenüber kundgetan[39] oder öffentlich bekannt gemacht, muss er sich so behandeln lassen, als ob die Vollmacht wirksam erteilt wurde (vgl. § 171 Abs. 1 BGB), unabhängig davon, ob die Vollmachtserteilung wirksam war.

> **Beispiel:** Der Geisteskranke Gernot bevollmächtigt seinen Freund Frieder durch Erklärung diesem gegenüber zur Bestellung von Getränken. Anlässlich einer Lieferung teilt Gernot, der sich gerade in einem lichten Moment befindet, dem Lieferservice die Bevollmächtigung des Frieder mit. Die Frieder erteilte Vollmacht ist nach § 104 Nr. 2 BGB unwirksam. Frieder kann eigentlich nicht mit Wirkung für Gernot Verträge mit dem Lieferservice schließen. Allerdings gilt Frieder nach § 171 Abs. 1 BGB als ausreichend bevollmächtigt,

---

[38] A. A. (wirksame Erteilung entbehrlich) RG v. 23.05.1922, RGZ 104, 358, 360.
[39] Siehe oben Rn. 43.

weil die Vollmacht im Außenverhältnis kundgetan wurde. Die Kundgabe ist eine geschäftsähnliche Handlung. Sie setzt wie grds. alle Rechtsscheinstatbestände voraus, dass der
Rechtsschein verantwortlich, d. h. im Zustand der Geschäftsfähigkeit gesetzt wurde.[40] Da
Gernot die Kundgabe in einem lichten Moment vornahm, ist ihm der gesetzte Rechtsschein
zurechenbar.

So wie § 171 Abs. 1 BGB vorsieht, dass auf die Kundgabe einer Vollmachtsertei-   **61**
lung vertraut und von einer wirksamen Vollmachtserteilung ausgegangen werden
darf, erweitert § 171 Abs. 2 BGB vergleichbar zu § 170 BGB diesen Schutz auf
das Vertrauen in den Fortbestand einer der Kundgabe entsprechenden Vollmacht.
Anders als § 170 BGB[41] setzt § 171 Abs. 2 BGB keine wirksam erteilte Vollmacht
voraus, sondern **lässt** deren **wirksame Kundgabe genügen**. Der von § 171 Abs. 2
BGB bewirkte Schutz der Kundgabe erfasst gleichermaßen die wirksam erteilte
wie auch die nach § 171 Abs. 1 BGB fingierte Vollmacht. Für beide Fälle ordnet
§ 171 Abs. 2 BGB an, dass auf den Fortbestand einer der Kundgabe entsprechenden
Vollmacht vertraut werden darf, bis die Kundgabe in der Weise, in der sie erfolgt
ist, widerrufen wurde. Eine dem Geschäftspartner kundgegebene Vollmacht ist diesem gegenüber zu widerrufen. Wurde die Vollmachtserteilung durch öffentliche Be-
kanntgabe kundgetan, muss auch der Widerruf öffentlich bekannt gemacht werden.
Dagegen setzt § 171 Abs. 2 BGB nicht voraus, dass eine schriftlich kundgemachte
Vollmacht auch schriftlich widerrufen wird, weil der Widerruf nur in der gleichen
Weise, nicht aber in der gleichen Form erfolgen muss.

c) Vollmachtsurkunde

Der Schutz des § 171 Abs. 1 BGB wird durch § 172 Abs. 1 BGB auf den Fall er-   **62**
weitert, dass der Vollmachtgeber dem Vertreter eine Vollmachtsurkunde, d. h. ein
unterschriebenes Schriftstück, welches die Vollmacht ausweist, erteilt hat und der
Vertreter die **Vollmachtsurkunde** dem Geschäftspartner vor oder bei Abschluss
des Geschäfts **im Original**[42] **vorlegt**[43]. Sein Ende findet dieser Schutz nach § 172
Abs. 2 BGB, wenn der Bevollmächtigte die Vollmachtsurkunde dem Vollmachtgeber in Erfüllung des Anspruchs aus § 175 BGB zurück gibt oder die Vollmachtsurkunde nach § 176 BGB i. V. m. §§ 466 ff. FamFG für kraftlos erklärt wird. Nach
h. M. sollen die Rechtsscheinswirkungen der Vollmachtsurkunde außerdem durch
Widerruf oder Erlöschensanzeige beseitigt werden können.[44] Diese Ansicht findet jedoch im Gesetz keine Stütze. Vielmehr liegt den §§ 170–172 BGB hinsichtlich des Erlöschens des Rechtsscheinstatbestands der Gedanke der Gleichwertig-
keit des *actus contrarius* zu Grunde.[45] Entgegen der h. M. führen Widerruf oder

---

[40] Vgl. BGH v. 12.10.1976, NJW 1977, 622, 623; Palandt/*Ellenberger* § 171 BGB Rn. 1.
[41] Siehe oben Rn. 59.
[42] BGH v. 22.10.1996, NJW 1997, 312, 314.
[43] Siehe auch Klausurfall unten Rn. 116 ff.
[44] Erman/*Maier-Reimer* § 172 BGB Rn. 15; MünchKommBGB/*Schramm* § 172 BGB Rn. 13a.
[45] *Flume*, AT II, § 51 Ziffer 9, S. 857.

Erlöschensanzeige deshalb nicht zum Ausschluss der Wirkungen des § 172 Abs. 1 BGB. Ihnen kann aber Bedeutung im Rahmen des § 173 BGB zukommen.

d) Generelle Grenzen des Rechtsscheins

63   Hinter §§ 170–172 BGB steht die Erwägung, dass das Vertrauen des Geschäftspartners in den vom Vollmachtgeber gesetzten Rechtsschein schutzwürdiger als die Selbstbestimmung des Vollmachtgebers ist. Diese Abwägung trifft allerdings nur zu, wenn der Geschäftspartner nicht **bösgläubig** war. Dementsprechend ordnet § 173 BGB an, dass sich der Geschäftspartner auf den Schutz des Vertrauens in das Fortbestehen der Bevollmächtigung nicht berufen kann, wenn er deren Erlöschen kannte oder kennen musste. Außerdem ist die dem Gesetz zu Grunde liegende Abwägung der widerstreitenden Interessen nur sachgerecht, soweit der Vertretene den **Rechtsschein zurechenbar veranlasst** hat. Deshalb gelten die §§ 170–172 BGB nur für die Vollmacht, nicht aber für die gesetzliche Vertretungsmacht, für welche der Gesetzgeber, nicht aber der Vertretene einen Rechtsschein gesetzt hat. Schließlich kommen die §§ 170–172 BGB nicht zur Anwendung, wenn der Rechtsschein durch einen nicht Geschäftsfähigen veranlasst wurde. Diesem kann sein Handeln nicht zugerechnet werden.

> **Beispiel:** Der geisteskranke Bert erteilt Heinrich die Vollmacht, bei Dieter ein Fahrrad zu kaufen. Damit es keine Probleme gibt, stellt Bert hierüber eine schriftliche Vollmachtsurkunde aus, welche Heinrich bei Geschäftsabschluss Dieter vorlegt. Bert ist nach § 104 Nr. 2 BGB geschäftsunfähig, seine Vollmachtserteilung ist nach § 105 Abs. 1 BGB nichtig. Dieter kann sich aber auch nicht auf den Schutz des § 172 BGB berufen, weil der durch die Vollmachtsurkunde erzeugte Rechtsschein Bert nicht zurechenbar ist. Die §§ 104 ff. BGB gewähren Geschäftsunfähigen einen umfassenden Schutz.

3. Duldungs- und Anscheinsvollmacht

a) Ausgangspunkt

64   Das Vertrauen des Rechtsverkehrs in die Wirksamkeit oder den Fortbestand einer Bevollmächtigung wird durch §§ 170–173 BGB jedoch nur lückenhaft geschützt. Rspr. und Lit. sind sich einig, dass die Abwägung der widerstreitenden Interessen auch in anderen Fällen den Schutz des Rechtsverkehrs erforderlich machen. Deshalb haben sie **weitere Fälle der Rechtsscheinhaftung** gebildet. Ausgangspunkt hierbei sind §§ 170–172 BGB.[46] Diesen lässt sich der Rechtsgedanke entnehmen, dass derjenige, der den Anschein für das Bestehen einer Vollmacht zurechenbar gesetzt hat, sich an diesem Anschein festhalten lassen muss, wenn ein anderer berechtigterweise hierauf vertraut. Weitgehend anerkannt ist dies für die unter den Begriffen **Duldungs-** und **Anscheinsvollmacht** diskutierten Fallgruppen.

---

[46] Vgl. BGH v. 15.10.1987, NJW 1988, 697, 698.

b) Duldungsvollmacht

Eine sog. Duldungsvollmacht ist gegeben, wenn: **65**

* der Vertretene weiß, dass ein anderer unbefugt als Vertreter für ihn auftritt,
* der Vertretene in zurechenbarer Weise nichts dagegen unternimmt und
* der Geschäftspartner nach Treu und Glauben und mit Rücksicht auf die Verkehrssitte auf eine Bevollmächtigung schließt und schließen darf.[47]

Beispiel: Rechtsanwaltsfachangestellte Kristin ist bei Rechtsanwalt Ulrich beschäftigt, ohne zur Vertretung befugt zu sein. Gleichwohl bestellt sie wiederholt Vordrucke bei der Soldan Stiftung. Die entsprechenden Lieferungen wurden von Ulrich jedes Mal in Kenntnis der Umstände bezahlt. Eines Tages bestellt Kristin einen größeren Posten Briefumschläge. Ulrich lehnt die Entgegennahme der Lieferung ab und verweigert die Zahlung mit der Begründung, Kristin sei zur Warenbestellung nicht bevollmächtigt gewesen. Denkbar ist hier, von einer konkludent erteilten oder bekannt gemachten Vollmacht auszugehen. Als Anknüpfungspunkt hierfür kommt das wiederholte Bezahlen durch Ulrich in Betracht. Aus der Sicht der Kristin liegt keine Bevollmächtigung vor, weil diese ihre fehlende Vollmacht kennt. Allerdings lässt sich vom Empfängerhorizont der Stiftung auf eine Außenvollmacht oder eine Vollmachtskundgabe schließen. Für eine entsprechende Erklärung fehlt Ulrich jedoch das Erklärungsbewusstsein, weil er durch die Abnahme der Lieferungen und ihre Bezahlung in der Vergangenheit keine Erklärung mit Wirkung für die Zukunft abgeben wollte. Da das Vorliegen des Erklärungsbewusstseins nach zutreffender h. M. keine Wirksamkeitsvoraussetzung für eine Willenserklärung ist,[48] liegt eine konkludente Vollmachtserteilung vor. Abweichend hiervon behandelt die h. M. die Duldungsvollmacht als eigenständigen Fall der Rechtsscheinhaftung.[49] Hierfür besteht jedoch kein Bedürfnis. Unabhängig vom Begründungsansatz muss Ulrich die von Kristin bestellten Briefumschläge bezahlen.

c) Anscheinsvollmacht

Eine sog. Anscheinsvollmacht ist gegeben, wenn: **66**

* der Vertretene das Handeln des Stellvertreters nicht kennt,
* es bei pflichtgemäßer Sorgfalt hätte erkennen und verhindern können und
* der Geschäftspartner annehmen durfte, dass der Vertretene das Handeln des Vertreters dulde und billige.[50]

Hierfür ist im Regelfall erforderlich, dass der Stellvertreter mit einer gewissen Dauer und Häufigkeit für den Vertretenen handelt.[51]

---

[47] Vgl. BGH v. 12.02.1952, NJW 1952, 657, 658; BGH v. 22.02.2005, NJW 2005, 1488, 1489; BGH v. 11.05.2011, NJW 2011, 2421, 2422.

[48] Siehe oben § 5 Rn. 10 ff.

[49] Vgl. BGH v. 20.10.1996, NJW 1997, 312, 314.

[50] BGH v. 21.06.2005, NJW 2005, 2985, 2987, BGH v. 11.05.2011, NJW 2011, 2421, 2422.

[51] BGH v. 10.01.2007, NJW 2008, 987, 989; BGH v. 11.05.2011, NJW 2011, 2421, 2422.

Beispiel: Im obigen Beispiel zur Duldungsvollmacht (vgl. oben Rn. 65) weiß Ulrich nicht, dass Kristin für ihn fortwährend Bestellungen vornimmt. Da Kristin zur Bezahlung von eingehenden Rechnungen eine Anzahl blanko unterschriebener Überweisungsaufträge hat, werden die Bestellungen ordnungsgemäß bezahlt. Woher die neuen Briefumschläge kommen, ist Ulrich egal. Da die Lieferung des großen Postens Briefumschläge jedoch eintrifft, als Kristin gerade krank war, stößt Ulrich auf diese Lieferung. Als die Soldan Stiftung Bezahlung verlangt, verweigert Ulrich diese unter Hinweis auf die fehlende Vertretungsmacht der Kristin. Hier scheidet im Unterschied zur Fallgestaltung zur Duldungsvollmacht eine konkludente Bevollmächtigung aus, weil es an einem Verhalten des Ulrich fehlt, aus dem auf einen Rechtsbindungswillen geschlossen werden kann. Er unterlässt lediglich. Unterlassen bzw. Schweigen fehlt jedoch regelmäßig der Erklärungswert.[52] Allerdings wurde auch hier ein Vertrauenstatbestand geschaffen, der dem Vertretenen auf Grund seiner Nachlässigkeit zuzurechnen ist.

67 Die **h. M.** nimmt unter den vorstehend benannten Voraussetzungen eine Anscheinsvollmacht an, welche in ihren Rechtsfolgen der Duldungsvollmacht gleichsteht.[53] Zur Begründung wird angeführt, dass wie bei §§ 170–172 BGB eine gewisse Nachlässigkeit (bei der Beherrschung der eigenen Risikosphäre) zur Entstehung von Vertrauen führt, welches nur ausreichend geschützt wird, wenn der angestrebte Erfolg (Vertragsschluss) eintritt. Hiergegen wendet sich eine **a. A.**[54] Diese geht davon aus, dass eine Anscheinsvollmacht nicht zur Entstehung des Vertrags führt. Vielmehr soll der Geschäftspartner nur Schadensersatz für das enttäuschte Vertrauen erhalten. Im Beispiel könnte die Soldan Stiftung danach Ersatz für die Versandkosten fordern. Als Argument wird darauf verwiesen, dass Nachlässigkeit keine Willenserklärung ist und nur Willenserklärungen zum Vertrag führen sollen. Hiergegen verteidigt die h. M. ihre Sichtweise mit dem Argument, dass der Vertretene, der sich die Vollmachtsurkunde nicht zurückgeben lässt, auch nur nachlässig handelt und gleichwohl wegen § 172 BGB ein Vertrag geschlossen wird. Auch knüpft § 149 S. 2 BGB den Vertragsschluss an eine bloße Nachlässigkeit. Außerdem wird der Verweis auf einen Schadensersatzanspruch als unzureichend angesehen, weil dieser nach § 311 Abs. 2 BGB voraussetzt, dass bereits vor dem Vertreterhandeln ein geschäftlicher Kontakt zwischen Vertretenem und Geschäftspartner bestand.

d) Grenzen von Duldungs- und Anscheinsvollmacht

68 Unabdingbare Voraussetzung für die Bindung des Vertretenen an ein Vertreterhandeln nach den Grundsätzen über die Duldungs- und Anscheinsvollmacht ist, dass das Vertrauen des Geschäftspartners dem Vertretenen zurechenbar ist. Diese Voraussetzung fehlt z. B., wenn der Vertretene geschäftsunfähig oder nur beschränkt geschäftsfähig ist. Soweit man die Duldungsvollmacht als konkludente Bevollmächtigung einordnet, folgt dies bereits daraus, dass auch eine konkludente

---

[52] Siehe oben § 5 Rn. 20 ff.
[53] BGH v. 05.03.1998, NJW 1998, 1854, 1855. – Nach BAG v. 06.09.2012, NZA 2013, 524, 526 soll dies gewohnheitsrechtlich erkannt sein.
[54] *Canaris*, Die Vertrauenshaftung im deutschen Privatrecht, 1971, S. 48 ff.; *Flume*, AT II, § 49 Ziffer 4, S. 832 ff.; *Medicus* Rn. 971.

Willenserklärung Geschäftsfähigkeit voraussetzt. Ordnet man Duldungs- und Anscheinsvollmacht dagegen der Rechtsscheinhaftung zu, folgt aus allgemeinen
Grundsätzen, dass der Rechtsschein dem Verpflichteten zurechenbar sein muss.[55]

VI. Willensmängel bei der Bevollmächtigung

Die Zurechnung des Vertreterhandelns zum Vertretenen bei Vollmachtserteilung **69**
rechtfertigt sich aus der Selbstbestimmung des Vertretenen. Unterlag der Vertretene
einem Willensmangel, ist die Selbstbestimmung beeinträchtigt. Nach allgemeinen
Grundsätzen ist der Vertretene gleichwohl zunächst an seine Erklärung gebunden,
kann sich jedoch durch Anfechtung von dieser lösen.[56] Im Falle der Stellvertretung
müssen jedoch die **widerstreitenden Interessen dreier Beteiligter** ausgeglichen
werden, weshalb die allgemeinen Grundsätze u. U. nur angepasst zur Anwendung
kommen können. Keine Schwierigkeiten bestehen, soweit die Vollmacht noch nicht
ausgeübt wurde. Sie kann grds. frei widerrufen werden, einer Anfechtung bedarf
es nicht. Lediglich für eine unwiderrufliche Vollmacht erlangt die Anfechtung Bedeutung. Solange die Vollmacht jedoch noch nicht ausgeübt wurde, konnte sich die
der Stellvertretung eigene Dreieckskonstellation nicht auswirken, weshalb die allgemeinen Grundsätze uneingeschränkt gelten.

Sobald von der **Vollmacht Gebrauch gemacht** wurde, wirken sich die Be- **70**
sonderheiten der Stellvertretung aus. Die Vollmacht trägt zugleich das Vertretergeschäft. Entfällt sie rückwirkend, beeinträchtigt dies zugleich das vom Vertreter in
Ausübung der Vollmacht vorgenommene Rechtsgeschäft.

> **Beispiel:** Geschäftsführer Bert stellt Verkäuferin Hannelore ein. Hiermit wird dieser kon-
> kludent Verkaufsvollmacht erteilt. Dabei irrt sich Bert über ihre Referenzen. Nachdem
> Hannelore drei Wochen lang Brötchen an Dritte verkauft hat, stellt Bert seinen Irrtum fest.
> Kann Bert die Vollmachtserteilung an Hannelore mit der Wirkung anfechten, dass Hanne-
> lore bei ihren Geschäften mit Dritten ohne Vollmacht gehandelt hat?

71

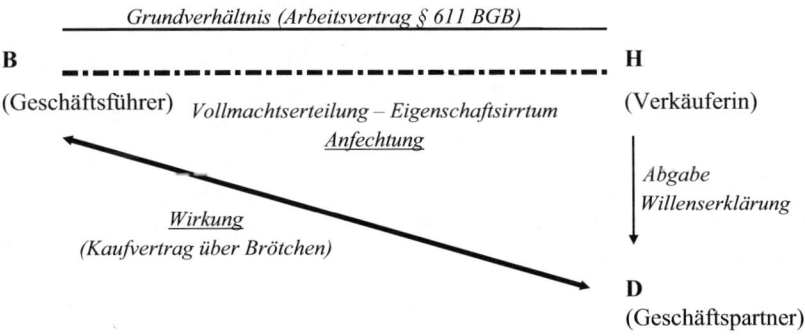

---

[55] Siehe oben Rn. 63.

[56] Siehe oben § 12 Rn. 5.

72 Wendet man die allgemeinen Vorschriften über die Anfechtung an, **erlischt** die angefochtene **Vollmacht mit Wirkung *ex tunc*** (vgl. § 142 Abs. 1 BGB).[57] In der Folge hat der Vertreter bei Vornahme des Vertretergeschäfts ohne Vertretungsmacht gehandelt. Das von ihm vorgenommene Rechtsgeschäft wirkt nicht für und gegen den Vertretenen. Der Geschäftspartner wird in seinem Vertrauen auf das Zustandekommen des Vertretergeschäfts enttäuscht. Er kann nach § 179 BGB lediglich Ausgleich beim Vertreter suchen[58]. Im Übrigen ist zu differenzieren. Wird eine Außenvollmacht angefochten, ist der Geschäftspartner zudem Anfechtungsgegner. Er erfährt vom Verlust seines Geschäfts mit dem Vertretenen und ihm steht nach § 122 BGB ein Anspruch gegen den Vertretenen auf Ersatz des Vertrauensschadens zu.[59] Wird dagegen eine Innenvollmacht angefochten, wäre nach § 143 Abs. 3 S. 1 BGB der Vertreter Anfechtungsgegner. Der Geschäftspartner erfährt zunächst nichts vom Verlust seines Geschäfts mit dem Vertretenen und ihm steht unmittelbar gegen den Vertretenen kein Anspruch auf Ersatz des Vertrauensschadens zu.

73 Nach einer Ansicht[60] sind **diese Rechtsfolgen generell abzulehnen**. Die Anfechtung der gebrauchten Vollmacht mit *ex tunc* Wirkung soll aus Vertrauensgesichtspunkten ausgeschlossen sein. Wenn schon für eine Anscheinsvollmacht der Schein einer Duldung genügt, sei erst recht der Rechtsschein, der von einer zunächst wirklich erteilten Vollmacht ausgeht, bindend. Außerdem erhielte der Vertretene neben Anfechtungsrechten aus dem Verhältnis Vertretener-Geschäftspartner noch zusätzliche aus dem Verhältnis Vertretener-Vertreter, welche sich eigentlich aus der Sicht des Geschäftspartners als eine Art unbeachtlicher Motivirrtum darstellen. Dies sei auch deshalb bedenklich, weil die Stellvertretung den Vertretenen so stellen soll, als ob er anstelle des Vertreters selbst gehandelt hätte. In diesem Fall stünden ihm aber keine zusätzlichen Anfechtungsgründe zu.

74 Nach zutreffender h. A. ist jedoch **auch die ausgeübte Vollmacht anfechtbar**. Da die Vollmacht eine Willenserklärung ist, kann sie angefochten werden.[61] Dass der Vertretene zusätzliche Anfechtungsgründe erlangt, ist der gewillkürten Stellvertretung immanent. Der Geschäftspartner des Vertretenen trägt bei Vertreterhandeln immer und nicht nur in Bezug auf Willensmängel das zusätzliche Risiko eines weiteren Rechtsgeschäfts. Allerdings muss dem Umstand Rechnung getragen werden, dass die Anfechtung im Risikobereich des Vertretenen wurzelt und in ihren Wirkungen stets auch den Geschäftspartner des Vertretenen trifft. Deshalb muss die Anfechtung der Vollmacht stets (auch bei der Innenvollmacht) zumindest auch gegenüber dem Geschäftspartner erklärt werden (vgl. den Rechtsgedanken hinter § 143 Abs. 2 Hs. 2, Abs. 3 S. 2, Abs. 4 S. 1 BGB).[62] Hierdurch erlangt dieser Kenntnis von der Anfechtung und den Auswirkungen auf sein Geschäft mit dem Vertretenen. Außerdem erlangt der Geschäftspartner einen direkten Anspruch

---

[57] Siehe oben § 12 Rn. 104.

[58] Siehe unten Rn. 103 ff.

[59] Siehe oben § 12 Rn. 110 ff.

[60] *Brox/Walker* Rn. 574; *Prölls* JuS 1985, 577, 582 f.

[61] *Larenz/Wolf* § 47 Rn. 35; Palandt/*Ellenberger* § 167 BGB Rn. 3.

[62] A. A. Palandt/*Ellenberger* § 167 BGB Rn. 3.

aus § 122 BGB gegen den Vertretenen. Die Folgen der Anfechtung können jedoch durch Rechtsscheinsgesichtspunkte (z. B. § 172 BGB) überlagert werden. Soweit dies der Fall ist, wird der Vertretene trotz Anfechtung an das Handeln des Vertreters gebunden. Der Geschäftspartner erleidet in diesem Fall keinen Vertrauensschaden, weshalb ihm grds. keine zusätzlichen Ansprüche aus § 122 BGB zustehen.

F. Willensmängel und Wissenszurechnung

I. Feststellung von Willensmängeln

Da der Vertreter einen eigenen Willen bildet und eine eigene Willenserklärung ab-   **75**
gibt, kann grds. nur er einem beachtlichen Willensmangel unterliegen.[63] Nach § 166
Abs. 1 BGB kommt es deshalb für die Anfechtbarkeit des Vertretergeschäfts darauf an, ob der **Vertreter einem beachtlichen Irrtum unterlag**.[64] Anfechtungsberechtigt ist jedoch der Vertretene, weil ihn die Rechtsfolgen des Vertretergeschäfts treffen würden. Ob der Vertreter gleichwohl zur Abgabe der Anfechtungserklärung im Namen des Vertretenen befugt ist, bestimmt sich nach dem Umfang seiner Vollmacht.[65]

> **Beispiel:** Bert bevollmächtigt Johannes zum Kauf eines Schachspiels für seinen Computer. Im Namen des Bert kauft Johannes ein entsprechendes Spiel. Er vergreift sich jedoch und legt an der Kasse die Version für MAC-OS anstatt für Windows vor. Johannes unterlag einem beachtlichen Erklärungsirrtum i. S. v. § 119 Abs. 1 BGB. Auf Grund dieses Irrtums (vgl. § 166 Abs. 1 BGB) steht Bert ein Anfechtungsrecht zu. Die Anfechtungserklärung (vgl. § 143 Abs. 1 BGB) muss grds. Bert abgeben. Er kann hierbei allerdings von Johannes vertreten werden, wenn dieser insoweit über ausreichende Vertretungsmacht verfügt.

Der Wortlaut des § 166 Abs. 1 BGB ist jedoch zu eng gefasst. Er lässt unberück-   **76**
sichtigt, dass der Vertreter seinen Willen mitunter aufbauend auf Weisungen des Vertretenen bildet. **Irrt der Vertretene bei Erteilung seiner Weisung** und übernimmt der Vertreter diese fehlerhafte Weisung in seine Erklärung, begründet dies keinen anfechtungsrelevanten Irrtum des Vertreters. Aus seiner Sicht ist allenfalls ein unbeachtlicher Motivirrtum gegeben. Soweit der Vertretene Weisung und Vollmacht gemeinsam erteilt, berechtigt der Irrtum des Vertretenen diesen regelmäßig wegen Fehleridentität zur Anfechtung der Vollmacht.[66] Folgt die Weisung der Bevollmächtigung jedoch nach, kommt eine Anfechtung der Bevollmächtigung nicht Betracht.

---

[63] Vgl. Mot. I, S. 227.

[64] Diese Frage ist streng von der Frage der Anfechtbarkeit der Vollmacht zu unterscheiden, siehe dazu oben Rn. 69 ff.

[65] Siehe oben § 12 Rn. 89 f.

[66] Siehe dazu oben Rn. 69 ff.

Beispiel: Brecht stellt Neumann als Einkäufer ein und erteilt ihm umfassende Vollmacht zum Wareneinkauf. Zu einem späteren Zeitpunkt weist Brecht Neumann an, tausend Briefumschläge DIN C4 zu bestellen. Neumann folgt dieser Weisung. Als die Ware angeliefert wird, bemerkt Brecht, dass er sich versprochen hat. Eigentlich wollte er tausend Briefumschläge DIN C6 kaufen.

77   Neben dem Wortlaut ist der hinter § 166 Abs. 1 BGB stehende Rechtsgedanke zu berücksichtigen. Danach soll die Einschaltung eines Vertreters die Anfechtungsrechte des Vertretenen nicht erweitern, aber auch nicht vermindern. Entscheidend sind deshalb die Willensmängel des Vertreters, weil dieser im Regelfall den Willen bildet und erklärt.[67] Erteilt der Vertretene dem Vertreter jedoch eine konkrete Weisung, bildet er insoweit den maßgeblichen Willen. Ein Teil der Willensbildung wird auf den Vertretenen verlagert. Dies rechtfertigt es, insoweit § 166 Abs. 2 BGB entsprechend anzuwenden.[68] Es ist auf den Willensbildungsmangel des Vertretenen abzustellen.[69] Dieser berechtigt ggf. zur Anfechtung. Die analoge **Anwendung des §166 Abs. 2 BGB** ist jedoch auf Willensbildungsmängel (vgl. §§ 119 Abs. 2, 123 BGB) beschränkt. Unterlaufen dem Vertretenen bei der Erteilung von Weisungen dagegen Willensäußerungsmängel (vgl. § 119 Abs. 1 BGB), darf § 166 Abs. 2 BGB keine entsprechende Anwendung finden, weil die Anfechtungsmöglichkeiten anderenfalls verdoppelt würden (sowohl der Vertretene als auch der Vertreter können sich versprechen).[70] Im vorstehenden Beispielsfall lässt sich ein Anfechtungsrecht deshalb nicht auf eine Analogie zu § 166 Abs. 2 BGB stützen, weil der Vertretene seinen Willen zutreffend gebildet, allerdings unzutreffend geäußert hat.

II. Kenntnis und Kennenmüssen

1. Grundsatz: Zurechnung des Vertreterwissens

78   Der Erfolg mancher Rechtsgeschäfte hängt davon ab, welche Kenntnisse bei Vornahme des Rechtsgeschäfts vorlagen.[71]

Beispiel: Brecht hat sich von Artig ein Buch geliehen. Als sein Freund Böse das Buch bei ihm findet, äußert er spontan Kaufinteresse. Brecht verkauft und übereignet das Buch an Böse. Da Brecht nicht Eigentümer des Buchs ist, kann Böse das Eigentum an dem Buch nur nach §§ 929, 932 BGB erwerben. Ein solcher Erwerb vom Nichtberechtigten scheidet jedoch aus, wenn Böse bösgläubig war, d. h. das fehlende Eigentum des Brecht kannte oder kennen musste. Soweit Böse nicht in eigenem Namen, sondern als Vertreter des Hinter handelt, ist fraglich, ob hinsichtlich einer Übereignung von Brecht an Hinter für die Frage der Bösgläubigkeit der Kenntnisstand des Böse oder des Hinter maßgeblich ist.

---

[67] Vgl. Mot. I, S. 227.

[68] Vgl. BGH v. 24.10.1968, NJW 1969, 925, 927 für die Anfechtung wegen arglistiger Täuschung. – A. A. Staudinger/*Schilken* § 166 BGB Rn. 17.

[69] Offen gelassen von BGH v. 02.05.2000, NJW 2000, 2268, 2269.

[70] Ohne diese Differenzierung MünchKommBGB/*Schramm* § 166 BGB Rn. 59.

[71] Vgl. die Übersicht bei *Petersen* JURA 2008, 914, 915.

Da der Vertreter derjenige ist, der rechtsgeschäftlich handelt, ordnet § 166 Abs. 1 **79**
BGB als Regelfall an, dass die **Kenntnisse des Vertreters** entscheidend sind. Handeln mehrere Vertreter in Gesamtvertretung zusammen, schadet bereits die Kenntnis oder das Kennenmüssen eines Vertreters („Ein faules Ei verdirbt den ganzen Brei"). § 166 Abs. 1 BGB gilt aber nicht nur für die Wissenszurechnung, soweit es auf das Kennen oder Kennenmüssen bestimmter Umstände ankommt. Vielmehr findet § 166 Abs. 1 BGB auch insoweit Anwendung, als die Zurechnung sonstigen Verhaltens bei Vornahme von Willenserklärungen betroffen ist. Der Vertretene muss sich daher über § 166 Abs. 1 BGB auch eine anfechtungsrelevante Täuschung (vgl. § 123 Abs. 1 BGB) des Geschäftspartners durch seinen Vertreter zurechnen lassen. Die Täuschung durch den Vertreter ist demnach keine Täuschung durch einen Dritten i. S. v. § 123 Abs. 2 S. 1 BGB. Außerdem ist für die Auslegung von Willenserklärungen im Falle der Passivvertretung auf den Empfängerhorizont des Vertreters abzustellen.

2. Wissenszusammenrechnung

Als Folge einer zunehmenden Arbeitsteilung wird Wissen immer häufiger auf ver- **80**
schiedene Personen verteilt. Dies führt dazu, dass der Vertretene in Person eines Vertreters über ein bestimmtes rechtlich relevantes Wissen verfügt und er durch einen anderen, unwissenden Vertreter am Rechtsverkehr teilnimmt.

> **Beispiel:** Bei dem großen Gebrauchtwagenhändler Hahn kauft der Angestellte Eins von Schneider einen Unfallwagen an. Er unterlässt es aber, die Eigenschaft als Unfallwagen in den Akten des Autohauses zu vermerken. Zwei Wochen später verkauft der Angestellte Zwei diesen Pkw an Schuster und erklärt, es handle sich nicht um einen Unfallwagen. Hier wird offensichtlich, dass die Arbeitsteilung, welche durch die Beschäftigung mehrerer Verkäufer entsteht, dazu führt, dass Zwei nicht die Kenntnisse des Eins hat. Zwei hat daher bei wortlautgetreuer Anwendung des § 166 BGB gegenüber Schuster keine falschen Angaben gemacht. Allerdings soll Hahn aus der Arbeitsteilung keinen Vorteil ziehen. Daraus wird von Rspr. und Lit. unter verschiedenen, nicht abschließend geklärten und noch nicht zu einem stimmigen Gesamtkonzept zusammengefügten Voraussetzungen und mit verschiedenen Einschränkungen die Konsequenz gezogen, dass das Wissen von Eins und Zwei zusammenzurechnen ist.[72] Unter Berücksichtigung einer solchen Zusammenrechnung hat Zwei Schuster arglistig getäuscht und Schuster ist anfechtungsberechtigt.

3. Ausnahme: Maßgeblichkeit des Wissens des Vertretenen

Die Regelung des § 166 Abs. 1 BGB, wonach hinsichtlich eines rechtlich relevan- **81**
ten Wissens oder Kennenmüssens auf den handelnden Vertreter abzustellen ist, ist **missbrauchsanfällig.** Sie eröffnet die Möglichkeit, dass der bösgläubige Vertrete-

---

[72] Vgl. zum Streitstand BGH v. 17.05.1995, NJW 1995, 2159, 2160; BGH v. 31.01.1996, NJW 1996, 1205, 1205 f.; BGH v. 12.11.1998, NJW 1999, 284, 286; Erman/*Maier-Reimer* § 166 BGB Rn. 17 ff.; Palandt/*Ellenberger* § 166 BGB Rn. 6 f.; *Petersen* JURA 2008, 914, 916 jeweils mit weiteren Nachweisen.

ne, welcher nicht selbst das Geschäft vornehmen kann, sich durch einen gutgläubigen Vertreter vertreten lässt.

> **Beispiel:** Brecht hat sich von Artig ein Buch geliehen. Als sein Freund Böse das Buch bei
> ihm findet, äußert er spontan Kaufinteresse. Da Böse allerdings weiß, dass Brecht nicht
> Eigentümer des Buches ist, verfällt er auf die Idee, den ahnungslosen Gut zu beauftragen,
> das Buch in seinem Namen zu erwerben. Brecht findet die Idee prächtig und übereignet das
> Buch an Böse, wobei dieser durch Gut vertreten wird.

82   Zur Vermeidung von Missbrauch schränkt § 166 Abs. 2 BGB den Grundsatz des
§ 166 Abs. 1 BGB dahingehend ein, dass nicht auf die Kenntnis oder das Kennenmüssen des Vertreters, sondern des Vertretenen abzustellen ist, soweit der Vertreter
das Geschäft **nach konkreten Weisungen** des Vertretenen abschließt. Da in diesen Fällen der Vertretene den maßgeblichen Willen über Abschluss und Inhalt des
Rechtsgeschäfts bildet, ist folgerichtig sein Wissen entscheidend. Abzustellen ist
dabei grds. auf den Zeitpunkt, in dem der Vertretene seine Weisung erteilt. Nimmt
der Vertreter ein Rechtsgeschäft ohne ausreichende Vertretungsmacht und ohne
Weisung vor und ist dessen Wirksamkeit daher von der Genehmigung durch den
Vertretenen abhängig,[73] gilt § 166 Abs. 2 BGB entsprechend mit der Maßgabe, dass
auf den Zeitpunkt der Genehmigung abzustellen ist.

G. Begrenzung der Vertretungsmacht

I. Problem

83   Sowohl gesetzliche als auch gewillkürte Vertretungsmacht sind **abstrakt vom
Grundverhältnis**.[74] Deshalb kann der Vertreter im Außenverhältnis Geschäfte
schließen, welche er nach den Vorgaben des Innenverhältnisses nicht vornehmen
darf. Dies schützt den **Rechtsverkehr**, d. h. den Geschäftspartner. Mit den für den
Vertretenen aus der Abstraktion erwachsenden Risiken einer Überschreitung der
Bindungen des Innenverhältnisses befasst sich das Gesetz nur am Rande und eher
unter formalen Gesichtspunkten. Im Übrigen geht es von dem Grundsatz aus, dass
im Außenverhältnis die Grenzen der Vertretungsmacht losgelöst vom Grundgeschäft und den Interessen des Vertretenen bestimmt werden und das sich innerhalb
dieser Grenzen haltende Handeln des Vertreters den Vertretenen bindet. Rspr. und
Lit. sind sich jedoch einig, dass der Schutz des Geschäftspartners zu Lasten der
Selbstbestimmung des Vertretenen nicht uneingeschränkt gerechtfertigt ist. Sie
haben daher über den gesetzlich geregelten Fall des Insichgeschäfts hinaus Fallgruppen entwickelt, in denen dem Schutz des Vertretenen durch eine Beschränkung
der Vertretungsmacht Vorrang einzuräumen ist.

---

[73] Siehe unten Rn. 99 f.
[74] Siehe oben Rn. 50.

II. Insichgeschäft

1. Begriff

Das Gesetz begrenzt eine eigentlich bestehende Vertretungsmacht in beiden von **84** § 181 BGB angesprochenen Fällen, in denen eine **Interessenkollision** nahe liegt und welche unter dem Begriff des Insichgeschäfts zusammengefasst werden.

In seiner ersten Alternative erfasst § 181 BGB das **Selbstkontrahieren**. Ein **85** solcher Fall liegt vor, wenn der Vertreter im Namen des Vertretenen ein Geschäft mit sich selbst vornimmt.

> **Beispiel:** Der Personalchef der B-AG, ausgestattet mit der Vollmacht zum Abschluss und zur Änderung von Arbeitsverträgen, ändert im Namen der B-AG mit sich selbst seinen Arbeitsvertrag dahingehend, dass sein Gehalt verdoppelt wird. Diese Fallgruppe führt zu zwei Problemen. Einmal ist in diesem Fall das Vorliegen einer Interessenkollision evident. Außerdem ist die Vornahme des Rechtsgeschäfts ggf. nicht erkennbar, weil und soweit sie sich nur „im Geist" des Personalchefs vollzieht.

Neben den Fällen des Selbstkontrahierens erfasst § 181 BGB in seiner zweiten **86** Alternative die Fallgruppe der **Mehrvertretung**. Dabei schließt der Vertreter im Namen eines Vertretenen ein Rechtsgeschäft mit sich selbst als Vertreter eines weiteren Vertretenen.

> **Beispiel:** Ein Steuerberater ist von einem Mandanten in Geldnöten beauftragt, in dessen Namen mehrere Oldtimer zu verkaufen. Für einen weiteren Mandanten soll der Steuerberater in dessen Namen geeignete Oldtimer als Anlageobjekte erwerben. Bei einem Gläschen Champagner einigt sich der Steuerberater mit sich selbst darauf, dass die Oldtimersammlung zum Freundschaftspreis von 1,38 Mio. € von einem an den anderen Mandanten verkauft wird. Auch in diesem Fall besteht eine Interessenkollision und der Geschäftsabschluss wird nach außen ggf. nicht hinreichend deutlich, weil und soweit er sich in einer Person vollzieht.

2. Rechtsfolgen

Nach § 181 BGB kann der Vertreter grds. kein Insichgeschäft vornehmen. Der **87** Wortlaut der Vorschrift legt nahe, dass die vom Vertreter abgeschlossenen Rechtsgeschäfte unheilbar nichtig sind. Richtigerweise ist man sich jedoch darin einig, dass die abgeschlossenen Vertretergeschäfte nur **schwebend unwirksam** sind, vergleichbar zu den Geschäften eines Minderjährigen[75] oder (treffender) eines Vertreters ohne Vertretungsmacht.[76] Genehmigt der Vertretene das schwebend unwirksame Geschäft, wird es wirksam. Dies eröffnet ihm die Möglichkeit, ein für ihn vorteilhaftes Insichgeschäft durch Genehmigung an sich zu ziehen. Dass nicht von Unwirksamkeit, sondern nur von schwebender Unwirksamkeit auszugehen ist, lässt sich schließlich aus den in § 181 BGB geregelten **Ausnahmen** vom Verbot des

---

[75] Siehe oben § 9 Rn. 48 ff.
[76] Siehe unten Rn. 99.

Insichgeschäfts ableiten. Diese machen deutlich, dass Insichgeschäfte dort zulässig sind, wo der Vertretene bei abstrakter Betrachtung keines Schutzes vor einer Interessenkollision bedarf. Als erste Ausnahme können Insichgeschäfte vorgenommen werden, wenn der Vertretene dies gestattet. Wenn der Vertretene das Insichgeschäft kraft Privatautonomie vor dessen Vornahme gestatten kann, muss er es erst recht danach genehmigen können. In diesem Fall ist sein Schutzbedürfnis noch geringer. Als zweite Ausnahme ist die Vornahme von Rechtsgeschäften ausschließlich zur Erfüllung einer Verbindlichkeit vorgesehen. Auch in diesem Fall ist der Vertretene nicht mehr schutzwürdig, weil eine Interessenkollision ausscheidet.

> **Beispiel:** Herbert ist im Geschäft des Brecht angestellt und besitzt ausreichende Vollmacht, um Auszahlungen zur Bezahlung von Lieferanten vorzunehmen. Er hat Brecht seinen Pkw als Lieferfahrzeug für den Betrieb verkauft und übereignet. Zur Befriedigung seines gegen Brecht gerichteten Kaufpreisanspruchs nimmt sich Herbert den vereinbarten Kaufpreis aus der Kasse. Hierdurch gibt er die notwendigen Erklärungen zur Übereignung der Geldscheine (vgl. § 929 S. 1 BGB) im eigenen Namen sowie im Namen des Brecht ab (Selbstkontrahieren). Trotz § 181 BGB ist das Insichgeschäft wirksam, weil es ausschließlich der Erfüllung einer Verbindlichkeit dient.

3. Anwendungsbereich

88   Der Anwendungsbereich des § 181 BGB wird nicht ausschließlich durch den Gesetzwortlaut bestimmt. Er ist vielmehr durch Auslegung zu ermitteln, welche neben dem Wortlaut weitere Aspekte, insbesondere den Normzweck berücksichtigt. In Betracht kommt insoweit, dass § 181 BGB die Beschränkung der Vertretungsmacht an die **Personenidentität** anknüpft, um die Erkennbarkeit der Vornahme eines Rechtsgeschäfts zu sichern. Außerdem könnte § 181 BGB der Vermeidung von **Interessenkollisionen** dienen. Sind beide Erwägungen einschlägig, ist § 181 BGB in jedem Fall anzuwenden.

89   Auf Fälle, in denen zwar Personenidentität besteht, eine Interessenkollision jedoch ausgeschlossen ist, darf § 181 BGB nur angewendet werden, wenn er die äußere Erkennbarkeit des Rechtsgeschäfts sichern will. Anderenfalls muss er **teleologisch reduziert** werden.

> **Beispiel:** Die Eltern schenken und übereignen ihrem sechsjährigen Sohn zu Weihnachten eine elektrische Eisenbahn. Da der Sohn nach §§ 104 Nr. 1, 105 BGB selbst keine Rechtsgeschäfte vornehmen kann, müssen seine Eltern sowohl für sich selbst als auch als Vertreter des Kindes (vgl. §§ 1626, 1629 BGB) handeln, d. h. selbst kontrahieren. Eine Interessenkollision zwischen Eltern und Kind scheidet dabei offensichtlich aus. Die Rspr. wandte auf derartige Fälle § 181 BGB zunächst ganz formal nach seinem Wortlaut an.[77] Schenkung und Übereignung wären danach unwirksam bis zur Genehmigung. Diese formale Ansicht wurde aber zu Recht aufgegeben, weil § 181 BGB nur vor Interessenkollisionen schützen, nicht jedoch die Erkennbarkeit eines Rechtsgeschäfts sichern will.[78] Dies zeigt sich deutlich darin, dass § 181 BGB das Insichgeschäft im Falle der Gestattung sowie zur Erfüllung einer Verbindlichkeit zulässt. Auch in diesen Fällen fehlt die Erkennbarkeit nach außen.

---

[77] Vgl. RG v. 20.03.1908, RGZ 68, 172, 175 ff.
[78] BGH v. 27.09.1972, NJW 1972, 2262, 2263 f.

Gleichwohl ist das Vertretergeschäft zulässig. Außerdem müsste § 181 BGB bei konsequenter Ausrichtung auf den Schutz der Erkennbarkeit das Insichgeschäft zulassen, wenn es z. B. durch eine Urkunde dokumentiert ist. Entsprechende Ausnahmen sieht § 181 BGB jedoch nicht vor. Liegt keine Interessenkollision vor, weil das abgeschlossene Rechtsgeschäft lediglich einen rechtlichen Vorteil bringt, ist § 181 BGB deshalb nicht anzuwenden. Ob ein rechtlicher Vorteil gegeben ist, bestimmt sich nach den gleichen Grundsätzen wie bei § 107 BGB.[79]

Auf Fälle der **Interessenkollision ohne Personenidentität** kann § 181 BGB über seinen Wortlaut hinaus entsprechend angewendet werden, wenn – abweichend von seinem Wortlaut – ausschließlich der Vertretene vor Interessenkollisionen geschützt werden soll. Soweit dies nicht der Fall ist, darf der Anwendungsbereich des § 181 BGB jedoch nicht erweitert werden.   **90**

Beispiel: Herbert schließt unter Ausnutzung einer für ihn bestehenden Generalvollmacht im Namen des Brecht mit seiner Bank einen Bürgschaftsvertrag (vgl. § 765 BGB), um selbst ein weiteres Darlehn zu erhalten. Eine Personenidentität ist nicht gegeben. Eine Interessenkollision liegt dagegen auf der Hand. Eine entsprechende Anwendung des § 181 BGB muss hier gleichwohl ausscheiden. Zwar will § 181 BGB Interessenkollisionen vermeiden. Allerdings wäre der Rechtsverkehr gefährdet, wenn jede mögliche Interessenkollision zur Anwendung des § 181 BGB führt. Deshalb hat sich der Gesetzgeber bewusst dafür entschieden, an die Personenidentität als leicht erkennbares und dem Vertreter als Geschäftspartner bzw. Vertreter des Geschäftspartners bekanntes Indiz für eine Interessenkollision anzuknüpfen. Ohne Personenidentität ist § 181 BGB daher grds. nicht einschlägig. Der Schutz des Vertretenen kann allenfalls über die allgemeinen, gesetzlich nicht geregelten Regeln über den Missbrauch der Vertretungsmacht erreicht werden.[80]

Bestellt der Vertreter allerdings zur **Vermeidung einer Personenidentität** einen weiteren Vertreter, besteht keine andere Interessenlage als im unmittelbaren Anwendungsbereich des § 181 BGB. Ob der Vertreter selbst abschließt oder zur Vermeidung der Personenidentität einen anderen einschaltet, ist rechtlich gleichwertig, weil dem Vertreter als Geschäftspartner bzw. Vertreter des Geschäftspartners die materiell bestehende Personenidentität bekannt ist.   **91**

Beispiel: Henry ist Vorstand des örtlichen Handballvereins, gleichzeitig betreibt er ein Sportgeschäft. Nunmehr will Henry für den Verein neue Trikots in seinem Laden kaufen. Da er einige Semester Jura studiert hat, schließt Henry den Kaufvertrag mit dem in seinem Laden als Verkäufer beschäftigten Bert ab. Eine Interessenkollision ist hier gegeben. Es fehlt zwar an einer Personenidentität, weshalb § 181 BGB eigentlich nicht anwendbar ist. Da die Personenidentität jedoch umgangen wurde, findet § 181 BGB entsprechende Anwendung. Der geschlossene Kaufvertrag ist deshalb (schwebend) unwirksam.

---

[79] Siehe oben § 9 Rn. 24.
[80] Siehe unten Rn. 92 ff.

III. Missbrauch der Vertretungsmacht

1. Ausgangspunkt

92 Wie das Beispiel des eigennützigen Abschlusses eines Bürgschaftsvertrags[81] eindrucksvoll zeigt, reichen die Grenzen des § 181 BGB nicht aus, um den Vertretenen vor missbräuchlichen Vertretergeschäften zu schützen. Rspr. und Lit. haben daher weitere Fallgruppen entwickelt, in denen § 181 BGB zwar nicht anwendbar ist, aber gleichwohl der Schutz des Vertretenen Vorrang vor dem Schutz des Vertreters und des Geschäftspartners genießen soll. Ausgangspunkt ist dabei, dass **aus** dem **Innenverhältnis** zwischen Vertretenem und Vertreter **Treuepflichten erwachsen**, welche dem Vertreter eine missbräuchliche Ausübung der Vollmacht verbieten. Diese im Innenverhältnis wurzelnden Pflichten erlangen auf Grund der Abstraktheit von Vertretungsmacht und Grundverhältnis im Interesse und zum Schutz des Geschäftspartners grds. keinen Einfluss auf den Umfang der Vollmacht und das Außenverhältnis. Den Geschäftspartner trifft grds. auch keine Prüfpflicht, ob der Vertreter durch sein Handeln im Innenverhältnis Pflichten verletzt. Soweit dem Geschäftspartner die Beschränkungen aus dem Innenverhältnis aber bekannt sind oder hätten bekannt sein müssen, ist er **weniger schutzwürdig**. Dies kann eine Einschränkung der Abstraktheit von Vertretungsmacht und Grundverhältnis rechtfertigen, in deren Folge das Innenverhältnis Auswirkungen auf das Außenverhältnis erlangen kann. Hierbei werden zwei Fallgruppen unterschieden:

2. Kollusion

93 Der Schutz des Geschäftspartners muss zurücktreten, wenn Vertreter und Geschäftspartner kollusiv, d. h. bewusst zum Nachteil des Vertretenen zusammenwirken. Wie in den von § 181 BGB behandelten Fällen ist ein Schutz des Geschäftspartners nicht gerechtfertigt, weil ihm der Missbrauch bekannt ist.

> **Beispiel:** Hubert ist Verkäufer im Daimler Autohaus. In dieser Eigenschaft verkauft er seinem besten Freund David einen Mercedes CLS 63 AMG zum Freundschaftspreis von 10.000 €. Hier handeln Hubert und David zum Nachteil des Autohauses bewusst zusammen, weil Hubert David einen „Preisnachlass" von 100.000 € gewährt hat. Das Zusammenwirken von Hubert und David verstößt gegen die guten Sitten, weshalb die h. A. das Geschäft als nach § 138 BGB unwirksam ansieht.[82] Abweichend von der h. A. erscheint aber vorzugswürdig, dass § 138 BGB lediglich bewirkt, dass die Abstraktheit der Vertretungsmacht durchbrochen wird und das Geschäft des Hubert nicht durch die bestehende Vertretungsmacht gedeckt ist. Hubert handelt als Vertreter ohne Vertretungsmacht und das Geschäft ist schwebend unwirksam. Dies sichert dem Vertretenen das Recht, das Geschäft zu genehmigen und hierdurch an sich zu ziehen. Wandelt man den Fall leicht dahingehend

---

[81] Siehe oben Rn. 90.

[82] RG v. 01.06.1932, RGZ 136, 359, 359 f.; BGH v. 17.05.1988, NJW 1989, 26, 27; BGH v. 05.11.2003, NZG 2004, 139, 140; BGH v. 13.09.2011, NZG 2011, 1225, 1226; Erman/*Maier-Reimer* § 167 BGB Rn. 71.

ab, dass Hubert nur einen Preisnachlass von 40.000 € einräumt, könnte das Autohaus evtl. ein Interesse an dem Geschäft haben. Genehmigt das Autohaus das Geschäft, bedarf es keines Schutzes durch die überschießende Unwirksamkeitsfolge.

3. Evidenz

Wirken Vertreter und Geschäftspartner zwar nicht kollusiv zusammen, **weiß** der **94** **Geschäftspartner** aber **positiv, dass der Vertreter seine Treuepflichten verletzt,** ist der Geschäftspartner ebenfalls nicht schutzwürdig. Auch hier ist die im Interesse des Geschäftspartners bestehende Abstraktheit der Vertretungsmacht vom Grundgeschäft einzuschränken, unabhängig davon, ob der Vertreter bewusst, fahrlässig oder irrtümlich das Innenverhältnis verletzt. Dies gilt gleichermaßen für die gewillkürte und die gesetzliche (auch die gesetzlich unbeschränkte) Vertretungsmacht.

> **Beispiel:** Nimmt man im obigen Bürgschaftsfall (vgl. oben Rn. 90) an, dass die Bank auf Grund der Begleitumstände erkannt hat, dass der Vertreter seine Pflichten gegenüber dem Vertretenen verletzt, wenn er zu seinen eigenen Gunsten im Namen des Vertretenen eine Bürgschaftserklärung abgibt, rechtfertigt dies eine Einschränkung der Abstraktion. Der Umfang der Vertretungsmacht ist auf die erkannten Vorgaben des Innenverhältnisses zu beschränken. Soweit der Vertreter hierüber hinausgehende Rechtsgeschäfte vornimmt, handelt er als Vertreter ohne Vertretungsmacht. Die von ihm vorgenommenen Geschäfte sind schwebend unwirksam. Der Vertretene kann sie durch Genehmigung an sich ziehen.

Soweit der Geschäftsgegner den objektiven Missbrauch der Vertretungsmacht **95** zwar **nicht gekannt hat**, er ihn **aber hätte kennen können**, ist zweifelhaft, ob und inwieweit eine Einschränkung der dem Verkehrsschutz dienenden Abstraktheit der Vertretungsmacht gerechtfertigt ist.

> **Beispiel:** Im vorstehenden Beispiel (vgl. oben Rn. 94) könnte man auf Grund der Umstände des Einzelfalls dazu gelangen, dass die Bank zwar nicht erkannt hat, dass der Vertreter seine Pflichten gegenüber dem Vertretenen verletzt, dies aber hätte erkennen können. Schränkt man auch insoweit die Abstraktion der Vertretungsmacht ein, wird der Rechtsverkehr gefährdet und die gesetzlichen Vorgaben würden weitgehend in ihr Gegenteil verkehrt. Die Abstraktheit der Vertretungsmacht würde faktisch zur Ausnahme. Deshalb ist die Einschränkung der Abstraktion der Vertretungsmacht davon abhängig zu machen, dass der Geschäftspartner objektiv grob fahrlässig die Augen vor dem Missbrauch verschlossen hat. Dies ist der Fall, wenn der Missbrauch der Vertretungsmacht evident war, d. h. der Vertreter von der Vertretungsmacht in ersichtlich verdächtiger Weise Gebrauch gemacht hat, so dass beim Geschäftsgegner ernsthafte Zweifel an der Vertretungsmacht entstehen mussten. Dieser Maßstab gilt sowohl für den Missbrauch der gewillkürten als auch einer gesetzlichen Vertretungsmacht. Allerdings muss hierbei den Vorgaben des Gesetzes Rechnung getragen werden. Sieht das Gesetz eine unbeschränkte Vertretungsmacht vor (z. B. Prokura: § 49 HGB), ist der Vertreter durchaus berechtigt, auch ungewöhnliche Geschäfte abzuschließen. Ein evidenter Missbrauch setzt hier deshalb deutlichere Anhaltspunkte voraus.[83] Sind die Voraussetzungen eines evidenten Missbrauchs gegeben, wird der Umfang der Vertretungsmacht auf die erkennbaren Vorgaben des Innenverhältnisses beschränkt. Soweit der Vertreter hierüber hinausgehende Rechtsgeschäfte vornimmt, handelt er als Vertreter ohne

---

[83] Vgl. BGH v. 30.01.2002, NJW 2002, 1497, 1498; BGH v. 01.06.2010, NJW 2011, 66, 69; Erman/*Maier-Reimer* § 167 BGB Rn. 75.

Vertretungsmacht. Die von ihm vorgenommenen Geschäfte sind schwebend unwirksam.
Der Vertretene kann sie durch Genehmigung an sich ziehen.

H. Vertreter ohne Vertretungsmacht

I. Ausgangspunkt

96   Handelt ein Vertreter im Namen des Vertretenen aber ohne die erforderliche Vertretungsmacht, d. h. gänzlich **ohne Vertretungsmacht** oder **unter Überschreitung
einer bestehenden Vertretungsmacht**, oder existiert der Vertretene nicht,[84] sind
folgende Fragen zu klären:

- wie gestalten sich die Rechtsbeziehungen zwischen Vertretenem und Drittem,
- wie muss der Vertreter dafür einstehen, dass er das Vertrauen des Dritten in die
  Vertretungsmacht enttäuscht hat und
- welche Rechte bestehen zwischen Vertreter und Vertretenem.

97   Im Verhältnis zwischen **Vertreter und Vertretenem** sind in Abhängigkeit von den
Wirkungen in den anderen beiden Verhältnissen Schadensersatz-, Herausgabe- oder
Aufwendungsersatzansprüche denkbar. Der allgemeine Teil des BGB enthält hierüber keine besonderen Vorschriften. Maßgeblich ist vielmehr das jeweils für das
konkrete Innenverhältnis geltende Recht, z. B. §§ 662 ff. BGB (Auftrag).

98   Mit der Beziehung des Geschäftspartners zum Vertretenen sowie zum Vertreter befassen sich die **§§ 177 ff. BGB**. Hinsichtlich der Anwendbarkeit dieser Vorschriften ist als Vorfrage ihr **Verhältnis zu den gesetzlich nicht geregelten Rechtsscheinsvollmachten** (insbesondere Anscheinsvollmacht) umstritten. Beachtliche
Stimmen in der Lit.[85] sowie neuerdings das BAG[86] nehmen an, dass der Geschäftspartner des Vertretenen wählen könne, ob er den Schutz der Rechtsscheinsvollmacht für sich in Anspruch nimmt, was ein Handeln ohne Vertretungsmacht ausschließt, oder hierauf verzichtet, wodurch der Vertreter ohne Vertretungsmacht gehandelt hat. Zur Begründung wird geltend gemacht, dass Rechtsscheinsvollmachten
allein den Geschäftspartner schützen, diesem aber insbesondere nicht die Rechte
nach § 179 BGB nehmen sollen. Nach zutreffender h. A. besteht ein solches Wahlrecht des Geschäftspartners des Vertreters aber nicht.[87] Vielmehr gelten die Vorschriften über das Handeln eines Vertreters ohne Vertretungsmacht ihrer Funktion
nach nur subsidiär für den Fall, dass die Wirkungen des Vertreters dem Vertretenen
nicht bereits zugerechnet werden können. Gerade hieran fehlt es aber, wenn

---

[84] Vgl. BGH v. 20.10.1988, NJW 1989, 894; BGH v. 12.11.2008, NJW 2009, 215.

[85] *Canaris* NJW 1991, 2628; *Larenz/Wolf* § 48 Rn. 33; *Prölss* JuS 1985, 577, 580.

[86] BAG v. 06.09.2012, NZA 2013, 524, 526.

[87] BGH v. 20.01.1983, NJW 1983, 1308, 1309; *Ulrici* jurisPR-ArbR 17/2013 Anm. 1. – Vgl.
für den Fall, dass das Berufen auf die Unwirksamkeit der Vollmacht treuwidrig ist, auch BGH
v. 20.07.2012, NJW 2012, 3424, 3426. – Siehe auch unten Rn. 126.

eine Zurechnung nach Rechtsscheinsgrundsätzen möglich ist. Ohne Belang ist insoweit, ob der Zurechnungstatbestand vom Gesetz ausdrücklich vorgesehen wird (§§ 170–172 BGB) oder aus diesem fortentwickelt wurde (Anscheinsvollmacht).

II. Verhältnis Vertretener zu Geschäftsgegner

1. Genehmigung durch den Vertretenen

Zum Schutz der Selbstbestimmung des Vertretenen wirkt das Handeln eines Ver-   **99**
treters ohne Vertretungsmacht nicht für und gegen den Vertretenen. Vielmehr ist das
vom Vertreter abgeschlossene Geschäft **(schwebend) unwirksam.** Nur die ausreichende Vertretungsmacht rechtfertigt die Fremdwirkungen des Vertreterhandelns.
Aus diesem Zusammenhang zwischen Selbstbestimmung und Vertretungsmacht
ergibt sich bereits die Grenze des Ausschlusses der Fremdwirkungen bei fehlender Vertretungsmacht. Bedarf der Vertretene keines Schutzes oder liefe das Fehlen
der Fremdwirkungen seinen Interessen sogar zuwider, dürfen dem Geschäftsgegner
nicht ohne rechtfertigenden Grund die Wirkungen des abgeschlossenen Geschäfts
genommen werden. Der Vertretene bedarf keines Schutzes, wenn seiner Selbstbestimmung nachträglich Rechnung getragen wird, indem er selbst entscheidet, ob er
das Vertretergeschäft an sich zieht. Ein Interesse hieran besteht dort, wo das Vertretergeschäft nach Einschätzung des Vertretenen vorteilhaft ist. Die Unwirksamkeit des vorteilhaften Vertretergeschäfts liefe sowohl den Interessen des Vertretenen
als auch denen seines Geschäftsgegners gerade zuwider. Deshalb sieht § 177 BGB
vor, dass der **Vertretene das Vertretergeschäft genehmigen** und hierdurch an sich
ziehen **kann.**

Rechtsfolge der Genehmigung ist, dass der Vertrag so zustande kommt, als ob   **100**
der Vertreter bereits mit Vertretungsmacht gehandelt hat. Die Genehmigung wirkt
nach § 184 Abs. 1 BGB zurück.[88] Ein vom Vertreter ohne Vertretungsmacht geschlossener Vertrag befindet sich daher bis zur Erklärung über die Genehmigung in
einer Schwebe, welche vergleichbar ist mit einem Geschäft, welches ein beschränkt
Geschäftsfähiger getätigt hat.[89] Die §§ 177 ff. BGB entsprechen daher weitgehend
den §§ 108 ff. BGB. Insbesondere begründen §§ 177 Abs. 2, 178 BGB für den Geschäftsgegner Instrumente, um die Schwebelage zu beenden. Wie nach § 108 Abs. 2
BGB kann der Geschäftsgegner den Vertretenen nach § 177 Abs. 2 BGB auffordern,
das Geschäft innerhalb von zwei Wochen zu genehmigen. Wird die Genehmigung
nicht fristgemäß erklärt, gilt sie als verweigert. Außerdem kann der Geschäftspartner, wenn er unwissentlich mit einem Vertreter ohne Vertretungsmacht kontrahiert
hat, das Geschäft widerrufen (vgl. § 178 BGB).

---

[88] Siehe § 16 Rn. 12.
[89] Siehe oben § 9 Rn. 49.

2. Unwirksamkeit einseitiger Geschäfte

101 Die Regelung des § 177 BGB gilt zunächst nur für Verträge, nicht aber für einseitige Rechtsgeschäfte. Dies entspricht dem Regelungskonzept der §§ 108 ff. BGB, welche mit § 111 BGB ebenfalls eine Sonderregelung für einseitige Rechtsgeschäfte enthalten.[90] In Entsprechung hierzu schreibt § 180 S. 1 BGB als Grundsatz vor, dass einseitige Rechtsgeschäfte des Vertreters ohne Vertretungsmacht **unwirksam sind**. Eine Genehmigung ist nicht möglich. Der Grund hierfür liegt darin, dass bei einseitigen Rechtsgeschäften ein Schwebezustand kaum erträglich ist, weil der betroffene Erklärungsempfänger diesem nicht ausweichen kann.

102 Von dem Grundsatz, dass einseitige Rechtsgeschäfte des Vertreters ohne Vertretungsmacht unwirksam sind, macht das Gesetz für **empfangsbedürftige einseitige Rechtsgeschäfte** allerdings drei Ausnahmen:

- Nach § 180 S. 2 Alt. 2 BGB ist ein empfangsbedürftiges einseitiges Rechtsgeschäft schwebend unwirksam und genehmigungsfähig, wenn der Geschäftsgegner sich damit **einverstanden erklärt** hat, dass das Geschäft von einem Vertreter ohne Vertretungsmacht vorgenommen wird. Der Geschäftsgegner hat hier in eine Schwebelage eingewilligt und soll nicht gegen seinen Willen vor dieser geschützt werden.
- Nach § 180 S. 2 Alt. 1 BGB ist ein einseitiges empfangsbedürftiges Rechtsgeschäft genehmigungsfähig, wenn der Geschäftsgegner bei Vornahme des Rechtsgeschäfts die fehlende Vertretungsmacht des Vertreters **nicht beanstandet**. Dieser Fall steht in Parallele mit § 111 S. 2 BGB und vor allem im Sinn- und Regelungszusammenhang mit § 174 S. 1 BGB. Verzichtet der Geschäftsgegner darauf, sich die Vertretungsmacht durch eine Vollmachtsurkunde im Original nachweisen zu lassen, muss er den Schwebezustand hinnehmen. Über § 180 S. 2 Alt. 1 BGB gilt allerdings § 178 BGB entsprechend mit der Folge, dass der Geschäftsgegner die Schwebelage durch spätere Zurückweisung des Vertretergeschäfts beenden kann.
- Schließlich ist nach § 180 S. 3 BGB ein einseitiges empfangsbedürftiges Rechtsgeschäft genehmigungsfähig, welches der Geschäftsgegner mit Einverständnis des Vertreters ohne Vertretungsmacht diesem gegenüber vornimmt (**Passivvertretung**, vgl. § 164 Abs. 3 BGB). Hier disponiert der Geschäftsgegner ebenfalls selbst über seinen Schutz vor dem Eintritt einer Schwebelage.

Beispiel: Dieter hat von einem Konkurrenten seines bisherigen Dienstgebers einen sehr lukrativen Beratervertrag angeboten bekommen. Da er aber nicht auf seinen bisherigen Dienstgeber treffen möchte, erklärt er am letzten hierfür möglichen Tag gegenüber seinem unmittelbaren Vorgesetzten Hubert, der über keine Vertretungsmacht in Vertragsangelegenheiten verfügt, sich aber so geriert, die Kündigung. Hubert ist Empfangsvertreter ohne Vertretungsmacht. Bei der Kündigung eines Arbeitsverhältnisses handelt es sich um eine einseitige empfangsbedürftige Willenserklärung. Willigt Hubert in die Entgegennahme der Kündigung ein, ist diese nicht nach § 180 S. 1 BGB unwirksam. Vielmehr kann der Arbeitgeber rückwirkend den Zugang der Kündigung genehmigen (vgl. § 180 S. 3 BGB). Dieter

---

[90] Siehe oben § 9 Rn. 51 f.

ist nicht schutzwürdig, weil er sich bewusst zur Erklärung gegenüber Hubert entschieden hat, ohne sich zuvor dessen Vertretungsmacht zu versichern. Der bisherige Dienstgeber ist nicht schutzwürdig, weil ihm das Recht zur Genehmigung zusteht und er privatautonom entscheiden kann, wie er verfährt.

III. Verhältnis Geschäftsgegner zu Vertreter

1. Ausgangspunkt

Ist das vom Vertreter ohne Vertretungsmacht getätigte Rechtsgeschäft endgültig **103** unwirksam, weil der Vertretene die Genehmigung verweigert, wird regelmäßig das Vertrauen des Geschäftsgegners enttäuscht. Da dieses Vertrauen durch den in fremdem Namen handelnden Vertreter geweckt wurde, erfolgt der Schutz des Vertrauens im Verhältnis von Geschäftsgegner zu Vertreter.

2. Erfüllung oder Schadensersatz statt der Erfüllung

a) Wahlrecht des Geschäftsgegners

Im Grundsatz sieht § 179 Abs. 1 BGB vor, dass der Geschäftspartner vollen Aus- **104** gleich für sein enttäuschtes Vertrauen erhält. Er kann dabei entscheiden (Wahlrecht), ob er vom Vertreter ohne Vertretungsmacht Erfüllung oder Schadensersatz statt der Erfüllung verlangt. Voraussetzung hierfür ist, dass ein genehmigungsfähiges Rechtsgeschäft (vgl. §§ 177, 180 S. 2, 3 BGB), welches der Vertreter getätigt hat, endgültig gescheitert ist, weil der Vertreter keine Vertretungsmacht nachweist und der Vertretene die Genehmigung verweigert.

b) Erfüllung

Wählt der Geschäftspartner Erfüllung, entsteht zwischen ihm und dem Vertreter **105** kraft Gesetzes ein Schuldverhältnis, wie es zwischen Vertretenem und Geschäftspartner entstanden wäre, wenn der Vertreter mit Vertretungsmacht gehandelt oder der Vertretene das Geschäft genehmigt hätte. Der Vertreter schuldet dem Geschäftspartner kraft Gesetzes, was der Vertretene nach Maßgabe des Vertretergeschäfts geschuldet hätte. Er hat nicht dafür einzustehen, dass der Vertretene leistet, sondern er muss selbst leisten. Bei persönlichen Leistungen ist deshalb ein Anspruch auf Erfüllung nicht gegeben, weil sich in diesen Fällen der Inhalt der Leistung ändern würde.

106   Nach **h. M.** hat der Vertreter trotz Erfüllungswahl durch den Geschäftspartner keinen eigenen Erfüllungsanspruch gegen diesen.[91] Er soll lediglich seine Leistung solange verweigern können, bis der Geschäftsgegner die an den Vertretenen zu erbringende Leistung an ihn erbracht hat. Erst wenn er geleistet hat, soll er die Gegenleistung fordern können. Zur Begründung wird angeführt, dass zwischen Vertreter und Geschäftsgegner kein Vertrag besteht, aus dem sich ein Leistungsanspruch ergeben kann.[92] **Diese Ansicht ist abzulehnen.** Zwar ist richtig, dass kein Vertrag zum Vertreter besteht. Dies schließt aber nicht aus, dass das Gesetz eine entsprechende Rechtsfolge an die Erfüllungswahl nach § 179 Abs. 1 BGB anknüpft. Hierbei ist zu berücksichtigen, dass für den Vertreter u. U. ein erhebliches Interesse besteht, zu erfahren, ob er eine Leistung vom Geschäftspartner – wie vereinbart als Vorleistung – erhält oder sich anderweitig eindecken muss und kein Grund ersichtlich ist, den Geschäftsgegner nicht **an seine Wahl** zu **binden.** Deshalb steht dem Vertreter ein gesetzlicher Erfüllungsanspruch zu. Die h. M. ist zudem inkonsequent. Dass von ihr dem Vertreter zugebilligte Zurückbehaltungsrecht setzt einen Anspruch des Vertreters voraus. Zudem ist nicht ersichtlich, weshalb die Leistung des Vertreters einen zuvor nicht bestehenden Anspruch begründen soll.

> **Beispiel:** Victor hat bei Andreas im Namen des Bert ein Auto gekauft, ohne bevollmächtigt gewesen zu sein. Nachdem Bert die Genehmigung des Vertrages verweigert hat, ruft Andreas empört bei Victor an und erklärt, dass dann eben Victor für den Kaufpreis hafte. Victor, der gerade selbst dringend ein neues Auto sucht, freundet sich mit diesem Gedanken an. Als Andreas das Auto aber nicht zum vertraglich vereinbarten Termin liefert, verlangt Victor von Andreas Ersatz von entstandenen Mietwagenkosten. Ein entsprechender Anspruch steht Victor nach der hier vertretenen Auffassung aus §§ 280 Abs. 1, 2, 286 BGB zu, weil sich Andreas mit seiner gesetzlichen Erfüllungspflicht in Verzug befand.

> **Beispiel:** Arndt beauftragt im Namen des Bert Cäsar mit einer Taxifahrt zum Flughafen. Als Cäsar Bert von einem Treffen mit Arndt abholen will, verweigert Bert die Genehmigung des Beförderungsvertrags. Cäsar verlangt von Arndt Erfüllung. Arndt ist hocherfreut und möchte zum Flughafen gefahren werden. Nach h. A. könnte Arndt die Beförderung erst fordern, nachdem er im Voraus den Fahrpreis gezahlt hat. Dieses im Widerspruch zu § 641 Abs. 1 BGB stehende Ergebnis wird mit der vorstehend dargestellten Ansicht vermieden.

107   Da § 179 Abs. 1 BGB dem Geschäftsgegner lediglich einen Ausgleich für dessen Vertrauen gewähren, diesen aber nicht besser stellen will, als hätte der Vertreter mit Vertretungsmacht gehandelt, trägt das durch das Erfüllungsverlangen begründete gesetzliche Schuldverhältnis alle Schwächen in sich, die auch dem angestrebten Geschäft zwischen Vertretenem und Geschäftsgegner angehaftet hätten. Hat sich der Vertreter geirrt, kann er anfechten.[93] Besteht z. B. ein Widerrufsrecht nach §§ 312, 355 BGB, steht dies auch dem Vertreter zu.

---

[91] *Flume*, AT II, § 47 Ziffer 3 b), S. 806; *Medicus* Rn. 986; MünchKommBGB/*Schramm* § 179 BGB Rn. 32.

[92] MünchKommBGB/*Schramm* § 179 BGB Rn. 32; Staudinger/*Schilken* § 179 BGB Rn. 15.

[93] Vgl. BGH v. 22.02.2002, NJW 2002, 1867, 1867 f.

c) Schadensersatz statt Erfüllung

Wählt der Dritte Schadensersatz wegen Nichterfüllung, hat der Vertreter ihn **in** **108**
Geld zu entschädigen. Er schuldet die Differenz zwischen vereinbarter Leistung
und Gegenleistung (Haftung auf das **positive Interesse**).

> **Beispiel:** Hat der Vertreter dem Geschäftsgegner einen gebrauchten Pkw, dessen Wert
> 5.000 € beträgt, zum Preis von 3.000 € verkauft, beträgt der Schaden des Geschäftsgegners
> 2.000 €. Stünde dem Geschäftsgegner auch bei bestehender Vertretungsmacht aus ande-
> ren Gründen kein Erfüllungsanspruch gegen den Vertretenen zu (z. B. infolge Anfechtung,
> § 138 BGB), besteht für den Geschäftsgegner mangels Schadens auch kein Anspruch.

3. Besserstellung des gutgläubigen Vertreters

Im Interesse einer angemessenen Risikoverteilung schränkt § 179 Abs. 2 BGB die **109**
weitgehende Haftung des § 179 Abs. 1 BGB ein, wenn **der Vertreter den Mangel**
der Vertretungsmacht, z. B. die Geschäftsunfähigkeit des Vollmachtgebers, **nicht**
gekannt hat. Fahrlässige, selbst grob fahrlässige Unkenntnis hindert das Eingreifen
der Haftungsbegrenzung nicht. Die Haftungsbeschränkung greift u. a. ein, wenn die
Vollmacht erst nach Vertragsschluss durch Anfechtung/Widerruf vernichtet wird.[94]
Kannte der Vertreter jedoch den Anfechtungsgrund im Zeitpunkt seines Vertreterhandelns, schützt ihn § 179 Abs. 2 BGB wegen § 142 Abs. 2 BGB nicht. Eine
Privilegierung erfolgt auch nicht, wenn der Vertreter das Fehlen der Vertretungs-
macht kennt, aber im festen Vertrauen auf eine spätere Genehmigung handelt. Der
Vertreter hat in solchen Fällen bewusst das Risiko der Genehmigung übernommen.
Er bedarf nicht des Schutzes von § 179 Abs. 2 BGB.

Abweichend von § 179 Abs. 1 BGB ist die Haftung des Vertreters nach § 179 **110**
Abs. 2 BGB auf das **negative Interesse gerichtet**, welches seinerseits auf das Erfüllungsinteresse begrenzt ist. Die genaue Schadensberechnung erfolgt wie bei
§ 122 BGB.[95] Der Geschäftsgegner muss so gestellt werden, als ob er nie etwas von
dem unwirksamen Geschäft gehört hätte. Er darf aber auch nicht besser stehen, als
er bei Wirksamkeit des Geschäfts stünde. Deshalb ist auch hier ein Anspruch ausgeschlossen, wenn der Vertrag an anderen Hindernissen (z. B. Anfechtung, Widerruf)
gescheitert wäre.

4. Anspruchsausschlüsse

Die Ansprüche aus § 179 Abs. 1, 2 BGB gegen den Vertreter ohne Vertretungs- **111**
macht sind zunächst ausgeschlossen, wenn ein **beschränkt Geschäftsfähiger**

---

[94] Nach *Flume*, AT II, § 52 Ziffer 5 e), S. 872 ff.; *Müller-Freienfels*, Die Vertretung beim Rechtsgeschäft, 1955, S. 403, haftet der Vertreter in diesen Fällen nicht nach § 179 BGB, weil das enttäuschte Vertrauen des Geschäftspartners ausreichend durch seinen direkten Anspruch gegen den
Vertretenen aus § 122 BGB geschützt werde.

[95] Siehe oben § 12 Rn. 113 f.

(vgl. § 165 BGB) gehandelt hat. Der Schutz des Minderjährigen geht vor (vgl. § 179 Abs. 3 S. 2 BGB). Außerdem ist der Anspruch des Geschäftsgegners in allen Fällen ausgeschlossen, in denen dieser nicht schutzwürdig ist, weil:

- er im Zeitpunkt der Vornahme des Geschäfts die fehlende Vertretungsmacht **kannte** oder **diese kennen musste** (vgl. § 122 Abs. 2 BGB). Hinter dieser in § 179 Abs. 3 S. 1 BGB zu findenden Regelung steht die Erwägung, dass der Geschäftsgegner nicht schutzwürdig ist, wenn er sich auf ein Geschäft mit einem Vertreter ohne Vertretungsmacht einlässt.
- er selbst durch einen **Widerruf** nach § 178 BGB verhindert hat, dass der Vertrag genehmigt wird.
- eine für den Vertreter erteilte **Außenvollmacht** oder **Vollmachtskundgabe** an einem Mangel leidet. Diese Differenzierung zwischen Außen- und Innenvollmacht findet im Gesetzestext zwar keine Stütze. Sie rechtfertigt sich aber aus dem Haftungsgrund des § 179 BGB. Erteilt der Vertretene Außenvollmacht oder gibt er eine Innenvollmacht kund, tritt die Vollmachtsbehauptung des Vertreters völlig zurück und kann eine Haftung des Vertreters nicht rechtfertigen. Der Geschäftsgegner handelt nicht im Vertrauen auf die Erklärung des Vertreters, sondern auf eigenes Risiko im Vertrauen auf die Erklärung des Vertretenen.
- das Rechtsgeschäft auch aus **außerhalb der fehlenden Vertretungsmacht liegenden Gründen** (z. B. Anfechtung) gescheitert wäre.

I. Handeln unter fremdem Namen

I. Ausgangspunkt

112   Vom Handeln in fremdem Namen (Stellvertretung) ist das **Handeln unter fremdem Namen** zu unterscheiden, welches vorliegt, wenn eine Person bei Abschluss eines Rechtsgeschäfts den Namen einer anderen existierenden Person benutzt und den Eindruck erweckt, sie sei diese Person.

> **Beispiel:** Hubert geht mit seiner Freundin ins Hotel und trägt sich ins Gästebuch unter dem Namen „George Clooney" ein, um eine besonders zuvorkommende Bedienung zu erfahren. Bei derartigen Fallgestaltungen ist zu klären, wer aus diesen Geschäften verpflichtet und berechtigt wird. Dabei ist grds. zu unterscheiden zwischen Rechtsgeschäften unter Anwesenden und solchen unter Abwesenden.

II. Unter Anwesenden

113   Bei Rechtsgeschäften unter Anwesenden gehört die Nennung des Namens nicht zur abgegebenen Willenserklärung. Entscheidend ist daher, wonach der Geschäftsgegner die Person, welche Geschäftspartner sein soll, individualisiert. Will er **mit der anwesenden Person kontrahieren**, ohne dass es ihm auf die Person des wahren

Namensträgers ankommt, liegt ein Eigengeschäft des Erklärenden vor, aus dem er selber verpflichtet und berechtigt wird (z. B. obiges Hotelbeispiel). Kommt es dem Geschäftsgegner entscheidend darauf an, mit dem wahren **Namensträger** zu **kontrahieren**, liegt ein Fremdgeschäft vor. Da der wahre Namensträger jedoch nur verpflichtet werden kann, wenn der Erklärende über ausreichende Vertretungsmacht für einen fremdwirkenden Geschäftsabschluss verfügt, ergibt sich eine Interessenlage, die derjenigen eines Vertreters ohne Vertretungsmacht entspricht. Die §§ 177 ff. BGB sind daher (analog) anzuwenden.[96]

III. Unter Abwesenden

Bei Rechtsgeschäften unter Abwesenden gehört die Namensnennung dagegen zur Willenserklärung. Daher liegt kein Eigen-, sondern ein Fremdgeschäft vor. Deshalb **gelten** wiederum **die §§ 177 ff. BGB (analog)**, wenn der Handelnde, auch unter Rechtsscheinsgesichtspunkten, nicht über ausreichende Vertretungsmacht verfügt. Diese Grundsätze gelten z. B., wenn jemand den Computer oder das Fax eines anderen benutzt und dadurch bei dem Geschäftsgegner der Anschein erweckt wird, der Anschlussinhaber gibt eine Erklärung ab.

> **Beispiel:**[97] Bert unterhält beim Internetauktionshaus eBay ein passwortgeschütztes Konto. Am 03.03.2008 wurde unter Nutzung dieses Zugangskontos eine komplette „VIP-Lounge/ Bar/Bistro/Gastronomieeinrichtung", die aus zahlreichen gebrauchten Einzelgegenständen bestand, mit einem Eingangsgebot von 1 € zum Verkauf angeboten. Kurt gab am 04.03.2008 ein Maximalgebot von 1.000 € zum Kauf der Einrichtungsgegenstände ab. Mit diesem Gebot gewinnt er schließlich die Auktion und fordert von Bert Lieferung. Bert wendet ein, dass er kein Angebot geschaltet habe. Vielmehr habe seine damalige Freundin Frauke ohne seine Beteiligung und Wissen die Auktion gestartet. Da für Kurt nicht ersichtlich war, dass Frauke im eigenen Namen handeln will, scheidet ein Eigengeschäft von Frauke aus. Vielmehr ist trotz fehlenden Vertretungswillens von einem Handeln der Frauke im Namen des Bert auszugehen. Dieses bindet Bert allerdings nur, soweit Fraukes Handeln diesem zurechenbar ist. Allein der Umstand, dass Bert sein eBay-Passwort nicht hinreichend vor dem Zugriff der Frauke geschützt hat, genügt hierfür weder nach § 172 BGB noch nach den Grundsätzen einer Duldungs- oder Anscheinsvollmacht.

IV. Sonderfälle

Besonderheiten gelten, wenn jemand bei Geschäftsabschluss unter einem Phantasienamen oder Allerweltsnamen auftritt. Hier liegt kein Fall des Handelns unter fremdem Namen vor, weil der Name hier nicht zur Individualisierung des Geschäftspartners taugt. Vielmehr liegt in diesen Fällen ein Eigengeschäft vor. Gleiches gilt, wenn jemand fortwährend unter dem Namen eines anderen auftritt

114

115

---

[96] Vgl. BGH v. 01.03.2013, NJW 2013, 1946. – Siehe oben Rn. 96 ff.
[97] BGH v. 11.05.2011, NJW 2011, 2421.

(z. B. verdeckte Ermittler). Da der Geschäftsverkehr den Erklärenden unter dem falschen Namen individualisiert, liegt auch hier ein Eigengeschäft vor.

J. Klausurfall – Stellvertretung II

I. Sachverhalt[98]

116   Im Frühjahr 2013 muss Beatrice für einige Monate ins Ausland verreisen. Während ihrer Abwesenheit soll ihr Ehemann Sören sich um ihre Angelegenheiten kümmern, insbesondere soll er ihr Vermögen verwalten, welches zu ganz wesentlichen Teilen aus einer umfangreichen Sammlung von Oldtimern der Marke Ferrari besteht. Dafür erteilt Beatrice ihm „Generalvollmacht", und damit es für Sören keine Probleme gibt, händigt sie ihm eine darüber errichtete Vollmachtsurkunde aus. Während sich Beatrice im Ausland befindet, führt Sören bereits erste Gespräche mit Dieter über den Verkauf von Beatrices 1971er Ferrari 365 GTS/4 Daytona Spider. Jedoch waren die Gespräche nur zur Sondierung der Marktlage gedacht, weshalb es noch nicht zu einem Vertragsschluss kam. Als Beatrice zurückkehrte, erfuhr sie von Sören, dass dieser nunmehr fest entschlossen ist, den Daytona Spider für rund 475.000 € an Dieter zu verkaufen. Sie ist damit allerdings nicht einverstanden. Nach einem heftigen Streit hierüber widerruft sie die Vollmacht. Auch gab Sören nach einigem Zögern die Vollmachtsurkunde zurück. Da Sören aber von der Richtigkeit seiner Maßnahme überzeugt ist, holt er sich die Vollmachtsurkunde eigenmächtig zurück, welche Beatrice nicht vernichtet, sondern nur in den „Familiensafe" gelegt hatte, zu dem auch Sören freien Zugang hat. Unter Vorlage der Vollmachtsurkunde verkauft Sören den Ferrari an Dieter, der von den Meinungsverschiedenheiten der Eheleute nichts weiß. Welche Ansprüche hat Dieter gegen Beatrice und Sören, wenn Beatrice eine Genehmigung des Geschäfts verweigert?

II. Lösungsskizze

1. Ansprüche gegen Beatrice

117   Dieter könnte einen Anspruch auf Übereignung des Daytona Spider gegen Beatrice aus einem geschlossenen Kaufvertrag i. V. m. § 433 Abs. 1 S. 1 BGB haben. Dazu müsste zwischen Beatrice und Dieter ein Kaufvertrag geschlossen worden sein, was durch Antrag und Annahme (vgl. §§ 145 ff. BGB) erfolgt.

---

[98] BGH v. 30.05.1975, NJW 1975, 2101.

a) Antrag

Der Antrag ist eine empfangsbedürftige Willenserklärung, mit der einem anderen der Abschluss eines Vertrags derart angetragen wird, dass dieser nur noch zustimmen muss. Beatrice selbst hat keine entsprechende Erklärung abgegeben. Allerdings gab Sören eine entsprechende Erklärung ab. Diese wirkt für und gegen Beatrice, wenn Sören Beatrice vertreten hat (§ 164 Abs. 1 S. 1 BGB). **118**

Hierzu muss Sören zunächst eine eigene Willenserklärung im Namen der Beatrice mit ausreichender Vertretungsmacht abgegeben haben. Eine eigene Willenserklärung wurde von Sören abgegeben, weil er nicht eine Erklärung der Beatrice überbracht, sondern seine eigenen Vorstellungen geäußert hat. Dabei trat Sören auch ausdrücklich im Namen der Beatrice auf, indem er die Vollmachtsurkunde, welche Beatrice ausgestellt hat, vorlegte. **119**

Eine ausreichende Vertretungsmacht des Sören folgt nicht aus der im Frühjahr 2013 von Beatrice erteilten Vollmacht, weil diese zwischenzeitlich durch Widerruf nach § 168 S. 1 BGB erloschen ist. Eine Vollmacht könnte nach §§ 171 Abs. 1, 172 Abs. 1 BGB fingiert werden, weil Sören bei Vertragsschluss eine Vollmachtsurkunde vorgelegt hat. Da sich Beatrice die Vollmachtsurkunde jedoch zuvor hat zurückgeben lassen, haben deren Rechtsscheinswirkungen nach § 172 Abs. 2 BGB geendet. Eine Vollmacht folgt deshalb auch nicht aus § 172 BGB. Die Regelung des § 172 BGB könnte in entsprechender Anwendung eine Vertretungsmacht begründen, wenn eine planwidrige Regelungslücke vorliegt und geregelter und ungeregelter Fall vergleichbar sind. Letzteres ist nicht der Fall. Die Regelung des § 172 BGB knüpft an das Aushändigen der Urkunde an. Dass der Vertreter sich die Urkunde eigenmächtig verschafft, steht dem im Hinblick auf die Zurechnung eines Rechtsscheins nicht, sondern ggf. nur unter weiteren Voraussetzungen gleich. Mangels Vergleichbarkeit, kommt keine entsprechende Anwendung des § 172 BGB in Betracht. **120**

Unter Berücksichtigung der zutreffenden h. M. kann sich eine Vertretungsmacht aber nach den Grundsätzen der Anscheinsvollmacht ergeben. Voraussetzung ist, dass Beatrice das Handeln des Sören zwar nicht kennt, aber hätte erkennen und verhindern können. Dies ist der Fall, weil Beatrice wusste, dass Sören fest zum Verkauf entschlossen war. Sie durfte die Vollmachtsurkunde deshalb nicht so sorglos in den Safe legen. Auf Grund des durch Vorlage der Vollmachtsurkunde erzeugten Rechtsscheins durfte Dieter darauf vertrauen, dass Sören vertretungsberechtigt ist. Sören verfügt nach den Grundsätzen der Anscheinsvollmacht über ausreichende Vertretungsmacht und der Antrag ist Beatrice zuzurechnen. **121**

b) Annahme

Dieter hat den Antrag angenommen, wenn er diesem zugestimmt hat. Inhaltlich hat Dieter seine Zustimmung erklärt. Diese Erklärung ist jedoch nicht Beatrice, sondern nur Sören zugegangen. Dies ist jedoch ausreichend, weil Sören als Stellvertreter **122** der Beatrice die Erklärung entgegengenommen hat. Dies bewirkt nach § 164 Abs. 3 BGB unmittelbar den Zugang mit Wirkung gegen Beatrice.

c) Ergebnis

123 Da zwischen Beatrice und Dieter ein Kaufvertrag über einen Ferrari 365 GTS/4 Daytona Spider geschlossen wurde, steht Dieter ein Anspruch auf Übereignung zu.

2. Ansprüche gegen Sören

124 An einem Anspruch gegen Sören auf Erfüllung hat Dieter kein Interesse, weil Sören nicht Eigentümer des seltenen Ferrari ist und diesen daher nicht leisten kann. Für Dieter könnte sich aber ein Anspruch auf Schadensersatz aus § 179 Abs. 1 BGB ergeben. Hauptvoraussetzung ist, dass Sören ohne Vertretungsmacht gehandelt hat. Über eine ordentliche Vertretungsmacht verfügte Sören nicht. Beatrice musste sich dessen Handeln lediglich nach den Grundsätzen der Anscheinsvollmacht, d. h. unter Rechtsscheinsgesichtspunkten zurechnen lassen. Für diesen Fall ist umstritten, ob die Grundsätze über die Anscheinsvollmacht die Regelung des § 179 Abs. 1 BGB verdrängen oder der Geschäftsgegner wählen kann, ob er gegen den Vertretenen (Anscheinsvollmacht) oder den Vertreter (§ 179 Abs. 1 BGB) vorgeht.

125 Eine beachtliche Ansicht in der Literatur gesteht dem Geschäftspartner zu, zwischen einem Vorgehen nach Rechtsscheinsgesichtspunkten und § 179 BGB wählen zu dürfen.[99] Dies wird insbesondere damit begründet, dass für den Geschäftspartner die missliche Situation entstehen kann, dass er den Vertretenen verklagt, jedoch nicht die (Rechtsscheins-) Vollmacht des Vertreters beweisen kann und dementsprechend den Prozess verliert. Wenn er anschließend den Vertreter aus § 179 BGB verklagt, könnte es dazu kommen, dass das Gericht im zweiten Prozess von einer Rechtsscheinsvollmacht ausgeht und der Geschäftspartner auch den zweiten Prozess verliert. Außerdem wird geltend gemacht, dass die Anscheinsvollmacht im Interesse des Geschäftsgegners entwickelt wurde. Sie soll dessen Rechtsposition stärken, ihm jedoch keine gesetzlichen Rechte abschneiden.

126 Nach zutreffender h. A. schließt das Vorliegen der Voraussetzungen einer Anscheinsvollmacht die Anwendung des § 179 BGB aus.[100] Dieter hat auf die Vollmacht vertraut, weshalb Beatrice auf Erfüllung haftet. Sein Vertrauen wurde nicht enttäuscht und es besteht kein schutzwürdiges Interesse an einem Anspruch aus § 179 Abs. 1 BGB. Dies kommt im Gesetz dadurch zum Ausdruck, dass nach § 179 Abs. 1 letzter Hs. BGB ein Anspruch nur besteht, wenn der Vertretene das Geschäft nicht genehmigt. Dies zeigt, dass der Anspruch aus § 179 Abs. 1 BGB nur subsidiär besteht. Außerdem würde Dieter, wenn er geltend macht, nicht auf den gesetzten Rechtsschein vertraut zu haben, zugleich den Anspruch aus § 179 Abs. 1 BGB zu

---

[99] *Canaris* NJW 1991, 2628; *Larenz/Wolf* § 48 Rn. 33; *Prölss* JuS 1985, 577, 580.
[100] BGH v. 20.01.1983, NJW 1983, 1308, 1309. – Siehe auch oben Rn. 98.

Fall bringen (vgl. § 179 Abs. 3 S. 1 BGB). Schließlich lässt sich ein Wahlrecht auch nicht damit rechtfertigen, dass Dieter möglicherweise im Verfahren gegen Beatrice die Voraussetzungen einer Anscheinsvollmacht nicht nachweisen kann. Diese Situation kann auch in allen sonstigen Vertretungsfällen eintreten. Sie wird in Fällen der Rechtsscheinsvollmacht nur durch die Anforderungen an deren Nachweis verstärkt. Es tritt aber allein die Situation ein, die sich der Geschäftsgegner eigenverantwortlich ausgesucht hat, wenn er mit einem Vertreter kontrahiert. Im Übrigen kann der Geschäftsgegner das hiermit verbundene Risiko vermeiden, indem er im Prozess gegen den Vertretenen dem Vertreter den Streit verkündet (vgl. §§ 72 ff. ZPO). Nach §§ 74, 68 ZPO stünde – im Falle des Unterliegens im Verfahren gegen den Vertretenen – für eine anschließende Klage gegen den Vertreter dessen fehlende Vollmacht fest. Mit der h. A. ist deshalb davon auszugehen, dass Dieter keine Ansprüche gegen Sören zustehen.

Literatur

Bork (2011) Allgemeiner Teil des Bürgerlichen Gesetzbuchs. 3. Aufl
Brox/Walker (2012) Allgemeiner Teil des BGB. 36. Aufl
Canaris (1971) Die Vertrauenshaftung im deutschen Privatrecht.
Erman (2011) Handkommentar zum Bürgerlichen Gesetzbuch. 13. Aufl
Flume (1992) Allgemeiner Teil des Bürgerlichen Rechts. Zweiter Band: Das Rechtsgeschäft. 4. Aufl
Köhler (2012) BGB Allgemeiner Teil. 36. Aufl
Larenz/Wolf (2004) Allgemeiner Teil des deutschen Bürgerlichen Rechts. 9. Aufl
Medicus (2012) Allgemeiner Teil des BGB. 10. Aufl
Müller-Freienfels (1955) Die Vertretung beim Rechtsgeschäft.
MünchKommBGB (2012) Münchener Kommentar zum Bürgerlichen Gesetzbuch. 6. Aufl
Palandt (2013) Bürgerliches Gesetzbuch. 72. Aufl
Petersen (2008) Die Wissenszurechnung. JURA 2008, 914
Prölls (1985) Vertretung ohne Vertretungsmacht. Jus 1985, 577.
Staudinger (Stand 31.03.2013) Kommentar zum Bürgerlichen Gesetzbuch. 13. Bearb
Ulrici (2008) Vermögensrechtliche Grundfragen des Arbeitnehmerurheberrechts.
Wolf/Neuner (2012) Allgemeiner Teil des deutschen Bürgerlichen Rechts. 10. Aufl

§ 14 Fehlerhaftes Rechtsgeschäft

Literaturhinweise: *Bürck*, Umdeutung eines Vertrags bei Ausfall einer Vertragsbedingung, JuS 1971, 571; *Würdinger*, Doppelwirkungen im Zivilrecht – Eine 100-jährige juristische Entdeckung, JuS 2011, 769.

A. Allgemeines

Ein Rechtsgeschäft ist uneingeschränkt **wirksam**, wenn es in jeder Hinsicht den maßgeblichen rechtlichen Anforderungen entspricht und deshalb diejenigen Rechtsfolgen, auf welche es abzielt, in vollem Umfang bewirkt. Aufgrund verschiedener als rechtlich erheblich angesehener Mängel (z. B. fehlende Geschäftsfähigkeit, Willensmängel, inhaltliche Mängel, Formmängel) können die Wirkungen eines Rechtsgeschäfts jedoch hinter den angestrebten Rechtsfolgen zurückbleiben. Derartige Rechtsgeschäfte sind **unwirksam**.[1] Der Begriff der Unwirksamkeit umfasst als Oberbegriff Beschränkungen der rechtlichen Wirkungen eines Rechtsgeschäfts unterschiedlicher Intensität und Ausgestaltung (B.). Mit ihm verbunden sind regelmäßig vier Folgefragen: **1**

1. Führt die **Unwirksamkeit nur eines Teils** eines Rechtsgeschäfts zur Unwirksamkeit des gesamten Rechtsgeschäfts, einschließlich seiner nicht fehlerbehafteten Teile? (C.)
2. Lässt sich der Wille der Parteien (partiell) dadurch verwirklichen, dass die Wirkungen eines unwirksamen Rechtsgeschäfts durch eine wohlwollende Auslegung oder die **Umdeutung** des Rechtsgeschäfts (Konversion) gerettet werden? (D.)
3. Können die Wirkungen eines fehlerhaften Rechtsgeschäfts durch dessen nachträgliche Bestätigung rückwirkend herbeigeführt werden (**Heilung**)? (E.)
4. Welche **Rechtsfolgen** knüpfen an die **tatsächliche** Vornahme und **Durchführung** unwirksamer Rechtsgeschäfte an? (F.)

---

[1] Mot. I, S. 216.

B. Boemke, B. Ulrici, *BGB Allgemeiner Teil,* Springer-Lehrbuch,
DOI 10.1007/978-3-642-39171-2_14, © Springer-Verlag Berlin Heidelberg 2014

B. Arten der Unwirksamkeit

I. Nichtigkeit

2   Als Nichtigkeit wird die **umfassendste Verweigerung** der Anerkennung der angestrebten Rechtsfolgen bezeichnet.[2] Das Rechtsgeschäft bewirkt ohne Weiteres,
anfänglich, in jeder Beziehung und dauerhaft[3] nicht die Rechtswirkungen, auf deren Herbeiführung es abzielt. Dies gilt im Verhältnis zum Geschäftspartner und zu
Dritten.

> **Beispiel:** Der sechsjährige Berni geht mit seinem Taschengeld zum Bäcker und kauft ein
> Stück Pflaumenkuchen. Seine auf Abschluss eines Kaufvertrags zielende Erklärung ist
> nach § 105 Abs. 1 BGB nichtig. Sie begründet, auch in Verbindung mit weiteren Akten,
> keinen Kaufvertrag.

3   Die Nichtigkeit ist eine **vom Parteiwillen unabhängige Unwirksamkeit**, welche
unabhängig von einer hierauf abzielenden Willenserklärung eintritt und im Prozess,
wenn sie sich aus den in das Verfahren eingeführten Tatsachen ergibt, durch das Gericht von Amts wegen zu beachten ist.

4   **Wichtige Gründe** für Eintritt der Nichtigkeit eines Rechtsgeschäfts sind:

- Geschäftsunfähigkeit (vgl. § 105 BGB),
- Erkannte Mentalreservation sowie Schein- und Scherzgeschäft
  (vgl. §§ 116 S. 2–118 BGB),
- Formmangel (vgl. § 125 BGB),
- Gesetzes- oder Sittenverstoß (vgl. §§ 134, 138 BGB),
- Verstoß gegen zwingendes Recht.

II. Anfechtbarkeit

5   Anders als in den Fällen der Nichtigkeit, wo der Gesetzgeber selbst eine abschlie
ßende Entscheidung darüber trifft, dass ein Rechtsgeschäft in seinen Wirkungen
nicht anerkannt wird, überträgt er diese Entscheidung in anderen Fällen auf Betroffene, Interessenten oder Interessenwahrer. Dies gilt für die Gewährung eines Anfechtungsrechts für den Urheber der Erklärung (vgl. §§ 119, 120 BGB) oder einen
Betroffenen (vgl. §§ 318 Abs. 2, 2080 BGB) ebenso wie für die Fälle schwebender
Unwirksamkeit, in denen der Betroffene (vgl. § 177 BGB) oder ein Interessenwahrer (vgl. § 1643 BGB) zuständig ist. Für die Anfechtbarkeit geht der Gesetzgeber regelungstechnisch so vor, dass diese zunächst nicht hindert, dass das Rechtsgeschäft
seine intendierten rechtlichen Wirkungen erlangt. **Die Anfechtbarkeit erlaubt lediglich, das Rechtsgeschäft nachträglich mit Rückwirkung zu beseitigen (vgl.**

---

[2] Vgl. Mot. I, S. 217.
[3] Mot. I, S. 217.

§ 142 Abs. 1 BGB). Ein anfechtbares Rechtsgeschäft ist daher, solange es noch angefochten werden kann, vorläufig gültig, aber **vernichtbar**.[4] Die Anfechtung vernichtet rückwirkend die zunächst bewirkten Rechtsfolgen. Die Verweigerung der rechtlichen Anerkennung tritt anders als im Falle der Nichtigkeit nicht automatisch von Gesetzeswegen ein. Vielmehr knüpft sie an eine entsprechende Gestaltungserklärung einer Partei an, die in den Fällen der §§ 119, 120, 123, 2078, 2079, 2281 BGB die Beseitigung des durch Irrtum, arglistige Täuschung oder Drohung beeinflussten Geschäfts ermöglicht. Indem die Unwirksamkeit nur nach Ausübung eines Gestaltungsrechts eintritt, wird dem Anfechtungsberechtigten ermöglicht, das Rechtsgeschäft darauf zu überprüfen, ob es auch seinem irrtumsfrei und unbedroht gebildeten Geschäftswillen entspricht und/oder er es gleichwohl für und gegen sich gelten lassen will.

III. Schwebend unwirksame Geschäfte

In den Fällen der vom Gesetzgeber begründeten **schwebenden Unwirksamkeit**   6
trifft dieser ebenso wie bei der Anfechtung keine endgültige Entscheidung über die Wirksamkeit eines Rechtsgeschäfts. Vielmehr ordnet er zunächst eine vorläufige Rechtsfolge an und überlässt es insbesondere dem Betroffenen oder Interessenwahrern, über die endgültigen Rechtsfolgen zu entscheiden. Im Unterschied zur Anfechtbarkeit, bei der ein Rechtsgeschäft zunächst wirksam, aber vernichtbar ist, liegt schwebende Unwirksamkeit vor, wenn ein Rechtsgeschäft zunächst unwirksam ist, durch Zustimmung der zuständigen Person oder Behörde jedoch wirksam werden kann.[5] Der wesentliche Unterschied liegt danach in der vorläufig vom Gesetzgeber angeordneten Rechtsfolge (vorläufige Wirksamkeit einerseits und vorläufige Unwirksamkeit andererseits).

Zur schwebenden Unwirksamkeit eines Rechtsgeschäfts kommt es dadurch, dass   7
der Gesetzgeber dessen Wirksamkeit von der Zustimmung des Betroffenen oder eines Interessenwahrers abhängig macht. Das ohne Einwilligung (vgl. § 183 BGB) geschlossene Geschäft ist jeweils **zunächst unwirksam**. Es kann aber durch Genehmigung (vgl. § 184 BGB) nachträglich wirksam werden.[6] Außerdem kann der Schwebezustand durch die Verweigerung der Genehmigung mit dem Ergebnis beendet werden, dass das Rechtsgeschäft endgültig unwirksam wird. Wichtige Fälle sind:

• Geschäfte **beschränkt Geschäftsfähiger** bedürfen, soweit sie nicht rechtlich lediglich vorteilhaft sind, zu ihrer Wirksamkeit der Zustimmung des gesetzlichen Vertreters (vgl. §§ 107 f. BGB),[7]

---

[4] Mot. I, S. 219.
[5] Siehe unten § 16.
[6] Siehe unten § 16 Rn. 9 ff.
[7] Siehe oben § 9 Rn. 37 ff.

- Geschäfte eines **Vertreters ohne Vertretungsmacht** wirken nur für und gegen den Vertretenen, wenn dieser dem Geschäft zustimmt (vgl. § 177 BGB),[8]
- **Verfügungen eines Nichtberechtigten** wirken gegen den Berechtigten, wenn dieser ihnen zugestimmt hat (vgl. § 185 BGB),[9]
- Bestimmte Geschäfte der Eltern (vgl. §§ 1643 f. BGB), des Vormunds (vgl. §§ 1819 ff. BGB) oder des Betreuers (vgl. § 1908i Abs. 1 BGB) wirken nur für und gegen den Vertretenen, wenn ihnen das Familiengericht oder das Betreuungsgericht zugestimmt hat.

8 Das vom Gesetzgeber angeordnete Zustimmungserfordernis dient verschiedenen Zwecken. Soweit es dem von dem Rechtsgeschäft Betroffenen eingeräumt wird (vgl. §§ 177, 185 BGB) dient es dem **Schutz seiner Selbstbestimmung**. Dritte sollen nur mit seiner Billigung mit Wirkung für ihn Rechtsgeschäfte vornehmen können. In den übrigen Fällen wird die Wirksamkeit des Rechtsgeschäfts von der Zustimmung eines Interessenwahrers abhängig gemacht, um den Handelnden sowie das von ihm **vorgenommene Rechtsgeschäft zu kontrollieren.**

> **Beispiel:** Der fünfjährige Joris hat ein Grundstück geerbt. Seine Eltern sind der Ansicht, dass ein so wertvoller Besitz seinen Charakter verdirbt, und wollen das Grundstück verkaufen. Der Kaufpreis ist ihnen egal. Nach § 1629 BGB wird Joris von seinen Eltern vertreten, weshalb diese grds. den Kaufvertrag schließen können. Im Hinblick auf die hohe wirtschaftliche Bedeutung von Grundstücken bedürfen die Eltern jedoch nach §§ 1643 Abs. 1, 1821 Nr. 1 BGB der Zustimmung des Familiengerichts, welches kontrolliert, ob das Geschäft im Interesse des Kinds liegt.

9 Weder der Schutz der Selbstbestimmung noch ein bestehendes Kontrollbedürfnis rechtfertigen eine endgültige Unwirksamkeit des Rechtsgeschäfts. Sie würde eine Entscheidung im Einzelfall verhindern. Zugleich würde der verfolgte Zweck partiell aber auch durch eine vorläufige Wirksamkeit wie bei der Anfechtung vereitelt. Deshalb hat der Gesetzgeber die **schwebende Unwirksamkeit** angeordnet.

10 Ein Schwebezustand im Sinne einer schwebenden Unwirksamkeit kann auch durch die Parteien privatautonom herbeigeführt werden, indem ein Rechtsgeschäft unter einer **aufschiebenden Bedingung** vorgenommen wird.[10] Das Rechtsgeschäft ist bis zum Bedingungseintritt zunächst unwirksam, wird mit diesem aber wirksam. Fällt die Bedingung aus, wird das Geschäft endgültig unwirksam.[11]

IV. Schwebend wirksame Geschäfte

11 In Entsprechung zur schwebenden Unwirksamkeit sind auch schwebend wirksame Rechtsgeschäfte denkbar. Diese zeichnen sich dadurch aus, dass der Gesetzgeber ihre rechtlichen Wirkungen nur vorläufig anerkennt und den Beteiligten die Ent-

---

[8] Siehe oben § 13 Rn. 99 f.

[9] Siehe unten § 16 Rn. 15 f.

[10] Siehe unten § 15 Rn. 20 ff.

[11] Siehe unten § 15 Rn. 24 f.

scheidung über die endgültige Wirksamkeit oder Unwirksamkeit überträgt. Konstruktiv besteht eine deutliche Parallele zur Anfechtbarkeit. Eine wichtige Fallgruppe der schwebenden Wirksamkeit ist der Abschluss eines Verbrauchervertrags, für den ein Widerrufsrecht nach § 355 BGB besteht. Außerdem kann die schwebende Wirksamkeit auch privatautonom herbeigeführt werden, indem ein Rechtsgeschäft unter einer auflösenden Bedingung vorgenommen wird.[12] Anders als der Gesetzgeber (vgl. § 142 Abs. 1 BGB) können die Parteien allerdings nicht kraft Privatautonomie eine von ihnen bewirkte schwebende Wirksamkeit mit Rückwirkung entfallen lassen (vgl. §§ 158 Abs. 2, 159 BGB).

V. Relative Unwirksamkeit

Die relative Unwirksamkeit, welche in Verbindung mit jeder der vorstehenden Formen der Unwirksamkeit denkbar ist, erlangt im Wesentlichen im Zusammenhang mit Verfügungen ihre Bedeutung. Verfügungen zeichnen sich in ihren Wirkungen dadurch aus, dass sie die Zuständigkeit für ein Recht mit Wirkung gegenüber jedermann ganz oder teilweise verändern. Ist eine Verfügung unwirksam, entfaltet die Zuständigkeitsveränderung grds. gegenüber jedermann keine Wirkungen (absolute Unwirksamkeit). In besonderen Fällen ordnet das Gesetz jedoch an, dass eine Verfügung zwar grds. wirksam, allerdings **zugunsten Einzelner unwirksam** ist (relative Unwirksamkeit). Dies ermöglicht dem durch die relative Unwirksamkeit Geschützten den Zugriff auf den Verfügungsgegenstand beim ursprünglichen Inhaber. Eine relative Unwirksamkeit ordnet das Gesetz u. a. an in §§ 135, 136,[13] 883 Abs. 2, 2113 BGB.

12

C. Teil- und Gesamtnichtigkeit

I. Ausgangspunkt

Nicht selten betrifft ein Unwirksamkeitsgrund zunächst nur einen Teil eines Rechtsgeschäfts. Dies gilt insbesondere für umfangreiche Verträge, welche mehrere Regelungen enthalten, von denen nur einzelne zu beanstanden sind.

13

> **Beispiele:** (1) Ein im Übrigen unbedenklicher Kreditsicherungsvertrag enthält eine den Schuldner knebelnde und deshalb nach § 138 Abs. 1 BGB unwirksame Klausel. (2) Ein privatschriftlicher Vorvertrag über die Übertragung eines umfangreichen Windparkprojekts enthält eine unter § 311b Abs. 1 BGB fallende Verpflichtung zum Abschluss eines Grundstückskaufvertrags. (3) Eine einzelne Bestimmung eines unzählige Seiten umfassenden Gesellschaftsvertrags ist wegen Irrtums (z. B. Schreibfehler) anfechtbar. (4) In einem

---

[12] Siehe unten § 15 Rn. 20.

[13] Siehe oben § 11 Rn. 32 ff.

Vertrag wird entgegen § 276 Abs. 3 BGB auch die Haftung für Vorsatz ausgeschlossen.
(5) Abschluss eines Rechtsgeschäfts, welches im Nebenzweck eine Steuerhinterziehung
fördert.[14]

14   Für derartige Fälle sind in Bezug auf das gesamte Rechtsgeschäft abstrakt drei ver-
      schiedene Lösungsmöglichkeiten denkbar:

      1. die Unwirksamkeit eines Teils zieht die **Unwirksamkeit des ganzen Geschäfts**
         nach sich;
      2. der nicht vom Unwirksamkeitsgrund betroffene Teil des Rechtsgeschäfts **gilt
         ohne den unwirksamen Teil**;
      3. das nicht vom Unwirksamkeitsgrund betroffene Restgeschäft gilt **und an die
         Stelle des unwirksamen Teils tritt eine abweichende, wirksame Regelung**,
         d. h., der Inhalt des Rechtsgeschäfts wird zur Erhaltung seiner Wirksamkeit
         verändert.

15   Der Gesetzgeber hat sich nicht ausschließlich für eine dieser Möglichkeiten ent-
      schieden. Im **Grundsatz** hat er jedoch in § 139 BGB vorgesehen, dass das ganze
      Rechtsgeschäft nichtig ist, wenn ein Teil nichtig ist. Als Ausnahme hiervon sicht
      § 139 BGB vor, dass das Restgeschäft ohne den unwirksamen Teil wirksam bleibt,
      wenn anzunehmen ist, dass es auch ohne diesen vorgenommen worden wäre.

16   Für bestimmte Teilgebiete hat der Gesetzgeber einer abweichenden Interessenla-
      ge durch **Sonderregelungen** Rechnung getragen. Im Erbrecht sehen z. B. §§ 2085,
      2195 BGB vor, dass die erbrechtliche Verfügung im Umfang ihrer Wirksamkeit
      fortgilt und nur ausnahmsweise die teilweise Unwirksamkeit zur Gesamtunwirk-
      samkeit führt. Hierdurch soll der Wille des Erblassers möglichst weitgehend ver-
      wirklicht werden. Im Zusammenhang mit der Verwendung Allgemeiner Geschäfts-
      bedingungen hat der Gesetzgeber schließlich in § 306 Abs. 1 BGB geregelt, dass
      die Unwirksamkeit einer Vertragsbedingung grds. nicht zur Unwirksamkeit des Ge-
      samtvertrags führt.[15] Vielmehr wird die infolge der Teilunwirksamkeit entstehen-
      de Vertragslücke durch die gesetzlichen Vorschriften aufgefüllt (vgl. § 306 Abs. 2
      BGB). Nur soweit das Festhalten am Vertrag trotz dieser Ergänzung eine unzumut-
      bare Härte begründet, tritt Gesamtunwirksamkeit ein (vgl. § 306 Abs. 3 BGB).

II. Teilnichtigkeit

1. Anwendungsbereich

17   Die Frage, ob die teilweise Unwirksamkeit eines Rechtsgeschäfts dessen Gesamt-
      unwirksamkeit nach sich zieht, hat der Gesetzgeber zentral in § 139 BGB geregelt.
      Entscheidend ist danach **der (mutmaßliche) Wille** der Beteiligten. Dies dient der
      Privatautonomie. Auch wenn der Wortlaut der Vorschrift nur die Nichtigkeit eines

---

[14] Siehe oben § 11 Rn. 21 ff.
[15] Siehe oben § 11 Rn. 88 ff.

Rechtsgeschäfts erfasst, gilt die Vorschrift nach allgemeiner Ansicht auch für alle anderen Unwirksamkeitsformen,[16] weil ihre Grundwertung vorbehaltlich abweichender Anordnung auf alle Unwirksamkeitsgründe übertragbar ist.

Verdrängt wird § 139 BGB zunächst durch vorrangige **Sondervorschriften** **18** wie z. B. §§ 306, 2085, 2195 BGB. Die Regelung tritt aber auch dort zurück, wo der Privatautonomie der Beteiligten aufgrund normativ zwingender Erfordernisse keine Wirkung zukommt.[17] Dies gilt zunächst für die Fälle, in denen sich die Unwirksamkeit auf eine *essentialia negotii* des Rechtsgeschäfts bezieht. Dieses kann ohne die unwirksame Regelung nur fortbestehen, wenn eine Ersatzregelung zum Tragen kommt. Fehlt diese, ist das Rechtsgeschäft zwingend gesamtunwirksam. Umgekehrt können gesetzliche Wertungen eine Gesamtunwirksamkeit als Folge einer teilweisen Unwirksamkeit ausschließen. Exemplarisch hierfür ist die Teilunwirksamkeit des **Arbeitsvertrags**. Führte diese über § 139 BGB zur Gesamtunwirksamkeit des Arbeitsvertrags, würden sich die regelmäßig im Interesse des Arbeitnehmers bestehenden Unwirksamkeitsgründe gegen diesen wenden, weil er das gesamte Arbeitsverhältnis verliert.

Beispiel: Gregor und Norbert einigen sich nach intensiven Verhandlungen auf einen Arbeitsvertrag, nach welchem Norbert bei einer Fünf-Tage-Woche je Kalenderjahr zehn Urlaubstage erhält. Gregor verweist darauf, dass er sein Unternehmen anderenfalls nicht profitabel führen kann. Diese von § 3 BUrlG abweichende Regelung ist nach § 13 Abs. 1 S. 1 BUrlG unwirksam, weil § 3 BUrlG zwingendes Recht ist. In der Folge wäre nach § 139 BGB der gesamte Arbeitsvertrag unwirksam, weil Gregor den Vertrag mit mehr Urlaub nicht geschlossen hätte. Der durch § 13 Abs. 1 S. 1 BUrlG bezweckte Schutz des Arbeitnehmers würde in sein Gegenteil verkehrt. Zwar erhielte Norbert zukünftig deutlich mehr Urlaub. Er verlöre im Gegenzug jedoch das seine Existenz sichernde Arbeitsverhältnis und hätte noch mehr Freizeit. Um dies zu vermeiden, ist das Restgeschäft entgegen § 139 BGB restwirksam.

2. Tatbestandsvoraussetzungen

a) Einheitliches Rechtsgeschäft

Die Regelung des § 139 BGB knüpft an die Unwirksamkeit eines Teils eines **19** Rechtsgeschäfts an. Notwendig ist, dass ein einheitliches Rechtsgeschäft aus mehreren Teilen besteht. Dies lässt sich erst bestimmen, nachdem geklärt ist, woraus das **gesamte Rechtsgeschäft als Einheit** besteht. Entscheidend hierfür ist nicht das äußere Erscheinungsbild. Eine einheitliche Urkunde kann mehrere selbstständige Rechtsgeschäfte ebenso enthalten, wie ein einheitliches Rechtsgeschäft sich aus mehreren Urkunden zusammensetzen kann. Vielmehr ist entscheidend, welche Regelungen durch gesetzliche Vorgaben oder vor allem den Parteiwillen zu einer Einheit verbunden wurden. Durch den Parteiwillen werden Regelungen zu einer **Geschäftseinheit** verbunden, wenn sie miteinander stehen und fallen sollen. Eine

---

[16] Siehe oben Rn. 2 ff.

[17] Vgl. BGH v. 24.04.2008, NJW-RR 2008, 1050, 1050 f.

solche Zusammenfassung kann auch zeitlich getrennt voneinander erfolgen. Ein äußeres Indiz für die innere Zusammenfassung verschiedener Regelungen ist ihr einheitliches Zustandekommen, insbesondere in einer einheitlichen Urkunde.

20   Dem Parteiwillen sind jedoch **rechtliche Grenzen** gesetzt. Stehen zwingende gesetzliche Vorgaben einer Verbindung mehrerer Geschäfte zu einer Einheit entgegen, können diese nicht verbunden werden. Dies erlangt Bedeutung insbesondere in Bezug auf eine Verbindung des Verpflichtungs- und des Verfügungsgeschäfts zu einer Geschäftseinheit. Eine derartige Verbindung setzt das **Abstraktionsprinzip** außer Kraft. Dies ist nach h. L. unzulässig, weil das Abstraktionsprinzip dem Verkehrsschutz dient und die Parteien über den Schutz des Rechtsverkehrs nicht disponieren können.[18] Nach vorzugswürdiger Ansicht kann jedoch, soweit nicht z. B. § 925 Abs. 2 BGB entgegensteht, die Wirksamkeit des Verfügungsgeschäfts an die Wirksamkeit des Verpflichtungsgeschäfts gebunden werden.[19] Für einen entsprechenden, dem gesetzlichen Regelungskonzept widersprechenden Parteiwillen bedarf es aber besonderer Anhaltspunkte, weil das Abstraktionsprinzip sonst zur Farce würde. Für diese Ansicht spricht, dass die Geltung des Abstraktionsprinzips **kein unabdingbarer** Grundsatz der Zivilrechtsordnung ist. Für Teilbereiche, wie z. B. das Urheberrecht, wird seine Geltung sogar überwiegend abgelehnt.[20] Ob dies zutrifft, kann dahinstehen. Deutlich wird jedoch, dass zumindest kein unabweisbares Bedürfnis an seiner Geltung besteht. Außerdem wird der Verkehrsschutz durch Vereinbarung einer die Abhängigkeit begründenden Bedingung nicht minder beeinträchtigt. Dies wird besonders deutlich beim Anwartschaftsrecht, welches die Schwächen des Kausalgeschäfts teilt.[21]

b) Unwirksamkeit eines Teils

21   Einem oder mehreren Teilen, nicht jedoch dem gesamten Rechtsgeschäft, muss die Rechtsordnung die Anerkennung der von ihm intendierten rechtlichen Wirkungen verweigern. Unerheblich ist insoweit, ob die Unwirksamkeit anfänglich (z. B. Nichtigkeit) oder nachträglich (z. B. schwebende Unwirksamkeit wird endgültig) besteht. Ohne Relevanz ist auch, woraus sich der Unwirksamkeitsgrund ergibt (z. B. Geschäftsunfähigkeit, Formmangel, §§ 134, 138, Anfechtung), soweit dieser nicht die Anwendung des § 139 BGB ausschließt.[22]

---

[18] *Larenz/Wolf* § 45 Rn. 9 f. – Vgl. auch *Flume*, AT II, § 12 III. Ziffer 4, S. 177 ff.; *Medicus* Rn. 241 mit 239, die sich zwar gegen eine Zusammenfassung im Sinne des § 139 BGB, aber für die Möglichkeit einer Abhängigkeit durch Vereinbarung einer Bedingung (vgl. § 158 BGB) aussprechen.

[19] BGH v. 20.01.1989, NJW-RR 1989, 519; Palandt/*Ellenberger* § 139 BGB Rn. 7 ff.

[20] Siehe oben § 4 Rn. 36.

[21] BGH v. 24.10.1979, NJW 1980, 175, 176.

[22] Siehe oben Rn. 18.

c) Teilbarkeit des Rechtsgeschäfts

Da § 139 BGB als Rechtsfolge sowohl die Teil- als auch die Gesamtnichtigkeit **22** vorsieht, setzt er voraus, dass das einheitliche Rechtsgeschäft teilbar ist. Hinsichtlich eines nicht teilbaren Rechtsgeschäfts scheidet die Rechtsfolge Teilnichtigkeit aus, vielmehr tritt losgelöst von § 139 BGB Gesamtnichtigkeit ein. **Teilbarkeit ist gegeben**, wenn das als einheitlich erkannte Rechtsgeschäft ohne Veränderung seines Gesamtcharakters in Teile zerlegt werden kann und das, was von ihm nach Ausschaltung des unwirksamen Teils noch übrig bleibt, für sich allein genommen immer noch ein selbstständig existenzfähiges Rechtsgeschäft ist, das dem von den Parteien gewollten Typus entspricht. Erforderlich ist danach, dass das wirksam bleibende Restgeschäft auch allein hätte abgeschlossen werden können. Dies ist insbesondere bei zusammengesetzten Rechtsgeschäften der Fall.

> **Beispiel:** Holger verpachtet an Reinhard privatschriftlich ein Restaurant und räumt ihm ein Vorkaufsrecht für dieses ein. Das Vorkaufsrecht ist nach §§ 311b Abs. 1, 125 BGB nichtig. Der Pachtvertrag kann grds. auch allein stehen.

Teilbarkeit ist als **quantitative Teilbarkeit** auch innerhalb eines Rechtsgeschäfts **23** denkbar. So kann man z. B. bei vertretbaren Sachen regelmäßig auch die halbe Menge zum halben Preis verkaufen. Ebenso ist denkbar, einen Pachtvertrag, der wegen seiner langen Laufzeit der betreuungsgerichtlichen Genehmigung bedarf (§ 1822 Nr. 5 BGB), bei Ausbleiben der Genehmigung für die höchstzulässige genehmigungsfreie Laufzeit aufrechtzuerhalten.[23]

Durch die Aufspaltung darf sich jedoch der **Geschäftstypus** des Gesamtge- **24** schäfts **nicht ändern**. Dies wäre z. B. der Fall, wenn bei einem Austauschvertrag eine Leistung unwirksam ist und sich hierdurch die eigentliche Gegenleistung verselbstständigen würde.

> **Beispiel:** Arndt verkauft an Bert ein Bild für 50.000 €, welches objektiv 50 € wert ist. Der vereinbarte Kaufpreis ist nach § 138 Abs. 1 BGB nichtig. Der Restvertrag ohne Kaufpreiszahlungspflicht kann hier nicht aufrechterhalten werden, weil anderenfalls aus einem entgeltlichen Kaufvertrag eine unentgeltliche Schenkung würde.

Die **Teilbarkeit** des Rechtsgeschäfts kann durch den **Zweck des Unwirksamkeits-** **25** **grunds ausgeschlossen** sein. Dies betrifft insbesondere die quantitative Unwirksamkeit, welche daran anknüpft, dass eine Partei ihre Verhandlungsposition ausgenutzt und die andere Partei übermäßig und in rechtlich zu missbilligender Weise belastet hat (vgl. § 138 Abs. 1 BGB).[24] Eine quantitative Teilbarkeit ist in diesen Fällen regelmäßig möglich. Sie liefe aber darauf hinaus, dass das Rechtsgeschäft mit dem gerade noch zulässigen Inhalt wirksam bliebe. Dies vereitelt allerdings weitgehend den Schutzzweck des Unwirksamkeitsgrunds. Die Unwirksamkeit wird angeordnet, um abzusichern, dass nur solche Geschäftsinhalte gelten, welche ma-

---

[23] RG v. 01.04.1913, RGZ 82, 124, 125 f. – Vgl. auch BGH v. 08.04.1992, NJW 1992, 2145, 2145 f. für einen langlaufenden Bierbezugsvertrag. – Vgl. auch BGH v. 01.03.2013, BeckRS 2013, 05738 für Bindungsdauer einer Ankaufverpflichtung.

[24] Siehe oben § 11 Rn. 41 ff.

teriell Ergebnis der Selbstbestimmung sind. Dieses Ziel kann grds. nicht erreicht werden, wenn die überlegene Vertragspartei risikolos den Vertragsinhalt diktieren kann.[25]

3. Rechtsfolge

26   Nach § 139 BGB ist – vorbehaltlich vorrangiger Sonderregelungen[26] – ein einheitliches, aber teilbares Rechtsgeschäft, welches teilweise unwirksam ist, grds. insgesamt unwirksam.[27] Dies trägt dem Umstand Rechnung, dass die einzelnen Teile zu einer Einheit verbunden wurden und deshalb gemeinsam stehen und fallen sollen. Entsprechend dem Prinzip der Selbstbestimmung ist jedoch abweichend hiervon von Teilunwirksamkeit auszugehen, wenn dies dem Parteiwillen entspricht.[28]

27   Die Ermittlung des Parteiwillens bereitet kaum Schwierigkeiten, wenn die Beteiligten mit der Möglichkeit einer Teilunwirksamkeit gerechnet und für diesen Fall eine Regelung darüber getroffen haben, inwieweit der Rest des Rechtsgeschäfts Rechtsfolgen auslösen soll. Entsprechende **salvatorische Klauseln**, welche ausdrücklich die Fortgeltung des Restgeschäfts anordnen, sind in Verträgen weit verbreitet. Die Rspr. misst ihnen allerdings vielfach nur die Bedeutung zu, dass die Vermutung des § 139 BGB ins Gegenteil verkehrt wird. Widerspricht die Teilnichtigkeit dem Parteiwillen, tritt deshalb trotz der salvatorischen Klausel Gesamtunwirksamkeit ein.[29]

28   Haben die Parteien den Fall einer Teilunwirksamkeit nicht bedacht und deshalb keine Regelung für diesen Fall getroffen, ist durch ergänzende Auslegung der **hypothetische Parteiwille** zu ermitteln. Maßgebend ist, welche Entscheidung die Beteiligten vernünftigerweise nach Treu und Glauben unter Berücksichtigung der Verkehrssitte getroffen hätten, wenn sie den Fall einer Teilunwirksamkeit bedacht hätten. Dabei sind alle Umstände des Falls (Motive, Verkehrssitten, Interessenlage, verfolgter Zweck) zu berücksichtigen.

> **Beispiel:**[30] Arndt, Bert und Cäsar schließen einen Gesellschaftsvertrag. Die Willenserklärung des Cäsar ist wegen unerkannter Geisteskrankheit nichtig. Arndt und Bert haben aber nur im Hinblick auf die hohe Kapitaleinlage des Cäsar den Vertrag geschlossen. Unter dieser Voraussetzung tritt Gesamtnichtigkeit ein. Hat man Cäsar hingegen nur symbolisch mit einem Anteil von 1 % an der Gesellschaft beteiligt, um dessen Vater einen Gefallen zu tun, liegt bloße Teilnichtigkeit nahe.

29   **Indizien** für die Annahme bloßer Teilnichtigkeit sind z. B.:

- nur ein geringfügiger Teil eines Geschäfts ist nichtig (z. B. unwirksame Gerichtsstandvereinbarung bei Haustürgeschäft nach § 29c ZPO – der Restvertrag bleibt wirksam),

---

[25] Vgl. BGH v. 17.10.2008, NJW 2009, 1135, 1136 f.

[26] Siehe oben Rn. 18.

[27] Mot. I, S. 222.

[28] Mot. I, S. 222.

[29] BGH v. 25.07.2007, NJW 2007, 3202, 3203; BGH v. 15.03.2010, NJW 2010, 1660, 1661.

[30] Vgl. RG v. 19.05.1933, RGZ 141, 104, 109.

- wenn die Nichtigkeit eines Teils des Rechtsgeschäfts allein oder vorwiegend den Interessen eines Beteiligten dienen soll, sich die Gesamtnichtigkeit allerdings zugunsten eines anderen Beteiligten auswirken würde,
- wenn das Geschäft abgewickelt wurde, ohne dass es auf die nichtige Bestimmung angekommen ist,
- wenn die Gesamtnichtigkeit mit den Grundsätzen von Treu und Glauben nicht vereinbar ist.

Beispiel: Um vom Großhändler Sonne Waren auf Kredit zu erhalten, tritt Kirsten diesem zur Sicherung des Kaufpreises mehrere Forderungen ab. Als Kirsten später erfährt, dass die Abtretungen wegen Knebelung nichtig sind, hält sie den ganzen Vertrag für nichtig. Sie verweigert die Bezahlung der Ware und bietet deren Rückgabe an. Dieses Vorgehen ist treuwidrig, weil Kirsten „aus der Nichtigkeit der Sicherung Kapital schlagen" würde, „um sich der Erfüllung überhaupt zu entziehen". Deshalb liegt Teilunwirksamkeit nahe.

D. Umdeutung eines nichtigen Rechtsgeschäfts

I. Grundgedanke

Entspricht ein nichtiges Rechtsgeschäft den Erfordernissen eines anderen (wirk- **30** samen) Rechtsgeschäfts, ordnet § 140 BGB die partielle Verwirklichung des Geschäftswillens an, wenn anzunehmen ist, dass die Geltung des wirksamen Rechtsgeschäfts bei Kenntnis der Nichtigkeit gewollt sein würde. Dies trägt dem Umstand Rechnung, dass die Beteiligten regelmäßig am wirtschaftlichen Erfolg ihres Handelns interessiert sind und allenfalls in zweiter Linie an der Art des dazu eingesetzten Mittels. Das von den Parteien gewählte untaugliche Mittel kann nach § 140 BGB durch ein anderes, taugliches ersetzt werden.

II. Voraussetzungen

Die Umdeutung nach § 140 BGB setzt zunächst ein – gleich aus welchem Grund[31] **31** – **unwirksames Rechtsgeschäft** voraus. Sie kommt **nicht** in Betracht, wenn die Unwirksamkeit eines Geschäfts noch **behoben werden kann**, z. B. durch Vollzug (vgl. § 311b Abs. 1 S. 2 BGB) oder Genehmigung (vgl. z. B. § 108 BGB). Dass eine Umdeutung hier zunächst ausscheidet, beruht auf der Erwägung, dass das Geschäft noch unverändert wirksam werden kann und dies dem Parteiwillen vorrangig entspricht.

Außerdem muss das unwirksame Geschäft alle Erfordernisse des Ersatzge- **32** schäfts erfüllen. Dies bedeutet zunächst, dass alle Tatbestandsvoraussetzungen des Ersatzgeschäfts im nichtigen Rechtsgeschäft enthalten sein müssen. § 140 BGB erlaubt nicht, eine fehlende Tatbestandsvoraussetzung zu fingieren. Auch darf das Ersatzgeschäft in seinen Wirkungen nicht über diejenigen des wirklich gewollten

---

[31] *Bork* Rn. 1228. – Einschränkend für die Anfechtung *Flume*, AT II, § 32 Ziffer 9 c, S. 592.

Geschäfts hinausgehen. Das Ersatzgeschäft darf **gegenüber dem nichtigen Geschäft kein Mehr** darstellen.[32]

> **Beispiele:** (1) Die nichtige außerordentliche Kündigung eines Arbeitsverhältnisses enthält als Minus eine ordentliche Kündigung zum nächst zulässigen Termin.[33] (2) Die nach § 1059 S. 1 BGB unwirksame Übertragung eines Nießbrauchs enthält alle Merkmale einer Überlassung des Nießbrauchs zur Ausübung (vgl. § 1059 S. 2 BGB). Entsprechendes gilt für die nach § 29 Abs. 1 UrhG unwirksame Übertragung des Urheberrechts, welche alle Merkmale einer Rechtseinräumung nach §§ 29 Abs. 1, 31 UrhG enthält. (3) Andererseits kann eine unwirksame Rücktrittserklärung nicht in eine Anfechtungserklärung umgedeutet werden, weil die Rechtsfolgen der Anfechtung über diejenigen des Rücktritts hinausgehen.

33 Außerdem muss das **Ersatzgeschäft** selbst allen insoweit maßgeblichen Wirksamkeitsanforderungen entsprechen. Das Ersatzgeschäft darf selbst nicht unwirksam sein, weil eine Umdeutung anderenfalls sinnlos ist. Insbesondere muss das unwirksame Rechtsgeschäft eine für das Ersatzgeschäft geltende Form wahren.

> **Beispiel:** Paul und Paula sind seit 60 Jahren verheiratet und leben in sehr bescheidenen Verhältnissen. In der Erwartung seines Todes will Paul seinen wertvollsten Vermögensgegenstand, eine Erstauflage des Staudingers, welcher praktisch sein gesamtes Vermögen ausmacht, an die Bibliothek der Leipziger Juristenfakultät verkaufen. Als Paula von dem Geschäft erfährt, widerspricht sie. Der Vertrag zwischen Paul und der Bibliothek ist nach §§ 1365 Abs. 1, 1366 Abs. 4 BGB unwirksam. Da er alle Elemente eines nicht § 1365 BGB unterfallenden Erbvertrags enthält, kommt grds. eine Umdeutung nach § 140 BGB in Betracht. Diese ist allerdings nicht erfolgreich, weil der Kaufvertrag nicht die Form des § 2276 BGB wahrt.

34 Schließlich muss die Geltung des Ersatzgeschäfts dem **hypothetischen Parteiwillen** entsprechen. Entscheidend ist, ob das Ersatzgeschäft gewollt gewesen wäre, wenn man um die Unwirksamkeit gewusst hätte. Gegen den Parteiwillen kommt eine Umdeutung nicht in Betracht, auch wenn sie objektiv vernünftig ist.

III. Rechtsfolge

35 Liegen alle Voraussetzungen der Umdeutung nach § 140 BGB vor, gilt das Ersatzgeschäft anstelle des unwirksam vorgenommenen Rechtsgeschäfts.

E. Bestätigung unwirksamer Rechtsgeschäfte

I. Bestätigung nichtiger Rechtsgeschäfte

1. Ausgangspunkt

36 Die Unwirksamkeit eines Rechtsgeschäfts ist, spätestens nach Beendigung eines Schwebezustands, als zeitlich dauerhafte Rechtsfolge vorgesehen. Dies gilt im Inte-

---

[32] BGH v. 07.06.2011, NJW 2011, 2713, 2714.
[33] Vgl. BAG v. 01.09.2010, NJW 2010, 3740, 3742 f.

resse der Rechtssicherheit auch, wenn der Unwirksamkeitsgrund nachfolgend entfällt.[34] Ohne Weiteres möglich ist jedoch die erneute Vornahme des Rechtsgeschäfts unter Vermeidung des Unwirksamkeitsgrunds. Hierfür sieht § 141 Abs. 1 BGB ein vereinfachtes Verfahren vor.

2. Voraussetzungen

Es ist selbstverständlich, dass ein unwirksames Rechtsgeschäft erneut vorgenommen werden kann, um nunmehr die von ihm intendierten Rechtsfolgen herbeizuführen. Hierfür bedarf es keiner besonderen gesetzlichen Anordnung. Deshalb ist § 141 Abs. 1 BGB, der die Bestätigung in ihren Rechtsfolgen der Neuvornahme gleichstellt, zu entnehmen, dass die Anforderungen an eine Bestätigung geringer als an eine Neuvornahme sind. Nur hierdurch erhält die Vorschrift eine eigenständige Bedeutung. Für die Bestätigung genügt daher die Erklärung des Bestätigungswillens. Das zu bestätigende Geschäft braucht dagegen nicht in allen Einzelheiten neu erklärt zu werden.[35] Vielmehr genügt es, dass sich die **Beteiligten auf den Boden des alten Geschäfts stellen**. Eine entsprechende Bestätigung ist nicht nur durch ausdrückliches, sondern auch durch schlüssiges Verhalten möglich. Der erforderliche Bestätigungswillen setzt voraus, dass zumindest Zweifel an der Wirksamkeit des Rechtsgeschäfts bestehen.[36] Die bloße Erfüllung eines nichtigen Vertrags ist deshalb nur dann eine Bekundung des Bestätigungswillens, wenn Anhaltspunkte dafür bestehen, dass die Beteiligten in Kenntnis der Unwirksamkeit am Geschäft festhalten wollen.

37

In der Erklärung des Bestätigungswillens liegt die Neuvornahme des Rechtsgeschäfts.[37] Unterliegt die Neuvornahme weiteren Wirksamkeitsvoraussetzungen, erreicht die Bestätigung nur ihre Wirkungen, wenn diese auch vorliegen. Insbesondere ist danach die **Bestätigung** auch dann **formbedürftig**, wenn das zu bestätigende Geschäft bereits die zu wahrende Form beachtet hatte und dessen Nichtigkeit auf anderen Gründen beruhte.

38

3. Rechtsfolge

Durch die Bestätigung wird das nichtige Rechtsgeschäft **nicht rückwirkend** wirksam, weil die Vergangenheit nicht geändert werden kann.[38] Vielmehr entsteht erst **durch die Neuvornahme ein wirksames Rechtsgeschäft**. Deshalb treten die Wirkungen des bestätigten Rechtsgeschäfts erst zum Zeitpunkt der Bestätigung ein. Soweit es sich bei dem bestätigten Rechtsgeschäft um einen Vertrag handelt, sind die Parteien einander im Zweifel schuldrechtlich verpflichtet, sich so zu stellen, als

39

---

[34] Mot. I, S. 217.
[35] BGH v. 01.10.1999, NJW 1999, 3704, 3705.
[36] BGH v. 10.02.2012, NJW 2012, 1570, 1572.
[37] Mot. I, S. 217 f.
[38] Mot. I, S. 218.

sei der Vertrag von Anfang an gültig gewesen (vgl. § 141 Abs. 2 BGB).[39] Danach darf z. B. der Käufer die **Nutzungen der Kaufsache** seit der Übergabe (vgl. § 446 BGB) behalten, obwohl der zunächst nichtige Vertrag erst später durch die Bestätigung wirksam geworden ist. Dagegen geht das Eigentum an einer Sache, wenn die Übereignung nichtig war, erst im Zeitpunkt der Bestätigung über.

II. Die Bestätigung anfechtbarer Rechtsgeschäfte

40 Von § 141 BGB ist die Bestätigung anfechtbarer Rechtsgeschäfte nach § 144 BGB zu unterscheiden. Der wesentliche Unterschied besteht darin, dass § 141 BGB ein unwirksames Rechtsgeschäft voraussetzt und die Bestätigung zu dessen Neuabschluss führt. In den Fällen des § 144 BGB ist dagegen ein wirksames, aber anfechtbares Rechtsgeschäft gegeben. Die Bestätigung nach § 144 BGB entspricht in ihren Wirkungen dem Verzicht auf das Anfechtungsrecht. Die bestehende **Schwebelage** endet und das anfechtbare Rechtsgeschäft bleibt dauerhaft wirksam.

41 Die Bestätigung erfolgt durch formfreie (vgl. § 144 Abs. 2 BGB) Erklärung oder Betätigung des Bestätigungswillens. Der Anfechtungsberechtigte muss den Willen bilden und betätigen, dass er an dem Geschäft endgültig festhalten will.[40] Dies setzt voraus, das ihm zumindest die Möglichkeit der Anfechtbarkeit bewusst ist.[41] Nach einer Ansicht muss die Bestätigung dem Gegner des Anfechtungsberechtigten zugehen, weil dieser erfahren soll, woran er ist.[42] Nach zutreffender h. A. ist die Bestätigung **nicht empfangsbedürftig**, weil sie ausschließlich Interessen des Anfechtungsberechtigten berührt.[43] Dies zeigt sich darin, dass das anfechtbare Rechtsgeschäft wirksam ist und vom Gegner des Anfechtungsberechtigten in seinen Rechtsfolgen vollständig beachtet werden muss. Für diesen besteht keine Möglichkeit, dieser Rechtsfolge auszuweichen, weil er den Anfechtungsberechtigten nicht zur Anfechtung zwingen kann. An dieser Rechtslage ändert die Bestätigung nichts, weshalb für den Anfechtungsgegner kein schutzwürdiges Interesse besteht, welchem durch ein Zugangserfordernis Rechnung getragen werden muss.

> **Beispiel:** Arndt irrt sich bei Abschluss des Kaufvertrags mit Bert. Eine Woche später verlangt er Erfüllung des Vertrags. Er hatte dabei noch nicht erkannt, dass ihm ein Irrtum unterlaufen war. Bert hatte den Irrtum dagegen bereits bemerkt. Nach **h. M.** hat Arndt das Rechtsgeschäft nicht bestätigt und ihm steht weiterhin ein Anfechtungsrecht zu, weil nach § 133 BGB der wirkliche Wille des Arndt zu erforschen ist. Geht man dagegen mit der **a. A.** davon aus, dass die Bestätigung empfangsbedürftig ist, muss ermittelt werden, wie Bert das

---

[39] Mot. I, S. 218.

[40] Siehe oben § 12 Rn. 94.

[41] RG v. 20.05.1908, RGZ 68, 398, 400 f.; BGH v. 22.11.1995, NJW-RR 1996, 1281, 1282 f.; *Bork* Rn. 948; *Wolf/Neuner* § 41 Rn. 169.

[42] *Bork* Rn. 946; Erman/*Arnold* § 144 BGB Rn. 2; *Larenz/Wolf* § 44 Rn. 28; *Medicus* Rn. 534; *Petersen* JURA 2008, 666, 667.

[43] RG v. 20.05.1908, RGZ 68, 398, 399 f.; *Flume*, AT II, § 31 Ziffer 7, S. 568 ff.; *Wolf/Neuner* § 41 Rn. 169.

Erfüllungsverlangen des Arndt verstehen durfte. Konnte Bert davon ausgehen, dass Arndt seinen Irrtum bereits bemerkt hat, darf er das Erfüllungsverlangen als Bestätigung verstehen. Arndt verliert nach § 144 Abs. 1 BGB sein Anfechtungsrecht. Für ihn entsteht aber sogleich ein neues Anfechtungsrecht in Bezug auf die Bestätigung, welche er nicht erklären wollte. Der „Austausch" des Anfechtungsgrunds auf der Grundlage der a. A. ist nicht ohne Folgen, sondern erlangt u. U. Bedeutung in Bezug auf § 142 Abs. 2 BGB.

F. Folgen des nichtigen Geschäfts

Ein unwirksames, selbst ein nichtiges Rechtsgeschäft, ist aber **kein vollständiges**   **42** **Nullum**. Vielmehr wird lediglich den intendierten Rechtsfolgen die Anerkennung versagt. Als Geschehnis bleibt das Rechtsgeschäft aber existent und kann als solches von der Rechtsordnung nicht ungeschehen gemacht werden. Auch kann ein unwirksames Rechtsgeschäft noch aus einem weiteren Unwirksamkeitsgrund unwirksam werden, wenn und soweit dies mit den Wertungen der betroffenen Unwirksamkeitsgründe vereinbar ist. Insbesondere kann auch ein unwirksames Rechtsgeschäft angefochten werden (sog. Lehre von den Doppelwirkungen im Recht).[44] Dies mag verwundern, weil ein Toter nicht getötet oder ein gesunkenes Schiff nicht zum Sinken gebracht werden kann.[45] Im Unterschied zu diesen tatsächlichen Geschehnissen muss die Beantwortung von Rechtsfragen aber nicht zwingend die Unabänderlichkeit der Vergangenheit berücksichtigen. Vielmehr ist der Gesetzgeber frei darin, einem Unwirksamkeitsgrund (auch nachfolgend noch) Vorrang vor einem anderen einzuräumen oder beide Rechtssätze frei konkurrieren zu lassen. Welches Verhältnis er zwei konkurrierenden Rechtssätzen beigemessen hat, ist eine Frage der Auslegung. Neben dem Gesetzeswortlaut sind hierbei nach allgemeinen Grundsätzen vor allem auch Wertungen zu berücksichtigen, weshalb sich rein begriffliche Begründungen verbieten.

Beispiel:[46] Nach einem am 01.05.2007 erfolgten Werbeanruf durch einen Mitarbeiter des Bert bestellte Arndt bei diesem per Telefax einen Pkw-Innenspiegel mit einer unter anderem für Deutschland codierten Radarwarnfunktion zum Preis von 1.200 €. Die Lieferung des Geräts erfolgte per Nachnahme am 09.05.2007. Arndt sandte am 19.05.2007 das Gerät an Bert zurück und bat um Erstattung des Kaufpreises sowie der angefallenen Rücksendekosten. Ein entsprechender Anspruch ergibt sich nach Ansicht des BGH infolge des Widerrufs des im Wege des Fernabsatzes (§§ 433, 312b, 312d, 355 BGB) geschlossenen Kaufvertrags (§§ 346 Abs. 1, 357 Abs. 2 S. 2 BGB). Zwar sei der Kaufvertrag über ein Radarwarngerät nach § 138 Abs. 1 BGB nichtig.[47] Dies soll aber nicht ausschließen, dass ein Verbraucher ein ihm zustehendes Widerrufsrecht ausübt, um die hieran anknüpfenden Rechtsfolgen auszulösen. Dies folge aus der allgemein anerkannten Lehre von den Doppelwirkungen im Recht. Zu Recht wird diese Entscheidung kritisiert.[48] Richtig ist zwar, dass das Ein-

---

[44] Grundlegend *Kipp*, in: FS Ferdinand von Martitz, 1911, S. 211 ff.

[45] Vgl. *Kipp*, in: FS Ferdinand von Martitz, 1911, S. 211, 220.

[46] BGH v. 25.11.2009, NJW 2010, 610.

[47] Siehe oben § 11 Rn. 51.

[48] Vgl. *Würdinger* JuS 2011, 769, 772 ff.

greifen eines Unwirksamkeitsgrunds nicht allein aufgrund „begriffslogischer" Erwägungen zwingend die Herbeiführung eines weiteren Unwirksamkeitsgrunds ausschließt. Allerdings ist auch die Lehre von der Möglichkeit des Eintretens von Doppelwirkungen im Recht kein eigenständiger Begründungsansatz, sondern nur ein Verweis auf die Maßgeblichkeit gesetzgeberischer Wertungen. Dass und warum die Erhaltung des Verbraucher schützenden Widerrufsrechts trotz der für beide Parteien erkannten Sittenwidrigkeit des Vertrags sachgerecht und mit den Wertungen des Sittenwidrigkeitsverdikts vereinbar ist, hat der BGH jedoch nicht begründet.

43 Zudem bilden vor allem unerkannt unwirksame Rechtsgeschäfte als Geschehnis die Grundlage für eine tatsächliche Durchführung entsprechend der intendierten Rechtsfolgen. Wurden aufgrund eines nichtigen Geschäfts Leistungen ausgetauscht, begründet dies zwischen den Parteien ein gesetzliches Schuldverhältnis, welches auf Herausgabe der jeweils **ungerechtfertigt erlangten Bereicherung** gerichtet ist (vgl. §§ 812 ff. BGB).

44 Im Fall einer vollzogenen Gesellschaft oder eines vollzogenen Arbeitsverhältnisses reichen die Wirkungen des unwirksamen Rechtsgeschäfts als Geschehnis soweit, dass dieses wegen der größeren **Schwierigkeiten bei seiner** bereicherungsrechtlichen **Abwicklung** für den Zweck der Abwicklung, solange die Nichtigkeit nicht geltend gemacht wird, als wirksam angesehen wird (sog. **fehlerhafte Gesellschaft** bzw. sog. **fehlerhaftes Arbeitsverhältnis**).[49] Dies gilt nicht, soweit der Zweck der Norm, auf der die Nichtigkeit beruht, etwas anderes gebietet.

Literatur

Bork (2011) Allgemeiner Teil des Bürgerlichen Gesetzbuchs. 3. Aufl
Erman (2011) Handkommentar zum Bürgerlichen Gesetzbuch. 13. Aufl
Flume (1992) Allgemeiner Teil des Bürgerlichen Rechts. Zweiter Band: Das Rechtsgeschäft. 4. Aufl
Kipp (1911) Über Doppelwirkungen im Recht, insbesondere über die Konkurrenz von Nichtigkeit und Anfechtbarkeit. In: FS Ferdinand von Martitz, S. 211
Larenz/Wolf (2004) Allgemeiner Teil des deutschen Bürgerlichen Rechts. 9. Aufl
Medicus (2012) Allgemeiner Teil des BGB. 10. Aufl
Palandt (2013) Bürgerliches Gesetzbuch. 72. Aufl
Petersen (2008) Die Bestätigung des nichtigen und anfechtbaren Rechtsgeschäfts. JURA 2008, 666
Wolf/Neuner (2012) Allgemeiner Teil des deutschen Bürgerlichen Rechts. 10. Aufl
Würdinger (2011) Doppelwirkungen im Zivilrecht – Eine 100-jährige juristische Entdeckung. JuS 2011, 769

---

[49] Vgl. BGH v. 06.08.2008, NJW 2009, 1266, 1268: Keine Anwendung dieser Grundsätze auf vollzogene Mietverhältnisse.

§ 15 Bedingung und Befristung

Literaturhinweise: *Martens*, Grundfälle zu Bedingung und Befristung, JuS 2010, 481, 578; *Schroeter*, Die Fristberechnung im Bürgerlichen Recht, JuS 2007, 29.

A. Bedeutung

Die Wirkungen eines Rechtsgeschäfts treten grds. ein, sobald dessen tatbestand- **1** liche Voraussetzungen vorliegen. Bspw. wird ein Vertrag im Regelfall mit dem Zugang der Annahmeerklärung wirksam. Andererseits können die Parteien ein Bedürfnis haben, die beabsichtigten **Rechtsfolgen** nicht sofort, sondern **in der Zukunft eintreten** oder eingetretene Rechtsfolgen in der Zukunft wieder entfallen zu lassen. Außerdem kann ein Bedürfnis daran bestehen, bereits vorsorgend Eintritt oder Wegfall einer Rechtsfolge **vom Eintreten eines zukünftigen Ereignisses abhängig zu machen.** Diese von der Privatautonomie umfassten Interessen an einer Beschränkung der Wirkungen eines Rechtsgeschäfts erfahren in den §§ 158 ff. BGB ihre Berücksichtigung.[1] Danach kann das Wirksamwerden oder der Wegfall eines Rechtsgeschäfts von einer Bedingung oder einem bestimmten Zeitpunkt abhängig gemacht werden.

Beispiel: Klaus verfügt zwar nicht über die notwendigen liquiden Mittel, um den Kaufpreis für seinen neuen Pkw sofort zu bezahlen, möchte diesen aber sogleich in Gebrauch nehmen. Übereignet Flitz ihm deshalb das Fahrzeug, hätte er im Falle der Zahlungsunfähigkeit des Klaus weder Geld noch das Fahrzeug. Umgekehrt stellt eine Überlassung des Pkw ohne Übereignung die Ansprüche des Klaus im Falle der Zahlungsunfähigkeit des Flitz in Frage. Die beiderseitigen Interessen können aber dadurch in Ausgleich gebracht werden, dass die Übereignung sofort erfolgt, ihre rechtlichen Wirkungen jedoch erst in der Zukunft mit Zahlung der letzten Rate ohne weiteres Mitwirken der Beteiligten eintreten.

---

[1] Mot. I, S. 248.

B. Boemke, B. Ulrici, *BGB Allgemeiner Teil,* Springer-Lehrbuch, DOI 10.1007/978-3-642-39171-2_15, © Springer-Verlag Berlin Heidelberg 2014

B. Bedingung

I. Begriff

1. Allgemeines

2 Ein Rechtsgeschäft steht unter einer Bedingung, wenn es eine Bestimmung enthält, welche seine Wirkungen von einem **zukünftigen sowie** objektiv und nach den Vorstellungen der Parteien[2] **ungewissen Ereignis abhängig** macht. Dabei bezeichnet der Begriff der „Bedingung" in § 158 BGB zum einen die Nebenbestimmung des Rechtsgeschäfts, wonach dieses Wirkungen erst mit Eintritt des näher bezeichneten Ereignisses entfalten soll. Zum anderen steht „Bedingung" in § 158 BGB auch für das in der Nebenbestimmung bezeichnete Ereignis selbst. Soweit im allgemeinen Sprachgebrauch der Begriff der Bedingung auch synonym für die Modalitäten eines Rechtsgeschäfts, d. h. dessen inhaltliche Ausprägung verwendet wird, liegt keine Bedingung i. S. d. §§ 158 ff. BGB vor, weil nicht die Wirkungen eines Rechtsgeschäfts von einer Bedingung abhängig gemacht werden.[3]

2. Ungewisses Ereignis

3 Eine Bedingung setzt voraus, dass der **Eintritt** des maßgeblichen Ereignisses objektiv **ungewiss** ist. Hierin liegt der Unterschied zur Zeitbestimmung i. S. d. § 163 BGB.[4]

> **Beispiel:** Klaus, dem ein zehnjähriger Dackel gehört, vermacht Bertram für dessen neu erworbenen Spitz seine Hundehütte unter der Bedingung, dass sein Dackel stirbt. Der Tod des Hunds ist kein ungewisses Ereignis, weil jedes Leben sein Ende findet.[5] Der Tod des Tiers ist deshalb keine Bedingung. Die Annahme einer Bedingung ließe sich aber durch Auslegung begründen, wenn der Vertrag nur wirksam sein soll, wenn der Spitz den Dackel überlebt. Mangels Gewissheit hierüber liegt dann eine Bedingung vor.

4 Wegen der Ungewissheit über den Eintritt des maßgeblichen Ereignisses ist das bedingte Rechtsgeschäft dadurch charakterisiert, dass mit dessen Begründung ein **Schwebezustand** einhergeht. Die Parteien eines aufschiebend bedingten Schuldvertrags wissen bspw. bis zum Eintritt des maßgeblichen Ereignisses nicht, ob sie durch diesen endgültig verpflichtet werden.

---

[2] BayObLG v. 05.12.1966, NJW 1967, 729.

[3] Mot. I, S. 249.

[4] Mot. I, S. 270.

[5] *Mors certa, hora incerta.* – Der Tod ist gewiss, die Stunde ungewiss.

3. Zukünftiges Ereignis

Ungewiss können nur zukünftige Ereignisse sein. Eine Bedingung i. S. d. § 158 **5**
Abs. 1 BGB setzt folglich voraus, dass das **maßgebliche Ereignis in der Zukunft liegt**. Gegenwärtige Ereignisse oder solche aus der Vergangenheit stellen keine Bedingung dar. Machen die Beteiligten eines Rechtsgeschäfts dessen Wirkungen gleichwohl von einem solchen Ereignis abhängig, weil sie keine Kenntnis von dessen Vorliegen haben, treten die Wirkungen entweder – im Falle des Vorliegens – sofort oder überhaupt nicht ein.[6] Bedingte Rechtswirkungen können dagegen nur in der Zukunft eintreten bzw. entfallen.

> **Beispiel:** Alfons interessiert sich für einen Sportwagen, ist sich aber nicht sicher, ob er von seinem kürzlich verstorbenen Onkel testamentarisch bedacht wurde. Da er sich ein von Gustav angebotenes Schnäppchen nicht entgehen lassen will, schließt er mit diesem einen Kaufvertrag über das Fahrzeug unter der Bedingung, dass er von seinem Onkel mindestens 80.000 € geerbt hat. Da der Todesfall bereits zurückliegt und eine mögliche Erbenstellung des Alfons damit objektiv bereits bei Vertragsschluss ermittelt werden kann, ist dieser Umstand als Bedingung untauglich. Objektiv liegt keine Schwebelage vor. Die getroffene Abrede kann allerdings dahingehend ausgelegt werden, dass der Kaufvertrag seine Wirkungen erst entfalten soll, wenn Alfons subjektiv Gewissheit über seine mögliche Erbenstellung erlangt. Die §§ 158 ff. BGB können vor diesem Hintergrund zumindest entsprechend angewandt werden.

4. Arten von Bedingungen

a) Wirkungsweise

Das Gesetz unterscheidet aufschiebende (vgl. § 158 Abs. 1 BGB) und auflösen- **6**
de Bedingungen (vgl. § 158 Abs. 2 BGB). Bei der **aufschiebenden Bedingung** bleibt die Rechtslage zunächst unverändert. Eine vom Rechtsgeschäft intendierte Rechtsänderung tritt erst mit dem näher bezeichneten Ereignis ein. Bei der **auflösenden Bedingung** dagegen entfaltet das Rechtsgeschäft sofort seine Wirkungen. Diese gehen jedoch mit dem Bedingungseintritt wieder verloren, so dass der ursprüngliche Rechtszustand wieder eintritt. Um welche Art von Bedingung es sich im konkreten Einzelfall handelt, ist durch Auslegung zu ermitteln, wobei das Gesetz vereinzelt durch Zweifelssätze (vgl. § 2075 BGB: auflösende Bedingung) unterstützend eingreift.[7]

b) Einfluss der Parteien auf den Bedingungseintritt

Ferner können Bedingungen danach unterschieden werden, ob und inwieweit die **7**
Beteiligten auf den Eintritt des zur Bedingung erhobenen Ereignisses Einfluss neh-

---

[6] Mot. I, S. 264.
[7] Mot. I, S. 251.

men können. Dies gewinnt Bedeutung im Zusammenhang mit der Frage, inwieweit Rechtsgeschäfte unter einer Bedingung vorgenommen werden können.

aa) Zufallsbedingung

8 Den Regelfall einer Bedingung bilden Ereignisse, auf deren Eintritt **keiner der Beteiligten einen Einfluss hat.** Die Bedingung tritt unabhängig von deren Willen ein. Hierunter fallen neben Naturereignissen auch Umstände, deren Vorliegen vom Willen am Rechtsgeschäft nicht beteiligter Dritter abhängig ist.

> **Beispiel:** Der geschäftstüchtige Alfred verabredet mit Schuhgroßhändler Flott, dass er diesem 350 Paar Gummistiefel abkauft, sollte die Elbe im Stadtgebiet von Dresden in diesem Jahr erneut über die Ufer treten. Auf eine etwaige Überschwemmung haben weder Alfred noch Flott Einfluss.

bb) Potestativbedingung

9 Um eine sog. Potestativbedingung, welche zulässig ist, handelt es sich, wenn das maßgebliche Ereignis, von dessen Eintritt die Rechtsfolge abhängig sein soll, ein außerhalb des Rechtsgeschäfts liegendes Tun oder Unterlassen eines der Beteiligten ist und deshalb von dessen Willen abhängt.[8]

> **Beispiel:** Arbeitgeber Gierig spricht seinem Arbeitnehmer Devot eine Änderungskündigung für den Fall aus, dass dieser nicht den von Gierig erklärten Antrag auf Abschluss eines Änderungsvertrags innerhalb von drei Wochen annimmt. Hier kann Devot Einfluss auf den Bedingungseintritt nehmen, indem er eine Entscheidung über die Unterschrift unter den Änderungsvertrag trifft.

cc) Wollensbedingung

10 Im Falle einer sog. Wollensbedingung wird der Eintritt bestimmter Rechtsfolgen der freien Entscheidung eines am Rechtsgeschäft Beteiligten anheim gestellt. Maßgeblich ist, anders als bei der Potestativbedingung, nicht ein außerhalb des Rechtsgeschäfts liegendes Tun oder Unterlassen eines der Beteiligten, sondern unmittelbar der Wille eines Beteiligten, eine Rechtsfolge zu wollen oder nicht. In diesen Fällen sind nicht die §§ 158 ff. BGB einschlägig.[9] Vielmehr berührt die Wollensbedingung unmittelbar den Tatbestand der Willenserklärung. Auf Grund der völligen Ungebundenheit einer oder beider Parteien liegt es nahe, dass die Auslegung des geschaffenen Tatbestands ergibt, dass die Parteien bislang ohne Rechtsbindungswillen gehandelt haben und noch kein Rechtsgeschäft vorliegt. Denkbar ist aber auch, dass ein Rechtsgeschäft existiert, dieses aber nur eine Partei bindet und zu Gunsten der anderen Partei eine Option begründet. Ebenso ist denkbar, dass ein bindendes Rechtsgeschäft gewollt ist, von dem sich eine Partei aber durch einen Widerruf lösen können soll.

---

[8] Vgl. Mot. I, S. 266.
[9] Vgl. Mot. I, S. 266.

c) Rechtsbedingung

Nicht um eine Bedingung im Sinne des § 158 BGB handelt es sich bei der sog.   **11**
Rechtsbedingung. Eine solche ist gegeben, wenn die Wirkungen eines Rechtsgeschäfts davon abhängig gemacht werden, dass sich die geltende Rechtslage in
einem bestimmten, insbesondere das Rechtsgeschäft ermöglichenden Sinne darstellt.[10] Eine objektive Unsicherheit besteht hier nicht.

> **Beispiel:** Gierig ficht seine Willenserklärung zu dem mit Emsig geschlossenen Arbeitsver-
> trag an. Da er sich auf jeden Fall von Emsig trennen will, sich jedoch im Hinblick auf das
> Vorliegen eines Anfechtungsgrunds nicht sicher ist, kündigt er das Arbeitsverhältnis unter
> der „Bedingung", dass die Anfechtung nicht das erwünschte Ziel erreicht hat. Die mög-
> liche Gestaltungswirkung der Anfechtung wäre bereits vor dem Ausspruch der Kündigung
> eingetreten, weshalb keine Bedingung im Rechtssinne vorliegt. Es besteht keine objektive
> Unsicherheit über ein zukünftiges Ereignis, sondern allenfalls subjektive Unsicherheit über
> die gegenwärtig bestehende Rechtslage.

II. Zulässigkeit

1. Grundsatz

Die Verknüpfung eines Rechtsgeschäfts mit einer Bedingung i. S. d. § 158 BGB   **12**
ist von der Privatautonomie umfasst und deshalb **grds. zulässig**.[11] Ausnahmsweise
kann der hieraus resultierenden Schwebelage aber das Interesse an Rechtssicherheit auf Seiten der Allgemeinheit oder eines Beteiligten entgegenstehen. Deshalb
schließt das Gesetz die Vornahme eines Rechtsgeschäfts unter einer Bedingung teilweise ausdrücklich aus. Die Auslegung des Gesetzes kann aber auch im Übrigen
ergeben, dass ein Rechtsgeschäft bedingungsfeindlich ist.

2. Ausnahmen

a) Schutz der Allgemeinheit

Nach § 925 Abs. 2 BGB kann die Einigung über den Eigentumsübergang eines   **13**
Grundstücks (**Auflassung**) nicht mit einer Bedingung versehen werden. Hintergrund hierfür ist das Vertrauen der Allgemeinheit in die zutreffende Wiedergabe
der Eigentumsverhältnisse durch das Grundbuch. Würde z. B. eine Auflassung auf-
lösend bedingt erklärt und der Eigentumswechsel anschließend ins Grundbuch eingetragen, würde das Grundbuch automatisch falsch, sobald die Bedingung eintritt.
Dies wird durch § 925 Abs. 2 BGB vermieden. Da für bewegliche Sachen kein

---

[10] Mot. I, S. 268 f.
[11] Mot. I, S. 249.

vergleichbares Register existiert, sind Verfügungen über diese dagegen nicht bedingungsfeindlich.

14 Wegen der zahlreichen Wirkungen der **Ehe,** auch im Verhältnis zu Dritten, ist auch die Eheschließung nach § 1311S. 2 BGB bedingungsfeindlich.

15 Soweit ein Rechtsgeschäft im Interesse der Allgemeinheit bedingungsfeindlich ist, können die Parteien hiervon auch **nicht einvernehmlich abweichen.** Sie können nicht über die Interessen der Allgemeinheit disponieren.

b) Schutz des Empfängers einseitiger Rechtsgeschäfte

16 Der durch die bedingte Vornahme eines Rechtsgeschäfts entstehende Schwebezustand kann auch für eine am Rechtsgeschäft beteiligte Partei unzumutbar sein, wenn sie diesen nicht freiwillig übernommen hat und sie ihm nicht ausweichen kann.[12] Dies betrifft Fälle, in denen eine Partei durch Vornahme eines **einseitigen Rechtsgeschäfts** die Rechtslage in Bezug auf eine andere Partei umgestalten kann und hiervon unter einer Bedingung Gebrauch macht. Bspw. ist der Empfänger einer aufschiebend bedingten **Aufrechnungserklärung** fortan im Unklaren darüber, ob seine ursprüngliche Forderung (Hauptforderung) weiterhin besteht. Das Gesetz lässt das Interesse des Aufrechnungsadressaten an Rechtsklarheit überwiegen und ordnet deshalb in § 388 Abs. 2 BGB die Bedingungsfeindlichkeit der Aufrechnung an. Dieser Rechtsgedanke wird auf Grund der Vergleichbarkeit der Interessenlage auf **sämtliche fremdwirkenden Gestaltungsrechte**, wie z. B. Anfechtung, Rücktritt, Widerruf oder Kündigungen übertragen.[13] Auch die Genehmigung nach § 108 Abs. 1 BGB, deren Zweck gerade in der Beendigung eines Schwebezustands liegt, kann nicht unter einer Bedingung erklärt werden.

17 Ausnahmsweise können **auch Gestaltungserklärungen mit Bedingungen** versehen werden, wenn der Erklärungsempfänger nicht schutzwürdig ist. Dies ist zunächst der Fall, wenn die Möglichkeit einer bedingten Gestaltungserklärung zuvor zwischen Erklärendem und Empfänger durch gesonderte Abrede wirksam zugelassen wurde. Ferner bedarf es keines besonderen Schutzes, wenn die Gestaltungserklärung mit einer Potestativbedingung verknüpft ist, deren Eintritt allein der Erklärungsempfänger herbeiführen kann. In diesem Fall hat es der Erklärungsempfänger in der Hand, den Schwebezustand selbst auszuräumen.

c) Schutz der unterlegenen Partei eines Vertrags

18 Teilweise wird die Zulässigkeit der Vornahme eines Rechtsgeschäfts unter einer Bedingung trotz Einverständnis aller Beteiligten zum Schutz eines Beteiligten beschränkt. Dies gilt bspw. nach § 21 TzBfG zum Schutz des Arbeitnehmers vor einer Aushöhlung seines Interesses am Bestand des Arbeitsverhältnisses.

---

[12] Vgl. BGH v. 22.10.2003, NJW 2004, 284, 284 f.
[13] Mot. I, S. 249; BGH v. 22.10.2003, NJW 2004, 284, 284 f.

3. Rechtsfolgen einer unzulässigen Bedingung

Wird ein Rechtsgeschäft unzulässigerweise mit einer Bedingung verknüpft, richtet **19** sich die Rechtsfolge zunächst nach einer etwaigen gesetzlichen Anordnung. Danach ist eine bedingt erklärte Auflassung nach § 925 Abs. 2 BGB insgesamt unwirksam. Fehlt es an einer gesetzlichen Regelung, führt die Unzulässigkeit der Bedingung zunächst nur zu deren Unwirksamkeit. Inwieweit im Übrigen das gesamte Rechtsgeschäft von der Unwirksamkeit erfasst wird, richtet sich nach § 139 BGB, was im Regelfall zur Gesamtnichtigkeit führt.

> **Beispiel:** Gierig erklärt gegenüber Emsig die Kündigung des Arbeitsverhältnisses unter der Bedingung, dass er am kommenden Samstag im Lotto gewinnt. Da die Kündigung als Gestaltungserklärung bedingungsfeindlich ist, ist die Bedingung unwirksam. Dies führt nach § 139 BGB zur Unwirksamkeit der Kündigung, soweit nicht die Auslegung ergibt, dass Gierig die Kündigung auch unabhängig von der Bedingung gelten lassen will.[14]

III. Rechtsfolgen der Bedingung

1. Rechtslage bei Vornahme des Rechtsgeschäfts

Bei der Vornahme eines **aufschiebend bedingten** Rechtsgeschäfts besteht die **20** Rechtslage zunächst unverändert fort. Die vom Rechtsgeschäft intendierten Rechtsfolgen treten vorerst nicht ein. Im Falle der **auflösenden Bedingung** entfaltet das Rechtsgeschäft dagegen bereits mit seiner Vornahme die von ihm intendierten Rechtswirkungen. Insoweit entspricht die Rechtslage derjenigen bei Vornahme als unbedingtes Rechtsgeschäft. In beiden Fällen ist aber bereits in der Vornahme des bedingten Rechtsgeschäfts angelegt, dass sich die zukünftige Rechtslage in Abhängigkeit von der zukünftigen Entwicklung ändern kann. Im Hinblick darauf, dass die intendierten Rechtsfolgen ggf. eintreten (aufschiebende Bedingung) oder die eingetretenen Rechtsfolgen wieder entfallen können (auflösende Bedingung), entstehen bestimmte Bindungen zwischen den Parteien. Auf den bereits mit der Vornahme des bedingten Rechtsgeschäfts begründeten Schwebezustand müssen die Parteien Rücksicht nehmen (vgl. §§ 160–162 BGB).[15]

2. Bedingungseintritt

Eigenart der Bedingung ist, dass Unsicherheit über das „Ob" des näher bezeichneten **21** Ereignisses besteht. Tritt das näher bezeichnete Ereignis ein, wird die Bedingung erfüllt (Bedingungseintritt). Dies bewirkt, dass sich die Rechtslage automatisch und

---

[14] Strenger *Flume*, AT II, § 38 Ziffer 5, S. 698.

[15] Mot. I, S. 255 ff. – Siehe unten Rn. 26 ff. und 30 ff.

ohne weiteres Zutun der Beteiligten in dem beabsichtigten Sinne ändert. Der zuvor bestehende **Schwebezustand** endet.

> **Beispiel:** Alfons schließt mit seinem Sohn Jonas einen notariell beurkundeten Schenkungs-vertrag über einen nagelneuen Sportwagen des Typs Panorama für den Fall, dass Jonas erfolgreich sein Erstes Juristisches Examen ablegt. Wenn Jonas die Prüfung mit 4,02 Punk-ten besteht, erlangt der geschlossene Vertrag volle Wirksamkeit und Jonas kann von seinem Vater das Fahrzeug verlangen.

22 Hinsichtlich der Änderung der Rechtslage ist zwischen aufschiebender und auf-lösender Bedingung zu unterscheiden. Im Falle einer **aufschiebenden Bedingung** treten mit Bedingungseintritt die vom Rechtsgeschäft intendierten Rechtsfolgen ein. Bei Vornahme eines Rechtsgeschäfts unter einer **auflösenden Bedingung** ent-fallen die zunächst bewirkten Rechtsfolgen mit Bedingungseintritt; der vorherige Rechtszustand tritt wieder ein.[16]

> **Beispiel:** Alfons setzt Rolf als seinen Erben unter der Bedingung ein, dass dieser nicht mehr raucht. Mangels abweichender Anhaltspunkte ist dieser Zusatz gemäß § 2075 BGB als auf-lösende Bedingung zu verstehen. Rolf soll unmittelbar mit dem Tod des Alfons dessen Erbe sein. Seine Erbenstellung entfällt jedoch, sobald er seinem Laster wieder nachgibt.

23 Der Bedingungseintritt bewirkt den Eintritt der Rechtsfolgen in zeitlicher Hinsicht ab dem maßgeblichen Ereignis (*ex nunc*).[17] Eine Rückwirkung auf den Zeitpunkt der Vornahme des Rechtsgeschäfts findet nicht statt. Die am Rechtsgeschäft beteiligten Personen können jedoch gemäß § 159 BGB verabreden, dass sie sich bei Bedingungseintritt so zu stellen haben, als sei die Bedingung zu einem früheren, näher bezeichneten Zeitpunkt eingetreten. Eine solche Vereinbarung bewirkt also nicht, dass die Rechtsfolgen des Bedingungseintritts zurückwirken, weil niemand die Vergangenheit ändern kann. Stattdessen haben die Beteiligten auf **schuldrecht-licher Ebene** einen Anspruch, voneinander das gewährt zu bekommen, was ihnen gebührt, wäre die Bedingung zum bezeichneten Zeitpunkt eingetreten.

3. Bedingungsausfall

24 Da der Eintritt des zukünftigen Ereignisses ungewiss ist, ist denkbar, dass zu einem bestimmten Zeitpunkt feststeht, dass es nicht mehr zum Bedingungseintritt kom-men wird (**Bedingungsausfall**). Dies kann zunächst der Fall sein, weil das Ereignis durch bestimmte Umstände künftig ausgeschlossen ist. Außerdem ist denkbar, dass die Bedingung darin bestand, dass ein näher bezeichnetes Ereignis nur innerhalb eines Zeitraums oder zu einem bestimmten Zeitpunkt maßgeblich sein soll. Haben die Parteien einen entsprechenden Zeitpunkt nicht bestimmt, kann die Auslegung des Rechtsgeschäfts ergeben, dass eine Partei in entsprechender Anwendung der §§ 146, 148 BGB berechtigt ist, hierfür eine Frist zu bestimmen.[18]

---

[16] Mot. I, S. 253 f.
[17] Mot. I, S. 252 f.
[18] BGH v. 26.11.1984, NJW 1985, 1556, 1557.

Beispiele: (1) Patzt Jonas anders als im vorstehenden Beispiel (vgl. oben Rn. 21) in sämtlichen Prüfungsversuchen, steht spätestens mit seinem Scheitern im dritten Examensversuch fest, dass er das Jurastudium nicht erfolgreich abschließen wird. Der Schenkungsvertrag erlangt endgültig keine Wirksamkeit. (2) Wurde Jonas der Erwerb des Pkw unter der Bedingung in Aussicht gestellt, dass er seine Abschlussprüfung bis zur Vollendung seines 24. Lebensjahrs erfolgreich absolviert, kann diese Bedingung bereits dann nicht mehr eintreten, wenn Jonas seinen 24. Geburtstag als „stud. iur." feiert, unabhängig davon, ob und wie oft er bereits gescheitert ist. (3) Schließt Alfred mit Bert den erforderlichen Kaufvertrag über den Pkw unter der Bedingung, dass seine Bank ihm ein Darlehen gewährt, kann Bert entsprechend §§ 146, 148 BGB Alfred eine angemessene Frist zur Klärung des Darlehens setzen, nach deren fruchtlosem Ablauf der Ausfall der Bedingung feststeht.

Auch mit Bedingungsausfall endet die Schwebelage.[19] Stand das Rechtsgeschäft **25** unter einer **aufschiebenden Bedingung**, treten die vom Rechtsgeschäft intendierten, zunächst noch nicht eingetretenen Rechtsfolgen endgültig nicht mehr ein. Bei der **auflösenden Bedingung** erlangen die bereits mit Vornahme des Rechtsgeschäfts eingetretenen Rechtsfolgen dagegen endgültigen Charakter. Es steht fest, dass sie nicht mehr entfallen werden.

Beispiel: Bert schenkt und übereignet Susi eine Silberkette mit der Maßgabe, dass diese innerhalb der nächsten drei Monate nicht raucht. Die Auslegung ergibt, dass eine auflösende Bedingung gewollt ist und Susi sofort Eigentümerin der Kette wird. Sind die drei Monate vorbei, ohne dass Susi geraucht hat, steht fest, dass die Bedingung nicht mehr eintreten kann und der Eigentumserwerb von Susi wird endgültig.

4. Fiktion von Bedingungseintritt oder -ausfall

Bedingungseintritt oder -ausfall sind grds. davon abhängig, dass das maßgebliche **26** Ereignis tatsächlich eintritt oder tatsächlich ausbleibt. Soweit eine Partei jedoch Einfluss auf Eintritt oder Ausfall der Bedingung nehmen kann, besteht die Gefahr eines von Sinn und Zweck des Rechtsgeschäfts oder der Bedingung nicht beabsichtigten **Missbrauchs**. Zur Vermeidung eines solchen Missbrauchs fingiert das Gesetz nach § 162 BGB den Eintritt der Bedingung bzw. deren Ausfall:

1. wenn die durch den Bedingungseintritt potenziell benachteiligte Partei diesen treuwidrig vereitelt (vgl. § 162 Abs. 1 BGB),
2. wenn die durch den Bedingungseintritt potenziell begünstigte Partei das maßgebliche Ereignis treuwidrig herbeiführt (vgl. § 162 Abs. 2 BGB).

Ob die Bedingungsvereitelung oder die Herbeiführung der Bedingung treuwidrig **27** waren, beurteilt sich nach einem mit § 242 BGB vergleichbaren Maßstab. Ausschlaggebend sind vor allem **Sinn und Zweck** des Rechtsgeschäfts sowie der Bedingung und die Interessen der Beteiligten.[20] Nach diesem Maßstab sind Vereitelung oder Herbeiführung des Bedingungseintritts gerade nicht treuwidrig, wenn es sich um eine **Potestativbedingung** handelt und deshalb der Eintritt der Rechtsfol-

---

[19] Mot. I, S. 255.
[20] Mot. I, S. 263.

gen bzw. ihr Wegfall nach Sinn und Zweck vom Willen des Handelnden abhängig sein sollen.[21]

28 Neben dem objektiven Widerspruch der Herbeiführung bzw. Vereitelung der Bedingung zu Sinn und Zweck des Rechtsgeschäfts oder der Bedingung ist erforderlich, dass die Partei **subjektiv vorwerfbar** gehandelt hat.[22] Es genügt nicht die „Verursachung", sondern es bedarf eines „Vereitelns" oder „Herbeiführens".

29 In seiner Rechtsfolge ordnet § 162 BGB an, dass der Eintritt oder der Ausfall der Bedingung **fingiert wird**, weshalb die an Eintritt oder Ausfall der konkreten Bedingung anknüpfenden Rechtsfolgen eintreten.

> **Beispiel:** Anton übereignet Klaus seinen Pkw unter der aufschiebenden Bedingung vollständiger Zahlung des vorab vereinbarten Kaufpreises. Verweigert Anton die Entgegennahme der letzten Rate, kann zwar die zum Eigentumsübergang erforderliche Bedingung tatsächlich nicht eintreten. Gleichwohl wird Klaus auf Grund der Fiktion des § 162 Abs. 1 BGB mit erfolgter Annahmeverweigerung durch Anton Eigentümer des Pkw.

IV. Schutz des bedingt Berechtigten

1. Allgemeines

30 Im Hinblick auf die mögliche Änderung der Rechtslage in der Zukunft müssen die Parteien ihr Verhalten während des Schwebezustands bereits auf die mögliche Rechtsänderung ausrichten. Dies bekräftigt § 160 BGB durch einen schuldrechtlichen Schadensersatzanspruch zu Gunsten des durch die bedingte Rechtsfolge Begünstigten. Dessen Schutz verstärkt § 161 BGB, der auf dinglicher Ebene verhindern soll, dass die Verwirklichung einer bedingten Verfügung durch eine während des Schwebezustands vorgenommene Zwischenverfügung vereitelt wird. Die Regelungen der §§ 160, 161 BGB ergänzen den von § 162 BGB gewährten Schutz. Knüpft der Schutz des § 162 BGB unmittelbar an das für die Bedingung maßgebliche Ereignis an, so nehmen die §§ 160, 161 BGB sonstige Gefahren in den Blick.

2. Schutz gegenüber dem Geschäftspartner

31 Zugunsten des bedingt Berechtigten besteht ein Schadensersatzanspruch, wenn sein Gegenüber schuldhaft den aus dem Bedingungseintritt resultierenden Vorteil beeinträchtigt oder gänzlich vereitelt. Ein entsprechender **Ersatzanspruch** wird durch § 160 Abs. 1 BGB für den durch eine aufschiebende Bedingung bedingt Berechtigten und von § 160 Abs. 2 BGB für denjenigen, auf den im Falle einer auflösenden Bedingung die Rechtsposition bei Ereigniseintritt wieder zurückfällt, begründet. Die Ersatzpflicht entsteht jedoch erst, **wenn die Bedingung eintritt**. Anderenfalls

---

[21] Mot. I, S. 263.

[22] Vgl. BGH v. 13.02.1989, NJW-RR 1989, 802, 803. – A. A. Palandt/*Ellenberger* § 162 BGB Rn. 3.

wäre die beeinträchtigende Handlung nicht ursächlich für das Ausbleiben des bedingten wirtschaftlichen Erfolgs des Berechtigten.

Beispiel: (1) Albert übereignet Bertram in Erfüllung eines zuvor geschlossenen Kaufvertrags eine Segeljacht unter der aufschiebenden Bedingung der vollständigen Kaufpreiszahlung. Auf seinem letzten Turn setzt Albert das Boot auf Grund, weshalb der Kiel abreißt und das Boot sinkt. In Unkenntnis dieser Ereignisse zahlt Bertram die letzte Kaufpreisrate. Ihm steht, ggf. neben sonstigen Anspruchsgrundlagen, ein Schadensersatzanspruch aus § 160 Abs. 1 BGB zu. (2) Lautete die Bedingung allerdings dahin, dass die letzte Rate bis zu einem bestimmten Termin gezahlt werden muss und versäumt Bertram diesen Termin, weshalb die Bedingung ausfällt, steht ihm auch kein Anspruch aus § 160 Abs. 1 BGB zu.

3. Schutz gegenüber Dritten

Trifft der während des Schwebezustands einer dinglichen Verfügung Berechtigte eine weitere Verfügung, welche in ihren Wirkungen mit der bedingten Verfügung kollidiert (**Zwischenverfügung**), gefährdet dies den rechtlichen Erfolg der bedingten Verfügung. Der während des Schwebezustands noch berechtigte Veräußerer verliert ggf. bis zum Bedingungseintritt auf Grund der Zwischenverfügung seine Berechtigung, weshalb die bedingte Verfügung im Zeitpunkt des Bedingungseintritts an seiner fehlenden Berechtigung scheitert. **32**

Nach § 160 BGB steht dem bedingt Berechtigten zwar ggf. ein Schadensersatzanspruch zu. Dieser hilft ihm allerdings nicht, die Zwischenverfügung rückgängig zu machen und der bedingten Verfügung hierdurch zum Erfolg zu verhelfen. Hier greift § 161 Abs. 1, 2 BGB ein und beschränkt die Verfügungsbefugnis des während des Schwebezustands Berechtigten. Dieser kann zwar auf Grund seiner im Schwebezustand weiter bestehenden Rechtsinhaberschaft grds. wirksam verfügen. Ändert sich jedoch auf Grund des Eintritts bzw. Ausfalls der Bedingung die Rechtslage, ist die Zwischenverfügung im Verhältnis zum bedingt Berechtigten insoweit unwirksam (**relativ unwirksam**),[23] als sie die bedingte Verfügung beeinträchtigt. Danach scheitert das Wirksamwerden der bedingten Verfügung nicht an der fehlenden Berechtigung. **33**

Der mögliche Eintritt relativer Unwirksamkeit gefährdet andererseits die Sicherheit des Rechtsverkehrs. Dem trägt § 161 Abs. 3 BGB Rechnung, indem er die Vorschriften über den Erwerb vom Nichtberechtigten für entsprechend anwendbar erklärt. Kann der maßgebliche Gegenstand **vom Nichtberechtigten erworben** werden, wird unter den jeweils hierfür bestehenden Voraussetzungen der Schutz des § 161 Abs. 1, 2 BGB „weg erworben". **34**

Beispiel: Alfred übereignet Xaver in Erfüllung eines zuvor geschlossenen Kaufvertrags ein Segelflugzeug unter der aufschiebenden Bedingung der vollständigen Kaufpreiszahlung. Nachdem Klaus das sich noch bei Alfred befindliche Flugzeug betrachtet hat, bietet er Alfred einen besseren Kaufpreis und will darüber hinaus sofort bar bezahlen. Alfred schlägt ein und übereignet Klaus sogleich das Flugzeug. Da Alfred vor Bedingungseintritt (vollständige Kaufpreiszahlung) noch Eigentümer des Flugzeugs war, kann er dieses nach

---

[23] Siehe oben § 14 Rn. 12.

§ 929 BGB an Klaus übereignen. Zahlt Xaver jedoch die letzte Kaufpreisrate, ordnet § 161 Abs. 1 BGB an, dass die Übereignung von Alfred an Xaver relativ unwirksam ist. Der Eigentumserwerb des Xaver scheitert nicht daran, dass Alfred sein Eigentum zwischenzeitlich an Klaus verloren hat. – Soweit Klaus jedoch gutgläubig ist, d. h. die bedingte Übereignung weder kannte noch kennen musste, erwirbt er nach §§ 929, 932, 161 Abs. 3 BGB das Eigentum am Flugzeug unbelastet. Zahlt Xaver die letzte Kaufpreisrate, greift § 161 Abs. 1 BGB nicht ein. Die bedingte Übereignung an Xaver wird nicht wirksam, weil es Alfred auf Grund der Übereignung an Klaus im Zeitpunkt des Bedingungseintritts an der hierfür erforderlichen Berechtigung fehlt.

C. Befristung

I. Begriff

35   Anstelle einer Bedingung kann ein Rechtsgeschäft von den Beteiligten auch mit einem **Anfangs- oder Endtermin** versehen werden (befristete Rechtsgeschäfte). Auch dies ermöglicht es, das Rechtsgeschäft und seine Wirkungen zukunftsgerichtet zu gestalten. Nach § 163 BGB finden auf das mit einem Anfangstermin versehene Rechtsgeschäft die Regeln über die aufschiebende Bedingung und auf das mit einem Endtermin versehene Rechtsgeschäft die Regeln über die auflösende Bedingung entsprechende Anwendung.

36   Bei der Befristung ist für den Eintritt oder den Wegfall der Wirkungen eines Rechtsgeschäfts ein **zukünftiges Ereignis** maßgeblich, dessen Eintritt im Gegensatz zur Bedingung **gewiss** ist. Dabei kann neben einem kalendarisch bestimmten Termin auch ein unabwendbares Ereignis in Bezug genommen werden, bei dem der Ereigniszeitpunkt nicht bestimmbar ist. Sicher ist also das „Ob" – nicht zwingend dagegen das „Wann". Die Abgrenzung kann im Einzelfall schwierig sein.

> **Beispiele:** (1) Albert und Bert schließen einen auf fünf Monate befristeten Mietvertrag. Die Wirkungen des hierdurch begründeten Mietverhältnisses sollen nach Ablauf von fünf Monaten enden. (2) Claus und Detlef schließen ein Arbeitsverhältnis für die Dauer der Abarbeitung eines Großauftrags. Hier ist sicher, dass der Großauftrag irgendwann abgearbeitet ist und deshalb der Bedarf für die Arbeitsleistung entfällt. Der genaue Zeitpunkt ist noch offen. Mit Erreichen des Zeitpunkts soll das Arbeitsverhältnis jedoch enden (vgl. aber § 15 Abs. 2 TzBfG). (3) Verspricht Justin seinem Großvater (formwirksam), ihm zu dessen 90. Geburtstag eine Hollywood-Schaukel zu schenken, liegt nach Auslegung dieser Abrede keine Befristung, sondern eine Bedingung näher. Für eine Befristung spräche zwar, dass das Datum des 90. Geburtstags bereits jetzt feststeht. Allerdings will Justin seinem Großvater die Schaukel nur schenken, wenn dieser noch lebt. Erscheint dies den Parteien unsicher, ist eine Bedingung gegeben.

II. Zulässigkeit von Fristen

37   Ähnlich wie bei der Bedingung sind bestimmte Rechtsgeschäfte mit einer Befristung unvereinbar. So wird die **Ehe** nach § 1353 Abs. 1 S. 1 BGB auf Lebenszeit geschlossen und ist somit einer sonstigen Befristung nicht zugänglich (vgl. auch § 1311S. 2 BGB). Auch verbietet § 925 Abs. 2 BGB die **Auflassung** unter einer Zeitbestimmung. § 14 TzBfG macht die Vereinbarung eines Endtermins im **Arbeitsverhältnis** davon abhängig, dass bestimmte Voraussetzungen (Regelfall: Sachgrund) erfüllt sind, um zu vermeiden, dass der durch das KSchG begründete Bestandsschutz der Arbeitnehmer umgangen wird.

Auch wenn die vorstehend benannten Fälle (Ehe, Auflassung, Befristung des Arbeitsverhältnisses) denjenigen Fällen entsprechen, in denen auch die bedingte Vornahme des Rechtsgeschäfts eingeschränkt ist,[24] geht es zu weit, wenn *Flume* ausführt, dass bedingungsfeindliche Rechtsgeschäfte in gleicher Weise **befristungsfeindlich** sind.[25] Insbesondere soweit es an einer ausdrücklichen gesetzlichen Anordnung hierzu fehlt, ist vielmehr entscheidend, ob und inwieweit die gegen eine Bedingung sprechenden Gründe (unzumutbare Unsicherheit) auch einer Befristung entgegenstehen. Dies zeigt sich deutlich für den Fall der Kündigung. Als Gestaltungserklärung ist die Kündigung bedingungsfeindlich, weil Klarheit über das Bestehen eines Rechtsverhältnisses bestehen soll. Wird die Kündigung aber bspw. unter einer kalendermäßigen Befristung (z. B. zum Jahresende) erklärt, beeinträchtigt dies die Klarheit nicht, weil sich anhand des Kalenders zweifelsfrei feststellen lässt, ob und wann das Rechtsverhältnis geendet hat. Wird eine Kündigung dagegen unter einer unbestimmten Befristung erklärt, tritt eine unzumutbare Unsicherheit zumindest über den Termin der Beendigung ein. Eine entsprechende Befristung ist deshalb unwirksam.[26]

38

III. Anordnung von Fristen

Für bestimmte Fälle schreibt das Gesetz ausdrücklich vor, dass ein Rechtsgeschäft nur unter Einhaltung bestimmter Fristen vorgenommen werden kann. Dies gilt namentlich für die ordentliche **Kündigung von Dauerschuldverhältnissen**. Der Adressat der Kündigung soll sich auf die Änderung der Rechtslage einrichten können. Deshalb ordnet das Gesetz bestimmte Mindestfristen an, welche zwischen Zugang der Kündigung und Eintritt ihrer Rechtswirkungen liegen müssen (vgl. §§ 573c, 621, 622 BGB).

39

IV. Rechtsfolgen der Befristung

Die Rechtsfolgen einer Befristung entsprechen denen einer Bedingung (vgl. § 163 BGB). Ist das Rechtsgeschäft mit einem **Anfangstermin** versehen, treten die Rechtsfolgen wie bei der aufschiebenden Bedingung erst mit dem näher bezeichneten Ereignis (z. B. Termin) ein. Ist ein Rechtsgeschäft dagegen mit einem **Endtermin**

40

---

[24] Siehe oben Rn. 13 ff.

[25] *Flume*, AT II, § 38 Ziffer 5, S. 698. – Zutreffend einschränkend („regelmäßig"): BGH v. 22.10.2003, NJW 2004, 284, 284 f.

[26] BGH v. 22.10.2003, NJW 2004, 284, 284 f.

versehen, werden das Rechtsgeschäft und dessen Rechtswirkungen wie bei der auflösenden Bedingung sofort wirksam, entfallen jedoch wieder mit dem Eintritt des Ereignisses. Die ursprüngliche Rechtslage wird wieder hergestellt.

Beispiel: Einzelhändler Little räumt Mike das Recht ein, ab dem 01.06. die bekannte Marke „Little" für die Dauer von fünf Monaten zu Werbezwecken zu nutzen. Das hierdurch begründete Nutzungsrecht entsteht zum 01.06. und entfällt nach Ablauf von fünf Monaten.

D. Anhang: Fristen und Termine

I. Begriff und Bedeutung

41 Unter einer **Frist** versteht man einen abgegrenzten Zeitraum, der bestimmt oder zumindest bestimmbar ist.[27] Ein **Termin** kennzeichnet dagegen einen bestimmten Zeitpunkt, an dem etwas Tatsächliches geschehen oder an dem bestimmte Rechtswirkungen eintreten sollen.

42 Fristen und Termine sind von erheblicher rechtlicher Bedeutung. Sie sind zunächst nicht nur im Zusammenhang mit **Befristungen**[28] für die Entstehung oder den Wegfall von Rechtswirkungen erheblich. Sie erlangen vielmehr auch Bedeutung im Zusammenhang mit der **Verjährung** von Ansprüchen.[29] Ihre Bedeutung beschränkt sich aber nicht auf das BGB, sondern reicht weiter hierüber hinaus.[30] Es existiert praktisch kein Rechtsgebiet, in welchem der Faktor Zeit und mit ihm Fristen und Termine keine Bedeutung erlangen. Praktisch besonders wichtig ist vor allem die Einhaltung von Fristen im Zusammenhang mit der Zulässigkeit von gerichtlichen **Rechtsbehelfen**, weil ein gerichtliches Verfahren allein wegen Versäumung einer Frist verloren werden kann. Deshalb muss jeder Jurist im sicheren Umgang mit Fristen und Terminen geübt sein.

II. Gesetzliche Regelung

43 Mit Fristen und Terminen befassen sich die §§ 186 ff. BGB, welche **Auslegungsregeln** darüber enthalten, wie Anfang und Ende einer Frist oder ein Termin bestimmt werden. Sie gelten insbesondere, wenn sie ausdrücklich in Bezug genommen werden (vgl. § 222 Abs. 1 ZPO). Sie gelten aber auch darüber hinaus, wenn nicht durch speziellere Vorschriften, gerichtliche oder behördliche Anordnung oder Rechtsgeschäft etwas Abweichendes bestimmt wird (vgl. § 186 BGB).

---

[27] RG v. 08.06.1928, RGZ 120, 355, 362.
[28] Siehe oben Rn. 35 ff.
[29] Siehe unten § 19 Rn. 16 ff.
[30] Vgl. GemSOGB v. 06.07.1972, NJW 1972, 2035.

Beispiel: Alfred und Gustav vereinbaren innerhalb eines Kaufvertrags ein Widerrufsrecht für Gustav, welches er bis zum 22.12.2013 um zwölf Uhr mittags ausüben muss. Hier bedarf es zur Bestimmung, ob Gustav sein Widerrufsrecht fristgerecht ausgeübt hat, nicht des Rückgriffs auf §§ 186 ff. BGB. Haben die Parteien die Widerrufsfrist dagegen nicht so genau ausgestaltet (z. B. „innerhalb von zwei Wochen"), müssen ergänzend die §§ 186 ff. BGB herangezogen werden. Der Fristablauf kann dann nur mit Ablauf eines Kalendertags erfolgen, weil das Gesetz Ablaufzeitpunkte innerhalb eines Tags nicht kennt.

III. Fristberechnung

1. Ausgangspunkt

Das Gesetz unterscheidet zwischen Verlaufs- und Ereignisfristen. Unterscheidungskriterium ist der Anknüpfungspunkt für den Fristbeginn, was sich wiederum auf die Bestimmung des Endes der Frist auswirkt. Hintergrund der Unterscheidung ist, dass Fristen mindestens in der bestimmten Dauer laufen, zugleich aber grds. nicht zu einem Zeitpunkt innerhalb eines Tags enden sollen.   **44**

Ereignisfristen (vgl. § 187 Abs. 1 BGB) zeichnen sich dadurch aus, dass sie an ein in den Lauf eines Tags fallenden Umstand (Ereignis) anknüpfen. Bspw. muss der Arbeitnehmer eine Kündigungsschutzklage spätestens drei Wochen nach dem Zugang der arbeitgeberseitigen Kündigung erheben (vgl. § 4 KSchG). Ereignis ist hier der Zugang der Kündigungserklärung. Im Gegensatz zu Ereignisfristen sind **Verlaufsfristen** dadurch gekennzeichnet, dass sie nicht an ein in den Lauf eines Tags fallendes Ereignis, sondern unmittelbar an den Beginn eines Tags anknüpfen (vgl. § 187 Abs. 2 BGB). Obwohl die Geburt eines Menschen regelmäßig in den Lauf eines Tags fällt, fingiert § 187 Abs. 2 S. 2 BGB insoweit, dass eine Verlaufsfrist vorliegt und die Geburt stets zu Beginn eines Tags erfolgt.   **45**

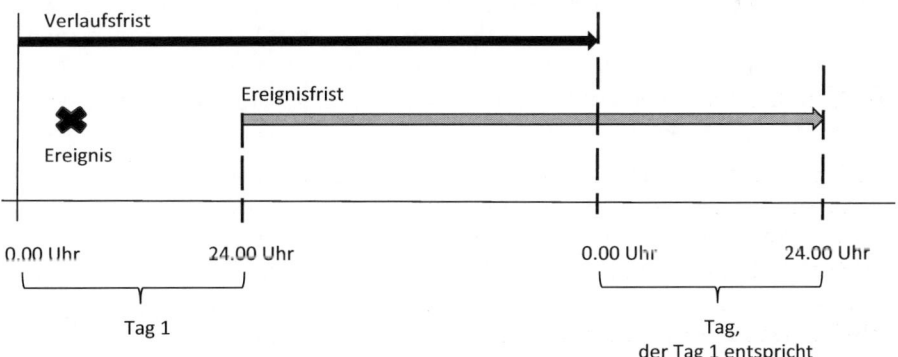

2. Ereignisfristen

Für die Fristberechnung ordnet § 187 Abs. 1 BGB in Bezug auf Ereignisfristen an, dass der Tag, in dessen Verlauf das Ergebnis fällt, nicht mitzuzählen ist. **Fristbeginn**   **46** ist also stets der Anfang (0:00 Uhr) des Folgetags. Dies vermeidet eine aufwendige, stunden- oder minutengenaue Bestimmung des Ereignisses.

47 Eine nach Tagen bemessene Ereignisfrist **endet** gemäß § 188 Abs. 1 BGB mit Ablauf des letzten Tags der Frist.

> **Beispiel:** Alfred gibt gegenüber Bertram einen Antrag ab (Zugang am 3.5. um 14.27 Uhr), welcher innerhalb von fünf Tagen angenommen werden muss. Der Zugang des Antrags stellt ein Ereignis i. S. d. § 187 Abs. 1 BGB dar. Der Fristbeginn erfolgt deshalb am 4.5., 0:00 Uhr. Die Frist ist nach Tagen bestimmt, weshalb sich aus § 188 Abs. 1 BGB ergibt, dass die Annahmefrist am 8.5., 24.00 Uhr endet.

48 Ist die Ereignisfrist dagegen nach Wochen, Monaten oder Jahren bemessen, ist das Fristende nach § 188 Abs. 2 Alt. 1 BGB zu bestimmen. Die Frist endet an dem Tag, dessen Benennung oder dessen Zahl demjenigen Tag entspricht, in welchen das Ereignis oder der Zeitpunkt fiel.

> **Beispiel:** (1) Alfred gibt gegenüber Bertram einen Antrag ab (Zugang am Mittwoch, den 3.5. um 14.27 Uhr), welcher innerhalb von einer Woche angenommen werden muss. Die Annahmefrist endet mit Ablauf des darauf folgenden Mittwochs (hier 10.5.). (2) Beträgt die Annahmefrist dagegen einen Monat, endet sie mit Ablauf des 3.6. (3) Schließlich endet die Frist mit Ablauf des 3.5. des folgenden Jahres, wenn eine Annahmefrist von einem Jahr gewährt wurde; dies gilt auch, wenn das auf den Fristbeginn folgende Jahr ein Schaltjahr ist.

3. Verlaufsfristen

49 Da Verlaufsfristen ohnehin an den Beginn eines Tags anknüpfen, droht keine Stückelung einzelner Tage, weshalb der erste Tag nach § 187 Abs. 2 S. 1 BGB bei der Fristberechnung voll zu berücksichtigen ist. Dies gilt auf Grund der Fiktion des § 187 Abs. 2 S. 2 BGB auch für die Berechnung des Lebensalters, für die der Tag der Geburt vollständig mitgezählt wird.

50 Das Ende einer nach Tagen bemessenen Verlaufsfrist bestimmt sich ebenfalls nach § 188 Abs. 1 BGB unter Berücksichtigung des ersten Tags. Ist die Verlaufsfrist nach Wochen, Monaten oder Jahren bestimmt, ist das Fristende nach § 188 Abs. 2 Alt. 2 BGB zu ermitteln. Die Verlaufsfrist endet dann mit Ablauf des Tags der letzten Woche oder des letzten Monats, der nach seiner Zahl oder Benennung dem Tag des Fristbeginns vorgeht.

> **Beispiele:** (1) Arndt vermietet eine Wohnung für neun Monate beginnend ab 1.2. Die Auslegung ergibt hier eine Verlaufsfrist, welche am 1.2. um 0.00 Uhr beginnt. Das Mietverhältnis endet damit nach § 188 Abs. 2 Alt. 2 BGB mit Ablauf des 31.10. (24:00 Uhr). (2) Berni wurde am 12.02.1976 um 3.33 Uhr geboren. Er fragt sich nun, wann genau er volljährig geworden ist. Nach § 2 BGB tritt Volljährigkeit mit Vollendung des 18. Lebensjahrs ein. Nach § 187 Abs. 2 S. 2 BGB ist das Lebensalter wie eine Verlaufsfrist zu berechnen, so dass der Tag der Geburt mit einbezogen wird. Berni hat somit am 11.02.1994 um 24.00 Uhr das 18. Lebensjahr vollendet und ist volljährig geworden.

4. Weitere Auslegungshilfen

Neben den zentralen Auslegungsregeln der §§ 187, 188 Abs. 1, 2 BGB enthalten **51**
die §§ 186 ff. BGB weitere Auslegungsregeln, welche selbsterklärend sind und
z. B. bestimmten kalendarischen Eigenarten Rechnung tragen sollen. Namentlich
berücksichtigt § 188 Abs. 3 BGB den Umstand, dass die **Kalendermonate unterschiedliche Tagesanzahlen** aufweisen. Bei nach Monaten bemessenen Fristen,
deren Ende auf das Ende eines Monats fällt, ist der letzte Tag des Monats maßgeblich, wenn der eigentlich einschlägige Tag in diesem Monat fehlt.

> **Beispiel:** Das eine einmonatige Frist auslösende Ereignis tritt am 31.1. eines Jahrs ein. Der
> Fristbeginn erfolgt nach § 187 Abs. 1 BGB am 1.2. um 0.00 Uhr. Die Frist liefe nach § 188
> Abs. 2 Alt. 1 BGB am 31.2. um 24.00 Uhr ab. Da es diesen Tag nicht gibt, ist Fristende
> stattdessen nach § 188 Abs. 3 BGB der 28.2. um 24.00 Uhr (im Schaltjahr der 29.2.).

Für die Praxis von besonderer Bedeutung ist zudem § 193 BGB. Danach verlängert **52**
sich eine Frist bis zum Ablauf des nächsten Werktags, wenn das eigentliche Fristende auf einen **Samstag, Sonntag** oder einen allgemeinen staatlichen **Feiertag**
fiele und innerhalb der Frist eine Willenserklärung abzugeben oder eine Leistung
zu bewirken ist. Die Vorschrift trägt dem Umstand Rechnung, dass an diesen Tagen
die Abgabe einer Willenserklärung oder die Vornahme einer sonstigen Handlung
typischerweise unmöglich oder unzumutbar ist.

E. Klausurfall – Frist

I. Sachverhalt[31]

Ulrich Höhenflug unterhält eine Basketball-Mannschaft, die am Spielbetrieb der **53**
Bundesliga teilnimmt. Tim Tele betreibt ein Telekommunikationsunternehmen.
Unter dem 11./15.10.2001 schlossen die Parteien einen Werbevertrag, der in Ziffer
VIII über die Vertragsdauer folgende Bestimmungen enthält:

> a) Die Laufzeit dieses Vertrags beginnt mit seiner Unterzeichnung durch beide Parteien
> und läuft für die Saison 2001/2002 und 2002/2003, d. h. für die Zeit bis zum 30.06.2003.
> b) Beide Parteien erhalten allerdings die Möglichkeit, den Vertrag bis zum 30.04.2002 mit
> einer Frist von einem Monat ohne Angabe von Gründen schriftlich zu kündigen. Sollte
> diese Kündigung ausgesprochen werden, endet der Vertrag bereits mit dem Ende der Spiel-
> zeit 2001/2002.

Mit Schreiben vom 27.03.2002 kündigte Tim Tele das Vertragsverhältnis. Da sei-
nerzeit die Osterfeiertage auf den 31.3. (Sonntag) und 01.04. (Montag) fielen, ging
die Kündigungserklärung Ulrich Höhenflug erst am 02.04. zu. Hat die Kündigung
das Vertragsverhältnis zum Ablauf der Saison 2001/2002 beendet?

---

[31] BGH v. 17.02.2005, NZM 2005, 391.

II. Lösungsskizze

54   Die Kündigungserklärung vom 27.03.2002 hat den mit fester Laufzeit bis zum
30.06.2003 abgeschlossenen Werbevertrag bereits zum Ende der Saison 2001/2002
beendet, wenn sie Ulrich Höhenflug unter Wahrung der Frist von Ziffer VIII b)
des Vertrags rechtzeitig zugegangen ist (vgl. Rechtsgedanken in § 620 BGB, § 542
BGB). Notwendig ist, dass die Kündigungserklärung Ulrich Höhenflug mindestens einen Monat (Kündigungsfrist) vor dem in Ziffer VIII b) bestimmten Termin
(30.04.) zugegangen ist. Da die Kündigungserklärung Ulrich Höhenflug am 02.04.
zugegangen ist, müsste danach zwischen dem 02.04. und dem 30.04. eine Frist von
einem Monat liegen.

55   Da die Frist durch den Zugang der Kündigungserklärung, d. h. ein in den Lauf
eines Tags fallendes Ereignis angestoßen wird, liegt eine Ereignisfrist vor. Fristbeginn ist danach der 03.04. (vgl. § 187 Abs. 1 BGB). Dementsprechend endet die
Frist von einem Monat mit Ablauf desjenigen Tags, welcher nach seiner Zahl dem
Tag entspricht, in den das Ereignis gefallen ist (vgl. § 188 Abs. 2 Alt. 1 BGB). Die
durch Kündigungszugang am 02.04. ausgelöste Frist findet ihr Ende danach mit
Ablauf des 02.05.

56   Da die durch die von Tim Tele unter dem 27.03. ausgesprochene, Ulrich Höhen-
flug allerdings erst am 02.04. zugegangene Kündigung ausgelöste Frist von einem
Monat erst nach dem 30.04. endet, hat die Kündigung den Werbevertrag nicht nach
Ziffer VIII b) bereits zum Ende der Saison 2001/2002 beendet. Abweichendes
könnte sich daraus ergeben, dass der letzte Tag, zu welchem die Kündigung Ulrich
Höhenflug hätte zugehen müssen, damit die Kündigung fristgemäß ist (31.03.), ein
Sonntag war. Dies könnte dazu führen, dass sich der letzte Tag, an welchem die
Kündigungserklärung noch fristgerecht zugehen kann, nach § 193 BGB auf den
nächsten Werktag (nicht Samstag, Sonntag oder Feiertag) verschiebt. Da auch der
auf den 31.03. folgende 01.04. als Ostermontag ein gesetzlicher Feiertag war (§ 1
SächsSFG),[32] könnte sich der letzte für den Zugang der Kündigung noch fristge-
mäße Tag auf den 02.04. verschieben. Die Kündigungserklärung wäre dann noch
fristgemäß. Voraussetzung ist allerdings, dass § 193 BGB anwendbar ist.

57   Die Vorschrift des § 193 BGB erfasst den Fall, dass eine Willenserklärung an
einem bestimmten Tag oder innerhalb einer Frist abzugeben ist. Wie die Gleichstel-
lung der Abgabe einer Willenserklärung mit der Bewirkung einer Leistung in § 193
BGB belegt, ist das Merkmal „abgeben" i. S. d. § 193 BGB nicht notwendig i. S.
einer Abgabe i. S. v. § 130 BGB zu verstehen. Anderenfalls käme § 193 BGB kaum
ein relevanter Anwendungsbereich zu, weil die Rechtsordnung regelmäßig nicht darauf abstellt, dass eine Willenserklärung in einer bestimmten Frist abgegeben wird
(Ausnahme § 355 Abs. 1 S. 2 BGB). Vielmehr ist zur Fristwahrung regelmäßig ihr
Zugang entscheidend. „Abgeben" i. S. v. § 193 BGB bedeutet daher so viel wie
„vornehmen" i. S. d. jeweiligen Fristregelung. Erfasst wird danach auch der Fall,

---

[32] Sächsisches Sonn- und Feiertagsgesetz. – Der Ostermontag ist nach den einschlägigen Landes-
rechten aller Bundesländer gesetzlicher Feiertag.

dass eine empfangsbedürftige Willenserklärung zu einem bestimmten Termin oder innerhalb einer Frist wirksam werden, d. h. zugehen muss. Fällt der betreffende Tag bzw. der letzte Tag der Frist auf einen Samstag, Sonn- oder Feiertag, ist die Bewirkung des Zugangs für den Erklärenden unzumutbar. Um ihm die volle Länge der Frist zu erhalten, soll das Fristende verschoben werden.

Gemessen hieran kommt § 193 BGB vorliegend nicht zur Anwendung. Eine **58** unmittelbare Anwendung scheidet aus. Wenn mit einer Frist von einem Monat zu einem bestimmten Tag gekündigt werden kann, bedeutet dies weder, dass die Willenserklärung zu einem bestimmten Tag zugehen muss, noch, dass die Kündigung innerhalb einer Frist zugehen muss. Die Zeit vor Beginn der Kündigungsfrist von einem Monat ist selbst keine Frist, weil sie keinen Anfangszeitpunkt, sondern nur einen Endtermin hat. Auch eine entsprechende Anwendung muss ausscheiden, wenn man berücksichtigt, dass § 193 BGB nach Sinn und Zweck für den Erklärenden die vollwertige Dauer einer Frist sichern soll. Bei der vorliegend zu wahrenden Frist handelt es sich schon nicht um eine solche, welche den Erklärenden und seine Dispositionsmöglichkeiten schützen soll. Vielmehr sollte die Frist in Ziffer VIII b) erkennbar den jeweiligen Kündigungsgegner schützen und für diesen sichern, dass er mindestens einen Monat vor dem 30.04. Kenntnis von der Kündigung erlangt, um seinerseits noch Dispositionen treffen zu können. Für diesen Fall darf § 193 BGB keine Anwendung finden, weil er in diesem Fall nicht sichert, dass eine Frist vollständig erhalten bleibt. Vielmehr würde die Anwendung des § 193 BGB dazu führen, dass die von den Parteien vorgesehene Frist von einem Monat verkürzt würde.

Der Werbevertrag wurde nicht bereits zum Ende der Saison 2001/2002 beendet. **59**

Literatur

Flume (1992) Allgemeiner Teil des Bürgerlichen Rechts. Zweiter Band: Das Rechtsgeschäft. 4. Aufl

Palandt (2013) Bürgerliches Gesetzbuch. 72. Aufl

§ 16 Zustimmungsbedürftige Rechtsgeschäfte

A. Bedeutung

Grds. treten die von einem Rechtsgeschäft intendierten Rechtsfolgen sofort mit **1** Vornahme des Rechtsgeschäfts ein, wenn alle Wirksamkeitsvoraussetzungen erfüllt sind. In bestimmten Fällen macht das **Gesetz** den Eintritt der intendierten Rechtsfolgen von außerhalb des Rechtsgeschäfts liegenden Wirksamkeitsvoraussetzung, insbesondere von der Zustimmung eines Dritten, der selbst nicht am Rechtsgeschäft beteiligt ist, abhängig. Fehlt die erforderliche Zustimmung im Zeitpunkt der Vornahme des Rechtsgeschäfts, treten die intendierten Rechtsfolgen nicht ein. Im Regelfall ist das Rechtsgeschäft aber nicht endgültig unwirksam. Vielmehr entsteht grds. eine dem bedingten Rechtsgeschäft vergleichbare **Schwebelage**. Besondere Vorschriften hierüber enthalten die §§ 182 ff. BGB.

B. Sinn und Zweck

Die Zustimmungsbedürftigkeit eines Rechtsgeschäfts kann auf ganz unterschied- **2** lichen Gründen beruhen.[1] Bedeutsam sind vor allem die nachfolgenden. Zunächst kann ein entsprechendes Zustimmungserfordernis dem **Schutz eines** der am Rechtsgeschäft **Beteiligten** dienen.

> **Beispiel:** Der 16-jährige Mark schließt mit seinem Freund Julius einen Kaufvertrag über dessen Rennrad. Da Mark sich damit zur Zahlung des Kaufpreises verpflichtet (vgl. § 433 Abs. 2 BGB), bedarf der Kaufvertrag nach § 107 BGB zu seinem Wirksamwerden der Zustimmung der gesetzlichen Vertreter des Mark.[2] Dies schützt ihn vor der Eingehung unvorteilhafter Rechtsgeschäfte mit ggf. für ihn nicht überschaubaren Folgen.

In anderen Fällen dient das Zustimmungserfordernis dem **Schutz eines Dritten**. **3**

---

[1] Staudinger/*Gursky* Vor §§ 182–185 BGB Rn. 20.
[2] Siehe oben § 9 Rn. 37 ff.

B. Boemke, B. Ulrici, *BGB Allgemeiner Teil,* Springer-Lehrbuch,
DOI 10.1007/978-3-642-39171-2_16, © Springer-Verlag Berlin Heidelberg 2014

Beispiel: Die Eheleute Dörte und Torben haben sieben Kinder. Wegen seiner Spielschulden entschließt sich Torben, den von ihm in die Ehe eingebrachten Herd an seinen Freund Malte zu verkaufen und zu übereignen. Da die ganze Familie betroffen ist, wenn der Herd veräußert wird, verlangt § 1369 Abs. 1 BGB für das Wirksamwerden des Kaufvertrags Dörtes Zustimmung.

4 Zuletzt gibt es Konstellationen, bei denen die Person desjenigen, der an der Begründung des Rechtsgeschäfts mitwirkt, von derjenigen Person abweicht, welche die Wirkungen des Rechtsgeschäfts treffen sollen. Durch seine Zustimmung kann der tatsächlich durch das Rechtsgeschäft Betroffene die Wirkungen des Rechtsgeschäfts unter Wahrung seiner **Selbstbestimmung** herbeiführen.

Beispiel: Rolf äußert gegenüber Flitz wahrheitswidrig, er verfüge über eine Vollmacht von Gregor und wolle für diesen einen Sportwagen des Typs Panorama kaufen. Mangels Vertretungsmacht wird Gregor durch den Kaufvertrag weder berechtigt noch verpflichtet. Falls ihm die Modalitäten des Vertrags zusagen, kann er jedoch nach § 177 Abs. 1 BGB die Wirkungen für und gegen sich herbeiführen, indem er den Kaufvertrag genehmigt.[3]

C. Zustimmung

I. Grundsätze

5 Die Zustimmung kann durch den Zustimmungsberechtigten im Regelfall entweder vor der Vornahme des zustimmungsbedürftigen Rechtsgeschäfts (vgl. § 183 S. 1 BGB, sog. Einwilligung) oder im Anschluss daran (vgl. § 184 Abs. 1 BGB, sog. Genehmigung) erteilt werden. Ausnahmsweise ist zur Vermeidung einer Schwebelage aber nur die Form einer Einwilligung zugelassen.[4] Einwilligung und Genehmigung sowie ihre Verweigerung sind **einseitige Rechtsgeschäfte**. Sie sind empfangsbedürftig, soweit das zustimmungsbedürftige Rechtsgeschäft empfangsbedürftig ist. Als Willenserklärungen unterliegen sie den allgemeinen Vorschriften. Sie setzen grds. die Geschäftsfähigkeit des Zustimmenden voraus, können ausdrücklich oder konkludent erklärt und bei Vorliegen eines entsprechenden Grunds angefochten werden.

6 Da die Zustimmung auch konkludent erklärt werden kann, muss nicht die Bezeichnung „Einwilligung", „Genehmigung" oder „Verweigerung" verwendet werden. Vielmehr muss der Erklärende zum Ausdruck bringen, dass er das Rechtsgeschäft billigt oder ablehnt. Die entsprechende Erklärung kann sowohl gegenüber dem einen als auch gegenüber dem anderen Beteiligten des zustimmungsbedürftigen Rechtsgeschäfts abgegeben werden. Die Zustimmung bedarf nach § 182 Abs. 2 BGB keiner besonderen Form, auch wenn das zustimmungsbedürftige Rechtsgeschäft formbedürftig ist.

---

[3] Siehe oben § 13 Rn. 99 f.
[4] Siehe z. B. unten Rn. 10.

Beispiel: Die mit Volker in Zugewinngemeinschaft lebende Petra schließt vor dem Notar einen notariell beurkundeten Vertrag, in dem sie sich zur Übereignung des ihr gehörenden Grundstücks verpflichtet, welches ihr gesamtes Vermögen darstellt. Der Kaufvertrag bedarf nach § 1365 Abs. 1 S. 1 BGB Volkers Zustimmung. Einwilligung oder Genehmigung bedürfen nicht der für den zustimmungsbedürftigen Kaufvertrag erforderlichen Form des § 311b Abs. 1 BGB, sondern können auch mündlich wirksam erklärt werden.

II. Einwilligung

Liegt hinsichtlich des zustimmungsbedürftigen Rechtsgeschäfts eine Einwilligung 7 vor, wird es, vorbehaltlich sonstiger Wirksamkeitsvoraussetzungen, **unmittelbar mit seiner Vornahme wirksam.** Bis zu diesem Zeitpunkt ist die Einwilligung nach § 183 S. 1 BGB grds. frei widerruflich, weil die Einwilligung die Rechtslage noch nicht verändert hat. Der Widerruf kann beiden Seiten des Rechtsgeschäfts gegenüber erklärt werden (vgl. § 183 S. 2 BGB). Ein Ausschluss der Widerruflichkeit kann sich aber aus dem Gesetz (vgl. z. B. §§ 876 S. 3, 1071 Abs. 1 S. 2 BGB) oder auf Grund einer mit dem Zustimmungsberechtigten getroffenen Abrede ergeben.

Da für **einseitige empfangsbedürftige Rechtsgeschäfte** der Eintritt einer 8 Schwebelage aus der Sicht des Betroffenen regelmäßig unzumutbar ist, soll der Empfänger das Vorliegen der Einwilligung zuverlässig prüfen können. Hierzu verweist § 182 Abs. 3 BGB auf § 111 S. 2, 3 BGB. Danach kann der Empfänger das einseitige empfangsbedürftige Rechtsgeschäft unverzüglich mit der Folge **zurückweisen,** dass es unwirksam ist, wenn ihm die Zustimmung nicht bei Vornahme des Rechtsgeschäfts schriftlich (im Original) nachgewiesen wird und ihm die Zustimmung nicht zuvor vom Zustimmungsberechtigten mitgeteilt wurde.

III. Genehmigung

1. Ausgangspunkt

Ein zustimmungsbedürftiges Rechtsgeschäft, welches ohne Einwilligung vorgenommen wurde, ist grds. nicht nichtig, sondern wegen der noch vorhandenen Genehmigungsfähigkeit zunächst nur **schwebend unwirksam.** Im Falle seiner Genehmigung wird es wirksam. Die Verweigerung der Genehmigung führt zur endgültigen Unwirksamkeit. Im davor liegenden Zeitraum ist der Eintritt der vom Rechtsgeschäft intendierten Rechtsfolgen ungewiss (Schwebelage). Die Genehmigung bzw. ihre Verweigerung sind das Mittel zur Beendigung des Schwebezustands,[5] weshalb sie grds. bedingungsfeindlich und unwiderruflich sind.[6] Dementsprechend kommt

9

---

[5] Vgl. *Ulrici* jurisPR-ArbR 17/2013 Anm. 1.
[6] BGH v. 01.10.1999, NJW 1999, 3704.

eine Genehmigung nicht mehr in Betracht, nachdem die Schwebelage durch Verweigerung der Genehmigung beendet wurde.[7]

10   Für **einseitige empfangsbedürftige Rechtsgeschäfte** ist der Eintritt einer
Schwebelage aus der Sicht des Betroffenen regelmäßig unzumutbar. Dies zeigt das
Gesetz vor allem in §§ 111, 180 BGB, welche vorsehen, dass einseitige empfangsbedürftige Rechtsgeschäfte grds. unwirksam sind, wenn die vorherige Zustimmung
(Einwilligung bzw. Vollmacht) fehlt. Dies zeigt sich weiter in dem Grundsatz, dass
einseitige empfangsbedürftige Rechtsgeschäfte bedingungsfeindlich sind.[8] Der
hierhinter stehende Gedanke lässt sich dahin verallgemeinern, dass einseitige empfangsbedürftige Rechtsgeschäfte, die zustimmungsbedürftig sind, grundsätzlich unwirksam sind, soweit es bei Vornahme des Rechtsgeschäfts an einer wirksamen Einwilligung fehlt.[9] Bestätigt wird diese Annahme durch den Verweis des § 182 Abs. 3
BGB auf § 111 S. 2, 3 BGB. Wenn sich der Adressat eines einseitigen empfangsbedürftigen Rechtsgeschäfts danach durch eine Zurückweisung vor der subjektiven
Unsicherheit, die sich aus dem unzureichenden Nachweis einer bestehenden Einwilligung ergibt, schützen kann, so muss er erst recht vor der objektiven Unsicherheit geschützt werden, die sich aus dem völligen Fehlen der Einwilligung ergibt.
Allerdings ist dieser Grundsatz entsprechend seines Telos einzuschränken. Da für
Verträge ein Bedürfnis nach Schutz des Erklärungsempfängers nicht besteht, weil
der Vertragspartner frei darüber entscheiden kann, ob er sich auf die Schwebelage
einlässt, ist auch für einseitige empfangsbedürftige Rechtsgeschäfte die Vornahme
ohne Einwilligung mit der Möglichkeit der Genehmigung zuzulassen, wenn der
Betroffene sich hierauf einlässt, indem er die Vornahme des Rechtsgeschäfts ohne
Einwilligung nicht beanstandet (vgl. § 180 S. 2 BGB).[10]

2. Adressat der Genehmigung

11   Die Genehmigung kann im Grundsatz **gegenüber jedem** der am Rechtsgeschäft
Beteiligten erklärt werden (vgl. § 182 Abs. 1 BGB). Hiervon kennt das Gesetz jedoch vereinzelte **Ausnahmen** (vgl. §§ 108 Abs. 2, 177 Abs. 2 S. 1, 1366 Abs. 3 S. 1
BGB). Da in diesen Fällen der Geschäftspartner des die Zustimmungsbedürftigkeit
auslösenden Beteiligten (Minderjähriger, Vertretener oder verfügender Ehegatte)
den Zustimmungsberechtigten zu einer Stellungnahme aufgefordert hat, weil er abschließende Klarheit über die Wirksamkeit des Rechtsgeschäfts erlangen möchte,
kann die Genehmigung nur noch ihm gegenüber erfolgen.

> **Beispiel:** Der 17-jährige Kevin kauft sich bei Flink ein Rennrad. Als Flink Bedenken bzgl.
> der Wirksamkeit des Kaufvertrags kommen, ruft er Kevins Eltern an und fordert diese auf,
> sich zu Kevins Fahrradkauf zu erklären. Kevins Eltern haben nun nach § 108 Abs. 2 S. 2
> BGB zwei Wochen Zeit, dem Vertrag durch Genehmigung gegenüber Flick zu abschlie-

---

[7] Unentschieden Mot. I, S. 247.
[8] Siehe oben § 15 Rn. 16.
[9] RG v. 17.01.1935, RGZ 146, 314, 316.
[10] Staudinger/*Gursky* § 182 BGB Rn. 47.

ßender Wirksamkeit zu verhelfen oder die Genehmigung zu verweigern. Nach fruchtlosem Ablauf der Frist wird die Verweigerung fingiert. Nicht ausreichend ist, dass die Eltern die Genehmigung innerhalb der Frist gegenüber Kevin erklären. Vielmehr entsteht sogar infolge der Nachfrage des Flick erneut eine Schwebelage, wenn das Rechtsgeschäft bereits zuvor wegen einer gegenüber Kevin erklärten Genehmigung volle Wirksamkeit erlangt hatte (vgl. § 108 Abs. 2 S. 1 Hs. 2 BGB). Die Schwebelage kann jeweils nur durch Erklärung gegenüber Flink beendet werden.

3. Rückwirkung der Genehmigung

Die nachträglich erteilte Zustimmung (Genehmigung) wirkt anders als der Eintritt **12** einer Bedingung auf den Zeitpunkt der Vornahme des zustimmungsbedürftigen Rechtsgeschäfts zurück (vgl. § 184 Abs. 1 BGB). Dieses erlangt seine Wirksamkeit mit Wirkung *ex tunc*.

> **Beispiel:** Erteilt Dörte im obigen Beispiel (vgl. oben Rn. 3) nachträglich ihre Genehmigung zum Verkauf und zur Übereignung des Herds durch Torben, wird Malte rückwirkend zum Zeitpunkt des Vertragsschlusses Eigentümer des Herds.

Die **Rückwirkungsfiktion** kann durch Rechtsnormen oder vertragliche Abrede **13** **abbedungen** oder **eingeschränkt** sein. So folgt z. B. aus Sinn und Zweck einer Fristenregelung grds., dass die Frist trotz Rückwirkung der Genehmigung erst mit Zugang der Genehmigung (*ex nunc*) ausgelöst wird.[11] Dies gilt insbesondere für Verzug und Verjährung in Bezug auf die von einer Genehmigung abhängigen Ansprüche. Anderenfalls könnten Ansprüche vor Wirksamwerden des Rechtsgeschäfts verjähren oder rückwirkend Verzug eintreten. Zudem enthält § 184 Abs. 2 BGB eine bedeutsame Ausnahme für genehmigungsbedürftige Verfügungen. Die Rückwirkungsfiktion lässt Verfügungen, die in der Schwebelage getroffen wurden, oder zurückliegende Zwangsvollstreckungsmaßnahmen unberührt.

> **Beispiel:** Hagen tritt am 01.03. eine Fritz zustehende Forderung in dessen Namen, aber ohne die erforderliche Vertretungsmacht an Ludwig ab. Fritz tritt in Unkenntnis hierüber am 01.04. die gleiche Forderung an Paul ab. Als Fritz am 15.04. vom Geschäft des Hagen erfährt, genehmigt er dessen Abtretung an Ludwig. Zunächst erwarb Paul am 01.04. die Forderung, weil Fritz an diesem Tag deren Inhaber war. Die bereits am 01.03. durch Hagen vorgenommene Abtretung wirkte zu diesem Zeitpunkt noch nicht, weil Hagen ohne Vertretungsmacht handelte. Als Fritz jedoch am 15.04. die Abtretung vom 01.03. genehmigte, bewirkte die Rückwirkungsfiktion der Genehmigung nach § 184 Abs. 1 BGB, dass die Abtretung vom 01.03. zum 01.03. wirksam wurde. Dementsprechend wäre Fritz am 01.04. nicht mehr Inhaber der Forderung gewesen. Die Abtretung vom 01.04. liefe deshalb auf Grund fehlender Verfügungsbefugnis des Fritz leer. Paul würde die am 01.04. erworbene Forderung am 15.04. rückwirkend verlieren. Dies wird jedoch durch § 184 Abs. 2 BGB verhindert. Diese Regelung ordnet an, dass die Verfügung zugunsten des Paul von der Rückwirkungsfiktion unberührt bleibt. Auf Grund dieser Einschränkung der Rückwirkungsfiktion bleibt Paul Inhaber der erworbenen Forderung.

---

[11] BAG v. 06.09.2012, NZA 2013, 524, 526; *Ulrici* jurisPR-ArbR 17/2013 Anm. 1.

D. Verfügungen eines Nichtberechtigten

I. Ausgangspunkt

14   Die Wirksamkeit von Verfügungen setzt grds. voraus, dass der Verfügende die entsprechende Verfügungsmacht in dem Zeitpunkt innehat, zu dem die Verfügung wirken soll. Grundlage seiner Verfügungsmacht ist regelmäßig die jeweilige Rechtsinhaberschaft (z. B. Eigentümerstellung). Fehlt es hieran, ist der Verfügende **Nichtberechtigter**.[12] Die Verfügung eines Nichtberechtigten ist zunächst grds. wirkungslos. Sie kann aber in den von § 185 BGB behandelten Fällen wirksam werden. Bis zu diesem Zeitpunkt besteht ggf. eine **Schwebelage**.

II. Zustimmung

15   Die Verfügung des Nichtberechtigten ist zunächst wirksam, wenn der Berechtigte im Vorfeld seine Zustimmung i. S. d. § 185 Abs. 1 BGB erklärt hat. Diese Einwilligung wird als **Verfügungsermächtigung** bezeichnet. Sie verleiht dem Verfügenden die Rechtsmacht, über ein fremdes Recht im eigenen Namen zu verfügen. Hierdurch unterscheidet sie sich von der Vertretungsmacht, welche die Möglichkeit einräumt, Rechtswirkungen eines Anderen in dessen Namen herbeizuführen. Von einer Verfügungsermächtigung kann dagegen ohne Wahrung der Offenkundigkeit Gebrauch gemacht werden.

16   Hat der Nichtberechtigte ohne Zustimmung des Berechtigten verfügt, bleibt die Verfügung zunächst schwebend unwirksam. Sie erlangt jedoch ihre Wirksamkeit, wenn der Berechtigte sie nachträglich **genehmigt** (vgl. § 185 Abs. 2 S. 1 Fall 1 BGB). Die Genehmigung kann nur solange erklärt werden, wie der Schwebezustand noch besteht. Hat der Berechtigte diesen bereits zuvor durch Verweigerung der Genehmigung beendet, ist eine Genehmigung nicht mehr möglich.

III Konvaleszenz

1. Allgemeines

17   Hat der Nichtberechtigte ohne Einwilligung des Berechtigten verfügt, regelt § 185 Abs. 2 BGB neben der Genehmigung zwei weitere Möglichkeiten, wie die Verfügung dennoch wirksam wird. Nach zweifelhafter h. A. ist hierfür, wie für die Genehmigung, Voraussetzung, dass noch ein **Schwebezustand fortbesteht** und nicht zuvor durch Verweigerung der Genehmigung beendet wurde.[13] Danach kann nur ein

---

[12] Vgl. oben § 4 Rn. 24 f.
[13] BGH v. 30.03.1994, NJW 1994, 1785, 1786. – A. A. Staudinger/*Gursky* § 185 BGB Rn. 68.

schwebend unwirksames, nicht dagegen ein endgültig unwirksames Rechtsgeschäft durch Konvaleszenz wirksam werden.

2. Erwerb des Verfügungsgegenstands

Nach § 185 Abs. 2 S. 1 Fall 2 BGB wird das zustimmungsbedürftige Rechtsgeschäft **18** wirksam, wenn der Verfügende den Gegenstand erwirbt.

> **Beispiel:** Windig übereignet Flitz einen Pkw unter der aufschiebenden Bedingung vollständiger Kaufpreiszahlung. Noch bevor er die letzte Rate bezahlt hat, übereignet Flitz das Fahrzeug an Meyer. Drei Tage später begleicht Flitz vollständig seine Schulden bei Windig. Die Übereignung des Flitz an Meyer scheitert zunächst an dessen Berechtigung. Als Flitz jedoch den Kaufpreis begleicht, tritt die Bedingung ein, weshalb Flitz Eigentümer wird. Er wird zum Berechtigten und die Übereignung an Meyer wird nach § 185 Abs. 2 S. 1 Fall 2 BGB wirksam.

3. Beerbung des Verfügenden

Konvaleszenz tritt nach § 185 Abs. 2 S. 1 Fall 3 BGB außerdem ein, wenn der **19** tatsächlich Berechtigte den Verfügenden **beerbt** und für die Nachlassverbindlichkeiten **unbeschränkt haftet**. Hintergrund hierfür ist, dass der Erbe für die Verbindlichkeiten des Verfügenden haftet und deshalb im Erbfall selbst zur Vornahme der Verfügung verpflichtet ist. Dies nimmt das Gesetz zum Anlass, die Verfügung sogleich selbst zu heilen.

4. Rechtsfolgen

Die Wirksamkeit in den beiden Fällen der Konvaleszenz **wirkt**, anders als die durch **20** eine Genehmigung ausgelöste Wirksamkeit, **nicht zurück**.[14] Dies vermeidet einen Übergriff in die Zuständigkeit des zuvor Berechtigten, der diesem Übergriff gerade nicht zugestimmt hat.

Hat der **Nichtberechtigte mehrfach verfügt**, würden sämtliche Verfügungen **21** durch Eintritt der Konvaleszenz zum gleichen Zeitpunkt wirksam. Zugleich liegt es aber in der Natur der Sache, dass nur eine Verfügung wirksam werden kann. Die eintretende Kollision löst § 185 Abs. 2 S. 2 BGB dahingehend auf, dass die Konvaleszenz nur zur Wirksamkeit der zeitlich ersten Verfügung führt.

Literatur

Staudinger (Stand 31.03.2013) Kommentar zum Bürgerlichen Gesetzbuch. 13. Bearb

---

[14] Prot. I, S. 179; Mot. II, S. 140.

Teil C
Das subjektive Recht

§ 17 Rechtsverhältnis

A. Begriff

I. Allgemein

Der Begriff des Rechtsverhältnisses zählt zu den **zentralen juristischen Begriffen**. **1**
Das BGB verwendet ihn in einer Reihe von Vorschriften (vgl. §§ 99 Abs. 3, 168
S. 1, 2, 183 S. 1, 369 Abs. 1, 417, 508 Abs. 2 S. 6, 576b, 774 Abs. 1 S. 3, 779,
792 Abs. 3, 810, 897, 919 Abs. 3, 922, 930, 1070, 1098, 1156–1159, 1275, 1441
Nr. 2, 1463 Nr. 2, 1497, 1766, 1976, 1991, 2143, 2175, 2218, 2377 BGB) und
Abschnittsüberschriften (vgl. IV. Buch, Abschnitt 2, Titel 4, V. Buch, Abschnitt 2,
Titel 4, Untertitel 1, 2). Eine Begriffsdefinition enthält das BGB gleichwohl nicht.
Vielmehr wird der Begriff vom Gesetzgeber vorausgesetzt. Er versteht hierunter
eine Beziehung zwischen Personen, welche rechtlich dergestalt geregelt ist, dass im
Ergebnis ein Ausschnitt aus der Wirklichkeit im Hinblick auf die Beteiligten her-
ausgegriffen, geordnet und mindestens ein subjektives Recht hervorgebracht wird.

Durch das Erfordernis einer rechtlichen Regelung heben sich Rechtsverhältnisse **2**
von **bloß tatsächlichen**, durch soziale Gepflogenheiten geprägten **Kontakten** ab.
Erst wenn die Rechtsordnung an einen Kontakt verbindliche Folgen knüpft, ist ein
Rechtsverhältnis gegeben. Die Grenze wird bspw. in § 311 Abs. 2 BGB beschrie-
ben. Ein Schuldverhältnis als Erscheinungsform eines Rechtsverhältnisses entsteht
danach z. B. durch einen gesteigerten Kontakt in Form von Vertragsverhandlungen,
die Anbahnung eines Vertrags oder einen ähnlichen geschäftlichen Kontakt.

> **Beispiele**: Ein rechtlicher Kontakt wird danach z. B. durch Abschluss eines Mietvertrags
> zwischen Vermieter und Mieter begründet. Dagegen entsteht infolge der Einladung zur
> Hochzeitsfeier kein rechtlicher, sondern nur ein sozialer Kontakt.

Erforderlich ist, dass sich die rechtlichen Vorgaben auf einen **konkreten Lebens-** **3**
sachverhalt beziehen. Durch die ein Rechtsverhältnis regelnden Normen wird der
konkrete Lebenssachverhalt aus dem allumfassenden Geflecht an Lebenssachver-
halten herausgegriffen und zu einer Sinneinheit zusammengefasst.

Rechtsverhältnisse bestehen zwischen Rechtssubjekten. Soweit vielfach der **4**
Begriff des Rechtsverhältnisses um rechtlich geregelte Beziehungen einer Person

B. Boemke, B. Ulrici, *BGB Allgemeiner Teil,* Springer-Lehrbuch,   397
DOI 10.1007/978-3-642-39171-2_17, © Springer-Verlag Berlin Heidelberg 2014

zu einer Sache erweitert wird,[1] ist dies entbehrlich. Das typischerweise als Beispiel eines Rechtsverhältnisses einer Person zu einer Sache benannte Eigentum lässt sich zwanglos als rechtlich geregelte Beziehung zwischen Personen erklären.[2] Voraussetzung für ein Rechtsverhältnis ist, dass zwischen Personen eine durch Rechtsnormen bestimmte Beziehung besteht, aus der konkrete Berechtigungen und Belastungen erwachsen können, die über die allgemeinen staatsbürgerlichen Pflichten hinausgehen. In diesem Sinne wird der Begriff des Rechtsverhältnisses vom Gesetzgeber verwendet.

5   Rechtsverhältnisse sind in der Regel komplex und fassen unter einer bestimmten Sinneinheit vielfältige rechtliche Berechtigungen und Belastungen zusammen.

> **Beispiel**: Als Rechtsverhältnis umfasst z. B. ein Mietverhältnis die vollständige Rechtsbeziehung des Vermieters zum Mieter (vgl. §§ 535 ff. BGB), einschließlich aller Rechte und Pflichten sowohl des Vermieters als auch des Mieters sowie sonstiger Elemente. Das Mietverhältnis umfasst neben den Hauptleistungspflichten (Gebrauchsüberlassung und Mietzahlung) zahlreiche weitere Pflichten (z. B. Rückgabe bei Beendigung des Mietverhältnisses, vgl. § 546 BGB, Duldung von Erhaltungsmaßnahmen, vgl. § 554 Abs. 1 BGB), Gestaltungsrechte (z. B. Kündigungsrecht, vgl. § 543 BGB), Befugnisse usw.

II. Schuldverhältnis

6   Ein besonders bedeutsamer Unterfall des Rechtsverhältnisses ist das Schuldverhältnis, dessen intensiver Behandlung sich das Schuldrecht (II. Buch des BGB) widmet. Der Begriff des Schuldverhältnisses wird allerdings nicht einheitlich verwendet. Zu unterscheiden sind das Schuldverhältnis im engeren und das Schuldverhältnis im weiteren Sinne.[3]

1. Das **Schuldverhältnis im engeren Sinne** nimmt der Gesetzgeber z. B. in den §§ 243 Abs. 2, 265 S. 1, 362 Abs. 1, 364 Abs. 1, 366 Abs. 1, 397, 405, 781, 812 Abs. 2 BGB in Bezug. Das Schuldverhältnis i. d. S. bezeichnet danach die rechtliche Forderungsbeziehung, die den Gläubiger eines einzelnen Anspruchs mit der korrespondierenden Verpflichtung des Schuldners zur Leistung verbindet.

> **Beispiel**: Schuldverhältnis im engeren Sinne ist die Verbindung zwischen dem Forderungsrecht des Käufers auf Übergabe und Übereignung der Kaufsache aus § 433 Abs. 1 BGB und der hiermit korrespondierenden Verpflichtung des Verkäufers zur Übergabe und Übereignung der Kaufsache an den Käufer.

2. Das **Schuldverhältnis im weiteren Sinne** nimmt der Gesetzgeber in §§ 241,[4] 292 Abs. 1, 311, 425 Abs. 1 BGB sowie in der Überschrift zum 8. Abschnitt des

---

[1] BGH v. 07.06.2001, NJW 2001, 3789; BGH v. 03.05.1983, NJW 1984, 1556; BGH v. 15.10.1956, NJW 1957, 21, 22.

[2] Überzeugend *Bork* Rn. 289; *Larenz/Wolf* § 13 Rn. 11. – Kritisch hierzu *Medicus* Rn. 54.

[3] Mot. II, S. 2; BGH v. 11.11.1953, NJW 1954, 231, 232.

[4] *Rüthers/Stadler* § 5 Rn. 10. – Anders für § 241 Abs. 1 BGB im Anschluss an Mot. II, S. 2 die wohl h. A., z. B. BGH v. 11.11.1953, NJW 1954, 231, 232. Hierbei wird aber verkannt, dass For-

II. Buches des BGB „Einzelne Schuldverhältnisse" in Bezug. In diesem weiten Sinne entspricht der Begriff des Schuldverhältnisses demjenigen des Rechtsverhältnisses mit der Maßgabe, dass Schuldverhältnisse schuldrechtliche Rechtsverhältnisse sind.[5]

B. Entwicklung des Rechtsverhältnisses

Rechtsverhältnisse sind nicht starr, sondern unterliegen mehr oder weniger erheblichen Entwicklungen und Veränderungen. In zeitlicher Hinsicht kennen sie einen Anfang und ein Ende.[6] Im dazwischen liegenden Zeitraum entfalten Rechtsverhältnisse ihre aktiven Wirkungen und können mit ihrem Inhalt auch von einem Beteiligten auf einen neuen Beteiligten übergehen. Schließlich können Rechtsverhältnisse auch nach ihrer Beendigung noch passiv fortbestehen und insoweit rechtliche Wirkungen entfalten.   **7**

I. Begründung

Rechtsverhältnisse können durch Rechtsgeschäft oder durch staatlichen Hoheitsakt begründet werden. Dem das Bürgerliche Recht beherrschenden Prinzip der Privatautonomie entspricht es, dass bürgerlich-rechtliche Rechtsverhältnisse überwiegend durch Rechtsgeschäft begründet werden.   **8**

Die Begründung eines Rechtsverhältnisses durch Rechtsgeschäft ist sowohl durch Vertrag als auch durch einseitiges Rechtsgeschäft denkbar. Eine Begründung durch **Vertrag** ist sowohl für Schuldverhältnisse (vgl. § 311 Abs. 1 BGB) als auch für sachenrechtliche (vgl. § 1205 Abs. 1 BGB), familienrechtliche (vgl. § 1310 BGB) und erbrechtliche (vgl. §§ 2274 ff. BGB) Rechtsverhältnisse vorgesehen. Da Rechtsverhältnisse zwischen mindestens zwei Personen bestehen, birgt dagegen die Begründung durch **einseitiges Rechtsgeschäft** die Gefahr, dass die Begründung gegen den Willen zumindest eines Beteiligten erfolgt. Seine Selbstbestimmung wird hierdurch beschränkt, weshalb die Begründung durch einseitiges Rechtsgeschäft auf Einzelfälle beschränkt ist (z. B. Schuldverhältnis: § 78a Abs. 2 BetrVG; Sachenrecht: § 885 Abs. 1 BGB).   **9**

Die Begründung eines Rechtsverhältnisses durch staatlichen Hoheitsakt kann sowohl durch abstrakt-generellen Hoheitsakt (**Gesetz**) als auch durch einen **staatli-**   **10**

---

derungsrecht und Rücksichtnahmepflichten die gleiche Wurzel, nämlich das in § 241 Abs. 2 BGB angesprochene Schuldverhältnis i. w. S. aufweisen.

[5] Vgl. *Rüthers/Stadler* § 5 Rn. 10. – Vgl. weiter das Beispiel oben Rn. 5, wo der Begriff Rechtsverhältnis ohne sachliche Änderung durch Schuldverhältnis (i. w. S.) ersetzt werden kann. – Vgl. zudem § 1098 Abs. 1 S. 1 BGB, der für das „Rechtsverhältnis" zwischen Berechtigtem und Verpflichtetem auf §§ 463–473 BGB, d. h. das „Schuldverhältnis" des Vorkaufs verweist.

[6] *Larenz/Wolf* § 13 Rn. 15.

chen Einzelakt erfolgen. Durch Gesetz werden Rechtsverhältnisse dann begründet, wenn ihre Entstehung nicht an den rechtsgeschäftlichen Willen der Handelnden, sondern an das Vorliegen eines sonstigen durch menschliches Handeln herbeigeführten Tatbestands anknüpft. Dies gilt sowohl für Schuldverhältnisse (vgl. § 311 Abs. 2 BGB, §§ 812 ff. BGB oder §§ 823 ff. BGB) als auch für sachenrechtliche (vgl. §§ 946 ff. BGB), familienrechtliche (vgl. § 1589 BGB) oder erbrechtliche (vgl. § 2303 BGB) Rechtsverhältnisse. Seltener ist die Begründung durch staatlichen Einzelakt (vgl. aber z. B. Entstehung des Pfandrechts durch Pfändung, vgl. § 804 ZPO, oder Eigentumserwerb durch Zuschlag, vgl. § 817 ZPO).

II. Aktiver Inhalt

11   Das Rechtsverhältnis enthält ein Bündel verschiedener Berechtigungen und Belastungen zwischen den Parteien, welche durch den vom Begründungstatbestand bestimmten Zweck zu einer Sinneinheit zusammengefasst sind. Die einzelnen, teilweise korrespondierenden Berechtigungen und Belastungen lassen sich im Hinblick auf ihre rechtlichen Wirkungen und Abhängigkeiten wie folgt unterscheiden:

1. Berechtigungen

a) Subjektive Rechte

12   Hauptelemente des Rechtsverhältnisses sind **subjektive Rechte**. Sie schützen bestimmte, durch ihren Inhalt festgelegte Interessen und enthalten eine von der Rechtsordnung verliehene Rechtsmacht zur selbstbestimmten Wahrnehmung der geschützten Interessen durch den Rechtsinhaber.[7] Auf Grund der Eigenschaft des Rechtsverhältnisses als Beziehung zwischen Personen korrespondieren den subjektiven Rechten notwendigerweise Pflichten, Beschränkungen oder Gebundenheiten.[8] Hinsichtlich ihres Inhalts lassen sich Forderungsrechte, Herrschaftsrechte und Gestaltungsrechte unterscheiden. **Forderungsrechte** begründen für ihren Inhaber das Recht, von einem anderen ein Tun oder Unterlassen zu verlangen (vgl. § 194 BGB).[9] Zur Realisierung des Forderungsrechts ist der Berechtigte grds. auf die Mitwirkung des Verpflichteten angewiesen. **Herrschaftsrechte** vermitteln die Befugnis zur Beherrschung eines Gegenstands[10] und können ohne Mitwirkung anderer Beteiligter wahrgenommen werden. Klassisches Beispiel hierfür ist das Eigentum, welches für seinen Inhaber weitreichende Befugnisse begründet (vgl. § 903 BGB). Schließlich begründen **Gestaltungsrechte** die Befugnis, durch einseitige Gestaltungserklärung,

---

[7] Mot. I, S. 273 f.; *Larenz/Wolf* § 13 Rn. 24; *Rüthers/Stadler* § 4 Rn. 1.

[8] *Larenz/Wolf* § 13 Rn. 24.

[9] Siehe unten § 18 Rn. 1 f.

[10] *Medicus* Rn. 66.

d. h. ebenfalls ohne Mitwirkung eines anderen Beteiligten, ein Rechtsverhältnis zu begründen, zu ändern oder zu beenden.[11] Eine typische Erscheinungsform hierfür ist das Kündigungsrecht (z. B. beim Miet- oder beim Dienstvertrag), durch dessen Ausübung ein Dauerschuldverhältnis in zeitlicher Hinsicht begrenzt wird.

Ein subjektives Recht umfasst regelmäßig **mehrere Befugnisse**. So umfasst das   **13** Forderungsrecht (Anspruch) die Hauptbefugnis, eine Leistung einzufordern, sowie das Recht, mit der Forderung aufzurechnen, sie abzutreten oder zu verpfänden. Wie jedes subjektive Recht umfasst der Anspruch auch eine Verfügungsbefugnis, welche mit vorstehenden Befugnissen zusammenwirkt und die Rechtsmacht vermittelt, über die Wahrnehmung und Ausübung der Befugnisse zu entscheiden.

b) Erwerbsaussichten, Anwartschaft, Anwartschaftsrecht

Als Erwerbsaussicht wird die Aussicht einer Partei auf den künftigen Erwerb eines   **14** subjektiven Rechts bezeichnet, welche noch nicht zu einer rechtlich gesicherten Erwerbsposition erstarkt ist.[12] Bspw. begründet das Eigentum i. V. m. § 953 BGB für den Eigentümer eine Erwerbsaussicht in Bezug auf die Erzeugnisse und sonstigen Bestandteile. Mit der Erwerbsaussicht verwandt sind die sog. Anwartschaften, welche sich dadurch auszeichnen, dass eine rechtlich bereits mehr oder weniger gesicherte Aussicht auf den Erwerb eines subjektiven Rechts besteht, weil ein (mehrstufiger) Erwerbstatbestand schon teilweise verwirklicht wurde und seine Vollendung mit einiger Wahrscheinlichkeit erwartet werden kann.[13] Hat sich eine Anwartschaft soweit verdichtet, dass sie dem Berechtigten normalerweise nicht mehr entzogen werden kann, insbesondere weil ein rechtlich gesicherter Erwerb ausschließlich vom Willen des Berechtigten abhängig ist, und sieht sie der Verkehr daher als solche bereits als bestehende Rechts- und Vermögensposition an, spricht man von einem **Anwartschaftsrecht**.[14] Ziel der Anerkennung sog. Anwartschaftsrechte ist, dass diese als selbstständige Rechtsobjekte behandelt werden und z. B. übertragen oder belastet werden können.

> **Beispiel**: Klassisches Beispiel für ein Anwartschaftsrecht ist die aufschiebend bedingte Übereignung, wenn der Bedingungseintritt ausschließlich vom Willen des Erwerbers abhängig ist. Kauft Arndt von Bert einen Pkw, soll der Kaufpreis in Raten abgezahlt werden und übereignet Bert den Pkw auf dieser Grundlage an Arndt unter der aufschiebenden Bedingung der Zahlung der letzten Kaufpreisrate, bleibt Bert Eigentümer, bis die letzte Kaufpreisrate gezahlt wird. Mit Zahlung der letzten Kaufpreisrate tritt die gesetzte Bedingung ein und Arndt wird automatisch Eigentümer des Pkw. Aufgrund des § 161 BGB genießt der Rechtserwerb des Arndt bereits während der Schwebezeit einen gewissen Schutz; er ist im Kern allein davon abhängig, dass Arndt vollständig bezahlt. Zugleich kommt der Erwerbsaussicht bereits vor Bedingungseintritt ein gewisser Vermögenswert zu, wenn man sich vorstellt, dass Arndt bereits 80 % des Kaufpreises gezahlt hat. Durch Zahlung von nur 20 % des Kaufpreises kann zu 100 % das Eigentum am Pkw erlangt werden. Infolge

---

[11] *Larenz/Wolf* § 13 Rn. 26; *Medicus* Rn. 79.

[12] *Larenz/Wolf* § 13 Rn. 27.

[13] *Larenz/Wolf* § 15 Rn. 96.

[14] *Larenz/Wolf* § 15 Rn. 97.

der Anerkennung dieser Erwerbsaussicht als Anwartschaftsrecht, welches gedanklich als „wesensgleiches Minus" zu dem im Erwerb befindlichen Eigentum gesehen wird, kann Arndt sein Anwartschaftsrecht z. B. seiner Bank als Sicherheit übertragen, damit diese den Kaufpreis für den Pkw finanziert.

c) Zuständigkeiten

15 Schließlich umfasst das Rechtsverhältnis bestimmte Zuständigkeiten zur passiven Entgegennahme von Erklärungen oder Leistungen anderer Beteiligter. Diese stehen im gedanklichen Zusammenhang mit der Verfügungsbefugnis, welche Voraussetzung für die aktive Wahrnehmung von einzelnen Befugnissen ist.

> **Beispiel**: Bedeutung erlangt die Empfangszuständigkeit beispielsweise, wenn einem Minderjährigen zur Erfüllung eines Anspruchs eine Sache übereignet wird.[15]

2. Belastungen

a) Rechtspflichten

16 Rechtspflichten bringen ein **rechtliches Gebot** zum Ausdruck. Diesem muss der Belastete entsprechen. Regelmäßig, aber nicht in jedem Fall kann er unmittelbar zur Erfüllung des Gebots durch staatliche Zwangsmaßnahmen (insbesondere mittels gerichtliche Klage und Zwangsvollstreckung) angehalten werden.[16] Teilweise verzichtet die Rechtsordnung auch darauf, dass die Beachtung einer Rechtspflicht unmittelbar eingefordert werden kann und begnügt sich damit, dass die Verletzung der Pflicht sanktioniert, z. B. mit einer Schadensersatzpflicht belegt wird. Im Privatrecht korrespondiert die Rechtspflicht des Belasteten mit einem Forderungsrecht des Berechtigten, der entweder die Beachtung der Rechtspflicht oder die an ihre Verletzung anknüpfenden Folgen (Leistung von Schadensersatz) einfordern kann. Im öffentlichen Recht ist diese Bindung vielfach gelockert. Dort korrespondiert den Rechtspflichten teilweise nur ein objektives, d. h. keinem konkreten Rechtssubjekt zugeordnetes Recht.

> **Beispiele**: (1) Beim Kaufvertrag korrespondiert der Rechtspflicht des Verkäufers zur Übergabe und Übereignung (vgl. § 433 Abs. 1 S. 1 BGB) ein Forderungsrecht des Käufers, der Übergabe und Übereignung verlangen kann. (2) Nach §§ 1, 2, 7 Abs. 1 AGG trifft einen Arbeitgeber die Rechtspflicht, einen Stellenbewerber nicht wegen seines Geschlechts zu diskriminieren, d. h. seine Einstellung nicht wegen seines Geschlechts zu unterlassen. Der Stellenbewerber kann nach § 15 Abs. 6 AGG zwar nicht unmittelbar die Beachtung dieser Unterlassungspflicht, aber nach § 15 Abs. 1, 2 AGG die Zahlung einer Entschädigung sowie von Schadensersatz einfordern.

---

[15] Siehe oben § 9 Rn. 35.

[16] Siehe unten § 20 Rn. 2 f.

b) Rechtliche Gebundenheiten

Wie den Forderungsrechten eine Rechtspflicht korrespondiert, finden Herrschafts- **17**
und Gestaltungsrechte ihre Entsprechung in rechtlichen Gebundenheiten. Diese
zwingen den Belasteten nicht zu einer Leistung. Er muss vielmehr eine Handlung
des Berechtigten hinnehmen, ohne ihr ausweichen zu können, weshalb die rechtlichen Gebundenheiten über Unterlassungs- und Duldungspflichten hinausgehen.

> **Beispiel**: Arndt bestellt im Internet bei Bert Kosmetik. Ihm steht in der Folge ein Wider-
> rufsrecht nach §§ 355, 312d BGB zu. Diesem Gestaltungsrecht korrespondiert eine Gebun-
> denheit des Bert. Dieser muss einen von Arndt erklärten Widerruf und dessen Wirkungen
> gegen sich gelten lassen, ohne ausweichen zu können.

c) Obliegenheiten

Als Obliegenheiten umfasst das Rechtsverhältnis **Verhaltensanforderungen min-** **18**
derer Intensität. Der Belastete ist nicht verpflichtet, die Anforderung zu erfüllen.
Er kann hierzu nicht durch eine Klage gezwungen werden. Ihre Verletzung begründet keinen Schadensersatzanspruch eines Berechtigten. Allerdings wird die Verletzung einer Obliegenheit durch Sanktionen minderer Intensität, insbesondere den
Verlust einer günstigen Rechtsposition, belegt. Entsprechend der Sanktion dient die
Obliegenheit dem hierdurch mittelbar Begünstigten. In erster Linie soll der Belastete die Obliegenheit jedoch im eigenen Interesse erfüllen. Deshalb knüpft der
Rechtsnachteil nicht an das Verschulden gegenüber der anderen Partei, sondern an
ein Verschulden gegen sich selbst an.

> **Beispiel**: Arndt hat bei einem Verkehrsunfall den Pkw des Bert beschädigt und ist ihm zum
> Schadensersatz verpflichtet. Der Ersatzanspruch umfasst nach st. Rspr. auch den Ersatz
> für die bis zur Wiederherstellung entgangenen Nutzungen.[17] Bert ist viel beschäftigt und
> kümmert sich nur zögerlich um die Reparatur, wodurch sich der Zeitraum der entgangenen
> Nutzungen von zwei auf drei Wochen erhöht. Hier existiert keine Verpflichtung des Bert,
> sein Fahrzeug schnell reparieren zu lassen. Nach § 254 Abs. 2 S. 1 BGB trifft ihn aber eine
> entsprechende Obliegenheit, weil anderenfalls sein Schadensersatzanspruch infolge Mit-
> verschuldens gekürzt wird.

d) Lasten

Lasten nehmen eine **Zuteilung von Risiken und Nachteilen** vor.[18] Sie sind ver- **19**
wandt mit den Obliegenheiten, von denen sie sich aber dadurch unterscheiden, dass
die Zuteilung nicht an ein Verschulden gegen sich selbst anknüpft. Lasten gewinnen
vor allem im Prozess, insbesondere als Darlegungs- und Beweislast, ihre Bedeutung. Sie weisen in Bezug auf ein Tatbestandsmerkmal jeweils einer Prozesspar-

---

[17] BGH (GS) v. 09.07.1986, NJW 1987, 50, 50 ff.
[18] Vgl. *Larenz/Wolf* § 13 Rn. 39. – Der Begriff Lasten i. d. S. ist zu unterscheiden von den Lasten
i. S. d. § 100 BGB, vgl. § 23 Rn. 48.

tei das Risiko zu, dass die insoweit erheblichen Tatsachen nicht in das Verfahren eingeführt oder dort nicht bewiesen werden können. Diejenige Partei, welche die Darlegungs- und Beweislast trägt, unterliegt im Prozess, wenn eine Tatsache vom Gericht nicht festgestellt werden kann.

> **Beispiel**: Als Mieter Arndt von dem herabstürzenden Ast eines auf dem Mietgrundstück stehenden altersschwachen Baumes verletzt wird, fordert er von Vermieter Bert nach §§ 280 Abs. 1 S. 1, 251, 253 BGB ein Schmerzensgeld. Lässt sich nicht aufklären, ob Bert das nicht rechtzeitige Fällen des altersschwachen Baumes zu vertreten hat, muss er Schmerzensgeld zahlen, weil § 280 Abs. 1 S. 2 BGB ihm die Darlegungs- und Beweislast dafür zuweist, dass er die Pflichtverletzung nicht zu vertreten hat.

III. Übergang

20 Rechtsverhältnisse können insgesamt oder in Teilen übergehen. Der Übergang ist dadurch gekennzeichnet, dass zumindest ein am Rechtsverhältnis oder dem übergehenden Teil des Rechtsverhältnisses Beteiligter ausgetauscht wird. Es findet ein Wechsel in der Parteistellung statt.

21 Der Übergang eines Rechtsverhältnisses kann auf **Rechtsgeschäft** oder staatlichem Hoheitsakt beruhen. Dies entspricht abstrakt den möglichen Formen der Begründung eines Rechtsverhältnisses. Dem Prinzip der Privatautonomie folgend stehen rechtsgeschäftliche Übergänge im Vordergrund. Auf Rechtsgeschäft beruht insbesondere der Übergang von Rechten im Wege der Abtretung (vgl. §§ 398 ff. BGB). Das **Gesetz** sieht einen Übergang z. B. bei der Erbschaft (vgl. § 1922 BGB), der Legalzession (vgl. z. B. § 116 SGB X) oder beim Betriebsübergang (vgl. § 613a BGB) vor. Auf staatlichem Einzelakt beruht der Übergang z. B. bei Pfändung und Überweisung einer Forderung an Zahlungs statt (vgl. § 835 Abs. 2 ZPO).

22 Der **Übergang durch Hoheitsakt** erfolgt stets nur in den vom Gesetz vorgesehenen Fällen und im angeordneten Umfang. Hinsichtlich des **rechtsgeschäftlichen Übergangs** gilt dagegen im Ausgangspunkt der Grundsatz der Privatautonomie[19] und die Parteien sind frei, die Übertragung vorzunehmen, soweit diese Freiheit nicht beschränkt oder ausgeschlossen ist. Nicht unerhebliche Einschränkungen folgen allerdings bereits aus dem Grundsatz der Privatautonomie selbst. Da ein Rechtsverhältnis zwischen mehreren Personen besteht, berührt ein Übergang mindestens drei Personen: die ursprünglichen Parteien des Rechtsverhältnisses sowie die übernehmende Person. Um der Privatautonomie aller Beteiligten Rechnung zu tragen, bedarf der rechtsgeschäftliche Übergang deshalb grds. eines mindestens dreiseitigen Rechtsgeschäfts. Deshalb erfolgt die Übernahme eines gesamten Rechtsverhältnisses grds. durch dreiseitigen Vertrag oder durch zweiseitigen Vertrag nebst Zustimmung des übrigen Betroffenen.[20] Aus verschiedenen Gründen erleichtert der Gesetzgeber im Einzelfall jedoch den rechtsgeschäftlichen Übergang und lässt ein zweiseitiges Rechtsgeschäft zwischen Veräußerer und Erwerber ausreichen. Dies

---

[19] Siehe oben § 4 Rn. 1 ff.

[20] Vgl. BGH v. 20.06.1985, NJW 1985, 2528, 2530.

gilt zunächst im Hinblick auf **absolute Rechte** wie das Eigentum. Da an dem durch das Eigentum begründeten Rechtsverhältnis letztlich alle Rechtssubjekte beteiligt sind, müssten sie zur Wahrung ihrer Selbstbestimmung alle mitwirken. Ein Rechtsverkehr wäre hier faktisch nicht möglich. Da der Übergang des Eigentums grds. nur den Veräußerer und den Erwerber unmittelbar und alle übrigen Rechtssubjekte nur hinsichtlich des Berechtigten, nicht aber ihrer Verpflichtungen betrifft, genügt ein Rechtsgeschäft zwischen Veräußerer und Erwerber (vgl. §§ 929, 873 BGB). Aber auch darüber hinaus bewertet der Gesetzgeber die Interessen an der Übertragung eines Rechtsverhältnisses grds. insoweit höher als die Selbstbestimmung der Beteiligten, als ein Beteiligter ausschließlich als Verpflichteter betroffen und die **Person des Berechtigten ausgewechselt** wird, ohne dass sich der Inhalt des Rechtsverhältnisses ändert. Auf diesen Grundgedanken lässt sich insbesondere die Abtretung nach §§ 398 ff. BGB zurückführen, welche durch Einigung zwischen Veräußerer (Zedent) und Erwerber (Zessionar) erfolgt. Die Interessen des Verpflichteten werden ausreichend dadurch gesichert, dass die an seine Verpflichtung anknüpfenden Befugnisse (z. B. Aufrechnungsmöglichkeit, vgl. § 404 BGB) erhalten bleiben.

Vorstehende Betrachtung zeigt, dass ein Übergang durch zweiseitiges Rechtsgeschäft regelmäßig nur in Bezug auf **einzelne Teile eines Rechtsverhältnisses** in Betracht kommt. Da im Rechtsverhältnis im weiteren Sinne eine Vielzahl von wechselseitigen Rechten und Pflichten aller Parteien verbunden sind, berührt ein Übergang des gesamten Rechtsverhältnisses regelmäßig nicht nur eine Partei, weil diese nicht ausschließlich Berechtigter oder Belasteter ist. Mit dem Übergang ist für den jeweils Berechtigten ein erheblicher Eingriff verbunden, weil die Werthaltigkeit seiner Berechtigung maßgeblich durch die Person des Belasteten mitbestimmt wird. Allerdings unterliegt auch der Übergang einzelner Teile eines Rechtsgeschäfts dadurch erheblichen Einschränkungen, dass nur selbstständige Teile übertragbar sind. Mit anderen Teilen oder dem Rechtsverhältnis als Einheit rechtlich verbundene Teile eines Rechtsverhältnisses können nicht isoliert übertragen werden, weil sie hierdurch ihren Inhalt oder ihre Funktion verändern (vgl. auch § 399 Alt. 1 BGB). **23**

Im Hinblick auf den Umfang des Übergangs werden Universal- und Singularsukzession unterschieden. Im Falle der **Universalsukzession** geht nicht lediglich ein einzelner Teil eines Rechtsverhältnisses oder ein einzelnes Rechtsverhältnis, sondern eine Gesamtheit an Rechtsverhältnissen als Ganzes über. Das Prinzip der Universalsukzession gilt insbesondere für die Erbschaft. Das Vermögen des Erblassers geht als Gesamtheit auf die Erben über. Im Falle einer **Singularsukzession** gehen nur einzelne Rechtsverhältnisse oder Teile von ihnen über, z. B. durch Abtretung eines Anspruchs. Werden mehrere Singularsukzessionen zu einer Einheit verbunden, was möglich ist, entsteht hieraus noch keine Universalsukzession. **24**

IV. Beendigung

Ein Rechtsverhältnis endet, wenn sich alle aus ihm fließenden Berechtigungen und Belastungen erledigt haben und die konkrete Beziehung zwischen den Parteien auf **25** die allgemeine Beziehung zwischen Rechtsgenossen zurückfällt. Im Zusammenhang hiermit und auf dem Weg hierhin wirken sich die unterschiedlichen Zwecke eines Rechtsverhältnisses aus. Enthält ein Rechtsverhältnis nur **einmalige Rechte**, Pflichten, Befugnisse oder Obliegenheiten, enden seine aktiven Wirkungen mit deren Erledigung.

> **Beispiel**: Arndt und Bert schließen einen Kaufvertrag. Wurde das hierdurch begründete Rechtsverhältnis entsprechend den Vorgaben des § 433 BGB ohne Störungen vollständig abgewickelt, haben sich alle seine aktiven Elemente erledigt. Das Rechtsverhältnis endet automatisch.

26 Andere Rechtsverhältnisse wie die Verwandtschaft oder latente Rechtsverhältnisse wie das **Eigentum oder das Persönlichkeitsrecht** sind dagegen nicht auf die Erreichung eines bestimmten Endzwecks angelegt. Dementsprechend zielen sie nicht auf eine Beendigung durch Zweckerreichung ab. Sie sind vielmehr auf Lebenszeit angelegt[21] und bringen mit fortschreitender Zeit stets aufs Neue ihre Rechtswirkungen hervor (Dauerrechtsverhältnis). Gleichwohl können auch diese Rechtsverhältnisse entsprechend ihrer Natur enden. Bspw. endet das durch das Eigentum begründete Band mit der Lebenszeit der Sache, z. B. deren Zerstörung.

27 Von besonderer Bedeutung aus dem Kreis der Dauerrechtsverhältnisse sind die sog. **Dauerschuldverhältnisse**. Diese zeichnen sich ebenfalls dadurch aus, dass sich die aus ihnen erwachsenden Rechte und Pflichten in zeitlicher Hinsicht stets erneuern. Ihr Zweck wird ebenfalls nicht durch eine einmalige Wahrnehmung der enthaltenen Rechte und Pflichten erreicht. Gleichwohl sind Dauerschuldverhältnisse auf eine Beendigung angelegt. Ihre zeitliche Begrenzung erfahren sie aus einer Befristung oder durch Kündigung. Ab dem Zeitpunkt, zu dem die Befristung oder die Kündigung wirken, erneuern sich die Rechte und Pflichten nicht mehr. Sobald sich alle entstandenen Berechtigungen und Belastungen erledigt haben, ist das Dauerschuldverhältnis beendet.

V. Passiver Inhalt

28 Rechtsverhältnisse entfalten regelmäßig auch nach der Beendigung ihrer aktiven Wirkungen noch Rechtswirkungen, die insbesondere darin bestehen, dass sie die **Grundlage für das Behaltendürfen** der in ihrer Verwirklichung erbrachten Leistungen bilden.[22]

> **Beispiel**: Arndt ist Arbeitnehmer beim Automobilhersteller Bopelenz. Ihm wird auf Grund wirtschaftlicher Schwierigkeiten zum 31.12. gekündigt. Er erhält sein letztes Gehalt ausgezahlt. Infolge der Kündigung entstehen keine neuen Lohnzahlungspflichten mehr. Wurden alle Verpflichtungen, einschließlich Zeugniserteilung u. ä., erfüllt, haben sich die aktiven

---

[21] *Larenz/Wolf* § 13 Rn. 19.
[22] Siehe oben § 4 Rn. 23.

Zwecke des Arbeitsverhältnisses erledigt. Dessen Wirkungen bestehen allerdings insoweit fort, als die in der Vergangenheit entstandenen und erledigten Ansprüche den Grund dafür bilden, dass Arndt das von Bopelenz erhaltene Geld nicht zurückzahlen muss.

Literatur

Bork (2011) Allgemeiner Teil des Bürgerlichen Gesetzbuchs. 3. Aufl
Larenz/Wolf (2004) Allgemeiner Teil des deutschen Bürgerlichen Rechts. 9. Aufl
Medicus (2012) Allgemeiner Teil des BGB. 10. Aufl
Rüthers/Stadler (2011) Allgemeiner Teil des BGB. 17. Aufl

§ 18 Der Anspruch

Literaturhinweise: *Bruns*, Die Anspruchskonkurrenz im Zivilrecht, eine Krebswucherung unserer Zivilistik?, JuS 1971, 221; *Medicus*, Subsidiarität von Ansprüchen, JuS 1977, 637; *Petersen*, Die Anspruchsgrundlagen des Allgemeinen Teils, JURA 2002, 743; *Schapp*, Das Zivilrecht als Anspruchssystem, JuS 1992, 537.

A. Begriff und Bedeutung

I. Begriff

Der Begriff des Anspruchs ist im Zivilrecht doppelt besetzt. Zum einen dient er dem   **1**
Zivilprozessrecht als Terminus für das **Klagebegehren**. In diesem Sinne hat der
Kläger den „erhobenen Anspruch" nach § 253 Abs. 2 Nr. 2 ZPO in der Klageschrift
zu benennen und zu begründen. Der zivilprozessuale Anspruch besteht damit, ohne
dass feststeht, ob die begehrte Leistung tatsächlich auch gefordert werden kann.
Zum anderen definiert § 194 Abs. 1 BGB den Anspruch im Sinne des materiellen
Zivilrechts als das **Recht, von einem anderen ein Tun oder Unterlassen zu verlangen**.[1] Dieser Anspruch ist ein subjektives Recht und gelangt nur zur Entstehung,
wenn er materiell-rechtlich begründet ist.

> **Beispiel:** Victor verklagt Karl auf Zahlung des Kaufpreises in Höhe von 3.000 € aus einem
> Kaufvertrag. Der Anspruch im prozessualen Sinne besteht in diesem Klagebegehren, über
> welches gerichtlich zu entscheiden ist. Wenn im Laufe des Verfahrens jedoch festgestellt
> wird, dass ein wirksamer Kaufvertrag nicht geschlossen wurde, ist ein Anspruch im Sinne
> des materiellen Zivilrechts nicht entstanden.

Eine mit der Definition des Anspruchs in § 194 Abs. 1 BGB inhaltlich identische   **2**
Formulierung findet sich in § 241 Abs. 1 S. 1 BGB. Danach ist der Gläubiger berechtigt, **kraft Schuldverhältnisses** von dem Schuldner eine Leistung zu **fordern**. Das

---

[1] Vgl. auch Mot. I, S. 291: „Unter Anspruch wird das Recht in seiner Richtung gegen eine bestimmte Person verstanden, vermöge dessen von derselben eine gewisse Leistung – die zur Verwirklichung des Rechts erforderliche Handlung oder Unterlassung – verlangt werden kann."

B. Boemke, B. Ulrici, *BGB Allgemeiner Teil,* Springer-Lehrbuch,
DOI 10.1007/978-3-642-39171-2_18, © Springer-Verlag Berlin Heidelberg 2014

Verhältnis von Anspruch und Forderung ergibt sich aus der Gesetzessystematik.[2] Während der Begriff des Anspruchs im Allgemeinen Teil des BGB steht und wegen der Klammerwirkung des Allgemeinen Teils auf alle Bücher des BGB Anwendung findet, kommt der Forderungsbegriff vornehmlich im Schuldrecht vor. Der Anspruch als Bezeichnung für ein Rechtsverhältnis i. e. S.[3] ist damit in jeder Forderung enthalten.[4] Mit anderen Worten ist die Forderung der schuldrechtliche Anspruch.[5] Über die Forderung hinaus erfasst der Anspruch aber auch Rechte außerhalb des Schuldrechts.

II. Bedeutung

3 Die Bedeutung des Anspruchs im materiellen Sinn liegt darin, Personen zu individualisieren und in ein Rechtsverhältnis zu versetzen, aus dem ein **Anspruchsberechtigter** hervorgeht, der vom **Anspruchsverpflichteten** nach § 194 Abs. 1 BGB ein Tun oder Unterlassen verlangen kann. Ist das Rechtsverhältnis ein solches des Schuldrechts (Forderung), heißen die Beteiligten Gläubiger und Schuldner.

4 Der Anspruch verleiht dem Anspruchsberechtigten ein **subjektives Recht**. Das bedeutet, dem Einzelnen wird ein **konkreter Vorteil** aus der objektiven Rechtsordnung (Gesetze, Satzungen, Rechtsverordnungen, ungeschriebenes Gewohnheitsrecht) zugewiesen, den er nach seinem Willen einfordern, d. h. rechtlich verfolgen kann. Ohne Anspruch kann nicht erfolgreich auf eine Leistung geklagt werden.

> **Beispiel:** Die Vorschrift des § 433 BGB regelt objektiv das Rechtsverhältnis des Kaufs und gewährt in Verbindung mit einem Kaufvertrag subjektiv dem Käufer das Recht auf Übereignung der Kaufsache sowie dem Verkäufer das Recht auf Zahlung des vereinbarten Kaufpreises. Aufgrund des jeweils eingeräumten Anspruchs können Käufer und Verkäufer auf Übereignung bzw. Kaufpreiszahlung klagen.

5 Diese Rechtsmacht steht dem Anspruchsberechtigten aber im Gegensatz zu einem Eigentümer als Inhaber eines **absoluten Rechts** nicht gegenüber jedermann (*erga omnes*) zu, sondern ist auf das Verlangen anspruchsgemäßen Verhaltens gegenüber einem **konkreten Anspruchsverpflichteten** beschränkt. Ansprüche wirken daher als **relative Rechte** nur zwischen den beteiligten Personen (*inter partes*).

---

[2] *Rüthers/Stadler* § 4 Rn. 2.
[3] Vgl. oben § 17 Rn. 6.
[4] *Köhler* § 18 Rn. 3; *Larenz/Wolf* § 15 Rn. 56.
[5] Vgl. Mot. I, S. 292.

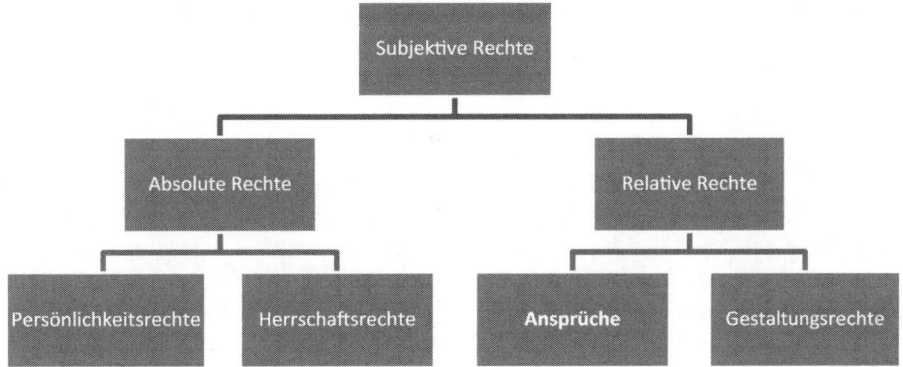

Während bei den anderen subjektiven Rechten der Inhaber sein Recht allein und **6**
ohne das Tun eines anderen ausüben kann, ist der Anspruchsinhaber auf die Mitwirkung des Anspruchsverpflichteten angewiesen.

> **Beispiel:** (1) Einem Mieter oder Arbeitnehmer steht das Gestaltungsrecht der Kündigung
> zu. Durch Erklärung der Kündigung tritt automatisch die Umgestaltung des Rechtsverhält-
> nisses ein. (2) Das Eigentum als stärkstes absolutes Recht gewährt dem Eigentümer nach
> § 903 BGB aus sich heraus das Recht, mit der Sache nach Belieben zu verfahren und andere
> von der Nutzung auszuschließen. (3) Dagegen setzt die Realisierung des Lieferanspruchs
> des Käufers nach § 433 Abs. 1 S. 1 BGB die Mitwirkung des Anspruchsverpflichteten u. a.
> in Form der Besitzverschaffung durch Übergabe der Kaufsache voraus.

Damit das Recht aus dem Anspruch nicht bedeutungslos wird, wenn der Anspruchs- **7**
verpflichtete seine Mitwirkung verweigert, muss der Anspruchsinhaber die Leistung
erzwingen können. Auf Grund der Zuweisung des **Gewaltmonopols** zum **Staat** ist
ein eigenmächtiges Vorgehen des Anspruchsinhabers ausgeschlossen. Innerhalb der
Justizgewährungspflicht stellt der Staat dem Anspruchsinhaber deshalb den Zivil-
prozess zur Verfügung.[6] Eine selbstständige Durchsetzung ist dem Anspruchsinhaber dagegen nur ausnahmsweise unter den strengen Voraussetzungen der §§ 229 ff.
BGB gestattet.[7]

B. Arten von Ansprüchen

Nach dem **Rechtsgebiet**, dem sie zugehören, lassen sich schuldrechtliche, ding- **8**
liche, familienrechtliche und erbrechtliche Ansprüche unterscheiden.

---

[6] Siehe § 20 Rn. 2 f.
[7] Siehe § 20 Rn. 18 ff.

I. Schuldrechtliche Ansprüche

9   Schuldrechtliche Ansprüche entstehen kraft eines **Schuldverhältnisses im weiteren Sinne**.[8] Dieses kann durch Vertrag, einseitiges Rechtsgeschäft (z. B. Vermächtnis, § 1939 BGB) oder Hoheitsakt (insbes. Gesetz) begründet werden. Ansprüche aus einem kraft Gesetzes begründeten Schuldverhältnis lassen sich in quasi-vertragliche, deliktische und bereicherungsrechtliche unterscheiden. Quasi-vertragliche Ansprüche entstehen durch das Aufkommen besonderen Vertrauens bei Vertragsverhandlungen gemäß §§ 241 Abs. 2, 311 Abs. 2 BGB oder der Geschäftsführung ohne Auftrag gemäß §§ 677 ff. BGB. Deliktische Ansprüche entstehen bei widerrechtlichen Übergriffen in den Rechtskreis eines anderen. Bereicherungsrechtliche Ansprüche sind bedeutsam, wenn der Erwerb von Vermögenspositionen mit dem materiellen Recht nicht in Einklang steht.[9]

II. Dingliche Ansprüche

10   Dingliche Ansprüche dienen dem Schutz und der Verwirklichung dinglicher Rechte.[10] Sie sind deshalb **vom Bestand eines dinglichen Rechts abhängig** und können nicht ohne dieses übertragen werden. Das dingliche Recht ist das Recht einer Person zur unmittelbaren Herrschaft über eine Sache.[11]

Beispiele: Dingliche Rechte sind das Eigentum als umfassende Herrschaftsbefugnis und beschränkt dingliche Rechte, wie z. B. Nießbrauch, Pfandrecht, Hypothek und Grundschuld. Allein das Bestehen dieser Rechte an einer Sache begründet noch keinen Anspruch aus dem Recht. Ein solcher erwächst vielmehr erst durch das Hinzutreten besonderer Umstände, wie z. B. den Verlust des Besitzes. Erst hierdurch wird der Schuldner individualisiert, auf dessen Mitwirkung der Berechtigte angewiesen ist. In der Folge kann die entzogene oder vorenthaltene Sache nach § 985 BGB vom Besitzer herausverlangt werden. Viel häufiger wird das absolute Recht aus dem Eigentum, mit der Sache nach Belieben zu verfahren (vgl. § 903 BGB), jedoch ausgeübt, ohne dass der Eigentümer auf eine fremde Mitwirkung angewiesen ist und ihm ein Anspruch zusteht, z. B. durch Bewohnen eines Hauses seitens des Eigentümers.

III. Familien- und erbrechtliche Ansprüche

11   Familienrechtliche Ansprüche entstammen **familienrechtlichen Rechtsverhältnissen** und haben ihren Rechtsgrund in der Verantwortung innerhalb dieser. Erbrechtliche Ansprüche **sichern die Erbschaft** gegen unbefugte Einwirkungen und geben den Erben das Recht, die Auseinandersetzung durchzuführen.

---

[8] Vgl. oben § 17 Rn. 6.

[9] Siehe oben § 4 Rn. 41.

[10] Palandt/*Bassenge* Einl v § 854 BGB Rn. 9.

[11] Palandt/*Bassenge* Einl v § 854 BGB Rn. 2.

C. Anspruchsgrundlagen

Da der Anspruchsgegner gegenüber dem Anspruchsberechtigten zu einem Tun oder **12** Unterlassen verpflichtet ist, wird durch einen Anspruch die allgemeine Handlungsfreiheit des Anspruchsverpflichteten beschränkt. Deshalb muss jeder Anspruch auf einer diesen Eingriff rechtfertigenden **Anspruchsgrundlage** fußen.

I. Begriff und Arten

Anspruchsgrundlagen sind Rechtssätze, deren Rechtsfolge vorsieht, dass ein anderer **13** etwas tun oder unterlassen muss. Sie können entweder infolge gesetzlicher Anordnung oder der Vornahme eines Rechtsgeschäfts, regelmäßig des Abschlusses eines Vertrags, ausnahmsweise auch eines einseitigen Rechtsgeschäfts (vgl. Auslobung, § 657 BGB), gelten.

1. Gesetzliche Anspruchsgrundlagen

Gesetzliche Anspruchsgrundlagen einschließlich des Gewohnheitsrechts nennt man **14** Anspruchsnormen. Sie bestehen aus den Voraussetzungen eines Anspruchs (**Tatbestand**) und der **Rechtsfolge**, dass der Berechtigten von einem Verpflichteten etwas verlangen kann. Das bedeutet, dass sich der Anspruch als Rechtsfolge aus der Erfüllung des Tatbestands ergibt.

> **Beispiel:** § 823 Abs. 1 BGB ist das Standardbeispiel einer Anspruchsnorm. Wenn eine rechtswidrige und schuldhafte Handlung kausal zu einer Verletzung der von § 823 Abs. 1 BGB geschützten Rechtsgüter geführt hat (Tatbestand), besteht ein Anspruch auf Ersatz des hierdurch entstandenen Schadens (Rechtsfolge).

Anspruchsnormen sind im gesamten BGB vorhanden. Ob eine Gesetzesbestim- **15** mung einen Anspruch gewährt, ist durch Auslegung zu ermitteln. Entscheidend ist, dass der Berechtigte vom Verpflichteten etwas unmittelbar einfordern kann. Wichtige Hinweise hierauf liefert der Gesetzeswortlaut, der im Rahmen des Auslegungsvorgangs aber nicht alleinentscheidend ist. Dabei verwendet das Gesetz zur Kennzeichnung von Ansprüchen ganz unterschiedliche Formulierungen, aber kaum den technischen Begriff des Anspruchs selbst.

> **Beispiele:** In § 241 Abs. 1 BGB heißt es, dass der Gläubiger eine Leistung „fordern" kann, während in zahlreichen anderen Normen wie z. B. §§ 280 Abs. 1, 861, 985, 1004 Abs. 1 S. 1 BGB von „verlangen" können die Rede ist. Wiederum andere Anspruchsnormen stellen auf den Schuldner ab, der entweder zu etwas „verpflichtet" wird, eine Leistung zu erbringen „hat", „verantwortlich" ist oder „haften" muss. Unterlassungsansprüche können auch in Gestalt eines Verbots formuliert sein (vgl. § 60 HGB). Seltener werden der Klagebegriff (§ 1004 Abs. 1 S. 2 BGB) oder wie in § 1004 Abs. 2 BGB der Anspruchsbegriff selbst verwendet.

16   Nicht alle Gesetzesbestimmungen gewähren einen Anspruch. Neben den **An-spruchsnormen** existieren Normen, die zahlreiche andere Rechtsfolgen vorsehen.

> **Beispiele:** § 2 BGB bestimmt den Eintritt in die Volljährigkeit, § 214 BGB berechtigt den Schuldner zur Verweigerung der Leistung,[12] § 387 BGB regelt ein Aufrechnungsrecht und § 1922 BGB bestimmt als Rechtsfolge einen gesetzlichen Vermögensübergang auf die Erben.

17   Im Zusammenhang mit Ansprüchen bedeutsam sind **anspruchsausfüllende Normen**, welche selbst keinen Anspruch begründen, aber für Ansprüche unverzichtbar sind. Sie regeln den Anspruchsinhalt sowie die Art und Weise der Anspruchserfüllung. Zu den anspruchsausfüllenden Normen zählen z. B. die Vorschriften über die Art und den Umfang von Schadensersatzansprüchen in §§ 249–253 BGB sowie die Regelung über den Leistungsort in § 269 BGB und über die Fälligkeit in § 271 BGB.

2. Rechtsgeschäfte als Anspruchsgrundlagen

18   In Wahrnehmung seiner Privatautonomie[13] kann sich jedermann zu jeder beliebigen Leistung verpflichten, so dass auch **Rechtsgeschäfte Grundlage eines Anspruchs** sein können. Dazu müssen sie wirksam vorgenommen worden sein. Im Regelfall bedarf es des Abschlusses eines Vertrags. Auch wenn der Gesetzgeber eine Reihe von Rechtsgeschäften im 8. Abschnitt des II. Buchs des BGB (Schuldrecht) geregelt hat, ergibt sich der Anspruch jeweils aus dem zugehörigen Rechtsgeschäft und nicht allein aus dem Gesetz.

> **Beispiel:** Der Anspruch des Käufers auf Übereignung der Kaufsache lässt sich zwar der Norm des § 433 Abs. 1 S. 1 BGB entnehmen. Er hat jedoch seine Grundlage in der konkreten Parteivereinbarung im Rahmen des Kaufvertrags. Auch wenn es § 433 Abs. 1 S. 1 BGB nicht gäbe, bestünde der Übereignungsanspruch gleichwohl, weil die Parteien dies vereinbart haben.[14]

19   Die Parteien sind bei der Begründung von Ansprüchen frei darin, was sie als Inhalt des Rechtsgeschäfts bestimmen, sog. **Typenfreiheit**. Im Gegensatz dazu können z. B. dingliche Rechte nur in den gesetzlich vorgeschriebenen Formen begründet werden, sog. **Typenzwang** des Sachenrechts.[15]

II. Anwendung

20   Anspruchsgrundlagen werden relevant, wenn jemand von einem anderen etwas verlangt. Im Rahmen ihrer Anwendung auf einen konkreten Fall kommen nur

---

[12] Siehe hierzu § 19 Rn. 16 ff.
[13] Siehe oben § 4 Rn. 1 ff.
[14] *Brox/Walker* Rn. 652.
[15] Vgl. oben § 4 Rn. 9.

diejenigen Anspruchsgrundlagen in Betracht, die in ihrer abstrakten Rechtsfolge genau das konkrete Begehren nach einem Tun oder Unterlassen abdecken.

> **Beispiel:** Begehrt der Gläubiger die Zahlung von Schadensersatz, kommen Ansprüche aus einem speziellen Gewährleistungsrecht, aus dem allgemeinen Schuldrecht, aus Normen des Eigentümer-Besitzer-Verhältnisses sowie aus dem Deliktsrecht nach §§ 823 ff. BGB in Betracht. Auf Herausgabe oder Unterlassung gerichtete Anspruchsgrundlagen scheiden dagegen von vornherein aus.

Nachdem der Kreis auf die zum Begehren passenden Anspruchsgrundlagen reduziert wurde, verhelfen von diesen nur jene zum Erfolg, deren Tatbestandsvoraussetzungen auch vorliegen. Die Feststellung, ob dies der Fall ist, erfolgt durch die Subsumtion des Sachverhalts unter die Anspruchsgrundlage.[16] Einzelne zum Begehren passende Anspruchsgrundlagen scheiden im Hinblick auf den zur Entscheidung anstehenden Lebenssachverhalt offensichtlich aus; diese bedürfen keiner weiteren gedanklichen Behandlung. Nur soweit eine Anspruchsgrundlage nicht nur zum Begehren, sondern auch ernsthaft zum Lebenssachverhalt passt, bedarf es einer tiefgehenderen Analyse.   **21**

> **Beispiel:** Hat das Mietverhältnis zwischen Arndt und Bert geendet und begehrt Bert von Arndt Rückgabe (Herausgabe) der Mietsache, scheidet mangels weiterer Angaben z. B. der Herausgabeanspruch nach § 2018 BGB offensichtlich aus. Seine Erörterung ist entbehrlich. Eine saubere Subsumtion ist dagegen für § 546 Abs. 1 BGB sowie ggf. § 985 BGB angezeigt.

D. Entstehung und Erwerb

Die Entstehung eines Anspruchs setzt voraus, dass der Einzelne ein subjektives Recht gegen einen anderen erwirbt. Der Erwerb eines Rechts kann in zwei Formen erfolgen:[17] Zum einen können die Voraussetzungen des Rechts erstmalig beim Berechtigten entstehen (sog. **originärer Erwerb**). Zum anderen kann das bereits entstandene Recht von einem Dritten wirksam an den Berechtigten übertragen worden sein (sog. **derivativer Erwerb**).   **22**

Der originäre Erwerb erfolgt unabhängig davon, ob das Recht zum Zeitpunkt des Erwerbs einem anderen zusteht. Entscheidend ist vielmehr, dass die Entstehensvoraussetzungen eines Rechts gegeben sind. Bspw. kann die für die **Entstehung schuldrechlicher Ansprüche** (Forderungen) notwendige Sonderverbindung zwischen den Beteiligten durch ein Rechtsgeschäft oder durch Gesetz hergestellt werden. Die wirksame Entstehung eines Anspruchs durch Rechtsgeschäft erfordert die Einhaltung der allgemeinen Regeln über Rechtsgeschäfte nach §§ 104–185 ff. BGB. Im Gegensatz hierzu gibt es für gesetzliche Schuldverhältnisse keine allgemeinen Regeln. Vielmehr gelten für jedes gesetzliche Schuldverhältnis besondere Entstehungsvoraussetzungen. **Dingliche Ansprüche** haben ihre Grundlage immer   **23**

---

[16] Siehe oben § 3 Rn. 45 ff.
[17] Mot. I, S. 271.

in einer Anspruchsnorm. Dabei besteht die Besonderheit, dass eine der Tatbestandsvoraussetzungen die Inhaberschaft des dinglichen Rechts darstellt. Dingliche Ansprüche sind akzessorisch zum dinglichen Recht. Allein das Bestehen des dinglichen Rechts zugunsten des Anspruchstellers erfüllt die Anspruchsvoraussetzungen
jedoch nicht. Ein dinglicher Anspruch besteht vielmehr erst, wenn die Befugnisse
des Inhabers zur ihrer Realisierung der Mitwirkung eines anderen bedürfen.

> **Beispiel:** Nach § 903 BGB gewährt das Eigentum die Befugnis, mit der Sache nach Belie-
> ben zu verfahren. Erst wenn diese Befugnis vom Anspruchsgegner eingeschränkt wurde,
> kommen dingliche Ansprüche in Betracht. Hat der Anspruchsgegner dem Eigentümer den
> Besitz entzogen oder vorenthalten, ist der Anspruch aus § 985 BGB einschlägig. Ander-
> weitige Beeinträchtigungen werden nach § 1004 Abs. 1 BGB abgewehrt bzw. beseitigt.

24   Von einem derivativen Erwerb spricht man, wenn der Erwerber sein Recht von dem
vorherigen Inhaber in der Weise ableitet, dass es im Wege der Rechtsnachfolge
auf ihn übergeht. Eine Rechtsnachfolge kann durch die Übertragung des Anspruchs
erreicht werden. Dies kann durch **rechtsgeschäftliche Abtretung** nach §§ 398 ff.
BGB, durch die Erfüllung einer **gesetzlichen Zessionsnorm** (*cessio legis*) oder
durch sonstigen **Staatsakt**, insbesondere im Rahmen der Zwangsvollstreckung zugunsten des Vollstreckungsgläubigers nach den §§ 828 ff. ZPO, erfolgen.[18]

E. Anspruchsmehrheit

25   Ein Lebenssachverhalt kann die Voraussetzungen mehrerer Anspruchsgrundlagen
verwirklichen. Da das Gesetz über die Behandlung eines solchen Zusammentref-
fens schweigt,[19] wurde durch Rspr. und Lehre folgende Systematik entwickelt:

1.   **Anspruchshäufung:** Sind die verschiedenen Anspruchsgrundlagen auf verschiedene Begehren aus einem Sachverhalt gerichtet, kommt es grds.[20] nicht zu
einer echten Konkurrenzsituation. Der Anspruchsberechtigte kann die verschiedenen Ansprüche vielmehr nebeneinander geltend machen. Charakteristisch ist,
dass die Erfüllung des einen Anspruchs den anderen Anspruch unberührt lässt.

> **Beispiel:** Ein Darlehensgeber hat sowohl einen Anspruch auf Rückzahlung des Darlehens
> als auch auf Zahlung der vereinbarten Zinsen (§ 488 Abs. 1 S. 2 BGB).

2.   **Alternative Konkurrenz:** In Ausnahme zu den Fällen der Anspruchshäufung
verknüpft das Gesetz in einigen Fällen die Ansprüche auf verschiedene Begehren aus einem Sachverhalt derart, dass sie sich gegenseitig ausschließen und der
Anspruchsberechtigte zwischen ihnen wählen muss. Die Rechtsfolgen des einen
Anspruchs können nicht neben denen des anderen Anspruchs bestehen. Diese

---

[18] Siehe § 17 Rn. 20 ff.
[19] Mot. I, S. 278.
[20] Die Ausnahme bildet die alternative Konkurrenz, vgl. dazu Ziffer 2.

Fälle werden als alternative, elektive Konkurrenz oder unechte Wahlschuld bezeichnet.

Beispiel: Der Käufer kann nach erfolgloser Fristsetzung zur Nacherfüllung nach § 437 Nr. 2 BGB entweder vom Kaufvertrag nach §§ 440, 323, 326 Abs. 5 BGB zurücktreten oder den Kaufpreis gemäß § 441 BGB mindern.

3. **Normverdrängende Konkurrenz:** Findet dasselbe Leistungsbegehren, z. B. die Herausgabe einer Sache oder die Zahlung von Geld, in mehreren Anspruchsgrundlagen Ausdruck, kann die Auslegung der Anspruchsgrundlagen, können insbesondere systematische oder teleologische Gründe, dafür sprechen, dass eine Anspruchsgrundlage eine andere ausschließt. In diesem Fall erweist sich das bestehende Konkurrenzverhältnis als ein in Wirklichkeit nur scheinbares, weil dem Berechtigten im Ergebnis nur die Anspruchsgrundlage zur Verfügung steht, die nicht verdrängt wird.

a. Ein Grund für die verdrängende Wirkung einer Anspruchsgrundlage liegt darin, dass sie die speziellere Norm darstellt. Sie ist spezieller, wenn sie mindestens eine Voraussetzung mehr aufweist als die Grundnorm und deshalb einen Unterfall des Tatbestands der generellen Norm bildet. Um der Wertung des Gesetzgebers gerecht zu werden, sind Spezialfälle auch nur nach deren spezieller Anspruchsgrundlage zu behandeln. Es gilt der Grundsatz *„lex specialis derogat legi generali"*, auch wenn der Tatbestand der spezielleren Norm nicht erfüllt ist.

b. Die Verdrängung einer Norm ist ebenfalls geboten, wenn sich dies aus dem Normzweck ergibt.

Beispiel: Die Ansprüche innerhalb der Rückabwicklung erbrachter Leistungen nach §§ 346 ff. BGB haben einen abschließenden Charakter, der zum Schutz der gesetzlichen Wertungen weitergehende Ansprüche nicht zulässt. Deshalb wird ein Anspruch aus § 812 Abs. 1 S. 2 BGB wegen nachträglichen Wegfalls des rechtlichen Grunds mit dem möglichen Einwand der Entreicherung (vgl. § 818 Abs. 3 BGB) durch die §§ 346 ff. BGB verdrängt.

4. **Echte Anspruchskonkurrenz:** In Konsequenz der bisherigen Ausführungen liegt ein echtes Konkurrenzverhältnis zwischen Anspruchsgrundlagen erst vor, wenn sie auf ein und dasselbe Leistungsbegehren gerichtet sind und sich keine Verdrängung im Wege der Gesetzeskonkurrenz ergibt.

Beispiel: Nach Beendigung eines Mietverhältnisses kann der Vermieter, der zugleich Eigentümer der Mietsache ist, Herausgabe sowohl nach § 546 BGB als auch nach § 985 BGB verlangen.

In Fällen echter Anspruchskonkurrenz kann das identische Anspruchsbegehren auf **26** mehrere Anspruchsgrundlagen gestützt werden. Allerdings kann ein und dasselbe Begehren nur einmal befriedigt werden. Die Erfüllung eines Anspruchs bewirkt das Erlöschen der übrigen Ansprüche.[21]

---

[21] Sog. Erfüllungsgemeinschaft, vgl. *Larenz/Wolf* § 18 Rn. 31 f.

Beispiel: Die Mietsache kann nur einmal herausgegeben werden. Mit der Erfüllung des Anspruchs aus § 985 BGB auf Herausgabe erlischt daher auch der inhaltsgleiche Anspruch aus § 546 BGB.

27 Uneinigkeit besteht allerdings darüber, inwieweit sich Ansprüche in Anspruchskonkurrenz über die Erfüllungswirkung hinaus gegenseitig beeinflussen. Dabei geht es insbesondere um die Fragen, ob verkürzte Verjährungsfristen oder Haftungserleichterungen einer Anspruchsgrundlage auf die andere durchschlagen und ob eine isolierte Abtretung eines Anspruchs aus einer konkreten Anspruchsgrundlage möglich ist. **Rspr. und h. L.** gehen im Grundsatz von einer **freien Anspruchskonkurrenz** aus.[22] Die einzelnen Anspruchsgrundlagen sind danach auch bei identischen Zielen voneinander unabhängig. Ein effektiver Rechtsgüterschutz gebiete die Auswahl zwischen allen möglichen Anspruchsgrundlagen nach ihren speziellen Vorteilen. Eine gegenseitige Beeinflussung wird nur ausnahmsweise auf Grund gesetzlicher Wertungen anerkannt. Im Übrigen laufen insbesondere Verjährungsfristen eigenständig und es gelten eigenständige Haftungsmaßstäbe. Demgegenüber wird auch die Auffassung vertreten, dass es sich nicht um das Konkurrieren von selbstständigen Ansprüchen handele, sondern nur um **einen einzelnen Anspruch** mit mehrfacher Begründung.[23] Diese Ansicht versucht, eine bessere dogmatische Erklärung für die gegenseitige Beeinflussung von Anspruchsgrundlagen in echter Anspruchskonkurrenz zu bieten, insbesondere dem prozessualen Bedürfnis nach der Bestimmung eines Streitgegenstands materiell-rechtlich zu entsprechen.

Literatur

Brox/Walker (2012) Allgemeiner Teil des BGB. 36. Aufl
Georgiades (1968) Die Anspruchskonkurrenz im Zivilrecht und Zivilprozessrecht.
Köhler (2012) BGB Allgemeiner Teil. 36. Aufl
Larenz/Wolf (2004) Allgemeiner Teil des deutschen Bürgerlichen Rechts. 9. Aufl
MünchKommBGB (2012) Münchener Kommentar zum Bürgerlichen Gesetzbuch. 6. Aufl
Palandt (2013) Bürgerliches Gesetzbuch. 72. Aufl
Rüthers/Stadler (2011) Allgemeiner Teil des BGB. 17. Aufl

---

[22] Vgl. RG v. 29.09.1927, RGZ 118, 141, 144; BGH v. 08.06.2004, NJW 2004, 3420, 3422; Palandt/*Ellenberger* § 195 BGB Rn. 17; MünchKommBGB/*Bachmann* § 241 BGB Rn. 40.

[23] *Georgiades*, Die Anspruchskonkurrenz im Zivilrecht und Zivilprozessrecht, 1968, S. 167 ff.; *Larenz/Wolf* § 18 Rn. 33 ff.

§ 19 Einwendungen und Einreden

Literaturhinweise: *Blasche*, Aktuelle Probleme des Verjährungsrechts, JURA 2009, 481; *Jahr*, Die Einrede des bürgerlichen Rechts, JuS 1964, 125, 218, 293; *Linhart*, Das System der Anspruchsgrundlagen, Einwendungen und Einreden in der Zivilrechtsklausur, JA 2006, 266; *Petersen*, Die Verjährung der Ansprüche, JURA 2011, 657; *Ulrici/Purrmann*, Einwendungen und Einreden, JuS 2011, 104; *Wernecke*, Die Einrede der Verjährung – Schnittpunkt zwischen materiellem Recht und Zivilprozessrecht, JA 2004, 331; *Witt*, Schuldrechtsmodernisierung 2001/2002 – Das neue Verjährungsrecht, JuS 2002, 105.

A. Begriffe und Bedeutung

I. Einwendung und Einrede im materiellen Recht

1. Ausgangspunkt

Liegen die Voraussetzungen für das Entstehen eines Anspruchs vor,[1] bedeutet dies **1** nicht zwangsläufig, dass der Gläubiger sein Begehren erfolgreich geltend machen kann. Vielmehr können im Einzelfall Umstände gegeben sein, welche die Entstehung des Anspruchs hindern, einen entstandenen Anspruch zu Fall bringen oder aber dessen Durchsetzung ganz oder zumindest vorübergehend entgegenstehen.[2] Zwar gilt im Grundsatz, dass der Gläubiger das begehrte Tun oder Unterlassen vom Schuldner erfolgreich einfordern kann, wenn der Tatbestand einer Anspruchsnorm[3] erfüllt ist. Dies gilt allerdings nicht, wenn ein Rechtssatz diese Rechtsfolge dadurch zu Fall bringt, dass er die Entstehung eines Anspruchs **hindert**, den Anspruch **vernichtet** oder der **Durchsetzung** des Anspruchs, zumindest vorläufig, **entgegensteht**. Diejenigen Rechtssätze, welche einen Anspruch hindern, vernichten oder hemmen, werden als Einwendungen und Einreden im materiell-rechtlichen Sinne

---

[1] Siehe oben § 18 Rn. 14.

[2] *Larenz/Wolf* § 18 Rn. 42.

[3] Vgl. oben § 18 Rn. 14.

bezeichnet. Wesentliche Gemeinsamkeit von Einwendungen und Einreden ist folglich, dass sie Rechtssätze bezeichnen, die sich günstig für den Schuldner auswirken. Sie stehen gemeinsam den Anspruchsnormen gegenüber, die eine dem Gläubiger günstige Rechtsfolge bewirken.

2. Begriffsverwirrung

2   Allerdings werden die **Begriffe** Einwendung und Einrede **nicht einheitlich verwendet**.[4] Zum Teil wird zwischen beiden danach unterschieden, ob das Vorbringen ohne Weiteres zu berücksichtigen ist (dann: Einwendung) oder nur auf einen entsprechenden Wunsch des Schuldners (dann: Einrede).[5] Diese Unterscheidung wird teilweise als unklar bezeichnet.[6] Stattdessen sollen als Einwendungen die rechtshindernden und rechtsvernichtenden, als Einreden diejenigen Verteidigungsmittel bezeichnet werden, die der Rechtsdurchsetzung entgegenstehen.[7] Der Unterschied wird darin gesehen, dass die Einwendung schon dann zu beachten ist, wenn die Tatsachen gegeben sind, welche die Einwendung begründen. Hat bspw. der Schuldner unstreitig erfüllt, führt dies auch dann zum Untergang des Anspruchs (vgl. § 362 Abs. 1 BGB), wenn der Schuldner sich nicht auf Erfüllung beruft, sondern nur die Begründung des Anspruchs bestreitet. Demgegenüber sollen Einreden nur Einfluss auf die Rechtsdurchsetzung haben, wenn sie vom Schuldner ausgeübt werden.[8] Hierfür wird angeführt, dass der Schuldner wegen eigener Ansprüche gegen den Gläubiger die Leistung nur dann verweigern kann, wenn er das bestehende Zurückbehaltungsrecht geltend macht. Auf dieser Grundlage verwundert es, dass wiederum Anfechtung[9] und Aufrechnung[10] als Einwendung behandelt werden, obwohl deren Rechtswirkungen ebenfalls erst eintreten, wenn der Schuldner eine entsprechende Gestaltungserklärung abgibt.[11]

3   Soweit man eine Unterscheidung zwischen Einreden und Einwendungen zur Beschreibung von bestimmten Gemeinsamkeiten für erforderlich oder wünschenswert erachtet, verdient diejenige Einteilung den Vorzug, wonach der Begriff der Einwendung als Bezeichnung der einen Anspruch hindernden, vernichtenden oder hemmenden Rechtssätze den Oberbegriff bildet (vgl. § 404 BGB)[12] und die Einreden einen Unterfall bilden, der sich dadurch auszeichnet, dass diese nur **auf** einen

---

[4] Vgl. *Brox/Walker* Rn. 661.

[5] *Medicus* Rn. 92. – Ähnlich *Köhler* § 18 Rn. 10 f.

[6] *Brehm* Rn. 621.

[7] *Bork* Rn. 310 ff., 314 f.; *Brehm* Rn. 620 f.; *Larenz/Wolf* § 18 Rn. 47; *Rüthers/Stadler* § 10 Rn. 8. – Hierauf verweist auch *Köhler* § 18 Rn. 11.

[8] *Brehm* Rn. 621 f.; *Larenz/Wolf* § 18 Rn. 46, 55. – So auch *Köhler* § 18 Rn. 17.

[9] *Larenz/Wolf* § 18 Rn. 49.

[10] *Larenz/Wolf* § 18 Rn. 52; *Medicus* Rn. 94.

[11] Vgl. insoweit auch *Larenz/Wolf* § 18 Rn. 46: Einrede ist den Gestaltungsrechten vergleichbar.

[12] Vgl. zu § 404 BGB BeckOK-BGB/*Rohe* § 404 Rn. 5.

entsprechenden **Wunsch des Schuldners** zu berücksichtigen sind.[13] Dies darf allerdings nicht dahin missverstanden werden, dass die Besonderheit darin besteht, dass der Wunsch geäußert werden muss. Dies gilt gleichermaßen für die Anfechtung oder die Aufrechnung, welche einhellig nicht als Einreden betrachtet werden. Vielmehr besteht der maßgebliche Unterschied darin, dass der Wunsch eine Einrede zu erheben, fortbestehen muss. Anders gewendet kann die Geltendmachung einer Einrede, auch nachdem der hierauf zielende Wunsch geäußert wurde, jederzeit einseitig aufgegeben werden, wodurch die Wirkungen der Einrede entfallen.[14] Bspw. kann der Schuldner, der die Einrede aus § 275 Abs. 3 BGB erhoben hat, diese einseitig wieder fallen lassen. In der Folge ist der Anspruch wieder durchsetzbar. Dagegen kann der Anfechtende, der die Anfechtung erklärt hat, die von ihm bewirkten Rechtsfolgen nicht mehr einseitig beseitigen. Hierzu bedarf er vielmehr der Zustimmung des Anfechtungsgegners.

3. Bedeutung

Weder an die Gegenüberstellung von Einreden und Einwendungen einerseits und Anspruchsnormen andererseits noch an die Unterscheidung von Einwendungen und Einreden dürfen bestimmte Rechtsfolgen geknüpft werden.[15] Die Rechtslage ist nicht von nichtgesetzlichen Begriffsbildungen, sondern von Recht und Gesetz abhängig. Rechtsfolgen sind daher aus den jeweils einschlägigen gesetzlichen Vorschriften abzuleiten. Den Begrifflichkeiten kommt lediglich die Funktion zu, Gemeinsamkeiten und Unterschiede, welche das Gesetz vorgibt, zu beschreiben.

4

> **Beispiel:** Nach *Larenz/Wolf* besteht der Sinn, Einreden und Einwendungen den Anspruchsvoraussetzungen gegenüber zu stellen, in der Verteilung der Beweislast.[16] Diese Aussage trifft allerdings nicht zu, weil sie die Zusammenhänge auf den Kopf stellt. Nicht die Einteilung in Anspruchsvoraussetzungen einerseits und Einreden und Einwendungen andererseits entscheidet über die Darlegungs- und Beweislast. Hierüber entscheidet vielmehr das Gesetz. Ausgehend von der Entscheidung des Gesetzes kann man diejenigen Tatbestände, für deren tatsächliche Voraussetzungen der Schuldner darlegungs- und beweisbelastet ist, als Einreden und Einwendungen bezeichnen.[17] Der umgekehrte Weg führt leicht zu unrichtigen Ergebnissen. Wenn man z. B. wie *Larenz/Wolf* davon ausgeht, der Schuldner sei für Einwendungen darlegungs- und beweisbelastet und im Anschluss zudem davon ausgeht, die Formunwirksamkeit des § 125 S. 1 BGB sei eine Einwendung,[18] gelangt man zu dem unzutreffenden Ergebnis, der Schuldner müsste die Verletzung der Form nachweisen. Rich-

---

[13] Vgl. bereits Mot. I, S. 359, 382.

[14] RG v. 02.01.1912, RGZ 78, 130, 131. – So zutreffend auch *Larenz/Wolf* § 18 Rn. 55.

[15] A. A. *Larenz/Wolf* § 18 Rn. 43; MünchKommBGB/*Einsele* § 125 BGB Rn. 35.

[16] *Larenz/Wolf* § 18 Rn. 43. – Ebenso *Wolf/Neuner* § 21 Rn. 11.

[17] Vgl. Mot. I, S. 359.

[18] *Larenz/Wolf* § 18 Rn. 49 und § 27 Rn. 65. – Ebenso *Wolf/Neuner* § 21 Rn. 15. – Hiergegen MünchKommBGB/*Einsele* § 125 BGB Rn. 35.

tig ist vielmehr, dass der Gläubiger nachweisen muss, dass das seinen Anspruch begründende Rechtsgeschäft formgerecht ist.[19]

II. Einreden im Prozessrecht

5   Etwas anders ist die Terminologie im Prozessrecht.[20] Hier stehen sich nicht die Begriffe Einrede und Einwendung gegenüber. Vielmehr stellt das Prozessrecht dem
Begriff der **Einwendung** den Begriff des **Bestreitens** gegenüber.[21] Durch das Be-
streiten stellt eine Partei den anspruchsbegründenden Tatsachenvortrag des Gläubigers in Abrede. Als Einwendung wird dagegen derjenige Sachvortrag des Schuldners bezeichnet, der ihm dadurch günstig sein soll, dass er die Voraussetzungen
eines rechtshindernden, -vernichtenden oder -hemmenden Tatbestands erfüllt.[22]
In diesem Sinne umfasst der Begriff der Einwendung auch die Einrede im Sinne
des materiellen Rechts. Im Prozessrecht wird als Einwendung also eine bestimmte Form des verteidigenden **Tatsachenvorbringens** bezeichnet. Im materiellen
Recht bezeichnet der Begriff der Einwendung dagegen eine bestimmte Gruppe von
Rechtssätzen.

B. Einwendungen

I. Überblick

6   Als Einwendungen sollen im Folgenden solche Rechtssätze bezeichnet werden, auf
Grund derer ein Anspruch, für den der Tatbestand einer Anspruchsnorm erfüllt ist,
gleichwohl von vornherein nicht entsteht (**rechtshindernde Einwendung**) oder
zwar wirksam entstanden, aber wieder erloschen ist (**rechtsvernichtende Einwendung**). Diejenigen Rechtssätze, welche lediglich die Durchsetzung eines Anspruchs
hemmen (rechtshemmende Einwendungen), werden, weil sie vom Gesetzgeber derart ausgestaltet wurden, dass sie von einem entsprechenden Wunsch des Schuldners
abhängen, gesondert behandelt (**Einreden**).[23] Obwohl sich aus der bloßen Zuordnung zu einer Begrifflichkeit keine Rechtsfolgen ergeben,[24] gilt die Faustformel,
dass die für eine Einwendung maßgeblichen Tatsachen vom Schuldner darzulegen
und ggf. zu beweisen sind. Dies bedeutet für die Fallbearbeitung, dass die Vor-

---

[19] *Baumgärtel/Prütting/Laumen*, Handbuch der Beweislast, 3. Aufl. 2007, § 125 BGB Rn. 1;
MünchKommBGB/*Einsele* § 125 BGB Rn. 35; BeckOK-BGB/*Wendtlandt* § 125 Rn. 31.

[20] Mot. I, S. 359.

[21] Vgl. *Köhler* § 18 Rn. 15 ff.

[22] *Brehm* Rn. 624; *Larenz/Wolf* § 18 Rn. 80; *Medicus* Rn. 95.

[23] Siehe unten Rn. 13 ff.

[24] Siehe oben Rn. 4.

aussetzungen einer Einwendung nicht gegeben sind, wenn der Sachverhalt hierzu keine gegenteiligen Anhaltspunkte enthält. Im Einzelfall kann das Gesetz jedoch eine abweichende Verteilung der Darlegungs- und Beweislast vorsehen, wie z. B. für Formmängel.[25]

II. Rechtshindernde Einwendungen

Rechtshindernde Einwendungen verhindern das (wirksame) Entstehen eines Anspruchs. Bei **rechtsgeschäftlich begründeten Ansprüchen** kommen in erster Linie Umstände in Betracht, die zur Nichtigkeit oder Unwirksamkeit des Rechtsgeschäfts führen. Dabei müssen folgende rechtshindernde Einwendungen vom Schuldner nicht besonders geltend gemacht werden, sondern führen von Rechts wegen zur Hinderung der Anspruchsentstehung:

- §§ 104, 105 BGB: Geschäftsunfähigkeit, Bewusstlosigkeit oder vorübergehende Störung der Geistestätigkeit,
- §§ 106, 107 BGB: beschränkte Geschäftsfähigkeit,
- § 116 S. 2 BGB: geheimer Vorbehalt,
- § 117 Abs. 1 BGB: (einvernehmliches) Scheingeschäft,
- § 118 BGB: Scherzerklärung,
- § 125 BGB: Formunwirksamkeit,
- §§ 134, 138 BGB: Verstoß gegen Verbotsgesetz, Sittenwidrigkeit.

Bei der **Anfechtung** (vgl. §§ 142 ff. BGB) ist die Besonderheit zu berücksichtigen, dass sie einem Anspruch mit Rückwirkung die rechtliche Grundlage entzieht und deshalb überwiegend als rechtshindernde und nicht als rechtsvernichtende Einwendung eingeordnet wird, auch wenn ihre Wirkungen erst durch eine entsprechende Erklärung ausgelöst werden (vgl. § 143 BGB).[26]

Auch für **gesetzlich begründete Ansprüche** wird durch die Regelung des Tatbestands, aus dem sich ein Anspruch ergibt, festgelegt, was anspruchsbegründende Tatbestandsvoraussetzung und was anspruchshindernde Einwendung ist. Bspw. begründet nach § 1004 Abs. 1 BGB die rechtswidrige Eigentumsbeeinträchtigung einen Beseitigungsanspruch. Das Entstehen dieses Anspruchs wird nach § 1004 Abs. 2 BGB dadurch gehindert, dass der Eigentümer zur Duldung der Beeinträchtigung verpflichtet ist.

III. Rechtsvernichtende Einwendungen

Sieht ein Rechtssatz vor, dass ein zunächst entstandener Anspruch durch nachträglich eintretende Tatsachen wieder entfällt, spricht man vom **Erlöschen** oder dem

---

[25] Siehe oben Rn. 4.
[26] Siehe oben § 12 Rn. 84.

Untergang des Anspruchs durch eine rechtsvernichtende Einwendung. Auch für rechtsvernichtende Einwendungen gilt als Grundsatz, dass diese vom Anspruchsgegner nicht besonders geltend gemacht werden müssen. Dies betrifft z. B.:

- § 275 Abs. 1 BGB: Unmöglichkeit der Leistung,
- § 362 Abs. 1 BGB: Erfüllung,
- § 651g Abs. 1 BGB: nicht rechtzeitige Geltendmachung von Ansprüchen.

11   Besonderheiten gelten bei der **Aufrechnung** (vgl. §§ 387 ff. BGB), welche zum Erlöschen des vom Gläubiger geltend gemachten Anspruchs (vgl. § 389 BGB) führt. Sie muss vom Schuldner erklärt werden (vgl. § 388 BGB). Das Vorliegen einer Aufrechnungslage ist rechtlich unbeachtlich und gibt dem Schuldner auch keine Einrede der Aufrechenbarkeit. Entsprechendes gilt für den **Rücktritt** (vgl. §§ 346 ff. BGB) sowie den verbraucherschützenden Widerruf[27] (vgl. §§ 355 ff. BGB).

12   Gelegentlich wird die **Kündigung** als rechtsvernichtende Einwendung bezeichnet.[28] Sie beendet allerdings ein Dauerschuldverhältnis lediglich mit Wirkung für die Zukunft. Sie vernichtet somit keine Ansprüche, sondern hindert die Entstehung zukünftiger Ansprüche.[29]

C. Einreden

I. Begriff

13   Als Einreden werden diejenigen Rechtssätze bezeichnet, die in ihrer Rechtsfolge den Anspruch als solchen unberührt lassen, diesen aber in seiner Durchsetzung hemmen. Sie geben dem Verpflichteten ein Gegenrecht, auf Grund dessen er die Leistung verweigern kann. Im Gesetz heißt es, der Schuldner „kann … verweigern" oder „ist berechtigt … zu verweigern".

II. Ausübung der Einrede

14   Einreden müssen durch eine entsprechende Erklärung **geltend gemacht** werden. Sie entfalten ihre Rechtswirkungen nur in dem Umfang, wie der Berechtigte dies wünscht. Es hindert daher nicht bereits das Vorliegen des Einredetatbestands die Anspruchsdurchsetzung. Vielmehr muss der Schuldner die Einrede erheben. Im Unterschied zu sonstigen Einwendungen, welche eine Geltendmachung erfordern, kann der Schuldner eine Einrede wieder einseitig aufgeben, indem er kundtut, sei-

---

[27] Siehe oben § 7 Rn. 59 ff.
[28] *Larenz/Wolf* § 18 Rn. 52.
[29] *Boemke*, ArbR, § 13 Rn. 1.

nen Wunsch zur Verweigerung nicht weiter aufrechtzuerhalten.[30] Dies beinhaltet nicht zugleich einen (dauerhaften bzw. endgültigen) Verzicht auf die Einrede.[31]

> **Beispiel:** Karl wird von Viktor auf Zahlung des Kaufpreises i. H. v. 5.000 € für einen Gebrauchtwagen verklagt. Dabei gibt Viktor selbst an, dass der Kaufvertrag bereits vier Jahre zurückliegt. Solange sich Karl nicht auf die Verjährung des Anspruchs nach §§ 195, 199 Abs. 1 BGB beruft (vgl. § 214 Abs. 1 BGB), weil er es z. B. unehrenhaft findet, einen Anspruch nur wegen fortgeschrittener Zeit abzuwehren, muss das Gericht Karl zur Zahlung verurteilen. Dies gilt auch, wenn das Gericht die einredebegründenden Tatsachen kennt.[32] Das gleiche gilt, wenn zwar zunächst der Rechtsanwalt des Karl die Einrede der Verjährung im Prozess erhoben hat, der Ehrenmann Karl diese aber wieder aufgibt.

III. Wirkung der erhobenen Einrede

Der erhobenen Einrede kommt eine die Anspruchsdurchsetzung **hemmende Wirkung** zu. Hinsichtlich des Ausmaßes der Hemmung ist zwischen dauernden, aufschiebenden und beschränkenden Einreden zu differenzieren.   **15**

1. Die **dauernden** (sog. peremptorische) **Einreden** verhindern die Durchsetzung des Anspruchs für immer. Eine vom Gläubiger erhobene Klage ist als unbegründet abzuweisen.

> **Beispiele:** § 214 Abs. 1 BGB: Verjährung, §§ 438 Abs. 4 S. 2, 634a Abs. 4 S. 2 BGB: Mängeleinrede, § 821 BGB: Bereicherungseinrede, § 853 BGB: Arglisteinrede.

Der mit einer dauernden Einrede behaftete Anspruch wird in mancher Hinsicht so behandelt, als bestünde der Anspruch nicht. So kann z. B. das in Unkenntnis der Einrede zur Erfüllung des Anspruchs Geleistete gemäß § 813 Abs. 1 BGB zurückgefordert werden, obwohl ein Rechtsgrund besteht. Eine Ausnahme gilt insoweit allerdings für die Einrede der Verjährung (vgl. §§ 813 Abs. 1 S. 2, 214 Abs. 2 BGB).

2. Im Gegensatz zu den dauernden Einreden beinhalten **aufschiebende** (sog. dilatorische) **Einreden** vorübergehende Durchsetzungshindernisse, die wieder entfallen können. Damit tritt die hemmende Wirkung nur während des Bestehens des Hindernisses ein. Eine Klage ist daher als nur zeitweilig unbegründet abzuweisen, kann aber nach Wegfall der Einrede erneut erhoben werden.

> **Beispiele:** § 205 BGB: Stundung, § 519 BGB: Einrede des Notbedarfs, §§ 770, 771 BGB: Einrede der Anfecht- bzw. Aufrechenbarkeit sowie der Vorausklage.

3. Besteht eine **beschränkende Einrede**, ist die Durchsetzbarkeit des Anspruchs nicht dauernd oder zeitweilig ausgeschlossen, sondern abhängig von bestimmten Voraussetzungen. Z. B. kann im Fall der Einrede eines Zurückbehaltungsrechts

---

[30] Vgl. RG v. 02.01.1912, RGZ 78, 130, 131.

[31] BGH v. 29.11.1956, BGHZ 22, 267, 269 ff.

[32] BGH v. 27.01.2010, NJW 2010, 2422, 2423.

aus §§ 273, 320, 1000 BGB der Anspruch nur unter Mitwirkung des Gläubigers durchgesetzt werden, nämlich durch Leistung Zug-um-Zug nach §§ 274, 322 BGB.

D. Verjährung

I. Begriff und Zweck

16 Ausführlich geregelt ist die Verjährung (vgl. §§ 194 ff. BGB), die der Rechtsausübung zeitliche Schranken setzt. Die Verjährung ist das Recht des Schuldners, allein wegen eines bestimmten Zeitablaufs die Leistung dauerhaft verweigern zu können (vgl. § 214 Abs. 1 BGB). Der **Zweck** der Verjährung liegt in der Schaffung von **Rechtssicherheit und Rechtsfrieden**,[33] indem sie dazu anhält, Ansprüche zeitnah abzuwickeln. Dies trägt dem Interesse des Schuldners Rechnung, dass ihm nicht durch den bloßen Zeitablauf der Nachweis etwaiger Einwendungen, für die er beweisbelastet ist, erschwert wird. Hat er z. B. einen lang zurückliegenden Anspruch erfüllt, müsste er gleichwohl Quittungen oder andere Beweismittel unter Umständen über Generationen aufbewahren. Obwohl einem Schuldner über die Verjährung ein Mittel in die Hand gegeben wird, auch bestehende Ansprüche erfolgreich abzuwehren, ist diese Rechtsbeschränkung für den Gläubiger zumutbar. Dieser hat es nämlich seinerseits in der Hand, sein Recht zügig zu verfolgen und durchzusetzen.[34]

II. Gegenstand der Verjährung

17 Der Verjährung unterliegen gemäß § 194 Abs. 1 BGB nur **Ansprüche**.[35] Sie ist allerdings nicht auf Ansprüche aus Schuldverhältnissen beschränkt, sondern erfasst auch sonstige Ansprüche, weshalb z. B. auch dingliche, familien- und erbrechtliche Ansprüche im Grundsatz der Verjährung unterliegen.[36] Sonstige Rechte unterliegen hingegen nicht der Verjährung.[37] So kann Eigentum nicht verjähren, aber gleichwohl durch Zeitablauf verloren gehen, indem es ein anderer ersitzt (§§ 900, 927, 937 ff. BGB). Verjähren können allerdings die aus dem Eigentum folgenden Ansprüche, z. B. der Anspruch auf Herausgabe von Nutzungen gegenüber dem Besitzer (vgl. § 987 BGB). Auch Gestaltungsrechte können nicht verjähren, sind aber in ihrer Geltendmachung häufig durch Ausschlussfristen zeitlich begrenzt (vgl. § 121

---

[33] Mot. I, S. 289; BGH v.16.06.1972, BGHZ 59, 72, 74.

[34] Mot. I, S. 291.

[35] Vgl. zur Entstehung Mot. I, S. 288 ff.

[36] Mot. I, S. 292.

[37] Vgl. BGH v. 02.12.2010, NJW 2011, 1133, 1133 f.

BGB). Zu diesem Zweck erweitert § 218 BGB die Wirkung einer Anspruchsver-
jährung auf die an den Anspruch anknüpfenden Rücktrittsrechte.

Grds. können alle Ansprüche verjähren. Das Gesetz schließt die Verjährung je-   **18**
doch in Einzelfällen aus. Nach § 194 Abs. 2 BGB verjähren familienrechtliche Ansprüche nicht, wenn sie auf die Herstellung des dem familienrechtlichen Verhältnis
entsprechenden Zustands gerichtet sind. Keiner Verjährung unterliegen zudem Ansprüche aus eingetragenen Rechten (vgl. §§ 898, 902 BGB).

III. Eintritt der Verjährung

1. Überblick

Die Prüfung, ob ein Anspruch verjährt ist, erfolgt in drei Schritten. Zunächst ist die   **19**
Verjährungsfrist, also die Dauer der Verjährung, zu bestimmen. Anschließend ist
der Beginn der Verjährung zu ermitteln, also der Zeitpunkt zu klären, ab dem die
Verjährungsfrist zu laufen begonnen hat. Schließlich ist zu prüfen, ob Umstände
eingetreten sind, infolge derer der Lauf der Verjährung gehemmt oder gar neu in
Gang gesetzt worden ist.

2. Verjährungsfrist

Die **regelmäßige Verjährungsfrist** beträgt **drei Jahre** (vgl. § 195 BGB). Sie gilt   **20**
für alle Ansprüche, für die gesetzlich oder vertraglich (vgl. § 202 BGB) keine abweichende Regelung getroffen wurde. Spezielle gesetzliche Regelungen zur Verjährung finden sich namentlich im besonderen Schuldrecht, z. B. im Kaufrecht (vgl.
§§ 438 Abs. 1, 479 BGB), im Mietrecht (vgl. § 548 BGB), im Werkvertragsrecht
(vgl. § 634a BGB), im Reisevertragsrecht (vgl. § 651 g Abs. 2 BGB), im Deliktsrecht (vgl. § 852 BGB) aber auch in §§ 196, 197, 199 Abs. 2–4 BGB.

3. Verjährungsbeginn und -ablauf

Der bis zum Eintritt der Verjährung dem Gläubiger zur Verfügung stehende Zeit-   **21**
raum wird neben der Dauer der Verjährungsfrist maßgeblich auch durch die Umstände bestimmt, an welche das Gesetz den Anlauf der Verjährung knüpft. Denkbar
ist insoweit, den Anlauf der Verjährung an **subjektive** Umstände, namentlich die
Kenntnis des Gläubigers von seinem Anspruch, oder an **objektive** Umstände, namentlich die Entstehung des Anspruchs, zu knüpfen. Die Anknüpfung an einen objektiven Fristbeginn ist für den Gläubiger deutlich gefährlicher, weil sein Anspruch
u. U. verjährt, bevor er von diesem überhaupt Kenntnis erlangt hat oder erlangen
konnte.

22   Der **Anlauf der regelmäßigen Verjährungsfrist** knüpft nach § 199 Abs.
1 BGB, vorbehaltlich abweichender Anordnungen, an den Schluss des Kalenderjahrs
an, in dem der Anspruch entstanden ist und in dem der Gläubiger sowohl von den
anspruchsbegründenden Umständen als auch der Person des Schuldners Kenntnis
erlangt hat oder ohne grobe Fahrlässigkeit erlangt haben müsste. Für die relativ kur-
ze Regelverjährungsfrist hat sich der Gesetzgeber für einen **subjektiven Fristbeginn** entschieden. Entstanden ist der Anspruch i. S. v. § 199 Abs. 1 BGB, wenn der
Gläubiger diesen erstmals hätte geltend machen können.[38] Voraussetzung ist also,
dass nicht nur der gesetzliche Entstehungstatbestand verwirklicht wurde, sondern
der Anspruch auch fällig ist.[39] Die erforderliche Kenntnis bezieht sich auf den zugrunde liegenden Lebenssachverhalt und die Person des Schuldners, einschließlich
dessen ladungsfähiger Anschrift.[40]

> **Beispiel:** In der Silvesternacht 2010 wird der 1er BMW von Christian durch einen zunächst
> unbekannten Autofahrer beschädigt, der sich unerlaubt vom Unfallort entfernt. Im Zuge der
> polizeilichen Ermittlungen wird Ende Februar 2011 Sylvio als Unfallfahrer ermittelt und
> Christian hiervon unterrichtet. Die regelmäßige Verjährungsfrist für den Schadensersatzan-
> spruch gegen Sylvio beginnt mit dem Ablauf des 31.12.2011 zu laufen und endet drei Jahre
> später mit Ablauf des 31.12.2014. Zwar ist der Anspruch bereits mit der Beschädigung des
> Fahrzeugs am 31.12.2010 entstanden und fällig geworden. Kenntnis von der Person des
> Schädigers hat Christian aber erst im Februar 2011 erlangt.

23   Um durch dieses ggf. nur schwer feststellbare subjektive Element den Zweck der
Verjährungsfrist, nach einem gewissen Zeitablauf Rechtsfrieden eintreten zu lassen,
nicht zu sehr zu vernachlässigen, hat der Gesetzgeber in § 199 Abs. 2–4 BGB **Ver-
jährungshöchstfristen** normiert. Diese deutlich längeren Fristen laufen unabhängig von der Kenntnis des Gläubigers an (**objektiver Fristbeginn**).

24   Die Verjährung sonstiger, d. h. nicht der Regelverjährungsfrist unterliegender
Ansprüche beginnt, soweit nichts Abweichendes geregelt ist, gemäß § 200 S. 1
BGB grds. mit der Entstehung des Anspruchs (objektiver Fristbeginn). Bei rechts-
kräftig festgestellten Ansprüchen beginnt die Frist gemäß § 201 S. 1 BGB mit der
Rechtskraft der Entscheidung, der Errichtung des vollstreckbaren Titels oder der
Feststellung im Insolvenzverfahren.

4. Hemmung und Neubeginn

a) Hinderung des Verjährungs(ab)laufs

25   Die Hemmung des Laufs der Verjährung wird in §§ 203–209 BGB geregelt. Die
Hemmung hat nach § 209 BGB zur Folge, dass der Zeitraum, während dessen die
Verjährung gehemmt ist, in die Verjährungsfrist nicht eingerechnet wird. Durch die
Hemmung wird die Uhr, die für die Bemessung der **Verjährungsfrist** läuft, ge-

---

[38] BGH v. 17.02.1971, BGHZ 55, 340, 341; BGH v. 08.07.2008, NJW-RR 2009, 378, 379.
[39] BGH v. 08.07.2008, NJW-RR 2009, 378, 379.
[40] BGH v. 06.03.2001, NJW 2001, 1721, 1722.

wissermaßen **angehalten**. Besondere Bedeutung kommt dabei der Hemmung der Verjährung durch Verhandlungen zu (vgl. § 203 BGB). Hintergrund ist, dass es Treu und Glauben (vgl. § 242 BGB) widerspricht, den Anspruchsberechtigten durch Verhandlungen hinzuhalten und sich dann auf Verjährung zu berufen. Deshalb ordnet das Gesetz an, dass der Verhandlungszeitraum nicht in die Verjährungsfrist eingerechnet wird. Die Verjährung wird daher durch Verhandlungen über den Anspruch oder die den Anspruch begründenden Umstände gehemmt, bis eine Partei die Fortsetzung der Verhandlungen verweigert bzw. die Verhandlungen „einschlafen".[41] Werden die Verhandlungen zeitnah zum Ablauf der Verjährungsfrist geführt, kann dies nach § 203 S. 2 BGB zu einer zusätzlichen Verlängerung der Dauer der Verjährung führen, weil die Verjährung danach frühestens drei Monate nach dem Ende der Hemmung eintritt.

> **Beispiel:** Frauke stellt bei Durchsicht ihrer Buchhaltungsunterlagen im November 2013 fest, dass aus dem Jahr 2010 noch eine Rechnung für von ihr geleistete Dienste unbezahlt ist. Sie kontaktiert sogleich den damaligen Auftraggeber. Dieser erbitte sich Prüf- und Bedenkzeit. Im Dezember 2013 teilt er mit, dass er nicht zahlen wolle. Die mit Ablauf des Jahres 2010 angelaufene Regelverjährungsfrist endet eigentlich mit Ablauf des 31.12.2013. Nach § 203 S. 1 BGB wird jedoch der Zeitraum der Verhandlungen (rund ein Monat) in diesen Zeitraum nicht eingerechnet, weshalb die Verjährung erst Ende Januar 2014 eintritt. Da die Verhandlungen erst kurz vor Eintritt der Verjährung scheitern, greift die Regelung des § 203 S. 2 BGB ein und die Verjährung tritt frühestens drei Monate nach dem Ende der Verhandlungen, d. h. erst gegen Ende März 2014 ein.

Nach § 204 BGB wird die Verjährung durch **Maßnahmen der Rechtsverfolgung**, **26** z. B. die Klageerhebung, gehemmt. Außerdem ist die Verjährung gehemmt, wenn dem Schuldner auf Grund einer Vereinbarung mit dem Gläubiger ein vorübergehendes Leistungsverweigerungsrecht zusteht (vgl. § 205 BGB). Eine Hemmung erfolgt nach § 206 BGB, wenn innerhalb der letzten sechs Monate die Rechtsverfolgung durch höhere Gewalt verhindert wurde. Nach § 207 BGB wird die Verjährung aus bestimmten familiären Gründen gehemmt. Hierdurch soll verhindert werden, dass Ehepartner, Eltern und Kinder gezwungen sind, sich untereinander zu verklagen, solange noch eine besondere Beziehung besteht. Schließlich werden gemäß § 208 BGB Ansprüche wegen Verletzung der sexuellen Selbstbestimmung bis zum 21. Lebensjahr des Gläubigers oder bis zur Beendigung einer bestehenden häuslichen Gemeinschaft gehemmt.

In §§ 210, 211 BGB werden Fälle der sog. **Ablaufhemmung** geregelt. Anders **27** als bei §§ 203–209 BGB geht es nicht um die Hemmung des Laufs, sondern nur des Ablaufs der Verjährung. Ist eine geschäftsunfähige bzw. beschränkt geschäftsfähige Person ohne gesetzlichen Vertreter, hat dies auf den Lauf der Verjährung als solchen keinen Einfluss. Allerdings tritt die Verjährung nicht ein, vor dem Ablauf von sechs Monaten nachdem die betreffende Person unbeschränkt geschäftsfähig geworden oder der Vertretungsmangel behoben ist (vgl. § 210 BGB). Eine entsprechende Regelung findet sich in § 211 BGB für Ansprüche, die zu einem Nachlass gehören oder gegen einen solchen gerichtet sind.

---

[41] Vgl. BGH v. 06.11.2008, NJW 2009, 1806, 1807.

b) Neubeginn der Verjährungsfrist

28   In Einzelfällen kann die **Verjährungsfrist** im Ganzen erneut zu laufen beginnen. Anders als bei der Hemmung wird die Uhr nicht angehalten, sondern „**auf Null zurückgedreht**". Der Zeitablauf vor Eintritt des Ereignisses, welches zum Neubeginn der Verjährung geführt hat, bleibt also für die Verjährung ohne Beachtung, solange die Verjährung nicht bereits eingetreten war. Diesen Neubeginn der Verjährung regelt § 212 BGB für die Fälle des Anerkenntnisses eines Anspruchs durch den Schuldner sowie für die Vornahme oder Beantragung einer Vollstreckungshandlung. Ein Anerkenntnis ist das rein tatsächliche Verhalten des Schuldners gegenüber dem Gläubiger, aus dem sich eindeutig das Bewusstsein vom Bestehen des Anspruchs ergibt.[42] Das Gesetz nennt beispielhaft Abschlagszahlung, Zinszahlung und Sicherheitsleistung. Als Anerkenntnishandlungen kommen aber z. B. auch ein Stundungsgesuch oder die Aufrechnung gegenüber einer unbestrittenen Forderung in Betracht. Dies gilt aber nur, wenn sie an dem Bewusstsein der rechtlichen Verpflichtung keine Zweifel erkennen lassen, anderenfalls handelt es sich lediglich um verjährungshemmende Verhandlungen nach § 203 BGB.

> **Beispiel:**[43] Arndt hat Bert mit der Erstellung des Rohbaus für ein Einfamilienhaus beauftragt. Ein Jahr nach Abschluss der Arbeiten macht Arndt Mängel an diesen Arbeiten geltend und fordert Bert zu deren Beseitigung auf. Bert beseitigt die angeblichen Mängel, weist aber ausdrücklich darauf hin, dass er diese Arbeiten nur aus Kulanz erbringt. Bert hat durch die Erbringung der Mangelbeseitigung hierauf gerichtete Ansprüche des Arndt nicht anerkannt. Zwar kann in der Erbringung von Nachbesserungsarbeiten das Anerkenntnis einer entsprechenden Verpflichtung liegen. Dies gilt aber nicht, wenn entsprechende Leistungen erkennbar aus Kulanz, d. h. ohne Willen zur Bestätigung erbracht werden.

IV. Wirkung der Verjährung

29   Die Verjährung begründet nach § 214 Abs. 1 BGB für den Schuldner eine **rechtshemmende Einwendung (Einrede)**, die ihn zur dauerhaften Verweigerung der Leistung berechtigt. Diese Rechtsfolge tritt nicht schon mit Fristablauf ein, vielmehr muss der Schuldner das Leistungsverweigerungsrecht geltend machen. Hat er sich auf Verjährung berufen, ist das Leistungsverweigerungsrecht, soweit seine tatsächlichen Voraussetzungen dargelegt wurden, im Prozess vom Gericht zu beachten.[44]

30   Die Verjährung vernichtet den Anspruch nicht, sondern **hemmt** nur dessen **Durchsetzung**. Der Schuldner muss nicht mehr leisten. Erfüllt er den verjährten Anspruch gleichwohl, hat er nicht ohne Rechtsgrund geleistet. Er kann abweichend von § 813 Abs. 1 S. 1 BGB seine Leistung nicht zurückfordern (vgl. § 214 Abs. 2

---

[42] BGH v. 01.03.2005, NJW-RR 2005, 1044, 1047.

[43] BGH v. 23.08.2012, NJW 2012, 3229.

[44] Vgl. zur Rückwirkung auf den Eintritt der Verjährung BGH v. 27.01.2010, NJW 2010, 2422, 2424.

S. 1 BGB). Der Gläubiger kann auch mit einem verjährten Anspruch gegen Ansprüche **aufrechnen**, die dem Schuldner gegen ihn zustehen. Voraussetzung ist allerdings, dass die Verjährung nach dem Zeitpunkt eingetreten ist, in dem erstmals hätte aufgerechnet werden können (vgl. § 215 BGB). Dementsprechend bleiben auch **Zurückbehaltungsrechte** bestehen, die auf den verjährten Anspruch gestützt werden. Trotz Verjährung ist der Gläubiger weiterhin berechtigt, sich aus den den verjährten Anspruch **sichernden Rechten** (z. B. Hypothek, Pfandrecht) zu befriedigen (vgl. § 216 Abs. 2, 3 BGB).

Die Verjährung der Hauptforderung erstreckt sich nach § 217 BGB auch auf abhängige Nebenforderungen wie Zinsen, auch wenn für diese die Verjährung noch nicht selbst eingetreten ist. Die Wirkungen der Verjährung treffen auch die Rechtsnachfolger der Parteien. Wird der Anspruch durch den Gläubiger abgetreten, kann sich der Schuldner nach § 404 BGB auch gegenüber dem neuen Gläubiger auf Verjährung berufen. Ist die Verjährung noch nicht eingetreten, wird jedenfalls die bisher verstrichene Verjährungszeit angerechnet (vgl. § 198 BGB). **31**

V. Ausübungsschranken

Die Verjährung als Einrede und daher subjektives Recht unterliegt den allgemeinen Schranken der Rechtsausübung. Daher ist die Verjährungseinrede nach § 242 BGB unbeachtlich, wenn sie gegen das Verbot der unzulässigen Rechtsausübung verstößt.[45] Hierbei ist nach der Rspr. ein strenger Maßstab anzulegen.[46] Dieser hat sich nach der Beantwortung der Frage zu richten, ob jemand aus einem unredlichen Verhalten Vorteile ziehen darf. **32**

> **Beispiel:**[47] Schuldner ist verpflichtet, jeden Wohnungswechsel gegenüber Gläubiger anzuzeigen. Kommt er dieser Pflicht nicht nach und verhindert dadurch die Zustellung eines Mahnbescheids, hat er treuwidrig gehandelt und kann sich nicht auf die Verjährung berufen. Die Frist für die Geltendmachung des Anspruchs bestimmt sich dann nach den Anforderungen an einen redlichen Geschäftsverkehr und den Umständen des Einzelfalls.[48]

Literatur

Baumgärtel/Prütting/Laumen (2007) Handbuch der Beweislast. 3. Aufl
BeckOK-BGB (01.03.2013) Beck'scher Online-Kommentar zum BGB. 26. Bearb
Boemke (2004) Studienbuch Arbeitsrecht. 2. Aufl
Bork (2011) Allgemeiner Teil des Bürgerlichen Gesetzbuchs. 3. Aufl
Brehm (2007) Allgemeiner Teil des BGB. 6. Aufl

---

[45] Palandt/*Ellenberger* Überbl v § 194 BGB Rn. 17.

[46] BGH v. 21.01.1988, NJW 1988, 2245, 2247; BGH v. 14.07.2010, NJW 2011, 73, 76.

[47] BGH v. 14.09.2004, NJW-RR 2005, 415, 416.

[48] Palandt/*Ellenberger* Überbl v § 194 BGB Rn. 20.

Brox/Walker (2012) Allgemeiner Teil des BGB. 36. Aufl
Köhler (2012) BGB Allgemeiner Teil. 36. Aufl
Larenz/Wolf (2004) Allgemeiner Teil des deutschen Bürgerlichen Rechts. 9. Aufl
Medicus (2012) Allgemeiner Teil des BGB. 10. Aufl
MünchKommBGB (2012) Münchener Kommentar zum Bürgerlichen Gesetzbuch. 6. Aufl
Palandt (2013) Bürgerliches Gesetzbuch. 72. Aufl
Rüthers/Stadler (2011) Allgemeiner Teil des BGB. 17. Aufl
Wolf/Neuner (2012) Allgemeiner Teil des deutschen Bürgerlichen Rechts. 10. Aufl

§ 20 Rechtsdurchsetzung und –verteidigung

Literaturhinweis: *Braun*, Subjektive Rechtfertigungselemente im Zivilrecht?, NJW 1998, 941.

A. Ausgangspunkt

Die durch die Rechtsordnung begründeten Berechtigungen und Belastungen errei-　**1**
chen den hinter ihnen stehenden Zweck erst, wenn sie realisiert werden. Verweigern
Belastete eine notwendige Mitwirkung oder wird der Berechtigte bei der Wahrnehmung seiner Berechtigung gestört, muss sich die Rechtsordnung bewähren.
Dies ist dadurch denkbar, dass der Berechtigte das Recht selbst wahrnimmt und die
Rechtsordnung durch Gewalt verteidigt oder durchsetzt. Hierdurch wird jedoch der
gesellschaftliche Frieden in erheblichem Ausmaß beeinträchtigt.[1] Deshalb dürfen
Berechtigungen nur im Ausnahmefall eigenmächtig (mittels Gewalt) verteidigt und
durchgesetzt werden.[2] Als Ausgleich hierfür stellt der Staat jedoch seine Macht zur
effektiven Realisierung des Rechts zur Verfügung.[3] Ohne Gewährung gerichtlichen
Rechtsschutzes wäre das Verbot eigenmächtiger Gewaltanwendung verfassungs-
widrig.

B. Gerichtlicher Rechtsschutz

Im Interesse des gesellschaftlichen Friedens ist grds. **allein der Staat** zur Gewaltan-　**2**
wendung berechtigt. Private Gewaltanwendung ist grds. verboten (vgl. z. B. §§ 223,
240, 242, 250, 253, 255 StGB).

> **Beispiel:** Arndt kauft bei Kardorf ein Fahrrad und bezahlt dieses sofort. Da das Fahrrad erst
> noch eingerichtet werden muss, wird es Arndt nicht sogleich übergeben. Später verweigert

---

[1] Vgl. *Wolf/Neuner* § 21 Rn. 41.

[2] Siehe unten Rn. 18 ff.

[3] *Bork* Rn. 356.

B. Boemke, B. Ulrici, *BGB Allgemeiner Teil,* Springer-Lehrbuch,
DOI 10.1007/978-3-642-39171-2_20, © Springer-Verlag Berlin Heidelberg 2014

Kardorf die Lieferung des Fahrrads. Arndt darf sich das Fahrrad nicht eigenmächtig verschaffen, indem er einen Verkäufer niederschlägt und mit dem Fahrrad davonfährt. Ein entsprechendes Vorgehen würde strafrechtlich als Nötigung (vgl. § 240 StGB) geahndet.

3   Zur Verwirklichung der Rechtsordnung stellt der Staat vielmehr ein geordnetes Verfahren zur Verfügung. Der Berechtigte kann sein Recht zunächst durch Anrufung eines Gerichts (**Klage**) verbindlich klären lassen. Entspricht der Belastete gleichwohl nicht der Rechtsordnung, können gegen ihn titulierte Verpflichtungen (Urteile) anschließend im Wege der **Zwangsvollstreckung** durchgesetzt werden. Der Staat stellt hierfür eigene Organe (Gericht, Gerichtsvollzieher) zur Verfügung, welche mit seiner Autorität und seiner Macht das titulierte Recht realisieren.

> **Beispiel**: Arndt hat Kardorf auf Übergabe und Übereignung des gekauften Fahrrads verklagt und ein entsprechendes Urteil erstritten. Da Kardorf das Fahrrad gleichwohl nicht leistet, kann Arndt die Hilfe des Gerichtsvollziehers in Anspruch nehmen, der das Fahrrad Kardorf notfalls mit Gewalt wegnimmt und es an Arndt übergibt.

4   Besondere Formen des Rechtsschutzes stehen zunächst zur Verfügung, wenn eine Realisierung aller gegen einen Belasteten bestehenden Rechte nicht mehr möglich ist, weil dieser nicht mehr ausreichend vermögend ist. In diesem Fall sichert das **Insolvenzverfahren** eine gerechte Verteilung des noch vorhandenen Vermögens unter allen Berechtigten. Außerdem steht mit dem **einstweiligen Rechtsschutz** (Arrest und einstweilige Verfügung, vgl. §§ 916 ff. ZPO) ein beschleunigter Rechtsschutz zur Verfügung, der vorrangig darauf gerichtet ist, die spätere Realisierung zu sichern, wenn die Inanspruchnahme des Gerichts im regulären Verfahren die Realisierung des Rechts solange zu verzögern droht, dass die Verwirklichung des Rechts gefährdet ist.

C. Selbstverteidigung

5   Zwar können Rechtspositionen mittels gerichtlicher Hilfe gegen Beeinträchtigungen verteidigt werden. Mitunter kommt aber selbst einstweilige gerichtliche Hilfe zu spät. In diesen Fällen darf der Berechtigte seine Rechtspositionen ausnahmsweise auch mittels Gewalt selbst verteidigen.

I. Notwehr

6   Mit der in § 227 BGB normierten Notwehr bestimmt der Gesetzgeber die Grenzen, in denen der Betroffene sich gegen von menschlichen Handlungen zielgerichtet ausgehende Beeinträchtigungen seines Rechtskreises notfalls mittels grds. rechtswidriger Mittel, insbesondere Gewalt, verteidigen darf. Eine in Notwehr vorgenommene Handlung ist nicht rechtswidrig (vgl. § 227 Abs. 1 BGB), d. h. sie steht nicht im Widerspruch zur Rechtsordnung, soweit sie sich gegen den Angreifer

und dessen rechtlich geschützte Interessen richtet.[4] Sie löst deshalb keine Schadensersatzansprüche oder Abwehrrechte des Angreifers aus. Als Notwehr definiert § 227 Abs. 2 BGB diejenige Verteidigung, welche erforderlich ist, um einen gegenwärtigen rechtswidrigen Angriff von sich oder einem anderen abzuwenden. Damit entspricht die zivilrechtliche Rechtslage derjenigen des § 32 StGB.[5] Dementsprechend interpretieren **Zivil- und Strafrecht** das Notwehrrecht im Kern gleich. In Randbereichen werden die zivilrechtlichen Anforderungen an eine Rechtfertigung jedoch etwas strenger gehandhabt.[6] Eine ungleiche Behandlung der Notwehr im Zivil- und im Strafrecht widerspricht jedoch der Einheit der Rechtsordnung. Zwar ließe sich argumentieren, dass eine strafrechtliche Sanktion den Verteidiger deutlich härter trifft als eine zivilrechtliche Sanktion, weshalb zwischen beiden Rechtsgebieten kein Gleichlauf bestehen muss.[7] Da jedoch das Vorliegen der Voraussetzungen der Notwehr über die Rechtfertigung der Handlung und damit zugleich darüber entscheidet, inwieweit wiederum Notwehr gegen die Verteidigungshandlung zulässig ist, müssen Zivil- und Strafrecht parallel laufen.[8] Dabei gelten für die Ausgestaltung des unmittelbar die Beziehung des Staats zum Bürger betreffenden Strafrechts besondere verfassungsrechtliche Vorgaben, was für ein Primat der strafrechtlichen Auslegung spricht.

Voraussetzung für die Ausübung des Notwehrrechts ist daher zunächst ein **gegenwärtiger rechtswidriger Angriff** gegen den Verteidiger oder ein anderes Rechtssubjekt. Ein Angriff ist jedes menschliche Verhalten (Tun oder pflichtwidriges Unterlassen), das beabsichtigt oder unbeabsichtigt gegen die Person, das Leben, die Gesundheit, die Freiheit, das Eigentum oder sonst ein von der Rechtsordnung geschütztes Interesse eines anderen gerichtet ist. Der Angriff muss einem Menschen zurechenbar sein.[9] Keine Angreifer sind Tiere oder leblose Sachen. Hierbei ist allerdings darauf zu achten, dass Tiere und Sachen von einem Menschen als Werkzeuge benutzt werden können. In diesem Fall ist der Einsatz des Werkzeugs eine menschliche Handlung. Angegriffener ist der Träger des betroffenen Interesses, weshalb neben natürlichen Personen auch juristische Zusammenschlüsse (z. B. juristische Personen, Personengesellschaften) betroffen werden können. Der Angriff muss rechtswidrig sein, d. h. er darf nicht seinerseits durch einen Rechtfertigungsgrund

[4] Vgl. *Larenz/Wolf* 19 Rn. 26; Palandt/*Ellenberger* § 227 BGB Rn. 10. – Werden durch eine Notwehrhandlung Rechtsgüter Dritter betroffen, kommt insoweit eine Rechtfertigung durch Nothilfe in Betracht, vgl. hierzu Rn. 8.

[5] Mot. I, S. 349.

[6] Vgl. die Beschränkungen durch das Übermaßverbot und eine objektive Gesamtabwägung bei *Larenz/Wolf* § 19 Rn. 19 ff.; ähnlich *Wolf/Neuner* § 21 Rn. 53 ff. – Hiergegen i. E. Palandt/*Ellenberger* § 227 BGB Rn. 7a.

[7] Vgl. Mot. I, S. 348 f.

[8] Vgl. Palandt/*Ellenberger* § 227 BGB Rn. 1.

[9] Mot. I, S. 349 f.

gedeckt sein.[10] Außerdem muss der Angriff gegenwärtig sein. Dies ist der Fall, wenn er begonnen hat oder zumindest unmittelbar bevorsteht und noch nicht beendet ist.

8   Durch § 227 BGB wird die Notwehrhandlung abgedeckt, d. h. eine vom **Verteidigungswillen** getragene, objektiv erforderliche und nicht rechtsmissbräuchlich ausgeübte Verteidigung des Angegriffenen oder eines Dritten. Notwehr darf danach nicht nur der Angegriffene selbst, sondern jedermann zu seinen Gunsten ausüben (Nothilfe). Die Notwehrhandlung setzt voraus, dass der Verteidiger mit Verteidigungswillen handelt.[11] Er muss um den Angriff wissen und zu dessen Abwehr die Interessen des Angreifers beeinträchtigen. Dieser Abwehrwille muss jedoch nicht das einzige oder das überwiegende Motiv sein. Ausreichend ist, dass der Verteidiger zumindest auch zur Bewahrung der angegriffenen Interessen handelt. Weiterhin muss seine Verteidigungshandlung **objektiv erforderlich** sein. Abgedeckt sind alle nicht gänzlich ungeeigneten Maßnahmen. Soweit mehrere gleich effektive Abwehrhandlungen denkbar sind, ist die jeweils den Angreifenden am geringsten belastende Maßnahme zu ergreifen.[12] Eine Abwägung des angegriffenen Rechtsguts und des durch die Verteidigung betroffenen Rechtsguts findet dagegen grds. nicht statt.

9   Allerdings darf die Notwehr **nicht rechtsmissbräuchlich** ausgeübt werden. Deshalb ist die Ausübung von Notwehr nach h. M. insoweit ausgeschlossen, als zur Verteidigung eine Rechtsgutsbeeinträchtigung bewirkt wird, welche in einem krassen Missverhältnis zur abgewehrten Beeinträchtigung steht.[13] Außerdem ist das Notwehrrecht beschränkt, wenn der Angriff von schuldlos Handelnden ausgeht.[14] In beiden Fällen darf zwar Notwehr geübt werden, jedoch muss sich der Angegriffene zum Schutz des Angreifers im Einzelfall (vorläufig) mit weniger erfolgsaussichtsreichen Verteidigungshandlungen begnügen. Diese Einschränkungen lassen sich dadurch rechtfertigen, dass die Notwehr nicht allein der Verteidigung individueller Rechtsgüter, sondern auch der Bewährung der Rechtsordnung dient.[15] Die Rechtsordnung selbst wird durch eine missbräuchliche Ausübung der Notwehr nicht bewährt, sondern, teleologisch betrachtet, beeinträchtigt.

---

[10] Abweichend für mittelbar beeinträchtigende Handlungen *Larenz/Wolf* § 19 Rn. 10. Deren berechtigtem Anliegen nach einer Beschränkung der notwehrfähigen Angriffe kann aber bereits dadurch Rechnung getragen werden, dass notwehrfähig generell nur solche Handlungen sind, bei denen die drohende Beeinträchtigung dem Angreifer zurechenbar ist, vgl. für das Parallelproblem im Deliktsrecht *Larenz/Canaris*, SR II/2, § 75 II 3, S. 364 ff.

[11] Erman/*Wagner* § 227 BGB Rn. 10; Palandt/*Ellenberger* § 227 BGB Rn. 6. – A. A. *Braun* NJW 1998, 941, 942.

[12] Mot. I, S. 350; Erman/*Wagner* § 227 BGB Rn. 13.

[13] Palandt/*Ellenberger* § 227 BGB Rn. 8. – Vgl. auch Erman/*Wagner* § 227 BGB Rn. 12.

[14] Palandt/*Ellenberger* § 227 BGB Rn. 8. – Offen gelassen von Mot. I, S. 352.

[15] Vgl. Palandt/*Ellenberger* § 227 BGB Rn. 1.

II. Notstand

1. Ausgangspunkt

Neben der Notwehr kennt das BGB als weitere Form der zulässigen Selbstverteidigung den Notstand. Dieser erlaubt unter bestimmten Voraussetzungen den eigenmächtigen Zugriff auf fremde Rechtsgüter, um Gefahren von eigenen Rechtsgütern abzuwehren. Eine durch Notstand abgedeckte Handlung ist nicht rechtswidrig und löst deshalb grds. keine Abwehr- oder Schadensersatzansprüche des durch die Notstandshandlung Betroffenen aus.[16] Allerdings sieht das Gesetz unter bestimmten Voraussetzungen Entschädigungsansprüche desjenigen vor, der seine Rechtsgüter zum Schutz eines anderen aufopfert.

Das BGB unterscheidet zwei Arten des Notstands. In seinem Allgemeinen Teil regelt es in § 228 BGB den **defensiven Notstand** (Verteidigungsnotstand, Sachwehr), dessen Eigenart darin besteht, dass sich die Abwehrhandlung gegen diejenige Sache (auch ein Tier, nicht aber andere Rechtsgüter) richtet, von der eine Gefährdung ausgeht. Im Sachenrecht regelt § 904 BGB den sog. **aggressiven Notstand**, dessen Fälle sich dadurch auszeichnen, dass der Verteidiger eigenmächtig auf Sachen eines Dritten zugreift, um von sich und seinen Rechtsgütern Gefahren abzuwehren, welche nicht von den Sachen des Dritten oder dem Dritten selbst ausgehen. Neben den beiden im BGB geregelten Notstandsvorschriften kommt der **allgemeine Notstand** des § 34 StGB zur Anwendung und kann die Rechtswidrigkeit einer Handlung ausschließen.[17] Seine Bedeutung liegt darin, dass er über §§ 228, 904 BGB hinaus nicht nur ein Einwirken auf fremde Sachen, sondern auch auf sonstige Rechtsgüter erlaubt.[18]

10

11

2. Verteidigungsnotstand

Der defensive Notstand nach § 228 BGB setzt tatbestandlich voraus, dass von einer Sache eine drohende Gefahr für ein rechtlich geschütztes Interesse eines anderen ausgeht. Die **Notstandslage** setzt mithin voraus, dass bei ungehindertem Geschehensablauf damit zu rechnen ist, dass eine Sache unmittelbar ein fremdes Interesse verletzen wird, wenn keine Abwehrmaßnahme ergriffen wird. Die Notstandslage geht von einer **Prognose** aus, welche objektiv zu stellen ist. Es ist nicht ausreichend, dass der Verteidiger ein Einschreiten für erforderlich hält.

Die Notstandslage **berechtigt** den Gefährdeten oder einen Dritten zu Gunsten des Gefährdeten, **auf** eine **fremde Sache zuzugreifen** und diese zu beschädigen oder zu zerstören, wenn dies erforderlich ist, um die von dieser Sache ausgehende Notstandslage auszuräumen und der dem Eigentümer oder Besitzer der Sache

12

13

---

[16] Mot. I, S. 350.

[17] Palandt/*Ellenberger* § 228 BGB Rn. 2. – A. A. Mot. I, S. 350.

[18] *Larenz/Wolf* § 19 Rn. 40.

entstehende Schaden nicht außer Verhältnis zum geschützten Rechtsgut steht. Die **Erforderlichkeit** fehlt, soweit andere Abwehrmaßnahmen mit geringerer Eingriffsintensität, z. B. auch Flucht, möglich sind. Im Übrigen ist eine Güterabwägung erforderlich, weil § 228 BGB auf dem Gedanken des überwiegenden Interesses beruht. Bei dieser Abwägung ist allerdings zu berücksichtigen, dass sich die Notstandshandlung gegen die Gefahrenquelle richtet, weshalb deren Schutz vom Gesetz vorab geringer bewertet wird. Nicht durch Notstand gerechtfertigt sind allerdings Eingriffe, deren Folgen die drohende Verletzung deutlich überwiegen. Schließlich ist wiederum erforderlich, dass der Verteidiger mit Verteidigungswillen handelt.

14   Eine sich in vorstehendem Rahmen haltende Handlung und ihre Folgen sind nicht rechtswidrig. Der Verteidiger ist dem Betroffenen jedoch zum Schadensersatz verpflichtet, wenn er die Notstandslage schuldhaft herbeigeführt hat.

3. Angriffsnotstand

15   Der aggressive Notstand nach § 904 BGB setzt tatbestandlich voraus, dass der Zugriff auf eine fremde Sache notwendig ist, um die nicht von der fremden Sache ausgehende, **gegenwärtige Gefahr** für ein Rechtsgut abzuwehren. Die Notstandslage setzt mithin voraus, dass bei ungehindertem Geschehensablauf damit zu rechnen ist, dass ein Rechtsgut verletzt wird, wenn keine Abwehrmaßnahme unter Zugriff auf die Sache eines anderen erfolgt. Im Unterschied zu § 228 BGB ist erforderlich, dass die Gefahr gegenwärtig ist, d. h. sofortige Abhilfe notwendig ist. Die Gefahr muss objektiv bestehen.

16   Die Notstandslage berechtigt den Gefährdeten oder einen Dritten zu Gunsten des Gefährdeten, **auf** eine **fremde Sache zuzugreifen** und diese zu beschädigen oder zu zerstören, wenn dies notwendig ist, um die gegenwärtige Gefahr auszuräumen, und der drohende Schaden gegenüber dem aus der Einwirkung auf die Sache deren Eigentümer drohenden Nachteil unverhältnismäßig groß ist. Anders als bei § 228 BGB muss der abzuwehrende Schaden den Eingriff deutlich überwiegen, weil § 904 BGB den Eigentümer zur Aufopferung seiner Sachen verpflichtet, obwohl ihm die Gefahr in keiner Form zuzurechnen ist.

17   Eine sich in vorstehendem Rahmen haltende Handlung und ihre Folgen sind nicht rechtswidrig. Der Eigentümer kann den Zugriff auf seine Sachen daher nicht abwehren, sondern ist zur Duldung verpflichtet. Als Ausgleich für seine Aufopferung gewährt ihm § 904 S. 2 BGB einen besonderen, verschuldensunabhängigen **Ersatzanspruch**.

D. Selbsthilfe

I. Voraussetzungen

Notwehr und Nothilfe berechtigen zur Verteidigung des eigenen Herrschaftsbe-   **18**
reichs. Es darf der Bestand derjenigen Interessen verteidigt werden, welche dem
Verteidiger bereits zugewiesen sind und welche dieser ohne Mitwirkung eines Dritten ausüben kann. Dagegen dienen Notwehr und Nothilfe nicht dazu, den eigenen
Rechtskreis insoweit zu erweitern oder zu sichern, als hierzu die Mitwirkung eines
Dritten notwendig ist. Nur **in den engen Grenzen** der §§ 229–231 BGB dürfen
zur Erweiterung des Herrschaftsbereiches Ansprüche eigenmächtig und unter Anwendung grds. rechtswidriger Mittel (insbes. Gewalt) durchgesetzt oder gesichert
werden (**Selbsthilfe**). Im Übrigen ist der Berechtigte zur Realisierung eines Anspruchs auf die Inanspruchnahme gerichtlicher Hilfe verwiesen. Dies sichert den
Rechtsfrieden sowie die öffentliche Ordnung und vermeidet, dass Macht das Recht
verdrängt[19].

Selbsthilfe ist nur zur Verwirklichung **eigener Ansprüche** zulässig. Anders als   **19**
bei Notwehr und Notstand darf nicht zu Gunsten Dritter gehandelt werden. Der Anspruchsinhaber darf allerdings Hilfspersonen zuziehen.[20] Deshalb ist Selbsthilfe zu
Gunsten Dritter nur ausgeschlossen, wenn der Begünstigte diese nicht billigt. Zentrale Voraussetzung der Selbsthilfe ist, dass die Anspruchsdurchsetzung gefährdet
ist, wenn der Berechtigte nicht sofort Maßnahmen ergreift, und obrigkeitliche Hilfe
nicht rechtzeitig zu erlangen ist. Ausgeschlossen ist die Selbsthilfe danach insbesondere, wenn gerichtliche Hilfe, z. B. im Eilrechtsschutz,[21] erreicht werden kann.
Selbsthilfe scheidet aber auch aus, wenn der Anspruch bereits beeinträchtigt ist und
eine weitere Verschlechterung nicht zu erwarten ist.

II. Selbsthilferecht

Unter den vorstehenden Voraussetzungen ist der Anspruchsinhaber bzw. sein Ge-   **20**
hilfe berechtigt, auf die Sachen oder die Person des Verpflichteten einzuwirken. Sachen dürfen weggenommen, zerstört oder beschädigt werden. Personen dürfen fest-
genommen und ihr Widerstand gebrochen werden. Die **Selbsthilfehandlung** darf
aber in keinem Fall weiter gehen, als dies zur Abwendung der Gefahr erforderlich
ist (vgl. § 230 Abs. 1 BGB). Danach ist die Selbsthilfe regelmäßig auf Handlungen
zur **Sicherung** des Anspruchs beschränkt. Dessen Realisierung soll der Klärung
im Rahmen eines gerichtlichen Verfahrens vorbehalten bleiben. Lediglich dann,
wenn eine bloße Sicherung nicht ausreicht, um den Anspruchsverlust zu verhin-

---

[19] *Larenz/Wolf* § 19 Rn. 42.
[20] Palandt/*Ellenberger* § 229 BGB Rn. 3.
[21] Siehe oben Rn. 4.

dern, kommt ausnahmsweise eine Realisierung durch Selbsthilfe in Betracht. Den
bloß sichernden Charakter der Selbsthilfe betont das Gesetz in § 230 Abs. 2, 3 BGB,
welcher vorsieht, dass im Anschluss an eine Selbsthilfehandlung diese zumindest
im Eilverfahren bestätigen zu lassen ist. Erfolgt keine unverzügliche Bestätigung,
sind die Maßnahmen rückgängig zu machen, d. h. eine Sache herauszugeben und
eine Person freizulassen (vgl. § 230 Abs. 4 BGB).

21   Liegen die Voraussetzungen der Selbsthilfe nicht vor oder werden deren **Grenzen
überschritten**, ist dem Verletzten verschuldensunabhängig sein hieraus entstandener Schaden zu ersetzen (vgl. § 231 BGB). Insoweit besteht ein Unterschied zur
Überschreitung der Grenzen von Notwehr oder Notstand, welche nur bei schuldhaf-
tem Handeln Schadensersatzansprüche auslöst. Dies bestätigt, dass der Gesetzgeber
die eigenmächtige Durchsetzung von Ansprüchen engeren Grenzen unterwirft als
die bloße Verteidigung des *status quo*.[22]

E. Grenzen der Rechtsausübung

I. Ausgangspunkt

22   Die Ausübung eines subjektiven Rechts erfolgt durch ein Handeln des Berechtigten.
Dieser übt ein Recht aus oder fordert es ein. Hiermit ist regelmäßig eine Beeinträchtigung der Interessen anderer Rechtssubjekte verbunden, weil sich ein Recht nur
dort bewähren muss, wo es in Konflikt mit anderen tritt.[23] Durch Einräumung eines
subjektiven Rechts hat der Gesetzgeber den bestehenden Interessenstreit allerdings
für den Regelfall zu Gunsten des Rechtsinhabers entschieden. Der Rechtsinhaber
darf sein Recht daher grds. unabhängig von den Folgen für andere Rechtssubjekte
ausüben. Im Ausnahmefall können jedoch die Interessen des Rechtsinhabers und
anderer Rechtssubjekte in einer Art und Weise in Widerstreit treten, die erheblich
von den abstrakt-generellen Ausgangsvorstellungen des Gesetzgebers abweicht.
Für diesen Fall trägt die Interessenbewertung des Gesetzgebers nicht und das subjektive Recht bedarf der Beschränkung. Im Interesse der Rechtssicherheit sind derartige Beschränkungen jedoch streng auf **Ausnahmefälle** begrenzt. Es lassen sich
drei Gesichtspunkte unterscheiden, unter denen die auf den „Normalfall" ausgerich-
tete Interessenbewertung des Gesetzgebers nicht trägt.

---

[22] Vgl. *Larenz/Wolf* § 19 Rn. 56.
[23] Vgl. das Beispiel von *Larenz/Wolf* § 13 Rn. 11 zum Rechtsverhältnis sowie *Bork* Rn. 355 f.

II. Schikaneverbot

Nach § 226 BGB ist die Ausübung eines Rechts unzulässig, wenn sie objektiv nur **23** den Zweck haben kann, einem anderen Schaden zuzufügen.[24] Hierhinter steht der Gedanke, dass die Rechtsordnung subjektive Rechte zur Erreichung bestimmter Zwecke einräumt, zu denen die **bloße Schädigung** eines anderen selbstverständlich nicht gehört. Wird ein Recht in einer Art und Weise wahrgenommen, die keinen anderen Zweck als die bloße Schädigung verfolgen kann, wird das subjektive Recht bei teleologischer Betrachtung missbraucht. Deshalb darf es nicht ausgeübt werden. Auf Grund ihres sehr engen Tatbestands ist die Vorschrift sehr selten einschlägig.

> **Beispiel:**[25] Der Eigentümer eines Schlossguts untersagte unter Berufung auf sein Eigentumsrecht seinem Sohn den Besuch des im Schlosspark gelegenen Grabs seiner Mutter, weil er mit dem Sohn in Feindschaft lebte und sich aus gesundheitlichen Gründen vor einem Zusammentreffen mit diesem schützen wollte. Das RG hat hier zwar die Voraussetzungen des § 226 BGB bejaht, jedoch ist seine Entscheidung unzutreffend. Der Eigentümer hat seinem Sohn das Betreten nicht allein zu dem Zweck untersagt, diesen zu schädigen. Vielmehr hat er zugleich den Zweck verfolgt, sich zu schützen. Dass der Eigentümer zugleich diesen positiven Zweck verfolgte, genügt, damit § 226 BGB nicht einschlägig ist.

> **Beispiel:**[26] Arndt schuldet Bert Geld. Nach längerem Gerichtsstreit zahlt Arndt schließlich den wesentlichen Teil der Forderung. Allerdings zahlt Arndt 1,05 € zu wenig Zinsen. Bert beantragt daraufhin bei Gericht, dass Arndt eine Vermögensauskunft (sog. Offenbarungseid) abgibt. Das LG Köln hielt den Antrag von Bert für schikanös i. S. v. § 226 BGB. Allerdings überzeugt auch diese Entscheidung nicht, weil Bert neben der „Schädigung" des Arndt den Zweck verfolgte, sein Vermögen zu mehren. Hiergegen kann nicht eingewandt werden, dass es sich um eine Bagatellforderung handelte, weil sich mit der gleichen Berechtigung argumentieren ließe, dass Arndt den geringen Betrag zahlen und hierdurch ohne Weiteres Nachteile vermeiden kann.

III. Verbot sittenwidrig schädigender Rechtsausübung

Nach § 826 BGB ist zum Schadensersatz verpflichtet, wer einen anderen sittenwid- **24** rig vorsätzlich schädigt. Hieraus lässt sich ableiten, dass eine entsprechende Schädigung rechtlich missbilligt wird und deshalb bereits vorbeugend zu unterlassen ist. Voraussetzung für § 826 BGB ist, dass die Rechtsausübung sich gerade gegenüber dem Betroffenen als **sittenwidrig** erweist und der Handelnde eine Schädigung des Betroffenen zumindest **billigend in Kauf nimmt**. Der Vorwurf der Sittenwidrigkeit einer Rechtsausübung kann sich daraus ergeben, dass das Recht zu einem rechtlich missbilligten Zweck (z. B. Schädigung des Verpflichteten) ausgeübt wird oder die Rechtsordnung das Recht jedenfalls nicht zur Erreichung der verfolgten Zwecke einräumt.

---

[24] BGH v. 15.03.2012, NJW 2012, 1717.

[25] RG v. 03.12.1909, RGZ 72, 251.

[26] LG Köln v. 14.02.1991, Rpfleger 1991, 328.

IV. Verbot treuwidriger Rechtsausübung

25   Im Vergleich zum Schikaneverbot und dem Verbot sittenwidrig schädigender Rechtsausübung deutlich größere Bedeutung kommt dem Verbot der treuwidrigen Rechtsausübung zu. Rechtsgrundlage hierfür ist § 242 BGB. Nach § 242 BGB ist der Schuldner verpflichtet, die Leistung so zu bewirken, wie Treu und Glauben mit Rücksicht auf die Verkehrssitte es erfordern. Aus dieser auf Schuldverhältnisse bezogenen Vorschrift haben Rspr. und Lit. einen allgemeinen Rechtsgedanken abgeleitet, der für die gesamte Rechtsordnung, einschließlich Verfahrensrecht und öffentliches Recht gilt.[27] Danach sind alle Rechte gemäß den Geboten von Treu und Glauben unter Berücksichtigung der Verkehrssitte auszuüben.

26   Als **Generalklausel** enthält § 242 BGB keinen Rechtssatz, aus dem sich durch bloße Subsumtion bestimmte Rechtsfolgen ableiten lassen.[28] Vielmehr muss im Einzelfall auf Grund einer umfassenden Bewertung der am maßgeblichen Rechtsverhältnis beteiligten Interessen ermittelt werden, inwieweit der Berechtigte bei der Ausübung seines Rechts auf hierdurch betroffene fremde Interessen Rücksicht nehmen muss.[29] Der Sache nach ist die bei Gewährung eines subjektiven Rechts vom Gesetzgeber vorgenommene Interessenabwägung unter Berücksichtigung der Eigenarten des Einzelfalls und der Grundwertungen des Gesetzes fortzudenken. Deshalb darf im Rahmen des § 242 BGB **keine** rechtlich nicht abgesicherte **Billigkeitsentscheidung** getroffen werden. Vielmehr ist auf die erkennbaren Wertungen des Gesetzgebers, die Wertentscheidungen des Grundgesetzes sowie die Verkehrssitte abzustellen.

> **Beispiel:**[30] Arndt hat am 12.08.2008 bei E-Bay einen Porsche 911/997 Carrera 2S Coupé mit Zubehör eingestellt. Das Fahrzeug mit Erstzulassung vom 16.04.2007 wies zu diesem Zeitpunkt eine Laufleistung von 5.800 km auf. Der Wert des Fahrzeugs betrug rund 75.000 €. Das Mindestgebot wurde von Arndt auf 1 € festgesetzt. Bert bot hierauf einen Betrag von 5,50 €. Da Arndt die Auktion vorzeitig beendete, gilt nach den Versteigerungsbedingungen von E-Bay der Vertrag zu dem in diesem Zeitpunkt abgegebenen Höchstgebot als geschlossen, soweit sich der Anbieter nicht durch Anfechtung von seiner Erklärung befreien kann. Erst einen Monat nachdem die Auktion abgebrochen wurde und Bert bei Arndt anfragte, wann er das Auto abholen kann, machte Arndt geltend, er habe sich geirrt und wolle sich vom Kaufvertrag lösen. Das LG Koblenz ging davon aus, dass zwischen Arndt und Bert ein wirksamer Kaufvertrag geschlossen wurde. Gleichwohl könne Bert nicht Lieferung des Fahrzeugs verlangen. Sein Begehren sei treuwidrig i. S. v. § 242 BGB, weil Bert nicht ernsthaft habe erwarten dürfen, dass er einen fast neuwertigen Porsche für nur 5,50 € bekommen kann.[31] Das LG Koblenz hat hier offensichtlich nach bloßen Billigkeitsgesichtspunkten entschieden.[32] Es hat nicht ausreichend die rechtliche Wertung

---

[27] Palandt/*Grüneberg* § 242 BGB Rn. 1.

[28] Palandt/*Grüneberg* § 242 BGB Rn. 2.

[29] Vgl. BGH v. 15.03.2012, NJW 2012, 1717, 1717 f.

[30] Vgl. LG Koblenz vom 18.03.2009, K&R 2009, 352.

[31] Ähnlich OLG Naumburg v. 10.06.2009, NJOZ 2010, 1733, 1735 f.

[32] Das Ergebnis des LG Koblenz lässt sich möglicherweise auf anderem Weg rechtfertigen. Denkbar erscheint, dass bereits der Abbruch der Auktion die Anfechtung enthielt und hierdurch die Anfechtungsfrist gewahrt wurde.

beachtet, dass derjenige, der eine Chance wahrnimmt, auch deren Risiken tragen muss. Wer als Versteigerer an einer Auktion teilnimmt, muss auch mit einem ganz geringen Erlös rechnen. Im Gegenzug besteht die Chance, dass die Bieter im Eifer der Auktion weit mehr bieten, als der angebotene Gegenstand wirklich wert ist.

Rspr. und Lit. bilden **Fallgruppen**, um die Anwendung des § 242 BGB vorherseh- **27** barer zu machen. Danach ist eine Rechtsausübung z. B. rechtsmissbräuchlich, wenn sich der Berechtigte hierdurch in Widerspruch zu seinem früheren Verhalten setzen würde. Hier wirkt sich die gesetzliche Grundwertung aus, dass man an sein eigenes Handeln gebunden ist, wenn andere hierauf vertrauen dürfen (vgl. § 130 Abs. 1 S. 2 BGB). Ein wichtiger Unterfall des Verbots treuwidriger Rechtsausübung wird als **Verwirkung** bezeichnet. Danach kann die Ausübung eines Rechts unzulässig sein, wenn der Berechtigte längere Zeit mit dessen Geltendmachung zugewartet hat (sog. Zeitmoment) und der Belastete auf Grund der Begleitumstände darauf vertrauen darf, dass eine Geltendmachung nicht mehr erfolgen wird (sog. Umstandsmoment).

Beispiel:[33] Arndt hat von Bert ein Ladenlokal zum Betrieb eines Bioladens gemietet. Nach § 6 Mietvertrag hat Arndt die Nebenkosten zu tragen. Über die Nebenkosten sollte die Vermieterin einmal jährlich zum Ablauf eines Kalenderjahres abrechnen. Die Nebenkostenabrechnungen enthielten für die Jahre 1993 bis 2001 versehentlich keine Kosten für Allgemeinstrom und Wartung der Heizung. Erstmals mit den Arndt am 23.09.2004 zugegangenen Nebenkostenabrechnungen für die Jahre 2002 und 2003 wurden Arndt auch diese Kosten in Rechnung gestellt. Arndt lehnte deren Zahlung ab. Der Anspruch des Bert auf Zahlung der vollen Nebenkosten für 2002 und 2003 ist allerdings nicht verwirkt. Ein Recht ist verwirkt, wenn der Berechtigte es längere Zeit hindurch nicht geltend gemacht und der Verpflichtete sich darauf eingerichtet hat und nach dem gesamten Verhalten des Berechtigten auch darauf einrichten durfte, dass dieser das Recht auch in Zukunft nicht geltend machen werde. Die Annahme einer Verwirkung setzt somit neben dem Zeitablauf das Vorliegen besonderer, ein solches Vertrauen des Verpflichteten begründender Umstände voraus. Maßgeblich sind die Umstände des Einzelfalls. Dabei ist vorliegend für die Bestimmung des Zeitmoments auf den Zeitpunkt der Fälligkeit der Abrechnungen für die Jahre 2002 und 2003 und nicht auf die langjährige Übung der vorausgegangenen Jahre abzustellen, weil für jedes Jahr ein eigenständiger Anspruch auf Zahlung der Betriebskosten entsteht, für welchen die Verwirkung zu prüfen ist. Gemessen an der für die Gewerbemiete zwar nicht geltenden, aber immerhin eine Wertung ausdrückenden Frist des § 556 Abs. 3 S. 2 BGB fehlt hinsichtlich des Jahres 2003 bereits ein ausreichendes Zeitmoment, weil die Frist zur Abrechnung noch nicht abgelaufen war. Für den Abrechnungszeitraum 2002 fehlt es jedenfalls an den für eine Verwirkung erforderlichen vertrauensbildenden Umständen, weil der Sachverhalt derartige nicht erkennen lässt. Arndt macht insbesondere nicht geltend, dass er es im Vertrauen auf die langjährige Abrechnungspraxis inzwischen versäumt hat, eventuelle Mehrkosten in seine Preise einzukalkulieren.

---

[33] BGH v. 27.01.2010, NJW 2010, 1065.

Literatur

Bork (2011) Allgemeiner Teil des Bürgerlichen Gesetzbuchs. 3. Aufl
Braun (1998) Subjektive Rechtfertigungselemente im Zivilrecht?. NJW 1998, 941
Erman (2011) Handkommentar zum Bürgerlichen Gesetzbuch. 13. Aufl
Larenz/Wolf (2004) Allgemeiner Teil des deutschen Bürgerlichen Rechts. 9. Aufl
Palandt (2013) Bürgerliches Gesetzbuch. 72. Aufl
Wolf/Neuner (2012) Allgemeiner Teil des deutschen Bürgerlichen Rechts. 10. Aufl

Teil D
Rechtssubjekte und Rechtsobjekte

§ 21 Natürliche Personen

Literaturhinweis: *Lorenz*, Grundwissen – Zivilrecht: Rechts- und Geschäftsfähigkeit, JuS 2010, 11.

A. Allgemeines

I. Rechtsfähigkeit

Das BGB unterscheidet natürliche Personen (vgl. I. Buch, Abschnitt 1, Titel 1) und juristische Personen[1] (vgl. I. Buch, Abschnitt 1, Titel 2). Als Oberbegriff spricht das Gesetz von Personen. Bedeutungsgleich ist die Bezeichnung Rechtssubjekte.[2] Eigenart der Rechtssubjekte ist, dass sie über Rechtsgeschäfte miteinander in Verbindung treten oder generell durch Rechtsverhältnisse[3] miteinander verbunden sein können. Kurz gesagt, Rechtssubjekte können **Träger von Rechten und Pflichten sein.** Diese besondere Eigenschaft, die das BGB nicht definiert, sondern voraussetzt (vgl. § 1 BGB),[4] wird als Rechtsfähigkeit bezeichnet. **1**

Obwohl die Formulierungen in § 1 BGB und § 21 BGB nahe legen, dass der Gesetzgeber ursprünglich davon ausging, dass sich die Eigenschaften Rechtsfähigkeit und Nichtrechtsfähigkeit als Gegensätze gegenüber stehen, besteht heute weitgehend Einigkeit darüber, dass es auch die Zwischenform der **Teilrechtsfähigkeit** gibt.[5] Diese zeichnet sich dadurch aus, dass ein Zurechnungssubjekt nur für bestimmte Teilbereiche Träger von Rechten und Pflichten sein kann. Dies betrifft z. B. den *nasciturus*, d. h. die gezeugte aber noch nicht geborene Leibesfrucht. Dieser ist bspw. nach § 1923 Abs. 2 BGB erbfähig oder über § 844 Abs. 2 S. 2 BGB gegen die Tötung eines Unterhaltsverpflichteten geschützt, wenn er später lebend geboren **2**

---

[1] Siehe unten § 22.

[2] Erman/*Saenger* Vor § 1 BGB Rn. 1.

[3] Siehe oben § 17 Rn. 1 ff.

[4] *Medicus* Rn. 1039.

[5] Vgl. BGH v. 04.12.2008, NJW 2009, 594, 595; BGH v. 25.10.2012, NJW 2013, 464, 467 ff. – Ablehnend *Leipold* § 31 Rn. 4.

B. Boemke, B. Ulrici, *BGB Allgemeiner Teil,* Springer-Lehrbuch, DOI 10.1007/978-3-642-39171-2_21, © Springer-Verlag Berlin Heidelberg 2014

wird.[6] Teilrechtsfähig sind daneben verschiedene juristische Zusammenschlüsse (vgl. § 14 Abs. 2 BGB) wie die Personenhandelsgesellschaften (OHG, KG), die Gesellschaft bürgerlichen Rechts (GbR, vgl. §§ 705 ff. BGB)[7] oder die Wohnungseigentümergemeinschaft (§§ 10 ff. WEG).[8]

3   Die Rechtsfähigkeit ist von der **Handlungsfähigkeit** zu unterscheiden. **Handlungsfähigkeit ist die Fähigkeit, rechtlich bedeutsame Handlungen vorzunehmen.** Sie ist der Oberbegriff zu Geschäftsfähigkeit und Deliktsfähigkeit. Ein Mensch kann **rechtsfähig** sein, **obwohl** ihm **die Handlungsfähigkeit** ganz oder doch wenigstens als Geschäftsfähigkeit **fehlt.** Ihm bleibt der Erwerb von Rechten entweder durch **gesetzliche Vertreter** oder durch **Gesetz** (z. B. Erbschaft). Außerdem können nur Menschen handlungsfähig sein, nicht aber juristische Personen. Deshalb handeln auch juristische Personen im Rahmen ihrer Rechtsfähigkeit stets durch Menschen (z. B. Geschäftsführer, Vorstand).

4   Das zivilprozessuale Gegenstück zur Rechtsfähigkeit ist die Parteifähigkeit.[9] Sie bedeutet die **Fähigkeit, zulässigerweise Kläger oder Beklagter eines Zivilprozesses sein zu können.** Sie wird durch § 50 Abs. 1 ZPO regelmäßig an die Rechtsfähigkeit geknüpft. Der Teilrechtsfähigkeit entspricht daher eine partielle Parteifähigkeit.[10]

II. Gesetzliche Regelungen über Rechtssubjekte

5   Die Regelungen des **BGB** über Rechtssubjekte (§§ 1–89 BGB, davon §§ 55–79 BGB über Fragen des Vereinsregisters) beschränken sich auf einen **Torso.** Zu mehreren wichtigen Bereichen des natürlichen Personen zukommenden Persönlichkeitsrechts enthält das BGB ebenso wenig Regelungen wie zu den in der Rechtswirklichkeit wichtigen juristischen Personen des Handelsrechts. Allein die Betrachtung des BGB ergibt aber ein höchst unvollständiges Bild über die gesetzlichen Grundlagen, weil sich entsprechende Regelungen in einer **Vielzahl weiterer Gesetze** finden. Aspekte des Persönlichkeitsrechts werden im Grundgesetz, im KunstUrhG oder z. B. im UrhG geregelt. Juristischen Personen wie der GmbH oder der AG ist zumeist ein eigenes Gesetz gewidmet.

6   Die personenrechtlichen Vorschriften des BGB folgen folgender **Systematik:**

1. Natürliche Personen:

   – **Rechtsfähigkeit** als zentrale Eigenschaft eines Rechtssubjekts (§ 1 BGB),

---

[6] Vgl. Palandt/*Ellenberger* § 1 BGB Rn. 7. – A. A. Erman/*Saenger* § 1 BGB Rn. 2, der den *nasciturus* nicht für rechtsfähig, sondern nur für in einzelnen Positionen geschützt ansieht.

[7] BGH v. 29.01.2001, NJW 2001, 1056, 1056 ff.

[8] BGH v. 02.06.2005, NJW 2005, 2061, 2062 ff.

[9] *Medicus* Rn. 1042.

[10] BGH v. 29.01.2001, NJW 2001, 1056, 1058 ff.

- **Volljährigkeit** als Voraussetzung der Erlangung voller Geschäftsfähigkeit (§ 2 BGB; ursprünglich zudem §§ 3–6 BGB betreffend Volljährigkeitserklärung und Entmündigung),
- **Wohnsitz** und **Namensrecht** als wichtige Eigenschaften einer Person (§§ 7–12 BGB),
- Ursprünglich Verlust der Rechtsfähigkeit (§§ 13–20 a. F.), seit 1939 in das Verschollenheitsgesetz „ausgelagert". Seit 2000 enthalten §§ 13, 14 BGB systemwidrig die Definitionen des **Verbrauchers** und des **Unternehmers**.[11]

2. Juristische Personen (§§ 21–89 BGB):

- Vereine im allgemeinen (§§ 21–54 BGB),
- Idealverein (§§ 55–79 BGB),
- Stiftung (§§ 80–88 BGB),
- Teilregelung zu juristischen Personen des öffentlichen Rechts (§ 89 BGB).

B. Rechtsfähigkeit natürlicher Personen

I. Natürliche Person

Die Fähigkeit, **Träger von Rechten und Pflichten zu sein**, kommt nach § 1 BGB   7
jedem Menschen, unabhängig von seinem Alter, seinem Geschlecht, seiner Staatsangehörigkeit, seiner Rasse, seiner Intelligenz usw. zu. Dies verwirklicht den Gedanken der Gleichheit aller Menschen. Der Gesetzgeber erkennt hierdurch an, dass die Rechtsfähigkeit einem Menschen nicht vom Gesetzgeber verliehen wird, sondern auf Grund der Würde des Menschen vorgegeben ist.[12] Ausgeschlossen ist danach, einem Menschen die Rechtsfähigkeit abzuerkennen (Sklaverei).[13] Deshalb sind Menschen, die nach ausländischen Rechtsordnungen als Sklaven eingeordnet werden, aus Sicht des deutschen Rechts ohne Weiteres rechtsfähig (vgl. Art. 6 EGBGB).[14]

> **Beispiel:** Säugling Amalia wird von Rüpel aus dem Kinderwagen geschubst. Obwohl Amalia weder im natürlichen und erst recht nicht im rechtlichen Sinne verantwortlich handeln kann, ist sie Trägerin eines gegen Rüpel gerichteten Schadensersatzanspruchs nach § 823 Abs. 1 BGB in Bezug auf ihre erlittenen Verletzungen.

---

[11] Siehe hierzu oben § 4 Rn. 28 ff.

[12] Mot. I, S. 25; Erman/*Saenger* Vor § 1 Rn. 1; Palandt/*Ellenberger* Überblick v § 1 BGB Rn. 1.

[13] Vgl. Mot. I, S. 25; Erman/*Saenger* Vor § 1 Rn. 1.

[14] *Medicus* Rn. 1043.

II. Beginn der Rechtsfähigkeit

8   Die **Rechtsfähigkeit beginnt** nach § 1 BGB **mit der Vollendung der Geburt**. Insoweit unterscheiden sich der Beginn der zivilrechtlichen Rechtsfähigkeit und der strafrechtliche Schutz des Menschen gegen Tötung und Verletzung, weil das Strafrecht auf den Beginn der Geburt (Eröffnungswehen) abstellt. Dieser Unterschied erklärt sich daraus, dass das Strafrecht einen möglichst umfassenden Schutz des Menschen gewährleisten will. Für das Zivilrecht wird ein vergleichbarer Schutz dadurch erreicht, dass die ganz h. M. davon ausgeht, dass eine vorgeburtliche Schädigung des Menschen, welche nach dessen Geburt fortwirkt, eine Verletzung des geborenen Menschen ist.[15]

9   Vollendet ist die Geburt mit dem **vollständigen Austritt aus dem Mutterleib**, die Lösung der Nabelschnur ist nicht notwendig.[16] Grundvoraussetzung ist, dass das Kind im Zeitpunkt des vollständigen Austritts aus dem Mutterleib lebt.[17] Ein sich hieran unmittelbar anschließender Tod steht der Erlangung der Rechtsfähigkeit nicht entgegen. Das Kind muss deshalb nicht lebensfähig sein[18]. Ausreichend ist, dass sich kurzzeitig Lebensfunktionen wie Hirnströme, Atmung o. ä. feststellen lassen. Missbildungen stehen der Rechtsfähigkeit deshalb selbstverständlich nicht entgegen.[19]

10   Das **ungeborene Kind** ist nach vorstehenden Grundsätzen noch nicht rechtsfähig.[20] Allerdings lassen einzelne Vorschriften bereits der Leibesfrucht rechtlichen Schutz zukommen, in den die Leibesfrucht mit Erlangung ihrer Rechtsfähigkeit nach § 1 BGB hineinwächst. Das Gesetz stellt das ungeborene Kind einem geborenen gleich. Dies gilt insbesondere für § 844 Abs. 2 S. 2 BGB und für § 1923 Abs. 2 BGB. Die künftigen Rechte der Leibesfrucht werden bis zur Geburt durch die Eltern oder im Falle einer Interessenkollision durch einen Pfleger wahrgenommen.

> **Beispiel:** Arndt und Berta sind verheiratet und haben einen Sohn Casimir. Berta ist erneut schwanger. Bei einem Verkehrsunfall wird Arndt getötet. Nach § 844 Abs. 2 S. 2 BGB stehen dem zweiten Kind nach dessen Geburt ebenso wie Casimir Unterhaltsansprüche gegen den Verletzer zu. Nach § 1923 Abs. 2 BGB ist das zweite Kind im gleichen Umfang wie Casimir gesetzlicher Erbe nach Arndt. Beide Rechtsfolgen treten aber nur ein, wenn das zweite Kind lebend geboren wird. Anderenfalls erlangt es nie Rechtsfähigkeit und kann weder Träger eines Schadensersatzanspruchs noch Erbe sein.

---

[15] BGH v. 11.01.1972, NJW 1972, 1126.

[16] Mot. I, S. 20.

[17] Erman/*Saenger* § 1 BGB Rn. 1.

[18] Palandt/*Ellenberger* § 1 BGB Rn. 2.

[19] Mot. I, S. 28 f.

[20] Siehe aber oben Rn. 2.

III. Ende der Rechtsfähigkeit

Das Ende der Rechtsfähigkeit regelt das BGB nicht. Aus § 1922 Abs. 1 BGB, der **11** vorsieht, dass mit dem Tod einer Person deren Vermögen auf die Erben übergeht, lässt sich aber ableiten, dass das Gesetz davon ausgeht, dass eine Person mit ihrem Tod die Fähigkeit verliert, Träger von Rechten und Pflichten zu sein. Das **Ende der Rechtsfähigkeit** tritt danach **grds. mit dem Tod des Menschen** ein.[21] Problematisch und umstritten ist insoweit, wie der hierfür maßgebliche Zeitpunkt zu bestimmen ist. Das BGB enthält hierzu keine Aussage, weil bei Schaffung des BGB insoweit kein Regelungsbedürfnis bestand. Auf Grund des Fortschritts der Medizin kann der Körper eines Menschen jedoch am Leben gehalten werden, obwohl das Gehirn seine Tätigkeit endgültig eingestellt hat. Umgekehrt kann ein Mensch, dessen Herz zum Stillstand gekommen ist, reanimiert werden. Die überwiegende Ansicht hat sich dafür entschieden, dass der Tod in dem Moment eintritt, in dem die Gesamtfunktionen des Großhirns, des Kleinhirns und des Hirnstamms endgültig erloschen sind (Gesamthirntod, vgl. § 3 Abs. 2 Nr. 2 Transplantationsgesetz).[22] Hierauf und nicht z. B. auf den Herzstillstand abzustellen, trägt der Erkenntnis Rechnung, dass das Gehirn die Funktionen steuert, die den Menschen von anderen Lebewesen unterscheiden. Zugleich wird vermieden, dass mittels kreislauf- und atmungserhaltender Apparate über den Todeszeitpunkt als rechtlich erheblicher Termin disponiert werden kann.

Nach § 1922 Abs. 1 BGB gehen mit dem Tod nur die Vermögensrechte des **12** Verstorbenen auf dessen Erben über. Eine Regelung darüber, welches rechtliche Schicksal die Persönlichkeitsrechte des Verstorbenen erleiden, enthält das BGB nicht. Der historische Gesetzgeber hielt diese Frage nicht für regelungsbedürftig.[23] Insbesondere vor dem Hintergrund der Vorgaben des Grundgesetzes besteht Einigkeit darüber, dass die **Persönlichkeit eines Menschen** auch über dessen Tod hinaus Schutz verdient.[24] Soweit Bestandteile des Persönlichkeitsrechts Vermögenswert haben, gilt § 1922 Abs. 1 BGB.[25] Im Übrigen bleibt der Verstorbene selbst Träger etwaiger Schutzansprüche;[26] er ist insoweit noch teilrechtsfähig. Da er seine Rechte jedoch nicht selbst wahrnehmen kann, müssen für ihn seine nächsten Angehörigen handeln.[27]

---

[21] Erman/*Saenger* § 1 BGB Rn. 4.

[22] OLG Frankfurt v. 11.07.1997, NJW 1997, 3099, 3100 f. – Ablehnend *Wolf/Neuner* § 11 Rn. 10 (Ausfall von Herz, Lunge und Gehirn notwendig); ähnlich *Medicus* Rn. 1052 (letztmöglicher Zeitpunkt).

[23] Im Unterschied zum BGB erkannte der Gesetzgeber für das StGB ein Schutzbedürfnis Verstorbener an (vgl. § 168 StGB und hierzu RG v. 21.09.1909, RGSt 42, 145, 146 f.).

[24] Vgl. BGH v. 16.09.2008, NJW 2009, 751, 752.

[25] BGH v. 01.12.1999, NJW 2000, 2195, 2197 ff.

[26] Vgl. BGH v. 01.12.1999, NJW 2000, 2195, 2197; *Larenz/Canaris*, SR II/2, § 80 IV 1 d), S. 533.

[27] *Larenz/Canaris*, SR II/2, § 80 IV 2 b), S. 534 f.

C. Rechtliche Eigenschaften des Menschen

I. Wohnsitz

1. Bedeutung des Wohnsitzes

13   Um ein Rechtsverhältnis örtlich einzuordnen, knüpft eine Reihe von Vorschriften an den Wohnsitz einer Partei an. Bspw. knüpft § 132 Abs. 2 BGB für die Bestimmung der **Zuständigkeit des Amtsgerichts**, welches eine öffentliche Zustellung anordnet, an den Wohnsitz des Erklärenden an. Generell erlangt der Wohnsitz eines Beteiligten für die Bestimmung der örtlichen Zuständigkeit eines Gerichts erhebliche Bedeutung (vgl. § 13 ZPO, § 343 FamFG). Für das materielle Recht erlangt der Wohnsitz z. B. Bedeutung für die Frage, welche nationale Rechtsordnung auf einen Erbfall anzuwenden ist (vgl. Art. 26 Abs. 1 Nr. 3 EGBGB) oder **wo eine Verpflichtung zu erfüllen ist** (vgl. §§ 269 Abs. 1, 270 BGB).

2. Begründung und Aufhebung des Wohnsitzes

14   Wohnsitz ist der Ort, an dem sich der räumliche Schwerpunkt der Lebensinteressen eines Menschen befindet.[28] Er ist nicht auf die Wohnung beschränkt, sondern richtet sich nach der kleinsten politischen Einheit (Stadt, Gemeinde).[29] Zu beachten ist dabei allerdings, dass eine Person mehrere Wohnsitze haben kann (vgl. § 7 Abs. 2 BGB). Das Merkmal des räumlichen Schwerpunkts ist entsprechend auszulegen und es ist nicht notwendig, dass an einem Ort alle oder die überwiegenden Lebensinteressen konzentriert sind. Der Wohnsitz kann entweder durch Willensakt oder kraft Gesetzes begründet werden. Seine Aufhebung erfolgt nach § 7 Abs. 3 BGB durch Willensakt.

15   Die Begründung und Aufhebung des Wohnsitzes **durch Willensakt** erfolgt durch eine geschäftsähnliche Handlung.[30] Notwendig ist, dass sich eine Person tatsächlich an einem bestimmten Ort niederlässt und hierbei in dem Willen handelt, diesen Ort ständig zum Schwerpunkt ihrer Lebensverhältnisse zu machen. Dieser Wille muss nicht ausdrücklich erklärt werden. Vielmehr ist erforderlich und ausreichend, dass er sich aus den äußerlich erkennbaren Umständen ergibt.[31] Der Wille, den Schwerpunkt bei Gelegenheit wieder zu ändern, steht nicht entgegen. Erforderlich ist lediglich, dass der Schwerpunkt mit einer gewissen Beständigkeit gewählt wurde.

> **Beispiel:** Studenten, die ein Zimmer am Hochschulort beziehen, fehlt regelmäßig der Wille, sich ständig niederzulassen, denn sie gedenken meist nur über einen überschaubaren

---

[28] Vgl. RG v. 09.12.1907, RGZ 67, 191, 193; *Medicus* Rn. 1058; Palandt/*Ellenberger* § 7 BGB Rn. 1.

[29] RG v. 09.12.1907, RGZ 67, 191, 193 ff.; Palandt/*Ellenberger* § 7 BGB Rn. 1.

[30] BGH v. 14.07.1952, BGHZ 7, 104, 109; *Larenz/Wolf* § 7 Rn. 17. – Siehe hierzu oben § 4 Rn. 14.

[31] Vgl. BGH v. 22.10.2009, NJW-RR 2010, 489, 490.

Zeitraum, etwa bis zum Examen, und nur soweit zu Studienzwecken erforderlich, an diesem Ort zu bleiben.

Für Soldaten und Kinder normieren §§ 9,11 BGB einen **gesetzlichen Wohnsitz**.   **16**
Diese können daneben auch einen anderen, gewillkürten Wohnsitz nach §§ 7, 8
BGB haben.

II. Namensrecht

1. Überblick

Der Name ist ein äußeres Kennzeichen einer Person und im Rechtsverkehr das wich-   **17**
tigste Mittel, um Personen voneinander zu unterscheiden. Bspw. individualisiert der
Kläger im Prozess den Beklagten, von dem er eine Leistung begehrt, insbesondere
durch Angabe des Namens. Trotz dieser Funktion ist der Name gleichwohl nicht nur
ein im Interesse der Allgemeinheit oder des Rechtsverkehrs liegendes Mittel zum
Zweck, sondern zugleich **Teil des Persönlichkeitsrechts** eines Menschen.[32] Dies
wird z. B. deutlich, wenn man bedenkt, dass ein Wissenschaftler unter seinem Namen berühmt wird. Sein „guter Name" eröffnet ihm ggf. bestimmte Möglichkeiten.

Der **bürgerliche Name** eines Menschen besteht aus dem Familiennamen und   **18**
mindestens einem Vornamen. Die hierfür maßgeblichen Regelungen enthält das
BGB nicht im Allgemeinen Teil, sondern im Familienrecht. Der oder die Vornamen
werden dem Kind durch den Sorgeberechtigten (Eltern) gegeben. Diesen kommt
ein Namensfindungsrecht zu.[33] Sie sind nicht darauf beschränkt, aus einem Namensbuch einen Namen auszusuchen. Vielmehr dürfen die Sorgeberechtigten dem
Kind auch einen völlig unbekannten Namen geben. Dieser muss allerdings mit dem
Kindeswohl vereinbar sein, sich zur Unterscheidung eignen und das Geschlecht
erkennen[34] lassen.

---

[32] Vgl. BVerfG v. 18.02.2004, NJW 2004, 1155. – Nach *Thomas Mann* ist der Name „ein Stück
des Seins und der Seele".

[33] BVerfG v. 03.11.2005, NJW 2006, 1414, 1415 zum Vornamen „Anderson"; OLG Zweibrücken
v. 16.09.1983, NJW 1984, 1360, 1361 f. zum Vornamen „Pumuckl".

[34] Dieses Erfordernis tritt in einen gewissen Widerspruch zu den Regelungen des AGG, nach denen
dem Geschlecht weitgehend keine rechtliche Bedeutung zukommen soll. Ist aber das Geschlecht
ohne rechtliche Relevanz, fehlt eine Rechtfertigung dafür, dass der Name Aufschluss über das Geschlecht geben soll. Für einzelne Vornamen wie „Kay" wird dieses Erfordernis ohnehin praktisch
aufgegeben.

2. Schutz des Namensrechts

a) Überblick

19 Im Allgemeinen Teil regelt das BGB den Schutz des Namensrechts. Nach § 12 BGB hat jedermann ein subjektives Recht auf den Gebrauch des ihm zustehenden Namens und auf Unterlassung eines Missbrauchs seines Namens. Diese Vorschrift gilt nicht nur für den Vor- und den Familiennamen eines Menschen. Sie findet vielmehr über ihren Wortlaut hinaus Anwendung auch auf den **Namen juristischer Personen** (des Privat- und des öffentlichen Rechts),[35] nichtrechtsfähiger Vereine, **Decknamen** und Pseudonyme eines Menschen, **Unternehmensnamen** (z. B. Gaststätten- oder Hotelnamen), den Domain-Namen,[36] bekannte Zahlenkombinationen oder Symbole (z. B. Rotes Kreuz), soweit sie in der Öffentlichkeit bekannt geworden sind und sich im Verkehr durchgesetzt haben.

b) Verletzung des Namensrechts

20 Die Vorschrift des § 12 BGB unterscheidet zwei verschiedene Formen der Verletzung des Namensrechts, die Namensbestreitung und die Namensanmaßung. Eine, praktisch kaum bedeutsame, **Namensbestreitung** ist gegeben, wenn das bestehende Recht des Namensträgers geleugnet wird, einen bestimmten Namen zu führen.

> **Beispiele:** (1)[37] Die Gemeinde Neustadt ändert zur Vermeidung von Verwechslungen ihren Namen in „Neustadt an der Pleiße". Kann die Stadt von der Bahn AG verlangen, die Bahnhofsschilder entsprechend zu ändern? Ein entsprechender Anspruch besteht, weil im Festhalten an den alten Namensschildern ein konkludentes Bestreiten des Namensrechts liegt. (2)[38] Keine Verletzung des Namensrechts der juristischen Person BMW AG liegt dagegen darin, die Abkürzung auf einem Aufkleber als „Bums mal wieder" zu interpretieren. Hier wird der Name nicht geleugnet, sondern nur lächerlich gemacht.

21 Eine Verletzung des Namensrechts durch **Namensanmaßung** begeht, wer das Interesse des Namensberechtigten dadurch verletzt, dass er unbefugt den gleichen Namen gebraucht. Der Gebrauch eines fremden Namens kann darin liegen, selbst unter diesem aufzutreten, dem Namensberechtigten eine Ware oder Einrichtung derart zuzuschreiben, dass der Verkehr von einer Berechtigung zur Namensnutzung ausgeht, oder einen Dritten mit dem Namen zu bezeichnen. Entscheidend ist, dass der Name nicht nur genannt, sondern zur namensmäßigen Zuordnung verwendet wird.

> **Beispiele:** (1) Der erfolglose Sänger Sebastian tritt seit kurzem mit großer Publikumsresonanz als „der wahre Heino" auf. Hier liegt eine Namensanmaßung vor. (2) Entsprechendes gilt regelmäßig, wenn ein Name durch einen Nichtberechtigten als Internetdomain in

---

[35] Vgl. BGH v. 27.10.2011, NJW 2012, 2279.

[36] Vgl. BGH v. 22.11.2001, NJW 2002, 2031, 2032 f.

[37] Vgl. BVerwG v. 08.02.1974, NJW 1974, 1207.

[38] BGH v. 03.06.1986, NJW 1986, 2951.

Verbindung mit der für Deutschland typischen Top-Level-Domain „.de" registriert wird.[39] Dagegen liegt in der Aufnahme eines Namens in ein Branchenverzeichnis oder Telefonbuch keine Namensverwendung, sondern nur eine Namensnennung.

Die Namensanmaßung setzt voraus, dass ein Name unbefugt in verwechslungs- **22** fähiger Form verwendet wird und dies die Interessen des Berechtigten beeinträchtigt. Dementsprechend muss ein **fremder Name in identischer Form** verwendet werden. Bestimmte Abweichungen in Schreibweise oder Betonung schaden jedoch nicht, wenn die Verwechslungsgefahr bestehen bleibt. Unbefugt ist die Namensführung, wenn es sich nicht um den eigenen bürgerlichen Namen handelt und der wahre Namensträger nicht zugestimmt hat.

Beispiele: (1) Arndt will erfolgreicher Sportreporter im Radio werden. Sein Spezialgebiet sollen Berichte über Tennis werden. Er legt sich daher den Künstlernamen Boris Bäcker zu. Trotz der abweichenden Schreibweise liegt eine Namensanmaßung in Bezug auf Boris Becker vor. (2) Bert ist Arbeitnehmer bei Stefan. Solange dieser im Urlaub ist, soll Bert das Geschäft führen und alle Angelegenheiten regeln. Dementsprechend füllt er für Stefan ein behördliches Formular aus und unterschreibt mit dem Zug „Stefan". Hier liegt keine Namensanmaßung vor, weil Bert den Namen mit Zustimmung, nämlich in Wahrnehmung seiner Aufgaben als Stellvertreter verwendet.

c) Rechtsfolgen der Namensverletzung

Bestehen die von einer Namensleugnung oder einer Namensanmaßung ausgehen- **23** den Beeinträchtigungen des Namensrechts fort, kann der Berechtigte zunächst deren **Beseitigung** fordern. Der Anspruch besteht verschuldensunabhängig. Er ist inhaltlich auf einen *actus contrarius* gerichtet.

Beispiel: Klaus ist besonders geschäftstüchtig und registriert bei der für die Domainvergabe zuständigen DENIC e. E. die Domain shell.de. Er verspricht sich hiervon insgeheim, dass ihm ein bestimmter Mineralölkonzern die Domain für einen stolzen Preis abkauft. Geht man hier von einer Namensanmaßung aus, kann der berechtigte Konzern Löschung der Domain als Gegenstück zu deren Registrierung, nicht aber Herausgabe der Domain verlangen.[40]

Daneben sieht § 12 S. 2 BGB vor, dass der Berechtigte auf **Unterlassung** klagen **24** kann, wenn weitere Beeinträchtigungen zu besorgen sind. Entgegen des missverständlichen Wortlauts der Vorschrift setzt dies nicht unbedingt eine an die Verletzung anknüpfende Wiederholungsgefahr voraus. Ausreichend ist auch die Gefahr einer erstmaligen Begehung. Dies entspricht dem von § 12 S. 2 BGB bezweckten Schutz.

Beispiel: Wenn Arbeitgeber Ulrich Arbeitnehmerin Susi, welche geheiratet und ihren Namen geändert hat, auch weiterhin mit ihrem alten Namen anspricht, kann Susi von Ulrich Unterlassung der Ansprache mit dem unrichtigen alten Namen verlangen.

---

[39] BGH v. 13.12.2012, NJW-RR 2013, 487, 488.
[40] Vgl. BGH v. 22.11.2001, NJW 2002, 2031, 2035.

25   Außerdem wird der Name als sonstiges Recht durch § 823 Abs. 1 BGB und über § 823 Abs. 2 BGB i. V. m. § 12 BGB als Schutzgesetz geschützt. Im Falle schuldhafter Verletzung können dem Namensberechtigten daher auch **Schadensersatzansprüche** zustehen.

III. Allgemeines Persönlichkeitsrecht

26   Das in § 12 BGB normierte Namensrecht regelt nur einen Ausschnitt aus dem Persönlichkeitsrecht einer natürlichen Person. Weitere Aspekte regeln z. B. § 22 KunstUrhG (Recht am eigenen Bild, vgl. auch § 201a StGB) und §§ 11 ff. UrhG (Urheberpersönlichkeitsrecht). Dagegen fehlt eine gesetzliche Regelung für ein umfassendes, allgemeines Persönlichkeitsrecht. Vor dem Hintergrund der Wertentscheidungen des Grundgesetzes in Art. 1, 2 GG, wonach die Würde des Menschen unantastbar ist und jedermann das Recht auf freie Entfaltung seiner Persönlichkeit hat, erweisen sich die bestehenden Teilregelungen auch in ihrer Gesamtheit als lückenhaft und ausfüllungsbedürftig. Die h. A. hat deshalb, ausgehend von den gesetzlichen Teilregelungen, ein allgemeines Persönlichkeitsrecht als sonstiges Recht i. S. v. § 823 Abs. 1 BGB anerkannt[41] bzw. sieht dieses (vorzugswürdig) in Analogie zu Leben, Körper, Gesundheit und Freiheit als durch § 823 Abs. 1 BGB geschützt an. Beim allgemeinen Persönlichkeitsrecht handelt es sich um eine konkretisierungsbedürftige **Generalklausel**, welche alle schutzwürdigen Aspekte der menschlichen Persönlichkeit umfasst.

27   Als umfassender Schutz aller Aspekte der Persönlichkeit eines Menschen tritt das allgemeine Persönlichkeitsrecht in vielfältiger Hinsicht in Konflikt mit Rechten Dritter, insbesondere mit der Meinungsfreiheit oder der Pressefreiheit (vgl. Art. 5 GG).

> **Beispiel:** Die BILD-Zeitung berichtet unter Nennung des vollständigen bürgerlichen Namens über das gegen eine Person laufende Strafverfahren. Eine Namensverletzung nach § 12 BGB liegt nicht vor, weil der Name lediglich genannt, nicht aber verwendet wird. Durch die Nennung des vollen Namens in Verbindung mit einem Strafverfahren wird jedoch das Persönlichkeitsrecht der Person beeinträchtigt, weil sich deren Wahrnehmung in der Öffentlichkeit ändert. Allerdings kann sich die BILD-Zeitung auf die Pressefreiheit berufen. Pressefreiheit und Allgemeines Persönlichkeitsrecht treten in Widerstreit.

28   Auf Grund der vielfältigen Konflikte des weiten Schutzbereichs des allgemeinen Persönlichkeitsrechts mit Rechten Dritter handelt es sich bei diesem lediglich um ein **Rahmenrecht**. Als solches zeichnet es sich nach h. A. dadurch aus, dass seine Verkürzung nicht seine Verletzung und damit die Rechtswidrigkeit des Eingriffs indiziert.[42] Vielmehr muss beides positiv im Wege der Güterabwägung begründet werden. Eine andere Ansicht bemüht sich um eine Eingrenzung des Schutzes be-

---

[41] Vgl. BGH v. 25.05.1954, NJW 1954, 1404, 1405; BGH v. 01.12.1999, NJW 2000, 2195, 2197.

[42] Vgl. BGH v. 26.10.2006, NJW 2007, 689, 690; BGH v. 12.10.1993, NJW 1994, 124, 125.

reits auf Tatbestandsebene.[43] Soweit eine sinnvolle Begrenzung des Schutzbereichs erreicht werden kann, hält diese Ansicht an der Indizwirkung des Eingriffs für die Rechtswidrigkeit fest. Deutlich wird, dass Einigkeit insoweit besteht, dass der weite Schutzbereich der Begrenzung bedarf. Umstritten ist lediglich die rechtliche Konstruktion.

Da das allgemeine Persönlichkeitsrecht als sonstiges Recht nach § 823 Abs. 1 **29** BGB geschützt wird und § 1004 BGB über das Eigentum hinaus entsprechende Anwendung auf alle von § 823 Abs. 1 BGB geschützten Rechtsgüter findet,[44] stehen dem Verletzten Beseitigungs- und Unterlassungsansprüche zu. Außerdem bestehen Schadensersatzansprüche, welche auch einen Geldersatz hinsichtlich der Nichtvermögensschäden umfassen. Letzterem scheint zwar § 253 Abs. 1 BGB entgegenzustehen. Ein Rückgriff auf die Gesetzesbegründung zeigt jedoch, dass ein Schmerzensgeldanspruch bei Verletzung des allgemeinen Persönlichkeitsrechts nicht ausgeschlossen werden soll. Dass der Gesetzgeber das Allgemeine Persönlichkeitsrecht nicht in § 253 Abs. 2 BGB benannt hat, ist dem Umstand geschuldet, dass er sich zu einer handhabbaren Definition dieses Rechts außerstande gesehen hat.[45]

> **Beispiel**[46]: Die Zeitschrift Bunte veröffentlicht ein Interview, welches ein Reporter der Zeitschrift mit Caroline von H., einer monegassischen Prinzessin, geführt haben will. In Wahrheit ist dieses Interview, welches einen vermeintlichen Einblick in das Seelenleben der Caroline gibt, frei erfunden. Caroline hat ein Interview nicht gegeben. Die Veröffentlichung des erfundenen Interviews beeinträchtigt das Persönlichkeitsrecht von Caroline. Der Eingriff ist auch rechtswidrig, weil bewusst wahrheitswidrige Presseberichte nicht schutzwürdig sind. Caroline kann nach §§ 1004, 823 Abs. 1 BGB i. V. m. dem allgemeinen Persönlichkeitsrecht Abdruck eines richtigstellenden Widerrufs und nach § 823 Abs. 1 BGB Zahlung eines Schmerzensgelds als Schadensersatz verlangen.

Literatur

Erman (2011) Handkommentar zum Bürgerlichen Gesetzbuch. 13. Aufl
Larenz/Canaris (1994) Lehrbuch des Schuldrechts. Bd II. Hb 2. Besonderer Teil. 13. Aufl
Larenz/Wolf (2004) Allgemeiner Teil des deutschen Bürgerlichen Rechts. 9. Aufl
Leipold (2010) BGB I – Einführung und Allgemeiner Teil. 6. Aufl
Medicus (2012) Allgemeiner Teil des BGB. 10. Aufl
Palandt (2013) Bürgerliches Gesetzbuch. 72. Aufl
Wolf/Neuner (2012) Allgemeiner Teil des deutschen Bürgerlichen Rechts. 10. Aufl

---

[43] Vgl. *Larenz/Canaris*, SR II/2, § 80 II 1 b), S. 500.

[44] *Larenz/Canaris*, SR II/2, § 86 I 1 a), S. 673 f.

[45] Vgl. BT-Drucks. 14/7752, S. 24 f., 55.

[46] Vgl. BGH v. 15.11.1994, NJW 1995, 861, 864; BGH v. 05.12.1995, NJW 1996, 984, 985; BGH v. 05.10.2004, NJW 2005, 215, 216.

§ 22 Juristische Personen

Literaturhinweis: *Reuter*, Persönliche Haftung für Schulden des nichtrechtsfähigen Idealvereins, NZG 2004, 217.

A. Einführung

I. Allgemeines

Der Oberbegriff der Person, der sowohl natürliche als auch juristische Personen **1** umfasst, ist untrennbar mit der Rechtsfähigkeit verbunden. Diesbezüglich versteht es sich von selbst, dass Menschen Träger von Rechten und Pflichten sein können.[1] Sie können Rechtsgeschäfte vornehmen, insbesondere schuldrechtliche Verträge schließen, Eigentümer sein, die Ehe eingehen oder Erbe sein. Bei Betrachtung der sozialen Realität ist jedoch leicht festzustellen, dass in verschiedensten Formen und aus den verschiedensten Gründen außer natürlichen Personen auch andere Erscheinungsformen (Zusammenschlüsse von Menschen, Vermögensmassen oder organisatorische Einheiten) wirken.

> **Beispiele:** Eine Partei (Zusammenschluss von Menschen) lässt Wahlplakate drucken, eine Gewerkschaft (Zusammenschluss von Menschen) ruft zum Streik auf, Studenten (Mehrheit von Menschen) protestiert gegen Studiengebühren, das von Alfred Nobel entsprechend gewidmete Vermögen veranstaltet Preisverleihungen und zahlt Preisgelder, Länder (organisatorische Einheiten) führen Kriege oder tauschen Land.

Nicht alle in der Realität wirkenden Erscheinungen sind rechtsfähig. Diejenigen **2** unter ihnen, welche sich dadurch abheben, dass sie wie Menschen als rechtsfähig behandelt werden und, soweit mit ihrem Wesen vereinbar (vgl. Art. 19 Abs. 3 GG), wie natürliche Personen am Rechtsleben teilnehmen können, sind juristische, d. h. durch die Rechtsordnung geschaffene Personen. Sie zeichnen sich dadurch aus, dass sie eine sowohl von ihren Mitgliedern als auch von den für sie handelnden

---

[1] Siehe oben § 21 Rn. 7.

B. Boemke, B. Ulrici, *BGB Allgemeiner Teil,* Springer-Lehrbuch,
DOI 10.1007/978-3-642-39171-2_22, © Springer-Verlag Berlin Heidelberg 2014

Menschen und von Dritten **getrennte Rechtssphäre mit eigenen Rechten und Pflichten** haben.[2] Sie nehmen als selbstständige Subjekte am Rechtsverkehr teil. Hierbei müssen allerdings natürliche Personen für sie als ihre Organe tätig werden, weil juristische Personen als gedankliche Zweckschöpfungen nicht selbst handeln können. Das BGB regelt als juristische Personen den rechtsfähigen Verein (vgl. §§ 21 ff. BGB – Zusammenschluss von Menschen) und die Stiftung (vgl. §§ 80 ff. BGB – verselbstständigtes Vermögen). Daneben werden juristische Personen vielfach in Spezialgesetzen normiert (z. B. GmbHG: Gesellschaft mit beschränkter Haftung, AktG: Aktiengesellschaft, GenG: Genossenschaft).

II. Funktionen der Verselbstständigung

3   Die Anerkennung einer nichtmenschlichen Erscheinung als Zuordnungssubjekt von Rechten und Pflichten erfüllt verschiedene Funktionen und trägt verschiedenen Bedürfnissen Rechnung. Eine Hauptfunktion der Anerkennung ihrer Rechtsfähigkeit liegt in der **Erleichterung des Rechtsverkehrs.**[3] Dies wird besonders deutlich, wenn man berücksichtigt, dass vielfach ein tatsächliches Interesse besteht, nicht einzeln, sondern als Personenmehrheit zu handeln.

> **Beispiele:** Arndt, Bert, Cäsar, Detlef, Emil, Frank und Gustav spielen für ihr Leben gerne Bowling. Sie haben insoweit festgestellt, dass das gemeinsame Spielen in der Gruppe mehr Spaß macht als Einzelspiele. Mehrere Tausend Menschen finden es eine gute Idee, ihre Ersparnisse zusammenzuwerfen und das gebündelte Geld (unter der Bezeichnung Telekom AG) dazu zu verwenden, die Bevölkerung mit Telekommunikationsdiensten zu versorgen.

4   Denkbar ist in derartigen Fällen, dass eine Mehrheit von Menschen als Einzelpersonen gemeinsam und gleichgerichtet am Rechtsleben teilnimmt. Insbesondere in Fällen, in denen eine große Vielzahl von Menschen zusammen agieren will, erscheint es aber zweckmäßig, dass der organisierte Zusammenschluss selbst ähnlich einer natürlichen Person am Rechtsleben teilnimmt. Es bedarf dann nicht einer unübersichtlichen Vielzahl rechtlicher Beziehungen.

> **Beispiele:** Arndt, Bert, Cäsar, Det, Emil, Frank und Gustav schließen sich zu einem Bowling-Verein zusammen. Der Bowlingverein kauft zur Steigerung des Zusammengehörigkeitsgefühls neue Trikots und nimmt an organisierten Wettkämpfen teil. Mehrere Tausend Menschen gründen mit ihren Ersparnissen die Telefon AG. Die Telefon AG nimmt anschließend am Rechtsverkehr teil und schließt Verträge mit Kunden.

5   Aufgrund ihrer rechtlichen, insbesondere vermögensmäßigen Verselbstständigung gegenüber ihren Mitgliedern und den handelnden Personen wird einem vielfach vorhandenen weiteren Interesse Rechnung getragen. Handeln natürliche Personen, sind diese für die Folgen ihres Handelns grds. voll verantwortlich. Betreiben sie selbst z. B. ein Großunternehmen, müssen sie mit ihrem gesamten Vermögen, d. h. auch mit ihrer privaten Villa, voll für die finanziellen Verluste einstehen, die das

---

[2] Vgl. BGH v. 10.12.2007, NZG 2008, 670, 672; *Bork* Rn. 186; *Leipold* § 31 Rn. 1.

[3] *Medicus* Rn. 1085 f.

Unternehmen in wirtschaftlich schwierigen Zeiten erleidet. Bedienen sich natürliche Personen zur Teilnahme am Rechtsverkehr dagegen einer juristischen Person, welche eine eigene, von ihren Mitgliedern getrennte Rechtssphäre hat, ist allein die juristische Person mit ihrem Vermögen verantwortlich.[4] Neben der Vereinfachung des Rechtsverkehrs tragen juristische Personen danach auch dem Interesse an der **Begrenzung der Vermögenshaftung** ihrer Mitglieder Rechnung.[5]

Die Begrenzung der Vermögenshaftung ist **für die Geschäftspartner** einer juristischen Person **nicht ungefährlich**. Den entsprechenden Gefahren trägt die Rechtsordnung auf verschiedene Weise Rechnung. Zunächst werden potenzielle Geschäftspartner dadurch gewarnt, dass juristische Personen in ihrem Namen einen Zusatz führen müssen, der auf die Haftungsbeschränkung schließen lässt (z. B. „GmbH", „AG", „e. V."). Außerdem werden teilweise gewisse Mindestanforderungen hinsichtlich der kapitalmäßigen Ausstattung der juristischen Person aufgestellt (vgl. § 7 AktG). Absicherung erhalten diese Vorgaben durch bestimmte Verpflichtungen der verantwortlichen Organe zum Erhalt dieses Kapitals. Schließlich besteht unter engen Voraussetzungen die Möglichkeit, auf das persönliche Vermögen der Mitglieder oder der handelnden Personen durchzugreifen. Dies gilt namentlich, wenn die Haftungsbeschränkung missbraucht wird.[6]

6

III. Typenzwang

Zum Schutz des Rechtsverkehrs unterliegt die Entstehung juristischer Personen nur **eingeschränkt der Gestaltungsfreiheit**. Selbstverständlich können praktisch grenzenlos Zusammenschlüsse von Menschen gebildet, Vermögensmassen zu einem Zweck gewidmet oder Organisationen durch Zusammenführung von Personen, Sachen und Rechten tatsächlich geschaffen werden. Besondere gesetzliche Schranken sind hierbei grds. nicht zu beachten. Allerdings können die verantwortlich Handelnden nicht frei darüber befinden, ob die entstandene Erscheinung wie ein Mensch am Rechtsverkehr teilnehmen kann, d. h. rechtsfähig ist. Vielmehr muss der Gesetzgeber einer nichtmenschlichen Erscheinung die Rechtsfähigkeit zuerkennen, um aus diesem Anlass zugleich Vorsorge vor Missbrauch der Verselbstständigung treffen zu können. Dem steht **Art. 9 Abs. 1 GG** nicht entgegen. Zwar garantiert er für alle Deutschen das Recht, Vereine und Gesellschaften zu bilden. Jedoch zwingt dies den Gesetzgeber nicht, jegliche Form an menschlichen Zusammenschlüssen als rechtsfähig anzuerkennen. Erst recht besteht kein Zwang, Vermögensmassen oder bestimmte Organisationen mit Rechtsfähigkeit auszustatten. Vielmehr besteht lediglich eine objektive Verpflichtung des Gesetzgebers, geeignete Rechtsformen zur Verfügung zu stellen, welcher sich die Grundrechtsträger bedienen können. Dem trägt der Gesetzgeber Rechnung, indem er ausgewählte Erscheinungen (Ver-

7

---

[4] Vgl. BGH v. 10.12.2007, NZG 2008, 670, 672.

[5] *Medicus* Rn. 1087.

[6] Vgl. BGH v. 10.12.2007, NZG 2008, 670, 672.

eine und Gesellschaften) rechtlich besonders anerkennt und ihnen Rechtsfähigkeit verleiht. Der vom Gesetzgeber vorgegebenen juristischen Personen muss man sich bedienen, will man mit einer verselbstständigten juristischen Person am Rechtsleben teilnehmen (**Typenzwang**).

IV. Arten und Abgrenzung der juristischen Personen

8   Juristische Personen lassen sich unter verschiedenen Aspekten unterscheiden:

1. Neben den hier zu behandelnden juristischen Personen des **Privatrechts** (z. B. eingetragener Verein, AG, GmbH), welche gewillkürt durch Rechtsgeschäft errichtet werden, kennt auch das **öffentliche Recht** juristische Personen (z. B. Staat, Gemeinde, Universität, Rundfunkanstalt), welche durch hoheitlichen Einzelakt oder Gesetz gegründet werden. Juristische Personen des öffentlichen Rechts dienen der Erfüllung einer öffentlichen Aufgabe und sind befugt, öffentlich-rechtlich zu handeln, z. B. Verwaltungsakte zu erlassen. Dies bedeutet aber nicht, dass der Staat, der selbst eine juristische Person des öffentlichen Rechts ist, nur durch öffentlich-rechtliche Rechtsformen handeln kann. Vielmehr kann, vorbehaltlich sich aus höherrangigem Recht ergebender Schranken, auch der Staat juristische Personen des Privatrechts errichten und durch diese handeln (z. B. Kommunale Wasserwerke GmbH).

2. Hinsichtlich ihrer Verfasstheit lassen sich Körperschaften, Anstalten und Stiftungen unterscheiden. **Körperschaften** sind Vereinigungen von Personen, die einen vom Wechsel der Mitglieder unabhängigen Bestand haben (z. B. Verein, Universitäten). **Stiftungen** ist eigen, dass sie ohne Mitglieder, d. h. völlig losgelöst von Personen, bestehen. Es handelt sich bei ihnen um ein rechtlich verselbstständigtes Sondervermögen, welches einem vom Stifter festgelegten Zweck dient und von Organen zur Erfüllung dieses Zwecks verwaltet wird (z. B. Nobel-Preis-Stiftung, welche aus den Zinsen des Nachlasses von Alfred Nobel Preise vergibt). Schließlich kennt das öffentliche Recht **Anstalten**, d. h. die organisatorische Zusammenfassung von Sachmitteln, Personal und Rechten, um zugunsten der Anstaltsbenutzer besondere öffentliche Zwecke zu erfüllen (z. B. Rundfunkanstalten, Bundesagentur für Arbeit).

3. Juristische Personen finden ihre Grundlagen in **verschiedenen Kodifikationen**. Das BGB regelt den Verein und die Stiftung. Außerhalb des BGB normieren Spezialgesetze die Aktiengesellschaft, die Kommanditgesellschaft auf Aktien, die Gesellschaft mit beschränkter Haftung, die Unternehmergesellschaft, die eingetragene Genossenschaft, den Versicherungsverein auf Gegenseitigkeit. Die Europäische Wirtschaftliche Interessenvereinigung, die Europäische Aktiengesellschaft (Societas Europaea) und die Europäische Genossenschaft (Societas Cooperativa Europaea) erhalten ihre Grundstrukturen durch Rechtsetzungsakte der EU, welche durch nationale Vorschriften konkretisiert werden. Schließlich können am Rechtsverkehr auch juristische Personen teilnehmen, deren Rechts-

grundlage eine ausländische Rechtsordnung ist. Besonderer Beliebtheit erfreut sich z. B. die britische Limited.

Nach h. M. sind die rechtsfähigen **Personengesellschaften** (OHG, KG und GbR)   **9** keine juristischen Personen.[7] Sie können zwar am Rechtsverkehr teilnehmen und Rechte und Pflichten begründen, wodurch sie hinsichtlich ihrer Rechtsfolgen an die juristischen Personen weitgehend angenähert sind. Sie unterscheiden sich von juristischen Personen jedoch dadurch, dass sie im Unterschied zu diesen nicht vollständig von ihren Mitgliedern abgelöst sind, sondern durch diese bestehen. Dies wirkt sich regelmäßig im Fehlen einer generellen Haftungsbeschränkung sowie hiermit korrespondierend dem Grundsatz der Selbstorganschaft (Organ muss Mitglied sein) aus.

B. Insbesondere der rechtsfähige Verein

I. Begriff, Gründung und Erlangung der Rechtsfähigkeit

1. Begriff

Der Verein ist ein auf Dauer angelegter Zusammenschluss von Personen zur Ver-   **10** folgung eines gemeinsamen Zwecks mit einer körperschaftlichen Verfassung. Von schuldrechtlichen Rechtsverhältnissen unterscheidet er sich insbesondere dadurch, dass sein Zweck gegenüber den individuellen Zwecken der Mitglieder verselbstständigt ist. Als rechtsfähiger Verein vollzieht sich seine Entstehung in zwei Stufen.[8] Er muss zunächst gegründet werden. Im Anschluss hieran muss ihm Rechtsfähigkeit gewährt werden.

2. Gründung

Über die Gründung des Vereins enthält das BGB nur ein unvollständiges Rege-   **11** lungswerk. Aus §§ 25, 57 f. BGB lässt sich entnehmen, dass der Verein durch seine Satzung konstituiert wird. Bei der **Vereinssatzung** handelt es sich um ein mehrseitiges Rechtsgeschäft (**Gründungsvertrag**) der Gründungsmitglieder (vgl. § 56 BGB). Inhaltlich muss das Rechtsgeschäft darauf ausgerichtet sein, dass sich mehrere Personen zu einem bestimmten Zweck freiwillig in der Art zusammenschließen, dass eine körperschaftliche Organisation geschaffen wird, die einen dauernden Bestand des Vereins unabhängig von der Individualität der ihm jeweils angehörenden Mitglieder verbürgt.[9] Auf den Gründungsvertrag finden grds. die allgemeinen

---

[7] *Brehm* Rn. 661; *Larenz/Wolf* § 9 Rn. 44; *Leipold* § 31 Rn. 5; *Rüthers/Stadler* § 15 Rn. 5.

[8] *Larenz/Wolf* § 10 Rn. 1.

[9] *Larenz/Wolf* § 10 Rn. 2.

Vorschriften über Rechtsgeschäfte und Verträge Anwendung. Die Gründungsmitglieder können sich vertreten lassen (vgl. §§ 164 ff. BGB). Die Wirksamkeit ihrer auf Abschluss der Satzung gerichteten Erklärung setzt Geschäftsfähigkeit voraus (vgl. §§ 104 ff. BGB). Der Gründungsvertrag darf nicht gegen gesetzliche Verbote verstoßen (vgl. § 134 BGB). Unterliegt ein Mitglied einem Irrtum, kann es seine Erklärung anfechten. Besonderheiten ergeben sich aus der Natur des Gründungsvertrags. Da der Verein unabhängig von seinen Mitgliedern fortbestehen soll, führt die Unwirksamkeit der Abschlusserklärung eines Gründungsmitglieds **regelmäßig nicht** zur **Gesamtnichtigkeit** nach § 139 BGB, sondern nur dazu, dass die betreffende Person nicht Mitglied geworden ist. Sobald ein Verein eingetragen wurde oder seine Tätigkeit aufgenommen hat, werden – vergleichbar zum Arbeitsverhältnis – die Nichtigkeitsfolgen dahin gehend beschränkt, dass die Mitgliedschaft nur mit Wirkung *ex nunc* endet, sofern der Unwirksamkeitsgrund nichts Abweichendes gebietet.[10] Aufgrund der Unabhängigkeit des Vereins von seinen Mitgliedern ist die Satzung nicht nach dem Willen der Gründer, sondern **objektiv auszulegen**.[11]

12   Den Mindestinhalt der Satzung regelt § 57 BGB. Erforderlich sind danach Regelungen zu:

1. **Zweck des Vereins** und angestrebter **Eintragung**. Die Mitglieder müssen sich auf einen einheitlichen, die Grundlage des Zusammenschlusses bildenden Vereinszweck einigen. Dieser bestimmt Zeitdauer und Aktivitäten des Vereins. In den allgemeinen Grenzen (vgl. §§ 134, 138 BGB) kann der Vereinszweck frei gewählt werden. Eine spätere Änderung kann nur einstimmig erfolgen (vgl. § 33 Abs. 1 S. 2 BGB). Außerdem muss sich aus der Satzung ergeben, dass der Verein eingetragen werden soll.

   Beispiel: Michael, Frank, Berthold, Hubertus und ein paar Freunde schließen sich zusammen, um zukünftig die Interessen der Mitglieder, welche Arbeitnehmer sein müssen, gegen die übermächtigen Industriekonzerne zu vertreten. Der gewählte Vereinszweck lässt sich hier sogar dem Sonderfall Art. 9 Abs. 3 GG zurechnen.

2. **Vereinsname**: Da der Verein von seinen Mitgliedern unabhängig besteht und selbstständig ist, muss er selbst individualisiert werden können. Dies erfolgt über seinen Namen, welcher sich dementsprechend von dem anderer Vereine in der näheren Umgebung unterscheiden soll (vgl. § 57 Abs. 2 BGB).
3. **Sitz des Vereins**: Der Vereinssitz erlangt eine dem Wohnsitz[12] einer natürlichen Person vergleichbare Bedeutung für die Bestimmung des Erfüllungsorts (vgl. § 269 BGB) oder des örtlich zuständigen Gerichts (vgl. § 55 Abs. 1 BGB, § 17 ZPO). Die Bestimmung des Vereinssitzes in der Satzung entspricht der gewillkürten Bestimmung des Wohnsitzes.

---

[10] Siehe oben § 14 Rn. 18, 44.
[11] BGH v. 11.10.1993, NJW 1994, 51, 52.
[12] Siehe oben § 21 Rn. 13.

4. **Belastungen** der Mitglieder: Obwohl von § 57 Abs. 1 BGB nicht vorgeschrieben, muss die Satzung die Grundlage für besondere Belastungen der Mitglieder, wie z. B. Vereinsstrafen, enthalten, soweit solche Belastungen gewünscht sind.[13]

Im Übrigen besteht für die Ausgestaltung der Satzung **Autonomie**. Die Mitglieder können und werden regelmäßig neben dem Mindestinhalt weitere Regelungen aufnehmen, welche die Organisation des Vereins (z. B. Vertretungsbefugnisse), das Verhältnis der Mitglieder zum Verein (z. B. Beitragspflichten) oder das Verhältnis der Mitglieder zueinander (z. B. Rücksichtnahmepflichten) betreffen. Praktisch bedeutsame Aspekte, wie z. B. Eintritt und Austritt, benennt § 58 BGB als Sollinhalt der Satzung. **13**

3. Erlangung der Rechtsfähigkeit

Mit der Gründung entsteht ein **Vorverein**, auf den die Bestimmungen über den nicht eingetragenen Verein anzuwenden sind.[14] Mit Erlangung der Rechtsfähigkeit tritt der rechtsfähige Verein identitätswahrend in alle Rechte und Pflichten des Vorvereins ein. Gläubiger des Vorvereins können sich deshalb nur noch an den Verein und nicht mehr an die Vereinsmitglieder und deren Vermögen halten. **14**

Rechtsfähigkeit erlangt der gegründete Verein entweder durch staatliche Verleihung (§ 22 BGB – Konzessionssystem) oder durch Eintragung bei Vorliegen der gesetzlichen Voraussetzungen (§ 21 BGB – System der Normativbestimmung). Soweit das **Konzessionssystem** gilt, wird die Rechtsfähigkeit vom Staat nach pflichtgemäßem Ermessen verliehen. Dies gilt für den wirtschaftlichen Verein (vgl. § 22 BGB). Unter Geltung des **Normativsystems** erlangt eine Erscheinung dagegen Rechtsfähigkeit, wenn bestimmte gesetzliche Voraussetzungen vorliegen (z. B. Satzung, Mindestanzahl von Mitgliedern, Sicherstellung eines bestimmten Vermögens). Zu diesen Voraussetzungen kann auch ein Staatsakt, wie z. B. die Eintragung des Vereins- oder Handelsregister, gehören. Im Unterschied zum Konzessionssystem steht die Eintragung aber nicht im Ermessen der Behörde, sondern muss vorgenommen werden, wenn die gesetzlichen Voraussetzungen erfüllt sind. Dies gilt für den Idealverein (vgl. § 21 BGB) sowie die Stiftung (vgl. § 80 BGB). **15**

Für die **Erlangung der Rechtsfähigkeit** ist daher wesentlich, ob es sich um einen wirtschaftlichen Verein (vgl. § 22 BGB) oder einen Idealverein (vgl. § 21 BGB) handelt. Anliegen dieser Unterscheidung ist es, zu vermeiden, dass die für Kapitalgesellschaften geltenden Vorschriften, welche auf die Teilnahme am Wirtschaftsverkehr ausgerichtet sind, dadurch umgangen werden, dass die Rechtsform des Vereins für ein Unternehmen gewählt wird.[15] Die Abgrenzung der beiden Vereinsarten richtet sich danach, ob der Zweck des Vereins auf einen wirtschaftlichen Geschäftsbetrieb, d. h. ein planmäßiges Angebot von Leistungen oder Waren ohne **16**

---

[13] *Larenz/Wolf* § 10 Rn. 19.

[14] Siehe unten Rn. 46 ff.

[15] Vgl. BGH v. 29.09.1982, GRUR 1983, 120, 123; BGH v. 10.12.2007, NZG 2008, 670.

Rücksicht auf ein Gewinnstreben,[16] gerichtet ist oder nicht (vgl. §§ 21, 22 BGB). Trotz der subjektiven Fassung im Wortlaut der §§ 21, 22 BGB ist nach h. A. nicht entscheidend, welchen Zweck die Mitglieder verfolgen, sondern welche Tätigkeit der Verein tatsächlich ausübt.[17] Leitlinie ist der von § 22 BGB verfolgte Gesetzeszweck.[18] Deshalb schadet nicht bereits jegliche wirtschaftliche Betätigung des Vereins. Soweit das unternehmerische Handeln gegenüber dem verfolgten, ideellen Hauptzweck nur von untergeordneter Bedeutung ist, liegt weiterhin ein Idealverein vor.[19]

> **Beispiele:** Ein Sportverein betreibt eine Kantine und vermietet Werbeflächen. Diese Betätigung tritt regelmäßig hinter den sportlichen Zweck zurück.[20] Kein wirtschaftlicher Nebenzweck wird allerdings von Vereinen in der Fußballbundesliga verfolgt, weil die wirtschaftliche Betätigung (Fernseherlöse, Spielertransfers, Merchandising usw.) eine Größenordnung von mehreren Millionen Euro je Kalenderjahr erreicht. Hiervon gehen für Gläubiger und Mitglieder erhebliche Gefahren aus. Bleiben die sportlichen Erfolge aus, führt dies zu gravierenden wirtschaftlichen Folgen, welche das von den einfachen Mitgliedern durch ihre Beiträge geschaffene Vereinsvermögen (Stadion) ebenso gefährden wie Ansprüche der Gläubiger, für die keine ausreichende Haftungsmasse verbleibt.

17 Der Idealverein erlangt seine Rechtsfähigkeit danach mit **Eintragung im Vereinsregister** des Amtsgerichts, bei dem er seinen Sitz hat. Das Eintragungsverfahren richtet sich nach § 374 Nr. 4 FamFG i. V. m. §§ 377 Abs. 1, 378 ff., 400 f. FamFG. Der Eintragungsantrag ist nach § 59 Abs. 1 BGB vom Vereinsvorstand zu stellen. Seinen Inhalt regelt § 59 Abs. 2 BGB.

4. Folgen der Rechtsfähigkeit

18 Auf Grund seiner Rechtsfähigkeit kann ein eingetragener Verein Träger von Rechten und Pflichten sein. Er kann z. B. als Eigentümer eines Grundstücks ins Grundbuch eingetragen werden, Mietverträge schließen oder Partei eines Rechtsstreits sein (vgl. § 50 Abs. 1 ZPO). Soweit dies mit seinem Wesen als juristische Person vereinbar ist, gelten für ihn die für natürliche Personen geltenden Vorschriften. Er tritt z. B. unter seinem Namen im Rechtsverkehr auf und genießt insoweit auch den Schutz des § 12 BGB.[21]

---

[16] OLG Schleswig v. 18.04.2012, NZM 2012, 623, 624.

[17] Vgl. *Larenz/Wolf* § 10 Rn. 33 f.

[18] *Larenz/Wolf* § 10 Rn. 35.

[19] Vgl. BGH v. 29.09.1982, GRUR 1983, 120, 124.

[20] Vgl. OLG Hamm v. 06.09.2007, NJW-RR 2008, 350, 351 f.

[21] Siehe oben § 21 Rn. 19 ff.

II. Mitgliedschaft

1. Erwerb der Mitgliedschaft

Die Mitgliedschaft ist ein Rechtsverhältnis zwischen Verein und Mitglied. Als   **19**
Mitglied kommt neben jeder natürlichen Person auch jede juristische Person oder
rechtsfähige Gesamthandsgemeinschaft in Betracht.[22]

> **Beispiel:** Mitglieder im Deutschen Gewerkschaftsbund (DGB) sind keine natürlichen Per-
> sonen, sondern nur die Gewerkschaften Ver.di, IG Metall, EVG – Eisenbahn- und Ver-
> kehrsgewerkschaft, IG Bergbau-Chemie-Energie, IG Bauen-Agrar-Umwelt, Gewerkschaft
> Erziehung und Wissenschaft, Gewerkschaft Nahrung-Genuss-Gaststätten und die Gewerk-
> schaft der Polizei.

Gründungsmitglieder erwerben ihre Mitgliedschaft durch Abschluss des Grün-   **20**
dungsvertrags. Im Übrigen wird die Mitgliedschaft in einem Verein durch **Beitritt**
erlangt. Hierbei handelt es sich um ein zweiseitiges Rechtsgeschäft zwischen Verein und Beitretendem.[23] Es gelten die §§ 145 ff. BGB. Der Beitretende muss seinen
Willen bekunden, Mitglied des Vereins werden zu wollen. Der Verein muss dem zustimmen. Zur Steuerung des Beitritts bestimmt die Vereinssatzung regelmäßig, wer
unter welchen Voraussetzungen Mitglied werden kann. Gleichwohl kann der Verein
den Beitritt eines Mitglieds, welches alle satzungsmäßigen Voraussetzungen erfüllt,
grds. ablehnen. Ausnahmsweise ist ein Verein jedoch zur Aufnahme verpflichtet.
Voraussetzung hierfür ist, dass ein Kontrahierungszwang[24] besteht. Dies wird für
Vereine mit einer besonderen (Monopol-)Stellung (z. B. DGB-Gewerkschaften) angenommen.[25]

2. Inhalt der Mitgliedschaft

Die Mitgliedschaft begründet für das Mitglied Befugnisse sowie Rechte und Pflich-   **21**
ten gegenüber dem Verein. Inhalt und Umfang der Berechtigungen und Belastungen
regelt die Satzung des Vereins. Das Gesetz enthält hierzu praktisch keine Vorgaben.
In der Regel sind **weder** die **Mitgliedschaft noch** die aus ihr erwachsenden **Berechtigungen übertragbar** (vgl. § 38 BGB).

Zu den Berechtigungen des Mitglieds gehören regelmäßig **Mitwirkungs-** und   **22**
Stimmrechte (vgl. §§ 32, 34 BGB). Mitglieder können danach für Organe und Gre-
mien kandidieren und mit ihrer Stimme über die Besetzung entsprechender Stellen
mitbestimmen. Sie entscheiden über die Änderung der Satzung (vgl. § 33 Abs. 1
S. 1 BGB). Zur Änderung des Vereinszwecks bedarf es der Zustimmung aller Mitglieder. Die **Mitgliederversammlung** entscheidet auch im Übrigen, soweit kein

---

[22] *Köhler* § 21 Rn. 12; *Larenz/Wolf* § 10 Rn. 105.

[23] BGH v. 29.06.1987, NJW 1987, 2503.

[24] Siehe oben § 7 Rn. 98 ff.

[25] BGH v. 10.12.1984, NJW 1985, 1216.

anderes Organ zuständig ist. Daneben können Mitglieder in verschiedener Form
Vorteile des Vereins in Anspruch nehmen.

> **Beispiele:** (1) Die Mitglieder der Gewerkschaft Ver.di haben nach § 10 Abs. 1 lit. a) der Sat-
> zung bestimmte Mitwirkungsrechte und nach §§ 15–19 der Satzung Anspruch auf Nutzung
> der Infrastruktur des Vereins, Bildungs- und Beratungsdienstleistungen oder Unterstützung
> im Arbeitskampf (z. B. Streikgeld). (2) Die Mitglieder des ADAC haben Anspruch auf
> Pannenhilfe (§ 3 Nr. 2 ADAC-Satzung).

23   Zu den typischen Pflichten des Mitglieds gegenüber dem Verein zählen die **Bei-
tragspflicht**, Mitwirkungs- und **Loyalitätspflichten** (vgl. z. B. § 10 Abs. 2 Ver.
di Satzung). Das Mitglied muss danach regelmäßig einen bestimmten Geldbetrag
zahlen, um die Zweckverfolgung durch den Verein finanziell zu ermöglichen. Es ist
ggf. verpflichtet, ein Amt zu übernehmen oder z. B. beim Neubau eines Vereinshau-
ses mitzuhelfen. Schließlich muss das Mitglied Rücksicht auf den Verein und seine
Interessen nehmen.

3. Disziplinargewalt

24   Im Ergebnis ist anerkannt, dass Vereine berechtigt sind, ihre Mitglieder durch Vereinsstrafen (z. B. Rüge, Geldbuße oder Ausschluss) zu einem satzungskonformen
Verhalten anzuhalten, wenn die Satzung dies vorsieht. Umstritten ist allerdings die
rechtliche Grundlage der **Disziplinargewalt** des Vereins. Die h. M. geht davon
aus, dass dem Verein aufgrund seiner Autonomie eine selbstständige Strafgewalt
zukommt, die der Staat gelten lässt und welcher sich die Mitglieder durch ihren
Beitritt unterworfen haben.[26] Nach anderer Ansicht handelt es sich bei den Vereinsstrafen um Vertragsstrafen.[27] Unabhängig von der Einordnungsfrage setzt die Verhängung einer Vertragsstrafe eine entsprechende Grundlage in der Satzung, einen
Verstoß gegen die Satzung und Verschulden voraus.

> **Beispiel:**[28] Mark, Profifußballspieler, erhält von einem fremden, abstiegsgefährdeten Ver-
> ein einen Betrag von 5.000 € dafür, dass er im entscheidenden Spiel „nicht auf Sieg" spielt.
> Nachdem dies aufgedeckt wird, verhängt der DFB gegen den Spieler eine Geldstrafe i. H. v.
> 20.000 € und entzieht ihm auf Dauer die Profilizenz.

25   **Vereinsstrafen** werden durch die Mitgliederversammlung verhängt, wenn die Satzung nicht die Zuständigkeit eines anderen Organs anordnet. Hiergegen kann das
Mitglied, ggf. nach Erschöpfung des vereinsinternen Rechtswegs (Ehrengericht),
den ordentlichen Rechtsweg beschreiten. Das angerufene Gericht prüft hierbei zunächst die Wirksamkeit der satzungsmäßigen Grundlage der Verbandsstrafe. Im
Anschluss hieran wird geprüft, ob die verfahrensmäßigen und materiellen Voraussetzungen für die Verhängung einer Verbandsstrafe erfüllt sind. Hinsichtlich der
Nachprüfung der tatsächlichen Voraussetzungen des Ausschlussgrunds erfolgt eine

---

[26] Vgl. *Köhler* § 21 Rn. 15.
[27] *Larenz/Wolf* § 10 Rn. 116.
[28] Vgl. *Alberts* JuS 1972, 590.

uneingeschränkte Prüfung. Dagegen wird die rechtliche Subsumtion des Sachverhalts unter die Satzung nach bestrittener[29] h. M.[30] nur eingeschränkt überprüft.

4. Ende der Mitgliedschaft

Die Mitgliedschaft begründet ein Dauerrechtsverhältnis, welches mit Wirkung für die Zukunft beendet werden kann. Als Beendigungsgrund kommt zunächst der **Tod** des Mitglieds in Betracht. Regelmäßig ist die Mitgliedschaft höchstpersönlich, weshalb die Erben die Mitgliedschaftsrechte des Verstorbenen grds. nicht im Wege der Erbschaft erlangen. Neben dem Tod des Mitglieds endet die Mitgliedschaft auch durch **Untergang des Vereins**. Zudem kann sie durch Rechtsgeschäft beendet werden. Neben einer einvernehmlichen Beendigung durch Ausscheidensvereinbarung kann die Mitgliedschaft sowohl vom Mitglied als auch vom Verein durch einseitiges Rechtsgeschäft (**Austritt oder Ausschluss**) beendet werden.

26

> **Beispiel:**[31] Arndt ist Mitglied im Arbeitgeberverband Metall-Süd e. V. Um sich vom unmittelbar bevorstehenden Abschluss eines Tarifvertrags durch Metall-Süd zu distanzieren, will Arndt seine Mitgliedschaft mit sofortiger Wirkung beenden. Arndt und Metall-Süd einigen sich deshalb darüber, dass die Mitgliedschaft sofort endet. Vorbehaltlich etwaiger Unwirksamkeitsgründe beendet die Aufhebungsvereinbarung die Mitgliedschaft.

Das Mitglied kann seine Mitgliedschaft einseitig durch **Austritt** beenden (vgl. § 39 Abs. 1 BGB). Hierfür kann die Satzung eine Frist vorsehen, welche jedoch höchstens zwei Jahre betragen darf. Im Einzelfall (Gewerkschaften) kann eine verfassungskonforme Auslegung des § 39 Abs. 2 BGB ergeben, dass die Austrittsfrist zum Schutz der negativen Vereinigungsfreiheit der Mitglieder sechs Monate nicht übersteigen darf.[32]

27

Der Verein kann die Mitgliedschaft durch **Ausschluss** eines Mitglieds einseitig beenden. Hierzu bedarf es grds. einer ausreichenden Ermächtigung in der Satzung des Vereins. Diese regelt zugleich, unter welchen Voraussetzungen der Ausschluss erfolgen darf und welches Vereinsorgan zuständig ist. Fehlt eine Regelung in der Satzung, kann der Ausschluss bei Vorliegen eines wichtigen Grunds gleichwohl erfolgen, weil Dauerrechtsbeziehungen stets mit Wirkung für die Zukunft beendet werden können, wenn eine weitere Fortsetzung unzumutbar ist.[33]

28

---

[29] *Larenz/Wolf* § 10 Rn. 119.

[30] BGH v. 09.06.1997, NJW 1997, 3368, 3368 f.; *Köhler* § 21 Rn. 17.

[31] Vgl. BAG v. 20.02.2008, NZA 2008, 946, 947 f.

[32] BGH v. 22.09.1980, NJW 1981, 340, 340 f.

[33] Erman/*Westermann* § 39 BGB Rn. 7.

III. Organisation

29 Als juristisches Zweckgebilde ist der Verein auf das Handeln von Menschen angewiesen. Zu diesem Zweck hat er Organe, welche den maßgeblichen Willen bilden und betätigen. Das Gesetz sieht für den Verein zwei notwendige Organe, die Mitgliederversammlung und den Vorstand, vor. Weitere Organe (z. B. Ausschüsse, Beiräte, Aufsichtsräte) können durch Satzung eingerichtet werden.

1. Mitgliederversammlung

30 Die Mitgliederversammlung ist die **höchste Autorität im Verein** und vor allem für die Willensbildung innerhalb des Vereins (z. B. Auswahl und Bestellung des Vorstands) sowie zur Entscheidung über die Änderung der Vereinssatzung oder die Auflösung des Vereins zuständig.[34] Sie trifft ihre Entscheidungen durch Beschluss, d. h. ein mehrseitiges Rechtsgeschäft. Der Beschluss wird dadurch gefasst, dass von den Abstimmungsberechtigten, d. h. den nicht von der Abstimmung ausgeschlossenen (vgl. § 34 BGB) Mitgliedern, gleichgerichtete Willenserklärungen abgegeben werden. Anders als beim Vertrag ist für die Entstehung des mehrseitigen Gesamtrechtsgeschäfts aber grds. nicht erforderlich, dass alle Beteiligten mit den intendierten Rechtsfolgen einverstanden sind. Vielmehr gilt im Regelfall für die Erzeugung des die Rechtsfolgen bewirkenden Gesamtwillens das **Mehrheitsprinzip** (vgl. § 32 Abs. 1 S. 3 BGB). Dies ist keine Abweichung vom Grundsatz der Selbstbestimmung, weil das Mehrheitsprinzip seine Rechtfertigung in der Satzung findet, welcher jedes Mitglied zugestimmt hat. Für besonders wichtige oder einschneidende Beschlüsse wird das Mehrheitsprinzip modifiziert, indem entweder Einstimmigkeit (vgl. § 33 Abs. 1 S. 2 BGB) oder zumindest die Zustimmung der besonders betroffenen Mitglieder (vgl. § 35 BGB) gefordert wird. Außerdem kann die Satzung generell oder für bestimmte Entscheidungen eine qualifizierte Mehrheit (z. B. 2/3 oder 3/4) vorschreiben. Mitglieder können einer Beschlussvorlage nicht nur zustimmen oder sie ablehnen. Vielmehr ist auch eine Stimmenthaltung möglich. Deren Wirkungen besteht darin, dass sie bei der Ermittlung der Mehrheit nicht mitgezählt wird. Dies vermeidet, dass die Enthaltungen wie eine Ablehnung wirken, welche das Mitglied gerade nicht erklären wollte.

31 Beschlüsse der Mitgliederversammlung sind zunächst nur innerverbandliche Willensakte. Soweit sie nicht selbstausführend sind, bedürfen sie der Umsetzung. Für ihre Ausführung ist der Vorstand zuständig.

---

[34] *Larenz/Wolf* § 10 Rn. 57.

2. Vorstand

a) Aufgabe und Funktion

Der Vorstand ist dasjenige Vereinsorgan, dem grds. die **Vertretung des Vereins**   **32**
nach außen gegenüber Dritten im rechtsgeschäftlichen Verkehr, gegenüber Behörden und vor Gericht obliegt (vgl. § 26 Abs. 1 S. 2 BGB)[35]. Der Vorstand ist
zwingendes Organ des Vereins und kann aus einer oder mehreren Personen bestehen (vgl. § 26 Abs. 1 S. 1, Abs. 2 BGB). Er wird von der Mitgliederversammlung
bestellt (vgl. § 27 Abs. 1 BGB). Der Vorstand hat die Stellung eines gesetzlichen
Vertreters (vgl. § 26 Abs. 1 S. 2 Hs. 2 BGB), d. h., es gilt das Recht der Stellvertretung nach §§ 164 ff. BGB. Handelt der Vorstand im Namen des Vereins, was sich
konkludent aus der Vereinsbezogenheit seines Handelns ergeben kann, treten die
Rechtswirkungen seines Handelns beim Verein selbst und nicht beim Vorstand ein.
Die **Vertretungsmacht** des Vorstands berechtigt diesen grds. zu allen für die Vereinsgeschäfte erforderlichen Handlungen. Die Satzung kann die Vertretungsmacht
jedoch einschränken (vgl. § 26 Abs. 1 S. 3 BGB). Die Beschränkung muss nach
§ 64 BGB ins Vereinsregister eingetragen werden. Sie wirkt gegenüber Dritten anderenfalls nur, soweit diese die Beschränkung kennen (vgl. §§ 70, 68 BGB).

b) Mehrköpfiger Vorstand

Besteht der Vorstand aus mehreren Personen, bedarf der Klärung, wie dem im Außenverhältnis Rechnung getragen wird und wie der Vorstand sich intern auf einen   **33**
einheitlichen Willen verständigen kann. Nach § 28 BGB erfolgt die interne Willensbildung des Vorstands entsprechend den für die Beschlüsse der Mitglieder geltenden Vorschriften. Entscheidungen werden danach im Regelfall durch **Beschluss mit
Stimmenmehrheit** gefasst. Abweichende Regelungen durch Satzung sind möglich,
müssen aber ins Vereinsregister eingetragen werden (vgl. § 64 BGB).[36] Ebenso wie
der Beschlussfassung der Mitgliederversammlung kommt auch der Beschlussfassung im Vorstand nur interne Wirkung zu. Vertretungsberechtigte Vorstandsmitglieder können deshalb auch unabhängig oder entgegen einem Vorstandsbeschluss im
Außenverhältnis wirksam handeln. Sie machen sich in diesen Fällen aber ggf. gegenüber dem Verein schadensersatzpflichtig.

Das Gesetz regelt das **Handeln** eines mehrköpfigen Vorstands mit Wirkung **im**   **34**
Außenverhältnis nunmehr in § 26 Abs. 2 S. 1 BGB. Besteht der Vorstand aus mehreren Personen, wird der Verein durch die Mehrheit der Vorstandsmitglieder vertreten. Für die **Passivvertretung**, d. h. im Zusammenhang mit dem Zugang einer
Willenserklärung, genügt dagegen, dass der Zugang gegenüber einem Vorstandsmitglied bewirkt wird. Insoweit besteht Alleinvertretungsbefugnis (vgl. § 26 Abs. 2
S. 2 BGB).

---

[35] *Larenz/Wolf* § 10 Rn. 69.
[36] *Larenz/Wolf* § 10 Rn. 70.

Beispiel: Der Vorstand des ZURU e. V. besteht aus sieben Personen. An der ordnungsgemäß eingerufenen Vorstandssitzung nehmen fünf Vorstände teil. Die anderen beiden fehlen
entschuldigt. Mit drei zu zwei Stimmen beschließt der Vorstand, dass das Mietverhältnis
über die Vereinsräume gekündigt werden soll. Die drei für diesen Beschluss stimmenden
Vorstände erklären gegenüber dem Vermieter schriftlich die Kündigung. Dieser ruft unverzüglich beim Vorstandsvorsitzenden an und weist die Kündigung nach § 174 BGB zurück.
Der Vorstandsvorsitzende entgegnet, dass die handelnden Vorstände von den übrigen Vor-
ständen bevollmächtigt gewesen seien. Die ausgesprochene Kündigung ist gleichwohl
nach § 174 BGB unwirksam, weil der Vorstand seine Vertretungsmacht nicht ausreichend
nachgewiesen und der Vermieter die Kündigung unverzüglich zurückgewiesen hat. Der
Nachweis der Bevollmächtigung wäre entbehrlich, wenn die drei handelnden Vorstände
zur organschaftlichen Vertretung berechtigt sind. Nach § 26 Abs. 2 S. 1 BGB fehlt es hieran
jedoch, weil nicht die Mehrheit der satzungsmäßigen Vorstandsmitglieder tätig wurde. Die
drei Vorstandsmitglieder haben auch ihre Vertretungsmacht nicht ausreichend nachgewiesen, weil über die Bevollmächtigung durch die übrigen Vorstände keine Urkunde vorgelegt
wurde. Für den Zugang der Zurückweisung beim Verein genügte der Anruf beim Vorstandsvorsitzenden (vgl. § 26 Abs. 2 S. 2 BGB).

IV. Haftung

1. Haftung der Handelnden

35   Handeln der Vorstand, Mitglieder oder Dritte rechtsgeschäftlich im Namen des Vereins, gelten die §§ 164 ff. BGB. Soweit der Handelnde über ausreichende Vertretungsmacht verfügt oder der Verein das Rechtsgeschäft wirksam genehmigt, **treffen**
die **rechtlichen Wirkungen** des Geschäfts den **Verein** und nicht den Handelnden.[37]
Der Handelnde muss daher weder die sich aus dem Rechtsgeschäft unmittelbar ergebenden Pflichten erfüllen, noch haftet er nach § 280 BGB für die Verletzung der
den Verein treffenden Pflichten. Mangelt es an einer ausreichenden Vertretungsmacht und wird das Rechtsgeschäft nicht genehmigt, richtet sich die Haftung des
Handelnden nach § 179 BGB.[38] Begehen Vorstand, Mitglieder oder Dritte eine zur
deliktischen Haftung verpflichtende Handlung, haften sie selbst gegenüber dem
Verletzten, auch wenn die Handlung im Interesse des Vereins lag. Ihnen steht aber
ggf. ein Rückgriffsanspruch gegen den Verein zu (vgl. § 31a Abs. 2 BGB).

2. Haftung des Vereins

36   Wird der Verein durch rechtsgeschäftliches Handeln eines Organs oder eines Vertreters gebunden, muss er die sich hieraus ergebenden Rechtsfolgen tragen, insbesondere sich ergebende Pflichten erfüllen. Soweit das Gesetz eine Haftung an
ein menschliches Handeln knüpft, ist zu beachten, dass der Verein als juristische

---

[37] Siehe oben § 13 Rn. 16 ff.
[38] Siehe oben § 13 Rn. 103 ff.

Person nicht selbst handeln kann. Für ihn **handeln** vielmehr seine **Organe**. Dem trägt § 31 BGB Rechnung. Handlungen anderer Personen (nicht Organe) können eine Haftung des Vereins unter den Gesichtspunkten § 278 BGB oder § 831 BGB auslösen. Voraussetzung ist insoweit, dass der Handelnde Erfüllungsgehilfe oder Verrichtungsgehilfe ist.

Die Vorschrift über die **Organhaftung** (vgl. § 31 BGB) gilt für alle Schadensersatzansprüche, unabhängig davon, ob sie sich aus einer Pflichtverletzung im Schuldverhältnis (vgl. § 280 BGB) oder der deliktischen Jedermannshaftung (vgl. § 823 BGB) ergeben. Sie findet sowohl auf verschuldensabhängige als auch auf verschuldensunabhängige Ansprüche wie z. B. §§ 122, 231, 904 S. 2 BGB Anwendung. Ihr Rechtsgedanke gilt auch darüber hinaus, z. B. bei der Zurechnung der Störereigenschaft im Rahmen des § 1004 BGB. Bei § 31 BGB handelt es sich um eine **zentrale Vorschrift** des Bürgerlichen Rechts, welche Allgemeingültigkeit weit über ihren Wortlaut hinaus beanspruchen kann. Zunächst verweisen §§ 86, 89 BGB für die Stiftung und den Fiskus ausdrücklich auf § 31 BGB. Aber auch unabhängig von einer gesetzlichen Anordnung gilt die Vorschrift für alle juristischen sowie teilrechtsfähigen Personen (z. B. OHG, KG, GbR).[39] Die Erweiterung des Anwendungsbereichs der Vorschrift ist deshalb gerechtfertigt, weil alle juristischen Zweckgebilde nur durch Menschen handeln können. Da ihnen die Vorteile des menschlichen Handelns zukommen, müssen sie die hieraus erwachsenden Lasten so tragen, als hätten sie selbst gehandelt.[40] **37**

Nach § 31 BGB muss sich der Verein die Handlungen seiner Organe zurechnen lassen,[41] die diese in Ausführung der ihnen zustehenden Verrichtungen vorgenommen haben. Über den Wortlaut des § 31 BGB hinaus, nach welchem der Vorstand, ein Mitglied des Vorstands oder ein anderer verfassungsmäßig berufener Vertreter gehandelt haben muss, werden auch die Handlungen solcher Personen zugerechnet, die kein **satzungsmäßiges Organ** sind, denen aber eine für den Verein wesensmäßige und bedeutsame Aufgabe zur eigenverantwortlichen Wahrnehmung zugewiesen ist.[42] Hinter dieser Erweiterung des Anwendungsbereichs des § 31 BGB steht das Bestreben, Vor- und Nachteile des Handelns natürlicher Personen unabhängig von der satzungsmäßigen Gestaltung zusammenzuführen und die Schwächen des Deliktsrechts (vgl. § 831 Abs. 1 S. 2 BGB) zurückzudrängen. Aus den gleichen Erwägungen nimmt die Rspr. an, dass ein Verein eine Organisationspflicht verletzt, wenn er für eine wesensmäßige, besonderer Leitung bedürfende Aufgabe keinen besonderen Vertreter bestellt hat.[43] Er muss sich dann so behandeln lassen, als ob die handelnde Person Organ ist. **38**

---

[39] BGH v. 24.02.2003, NJW 2003, 1445, 1446 f.; Erman/*Westermann* § 31 BGB Rn. 1.

[40] Vgl. BGH v. 08.07.1986, NJW 1986, 2941, 2943.

[41] Vgl. BGH v. 13.01.1987, NJW 1987, 1193, 1194; Erman/*Westermann* § 31 BGB Rn. 1.

[42] BGH v. 30.10.1967, NJW 1968, 391, 391 f.; Palandt/*Ellenberger* § 31 BGB Rn. 6.

[43] BGH v. 08.07.1980, NJW 1980, 2810, 2811.

Beispiel[44]: Der Verlag der Zeitschrift „Farblos" veröffentlicht eine brisante Enthüllung über einen Wissenschaftler. Den Beitrag hat ein Redakteur erfunden, um seinen Ruf als „Enthüller" zu bestätigen. Über die Aufnahme des Beitrags hat ein einfacher Angestellter des Verlags entschieden. Der Verlag kann hier gegenüber dem betroffenen Wissenschaftler nicht einwenden, dass kein Organ für die Veröffentlichung verantwortlich ist. Vielmehr muss der Verlag sich so organisieren, dass besonders wichtige Entscheidungen, wie die über die Veröffentlichung einer Enthüllung, von einem verantwortlichen Organ getroffen werden. Anderenfalls muss er sich so behandeln lassen, als sei der entscheidende Angestellte Organ i. S. d. § 31 BGB.

39 Schließlich ist erforderlich, dass das Organ in Ausführung der ihm zustehenden Verrichtungen gehandelt hat. Dies ist der Fall, wenn die Handlung im Zusammenhang mit dem Wirkungskreis des Organs vorgenommen wird. Dass eine Handlung pflichtwidrig ist, schließt dieses Merkmal selbstverständlich nicht aus. Entscheidend ist letztlich, wessen Interessen die Handlung diente.

Beispiele: Eine Bank haftet für ihren Filialleiter, wenn dieser einen Kunden anlässlich einer Beratung betrügt. Dagegen ist die Bank nicht dafür verantwortlich, dass ihr Filialleiter das im Rahmen seiner Tätigkeit erlangte Wissen für eine Erpressung benutzt.[45]

3. Haftung der Mitglieder

40 Die Mitglieder des rechtsfähigen Vereins haften grds. nicht persönlich für die Verpflichtungen des Vereins.[46] Dies gilt, vorbehaltlich einer Haftung aus einem gesetzlichen Schuldverhältnis (z. B. § 823 BGB), wenn sie für den Verein mit Verpflichtungswirkung gehandelt haben. Insoweit unterscheidet sich die Rechtslage beim eingetragenen Verein partiell von der des nicht eingetragenen Vereins (vgl. § 54 S. 2 BGB).[47]

V. Beendigung des Vereins

41 Hinsichtlich der Beendigung des Vereins ist zwischen dessen Auflösung (Erlöschen) und dem Verlust des Status als juristische Person zu unterscheiden.

1. Auflösung

42 Die Auflösung des Vereins beendet zunächst nur dessen Fortbestand als aktiver, d. h. den satzungsmäßigen Zweck verfolgender Verein. Der Verein tritt mit seiner Auflösung in die Beendigungsphase (**Liquidation**) ein. Er wird vorerst mit

---

[44] Vgl. BGH v. 08.07.1980, NJW 1980, 2810.

[45] Vgl. *Larenz/Wolf* § 10 Rn. 91.

[46] Vgl. BGH v. 10.12.2007, NZG 2008, 670, 671 ff.

[47] Siehe unten Rn. 54 ff.

dem Zweck seiner Abwicklung fortgeführt. Erst mit vollständigem Abschluss des Liquidationsverfahrens, d. h. der Abwicklung sämtlicher Rechtsverhältnisse, einschließlich der Verwertung und Verteilung des Vermögens nach Befriedigung der Gläubiger, erlischt der Verein. Sein Erlöschen entspricht dem Tod einer natürlichen Person.[48] Erst mit seinem Erlöschen ist der Verein rechtlich nicht mehr existent.

> **Beispiel:** Der Fußballverein Lok Sachsen e. V. beschließt aufgrund ausbleibenden sportlichen Erfolgs seine Auflösung. Er darf hier die laufende Saison geordnet zu Ende spielen und alle hiermit verbundenen Rechtsgeschäfte vornehmen. Der Verein darf sich allerdings nicht für eine weitere Saison anmelden und für diese neue Spieler verpflichten etc. Wurden die laufende Saison beendet, alle Gläubiger befriedigt, alle Forderungen eingezogen und das Vermögen des Vereins verteilt, erlischt dieser.

Die Auflösung wird zunächst durch einen entsprechenden Beschluss der Mitglie-   **43** derversammlung herbeigeführt (vgl. § 41 BGB). Dem steht es gleich, wenn ein satzungsmäßig bestimmter Endtermin oder der satzungsmäßige Vereinszweck erreicht werden. Außerdem führt die Eröffnung des Insolvenzverfahrens über das Vermögen des Vereins zur Auflösung (vgl. § 42 BGB). Daneben wird der Verein auch ohne besondere gesetzliche Anordnung aufgelöst, sobald alle Mitglieder weggefallen sind. Sein Bestand ist zwar grds. unabhängig von der Zusammensetzung seiner Mitglieder. Gänzlich ohne Mitglieder ist ein Verein als Personenvereinigung jedoch nicht denkbar.[49] Schließlich führt ein nach den öffentlich-rechtlichen Vorschriften der §§ 3 ff. VereinsG mögliches Verbot zur Auflösung.

2. Verlust des Status als juristische Person

Der Verlust des Status als juristische Person lässt den Verein als juristisches Zweck-   **44** gebilde und erst recht als Erscheinung der sozialen Wirklichkeit unberührt. Der Verein verliert lediglich den Status als juristische Person und die hiermit verbundene Rechtsfähigkeit. Die hiermit verbundenen Folgen sind allerdings geringer, als der Gesetzestext nahe legt. Der Verlust des Status als juristische Person führt zum **identitätswahrenden Rechtsformwechsel**.[50] Der eingetragene Verein wird zum nicht eingetragenen Verein. Der nicht eingetragene Verein ist rechtlich betrachtet mit dem zuvor eingetragenen Verein identisch. Nach § 54 S. 1 BGB findet auf den nicht eingetragenen Verein das Recht der Gesellschaft bürgerlichen Rechts Anwendung.[51] Für diese ist anerkannt, dass sie teilrechtsfähig ist. Dies gilt auch für den nicht eingetragenen Verein, weshalb dieser in alle Rechtspositionen des zuvor eingetragenen Vereins einrückt. Es entfällt letztlich lediglich die Beschränkung der Haftung auf das Vereinsvermögen.[52]

---

[48] Vgl. Palandt/*Ellenberger* § 41 BGB Rn. 3.

[49] BAG v. 13.04.1967, NJW 1967, 1437; Palandt/*Ellenberger* § 41 BGB Rn. 3.

[50] Erman/*Westermann* § 43 BGB Rn. 3.

[51] Siehe unten Rn. 50.

[52] Siehe zur Haftung unten Rn. 51 ff.

45   Der Verlust des Status als juristische Person kann durch Beschluss der Mitglieder
herbeigeführt werden. Diese können im Rahmen ihrer Vereinsautonomie auf die
Rechtsfähigkeit verzichten. Außerdem können Amtsgericht (vgl. § 73 BGB) oder
ggf. Verwaltungsbehörde (vgl. § 43 BGB) dem eingetragenen Verein die Rechtsfähigkeit entziehen.

C. Nicht eingetragener Verein

I. Anwendbare Vorschriften

46   Das BGB ordnet in § 54 S. 1 BGB für den nicht rechtsfähigen Verein die Geltung der
Vorschriften über die Gesellschaft bürgerlichen Rechts (vgl. §§ 705–740 BGB) an.
Diese Verweisung ist, soweit sie sich auf Idealvereine[53] bezieht, historisch bedingt
und in ihrer Intention zwischenzeitlich überholt. Der Staat stand einflussreichen
politischen (Parteien), religiösen und sozialpolitischen (Gewerkschaften) Vereinigungen skeptisch gegenüber. Deshalb lautete § 61 Abs. 2 BGB bis zum 01.04.1953:
*„Die Verwaltungsbehörde kann gegen die Eintragung Einspruch erheben, wenn der
Verein nach dem öffentlichen Vereinsrecht unerlaubt ist oder verboten werden kann
oder wenn er einen politischen, sozialpolitischen oder religiösen Zweck verfolgt."*
Hierdurch konnte der Staat missliebigen Vereinigungen den Status eines eingetragenen Vereins weitgehend vorenthalten. Ziel war es, entsprechenden Vereinigungen
die Teilnahme am Rechtsverkehr durch Verweisung auf das Recht der Gesellschaft
bürgerlichen Rechts zu erschweren, um diese daran zu hindern, größere Vermögen
zu erwerben und sich hierdurch Einfluss zu sichern. Fortsetzung dieser Sichtweise
des Gesetzgebers war § 50 Abs. 2 ZPO a. F.[54] Mit diesem wollte der Gesetzgeber
letztlich sichern, dass nicht eingetragene Vereine nicht selbst klagen können, ihrerseits aber verklagt werden können. Weitere Nachteile des gesetzlichen Regelungs-
konzepts für die Mitglieder und ihre Interessen sind:

- im Zweifel ist für jedes Geschäft die Zustimmung aller Mitglieder (Gesellschafter) nötig (vgl. § 709 Abs. 1 BGB),
- nach außen bestünde im Zweifel nur Gesamtvertretungsmacht aller Mitglieder
  (vgl. § 714 BGB),
- der Verein könnte jederzeit durch jedes Mitglied (vgl. § 723 BGB) oder dessen
  Pfändungsgläubiger (vgl. § 725 BGB) gekündigt werden,
- Auflösung durch Tod oder Insolvenz eines Mitglieds (vgl. §§ 727, 728 BGB),
- persönliche Haftung (§ 54 S. 2 BGB)

47   Der Gesetzgeber hat die von ihm ursprünglich in Bezug auf Idealvereine verfolgten
Ziele nicht erreicht. Trotz der von ihm errichteten Hürden haben sich Parteien und

---

[53] Siehe oben Rn. 16.
[54] IdF bis 29.09.2009: „Ein Verein, der nicht rechtsfähig ist, kann verklagt werden;".

Gewerkschaften erfolgreich als nicht eingetragene Idealvereine gegründet. Deshalb erreichte der Gesetzgeber auch sein weiteres Ziel nicht, Idealvereine durch einen faktischen Druck zur Eintragung besser kontrollieren zu können (vgl. § 72 BGB a. F., der bis 15.05.1908 eine Verpflichtung zur Vorlage eines Mitgliederverzeichnisses enthielt). Zugleich **erwiesen sich die gesetzlichen Vorschriften als ungeeignet**, weil sie den Unterschieden zwischen der personellen Struktur der Gesellschaft und der körperschaftlichen Struktur des Vereins nicht hinreichend Rechnung trugen. Die Gründer eines nicht rechtsfähigen Idealvereins wollen einen dauerhaften körperschaftlich, d. h. vom Wechsel der Mitglieder losgelösten, organisierten Verband mit eigenem Vermögen und keine auf die Personen der Gesellschafter bezogene Verbindung. Vor diesem Hintergrund gelangten **Rspr. und Lit.** mit unterschiedlicher Begründung zur Ansicht, dass auf den nicht rechtsfähigen Idealverein[55] entgegen § 54 S. 1 BGB nicht die §§ 705–740 BGB, sondern die §§ 21 ff. BGB anzuwenden sind, soweit diese nicht die Rechtsfähigkeit voraussetzen.[56] Danach gelten z. B. für Erwerb, Inhalt und Verlust der Mitgliedschaft oder innere Organisation die für den eingetragenen Verein maßgeblichen Vorschriften.[57] Nur soweit die §§ 21 ff. BGB an das Bestehen der Rechtsfähigkeit anknüpfen, gilt für den nicht eingetragenen Idealverein das Recht der GbR.

Teilweise hat der Gesetzgeber zugunsten (verfassungsrechtlich) besonders wichtiger Idealvereine selbst korrigierend eingegriffen und z. B. politischen Parteien in § 3 PartG oder Gewerkschaften in § 10 ArbGG unabhängig von ihrem Status als eingetragene Vereine die aktive und passive Parteifähigkeit zuerkannt. Durch eine Anpassung des § 50 Abs. 2 ZPO hat der Gesetzgeber dies nunmehr verallgemeinert. Für Einzelfragen war die Rspr. im Wege verfassungskonformer Auslegung bereits zuvor unabhängig vom Tätigwerden des Gesetzgebers zu ähnlichen Ergebnissen gelangt.[58]

48

Betroffen von der Korrektur der Entscheidungen des historischen Gesetzgebers sind aber, mit Ausnahme der Neufassung des § 50 Abs. 2 ZPO, jeweils nur Idealvereine, nicht aber nicht eingetragene **Wirtschaftsvereine**. Für diese kann auch heute noch unverändert das Anliegen des Gesetzgebers Geltung beanspruchen, dass eine Umgehung des Gläubiger- und Mitgliederinteressen dienenden Gesellschaftsrechts verhindert werden soll. Deshalb beansprucht § 54 S. 1 BGB für nicht eingetragene Wirtschaftsvereine uneingeschränkt Geltung. Ein nicht eingetragener Wirtschaftsverein ist rechtlich wie eine Personengesellschaft zu behandeln.

49

---

[55] Siehe oben Rn. 16.

[56] Palandt/*Ellenberger* § 54 BGB Rn. 1. – Flexible Handhabung bei BGH v. 02.04.1979, NJW 1979, 2304, 2305.

[57] Siehe oben Rn. 19 ff.

[58] BGH v. 11.07.1968, WM 1968, 945, 945 ff.

II. Teilrechtsfähigkeit

50 Für den nicht eingetragenen Verein (Ideal- oder Wirtschaftsverein) bleibt insgesamt nicht ohne Auswirkung, dass die Rspr. inzwischen die Teilrechtsfähigkeit der Außen-GbR[59] anerkannt hat. Aufgrund des Verweises des § 54 S. 1 BGB ist daher jeder nicht eingetragene Verein teilrechtsfähig. Rechtsträger des Vereinsvermögens, des nach § 12 BGB geschützten Vereinsnamens und sämtlicher anderen Rechte und Pflichten ist danach der nicht eingetragene Verein selbst und nicht lediglich seine Mitglieder in ihrer gesamthänderischen Bindung.[60]

> **Beispiel:** Der FC Bavaria Munich (nicht eingetragener Verein) kauft direkt am Autobahndreieck ein Grundstück, um eine Fußballarena zu bauen. Begreift man nicht den Verein selbst, sondern die Gesamtheit seiner Mitglieder als Rechtsträger, müssten sämtliche Mitglieder ins Grundbuch eingetragen werden. Bei mehreren Zehntausend Mitgliedern bereitet dies erhebliche Schwierigkeiten. Tritt ein Mitglied aus oder treten neue Mitglieder ein, würde jeweils das Grundbuch falsch und müsste berichtigt werden. Geht man dagegen davon aus, dass Rechtsträger der nicht eingetragene Verein selbst ist, wird dieser und nicht die einzelnen Mitglieder ins Grundbuch eingetragen[61] und ein Mitgliederwechsel löst keinen Berichtigungsbedarf aus.

III. Haftung

1. Haftung der Handelnden

51 Handeln Vorstand, Mitglieder oder Dritte rechtsgeschäftlich im Namen des Vereins, gelten die §§ 164 ff. BGB. Soweit der Handelnde über ausreichende Vertretungsmacht verfügt oder der Verein das Rechtsgeschäft genehmigt, treffen die rechtlichen Wirkungen des Geschäfts unmittelbar den teilrechtsfähigen Verein.[62] Der Handelnde wird nicht unmittelbar rechtsgeschäftlich verpflichtet, weil er nur Vertreter ist. Allerdings ordnet § 54 S. 2 BGB kraft Gesetzes die persönliche **Haftung des Handelnden** unabhängig von seiner Stellung im Verein an. Handelnder i. d. S. ist, wer nach außen hin für den Verein auftritt.

> **Beispiel:** Ulli schließt im Namen des FC Bavaria Munich mit der Dassler GmbH einen Kaufvertrag über 16 Paar Fußballschuhe. Hierzu war er vereinsintern von Franz beauftragt worden. Da nach der gültigen Satzung nicht Ulli, sondern Karl-Heinz und Franz gemeinschaftlich für derartige Geschäfte zuständig sind, schickt Karl-Heinz an die Dassler GmbH noch ein Schreiben, in welchem er den Kauf im Namen des Vereins genehmigt. Handelnder

---

[59] Vgl. BGH v. 29.01.2001, NJW 2001, 1056.

[60] Vgl. BGH v. 02.07.2007, NJW 2008, 69, 74; Palandt/*Ellenberger* § 54 BGB Rn. 7; *Wolf/Neuner* § 17 Rn. 130; tendenziell auch *Medicus* Rn. 1148 ff. – A. A. Erman/*Westermann*, § 54 BGB Rn. 3; *Larenz/Wolf* § 11 Rn. 9.

[61] Eine Pflicht zur Eintragung auch aller Mitglieder ergibt sich bei Anerkennung der Teilrechtsfähigkeit aber aus einer analogen Anwendung des § 47 Abs. 2 GBO, wodurch beide Ansichten für das Grundbuch wieder zusammengeführt werden.

[62] Siehe oben § 13 Rn. 16 ff.

i. S. d. § 54 S. 2 BGB ist zunächst Ulli. Franz fällt dagegen nicht unter den Begriff des Handelnden, auch wenn er durch seinen Auftrag das Geschäft mitverursacht hat, weil er im Außenverhältnis nicht tätig geworden ist. Dagegen erfasst der Begriff des Handelnden auch Karl-Heinz, weil er im Außenverhältnis gegenüber der Dassler GmbH tätig geworden ist.[63]

Der Handelnde haftet neben dem Verein für die sich unmittelbar aus dem Rechtsge-   **52** schäft ergebenden Pflichten ebenso wie für an diese Pflichten anknüpfende Sekundäransprüche, z. B. aus § 280 BGB. Aus seinem Rechtsverhältnis zum Verein kann ihm ein Freistellungs- oder Rückgriffsanspruch gegen den Verein zustehen. Ist der Handelnde für einen Vorverein tätig geworden,[64] endet seine Haftung aus § 54 S. 2 BGB, sobald der Vorverein seine Rechtsfähigkeit erlangt hat,[65] weil sich der Zweck der Handelndenhaftung in diesem Fall erledigt hat.

2. Haftung des Vereins

Da der nicht eingetragene Verein teilrechtsfähig ist, kann er durch rechtsgeschäft-   **53** liches Handeln eines Organs oder eines Vertreters gebunden werden. Er muss in diesem Fall die sich hieraus ergebenden Rechtsfolgen tragen, insbesondere sich ergebende Pflichten erfüllen. Soweit das Gesetz eine Haftung an ein menschliches Handeln anknüpft, ist zu beachten, dass der Verein als juristische Person nicht selbst handeln kann. Für ihn handeln vielmehr seine Organe. Dem trägt § 31 BGB Rechnung, der nach den bereits beschriebenen Grundsätzen auch für den nicht eingetragenen Verein gilt.[66]

3. Haftung der Mitglieder

Hinsichtlich der Frage, ob und inwieweit die Mitglieder des Vereins neben dem Ver-   **54** einsvermögen auch mit ihrem Privatvermögen für die Verbindlichkeiten des Vereins haften, verweist § 54 S. 1 BGB eigentlich auf das Recht der Gesellschaft bürgerlichen Rechts. Für diese hat die Rspr. eine **akzessorische Haftung** der Gesellschafter für die Gesellschaftsschulden entsprechend den Grundsätzen der §§ 128 ff. HGB anerkannt.[67]

Beispiel: Arndt, Bert und Claus sind Gesellschafter der Rechtsanwälte ABC GbR. Arndt berät einen Mandanten bei einer Unternehmenstransaktion unzureichend. Dem Mandanten entstehen hierdurch Schäden in Höhe von 1,3 Mio. €, welche nur in Höhe von 1 Mio. € durch die Vermögenshaftpflichtversicherung der Kanzlei abgedeckt sind. Entsprechend

---

[63] Vgl. BGH v. 21.05.1957, NJW 1957, 1186; Erman/*Westermann* § 54 BGB Rn. 14. – Missverständlich Palandt/*Ellenberger* § 54 BGB Rn. 13.

[64] Siehe oben Rn. 14.

[65] Palandt/*Ellenberger* § 54 BGB Rn. 13.

[66] *Larenz/Wolf* § 11 Rn. 23.

[67] Vgl. BGH v. 29.01.2001, NJW 2001, 1056, 1061; BGH v. 10.05.2012, NJW 2012, 2435, 2441 f.

§ 128 HGB haften Arndt, Bert und Claus neben der GbR (Kanzlei) mit ihren Privatvermögen akzessorisch für die Schadensersatzansprüche des Mandanten.

55   Auf Grund des Verweises des § 54 S. 1 BGB kämen diese Grundsätze eigentlich
auch im nicht eingetragenen Verein zur Anwendung. Danach würden die Mitglieder
eines nicht eingetragenen Vereins **mit ihrem Privatvermögen** für die Schulden
des Vereins **haften**. Hierdurch würde es nicht eingetragenen Vereinen deutlich erschwert, Mitglieder zu gewinnen. Dies erscheint in Bezug auf wirtschaftliche Vereine gerechtfertigt, weil insoweit grds. eine zur wirtschaftlichen Betätigung geeignete
Rechtsform (Gesellschaft) gewählt werden soll. In Bezug auf **Idealvereine** wirkt
sich eine persönliche Haftung der Vereinsmitglieder jedoch in einer Weise hem-
mend aus, wie dies vom historischen Gesetzgeber aus nicht mehr zu billigenden
Motiven erstrebt wurde. Deshalb entspricht es ganz h. A., dass die Mitglieder eines
nicht eingetragenen Idealvereins – abgesehen von der Haftung nach § 54 S. 2 BGB
– nicht mit ihrem Privatvermögen für die Verbindlichkeiten des Vereins haften.[68]
Vielmehr ist die Haftung auf das Vereinsvermögen beschränkt.

56   Begründet wird die Haftungsbeschränkung überwiegend damit, dass die **Vertretungsmacht** der Vereinsorgane auf das Gesellschaftsvermögen **beschränkt** sei.
Das rechtsgeschäftliche Handeln der Vereinsorgane könne danach nur das Vereinsvermögen, nicht aber das Privatvermögen der Mitglieder verpflichten. Da eine
entsprechende Beschränkung der Vertretungsmacht verkehrsüblich sei, bestünden
keine Bedenken aus der Sicht der Geschäftspartner des Vereins. Die Schwäche dieser Konstruktion liegt darin, dass sie nur die Haftungsbeschränkung im rechtsgeschäftlichen Bereich, nicht aber im Bereich der gesetzlichen Haftung (z. B. Deliktsrecht) begründen kann. Diesem Aspekt wird versucht dadurch Rechnung zu tragen,
dass eine Beschränkung der deliktischen Haftung aus § 31 BGB abgeleitet wird.
Da § 31 BGB bei direkter Anwendung auf den eingetragenen Verein lediglich eine
Haftung des Vereinsvermögens bewirkt, könne eine entsprechende Anwendung auf
den nicht eingetragenen Verein keine weiterreichenden Rechtsfolgen auslösen.[69]
Allerdings kann diese Konstruktion ebenfalls nicht vollständig überzeugen, weil
die entsprechende Anwendung des § 31 BGB auf die GbR in Verbindung mit der
akzessorischen Haftung der Gesellschafter auch eine Haftung des Privatvermögens
bewirkt. **Vorzugswürdig** erscheint daher, die Beschränkung der Haftung im Idealverein auf das Vereinsvermögen damit zu begründen, dass es an einer Vorschrift
fehlt, welche die akzessorische Haftung der Mitglieder für die Vereinsschulden begründet. Eine entsprechende Anwendung der §§ 128 ff. HGB muss im Idealverein,
anders als für die GbR, ausscheiden. Es fehlt an der Vergleichbarkeit des geregelten
und des ungeregelten Sachverhalts.[70] Die akzessorische Haftung nach §§ 128 ff.
HGB rechtfertigt sich letztlich daraus, dass die Gesellschafter die Früchte einer
wirtschaftlichen Betätigung tragen wollen und deshalb auch die hierdurch begrün-

---

[68] BGH v. 30.06.2003, NZG 2004, 878; Erman/*Westermann* § 54 BGB Rn. 10 f.; *Reuter* NZG
2004, 217, 219.
[69] *Larenz/Wolf* § 11 Rn. 24.
[70] *Reuter* NZG 2004, 217, 219.

deten Lasten tragen müssen. Im Idealverein werden aber gerade keine wirtschaftlichen Zwecke verfolgt.

D. Stiftung

Neben dem rechtsfähigen Verein behandelt das BGB in §§ 80–88 BGB die rechtsfähige Stiftung als weitere juristische Person. Ergänzt werden die vorstehenden Regelungen durch Stiftungsgesetze der Länder. Anders als der Verein ist eine Stiftung **keine Personenvereinigung**, sondern ein zu einem bestimmten Zweck **gewidmetes Vermögen**. Eine rechtsfähige Stiftung ist danach eine rechtlich selbstständige, zweckgebundene Vermögenseinheit.[71] Sie unterscheidet sich von nicht rechtsfähigen (unselbstständigen) Stiftungen dadurch, dass das Stiftungsvermögen durch Verleihung von Rechtsfähigkeit rechtlich verselbstständigt wird.   57

Die **Errichtung** einer rechtsfähigen Stiftung erfolgt **zweistufig**.[72] Zunächst bedarf es eines rechtsgeschäftlichen Gründungsaktes, des sog. **Stiftungsgeschäfts**. Ein unter Lebenden vorgenommenes Stiftungsgeschäft bedarf der Schriftform (vgl. § 81 Abs. 1 BGB). Es ist sowohl Konstitutivakt als auch Verpflichtungsgeschäft,[73] weil es für den Stifter die Verpflichtung begründet, der entstandenen Stiftung das zugesagte Vermögen zu übertragen (vgl. § 82 S. 1 BGB). Als Stiftungsgeschäft von Todes wegen muss es den erbrechtlichen Formen für Testament oder Erbvertrag genügen. Neben dem rechtsgeschäftlichen Gründungsakt bedarf die Stiftung zur Erlangung der Rechtsfähigkeit der **behördlichen Anerkennung**, für welche nunmehr das Normativsystem[74] gilt (vgl. § 80 Abs. 2 BGB).   58

Die Grundordnung der Stiftung wird vor allem durch das Stiftungsgeschäft und ergänzend durch gesetzliche Vorschriften bestimmt. Der Stifter muss im Stiftungsgeschäft den Zweck der Stiftung angeben, deren Organisation, vor allem die Art und Weise der Bildung des Vorstands, regeln und eine Vermögenszuwendung an die Stiftung vorsehen.[75] Da die Stiftung keine Mitglieder hat, besteht auch keine Mitgliederversammlung als höchste Autorität, welche die Geschäfte der Stiftung kontrolliert. Die Kontrolle erfolgt vielmehr durch die staatliche Aufsicht.   59

Auf die Stiftung finden eine Reihe der für den rechtsfähigen Verein geltenden Vorschriften entsprechende Anwendung (vgl. § 86 BGB). Dies gilt insbesondere für ihre Organe und die Haftung für das Handeln der Organe.   60

---

[71] *Larenz/Wolf* § 12 Rn. 1.

[72] Erman/*Werner* § 80 BGB Rn. 2.

[73] Vgl. Erman/*Werner* § 81 BGB Rn. 2.

[74] Siehe oben Rn. 15.

[75] Erman/*Werner* § 81 BGB Rn. 7 ff.; *Larenz/Wolf* § 12 Rn. 16.

Literatur

Alberts (1972) Der bestechliche Fußballspieler. JuS 1972, 590

Bork (2011) Allgemeiner Teil des Bürgerlichen Gesetzbuchs. 3. Aufl

Brehm (2007) Allgemeiner Teil des BGB. 6. Aufl

Erman (2011) Handkommentar zum Bürgerlichen Gesetzbuch. 13. Aufl

Köhler (2012) BGB Allgemeiner Teil. 36. Aufl

Larenz/Wolf (2004) Allgemeiner Teil des deutschen Bürgerlichen Rechts. 9. Aufl

Leipold (2010) BGB I – Einführung und Allgemeiner Teil. 6. Aufl

Medicus (2012) Allgemeiner Teil des BGB. 10. Aufl

Palandt (2013) Bürgerliches Gesetzbuch. 72. Aufl

Reuter (2004) Persönliche Haftung für Schulden des nichtrechtsfähigen Idealvereins. NZG 2004, 217

Rüthers/Stadler (2011) Allgemeiner Teil des BGB. 17. Aufl

Wolf/Neuner (2012) Allgemeiner Teil des deutschen Bürgerlichen Rechts. 10. Aufl

§ 23 Rechtsobjekte

A. Allgemeines

I. Begriff

Der Begriff **Rechtsobjekt** bildet das Gegenstück zum Rechtssubjekt und ist wie dieser ein Grundbegriff des Privatrechts. Eigenart der Rechtssubjekte ist, dass sie über Rechtsgeschäfte miteinander in Verbindung treten und generell durch Rechtsverhältnisse miteinander verbunden, d. h. Träger von Rechten und Pflichten sein können.[1] Dagegen können Rechtsobjekte niemals Träger von Rechten und Pflichten sein. Sie sind vielmehr diejenigen Güter, auf welche sich die rechtliche Herrschaftsmacht oder ein Nutzungsrecht der Rechtssubjekte erstrecken kann.[2]

> **Beispiel:** Alfons ist Katzenliebhaber und verfügt in seinem Testament, dass sein Kater „Lucky" sein Erbe sein soll. Tiere gehören zu den Rechtsobjekten.[3] Sie können deshalb nicht Träger von Rechten und Pflichten sein. Ihnen fehlt die Rechtsfähigkeit, weshalb „Lucky" nicht Erbe sein kann.

Vom Begriff des Rechtsobjekts ist der Begriff des Verfügungsobjekts zu unterscheiden.[4] Beide Begriffe sind nicht deckungsgleich.[5] **Verfügungsobjekte** sind alle Rechte und Rechtsverhältnisse, über die man verfügen kann, so z. B. dingliche Rechte, abtretbare Forderungen oder Verträge (Rechtsverhältnisse und subjektive Rechte).

> **Beispiel:** Arndt und Bert schließen einen Kaufvertrag über ein Auto. In Vollzug dieses Vertrags wird das Fahrzeug übereignet. Arndt und Bert sind Rechtssubjekte. Sie stehen durch den Kaufvertragsschluss zueinander in einem Rechtsverhältnis. Rechtsobjekt ist das Auto. Über dieses übt zunächst Arndt als Eigentümer ein Herrschaftsrecht aus. Nach der

1

2

---

[1] Siehe oben § 21 Rn. 1 ff.

[2] Vgl. *Köhler* § 22 Rn. 1.

[3] Siehe unten Rn. 13.

[4] *Larenz/Wolf* § 20 Rn. 1.

[5] Vgl. *Wolf/Neuner* § 24 Rn. 1 ff.

B. Boemke, B. Ulrici, *BGB Allgemeiner Teil,* Springer-Lehrbuch,
DOI 10.1007/978-3-642-39171-2_23, © Springer-Verlag Berlin Heidelberg 2014

Übereignung übt Bert ein Herrschaftsrecht über das Fahrzeug aus. Das Eigentum am Auto, nicht die Sache selbst,[6] ist Verfügungsobjekt, weil es von Arndt auf Bert übertragen wird.

3 Das BGB verwendet sowohl für Rechtsobjekte (vgl. § 90 BGB) als auch für Verfügungsobjekte den Begriff des Gegenstands (vgl. § 185 Abs. 1 BGB). Mit welcher Bedeutung das Gesetz diesen Begriff verwendet, ergibt sich jeweils aus dem Zusammenhang.

4 Schließlich ist der Begriff des Gegenstands als Bezeichnung für Rechts- oder Verfügungsobjekte vom **Geschäftsgegenstand** zu unterscheiden. Als Geschäftsgegenstand wird die von einem Beschluss (vgl. § 32 Abs. 1 BGB) oder einem sonstigen Rechtsgeschäft behandelte Angelegenheit, insbesondere auch eine rechtsgeschäftlich begründete Leistungspflicht, bezeichnet. Der Begriff des Geschäftsgegenstands ist insofern weiter, als Gegenstand einer Leistungspflicht nicht nur Rechts- oder Verfügungsobjekte sein können.[7] Bspw. kann eine Geschäftsidee verkauft werden, obwohl sie kein Rechtsobjekt ist und sie, weil sie keinen rechtlichen Inhaber hat, nicht Gegenstand einer Verfügung sein kann.

II. Rechtliche Regelungen

5 Das BGB behandelt Rechtsobjekte innerhalb seines Allgemeinen Teils in §§ 90–103 BGB (Vorschriften über Sachen und Tiere). Systematisch handelt es sich hierbei um Vorschriften, welche vor allem als allgemeiner Teil des Sachenrechts erscheinen. Die Bedeutung der gegebenen Definitionen erschließt sich regelmäßig erst im Zusammenhang mit insbesondere sachenrechtlichen Vorschriften (III. Buch des BGB).[8] Die Eingliederung dieser Vorschriften in den Allgemeinen Teil folgt daraus, dass Sachen und Tiere den Personen gegenübergestellt und deshalb im Zusammenhang mit diesen geregelt werden sollen. Außerdem wird ein Teil der in §§ 90 ff. BGB definierten Begriffe bereits im Schuldrecht verwendet (vgl. § 433 Abs. 1 S. 1 BGB: „Sache", § 311c BGB: „Zubehör"), weshalb es sinnvoll erscheint, diese Begriffe insgesamt „vor die Klammer zu ziehen".

III. Arten

1. Körperliche Gegenstände

6 Als Gegenstand eines Herrschaftsrechts kommen sowohl körperliche als auch unkörperliche Gegenstände in Betracht. Körperliche Rechtsobjekte sind Sachen i. S. v. § 90 BGB. Sie erfahren eine gesetzliche Regelung im Allgemeinen Teil des

---

[6] *Larenz/Wolf* § 20 Rn. 5.

[7] Vgl. *Köhler* § 22 Rn. 7.

[8] Vgl. *Medicus* Rn. 1173.

BGB in den §§ 90–103 BGB. Das **Herrschaftsrecht** über Sachen wird allerdings im Sachenrecht geregelt. Bspw. sieht § 903 BGB vor, dass der Eigentümer einer Sache nach seinem Belieben mit dieser verfahren kann, soweit er hierdurch nicht Rechte Dritter beeinträchtigt. Nach § 985 BGB kann der Eigentümer vom Besitzer Herausgabe der Sache verlangen. Störungen können nach § 1004 BGB abgewehrt werden. Als körperliche Rechtsobjekte können nur Sachen körperlich beherrscht werden. Nur an ihnen ist Besitz als Ausübung tatsächlicher Herrschaft möglich. Bedeutung erlangt der Besitz vor allem dadurch, dass er vielfach den Rückschluss auf das Eigentum zulässt. Deshalb setzt die Übertragung des Eigentums regelmäßig den Übergang des Besitzes voraus (vgl. § 929 BGB). Wird die Sache von einem Besitzer erworben, der nicht Eigentümer ist, hat der Gesetzgeber auf Grund der vom Besitz ausgehenden Rechtsscheinswirkungen die Möglichkeit eines Erwerbs vom Nichtberechtigten vorgesehen (vgl. § 932 BGB).

Kein Rechtsobjekt ist der **Mensch**. Er ist Inhaber der Herrschaftsrechte, auf   **7** Grund seiner Würde nicht aber deren Gegenstand. Die Person ist von der Natur vorgegeben und existiert unabhängig von der Rechtsordnung. Dem Menschen wird die Qualität als Rechtssubjekt nicht verliehen, weshalb sie auch nicht durch die Rechtsordnung entzogen werden kann.[9] Nicht nur die Person, sondern auch der Körper eines lebenden Menschen ist kein Rechtsobjekt. Vom Körper dauerhaft abgetrennte Körperteile können dagegen zu Rechtsobjekten werden.[10] Eine dauerhafte Trennung liegt aber z. B. nicht vor, wenn Blut zur Rückführung in den eigenen Körper entnommen wird.[11] Im Falle einer Blutspende zu Gunsten Dritter wird das Blut zum Rechtsobjekt. Umgekehrt können **künstliche Hilfsmittel** (Sachen) wie z. B. Zahnersatz, Herzschrittmacher ihre Eigenschaft als Rechtsobjekt verlieren und Teil des Körpers werden, wenn sie dauerhaft in den Körper aufgenommen werden.[12] Nach h. A. wird der Körper eines Menschen auch nicht durch dessen Tod zum Rechtsobjekt, weil die Persönlichkeit des Menschen fortwirkt.[13] Abweichendes gilt, wenn der Verstorbene selbst oder die bestimmungsberechtigten Angehörigen den Körper zum Rechtsobjekt machen (Körperspende). Schließlich wird der Körper zum Rechtsobjekt, wenn jeglicher Rückstand der menschlichen Person entfällt (z. B. Skelett).[14]

2. Unkörperliche Gegenstände

Unkörperliche (immaterielle) Gegenstände können zwar ohne Weiteres zum Gegen-   **8** stand eines schuldrechtlichen Rechtsgeschäfts gemacht werden. Bspw. kann man sich verpflichten, ein Geheimnis zu hüten oder zu offenbaren. Anders als Sachen können unkörperliche Gegenstände jedoch nicht ohne Weiteres Gegenstand eines

---

[9] Siehe oben § 21 Rn. 7.

[10] Palandt/*Ellenberger* § 90 BGB Rn. 3.

[11] Vgl. BGH v. 09.11.1993, NJW 1994, 127, 127 f.

[12] Palandt/*Ellenberger* § 90 BGB Rn. 3.

[13] Vgl. Palandt/*Ellenberger* Überbl v § 90 BGB Rn. 11: Sache aber nicht eigentumsfähig.

[14] Palandt/*Ellenberger* Überbl v § 90 BGB Rn. 11.

Herrschafts- oder Nutzungsrechts sein. Vielmehr ist hierfür Voraussetzung, dass sie von der Rechtsordnung als absolutes Recht anerkannt werden. Nur soweit dies der Fall ist, sind sie wie das Eigentum Gegenstand absoluter, d. h. gegenüber jedermann wirkender Herrschaftsrechte (**Immaterialgüterrechte**). Immaterialgüterrechte (z. B. Urheberrecht, Patent, Marke) bestehen an einer geistigen Leistung, welche vom Gesetz aus verschiedenen Gründen und unter Berücksichtigung gegenläufiger Interessen ausschließlich einem Inhaber zugewiesen werden. Immaterialgüterrechte bestehen unabhängig von einem konkreten Werkstück und sind von ihrer Verkörperung streng zu unterscheiden.

> **Beispiel:** Bert schreibt einen Roman, den er als Buch veröffentlicht. Als Werk der Literatur genießt der Roman Urheberrechtsschutz. Gegenstand des Urheberrechts ist nicht das einzelne Werkstück (Buch), sondern die hierin verkörperte geistige Leistung. Das Urheberrecht besteht deshalb fort, auch wenn alle Bücher und Manuskripte verbrennen.

9   Neben Immaterialgüterrechten sind einzelne Ausschnitte der **menschlichen Persönlichkeit** als weiteres unkörperliches Rechtsobjekt zu nennen.[15] Zwar kann der Mensch, der Rechtssubjekt ist, nicht Gegenstand eines Herrschafts- oder Nutzungsrechts sein. Jedoch sind hiervon einzelne der im Persönlichkeitsrecht zusammengefassten Aspekte der Persönlichkeit zu unterscheidenden, an denen Herrschafts- und Nutzungsrechte bestehen können. Dies gilt z. B. für das Recht am eigenen Bild, den Namen oder eine auf Tonband aufgenommene Stimme.

B. Sachen und Tiere

I. Begriff und Bedeutung

10   Sachen sind nach § 90 BGB „nur **körperliche Gegenstände**", also „alles, was man anfassen kann"[16] oder „die unpersönlichen, körperlichen, für sich bestehenden Stücke der beherrschbaren Natur"[17] oder „die raumfüllenden und greifbaren Gegenstände".[18] Das Gegenstück zu den Sachen sind die unkörperlichen Gegenstände (Rechte).

11   Aus der rechtlichen Bedeutung des Sachbegriffs folgen für ihn bestimmte weitere Eingrenzungen. Der Begriff der Sache gewinnt seine zentrale Bedeutung daraus, dass er definiert, woran dingliche Rechte bestehen können. Insbesondere das Herrschaftsrecht des Eigentums kann nur an Sachen bestehen. Hieraus lässt sich ableiten, dass Sachen i. S. d. § 90 BGB nur solche körperlichen Gegenstände sein können, die sich **beherrschen lassen**.[19] Nicht beherrschbare Stücke der Natur, wie

---

[15] *Wolf/Neuner* § 26 Rn. 10. – A. A. *Köhler* § 22 Rn. 6.
[16] *Medicus* Rn. 1174.
[17] *Brox/Walker* Rn. 795.
[18] *Larenz/Wolf* § 20 Rn. 10.
[19] *Wolf/Neuner* § 25 Rn. 4.

ein fließendes Gewässer oder die Lufthülle der Erde scheiden aus dem Sachbegriff aus. Insoweit ist allerdings zu beachten, dass nicht beherrschbare Stücke der Natur durch Hilfsmittel „eingefangen" werden können. Werden sie hierdurch beherrschbar, unterfallen sie insoweit § 90 BGB. Dies betrifft z. B. das in eine Flasche gefüllte oder zu einem Eisblock gefrorene Wasser der Elbe oder die Luft in einem Ballon.

Außerdem lässt sich aus der Systematik des Gesetzes ableiten, dass Sachen   **12** Rechtsobjekte sind, z. B. Gegenstand eines Kaufvertrags sein können (vgl. § 433 Abs. 1 S. 1 BGB). Danach scheiden aus dem Begriff der Sache i. S. d. § 90 BGB diejenigen körperlichen Gegenstände aus, die keine Rechtsobjekte sind.[20] Dies betrifft zunächst den **lebenden Menschen** selbst sowie seinen Körper.[21] Auch Zahnplomben, Herzschrittmacher, künstliche Hüftgelenke können, soweit sie „eingebaut" sind, nicht mehr Sachen sein, weil der Körper lediglich der materielle Träger des Rechtssubjekts „Mensch" ist.[22] Keine Sachqualität genießt weiterhin der menschliche **Leichnam**, soweit er noch von der Persönlichkeit des Verstorbenen geprägt ist. Zur Sache wird der Leichnam danach erst als Mumie oder Skelett, d. h. sobald er „entpersönlicht" ist.

Tiere waren nach den Vorstellungen des historischen Gesetzgebers selbstver-   **13** ständlich Sachen. Hierauf bauen die übrigen Vorschriften des BGB auf. Insbesondere können Tiere im Eigentum eines Menschen stehen, was § 903 S. 2 BGB voraussetzt. Gegenüber der historischen Sichtweise hat sich jedoch das Verständnis des Verhältnisses Mensch zu Tier gewandelt. Tiere sind ausweislich § 1 TierschutzG „**Mitgeschöpfe**" der Menschen. Um dies zivilrechtlich zu dokumentieren, regelt § 90a BGB seit 1990, dass Tiere keine Sachen sind. Hiermit sollte jedoch keine grundlegende Änderung der zivilrechtlichen Behandlung der Tiere erfolgen. Der Gesetzgeber hat keine besonderen Vorschriften über den Zivilrechtsverkehr mit Tieren eingeführt. Vielmehr soll es bei der Geltung der für Sachen einschlägigen Vorschriften verbleiben. Dementsprechend schreibt § 90a S. 3 BGB die entsprechende Geltung der für Sachen maßgeblichen Regelungen vor. Deshalb können Tiere auch Gegenstand eines Kaufvertrags sein. Sie können als neu oder gebraucht[23] verkauft werden und es muss ihre übliche Beschaffenheit[24] bestimmt werden. Im Rahmen der entsprechenden Anwendung der für Sachen maßgeblichen Vorschriften ist jedoch der besondere Schutz der Tiere zu berücksichtigen (vgl. § 90a S. 2 BGB). Dies wird bspw. durch § 903 S. 2 BGB besonders betont.

---

[20] A. A. Palandt/*Ellenberger* Überbl v. § 90 BGB Rn. 11: Leichnam ist Sache, an welcher aber kein Eigentum besteht.

[21] *Köhler* § 23 Rn. 4.

[22] Vgl. *Köhler* § 23 Rn. 4.

[23] BGH v. 15.11.2006, NJW 2007, 674, 676.

[24] BGH v. 07.02.2007, NJW 2007, 1351, 1352.

II. Arten von Sachen

14   Sachen werden unter verschiedenen Gesichtspunkten eingeteilt, damit einzelne Vorschriften nur auf bestimmte Gruppen von Sachen anwendbar sind. So sieht z. B. § 607 BGB vor, dass Gegenstand eines Darlehens „vertretbare", nicht aber unvertretbare Sachen sind (vgl. § 91 BGB).

1. Unbewegliche und bewegliche Sachen

15   Innerhalb der Sachen werden zunächst bewegliche und unbewegliche Sachen unterschieden. Eine gesetzliche Regelung für diese Unterscheidung sehen die §§ 90–103 BGB nicht vor.[25] Die Unterscheidung erfolgt ausgehend vom Begriff der unbeweglichen Sache (Immobilie). Bewegliche Sachen sind alle Sachen, die keine unbeweglichen Sachen sind.[26] **Immobilien** sind die Grundstücke, d. h. ein Teil der Erdoberfläche, auf den sich ein Eigentumsrecht bezieht. In aller Regel wird das Grundstück als Rechtsobjekt durch das Grundbuch bestimmt, welches seinerseits auf das Liegenschaftskataster, d. h. ein Verzeichnis der amtlich vermessenen Flurstücke, Bezug nimmt.[27] Von Gesetzes wegen den Grundstücken gleichgestellt sind einige Grundstücksrechte (sog. grundstücksgleiche Rechte), insbesondere das Wohnungseigentum nach dem WEG.

16   Die Unterscheidung zwischen beweglichen und unbeweglichen Sachen erlangt **Bedeutung** vorrangig im Sachenrecht, wo insbesondere der Rechtsverkehr unterschiedlichen Regelungen unterworfen wird. Bewegliche Sachen werden nach § 929 S. 1 BGB durch Einigung und Übergabe übereignet. Im Erfordernis der Übergabe zeigt sich, dass für bewegliche Sachen dem Besitz als äußeres Anzeichen des Eigentums zentrale Bedeutung zukommt (vgl. auch § 1006 Abs. 1 S. 1 BGB). Immobilien werden dagegen durch Einigung und Eintragung im Grundbuch übertragen (vgl. § 873 Abs. 1 BGB). Dem Besitz kommt in diesem Zusammenhang keine besondere Bedeutung zu. Vielmehr hat sich der Gesetzgeber auf Grund der besonderen wirtschaftlichen Bedeutung der Grundstücke für ein amtliches Register (Grundbuch) entschieden.

17   Außerhalb des Sachenrechts gewinnt der Begriff des **Grundstücks** durch § 311b Abs. 1 BGB eine nicht unerhebliche rechtliche Bedeutung.[28]

---

[25] *Medicus* Rn. 1179.

[26] RG v. 19.09.1903, RGZ 55, 281, 284; RG v. 02.06.1915, RGZ 87, 43, 51.

[27] *Brehm* Rn. 575.

[28] Siehe hierzu oben § 10 Rn. 10.

2. Vertretbare und nicht vertretbare Sachen

Nach § 91 BGB lassen sich vertretbare und nicht vertretbare Sachen unterscheiden. **18**
Vertretbar sind solche Sachen, die **im Verkehr**, d. h. nach objektiven Maßstäben,
nach Zahl, Maß oder Gewicht bestimmt zu werden pflegen.

> **Beispiele:** Kartoffeln, Wein eines Jahrgangs in bestimmter Lage, Rohedelsteine eines
> bestimmten Typs und einer bestimmten Größe,[29] fabrikneue Pkw eines bestimmten Typs,
> Maschinen gewöhnlicher Art und üblicher Beschaffenheit.[30]

Vertretbare Sachen können Gegenstand eines Sachdarlehens (vgl. § 607 BGB) oder **19**
einer unechten Verwahrung (vgl. § 700 BGB) sein. Auf Verträge über die Herstellung nicht vertretbarer beweglicher Sachen finden nach § 651 S. 3 BGB neben
den kaufrechtlichen auch einige werkvertragsrechtliche Vorschriften Anwendung.
Eine Anweisung kann sich auf die Leistung vertretbarer Sachen beziehen (vgl.
§ 783 BGB).

Obwohl eine bestimmte Parallele besteht, darf die Abgrenzung zwischen ver- **20**
tretbaren und nicht vertretbaren Sachen nicht mit der Abgrenzung zwischen **Stück-
und Gattungsschuld** verwechselt werden. Der entscheidende Unterschied liegt
darin, dass sich die Abgrenzung im Rahmen des § 91 BGB nach dem Verkehr, d. h.
objektiven Kriterien, und im Rahmen der Abgrenzung der Gattungs- von der Stück-
schuld nach der Vereinbarung der Parteien richtet.[31]

> **Beispiel:** Christian sieht im Autohaus einen schwarzen Neuwagen Porsche 911 Carrera 4S
> stehen und entschließt sich sofort zum Mitnahmekauf. Hätte er einfach einen schwarzen
> Neuwagen Porsche 911 Carrera 4S gekauft (Gattungsschuld), könnte der Verkäufer aus
> der Gattung schwarzer Porsche 911 Carrera 4S ein Fahrzeug „mittlerer Art und Güte" (vgl.
> § 243 Abs. 1 BGB) auswählen. In Abhängigkeit von der Parteiabrede liegt im ersten Fall
> eine Stück- und im zweiten Fall eine Gattungsschuld vor. In beiden Fällen war Gegenstand
> des Rechtsgeschäfts aber eine vertretbare Sachen.

3. Verbrauchbare und nicht verbrauchbare Sachen

Nach § 92 BGB sind bewegliche Sachen verbrauchbar, deren bestimmungsgemäßer **21**
Zweck in dem Verbrauch oder in der Veräußerung besteht. Ein allmählicher **Ver-
schleiß** durch Abnutzung ist **kein Verbrauch** i. S. v. § 92 BGB.[32]

> **Beispiele:** Nahrungs- und Genussmittel,[33] Brennstoffe, Geld.

Bewegliche Sachen aller Art werden zu verbrauchbaren Sachen, wenn sie zu einem **22**
Sachinbegriff zusammengefasst oder in einen solchen eingefügt werden und des-

---

[29] BGH v. 03.07.2008, NJW-RR 2009, 103, 104.

[30] RG v. 12.12.1899, RGZ 45, 63, 64.

[31] *Medicus* Rn. 1181; Palandt/*Ellenberger* § 91 BGB Rn. 1.

[32] *Medicus* Rn. 1182.

[33] RG v. 18.04.1912, RGZ 79, 246, 248 für Tiere als Nahrungsmittel.

sen bestimmungsgemäßer Verbrauch in der Veräußerung der einzelnen Sachen besteht (vgl. § 92 Abs. 2 BGB).

> **Beispiele:** Bücher einer Buchhandlung, Konfektionswaren eines Bekleidungsgeschäfts, Waren in einem Warenlager.

23 Nicht verbrauchbare Sachen sind alle übrigen Sachen. Die Abgrenzung richtet sich ausweislich § 92 Abs. 2 BGB nach dem **konkreten Zusammenhang**, in dem die Sachen gerade stehen. Solange ein Auto eingegliedert in die Gesamtheit der vorrätigen Fahrzeuge auf dem Hof des Herstellers steht, ist es eine verbrauchbare Sache. Dies gilt nicht mehr, wenn es in der Garage des Kunden steht.

24 Die Unterscheidung zwischen verbrauchbaren und nicht verbrauchbaren Sachen steht in keinem rechtlichen Zusammenhang zu Verbrauchsgüterkäufen (vgl. §§ 474 ff. BGB). Sie ist aber **bedeutsam** für Gebrauchsüberlassungs- und Nutzungsverträge. Werden Nutzungsrechte an verbrauchbaren Sachen bestellt, erstrecken sich diese nach Sinn und Zweck regelmäßig auch auf den Verbrauch. Als Ausgleich ist jedoch der Sachwert zu ersetzen (vgl. § 1067 Abs. 1 S. 1 Hs. 1 und Hs. 2 BGB).

> **Beispiel:** Torsten „leiht" seiner Banknachbarin Beatrice ein Papiertaschentuch und einen Stift für die Vorlesungsmitschrift. Den Stift erhält sie nur zum unentgeltlichen Gebrauch (vgl. § 598 BGB) und ist verpflichtet, den Stift nach der Vorlesung wieder zurückzugeben (vgl. § 604 Abs. 1 BGB). Bezüglich des Taschentuchs soll Beatrice aber befugt sein, dieses zu verbrauchen. Sie muss nicht das benutzte Taschentuch, sondern ein anderes Papiertaschentuch gleicher Art und Güte leisten (vgl. § 607 Abs. 1 S. 2 BGB).

4. Teilbare und unteilbare Sachen

25 Teilbar sind Sachen, die sich **ohne Verminderung ihres Wertes in gleichartige Teile zerlegen lassen** (vgl. § 752 BGB). Die einzelnen Teile müssen bei Zusammenrechnung ihrer Werte objektiv den Gesamtwert des ungeteilten Gegenstandes erreichen.

> **Beispiel:** Mehl, Kartoffeln, Geld. Unteilbar sind dagegen ein Fernseher, ein Paar Schuhe, ein Hausgrundstück.

26 Die Unterscheidung zwischen teilbaren und nicht teilbaren Sachen ist **bedeutsam** für die Aufteilung von Rechtsgemeinschaften. Teilbare Sachen können nach Kopfteilen aufgeteilt werden, ein Hausgrundstück muss dagegen verkauft werden, um im Anschluss den aufteilbaren Erlös (Geld) aufzuteilen.

III. Bestandteile der Sache

1. Ausgangspunkt

27 Vielfach sind Sachen, die als wirtschaftliche Einheit erscheinen, aus mehreren Einzelteilen hergestellt. Dies gilt nicht nur für die Vielzahl der alltäglichen technischen

Geräte (z. B. Computer oder Fernseher), die aus einer Vielzahl elektronischer Bauteile bestehen, sondern auch für eine juristische Fachbibliothek oder ein Kraftfahrzeug, welches aus einer Karosserie, Rädern, einem Motor usw. besteht. Die Einzelteile werden als Bestandteile und die Einheit als zusammengesetzte Sache bezeichnet, wenn die Einzelteile körperliche Gegenstände sind und entweder von Natur aus eine Einheit bilden oder durch die Verbindung miteinander ihre Selbstständigkeit dergestalt verloren haben, dass sie fortan, solange die Verbindung dauert, als eine einzige Sache erscheinen.[34] Maßgebend dafür ist die Verkehrsanschauung und – wenn diese fehlt oder nicht festgestellt werden kann – die natürliche Betrachtungsweise eines verständigen Beobachters, wobei Zweck und Wesen der Sache und ihrer Bestandteile vom technisch-wirtschaftlichen Standpunkt aus zu beurteilen sind.[35] Liegt eine zusammengesetzte Sache vor, bedarf der Klärung, ob ihre einzelnen Bestandteile rechtlich als selbstständige Sachen oder nur als unselbstständige Teile der zusammengesetzten Gesamtsache anzusehen sind. Können sich dingliche Rechte, wie insbesondere das Eigentum oder ein Pfandrecht nur auf die Gesamtsache oder auch auf einzelne Bestandteile beziehen? Die Antwort hierauf ergibt sich aus den §§ 93–96 BGB, bei deren Schaffung der Gesetzgeber zu berücksichtigen hatte, dass die Zerlegung einer Gesamtsache in ihre Einzelteile für die Gesamtsache sowie die Bestandteile wirtschaftlich schädlich sein kann.[36]

2. Wesentliche Bestandteile

a) Grundsatz

Wesentliche Bestandteile sind nach der Definition des § 93 BGB Bestandteile   **28**
einer Sache, die voneinander nicht getrennt werden können, ohne dass der eine oder
der andere Bestandteil zerstört oder in seinem Wesen verändert wird. Eine **Zerstörung** oder **Wesensveränderung** liegt vor, wenn die Sachteile nach der Trennung
nicht in der bisherigen Art wirtschaftlich genutzt werden können. Entscheidend ist
dabei aber nicht, ob die Gesamtsache, sondern ob die Einzelteile ihre Funktion verlieren.[37] Deshalb fehlt eine Zerstörung oder Wesensveränderung, wenn der jeweils
abgetrennte Bestandteil bzw. die verbleibende Restsache durch eine oder mehrere
Sachen des gleichen Typs ersetzt und hierdurch gleichermaßen die restlichen Bestandteile (Restsache) wie der abgetrennte Bestandteil auch zukünftig wieder in
einer Gesamtsache ihre Funktion erfüllen können.[38]

---

[34] RG v. 02.11.1907, RGZ 67, 30, 32; BGH v. 11.11.2011, NJW 2012, 778.

[35] BGH v. 11.11.2011, NJW 2012, 778.

[36] Vgl. RG v. 26.06.1908, RGZ 69, 117, 120; BGH v. 15.02.2008, NJW 2008, 1810, 1811; *Medicus* Rn. 1183; Palandt/*Ellenberger* § 92 BGB Rn. 1.

[37] BGH v. 08.10.1955, BGHZ 18, 226, 229; *Medicus* Rn. 1187; Palandt/*Ellenberger* § 93 BGB Rn. 3.

[38] BGH v. 11.11.2011, NJW 2012, 778, 779.

Beispiel: Die nach allgemeinem Sprachgebrauch wesentlichen Teile eines Serienautos wie Räder oder Motor sind nach dem Gesetz unwesentlich. So kann z. B. die Verbindung des Motors mit dem Fahrgestell des Autos zumeist ohne Zerstörung gelöst werden. Auch kann der Motor in ein anderes Kfz gleichen Typs eingebaut und gleichermaßen das Kfz durch Einbau eines baugleichen Motors wieder funktionstüchtig werden.[39] Für die Räder gilt Vergleichbares. Da inzwischen die Mehrzahl der zusammengesetzten Gebrauchsgüter in Serie hergestellt wird, kommen wesentliche Bestandteile an beweglichen Sachen praktisch nur noch bei unlösbarer Verbindung (z. B. Verklebung) oder Sonderanfertigungen vor (z. B. Ersatzteile für spezialangefertigte Maschinen).

29   Nach der § 93 BGB vorrangig zu Grunde liegenden Betrachtung des Ergebnisses einer Trennung der Bestandteile bleiben die **mit der Trennung verbundenen Kosten** unberücksichtigt. In Extremfällen bedarf es jedoch einer Korrektur. Hierzu ist auf den Rechtsgedanken des § 948 Abs. 2 BGB zu verwiesen, der auf §§ 946 f. BGB und den hierzu korrespondierenden § 93 BGB zu übertragen ist.[40] Danach ist Untrennbarkeit auch bei unverhältnismäßig hohen Kosten der Trennung gegeben. Übersteigen die Kosten der Trennung den Wert eines Bestandteils, der diesem im Zeitpunkt der Zusammenfügung zukommt,[41] führt die Trennung bei wirtschaftlicher Betrachtung zu dessen „Zerstörung".[42]

30   Die wesentlichen Bestandteile einer Gesamtsache können nicht Gegenstand besonderer Rechte sein. Sie teilen vielmehr das rechtliche Schicksal der Gesamtsache.[43]

Beispiele: (1) Da der Motor eines Serien-Pkw kein wesentlicher Bestandteil des Fahrzeugs ist, kann Eigentümer des Motors eine andere Person sein als der Eigentümer des restlichen Autos. Bedeutung erlangt dies insbesondere im Zusammenhang mit der Absicherung von Krediten. Regelmäßig wollen die Lieferanten der Einzelteile deren Eigentümer bleiben, bis die Einzelteile bezahlt wurden. Für sie ist daher wichtig, dass ihr Eigentum auch nach dem Zusammenfügen zur Gesamtsache fortbesteht, damit sie im Fall der Insolvenz auf die gelieferten Bestandteile zugreifen können. (2) Der Einband dieses Buches kann dagegen nicht im Eigentum einer anderen Person als der des Bucheigentümers stehen, weil sich Einband und Buchseiten nicht ohne Zerstörung trennen lassen.

b) Sonderregelungen für Grundstücke

31   Die Regelung des § 93 BGB gilt auch in Bezug auf Grundstücke, weshalb z. B. im Erdreich verlegte Rohre, vorbehaltlich der Regelung des § 95 Abs. 1 S. 2 BGB, wesentliche Bestandteile des Grundstücks sind.[44] Eine Ergänzung erfährt § 93 BGB

---

[39] Vgl. BGH v. 17.06.1973, BGHZ 61, 80, 82.

[40] *Medicus* Rn. 1189.

[41] BGH v. 11.11.2011, NJW 2012, 778, 779.

[42] Erman/*Michalski* § 93 BGB Rn. 4.

[43] Vgl. RG v. 26.06.1908, RGZ 69, 117, 120; BGH v. 11.11.2011, NJW 2012, 778, 779 f.

[44] Vgl. BGH v. 11.07.1962, BGHZ 37, 353, 356 ff.

zunächst durch § 94 Abs. 1 BGB, der klarstellt, dass für die Eigenschaft als wesentlicher Grundstücksbestandteil eine feste Verbindung mit dem Boden ausreicht.[45]

Beispiele: eingegrabenes Mauerwerk, im Erdboden verankerte Gebäude, nicht aber Eisenbahnschienen.[46]

Eine nicht unerhebliche Erweiterung erfährt der Begriff des wesentlichen Grundstücksbestandteils durch § 94 Abs. 2 BGB. Danach gehören zu den wesentlichen Bestandteilen eines Gebäudes alle zu dessen Herstellung **eingefügten Sachen**, auch wenn sie z. B. durch einfaches Abschrauben wieder lösbar und in einem anderen Gebäude verwendbar sind.   **32**

Beispiele: Fenster, Türen, Heizkörper, Wasserleitungen.[47]

Der Kreis der erfassten Sachen reicht jedoch weit über das Mauerwerk und die Grundausstattung eines Gebäudes hinaus. Umfasst werden vielmehr alle Sachen, durch die das Gebäude „zu dem geworden ist, was es darstellen soll und darstellt".[48]   **33**

Beispiele: Tankanlage einer Großgarage, Küchenanlage eines Hotels, nicht aber die Einbauküche[49] einer Wohnung.

Der durch § 94 BGB erfasste Kreis der Bestandteile erfährt durch § 95 BGB eine Einschränkung. Nicht zu den Grundstücksbestandteilen gehören Sachen, die nur zu einem **vorübergehenden Zweck** mit dem Boden verbunden oder in ein Gebäude eingebracht werden bzw. in Ausübung eines dinglichen Rechts an einem Grundstück (z. B. Erbbaurecht, Dienstbarkeiten, Nießbrauch, Überbau) mit diesem verbunden werden. Den von § 95 BGB betroffenen Sachen wird bereits die Eigenschaft als Bestandteil abgesprochen, weshalb sie als **Scheinbestandteile** bezeichnet werden.   **34**

Beispiele: Kinderschaukel, Sandkasten, von einem Pächter für die Dauer der Pacht errichteter Schuppen[50] oder in Ausübung einer Dienstbarkeit errichtete Hochspannungsmasten.

Durch § 94 BGB wird deutlicher als nach § 93 BGB die wirtschaftliche Einheit des Grundstücks betont. Dies begünstigt vor allem die Stellung der Realkreditgeber (Hypothekenbanken), denen eine breitere Haftungsmasse zur Verfügung gestellt wird, weil wesentliche Grundstücksbestandteile nicht eigenständiger Gegenstand eines Rechts sein können. Sie teilen vielmehr das rechtliche Schicksal des Grundstücks. Deshalb erfassen an einem Grundstück bestellte Hypotheken oder Grundschulden in jedem Fall neben dem Grundstück alle seine wesentlichen Bestandteile, insbesondere ein (dauerhaft) errichtetes Haus nebst Einbauten. Dies gilt allerdings nicht für die unter § 95 BGB fallenden Scheinbestandteile. Da diese nicht Bestandteil des Grundstücks sind, können sie selbstständiger Gegenstand eines Rechts sein. Bspw. bleibt der Betreiber eines Solarfelds, der für die Dauer eines Nutzungsver-   **35**

---

[45] *Medicus* Rn. 1190.
[46] Vgl. *Medicus* Rn. 1190.
[47] BGH v. 26.10.2012, NJW 2013, 1154.
[48] RG v. 20.12.1935, RGZ 150, 22, 26.
[49] BGH v. 20.11.2008, NJW 2009, 1078.
[50] BGH v. 21.02.2013, NZM 2013, 315, 316.

trags mit dem Grundstückseigentümer und nicht auf Dauer[51] eine Photovoltaikan-
lage auf dem Dach eines auf fremdem Grund stehenden Gebäudes errichtet, dessen
Eigentümer.

3. Rechte als Bestandteile

36   Die Regelung des § 96 BGB fingiert schließlich die mit dem Eigentum an einem
Grundstück verbundenen Rechte als Bestandteile des Grundstücks. Dies erfasst
z. B. eine zu Gunsten des jeweiligen Eigentümers eines Grundstücks an einem
anderen Grundstück bestellte Grunddienstbarkeit (z. B. Geh- und Fahrrecht über
fremdes Grundstück).[52] Soweit derartige Rechte – wie regelmäßig – wesentliche
Bestandteile des begünstigten Grundstücks sind, teilen sie das rechtliche Schicksal
des Grundstücks. Wird bspw. das begünstigte Grundstück übereignet, wird dessen
neuer Eigentümer automatisch auch Berechtigter des Rechts.

C. Zubehör

I. Funktion des Zubehörbegriffs

37   Die Zubehöreigenschaft beschreibt eine im Vergleich zum Bestandteil lockerere
Verbindung zwischen Sachen. Der Beziehung zwischen Hauptsache und Zubehör
wird in Einzelvorschriften rechtlich gesondert Rechnung getragen, um ihren **wirtschaftlichen Wert zu berücksichtigen**.[53] Bspw. ist ein Landgut als Hauptsache mit
dem zu seinem Wirtschaftsbetrieb dienenden Inventar (Geräte, Vieh) deutlich mehr
wert als ohne. Entsprechendes gilt für ein Fabrikgebäude, welches einen besonderen Wert durch seine Ausstattung mit einem Betrieb dienenden Maschinen erlangt.

38   Diesen wirtschaftlichen Zusammenhang berücksichtigt der Gesetzgeber, indem er für Rechtsgeschäfte **den Willen vermutet**, dass sich diese nicht nur auf die
Hauptsache, sondern auch auf deren Zubehör erstrecken. Dies gilt für die schuldrechtliche Verpflichtung (vgl. § 311c BGB) sowie bei Grundstücken auch für die
Auflassung, welche Teil der Verfügung ist (vgl. § 926 Abs. 1 BGB).

> **Beispiel:** Verpflichtet sich ein Automobilhersteller, sein Fabrikgrundstück zu verkaufen,
> wird nach § 311c BGB vermutet, dass im Zweifel nicht nur das Grundstück und seine
> wesentlichen Bestandteile, sondern auch das Zubehör, d. h. die Fertigungsanlagen, verkauft
> werden. Die Vermutung kann aber dadurch widerlegt werden, dass z. B. der Käufer ein IT-
> Unternehmen ist, welches in den Hallen ein Rechenzentrum einrichten will.

---

[51] Vgl. BGH v. 11.11.2011, NJW 2012, 778, 780.

[52] BGH v. 17.02.2012, NJW-RR 2012, 845.

[53] Vgl. Erman/*Michalski* § 97 BGB Rn. 1.

Außerdem trägt der Gesetzgeber diesem wirtschaftlichen Zusammenhang im Rah- **39**
men der **Zwangsvollstreckung** und der Ausgestaltung der **Grundpfandrechte**
Rechnung. Dies stärkt entsprechend gesicherte Kreditgeber, denen eine breitere
Haftungsmasse zur Verfügung gestellt wird.

> **Beispiel:** Das Kreditinstitut für Wirtschaft gewährt Automobilhersteller Premium eine Kre-
> ditlinie über 1,75 Mrd. €. Zur Absicherung des Rückzahlungsanspruchs bestellt Premium
> dem Kreditinstitut u. a. eine Grundschuld an seinem Betriebsgrundstück in Leipzig. Erwei-
> tert Premium anschließend dort seine Fertigungshalle, um das neue Modell Panorama zu
> bauen, erfasst die Grundschuld nach § 1120 BGB neben dem Grundstück auch die von
> Premium neu eingebrachten Maschinen. Im Falle einer Insolvenz von Premium kann das
> Kreditinstitut für Wirtschaft die Einheit aus Grundstück und Zubehör verwerten, wodurch
> sich ein höherer Erlös erzielen lässt. Außerdem sichert § 865 Abs. 2 ZPO, dass andere Gläu-
> biger die Maschinen nicht bei Premium pfänden und hierdurch dem Haftungsverband der
> Grundschuld entziehen, weil Grundstückszubehör, welches § 1120 BGB unterfällt, nicht
> als bewegliches Vermögen pfändbar ist.

II. Begriff

Zubehör sind nach § 97 Abs. 1 S. 1 BGB solche **beweglichen Sachen**, die dem **40**
wirtschaftlichen Zweck der Hauptsache dauernd zu **dienen** bestimmt sind und
zu ihr in einer entsprechenden **räumlichen Beziehung** stehen. Die Sachen dürfen
dabei aber nicht Bestandteile der Hauptsache sein. Maßgeblich ist die Verkehrsanschauung (vgl. § 97 Abs. 1 S. 2 BGB).[54] Die Zubehöreigenschaft wird erst durch
die bewusste Herstellung einer räumlichen Beziehung begründet, wobei dies für
Grundstückszubehör nicht erfordert, dass sich die Sache dauerhaft auf dem Grundstück befindet.[55]

> **Beispiele:** (1) Bei Pkw sind Reservereifen, Warndreieck und Verbandkasten Zubehör.
> (2) Der Hotelbus ist Zubehör des Hotelgrundstücks, auch wenn sein Haupteinsatzgebiet
> außerhalb dieses Grundstücks liegt.[56]

Nach § 97 Abs. 2 BGB begründet eine nur **vorübergehende Benutzung** die Zu- **41**
behöreigenschaft ebenso wenig, wie eine bloß vorübergehende Trennung von der
Hauptsache diese Verbindung aufhebt.

> **Beispiel:** Der private Geländewagen des Landwirts wird nicht dadurch Zubehör des Land-
> guts, dass dieser ihn, während der Traktor zwecks Reparatur in der Werkstatt ist, einmalig
> verwendet, um „den Karren aus dem Dreck zu ziehen". Umgekehrt bleibt das Zugpferd
> Zubehör des Landguts, auch wenn es für eine Woche in der Tierklinik ist.

Die Vorschrift des § 98 BGB benennt zwei wichtige Beispiele für die notwendige **42**
Beziehung zwischen Hauptsache und Zubehör (z. B. Maschinen für eine Fabrik
oder Geräte, Vieh und Erzeugnisse für ein Landgut).

---

[54] Vgl. zur Zubehöreigenschaft einer Einbauküche BGH v. 20.11.2008, NJW 2009, 1078, 1079.

[55] BGH v. 10.06.2011, NJW-RR 2011, 1458.

[56] Vgl. *Medicus* Rn. 1197.

D. Früchte, Nutzungen, Lasten

I. Allgemeines

43   Die tatsächliche und wirtschaftliche Bedeutung einer Sache besteht regelmäßig nicht allein darin, diese zu haben. Vielmehr soll sie vielfach wirtschaftlich bedeutsame Vorteile dadurch bringen, dass man sie selbst unmittelbar gebraucht oder zu diesem Zweck einem anderen gegen Entgelt überlässt. Bspw. kann eine Mietwohnung Erträge in Form von Mietzinsen abwerfen. Im Einzelfall kann auch wirtschaftlich bedeutsam sein, dass eine Sache durch ihre natürliche Entwicklung, z. B. ihr Wachstum, eine neue Sache hervorbringt. Dies ist bspw. der Fall, wenn ein Erdbeerfeld Früchte trägt. Andererseits kann das Haben, aber auch das Nutzen einer Sache mit Aufwendungen verbunden sein. Bspw. muss der Eigentümer eines Grundstücks jährlich Grundsteuer zahlen.

44   Die hiermit jeweils verbundene Rechtsfrage, wem die Nutzungen und Früchte gebühren und wer die Lasten einer Sachen zu tragen hat, regelt das Gesetz in einer Vielzahl von Vorschriften. Auf Grund entsprechender Schuldverhältnisse sind z. B. der Mieter zum Gebrauch einer Sache (vgl. § 535 Abs. 1 BGB) und der Pächter zum Fruchtgenuss (vgl. § 581 Abs. 1 S. 1 BGB) berechtigt. Dem Käufer gebühren von der Übergabe einer Sache an die Nutzungen (vgl. § 446 S. 2 Hs. 1 BGB). Im Gegenzug trägt er ab diesem Zeitpunkt die Lasten der Sache (vgl. § 446 S. 2 Hs. 2 BGB). Mehrere wichtige Vorschriften ordnen an, dass ein Schuldner nicht bloß eine Sache, sondern auch die Nutzungen herausgeben muss (vgl. §§ 987, 990, 993 BGB: Eigentümer-Besitzer-Verhältnis, § 818 Abs. 1 BGB: Bereicherungsausgleich, § 346 Abs. 1 BGB: Rücktritt). Zur Ausfüllung vorstehender Vorschriften bestimmen die §§ 99, 100 BGB die Begriffe der Früchte und Nutzungen. Im Anschluss hieran regeln §§ 101, 103 BGB die zeitliche Aufteilung von Früchten und Lasten. § 102 BGB begründet einen eigenständigen Anspruch auf Ausgleich der mit der Fruchtgewinnung verbundenen Gewinnungskosten.

II. Nutzungen

45   Nach § 100 BGB zählen zu den Nutzungen die Früchte und die „Vorteile, welche der Gebrauch der Sache oder des Rechts gewährt" (sog. Gebrauchsvorteile). Die Formulierung des § 100 BGB zeigt, dass der Begriff der Nutzungen der Oberbegriff für die mit einer Sache verbundenen Vorteile ist und die Früchte ebenso wie die Gebrauchsvorteile jeweils einen Unterfall darstellen. Die neben den Früchten stehenden Gebrauchsvorteile einer Sache sind vom Verbrauch der Sache abzugrenzen. Im Falle der Fruchtziehung und des Gebrauchs bleibt die Sache erhalten, wogegen mit dem Verbrauch die völlige oder teilweise Vernichtung oder der sonstige Verlust der Sache einhergeht.[57]

---

[57] *Larenz/Wolf* § 20 Rn. 112; Palandt/*Ellenberger* § 100 BGB Rn. 1.

Beispiel: Der Pächter eines Weinbergs darf diesen für entgeltliche Führungen von Touristen nutzen und die Früchte ziehen, d. h. den Wein ernten. Er darf jedoch grds. nicht die Weinstöcke als Brennholz verkaufen.

III. Früchte

Zu den Nutzungen gehören insbesondere auch die Früchte. Dabei wird zwischen **46** Sachfrüchten und Rechtsfrüchten sowie zwischen unmittelbaren und mittelbaren Früchten unterschieden:

1. **Unmittelbare Sachfrüchte** sind nach § 99 Abs. 1 BGB die Erzeugnisse der Sache (Milch und Kalb der Kuh, Früchte eines Obstgartens, Holz eines Waldgrundstücks) und die sonstige Ausbeute (Gewinnung von Mineralwasser, Steine eines Steinbruchs).
2. **Mittelbare Sachfrüchte** sind nach § 99 Abs. 3 BGB die Erträge, die eine Sache vermöge eines Rechtsverhältnisses gewährt, d. h. Miet- und Pachtzinsen[58] oder die von einem Rennpferd erlaufenen Preisgelder.[59]
3. **Unmittelbare Rechtsfrüchte** sind nach § 99 Abs. 2 BGB die Erträge, die ein Recht (ausgenommen Eigentum) seiner Bestimmung gemäß dem Berechtigten gewährt (Ernte des Pächters, Dividenden auf Aktien).
4. **Mittelbare Rechtsfrüchte** sind die Erträge, die der Berechtigte vermöge eines Rechtsverhältnisses, das einen anderen zur Ausübung des Rechts berechtigt, erzielt (Pachtzinsen durch erlaubte Unterverpachtung, Lizenzeinnahmen aus der Verpachtung eines Patents).

Regelmäßig bringen Sachen und Rechte Früchte mit fortschreitender Zeit wieder- **47** holt hervor. Wechselt die Berechtigung zur Fruchtziehung, bedarf es der Entscheidung, welche Früchte dem Altberechtigten und welche Früchte dem Neuberechtigten zustehen. Zugleich bedarf der Entscheidung, wer von beiden in welchem Umfang die Kosten der Fruchtgewinnung zu tragen hat. Hierzu enthalten §§ 101, 102 BGB Regelungen.

Beispiele: (1) Verpachtet Arndt an Bert einen Weinberg vom 01.07.2003 bis 30.06.2013, stehen Bert nach § 101 Nr. 1 BGB im Zweifel die bis 30.06.2013 geernteten Trauben zu. Dagegen stehen die ab dem 01.07.2013 geernteten Trauben wiederum Arndt zu, auch soweit diese Trauben bereits im Zeitraum davor herangewachsen und gereift sind. (2)[60] Verkauft Arndt kurz vor der Hauptversammlung seine Telekom-Aktien an Bert, steht ihm gegen Bert kein Anspruch auf Beteiligung an der Dividendenzahlung zu. Zwar bezieht sich die Dividende auf das vorausgegangene Geschäftsjahr, während dessen Arndt Aktionär war. Allerdings findet die bloße Zweifelsregelung des § 101 Nr. 2 Hs. 2 BGB auf Aktien keine Anwendung, weil und soweit der Gewinnanteil des Arndt bereits in den Verkaufspreis eingepreist ist.

---

[58] BGH v. 12.08.2009, NJW-RR 2009, 1522, 1523.
[59] BGH v. 24.05.2012, NJW-RR 2012, 1007.
[60] BGH v. 19.04.2011, NJW-RR 2011, 1119, 1122.

IV. Lasten[61]

48   Lasten sind die auf einer Sache oder einem Recht liegenden Verpflichtungen zu einer Leistung, die aus der Sache oder dem Recht zu entrichten sind und den Nutzungswert mindern (z. B. Hypothekenzinsen, Grundsteuer oder Erschließungsbeiträge, Abfallgebühren, Straßenreinigungskosten).[62]

Literatur

Brehm (2007) Allgemeiner Teil des BGB. 6. Aufl
Brox/Walker (2012) Allgemeiner Teil des BGB. 36. Aufl
Erman (2011) Handkommentar zum Bürgerlichen Gesetzbuch. 13. Aufl
Köhler (2012) BGB Allgemeiner Teil. 36. Aufl
Larenz/Wolf (2004) Allgemeiner Teil des deutschen Bürgerlichen Rechts. 9. Aufl
Medicus (2012) Allgemeiner Teil des BGB. 10. Aufl
Palandt (2013) Bürgerliches Gesetzbuch. 72. Aufl
Wolf/Neuner (2012) Allgemeiner Teil des deutschen Bürgerlichen Rechts. 10. Aufl

---

[61] Der Begriff der Lasten wird auch noch in einem anderem Zusammenhang verwendet, vgl. § 17 Rn. 19.

[62] Vgl. BGH v. 19.05.2009, NJW-RR 2010, 214, 215.

Literaturverzeichnis

Beck'scher Online-Kommentar zum BGB, *Bamberger/Roth* (Hrsg.), 26. Bearbeitung, Stand: 01.03.2013

Boemke, Gewerbeordnung Kommentar zu §§ 103–110, 2003

Boemke, Studienbuch Arbeitsrecht, 2. Auflage, 2004

Boecken, BGB – Allgemeiner Teil, 2. Auflage, 2012

Bork, Allgemeiner Teil des Bürgerlichen Gesetzbuchs, 3. Auflage, 2011

Brehm, Allgemeiner Teil des BGB, 6. Auflage, 2007

Brox/Walker, Allgemeiner Teil des BGB, 36. Auflage, 2012

Däubler/Hjort/Schubert/Wolmerath, Handkommentar Arbeitsrecht, 3. Auflage 2013

Enneccerus/Nipperdey, Allgemeiner Teil des Bürgerlichen Rechts, Band. 1, 15. Auflage, 1. Halbband (1959), 2. Halbband (1960)

Erman, Handkommentar zum Bürgerlichen Gesetzbuch, 13. Auflage, 2011

Flume, Allgemeiner Teil des bürgerlichen Rechts, 2. Band, Das Rechtsgeschäft, 4. Auflage, 1992

Köhler, BGB Allgemeiner Teil, 36. Auflage, 2012

Larenz/Canaris, Lehrbuch des Schuldrechts, Band II, Halbband 2, 13. Auflage, 1994

Larenz/Wolf, Allgemeiner Teil des deutschen Bürgerlichen Rechts, 9. Auflage, 2004

Leenen, BGB Allgemeiner Teil: Rechtsgeschäftslehre, 2011

Leipold, BGB I – Einführung und Allgemeiner Teil, 6. Auflage, 2010

Medicus, Allgemeiner Teil des BGB, 10. Auflage, 2012

Münchener Kommentar zum Bürgerlichen Gesetzbuch, 6. Auflage, 2012 ff.

Palandt, Bürgerliches Gesetzbuch, 72. Auflage, 2013

Pawlowski, Allgemeiner Teil des BGB, Grundlehren des bürgerlichen Rechts, 7. Auflage, 2003

Rüthers/Stadler, Allgemeiner Teil des BGB, 17. Auflage, 2011

Soergel, Bürgerliches Gesetzbuch, 13. Auflage, 1999 ff.

Staudinger, Kommentar zum Bürgerlichen Gesetzbuch, 13. Bearbeitung, Stand 31.03.2013

Ulmer/Brandner/Hensen, AGB-Recht: Kommentar zu den §§ 305–310 BGB und zum UKlaG, 11. Auflage, 2011

Wolf/Neuner, Allgemeiner Teil des deutschen Bürgerlichen Rechts, 10. Auflage, 2012

B. Boemke, B. Ulrici, *BGB Allgemeiner Teil*, Springer-Lehrbuch,
DOI 10.1007/978-3-642-39171-2, © Springer-Verlag Berlin Heidelberg 2014

Sachverzeichnis

B. Boemke, B. Ulrici, *BGB Allgemeiner Teil*, Springer-Lehrbuch,
DOI 10.1007/978-3-642-39171-2, © Springer-Verlag Berlin Heidelberg 2014

Druck

Canon Deutschland Business Services GmbH
Ferdinand-Jühlke-Str. 7
99095 Erfurt